U0509716

本书为2016年度国家社会科学基金重大项目“吴哥古迹考古与古代中柬文化交流研究”（16ZDA148）与中央级科研院所基本科研业务费课题“吴哥古迹考古与保护史研究”（2018JBKY15-1）博士后研究支持项目、中国政府援助柬埔寨吴哥古迹王宫遗址修复项目成果之一

CACH 中国文化遗产研究院 CHINESE ACADEMY OF CULTURAL HERITAGE · 博士后研究系列 · 2021 年

# 吴哥考古与保护史

中国文化遗产研究院　刘汉兴　著

文物出版社

**图书在版编目（CIP）数据**

吴哥考古与保护史 / 刘汉兴著 . —北京：文物出版社，2021. 10

ISBN 978 -7 -5010 -7173 -9

Ⅰ. ①吴… Ⅱ. ①刘… Ⅲ. ①文化遗址—保护—研究—吴哥 Ⅳ. ①K883. 350. 6

中国版本图书馆 CIP 数据核字（2021）第 142428 号

审图号：GS（2021）8190 号

## 吴哥考古与保护史

著　　者：刘汉兴

责任编辑：李　睿　吕　游
封面设计：王文娴
责任印制：苏　林

出版发行：文物出版社
社　　址：北京市东城区东直门内北小街 2 号楼
邮　　编：100007
网　　址：http：//www. wenwu. com
经　　销：新华书店
印　　刷：宝蕾元仁浩（天津）印刷有限公司
开　　本：889mm × 1194mm　1/16
印　　张：29. 5
版　　次：2021 年 10 月第 1 版
印　　次：2021 年 10 月第 1 次印刷
书　　号：ISBN 978 -7 -5010 -7173 -9
定　　价：380. 00 元

# Archaeology and Conservation History of Angkor Monuments

by

Chinese Academy of Cultural Heritage
Liu Hanxing

Cultural Relics Press

# 目　录

# 插图目录

## 附录插图

# 前　言

## 第一节　东南亚简介

### 一、自然地理环境

东南亚是横亘在中国和印度之间的辽阔区域，由中南半岛的“大陆部分”和海域的“岛屿部分”组成。东南亚（Southeast Asia），中国旧称“南洋”。“东南亚”一词最早出现在1838年霍华德·马尔科姆（Howard Malcom）所著《东南亚旅行记》书中[1]，日本在1919年的小学地理教科书中首次使用了“东南亚”一词。20世纪40年代后，英国在二战期间也使用了“东南亚”一词（1943年8月在锡兰即今天斯里兰卡，设置了东南亚司令部 *South East Asia Command*）。由此，东南亚作为一个地理上的划分为世人所知[2]。

东南亚作为连接东西方世界中转贸易的要冲，开始作为世界史中的重要场所登场。东南亚地区在民族、语言、生活文化、本土习俗与信仰等几乎所有领域不尽相同，多彩、深邃、广泛，每一个民族都有其固有性和独特性。

在东南亚的自然环境中，虽然没有高耸的山峰，但是地表高低起伏，地形纵横交错，境内各条规模不一的河流大多由北向南，最终流入南海，途中流经许多深邃的溪谷、湍急的瀑布及平缓的浅滩。湄公河（Mekong River）是中南半岛上的主要河流，流经中国、老挝、缅甸、泰国、柬埔寨和越南，在越南胡志明市流入南海。在未流入柬埔寨之前，两岸多为绝壁高山，险滩较多，故少有漕运之利，一入柬埔寨过孔瀑布（Khon）后，河道变宽，河底少石滩，是柬埔寨全境交通的节点，广大柬埔寨之平原赖此河灌溉，成为中南半岛上最富庶的地区之一。

中南半岛在靠近海岸的平原地区被几条山脉分割成数个区域。大型河流与汇流的中小型河流在溪谷中不断的冲刷，形成冲积平原甚至是广阔的三角洲，带来了肥沃的土壤和丰富的矿产资源，可以用来栽培谷类、油性植物、甘蔗、橡胶等作物，同时，也是石油、石灰、铁、锡、钨等珍贵矿物的矿床。

东南亚全境炎热潮湿，最热的月份，甚至可以超过40℃，平均气温约28℃，年降雨量在1400—1800毫米，即便如此，有时降雨量差异很大，特别是雨季和旱季分明的地区常有雨量分布不均的情况。

---

〔1〕东南亚历史词典编委会：《东南亚历史词典》，上海：上海辞书出版社，1995年，第89页。

〔2〕（日）石泽良昭著，瞿亮译：《东南亚：多文明世界的发现》，北京：北京日报出版社，2019年，第305页。

## 二、社会人文环境

稻田耕作是本地居民的生活中心，更具体的来说，居民的生活是以农业为中心，居民们以自己种植的农作物作为粮食，住在用木材、竹、秸秆、土等材料制作而成的木质建筑中，过着自给自足的生活，除了越南，大多数的民宅皆为高架屋。

在这里经常可见到男女共同作业，就经济活动而言，女性负责主要的家庭事务，具有相当充分的决定权和自主权。村落建立在河岸的沙洲和平原上，构成基础的经济和社会单位。村民们拥有私人土地，也持有共同的土地，维持着相互扶持和共同生活的传统习惯，直到现在的农村仍然具有这样的情况。

东南亚各地的宗教信仰具有共通性，在接受佛教、伊斯兰教、基督教等大型宗教之余，民间中的精灵信仰、祖先崇拜、地母神信仰、山岳信仰仍未消失。在各种祭祀的场合会常常看到这些信仰的影子，特别是在举办与农业有关的祭典时，很多村落会根据当地历日举行祈求雨季到来或是农作物收成的祭典，祭典时会有板羽球、跳绳、男女歌唱或舞蹈等庆祝活动[1]。

东南亚给人一种被夹在中国和印度之间的落后地区的印象，但实际上这里有着丰富的自然和产物，所惠及的内部世界以及为之而来的外部世界的交错，是一个令人眼花缭乱的世界。东南亚的历史基本不是某种意义上的“进化论”的进步、发展史，而是一部自我肯定史（Self–esteem），是一部精神文化深化史，是一部与自然环境共生共营的漫长生活史。虽然在物质上贫困，但他们内心充实，上座部佛教[2]成了心灵的栖息地，使他们能够直面残酷的大自然并与之和谐相处[3]。

在1970年前后，“印度化”模式仍然主导着关于东南亚文明如何以及为何形成的讨论[4]。虽然不可否认，与南亚的接触是早期历史艺术风格发展的重要因素，但现在大多数学者更愿意从本土因素的角度，来寻求对东南亚文明的出现和演变的解释[5]。

中国著名的东南亚史学家陈序经先生曾指出：“东南亚不只有文化，而且有过很高的文化，不只有历史，而且有很长的历史”[6]。其中，柬埔寨是东南亚历史与文化中最具有代表性的国家之一，尤其古代高棉王国曾是当之无愧的霸主，创造了享誉世界的吴哥建筑群。有学者据此评价认为，“人类历史的曙光，正是通过柬埔寨这个窗口，而射入这个地区的”[7]。

东南亚属于受到季风影响的热带地区，这种气候产生了旱季和雨季的交替，它影响着那里定居居

〔1〕（日）石泽良昭著，林佩欣译：《亦近亦远的东南亚：夹在中印之间非线性发展的多文明世界》，新北：八旗文化，2018年，第21–24页。

〔2〕上座部佛教，梵文Sthaviravada的意译，音译“悉陀毗罗婆多部”，巴利文Theravada，佛教部派之一，释迦摩尼死后100年，佛教僧团因对比丘大天（Mahadeva）关于教义的5种新见解看法相异，分裂为上座部、大众两部。约公元五世纪，上座部从印度传入锡兰（今斯里兰卡）、缅甸、泰国、柬埔寨、老挝等南亚、东南亚各国，属于南传佛教，故名南传上座部。摘自东南亚历史词典编委会：《东南亚历史词典》，上海：上海辞书出版社，1995年，第21页。

〔3〕（日）石泽良昭著，瞿亮译：《东南亚：多文明世界的发现》，北京：北京日报出版社，2019年，第16、327页。

〔4〕I. W. Mabbett, The ‘Indianization’ of Southeast Asia : Reflections on the Prehistoric Sources, *Journal of Southeast Asian Studies* 1977, 8, pp. 1–14 ; pp. 143–161.

〔5〕O. W. Wolters, *History*, *Culture*, *and Region in Southeast Asian Perspectives*, Singapore : Institute of Southeast Asian Studies, 1982.

〔6〕陈序经：《陈序经东南亚古史研究合集》（上卷），香港：商务印书馆，1992年，第15页。

〔7〕（美）大卫·钱德勒著，许亮译：《柬埔寨史》，北京：中国大百科全书出版社，2013年。

民的生活，并且导致产生了起支配作用的风向变换，它决定着帆船的方向[1]。其后，他们利用帆船或中式帆船（戎克）前往中国、印度、波斯湾及阿拉伯海等地进行贸易。交易活动使地区与地区之间愈加活络，沿岸逐渐形成港市，一些港市甚至发展成为了地区性的小政权。

譬如，扶南政权（Fu–Nan，约 1 世纪—7 世纪中叶）位于中南半岛南部湄公河三角洲之上，同时拥有经营农耕的腹地；室利佛逝（Sri Vijaya，约 7 世纪—11 世纪左右）[2]位于苏门答腊岛中部，靠近马六甲海峡；满者伯夷（1293—1527 年）[3]位于爪哇岛东部，“宫室壮丽，地广人稠，实甲东洋诸番”[4]。以这些港市的历史发展来看，以上三国均是受惠于热络的海洋贸易与交流活动形成的港市政权[5]。

因此，东南亚的历史和考古的魅力，在于各民族和文化在多样的生态环境中不断流动与交融的活力。

## 三、文物古迹及保护研究

东南亚有许多著名的世界遗产。截止到目前，东南亚（11 国）共有 42 处世界遗产，其中文化遗产达到了 27 处，占总数的 64%。位于缅甸伊洛瓦底江（Irrawaddy）左岸的蒲甘（Pagan）古城，至今拥有超过 220 座佛教寺庙；泰国素可泰（Sukhothai）老城有近 150 座佛教寺庙。另一个是印度尼西亚的婆罗浮屠（Borobudur），一座巨大的佛教纪念碑，见证了辉煌的过去。老挝境内的瓦普寺（Vat Phu），是一处完好保留了 1000 多年的人类文化景观。该建筑群整齐而有规划地建造了一系列庙宇、神殿和水利设施，完美表达了古代印度文明中天人关系的文化理念。其他的纪念碑建筑同样具有很高的历史高度和宽度，并具有发人深省的装饰元素。

与这些多样化的建筑遗址相比，吴哥（Angkor）建筑群是迄今为止最大的——此外，吴哥寺的造像和浅浮雕具有非凡的吸引力。塔门和走廊非常巨大，沿着墙壁雕刻着简短的历史史诗。印度著名的两部史诗《罗摩衍那》（Rāmāyaṇa）和《摩诃婆罗多》（Mahābhārata）以柬埔寨风格镌刻在墙壁上，并以柬埔寨的方式加以诠释。吴哥时期的国王大约 9 世纪在库伦山（Phonm Kulen）建造了第一座皇家城市——摩醯因陀罗跋伐多城（Mahendraparvata）。后来的国王相继建造城市和寺庙，直到吴哥都城于 1431 年陷落。这些城市拥有非凡的结构不仅采用了塔、庙、廊的立体布局，同时也是一个对称的几何平面。

吴哥建筑群基本上都是以石头为建造基础：砂岩、角砾岩和红砖。这就是今天人们观察它的方式，尽管这只适用于纪念碑建筑本身。而在古代柬埔寨，纪念碑建筑的周围有许多木制建筑，例如，皇宫、大臣、居民的房子和寺庙僧侣生活居所。考古证据表明，石碑上亦有木质结构，屋顶是木质的，地基是石质的，这一切构成了那个时期建筑上的一种过渡。

最早在东南亚进行考古研究与保护的是欧洲人。早在 16 世纪，欧洲殖民者作为长途贸易的一部分，已经对东南亚的事物产生了兴趣。在这些殖民者中，特别是法国殖民者，对东南亚大陆，特别是对现在的越南、柬埔寨、老挝地区的人民，以及那里的物质文化非常感兴趣。其中一位是法国博物学

---

〔1〕（法）G. 赛代斯著，蔡华、杨保筠译：《东南亚的印度化国家》，北京：商务印书馆，2018 年，第 13 页。

〔2〕 室利佛逝位于苏门答腊南部巴邻旁（palembang），自 671 年至 742 年以室利佛逝之名来中国朝贡。及至 904 年改名为“三佛齐”入贡，宋元至明皆称三佛齐，1378 年为爪哇所灭。明朝中叶开始此地史称巨港或旧港。

〔3〕 满者伯夷国（Madjapahit）是十三世纪末（1293 年）建立于爪哇岛东部的封建王朝。满者伯夷是东南亚历史上最强大的王国之一，也是爪哇岛上最后一个印度教王国。15 世纪，被淡目苏丹国所灭。

〔4〕（元）汪大渊著，苏继庼校：《岛夷志略校释》，北京：中华书局，1981 年，第 159 页。

〔5〕（日）石泽良昭著，林佩欣译：《亦近亦远的东南亚：夹在中印之间非线性发展的多文明世界》，新北：八旗文化，2018 年，第 23 页。

家亨利·穆奥（Henri Mouhot，1825—1861 年），他在 1860 年进入了柬埔寨北部的吴哥进行探险活动，这被认为是东南亚考古学研究的开始[1]。

这次探险活动激发了欧洲人，尤其是法国那些对古物感兴趣的人。1866 年，欧内斯特·杜达尔·德·拉格雷（Ernest Doudart de L'agrée，1823—1868 年）从越南到中国南部进行了一次考察，记录了许多考古遗址，还包括一份吴哥的记录。随后，路易斯·德拉波特（Louis Delaporte）调查了高棉遗址并记录了贡开（Koh Ker）、崩密列（Beng Mealea）和班迭奇玛（Banteay Chmar）等考古遗址。埃蒂安·艾莫涅尔（Etienne Aymonier）更详细地调查了高棉和占婆遗址，调查包括记录和收集铭文信息。此外，奥古斯特·巴特（Auguste Barth）和阿贝尔·贝尔盖涅（Abel Bergaigne）着手翻译收集的铭文。

1879 年，科雷（Corre）开始对柬埔寨的三隆森（Somrong Sen）考古遗址进行调查。1902 年，亨利·曼苏伊（Henri Mansuy）对遗址进行考古发掘，这次发掘是东南亚历史上第一次的全面发掘工作。

由于法国殖民者对东南亚（尤其是吴哥）考古成果的不断积累，促使法国殖民政府成立法国远东学院（Ecole francaise d'Extreme-Orient，简称"EFEO"）。学院的第一任主任（院长）是路易斯·芬诺（Louis Finot），他还参与了博物馆和图书馆的建设，并开始了对法国东南亚殖民地的全面考古调查。他的团队成员还包括：保罗·伯希和（Paul Pelliot）、亨利·帕尔芒捷（Henri Parmentier）、吕内·德·拉云魁尔（E. Lunet de Lajonquidre）、让·柯梅尔（Jean Commaille）、亨利·马绍尔（Henri Marchal）等人加入了东南亚考古学和古代建筑遗址的保护研究之中。

在研究历史时期遗迹的同时，隶属于法国殖民政府的地质研究所的玛德琳·科拉尼（Madeleine Colani）和亨利·曼苏伊还调查了史前遗迹。他们研究了北部湾地区的史前遗址，称为北山文化（Bac Bo culture）。

在泰国，暹罗协会（Siam Society）的成立对泰国考古学与遗址的保护发展作出了巨大贡献。受到暹罗协会活动的刺激，泰国政府于 1924 年成立了暹罗考古局（Archaeological Service of Siam），着手对华富里（Lopburi）和阿瑜陀耶（Ayutthaya）等地区的历史遗迹进行保护工作。1926 年，暹罗建立了国家博物馆，负责保护遗迹和遗物。

法国殖民者在法属印度支那半岛（东南亚大陆）开始考古与文物保护活动，他们的努力一直持续到今天，积累的成果是巨大的。这些成就中最重要的如下：

（一）科拉尼、曼苏伊通过对红河流域史前遗址的研究，提出了"和平 - 北山文化"[2]的概念。

（二）在柬埔寨建立吴哥考古公园（Parc Archéologique d'Angkor）和吴哥保护区（Dépôt de la Conservation d'Angkor 简称，"DCA"），对吴哥遗址进行考古发掘与保护活动。

（三）路易斯·马勒雷（Louis Malleret）在俄厄遗址（Oc-Eo）的发掘，发现了中国文献中提到的扶南早期社会港口城市生活遗迹。

（四）乔治·赛代斯（George. Cœdès）翻译了东南亚大陆发现的梵文碑铭。

殖民时期的结束名义上是在二战后不久，但实际上是在 1960 年之后。在越南，法国撤退后，越南人自己开始了考古与文物保护工作。不仅将法国殖民者留下的博物馆（路易斯·芬诺博物馆）改造成自己的国家博物馆，还积极发展越南自己的考古与文物保护事业。特别是在湄公河三角洲的调查中，把与扶南有关的考古遗址作为对东南亚早期国家组织内容的进一步细化而备受关注。

---

〔1〕坂井隆、西村正雄、新田栄治著：《東南アジアの考古学》，東京：同成社，1998 年，第 5 页。

〔2〕关于北山文化的详细内容可参考，彭长林：《越南早期考古学文化研究》，南宁：广西科学技术出版社，2018 年，第 98–108 页。

独立之后的柬埔寨迎来了古迹保护事业的“黄金时期”，诺罗敦·西哈努克（Norodom Sihanouk）亲王大力保护吴哥遗址，以提高柬埔寨民族的声望，吴哥遗址也因此背负着沉重的“政治愿景”。同时，法国远东学院继续被寄予保护吴哥遗址的希望。另外，在国内大力发展博物馆与文博专业人才。然而好景不长，柬埔寨的文物保护事业进入一个近20年的“缓慢发展期”，文博专业人才大量流失，以至于战后的柬埔寨没有足够的人力、财力对吴哥遗址进行保护，只能求助于国际社会。因此，世界上其他国家和国际组织也积极参与到吴哥的考古与文物保护工作中，更多的保护手段和先进的考古理念被广泛的应用到吴哥保护工作中。

泰国政府一直致力于保护和调查历史遗迹，特别是历史时期的遗迹。这和越南的立场一致，都与寻求本国国家认同感联系在一起，这也是学术成果的原动力。研究结果通过确认泰国史前文化的存在、年代，来展示史前文化的多样性。最著名的是位于乌隆府的班清（Ban Chiang）遗址，其代表的“班清文化”在整个东南亚史前考古中占有很重要的地位。除此之外还有，班诺洼（Ban Non Wat）、考山考（Khao Sam Kaeo）遗址的发掘都揭示了这一点。这些遗址的重要之处在于，现在的生态多样性也适用于史前时期的生活。

正如我们所看到的，东南亚的古迹保护是从热衷于殖民活动的欧洲人开始。在这场殖民活动中法国殖民者无疑是“先行者”，经过考古遗址探索性的发现时期到整合力量的保护时期。该地区的历史，也进一步使世人认识到每个地区史前考古文化的多样性，并试图整合和解释它们的多样性。

东南亚给人一种被夹在中国和印度之间的落后地区的印象，但实际上该区域有着丰富的自然产物所惠及的内部世界和为之而来的外部世界的交错，是一个令人眼花缭乱的世界。东南亚历史古迹的魅力在于各民族文化在多样的生态环境中不断流动与交融中而产生活力。

## 第二节　研究内容概述

### 一、研究缘起

吴哥建筑群是吴哥文明的标志，在这一时期建造的纪念碑于1992年被列入濒危世界遗产名录。截止目前，柬埔寨共有三处世界文化遗产均属于吴哥文明。自1973年以来，由于战争和政治不稳定因素，吴哥遗址基本上没有得到实质性的保护。吴哥直接受到战争的破坏，但更严重的是由于长期疏于管理，导致文物的大量非法贩卖，加之热带植被侵蚀建筑结构，蝙蝠粪便侵蚀砂岩，使吴哥遗址变得岌岌可危。

1989年柬埔寨交战各方民族和解在望，西哈努克亲王向联合国教科文组织（UNESCO）及国际社会发出“拯救吴哥”的呼吁。此时，“拯救吴哥”成为联合国教科文组织在文化领域最重要的使命之一，同时也成为其拯救“人类遗产”的道德义务。对于柬埔寨人来说，“拯救吴哥”将成为民族和解、和平、恢复往日辉煌、民族威信和希望的象征。吴哥巨大的历史重要性，以及它的全球声望，导致了前所未有的国际援助的涌入。自20世纪90年代初以来，包括法国、日本、中国、印度、美国、德国、意大利和澳大利亚在内的20多个国家共捐赠了数百万美元来帮助柬埔寨保护这些寺庙遗址[1]。

---

〔1〕 Tim Winter, Post-conflict Heritage and Tourism in Cambodia: The Burden of Angkor, *International Journal of Heritage Studies*, 2008, 14-6, pp. 524-539.

吴哥世界遗产一直被认为是最大的考古遗址之一，但在保护与发展、所有权与展示之间也存在着严重的问题。因此，对吴哥世界遗产的研究可以为其他世界遗产的管理提供有益的参考，或为未来世界遗产的建设提供方向。

若以1860年亨利·穆奥“重新发现”吴哥算起，截止今日吴哥的发现史已有160余年；若以1900年法国远东学院的成立为标志，到今天吴哥保护研究已经有120余年历史。可以说，不管是吴哥的发现史还是保护研究史都有一个多世纪的时间。面对如此长时段的历史，作为后学者理应对这百年的吴哥保护历史进行适当的梳理和总结。

英国哲学家罗宾·柯林武德（Robin Gcorge Collingwood）说：“一切历史都是思想史”[1]。梁启超先生则把哲学史、史学史、社会科学史、自然科学史等并列，称之为学术思想史。历史研究是要以人为本，从人出发向人回归，历史学的功能就是帮助人们知人论世[2]。而考古学作为历史学科的重要组成部分，其本质是通过研究考古材料来了解古人的行为、社会与文化变迁，也就是说要“透物见人”[3]。

如上所述，吴哥见证了不同时代的学者在此留下的足迹。虽然这些学者都是从考古学或建筑师开始吴哥保护工作的生涯，即对特定地区和过去物质文化感兴趣，但作为后学者发现，将现在的实践与当代背景分开是不可能的：因为这一背景显然包含了很多棘手的问题，如政治、经济、宗教、种族对抗以及对历史古迹的操纵。当然，也包含着受过西方教育的专家或精英，在这个吴哥保护研究百年历史的领域中，存在的各种偏见和文明傲慢。

同时，现代的人们应以何种态度来对待吴哥呢？日本学者桃木至郎曾说：“我们需要以谦虚的姿态向被认为是贫困、落后的文化和生活环境学习”[4]，学习他们在严酷的自然环境下所创造的世界奇迹与文化遗产。这一点对中国的学者具有极大的现实意义，随着中国的崛起，中国国民到东南亚（尤其是柬埔寨）旅行的人数日渐增多，面对东南亚地区的发展中国家，国民应该表现出谦虚尊重的态度和“石泽式”的人文情怀[5]。

无论成功与否，吴哥遗产无疑具有不可思议的威力。它在现代柬埔寨社会中扮演着重要的角色，与政治、权力、身份、归属感和经济有着不可分割的联系。吴哥遗产不能被忽视，它需要得到极大的尊重，认识到这一点可能在新的社会和政治重建时期比其他时期更重要。物质遗存，包括遗址，具有巨大的力量，在民族记忆中起着重要的作用，无论是记忆还是遗忘。希望读者会发现本书中具有发人深省的问题，抑或是发现至少有助于使问题更加清晰的线索，并激发进一步的讨论。

## 二、研究内容概述

本书稿的撰写过程，主要在外文资料搜集、翻译、筛选、汇总、修订、完善等相关阶段性研究成果的基础之上开展的，资料的使用截止到2020年底。围绕吴哥考古与保护史研究的主题，本书稿的正文部分可以大致厘定为七章，每章内容各有侧重，现将内容概述如兹，以供读者参考。

〔1〕（英）柯林武德著，何兆武、张文杰译：《历史的观念》，北京：北京大学出版社，2010年。

〔2〕蔡鸿生：《读史求识录》，广州：广东人民出版社，2010年。

〔3〕陈胜前：《作为科学的考古学》，《东南文化》，2015年第2期，第9页。

〔4〕（日）石泽良昭著，瞿亮译：《东南亚：多文明世界的发现》，北京：北京日报出版社，2019年，第326页。

〔5〕孙来臣：《东南亚：多文明世界的发现·序》，北京：北京日报出版社，2019年，第11页。

第一章为绪论。第一节主要对吴哥进行一个总体背景介绍；第二节则对前吴哥时期（扶南政权、真腊政权）、吴哥时期、后吴哥时期的历史进行了简要介绍，重点梳理不同时期纪念碑建筑的始建年代；第三节针对吴哥考古与保护工作进行分期，共分为五个时期，分别为初始期、发展期、持续发展期、缓慢发展期、大发展期。

第二章介绍了吴哥考古与保护初始期。在本章节中主要对西班牙、葡萄牙、英国、德国、法国的传教士、早期东方学者、探险家、殖民地军官进行的早期探险活动逐一介绍，其中对法国早期探险活动中的穆奥、湄公河探险队、德拉波特探险队进行重点介绍。同时，伴随着法属印度支那殖民地联邦政府的建立，法国殖民者为了更好的统治法属印度支那，在殖民地政府、法兰西文学院的支持下，决定仿效希腊学院、罗马学院在东方建立研究机构，这所机构暂命名为法属印度支那考古调查团（Mission archeologique de l'Indochine），并制定条例开始对法属印度支那联邦境内的历史古迹进行考古调查活动。

第三章介绍吴哥考古与保护发展期，也是全书重点论述内容之一。第一节介绍了法国远东学院的成立、发展及组织管理，分别从学院成立背景、学院特色、组织管理及发展变迁四个方面来展开论述。

第二节介绍了以法国远东学院为活动主体的学术组织，对吴哥考古与保护所开展的活动。由于这段时间较长（近 50 年），同时也为了行文逻辑上的清晰，因此又把这 50 年分成三个小节来逐一阐述。第一小节以 1900—1919 年的 20 年活动为时间段。在这段时间里远东学院组织力量对法属印度支那境内的吴哥遗址进行考古调查和小规模的发掘活动。期间最重要的事件当属 1907 年吴哥地区重新回到柬埔寨，这极大的丰富了吴哥遗址数量。同时，鉴于吴哥地区丰富的旅游资源，远东学院成立了“吴哥考古公园”。第二小节以 1920—1939 年的 20 年活动为时间段，这也是吴哥考古与保护活动迎来的第一个小高潮。这一时间段的保护活动主要集中在吴哥核心区附近，并由此产生了对后世影响较为深远的学术研究观点及古迹保护理念。第三小节以 1940—1952 年的 13 年活动为时间段。这一时间段的吴哥考古与保护活动不仅在吴哥核心区开展，同时扩展至湄公河三角洲地区，并在此进行考古调查与发掘活动。期间，以吴哥通王城（Angkor Thom）内王宫（Royal Place）遗址、湄公河三角洲俄厄（OC-EO）遗址为代表的考古发掘活动，代表了这一时期最高的考古发掘水平。第四小节则是主要讨论殖民体系下的远东学院对吴哥所采取的管理活动，一方面出于对巩固殖民统治的需要，另一方面则出于东方研究的需要。出于以上目的，远东学院以极大的热忱投身到吴哥的保护活动中，积极制定相关的政策法令，最终以法令的形式对吴哥进行保护管理。这些活动主观上促进了吴哥的保护，但是客观上却加速了吴哥文物的流失，其通过贩卖吴哥文物和政治“献礼”来博取欧美国家甚至是日本军国主义的认可与保护的做法，成为了远东学院历史上“黑暗”的一面。

第三节着重介绍了远东学院在历史学、语言学、民族学、图像学、碑铭学方面所取得的成就。这些研究成果主观上提供了法国殖民者“文明使命”的合法性，客观上促进了吴哥文明的复兴。

第四章是吴哥考古与保护持续发展期。其中，第一节是远东学院在柬埔寨民族独立以后的一些工作情况，尤其对王宫遗址进行了重点发掘工作。同时，柬埔寨的文物工作人员开始尝试着对吴哥遗址进行调查和小规模的发掘工作。第二节介绍二战之后吴哥考古与保护工作中的成就。主要体现在：考古学在吴哥保护工作中的作用愈发明显；吴哥考古与保护工作不断得到升华；工作队伍的科学化与正规化；具有考古知识背景的负责人出现；新技术、新方法应用及新成果的不断涌现。第三节主要反思殖民时期和内战爆发之前的吴哥考古与保护活动，主要从两个方面展开：一是对吴哥保护实践理念的发展进行梳理，从加固支护方法到原物重建法再到全面的原物重建法，并对不同时期的理念进行评述；

二是对远东学院近半个多世纪的考古资料，以批判的眼光进行审视并指出其中不足。

第五章简要介绍了吴哥考古与保护缓慢发展期。从20世纪70年代始，柬埔寨国内持续战乱，战争阴霾下的吴哥也受到了极大的破坏，从而导致了吴哥被遗弃了近20年。同时，持续的内战也给柬埔寨文博专业人才造成重大损失，以至于出现人才“断层”现象，吴哥考古与保护工作处于缓慢发展状态。及至20世纪80年代，随着柬埔寨国内局势的稳定，笼罩在吴哥上空的战争阴霾逐渐散去，吴哥考古与保护工作也在慢慢的复苏，日本上智大学（Sophia University）、法国远东学院、印度考古局以及波兰工作队的身影开始出现在柬埔寨吴哥遗址内。

第六章着重介绍吴哥考古与保护大发展时期，亦是全书的重点内容之一。从1989年，柬埔寨向联合国教科文组织（UNESCO）提出保护吴哥的请求，到1992年吴哥古迹被列入《世界遗产名录》，同时被列入濒危遗产名录，再到2004年吴哥从《世界濒危遗产名录》中移除，这一切都离不开联合国教科文组织倡导下各国积极参与的国际拯救吴哥行动。

截止到2020年，已有21个国家/国际组织共实施了大约139项与吴哥保护有关的项目。因此可以说，这是吴哥考古与保护的大发展期，而这一切要从法国远东学院重新回到柬埔寨开始算起。远东学院首先对吴哥基础材料进行重新整理，为达到资料共享的目的，之后对纸质资料进行电子化，提供给致力于吴哥考古与保护工作的各国文博单位。同时吴哥考古与保护工作也经历了古迹保护十四年（1990—2003年）、可持续发展十年（2004—2013年）、可持续发展与综合治理（2014年至今）三个阶段，在这三个阶段中不仅有古迹保护修复项目而且还涉及到了可持续发展项目（人员培训、教育、水资源管理、生态保护与建设、遗产地内居民减贫脱贫工作等），从全方位、多角度的视野来保护吴哥遗址。

第七章简要分析吴哥世界遗产保护成就与认识。重点介绍了在联合国教科文组织的指导下，吴哥保护工作在考古学、遗址保护、管理机构、人力资源建设及管理政策方面所取得的成就。其次，重点分析了吴哥对柬埔寨经济发展的作用，这种作用不仅有好的一面，譬如带动经济的发展提高当地居民生活水平；另外，吴哥遗址承担着一定的政治愿景，同时也因对吴哥遗址的过度开发而产生的负面影响。最后，通过梳理对比联合国教科文组织拯救的世界遗产，初步总结提出了吴哥保护工作的特色、面临的一些问题及相应的措施建议。另外，又指出做好吴哥保护工作“去殖民化”是一项艰巨且重要的工作。

毋庸讳言，本书对吴哥考古与保护史的研究是不完整的，也仅仅是体现了吴哥考古与保护的发展历程，对考古与保护工作中所体现出来的理念概括也是较为笼统的。面对有着100多年考古与保护历史的古迹，本书中的一些点评可能是非常粗浅，甚至是偏颇或有待商榷的。作为一部由中国学人撰写的吴哥考古与保护史著作，囿于笔者学识浅陋，各方资料挂一漏万，错误难免，敬请方家批评指正。

## 第三节　相关概念的界定

吴哥遗址群是指在9世纪至15世纪，由古代高棉王国（主要是吴哥时期的政权）遗留下来的大量纪念碑建筑[1]、都城遗址、水利设施等遗存，分布在库伦山以南、洞里萨湖（Tonle Sap）以北的平原和少数山地上，这里曾经是古代高棉王国的都城所在地。由于古代高棉王国在东南亚文明史中占有举足轻重的地位，吴哥遗址群也成为了东南亚地区乃至全世界最著名的历史古迹之一。其中，以吴哥寺

〔1〕本书中的“纪念碑建筑”指的是具有历史价值的古代建筑遗址。

（Angkor Vat）为代表的石质寺院建筑群独树一帜、规模巨大，许多寺院、水池等遗存密布于今天的暹粒市吴哥地区。这些以石质建筑为主体的建筑群以其宏大规模和精美的石刻浮雕，凝聚着吴哥文明的智慧和创造，具有极高的历史、艺术和社会价值。

如何定义吴哥文明的概念和框架？人们需要了解吴哥遗址建造之前的悠久历史，而吴哥文明这一概念有助于更好地了解它们的背景和发展。但是，这一概念究竟应该建立在什么样的基础之上呢？文章、报告是否应该按时间顺序，与所确定的各种建筑风格相对应，不仅包括现在的柬埔寨，还包括泰国、越南和老挝的部分地区？还是应该只关注吴哥时期，根据法国学者的说法，该时期始于 802 年国王阇耶跋摩二世（JayavarmanⅡ，802—834 年）的到来，结束于 1432 年左右，当时该遗址被蓬黑阿・亚特国王（PoeaYat，1432—1467 年）遗弃？但即使采用后一种方法，吴哥文明的地理框架也远远超出了今天柬埔寨的边界。今天的考古证据有语言学的支持，因为“吴哥”这个名字来自梵语 nagara（城市、城镇），与城市和城邦古老概念联系在一起，也就是说，附属于首都的领土单位，然后延伸到所有剩余地方的领土或在其控制下的领土[1]。

纵览中国古籍对古代高棉王国的记载，其中以“吉蔑”之名见于古籍甚早。《旧唐书・真腊传》载：“真腊国，……，本扶南之属国，昆仑之类。”“南方人谓真腊国为吉蔑国。”[2]《新唐书・真腊传》也载：“真腊一曰吉蔑，本扶南属国”[3]。可见，早在中国唐代便有了“吉蔑”之名的出现，而且同“吉蔑国”相伴出现的还有“扶南国”和“真腊国”（Chenla）。真腊本来是扶南的同一族群建立，也曾是扶南的属国，在 6 世纪的时候，这个属国征服了扶南一部分的土地，到了 7 世纪的中叶兼并了扶南。

早在 1—7 世纪的扶南政权，其强盛时领土范围大致以今天的湄公河三角洲为核心，西达今缅甸东部，南抵马来半岛北部，北至今老挝[4]瓦普寺附近，南邻泰国湾。而到了 7—8 世纪的真腊政权，据古代柬埔寨碑铭记载，其都城伊奢那补罗（Ishanapura）在今天的三坡布雷库遗址（Sambor Prey Kuk），向北可达老挝境内的瓦普寺，向南则占领扶南政权的全部领土。此一时期学者称之为“前吴哥时期”。

吴哥时期则主要是指从 802 至 1431 年。囿于当时暹罗[5]占领吴哥都城，国王于 1432 年将首都迁移至境内的东南部。在此期间，王国都城一直在吴哥附近，这是古代柬埔寨历史的古典时期，有着令人惊叹的纪念碑建筑、艺术作品和梵文碑铭，同时也是王国疆域范围最大的时期，东至占婆（今越南中部）、西抵今缅甸东部、北接今老挝瓦普寺附近包括今泰国的东北部，南邻泰国湾。

因此说，扶南是真腊的前身，而真腊是扶南的承继者。但是真腊又是吴哥时期高棉王国的前身，后者是对前者的承继，因此不只扶南与真腊是同一种族。真腊与吴哥时期的高棉王国也是同一种族，三者都是属于吉蔑族，因此可以说扶南人是真腊人的祖先，也是今日柬埔寨人的祖先。在历史上，该族群继续不断的居住在柬埔寨这个地方，虽然国名几经改变，可是主要的民族却还是一个。因而，扶南、真腊与古代柬埔寨的历史也是一个民族的历史[6]。

〔1〕H. E. Son Soubert，A Museum of the Civilizations of Angkor：prospects and proposals，*Museum International*，2002 Vol. 54 No. 1-2. pp. 76-81.

〔2〕（后晋）刘昫等撰：《旧唐书》卷一九七《南蛮西南蛮传》，北京：中华书局，1975 年，第 5272 页。

〔3〕（宋）欧阳修、宋祁等撰：《新唐书》卷二二二下《南蛮列传下》，北京：中华书局，1975 年，第 6301 页。

〔4〕老挝在 1707 年后分裂为三个王国：琅勃拉邦、万象、占巴塞。

〔5〕暹罗一名是明洪武九年（1376 年）明太祖赐予其国，之前暹罗是以“暹罗斛国”来明朝贡。在元朝罗斛国和素可泰（暹国）分别来中国朝贡，而罗斛国首都在乌通（Uthong），乌通王为了制衡素可泰，将女儿许配给北方清迈泰王族一名王子。这名王子其后继位为乌通王又征服了素可泰，迁都阿瑜陀耶城，自称“暹罗斛国”向明朝入贡。

〔6〕陈序经：《陈序经东南亚古史研究合集》（上卷），香港：商务印书馆，1992 年，第 513-514 页。

本书中“吴哥考古与保护”的对象主要是以吴哥时期（802—1431年）的纪念碑建筑、城址、水利设施等遗存为主要介绍对象。同时，囿于前吴哥时期、后吴哥时期的遗存保留较少，且吴哥时期的高棉王国与扶南、真腊政权，在建筑风格、生活习俗等方面一脉相承、同宗同源，所以本书中所涉及到的吴哥遗址主要包括前吴哥时期（扶南政权、真腊政权）、吴哥时期及后吴哥时期所遗留下的遗存（图1）。

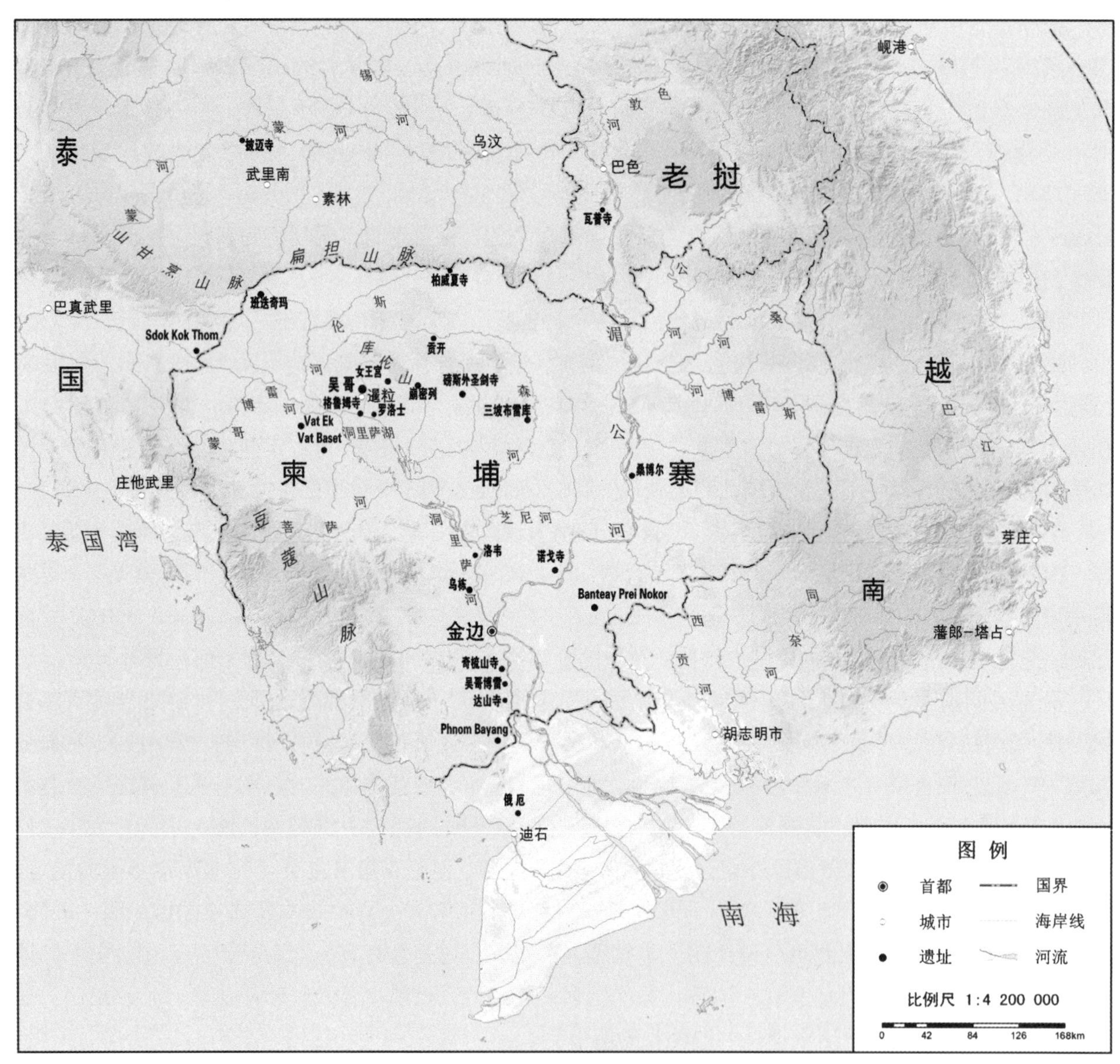


图1　吴哥主要遗址分布图

另外，由于吴哥遗址中绝大多数是以建筑遗址为主，在对遗址进行维修保护的时候，首先要进行考古发掘工作，以厘清建筑的具体规模，并找到建筑的危险所在，为之后的建筑修复提供数据支撑，并将相关历史和考古研究贯穿修复工程的始末。因此可以说，吴哥的考古与保护工作是相伴相生，故此在书中阐述的时候并无刻意突出某一方面。

# 第一章　绪　论

1992 年，柬埔寨境内的吴哥遗址被联合国教科文组织以濒危遗产的形式列入《世界遗产名录》。1993 年，由联合国教科文组织出面，法国和日本牵头组织国际上多个国家和国际组织发起“国际拯救吴哥行动”，从此揭开了有史以来规模最大的国际文化遗产保护合作行动的序幕。

及至 2004 年，第 28 届世界遗产委员会会议在中国苏州举办，世界遗产委员会表示，联合国教科文组织自 1993 年发起的吴哥国际保护行动是一个“成功的故事”。吴哥顺利从《世界濒危遗产名录》中移除，而吴哥国际保护行动持续开展至今，已成为全球范围内文化遗产保护国际合作的典范。

吴哥考古与保护工作所涉及的国家之多、方法之纷杂，都是前所未有的，有必要通过梳理各国在吴哥保护工作中的理念、方法和经验，并对其进行比较研究和总结。从历史的角度来考察吴哥考古与保护史，这两个具有亲缘关系的学科，探究其思想上的沟通与流转，对其总结、比较和归纳，为后来者继承和借鉴世界各国的考古与保护理念具有重大的意义。

## 第一节　走进吴哥

吴哥（Angkor）之名源于梵文“Nagara”，意为“神圣的城市”，是梅鲁山（Mount Meru）在地球上的代表，是神的所在地。泰文写为 Nakhon，柬文写为 Nokor 或 Ongkor。

“吴哥”是个现代概念，随着现代民族主义的兴起，吴哥已成为柬埔寨失去的荣耀和独特性文明的象征，也成为权力与民族认同的象征。吴哥寺（Angkor Vat）[1]自 19 世纪以来，它的建筑轮廓就出现在柬埔寨的国旗和货币上，直到今天，它仍然是地区和“国际”佛教朝圣以及柬埔寨国王及其臣民的文化、政治肯定的活跃场所。因此可以说，吴哥已成为柬埔寨人心中永恒的图腾。

### 一　从丛林废墟到全球典范

一般来说，在研究吴哥早期历史时，学者们必须依赖外国资料，包括访问高棉王国首都的官员、传教士和旅行者的记录。其中包括 13 世纪后期中国外交官周达观的著名报告；后吴哥时期的记载，要肇始于 1600 年葡萄牙人的报道，1772 年日本朝圣者绘制了第一幅吴哥寺平面图，将柬埔寨记为暹罗人统治下的朝贡王国；直到 1850 年代中期，以及 1860 年之前，欧洲人随机短期访问的报告，例如法国传教士查尔斯 – 埃米尔・布耶沃（Charles–Emile Bouillevaux）。之后是法国博物学家亨利・穆奥的

〔1〕 这座 12 世纪的寺庙由国王苏利耶跋摩二世（1113–1150 年）建造，供奉毗湿奴，依据 17 世纪的碑铭可知，其古代名称是 VrahVisnuloka 或 BrahBisnulok。然而，“吴哥寺”的称谓（法语为 AngkorVat，高棉语中为 NokorVat，来自梵文 – 巴利文组合 nagara–vata）已被广泛接受。

著名报告。紧接着在1865年，法国指挥官杜达尔·德·拉格雷开始执行一项任务，特别是对湄公河上游进行探索，以促进法属印度支那[1]的政治和商业能渗透到中国云南。最后在吴哥进行的探险任务，是由探险家和艺术家路易斯·德拉波特在1874年进行的，他更详细地研究了高棉艺术和建筑。他对吴哥寺的浅浮雕进行复制，还把一些来自圣剑寺的石构件和造像运到巴黎的万国博览会上展出（1878年）。

事实上，在法国、英国和德国的殖民展览期间，吴哥建筑遗址和柬埔寨的艺术与文化成为讨论和发展的话题。欧洲的建筑师、工程师和艺术家，通过在展览建筑或宫殿内的创作时，展示了他们对艺术和文化的新想法。这反过来又带来了新的景观视角，并吸引游客了解柬埔寨人民的历史、文化、宗教和传统[2]。

1906年，柬埔寨西索瓦国王（Sisowath）在对法国进行国事访问期间，向欧洲人介绍了柬埔寨的文化遗产，因此他的访问被大众媒体广泛报道，不仅在法国杂志上发表了一系列插图丰富的文字，而且也在世界各地发表。

同时，法国人开始着手一项"传播计划"来描绘70年来的柬埔寨文化。从亨利·穆奥的专著、拉格雷和德拉波特的使命、法国远东学院（EFEO）和吴哥保护区的创建，以及1931年巴黎殖民展览的第一次印象开始。随后，吴哥遗址的所有管理与修复活动、考古研究、绘图、测绘、摄影等，继续集中在考古公园内。吴哥保护区的负责人和远东学院的研究人员，撰写并出版了许多关于这些寺庙遗址的指南和综合研究。法国人强调其在保护吴哥遗址和向西方介绍柬埔寨文化遗产方面的作用。

1953—1970年，在诺罗敦·西哈努克治理柬埔寨期间，作为国家的"舵手"，他模仿历史上高棉王国的国王，特别是伟大的国王阇耶跋摩七世（Jayavarman Ⅶ，1181—1219年）。在法国学者和研究人员的支持下，国王任命伯纳德·菲利普·格罗斯利埃（Bernard-Philippe Groslier）继续领导并执行吴哥保护区内的管理、研究、重建和修缮吴哥遗址的使命。西哈努克亲王还通过组织许多国家活动的文化表演艺术项目，继续突出吴哥在文化遗产外交中的地位。例如，皇家芭蕾舞团的古典舞蹈曾为访问柬埔寨的世界领导人，以及国王在国外的所有国事访问活动期间进行表演。他还拍摄了以吴哥为背景的电影，以展示柬埔寨的文化遗产和景观。

柬埔寨内战期间，吴哥成为当地人民躲避朗诺（Lon Nol）政府军与红色高棉（Khmer Rouge）政权冲突的安全庇护所。20世纪80年代，只有日本、法国、印度和波兰在多年战争后成为支持和帮助柬埔寨进行吴哥研究保护的国家。

1989年，当和平曙光重现柬埔寨之后，柬埔寨联合政府主席西哈努克亲王向联合国教科文组织提出了保护吴哥的请求，并在法国、日本国的帮助下，吴哥于1992年被联合国教科文组织列为濒危世界遗产。吴哥自被宣布为世界遗产以后，吴哥国际保护与发展协调委员会（Interational Co-ordinating Committee for the Safeguerding of the Historic Site of Angkor 简称"ICC-Angkor"）、暹粒/吴哥地区保护与发展管理局（Authority for Protection and Management of Angkor and the Region of Siem Reap 简称"APSARA"）

[1] 印度支那这个名字的词源揭示了它的现代谱系。1570年，"安特卫普公民和西班牙国王菲利普二世的地理学家"亚伯拉罕·奥特利乌斯（Abraham Ortelius）将整个地区命名为"恒河以东"、"印度以外的恒河、恒河以外的印度"（Ortelius 108），1873年出版的《19世纪通用大辞典》下的印度支那条目仍然提到"跨印度河或恒河以外的印度"这个名字。关于谁创造了印度支那这个名字的证据存在矛盾。一个消息来源声称"印度支那"是一个由地理学家Malte-Brun伪造的词。Conrad Malte-Brun，1775年出生于丹麦，1821年是地理学会的联合创始人。曾有人断言印度支那这个名字是由"John Leyden（1775-1811），苏格兰诗人和东方学家"发明的。

[2] Chanratana Chen，Angkor Wat：A transcultural history of heritages，*Journal of Southeast Asian Studies*，2021，52-1，pp. 133-140.

相继成立[1]，负责吴哥的管理和制定保护计划，从1993年到现在，柬埔寨政府和国际机构共同努力保护和修复吴哥遗址。2004年，吴哥顺利从《世界濒危遗产名录》中移除，而吴哥国际保护行动成为全球范围内文化遗产保护国际合作的典范。

## 二 吴哥遗产的价值

吴哥曾是古代高棉王国9—15世纪的首都，当时的高棉王国是东南亚最强盛的国家。古代高棉王国在中国文献中曾先后被称作“真腊”、“吉蔑”、“占腊”，而“柬埔寨”一词最早出现在16世纪末至17世纪，《明史·真腊传》载：“其国自称甘孛智，后讹为甘破蔗，万历后又改为柬埔寨”[2]，万历中期改为“柬埔寨”，是由福建方言记音形成的。此外还有称为甘武者、甘菩者，这些名词均为Kambujade的同名异译。吴哥时期高棉王国曾在暹粒周围先后兴建过数个都城，所以吴哥实际上是这一区域历史古迹的总称。

吴哥是一处展示着文化、宗教和象征价值的重要遗址，有着重要的建筑、考古和艺术价值。它体现了柬埔寨宗教艺术的最高成就，其重要遗址有60多处，各类建筑遗址约600余座，遗址范围约45平方千米，大部分建于802—1431年古代高棉王国时期。同时，APSARA局在2009年推出的《吴哥保护与可持续发展国际合作15周年报告中》[3]，细化了对于吴哥突出普遍价值的论述：（一）吴哥建筑群代表9—15世纪的完整高棉艺术，其中包括众多毫无争议的艺术杰作（如吴哥寺、巴戎寺、女王宫等）；（二）古代高棉王国的发展对高棉艺术独特的演进史起到了关键作用，深远影响了东南亚的大部分地区；（三）9—15世纪的古代高棉王国疆域包括东南亚大部，影响了该地区的政治和文化发展，丰富的砖石结构宗教建筑是该文明的所有遗存；（四）高棉建筑很大程度上由印度次大陆建筑风格演化而来，很快形成了自己的独有特点，有些是独立发展的，有些吸纳了邻近的文化传统，其结果是形成了东方艺术和建筑中的独特艺术风格。

吴哥及其周边区域具有以下特点：它是一处以历史悠久的宏伟古迹和城市遗址为特色的考古公园，在遗址和古迹间的景观中遍布古老的建筑物（古老的交通要道、人工水池、环壕、运河和桥梁）或新建设施（寺庙周边地区的道路）；它拥有与古迹融为一体的自然环境，包含森林、各种地貌景观（库伦山区和多个山脉或丘陵）与历史悠久的水利系统；它是2万多人居住和工作的地方，这片遗址包含着112个村庄共有400平方千米（列入《世界遗产名录》的范围），居民主要从事农业，也从事家庭手工业和小型贸易活动；它是活跃的宗教空间，很多佛塔仍处于使用中；它也是著名的旅游胜地，随着研究、保护、展示和宣传工作的推进，增加了可看的地方和可做的事情，现已越来越受到欢迎；暹粒市是与考古公园交界的居住地，城市中心区在吴哥旅游业的带动下得到了迅猛发展。

由此可见，吴哥不仅是一处伟大的文化遗产，拥有众多的古迹和考古遗址，还是一处有着丰富河流、水池、森林和稻田资源的自然地带以及有100多个村庄，居住着2万多居民的生活地带，并且现在依然具有神圣的宗教功能。与此同时，吴哥面临着内外双重压力，即遗址内居住的村民以及城市发

[1] 为了行文上的方便，此处不对ICC-Angkor、APSARA局的相关内容进行赘述，另在第七章进行详细介绍。

[2]（清）张廷玉等撰：《明史》卷三二四《外国列传》二十二，北京：中华书局，1974年，第8396页。

[3] ICC-Angkor, 15 Years of International Cooperation for Conservation and Sustainable Development. http：// unesdoc. unesco. org/ images/0018/001890/189010E. pdf.

展和旅游的压力[1]。由于历史的变迁和人类活动的影响，在社会经济迅速发展的今天，绝大多数的吴哥遗址受到岁月的侵蚀或遭到人为的破坏，有的已濒临倒塌的危险，它们难以完整地保留原有面貌。现实告诉人们：吴哥保护工作不仅是一个国家的责任，而且也是全世界的责任。

在 1991 年 11 月，联合国教科文组织呼吁国际社会共同拯救吴哥。各国的考古学者、文物保护者、建筑专家和城市规划者纷纷提出各自保护吴哥的实施方法和建议，并积极参与实践。各国认真履行这一保护的概念，在平等的基础上相互借鉴、取长补短，为更好地保护人类的共同遗产——吴哥，贡献自己的力量。因为有各个国家的参与保护，吴哥保护工作有了很大的进展。

吴哥作为古代柬埔寨珍贵的历史文化遗产，充分体现了高棉的历史、宗教和文化传统的价值。同样，吴哥作为世界文化遗产所反映的艺术价值、历史价值、科学研究价值、宗教精神价值和经济价值等同样令人瞩目，都是人类古代文明的瑰宝。在 1992 年，世界遗产公约将吴哥列入联合国教科文组织的“世界遗产清单”中，这不仅表明古迹的价值，还表明它得到了有效的管理。按照国际古迹保护与修复宪章的精神，吴哥已被看作是人类共同的遗产，各国人民都有责任参与保护吴哥。人类历史发展的过程，就是各种文明不断交流、融合、创新的过程，加强保护人类遗产的对话有利于各个国家、各个民族互相了解与学习，有利于促进世界人类文明的丰富与发展。

## 第二节　高棉王国简史

在吴哥碑铭中，柬埔寨的居民被称为 Kambuja，即“Kambu 的后裔”，而“Kambu”则是他们民族传说中的始祖。他们的国家被称为 Kambujadesa，即“Kambuja 之国”，有时简称“Kambuja”。但这些名字可能是由撰写碑铭的印度人给他们取的。在他们的民族传说中称这个国家为 Kok Thlok（或称“大树之乡”），后来称其为 Khmer（高棉之乡）。占婆（Champa）碑铭首先将它们称为 Kambuja 或 Kamvuja，后来称为 Kvir 或高棉。九至十世纪的阿拉伯旅行者称他们为 Kamar、Kimer、Komar、Kumar 和 Khmer（吉蔑），而高棉则是 Khmer 的对音。中国古籍称呼该国为真腊（Chenla），如果不是 Kambuja 的音译，同样“真腊”一词也被中国史学家所使用。越南人则称呼为高蛮或高棉，中国华侨也称呼为高棉或高绵，皆出自 Khmer。高棉 / 吉蔑（Khmer）这个词实际上是 Kambuja 的同义词，是一个形容词通常用来形容帝国。东南亚土著人称缅栀子为 Kambuja，其花色白而清香，花瓣滑润如脂，多植寺内，以供神祇，可能 Kambuja 也是因此而得名[2]。

近代欧洲人开始频繁访问东南亚，Kambuja 变成了 Camboxa、Camboja、Camboya、Camboie、Kamboie（葡萄牙语和西班牙语）、Cambodge（法语）和 Cambodia（英语）[3]。

另外，欧美学者通常把 1—7 世纪的扶南政权和 7—8 世纪末的真腊政权称之为前吴哥时期；802—1431 年的柬埔寨历史称为吴哥时期或古典时期；1432—1594 年这段历史称为后吴哥时期[4]。下面将按照这三个分期分别对古代高棉王国的历史进行简要的概述。

---

〔1〕 中国文化遗产研究院主编：《联合国教科文组织吴哥古迹国家保护行动研究》，杭州：浙江大学出版社，2018 年，第 23 页。

〔2〕 陈序经：《陈序经东南亚古史研究合集》（上卷），香港：商务印书馆，1992 年，第 690 页。

〔3〕 Lawrence Palmer Briggs. *The Ancient Khmer Empire*. The American Philosophical Society，Philadelphia，1951. pp. 11.

〔4〕 Michael. Coe &Damian Evans. *Angkor and the Khmer Civilization*. London：Thames&Hudson. 2018.

## 一 前吴哥时期（1 世纪—8 世纪）

### （一）扶南

扶南是一个由许多部落联盟组成的城邦国家[1]，位于湄公河下游地势平坦处。《后汉书·南蛮西南夷列传》载："肃宗元和元年（84 年），日南徼外蛮夷究不事人邑豪献生犀、白雉"[2]。这里提到的"日南"是汉武帝于公元前设立的郡县——日南郡，其地在今越南南圻（法属殖民地时期称交趾支那[3]）。所谓的"日南徼外究不事"，指的就是今天的柬埔寨[4]。扶南政权时期最重要的遗存当属俄厄遗址[5]（Oc-Eo）和吴哥博雷遗址（Angkor Borei），这两处遗址是当时最著名的城市。两座城市之间有运河网络相连接，还有位于湄公河上游的瓦普寺遗址。据中国《隋书》记载，早在 5 世纪时，在老挝南部陵伽钵婆山（Lingaparvata 今称瓦普山），有一座高约 18 米的巨型天然陵伽而闻名，历代王国都在此举行祭祀山神活动。

扶南政权时期城市中心是一座被称为巴普的神庙，神庙建在小山之上。在平原地区没有小山也要堆起一座小山头，在其上建立神庙，居民区围绕在神庙四周。由于其重要城市俄厄占据着海上贸易的中心，所以往来于印度与中国的商船在此停靠和转运，城市随着海上贸易的发展而兴盛起来。

### （二）真腊

6 世纪真腊的兴起直接导致了扶南的灭亡。《隋书·南蛮传》"真腊国，在林邑西南，本扶南之属国也。去日南郡舟行六十日，而南接车渠国，西有硃江国。其王姓刹利氏，名质多斯那。自其祖渐已强盛，至质多斯那，遂兼扶南而有之。"[6]第一代真腊国王名叫拔婆跋摩一世（Bhavavarman Ⅰ，约 550—600 年）开始发动对扶南的兼并战争，第二任国王是拔婆跋摩一世的弟弟摩醯因陀罗跋摩（Mahendravarman），中国古籍里称质多斯那；到第三任国王伊奢那跋摩一世（Ishanavarman Ⅰ，约 615—635 年），设都城伊奢那补罗（Ishanapura），其地在今柬埔寨磅同省东北的三坡布雷库遗址。及至 639 年，拔婆跋摩二世成为真腊国王，到了第五任国王因陀罗跋摩一世（Indravarman I）完成了对扶南的兼并。

及至 707—710 年，真腊分裂为水真腊和陆真腊，前者位于湄公河三角洲地区，后者位于湄公河

---

〔1〕段立生：《柬埔寨通史》，上海：上海社会科学院出版社，2018 年，第 47 页；鈴木峻著：《扶南・真臘・チャンパの歴史》，東京：めこん，2016。

〔2〕（宋）范晔撰，李贤等注：《后汉书》卷八六《南蛮西南夷列传》，北京：中华书局，1965 年，第 2837 页。

〔3〕南圻（Nam Ky）越南旧行政区名之一，阮朝初年，为加强中央集权，分全国为南圻、中圻、北圻三大行政区，以打破历史上长期南北分治界限，包括从今同奈省至金瓯省、薄辽省地区，原为柬埔寨领土，18 世纪后半叶被越南占领，法国侵占越南后，改称"交趾支那（Cochinchine）"殖民地。1945 年越南民主共和国成立后，改称南部（Nam Bo），亦称南越。见东南亚历史词典编委会：《东南亚历史词典》，上海：上海辞书出版社，1995 年，第 300 页。

〔4〕段立生：《柬埔寨通史》，上海：上海社会科学院出版社，2018 年，第 20 页。持此观点的代表人苏继庼先生认为，究不事殆即 Kambujaz 之对音，而邑豪则谓其王或酋也，就俄厄遗址发掘所得遗物来看，此国在公元一、二世纪间，近与中国，远与罗马等国皆有贸易往来。见（元）汪大渊著，苏继庼校：《岛夷志略校释》，北京：中华书局，1981 年，第 74-75 页。台湾学者陈鸿瑜也认为究不事就是今天的柬埔寨。见陈鸿瑜：《柬埔寨史》，台北：独立作家，2019 年，第 20 页。但是夏鼐先生在《真腊风土记校注》一书中认为，此说根据尚不充分，似难作为定论。见（元）周达观著，夏鼐校：《真腊风土记校注》，北京：中华书局，1981 年，第 20 页。

〔5〕俄厄遗址曾经是扶南国的港口城市，遗址位于现在越南南部沿海城市迪石市以北，距离暹罗湾 25 千米处。1944 年由法国人马勒雷进行考古发掘工作，是研究扶南社会、经济的重要遗址之一。

〔6〕（唐）魏征等撰：《隋书》卷八十二《南蛮列传》四十七，北京：中华书局，1973 年，第 1835-1836 页。

上游地区。在8世纪末，约在767至787年，位于爪哇的夏连特拉王朝[1]（Shailendra Dynasty）跨海攻打水真腊，俘虏了年轻的国王罗贞陀罗跋摩一世（RajendravarmanⅠ）并将其砍头。包括后来的国王阇耶跋摩二世在内的王室亦被俘获至爪哇，水真腊成为夏连特拉王朝的属国。

## 二　吴哥时期（9世纪—15世纪上半叶）

一般认为阇耶跋摩二世（JayavarmanⅡ，802—834年）建立了高棉王国，但是大多数古籍中对他之前的经历知之甚少。阇耶跋摩二世返回真腊的时间大约在790年左右，并遵照夏连特拉国王的指示，由真腊大臣们推举他为国王。阇耶跋摩二世不是罗贞陀罗跋摩一世的族亲，而是阿宁迭多补罗（Aninditapura）国王的长孙，其父则史书记载阙如[2]。

阇耶跋摩二世返回真腊在因陀罗补罗（Indrapura）建立第一座都城，其地点在今班迭诺戈寺（Banteay Prey Nokor）附近。当他控制洞里萨湖南岸地区后，将都城搬迁至诃利诃罗洛耶（Hariharalaya）即罗洛士（Roluos）建立据点，到802年左右他来到吴哥东北部的库伦山（Phnom Kulen）上以"神王"（Devaraja）之名建立新的信仰体系[3]，重新将水、陆真腊合为一体，建立新的都城摩醯因陀罗跋伐多城，并建造皇家寺院荣成寺（Rong Chen），用以存放皇家陵伽[4]。国王每次举行祭祀仪式时都要去库伦山，但那里平地稀少岩石裸露，日常生活不便。随后国王又回到罗洛士，在那里一直统治到834年，但为了宗教活动和祭祀仪式也会去库伦山。在此时期的各种遗迹被乔治·特鲁韦（George Trouve）所发现，如埋在西池堤坝下的阿约寺（AK Yom），以及最近发现的早期山城摩醯因陀罗跋伐多城。

阇耶跋摩二世的儿子阇耶跋摩三世（JayavarmanⅢ，834—877年），据说他特别擅长猎象，但由于缺少史料其治世方面并不清楚。

因陀罗跋摩一世（IndravarmanⅠ，877—889年）出生地不详，大概与三坡布雷库家族有关。据碑铭记载，"国王的命令飞越中国、占婆和爪哇岛君主们的头顶，如同茉莉的花冠，又宛若洁白纯净的花环，保持平衡而又无微不至。"

因陀罗跋摩一世的统治区域几乎与现在柬埔寨的国土范围一致。887年，这位国王着手修建罗莱池（Lolei Baray），并用自己的名字命名为因陀罗塔塔卡[5]。他在879年建造了祭祀祖先的神牛寺（Preah Ko），之后又建造了国寺巴孔寺（Bakong）。据传，因陀罗跋摩一世着手动工的土木工程还有东池（Eastern Baray）以及初期的巴肯寺（Phnom Bakheng），碑铭中有关这位国王的最后记载是886年。

耶输跋摩一世（YashovarmanⅠ，889—910年左右）原名为耶输跋摩达纳，身体强壮，碑铭强调说他"一击铁剑使其碎成三段"。据记载，此时王国贸易网络已到达缅甸、泰国湾、占婆和中国。据说，昔日的都城耶输陀罗补罗（Yashodharapura）被从国内外带来的宝物和豪华装饰品点缀。他在国内外建造千余所印度教和佛教僧房，这些僧房也是表明统治范围的标志之一，在越南南部至老挝南

〔1〕以乔治·赛代斯（George Coedes）为代表的一种观点认为，夏连特拉王朝是扶南人后裔所建立的。夏连特拉王朝之所以不断入侵真腊是在说明他们不忘故国，希望恢复故邦。见陈序经：《陈序经东南亚古史研究合集》（上卷），香港：商务印书馆，1992年，第720页。

〔2〕Lawrence Palmer Briggs, *The Ancient Khmer Empire*, The American Philosophical Society, Philadelphia, 1951. pp. 81–82.

〔3〕神王又名"提婆罗阇"意思是指王国通过婆罗门僧侣主持的神秘仪式，王国与神合二为一，即国王化身为湿婆神或毗湿奴神，强化无限的王权权威，即所谓"神王崇拜"。

〔4〕陵伽即男性的阳具，是湿婆神的化身。国王生前会建造陵伽寺庙供奉，死后葬在陵伽寺庙内。

〔5〕"因陀罗塔塔卡"中的梵语"塔塔卡"意思为"圣池"。

部、泰国东北部均发现了数十处僧房遗址。耶输跋摩即位之后在罗洛士都城度过数年，其后修建了最早的吴哥都城——耶输陀罗补罗，城周围有环壕环绕。在都城中央的巴肯山上建造了巴肯寺，在王国的北部始建柏威夏寺（Preah vihear），同时继续修建东巴莱（东池）、格罗姆寺（Phnom Krom）、博克寺（Phnom Bok），然后他在东池的堤坝附近建造了僧房。耶输跋摩一世于910年前后过世，继承者是他的儿子赫利沙跋摩一世（Harsavarman Ⅰ，910—922年左右），此后继承王位的伊奢那跋摩二世（Isanavarman II，约922—928年）也是他的儿子。而篡夺王位的阇耶跋摩四世（Jayavarman Ⅳ，928—942年）是国王耶输跋摩一世的结拜兄弟。

阇耶跋摩四世在登上王位后，迁都至吴哥东北80千米处的贡开（Koh Ker）。伊奢那跋摩二世也随同前往，阇耶跋摩四世于921年在贡开即位，但是柬埔寨碑铭记载其即位时间为928年（伊奢那跋摩二世死后）。阇耶跋摩四世在贡开新都城安置了主神湿婆的陵迦，建造了巨大的王宫，另外还修建了许多寺院、小庙和巴莱（水池）[1]。阇耶跋摩四世于942年去世，他的儿子赫利沙跋摩二世（Harsavarman Ⅱ，942—944年左右）成为继承者，但两年后也去世，贡开作为都城的时代由此结束了。

罗贞陀罗跋摩二世（Rajendraverman Ⅱ，944—968年），将神王陵伽重新安置回吴哥，同时在吴哥地区开始大兴土木，952年在东池中央修建了东湄奔寺[2]（Eastern Mebon）、961年建造比粒寺（Pre Rup），并将此地作为新的都城。身为国王的高官，卡毗陀罗利玛塔纳（Kavindrarimathana）于952年兴建私人寺院——巴琼寺（Bat Chum）并供奉神像。帝师婆罗门雅吉纳瓦拉哈（Yajnavaraha）于967年建造私人寺庙——女王宫（Banteay Srei）[3]。罗贞陀罗跋摩二世于968年去世，其子阇耶跋摩五世成为继任者。

阇耶跋摩五世（Jayavarman Ⅴ，969—1000年左右）在东池的西岸修建了茶胶寺（Ta Keo），据说寺庙在施工的过程中遭到雷击导致建设中断而就此搁浅，国王则在1000年去世。阇耶跋摩五世的外甥优陀耶迭多跋摩一世（Udayadityavarman Ⅰ）继承了王位，但由于事故去世。阇耶毗罗跋摩（Jayaviravarman）继而成为国王统治吴哥都城，但是他与之后的苏利耶跋摩一世打了10年的内战，最终于1011年败北。

苏利耶跋摩一世（Suryavarman Ⅰ，1011—1050年）出生在今柬埔寨北部与泰国、老挝接壤的扁担山脉地区（Dangrek Mountains）。1007年，苏利耶跋摩一世兼并了今天泰国华富里一带的堕罗钵底政权[4]。1011年，苏利耶跋摩一世召集群臣宣誓效忠（今王宫遗址东塔门两侧镌刻有效忠誓言）。1025年兼并泰国中部、南部的孟族（Mon）王国领土，将高棉势力延伸至湄南河流域。

苏利耶跋摩一世修葺了王宫的围墙以及围墙内的空中宫殿（Phimeanakas）、周穗韦伯寺（Chau Srei Vivol）、西巴莱（西池 Western Baray）、西湄奔寺（Western Mebon）及柏威夏寺。优陀耶迭多跋摩二世（Udayadityavarman Ⅱ，1050—1066年）是苏利耶跋摩一世的儿子，在西池中央的西湄奔寺竖立了大型毗湿奴（Vishnu）青铜造像以及巴方寺（Baphuon）的建造。优陀耶迭多跋摩二世于1066年去世，其弟赫利沙跋摩三世（Harsavarman Ⅲ，1066—1080年左右）即位，随后在婆罗门帝师迪瓦卡拉

---

〔1〕“巴莱”是从梵语中“巴莱亚纳”派生出来，有“堤、横穿”之义。”

〔2〕位于巴莱中心的寺院成为“湄奔”，意思是“充满恩惠的母亲”，因此为了达到湄奔寺而渡过巴莱（圣池），洗净俗世的污秽，通过巴莱和湄奔二者的组合表达出宗教性的沐浴净身之义。

〔3〕根据发现的碑铭可知，女王宫始建于967年，由国王把这片土地赐给雅吉纳瓦拉哈（Yajnavaraha），后者修建寺庙，供僧侣修行者居住静修。

〔4〕堕罗钵底，又译“陀罗钵地”。中国古籍中称“堕和罗”或“投和”。堕罗钵底王国据信是孟族于6世纪至11世纪在今天泰王国北部所建立的多民族城邦王国，有证据证明该王国并非由单一的民族组成，其中很有可能包括马来人和高棉人，当时的傣族人尚未迁移进入这一地区。堕罗钵底本身则深受印度文化的影响，她对佛教的传入和佛教艺术在本地区的昌盛起过极其重要的作用。

班智达（Divakarapandita）的协助下，阇耶跋摩六世（Jayavarman Ⅵ，1080—1107年）即位。他与之前的国王都没有任何关系，据说他出生在今泰国东北部，在发现的碑铭中几乎没有留下对他的记载。这位国王以泰国东北部、柬埔寨的北部为根据地，在北部的扁担山修复了柏威夏寺和瓦普寺的扩建。

苏利耶跋摩二世（Suryavarman Ⅱ，1113—1150年）开始在吴哥地区大规模的修建寺庙，包括著名的吴哥寺（Angkor Vat）、托玛侬神庙（Thommanon）等。同时开展积极的外交活动，首次派兵进攻占婆（1123、1124年）后，又攻击大越国（1128年），他于1150年去世。随后即位的是陀罗尼因陀罗跋摩二世（Dharanindravarman Ⅱ），在其短暂执政之后，耶输跋摩二世（Yasovarman Ⅱ，1150—1165年)即位。然而，耶输跋摩二世被他的大臣、王位篡夺者特里布婆那迭多跋摩（Tribhuvanaditiyavarman，1165—1177年）于1165年杀害。这一时期的国王努力进行国内建设，建造了崩密列（Beng Mealea）、磅斯外圣剑寺（Preah Khan Kompong Svay），并在两大寺院与吴哥都城沿途设立驿站，建造小型寺庙。周萨神庙（Chau Say Tevoda）、班迭色玛（Banteay Samre）都是这一时期建造的。

因耶输跋摩二世被杀，引起王权争夺而削弱了国家力量，导致占婆于1167、1177年的入侵，双方战斗难分胜负。恰好有中国福建人航行至占城，教其王国使用骑马射箭之法，占婆遂于1177年5月沿湄公河进入洞里萨湖攻入吴哥。《宋史·占城传》载，“淳熙四年（1177年），占城以舟师袭真腊，传其国都”[1]。

阇耶跋摩七世（Jayavarman Ⅶ，1181—1219年）出生于1125年，是一位热忱的佛教徒。1165年，年逾四十岁的阇耶跋摩七世率军进攻占婆。他在磅斯外圣剑寺蛰伏了十几年，在吴哥都城被占婆占领后，特里布婆那迭多跋摩战死，阇耶跋摩七世于1177年登上历史的舞台。1181年，他在库伦山举行即位仪式，从1190年开始对外发动战争，1203年将占婆变成柬埔寨的一个州。当外患结束时阇耶跋摩七世开始对都城进行了一次真正意义上的革新，首次在吴哥通王城（Angkor Thom）建造石头城墙，在城内建造十二生肖塔（Prasat Suor Prat）、斗象台（Elephant Terrace）、癞王台（Leperking Terrace）、巴戎寺（Bayon）；在城外建造塔逊寺（Ta Som）、格劳尔哥寺（Krol Ko）、塔布隆寺（Ta Prohm）、圣剑寺（Preah Khan）、班迭克黛寺（Banteay Kedi）、皇家浴池（Sras Srang lake）、龙蟠水池（Neak Pean）等寺庙建筑。阇耶跋摩七世还建设了120所医疗机构（1186年之后）、121处驿站（1191年之后）以及道路和桥梁设施，极大地促进了王国境内物产的流通，使得这一时期的商业非常活跃。此时的高棉王国领土，西至湄南河流域马来西亚半岛的北部、北抵今老挝首都万象，东接越南中部的岘港（图2）。同时他还一改以往对印度教的信仰而皈依大乘佛教[2]。

因陀罗跋摩二世（Indravarman Ⅱ，1220—1243年）由于其父过度的征战和大兴土木耗费了大量的国力，因此他采取予民休整的国策。1238年泰人建立素可泰王朝（Sukhothai）[3]对吴哥的高棉王朝形成外部威胁。阇耶跋摩八世（Jayavarman Ⅷ，1243—1295年）统治时期南传上座部佛教成为占统治地位的宗教，并于1295年为湿婆派建立了“摩加拉陀”寺院（Mangalartha），寄托对母亲的思念。同时，湿婆派中的激进者对阇耶跋摩七世时期建造的佛寺进行破坏。1283年，元世祖忽必烈向柬埔寨派兵，由于柬埔寨及时的向元朝进贡最终没有受到攻击。在因陀罗跋摩三世（Indravarman Ⅲ，1295—1308年）继位后的第二年素可泰王朝的军队洗劫了吴哥通王城，当时元朝使者周达观在其《真腊风土记》对战后的情况均有所记载。1350年阿瑜陀耶王朝（Ayutthaya）兼并了素可泰王朝，后于

〔1〕（元）脱脱等撰：《宋史》卷四八九《外国列传》二四八，北京：中华书局，1977年，第14086页。

〔2〕（日）石泽良昭著，瞿亮译：《东南亚：多文明世界的发现》，北京：北京日报出版社，2019年，第124-137页。

〔3〕素可泰在中国古籍中称“速古台”。清迈亦称为兰那王国，中国古籍称“八百媳妇国”或“女王国”。

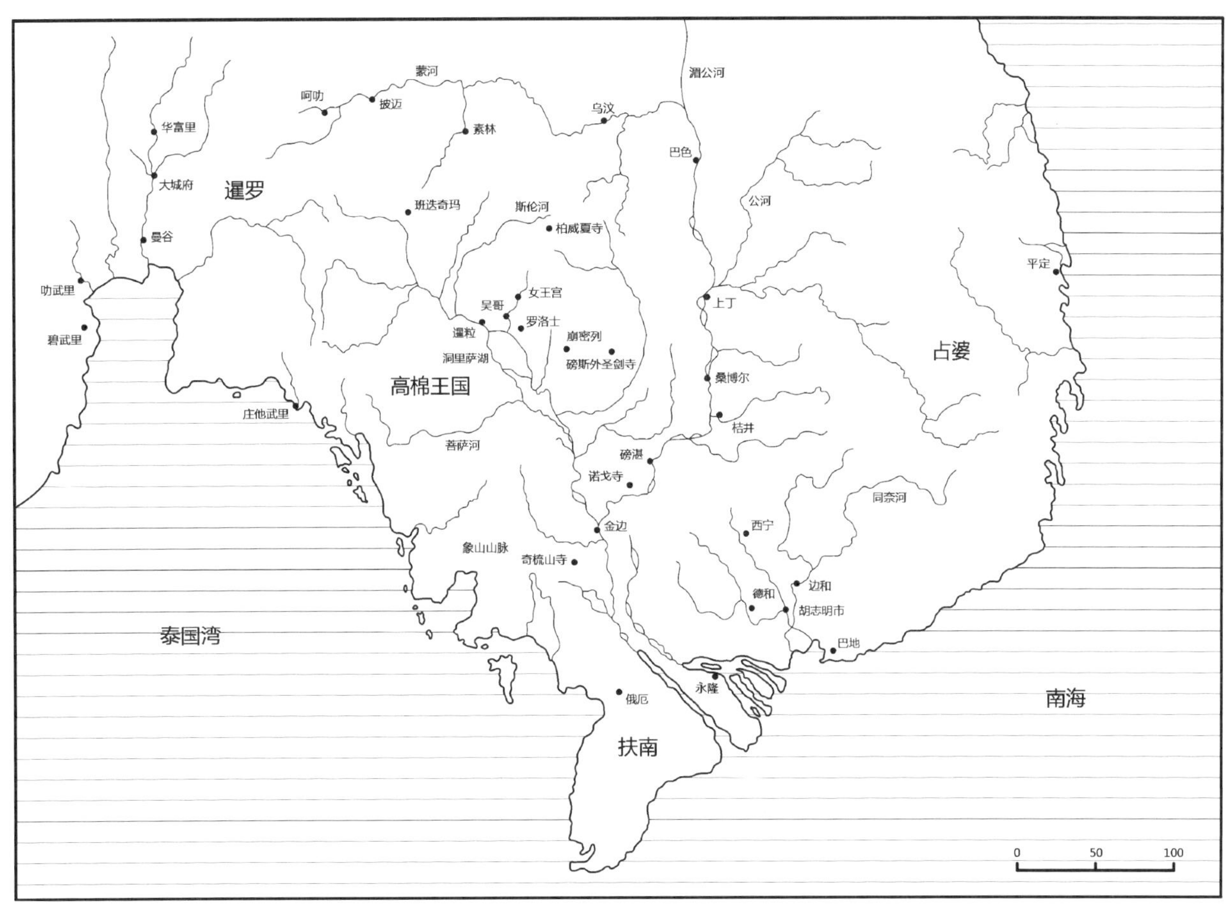


图 2　高棉王国鼎盛时期疆域图
（图片来源：John Audric. *Angkor and the Khmer Empire*，London：Robert. Hale，1972. p16）

1352、1369、1392 年三次洗劫了吴哥通王城，掠夺了大量的人口和财富。面对阿瑜陀耶（暹罗）的威胁，国王于 1432 年决定迁都。

## 三　后吴哥时期（15 世纪后半叶—16 世纪）

面对暹罗的不断进攻，刚继位的国王蓬黑阿·亚特把国都迁至湄公河东岸的巴桑，次年又迁都至金边。之后的三位国王成为了暹罗的傀儡，直到安赞国王（Ang Chan，约 1516—1556 年）执政时期开始谋求柬埔寨的独立，后在今暹粒省境内战胜了暹罗人。1528 年，他迁都到金边西北 40 千米处的洛韦（Lovek），并于次年主动袭击了暹罗的巴真武里（Prachin Buri）。1546—1576 年，萨塔一世（Satha Ⅰ）国王曾一度回到旧都吴哥通王城，并鼓励人们移居于此。1594 年，暹罗人攻占柬埔寨首都洛韦，萨塔一世国王仓皇出逃[1]。至此，吴哥晚期的历史告一段落。

从 1—8 世纪属于前吴哥时期，这个时期囿于缺乏史料的记载，给后来的研究带来一定的困难。这个时期的国家主要形态为城邦制，其国力有限没有足够的力量进行大规模的寺庙建设，所以这一时

〔1〕段立生：《柬埔寨通史》，上海：上海社会科学院出版社，2018 年，第 91–98 页。

期的遗存发现较少。

802—1431年的高棉王国历时629年，经历了25位国王。在这些国王中，有奋发有为、雄才大略者，也有碌碌无为、无所作为之辈，他们在一定程度上决定了古代高棉王国的时盛时衰。但是总的来说，这一时期是柬埔寨历史上的一个鼎盛时期，创造了举世瞩目的吴哥文明。因此，这一时期吴哥遗存发现的数量最多。

放弃吴哥都城，标志着后吴哥时期的开始。这一时期内忧外患，导致了高棉王国的衰落。国王没有心思放在敬奉天地和祖宗上，所以这一时期也没有发现重要的吴哥遗存。

## 第三节　吴哥考古与保护史分期

如果以法国人亨利·穆奥于1860年发现吴哥开始算起，那么到今天为止，吴哥的考古与保护史大概有160年的历史。吴哥保护的缘起与发展、成功与失败、经验与教训和吴哥的建筑考古学、建筑保护相互影响。它在世界考古史和建筑史中所处的位置，与柬埔寨社会发生的错综复杂关系，所有的这一切都在等待着人们去分析、归纳、总结。正如英国考古学家格林·丹尼尔（Glyn Daniel）所言："研究考古学史的重要性在于认识考古学不是一个简单的，一直向前发展的发现记录。考古学的发现和研究交织着错误的推断和伪造，以及考古学家拒绝历史对待自己工作的倾向"[1]。

正是因为如此，西方各国把考古学史的工作看得非常重要，其中较为著名的是格林·丹尼尔的《考古学一百五十年》[2]与《考古学简史》，对世界考古学产生了较为深远的影响。但是，即使是这种影响深远的书籍，对吴哥考古史甚至是中南半岛的考古史也只字未提，也许是地理上的距离及当时的政治环境，使作者无法了解该区域内的考古工作。而在中国，直到1972年由中国科学院考古研究所资料室撰写的《柬埔寨著名的历史遗产——吴哥》，是新中国成立以来第一次介绍吴哥[3]。1975年，香港中文大学出版陈正祥先生的《真腊风土记研究》[4]。该书从七个方面来对《真腊风土记》进行一个全方位的研究，其中价值最高的当属"真腊风土记的原文及注释"，虽然书中的一些观点有待商榷，但这是国人首次对吴哥进行实地考察研究。1981年夏鼐先生的《真腊风土记校注》，是目前涉及吴哥古迹校注水平最高的版本[5]。及至1986年，由中国学者编撰的《中国大百科全书·考古学》在国外考古东南亚条目下，出现了介绍吴哥的词条[6]。这三部著作均是以介绍吴哥的历史为主，没有涉及到吴哥的考古学与保护历史。

1998年日本出版的《东南亚考古学》一书，在第二章大陆考古部分中涉及到了吴哥的考古，但是篇幅较少且在内容上偏向于历史方面。但是从另一个角度来看，这是亚洲人第一次以考古的视角来介绍吴哥，因此意义重大[7]。2014年出版的《全球考古学百科全书》(*Encyclopedia of Global*

〔1〕 Glyn. Daniel，*Toward a history of archaeology*，Thames and Hudson，1981. pp. 13.

〔2〕（英）格林·丹尼尔著，黄其煦译：《考古学一百五十年》，北京，文物出版社，1987年。

〔3〕 中国科学院考古研究所资料室：《柬埔寨著名的历史遗产——吴哥古迹》，《考古》，1972年第3期。

〔4〕 陈正祥：《真腊风土记研究》，香港：香港中文大学，1975年。

〔5〕（元）周达观著，夏鼐校：《真腊风土记校注》，北京：中华书局，1981年。

〔6〕 中国大百科全书总编辑委员会：《中国大百科全书》，北京：中国大百科全书出版社，1986年。

〔7〕 坂井隆、西村正雄、新田栄治著：《東南アジアの考古学》，東京：同成社，1998年。

*Archaeology*）[1]，提供了前所未有的全面系统的考古学报道。涉及了考古理论、化学、地质学、历史、古典研究、博物馆研究、伦理实践和调查方法，以及对其遗址的分析和解释。涵盖了学科领域的广度以及其他学科所利用的那些方面。此外，还涵盖了世界所有时期和地区以及人类发展的所有阶段。这些词条的范围从特定地点的简明摘要和考古调查的科学方面，到考古概念、理论和实践、考古学和理伦的社会与政治层面的详细讨论。全书共有 11 卷，有来自 1356 位作者的 1625 篇文章和超过 11634 个交叉引用[2]。就是这么一本号称"旨在成为考古学家、文化遗产管理者和公众的权威参考书"却没有收录吴哥遗址的词条，只是在第二卷中出现了"柬埔寨文化遗产的管理"词条（Cambodia：Cultural Heritage Management，pp. 1097–1100）。可以说，近现代以来吴哥考古学一直被主流考古学所忽视、遗忘。

本研究以《法国远东学院学报》[3]（*Bulletin de l'École Française d'Extrême-Orient* 简称"*BEFEO*"）、法兰西铭文与美文学术院会议报告[4]（*Comptes rendus des séances de l'Académie des Inscriptions et Belles-Lettres*）等为基础材料，同时兼顾其他有关东南亚的期刊、书籍资料，对吴哥考古与保护工作的缘起及发展试做初步总结和探讨，以方便更多的考古学者、古建筑学者了解吴哥考古与保护工作的过去。

吴哥考古与保护史的发生和发展与越南、柬埔寨、老挝的近代社会有着密切的联系，与整个近代考古学的发生和发展更是紧密相关。欧洲人在 19 世纪中期"发掘"了这片遗址，并最终将其归属于今天居住在柬埔寨的高棉族祖先。柬埔寨是历史上著名的法属印度支那联邦的一部分，也是吴哥遗址重要的分布区域。从 19 世纪中期到 20 世纪中期，今天的越南、柬埔寨、老挝三国曾是法国控制下的殖民地，而柬埔寨则是法属印度支那殖民地体系中最为核心的区域。1953 年柬埔寨迎来独立，短暂的和平之后是持续的内战和动乱，这个时期的考古与保护工作迎来短暂的黄金时期，随后陷入艰难而又缓慢的发展时期。直到 1991 年柬埔寨重新迎来和平，吴哥考古与保护工作迎来了新的大发展时期。

因此，在考察吴哥考古与保护史的时候，就不能不考虑到上述联系。同时，吴哥考古与保护史本身的发展又有其内在的规律性和特殊性，把对这种规律性和特殊性的探讨与整个近代考古学和越南、柬埔寨、老挝近现代社会背景相结合起来，是研究吴哥考古与保护史的指导方针，在分期方面，亦是如此。

基于以上的原则并参考其他学者对考古学的分期及相关论述，本书把吴哥考古与保护史分为五期：

第一期：初始期（16 世纪—1899 年），始于 16 世纪西班牙、葡萄牙的传教士、探险家开始进入柬埔寨，并来到吴哥进行探险活动，终于 1898 年 12 月，法属印度支那总督保罗·杜美（Paul Doumer）在殖民地建立一座永久性的考古机构——法属印度支那考古调查团（Mission archaeologique d'lndo-Chine）。在这一时期里，吴哥考古与保护活动发生了质的转变[5]。在此期间，法国军人到法属

---

〔1〕 Claire Smith, *Encyclopedia of global archaeology*, New York, NY：Springer, 2014.

〔2〕 Claire Smith, *Encyclopedia of global archaeology · Preface*, New York, NY：Springer, 2014.

〔3〕 学院报刊从 1901 年开始刊发一直到今天仍在发行，学报主要介绍每年法国远东学院有关亚洲（从印度到日本）人类学和社会学各个领域的科学研究及著作。自 1970 年代以来，学报坚定地向社会科学和当代历史开放，同时保持了其在艺术史、考古学、语言学、古代史和民族学等方面的传统领域研究。

〔4〕 该报刊从 1865 年开始发行直至今日依然在刊发，其刊发内容主要涉及法国及国外（包括法国早期殖民地）的考古学、语言学和历史学。

〔5〕 EFEO, L'Ecole française d'Extrême-Orient depuis son origine jusqu'en 1920：historique general, *BEFEO*, 1921, 21, pp. 1–10.

印度支那进行探险活动，近代考古学的基本知识也随之传入法属印度支那殖民地，为吴哥保护事业的发展奠定了基础。

第二期：发展期（1900—1952年），始于1900年1月20日，殖民地政府决定将法属印度支那考古调查团改名为法国远东学院，终于越南（1954年）、老挝（1954年）、柬埔寨（1953年）三国摆脱了法国的殖民控制，成为了一个主权独立的国家。这一时期的吴哥考古与保护史是一部“殖民地的考古与保护史”，自远东学院成立以来相继对法属印度支那的吴哥遗址进行了考古调查和报道活动，使吴哥从“废弃”的状态逐渐的“复活”起来，对一些重要的吴哥遗址进行持续不断的考古发掘与保护修复，保证了一些重要遗址的完整性。同时，依据发现的碑铭，建立起了比较完整的高棉王国年代序列和历史谱系。与此同时，一系列西方考古学理论与方法被普遍运用到吴哥考古研究当中来。客观地讲，远东学院在这段时间里对法属印度支那殖民地的文化和历史作出了重要贡献，使得吴哥成为了东南亚文化研究中的显学。

第三期：持续发展期（1953—1969年），始于1953年柬埔寨取得民族独立，终于1970年朗诺（Lon Nol）发动军事政变，西哈努克亲王流亡海外。柬埔寨取得民族独立之后，促进了本国的吴哥考古与保护工作快速发展，但是由于历史的惯性，吴哥考古与保护工作继续由远东学院来执行，其后由法国资助项目，法、柬两国人员共同合作，为柬埔寨建立专门的考古研究机构，负责培养专业人才。

第四期：缓慢发展期（1970—1989年），始于1970年朗诺发动军事政变，终于1989年越南军队撤离柬埔寨。这是吴哥考古与保护工作缓慢发展的20年，由于连年的战争，吴哥逐渐的被考古学家所“遗忘”，甚至出现研究与保护工作的停滞状态，而此时玛雅文明（Mayan civilization）研究正在取得长足进步，现代考古学也几乎忽略了吴哥。

第五期：大发展期（1990年至今），柬埔寨吴哥受到联合国教科文组织及其他各国的大力援助，获得了更多的力量和资金去拯救岌岌可危的吴哥遗址。在机载激光雷达、地理信息系统、现代分子生物等科学技术的辅助下，通过考古工作人们对吴哥的历史和社会经济都有了重新的认知和理解。可以说，这一时期的吴哥考古与保护工作快速发展是同柬埔寨社会、政治、经济的稳定发展紧密相关。

# 第二章　吴哥考古与保护初始期
# （16世纪—1899年）

16世纪是一个大航海时代，是殖民主义快速发展的时期，同时也是科技走向初步发展的时代。所谓大航海时代，如果以1492年哥伦布向西航行算起，大致可分为两个阶段：15世纪末至17世纪中叶，西班牙和葡萄牙作为主要殖民帝国，重在殖民掠夺、开辟商贸路线和海外联系；17世纪中叶至整个19世纪，荷兰、英国、法国、俄国等国家逐渐崛起，在工业革命和启蒙运动的刺激下，将包括科学考察在内的帝国主义活动推向整个全球[1]。毫无疑问，第二个阶段才是欧洲中心主义真正霸占世界的时代，其所产生的关于自身和整个世界的知识与叙述，逐渐成为全世界的常识。欧洲的船队出现在世界各地的海洋上，寻找着新的贸易路线和贸易伙伴，以发展欧洲新生的资本主义。伴随着新航路的开辟，东西方之间的文化、贸易交流开始大量增加，自由贸易主义与殖民主义也开始出现。新航路的开辟，对世界各大洲在数百年后的发展产生了久远的影响。

此时的欧洲正值近代文明强大阶段，他们不仅将触角放置在欧洲本土，更伸到东方世界。在如此背景之下，葡萄牙、西班牙、英国、荷兰、法国的殖民者不远万里，来到亚洲进行殖民活动。这种殖民活动不仅包括经济殖民，也包括一定的文化殖民。他们在中南半岛的落脚处，就包括曾经的霸主“真腊”即如今的柬埔寨，而且殖民者发现了《真腊风土记》[2]，并由此引发改写近代东方考古史的关键报告。除了伯希和之外[3]，与《真腊风土记》相关的当属亨利·穆奥。他根据《真腊风土记》的记载，于1860年抵达暹粒，发现了书中记载的吴哥遗址[4]。在之后的岁月里，欧洲殖民者逐渐地渗透到柬埔寨的各个方面，同时他们也开始对吴哥进行关注，从一开始的无情掠夺到保护意识逐渐觉醒。

因此，这一时期属于吴哥考古与保护活动的初始期，但是基本上不见“古迹保护活动”，而所谓的“考古活动”主要是以探险家、商人、传教士、殖民地军官等为主的探险、考察活动。他们主要目的并不是现代意义上的“考古调查活动”，而是出于一定的政治和商业利益考虑，带有浓厚的殖民色彩。

---

〔1〕辛智慧：《重返大航海时代》，《读书》，2020年第8期，第122–123页。

〔2〕早在1819年，法国汉学家阿贝尔·雷慕莎（Jean-Pierre Abel-Rémusat 1788-1832）首次把《真腊风土记》翻译成法文《13世纪末一位中国旅行家访问柬埔寨王国的记录》（*Description du Royaume de Cambodge par un Voyageur Chinois qui a Visit Cette Contree a la fin du XIII Siécle*），由巴黎史密斯印刷公司（Imprimerie de J.Smith）出版，其中还附有译者前言及对真腊政权六百多年历史的介绍，然而这一译本在当时并未产生很大的影响。

〔3〕伯希和于1901年受聘于法国远东学院，在1902年（时年24岁）把《真腊风土记》翻译成法文《柬埔寨风俗记录》（*Mémoires sur les coutumes du Cambodge*），刊发在《法国远东学院学报》（BEFEO），1902年第2卷，第123-177页。

〔4〕何修仁著：《周达观〈真腊风土记〉研究：十三世纪末中国华人的域外访察与文化交流》，台北：花木兰文化出版社，2010年，第7页。

## 第一节　西班牙等国早期探险活动

大航海时代的柬埔寨既不强大也不富裕，而且还偏离“黄金之路”和“香料之路”，所以没有引起商人和征服者的觊觎。直到1511年葡萄牙占领了马六甲城（Malacca），这标志着东南亚各国的历史开始进入一个新的时期。直到大约16世纪中叶（1550年或1570年），当时的柬埔寨国王把大象驱赶到王国北部时，发现了丛林中有座废弃的古城。他命人将其清理出来，并把自己的王廷设在那里，这就是有“围墙的城市”。及至16世纪末，柬埔寨王国为了抵抗暹罗的入侵，开始向马六甲的葡萄牙人和马尼拉的西班牙人求援，随之士兵、商人、传教士、学者、探险家大量进入柬埔寨。在17世纪初，欧洲传教士和探险家也来参观吴哥遗址，紧随其后的是大量的欧洲其他各国不法商贩、探险家、传教士开始在柬埔寨逗留（表1）。

**表1　不同国家在柬埔寨进行的早期探险活动统计简表**

| 国　家 | 代表人物 | 时　间 | 活动内容 | 备　注 |
|---|---|---|---|---|
| 西班牙 | 加斯帕・达・克鲁斯 | 1555年 | 柬埔寨进行传教活动 | 多明我会 |
| | 安塞瓦 | 1580年 | | |
| 葡萄牙 | 迭戈・德・科托 | 16世纪 | 柬埔寨进行探险活动 | 探险家 |
| 英国 | 约翰・汤姆森 | 1866年 | 到吴哥进行调查活动，并拍下了吴哥寺的第一张照片 | 殖民地官员 |
| 德国 | 阿道夫・巴斯蒂安 | 19世纪 | 深入到吴哥并绘制了第一张地图 | 地理学家 |

### 一　西班牙与葡萄牙

最早进入柬埔寨的是多明我会[1]的西班牙传教士加斯帕・达・克鲁斯（Gaspar da Cruz）。他于1555年从马六甲前往柬埔寨，开始传播最初的福音，但是传教活动失败。继加斯帕・达・克鲁斯后的1583年，多明我会传教士卡尔顿和马蒂尝试再次在柬埔寨传教，但遭到僧侣们的强烈反对而失败。其后多明我会又派遣了数名传教士来到柬埔寨，其中传教士安塞瓦于1580年，开始在柬埔寨各地居住的占族人、爪哇人、华人、日本人及葡萄牙商人之间传播宗教，十五年间使大约五百人改宗。1585年，柬埔寨国王哲塔一世发布命令流放全部传教士，及至1593年，柬埔寨国王又派使者赴马尼拉请求派遣传教士[2]。而在16世纪后半叶葡萄牙人迭戈・德・科托（Diogo do Couto）对吴哥的描述，是这一时期对吴哥最为详尽的记录。科托记述了一座“宏伟而不可思议的城，它在柬埔寨王国的森林中被发现，人们看到了它的建筑和位置”。

他进一步写道：“这座城市是方形的，有四座大门，另外还有一座是王宫的大门。有一条护城河围绕着这座城，河上有五座桥，桥两边都由巨人把守的警戒线，这些巨人的耳朵都穿了孔，而且非常长。……每座城门入口处装饰华美，以至于之前来到这里的人说它们简直就是一块石头雕刻而成的。……

〔1〕多明我会（Dominican Order），一译“多米尼克派”。天主教托钵修会之一，1215年由西班牙多明我多・德古斯曼创建于法国图卢兹，1217年获教皇批准。标榜提倡学术，传播经院哲学，欧洲许多大学都有该会会士任教。1581年首批会士抵达菲律宾传教。1587–1898年，共有1755名会士在菲律宾传教。1896年菲律宾革命前夕，管辖约67万教徒。见东南亚历史词典编委会：《东南亚历史词典》，上海：上海辞书出版社，1995年，第170页。

〔2〕（日）石泽良昭著，瞿亮译：《东南亚：多文明世界的发现》，北京：北京日报出版社，2019年，第281页。

距离城半里格远，有一座叫做吴哥寺的神庙。它是一座不同寻常的建筑，简直没有办法用文字来描述，尤其是它还与世界上其他建筑都不同。它有塔，有装饰，唯有人类的天才才能够构思出来……，还有许多较小的塔，也是同类风格，也使用同样的石料，都镀上了金。这座寺庙由护城河环绕，只有一座桥可以进入，有两尊石狮子守卫，石狮子如此庞大凶猛，来人都会感到恐惧。这里还有些小的寺庙，它们的建造工艺很高，可能是王国中贵族的陵墓，如同那座宏大神庙（吴哥寺）是给国王建造的陵墓一样”[1]。

继葡萄牙传教士后，进入柬埔寨进行探险活动的是西班牙人，虽然他们的探险活动仍以失败告终，但是却引起了欧洲各国对柬埔寨的关注，而吴哥通王城无疑是受关注的焦点之一。人们为它写书或撰文，到处传播士兵和不法商贩的冒险经历，传教士则给他们的上司写一些内容更加详细的书信。欧洲各国因此得知了这座古老城市的存在：“这可是一个特殊的地方，可被视为世界奇观之一”，其中一位说。另一位则坦言，这座城看起来像柏拉图（Plato）的阿特兰蒂达（Atlantis）或共和之邦。

总之在西班牙和葡萄牙人的作品中，对吴哥通王城充满了赞叹和惊讶。

## 二　英国与德国

1855年，英国派驻香港总督鲍林（Bowring）率领使团前往曼谷，4月18日泰王拉马四世（Rama Ⅳ）被迫签订《鲍林条约》（*Bowring Treaty*）。自此，英国势力开始深入泰国。1866年2月，在驻曼谷英国领事馆的工作人员肯尼迪（H. G. Kennedy）的陪同下，约翰·汤姆森（John Thomson）来到了吴哥，并在那里遇见了杜达尔·德·拉格雷一行六人。汤姆森被吴哥寺所征服，并拍下了第一张照片（图3）。

图3　吴哥寺院落内西塔门与走廊的交汇处
（图片来源 BEFEO，2012，99）

汤姆森在其日记中写道：“许多遗址都很重要，它们与石堤连接在一起，很明显这些石堤是为了古代城市间的大规模交通而修建的。在靠近堤道的地方，你会发现巨大的石砌水池，这些水池一定是为旱季缺水而设计的。采石场离吴哥寺有30英里（48千米）远，人们很难想象，他们用什么办法把这些巨石从丘陵地带拖到都城。”（《皇家地理学会学报》*Journal of the Royal Geographical Society 1893*）

“我们在吴哥城（Nakhon）待了几天，那里毗邻原始丛林树木繁茂，在这里我们的四面八方都被废墟包围着。仅巴戎寺一座建筑就覆盖了大片地区，并在石质基础之上建造了无数的石塔。在这座城

〔1〕 Bernard-Philippe Groslier, Angkor et le Cambodge au XVI siècle d'après les source portugueses et espagnoles, *Annales du musée Guimet*, 1958, 63；B. P. Groslier, translated by Michael Smithies. *Angkor and Cambodia in the sixteenth century：according to Portuguese and Spanish sources*, Bangkok,：Orchid Press, 2006.

市的塔门外，我经历了一场现代版的‘人猿大战’。在塔门上方，高高耸立着一系列附属的塔楼，中间有一座更大的，它的顶端向我们展示了那四座塔楼古代神祇的面孔。这张照片有一部分隐藏在藤本植物下面，藤本植物把它们的纤维团成一个粗糙的花环，缠绕在被忽视的造像上。当我试图拍摄这个物体的时候，一群黑色的猿类，留着白色的胡须，沿着悬垂的树枝大声叫着，摇摆着树枝，使我不可能拍摄。当时一群法国水手，正在协助拉格雷船长研究柬埔寨的废墟，正巧赶上来，向那些调皮捣鬼的敌手们打了一枪，于是它们飞快地消失了。”[1]

同时，汤姆森在对比吴哥寺和荷属东印度群岛的寺庙遗址后，提出“高棉的寺庙中有体现宇宙空间象征性”的观点。

回到欧洲后，汤姆森便把自己所拍摄的照片拿给詹姆斯·佛格森（James Fergusson）看，于是在1867年，詹姆斯把高棉建筑纳入他的著作《世界建筑史》中。高棉艺术大概也是从业余爱好者那里，传递到了考古学家的手中。

德国地理学家阿道夫·巴斯蒂安（Adolf Bastian）也曾深入吴哥，在那里见到了很多古迹并绘制了一张地图，上面首次出现了罗洛士建筑群（Rolous）。同时，巴斯蒂安最早区分出“平地型庙宇”和“庙山型庙宇（金字塔式庙宇）”，并指出“庙山型庙宇”是宫殿；同时还提出了一些来自印度方面的参考，以解释吴哥建筑和造像的来源。

## 第二节　法国早期探险活动

法国早期探险活动主要由传教士、探险家、殖民地官员进行，正是他们的冒险活动使法国人逐渐的认识了吴哥，同时大规模的古物[2]、古迹盗掘活动也正式拉开了序幕。在1691年，法国人西蒙·德·拉·贝洛雷（Simon de La Loubère）在《来自暹罗王国》[3]（Du Royaume de Siam）一书中绘制的中南半岛地图中就已标识出了吴哥的地理位置。其中最著名的当属亨利·穆奥探险活动、拉格雷湄公河探险队、德拉波特探险队，前者被后人冠以“吴哥发现者”的称号[4]，后两者因为是官方组织的探

〔1〕JohnThomson，*The Straits of Malacca，Indo-China，and China.* New York：Harper & Brothers Pub，1875；（英）约翰·汤姆逊著；颜湘如译：《十年游记：马六甲海峡、中南半岛与中国》，福州：福建教育出版社，2019，第97页。

〔2〕欧洲国家在17世纪英文和法文中都使用古物（Antique）一词，原意是古代的，从前的。其词义接近于中国所谓的古物、古董。日文所说的“有形文化财”，近似于中国所指的文物，但其涵义和范围又不尽相同。目前，各国对文物的称谓并不一致，其所指涵义和范围也不尽相同，因而迄今为止尚未形成一个对文物共同确认的统一定义。文物是指具体的物质遗存，它的基本特征是：第一，必须是由人类创造的，或者是与人类活动有关的；第二，必须是已经成为历史过去的，不可能再重新创造的。结合中国保护文物的具体情况，把“文物”一词作为人类社会历史发展进程中遗留下来的、由人类创造或者与人类活动有关的一切有价值的物质遗存的总称。在中国“文物”二字联系在一起使用，始建于《左转》。《左转·桓公二年》载：“夫德，俭而有度，登降有数，文物以纪之，声明以发之”，此处的“文、物”原指的是当时的礼乐典章制度，与现代所指的文物涵义不同。到唐代骆宾王诗：“文物俄迁谢，英灵有盛衰”，这里的“文物”涵义接近于现代所指文物的涵义。北宋中期（11世纪），以青铜器、石刻为主要研究对象的金石学兴起，以后逐渐扩大到研究其他各种古代器物，把这些器物统称为“古器物”或“古物”。在明代和清代初比较普遍使用的名称是“古董”或“骨董”。到了清乾隆年间（18世纪）又开始使用“古玩”一词。这些不同的名称，涵义基本相同，但是很多场合，古董、骨董和古玩，是指书画、碑帖以外的古器物。到了民国时期，古物的概念和包括的内容比过去广泛。在20世纪30年代，“文物”一词又被重新使用，此时“文物”的概念已经包括了不可移动的文物。新中国成立以后，在1982年公布了《中华人民共和国文物保护法》，才把“文物”一词及其包括的内容用法律的形式固定下来。范围包括了可移动的和不可移动的一切历史文化遗存，在年代上已不限于古代，而且包括了近、现代，直到当代。参见中国大百科全书总编辑委员会：《中国大百科全书·文物博物馆》，北京：中国大百科全书出版社，1993年，第1–2页。

〔3〕La Loubère. *Du Royaume de Siam*. Paris：1691.

〔4〕吴哥并不是一处完全被废弃在丛林中的遗址。欧洲探险家提到了村庄和寺院，但并没有对遗址内居民的生活、宗教或耕作方式进行详细记录，与该遗址光荣的过去相比，这些被认为是颓废的。

险活动而被载入史册（表 2）。

**表 2　早期法国人探险活动统计简表**

| 代表人物 / 队伍 | 时　间 | 活动内容 | 备　注 |
|---|---|---|---|
| 布耶沃 | 1850 | 进入吴哥寺附近进行调查 | 传教士 |
| 亨利・穆奥 | 1860–1861 | 对柬埔寨境内吴哥遗址中的吴哥寺、巴肯寺、吴哥通王城、巴戎寺、斗象台、茶胶寺、塔布隆寺进行实地考察 | 博物学家 |
| 湄公河探险队 | 1866–1868 | 探索湄公河上游地区，以促进法属印度支那的政治和商业渗透到中国云南。收集了该区域的政治、商业、地质、植物、天文和气象、民族学以及历史和文化资料，包括了很多关于吴哥寺本身和正在进行的研究细节 | 殖民地军官、探险家、艺术家 |
| 德拉波特探险队 | 1873 | 复制吴哥寺的浅浮雕，把一些来自圣剑寺、崩密列的石构件和造像运到巴黎的万国博览会上进行展览 | |
| 阿德玛・勒克莱尔 | 1891 | 对柬埔寨境内桔井省 14 处遗址进行调查，其中最重要的当属桑博尔遗址的发现 | 殖民地官员 |

随着吴哥的声名在欧洲传播，元朝人周达观所著的《真腊风土记》也在 18 世纪被欧洲人所熟知，这主要得益于在北京耶稣会传教士所做的部分翻译，译文于 1789 年在巴黎出版。及至 1819 年汉学家阿贝尔・雷慕莎（Abel Rémusat）根据《古今图书集成》收录的版本，翻译并出版了《真腊风土记》，此后在一段时间内，该译本一直被当作参考资料，直到 1920 年保罗・伯希和根据《古今说海本》再译成新的版本，并加以注释，其价值远远高于其他版本。

## 一　早期传教士、探险家与殖民地官员

### （一）传教士

1794 年，柬埔寨的马德望、诗梳风和吴哥地区被暹罗兼并，此举大大加强了暹罗与吴哥地区的联系和互动。及至 19 世纪 20 年代，暹罗对欧洲敞开了门户，早年法国传教士居住在距离吴哥不远的马德望，他们有时还去参观古迹，比较熟悉该城址，因此从曼谷邮寄回法国的有关暹罗占领地报告资料是翔实而准确的。

其中 1854 年，在传教士让 – 巴斯特・帕勒古瓦（Jean–baptiste Pallegoix）所著的《泰王国或暹罗的描述》（*Description of the Thai Kingdom or Siam*）一书中，提到吴哥寺是绝妙的废墟，还介绍了柬埔寨寺庙的来源，并对经过“雕琢过的大理石”建成的古迹进行了描述[1]。

另一位，法国传教士查尔斯 – 埃米尔・布耶沃（Charles–Emile Bouillevaux）在交趾支那（CochinChina，今越南南部）登陆后，先参观了马德望附近的寺庙遗址。在 1850 年 12 月，他从洞里萨湖出发沿暹粒河逆流而上，穿过小城暹粒镇进入丛林到达吴哥寺的西堤，穿过护城河与入口处的塔门后。他由衷的发出赞叹，感受到了建筑的“宏伟壮丽”，同时注明了这座佛教寺庙和另一座寺庙之间的区别，并强调

〔1〕 Bruno Dagens, *Angkor Heart of An Asian Empier*, Thames &Hudson, 1995, pp. 1–78.

指出，寺庙里除了佛像还有印度神像。他又来到吴哥通王城下发现了“50个石头巨人处在杂草之中”。关于巴戎寺（Bayon，在柬埔寨语中的意思是国王的客厅），他只提到了浅浮雕图案，“在所有雕刻过的墙壁上，我看见了正在战斗的大象，还看见了一些人用木棒和长矛在战斗，另一些人则在拉弓，三支箭同时射出”以及“建筑学上的独创，有点让人联想到埃及风格”[1]。

（二）探险家——亨利·穆奥

1858年9月，法国博物学家亨利·穆奥在英国皇家地理协会的资助下来到曼谷，在暹罗、柬埔寨、老挝及安南大部分地区进行游历。

在当年的冬天，亨利·穆奥开始了他最著名的部分旅程——对高棉古都吴哥遗址的探险。从金边出发，他沿着河流向北走，注意到“河流变得越来越宽，直到最后有四五英里宽；然后你进入了被称为Touli-Sap（洞里萨湖）的巨大的一片水域，像海洋一样巨大和充满了动感……湖岸很低，树木茂密，半浸在水里；在远处，可以看到大片的山脉，其最高的山峰似乎消失在云层中。波浪在广阔的阳光下闪闪发光，光芒令人难以置信，在湖的许多地方，除了水，什么都看不见。湖中央植了一根高大的桅杆，表明了暹罗和柬埔寨王国的边界[2]。

1860年，亨利·穆奥按照布耶沃神父提供的线路，并由一位传教士带路来到了吴哥。首先映入他眼帘的是吴哥寺：

“我将从吴哥寺（Ongcor）开始，它是所有遗址中最美丽、保存最完好的寺庙，也是第一个出现在旅行者眼前的寺庙，它能让你忘记旅途中所有疲劳，让你充满钦佩和喜悦，就像在沙漠中寻找到翠绿的绿洲一样。突然，仿佛被施了魔法，它似乎从野蛮到文明，从深邃的黑暗到光明”[3]。

亨利·穆奥随后对巴肯寺、吴哥通王城（Ongcor-Thom）、巴戎寺（Prea sat Ling poun）、斗象台、十二生肖塔、通王城东门外的桥梁、茶胶寺、塔布隆寺进行了考察活动，并对吴哥寺、巴戎寺走廊内的浅浮雕内容进行了介绍。

尽管亨利·穆奥参观并描述了吴哥的几处古迹，但他对吴哥寺的敏锐观察和绘画吸引了西方人的想象力。包括吴哥寺的布局、平台的建筑特色、堤道、屋顶、柱子、门廊和走廊以及浅浮雕的细节——场景、地点、服饰、珠宝、军事武器，植物群和动物群。“（除了）这些建筑的宏伟、规律和美丽之外，其次就是建造它们的石块，尺寸巨大且数量惊人”[4]。

亨利·穆奥是一位博物学家，他“在建筑学和考古学方面并无野心”。在他的绘画和日记中，寺庙只是占有很小的一块，在他的脑海中，“考古学只不过是他的消遣，是他精神疲惫之后身体的休息”。但是，他非常善于精细的表现动物画面，把动物安排在风景如画充满趣闻的情境中（图4左）。在他笔下对古迹的描述，是很精确的甚至可以是属于技术性的。如在布耶沃的笔下，“大理石”变成了“石头”，而在亨利·穆奥的笔下，“石头”则根据质地不同被分为“砂岩”和“含铁的固化物”（Latérite，指角砾岩或红土岩）。

---

〔1〕 Charles-Emile. Bouillevaux. *Voyage dans l'indo-Chine*, *1848-1856*. Paris: Librairie de Victor Palme. 1858. pp. 242-247.

〔2〕 Henri, Mouhot, *Travels in the central parts of Indo-China*（*Siam*）, *Cambodia*, *and Laos*, *during the years 1858*, *1859*, *and 1860*,（*Volume2*）, reprinted Bangkok：White Lotus. 1986；reprinted Singapore, Oxford University Press, 1989 and 1992. pp. 272.

〔3〕 Henri Mouhot, *Travels in the central parts of Indo-China*（*Siam*）, *Cambodia*, *and Laos*, *during the years 1858*, *1859*, *and 1860*（*Volume 1*）, London, Cambridge University, 2015, pp. 282.

〔4〕 同〔3〕pp. 299.

1861 年 11 月 10 日，亨利·穆奥死于老挝的琅勃拉邦（Luang Prabang）丛林中。他在日记中毫无疑问地表明，自己濒临死亡。“许多探险家都在这里留下了他们的尸骨，如果我必须死在这里，那么我将在最后时刻到来的时候做好准备”[1]。

亨利·穆奥的忠实仆人 Phrai 和 Deng 将他埋葬在琅勃拉邦以东的南坎河（Nam Kan）岸边，就在他去世的地方（图 4 右）。然后他们把他的日记和标本带到曼谷，在那里把这些东西转交给法国领事，法国领事又把它们转交给亨利·穆奥的妻子和兄弟。后来，他的家人把这些手稿交给了位于伦敦的皇家地理协会，在那里的档案中可以找到他的手写笔记。

亨利·穆奥的日记唤醒了人们对柬埔寨的遐想。对于那些亲自打算到柬埔寨冒险的读者，或酷爱异域风情的人来说，亨利·穆奥的日记给他们提供了愉悦的参考。而对于进入柬埔寨的军官和官员来说，也是通过亨利·穆奥的日记而发现了吴哥，“对于欧洲人来说，柬埔寨存在着一座伟大的废墟，这无疑是法国人在柬埔寨的别墅”。

图 4　左：亨利·穆奥的肖像（图片来源 EFEO，编号 VIE07631）；
右：亨利·穆奥的墓碑（图片来源 EFEO，编号 VIE07634）

1862 年，英国皇家地理协会宣读了亨利·穆奥的信件，信中提到“吴哥壮丽的废墟”，而后却在谈论柬埔寨的自然资源、森林、矿山等。1864 年，亨利·穆奥日记《印度支那中部（暹罗），柬埔寨和老挝游记》（*Travels in the Central Parts of Indo-China（Siam），Cambodia and Laos*）英译本出版[2]，他的兄弟查尔斯·穆奥（Charles·Mouhot）为之作序并将其视为“吴哥的发现者”。法国出版商较为谨慎，未将“发现”一词用在 1863 年刊出的连载文章及 1868 年出版的图书介绍中。可是渐渐地，亨

〔1〕 Henri, Mouhot, *Travels in the central parts of Indo-China（Siam）, Cambodia, and Laos, during the years 1858, 1859, and 1860*,（*Volume2*）, reprinted Bangkok : White Lotus. 1986 ; reprinted Singapore, Oxford University Press, 1989 and 1992. pp. 99.

〔2〕 Henri Mouhot, *Travels in the central parts of Indo-China（Siam）, Cambodia, and Laos, during the years 1858, 1859, and 1860.* London : John. Murray, 1864.

利·穆奥发现吴哥一事不胫而走且变得不容置疑。尽管亨利·穆奥没有像西方人长期以来所认为的那样“重新发现”吴哥，但他是第一个让人们对古代高棉首都吴哥产生极大兴趣的西方人。他通过他的日记做到了这一点，其中包含了对高棉纪念碑建筑的详细描述和插图。

（三）殖民地官员——勒克莱尔

1891 年 1 月，殖民地官员阿德玛·勒克莱尔（Adhémard Leclère）对柬埔寨境内的桔井省（kratie）进行了探险活动，共发现 14 处遗址，其中最重要的当属桑博尔（Sambor）遗址。早在 1642 年，荷兰人范·伍斯托夫（Van Wusthoff）在前往 Vieng-chan 的途中已对桑博尔遗址进行过记录。此次的探险活动，勒克莱尔发现水池、土墩遗迹，其中土墩遗迹 11 处，分为 8 组，最近的遗迹距湄公河左岸约 300 米。此次探险活动发现的遗物包括红砖、石构件、碑铭等[1]（图 5）。

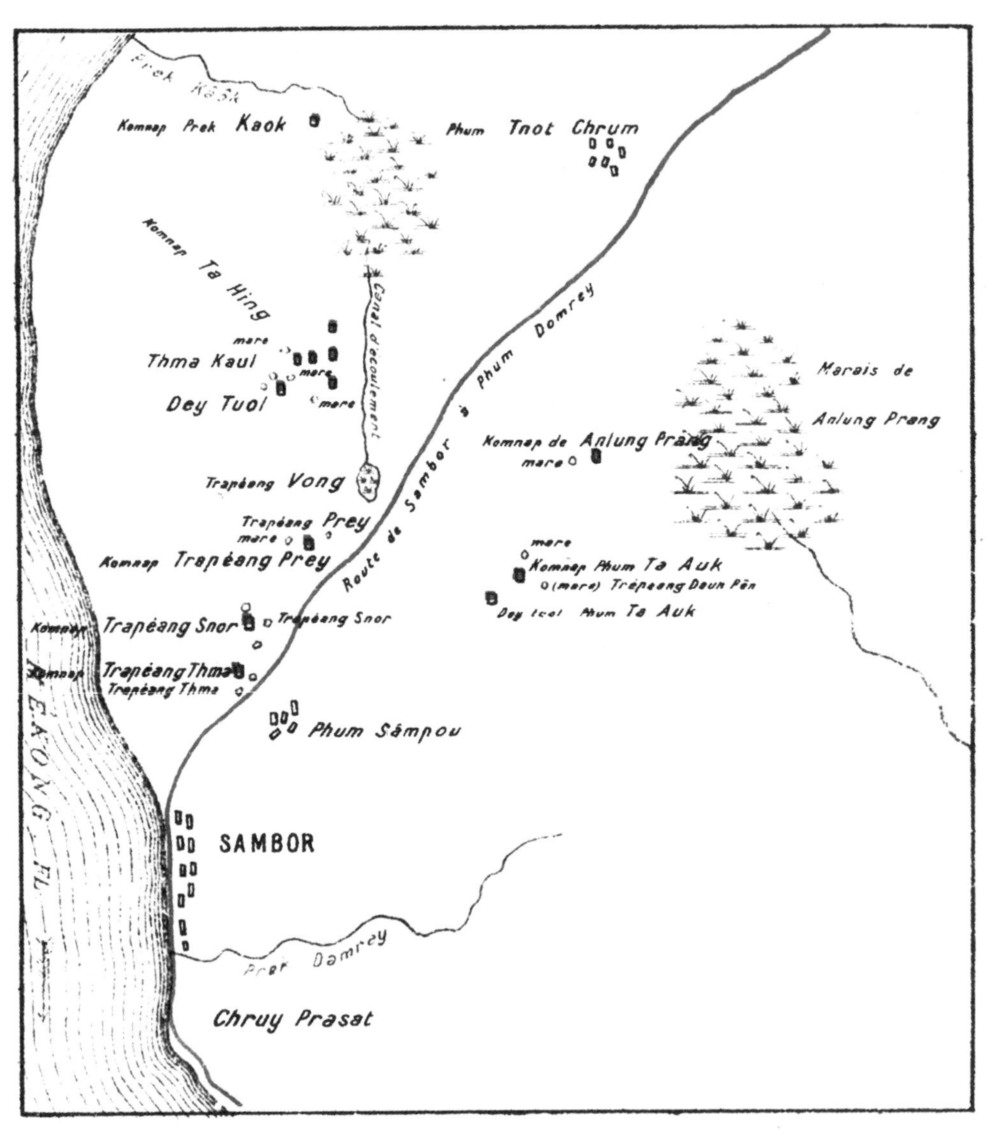


图 5　勒克莱尔绘制的桑博尔遗迹分布图（图片来源 BEFEO，1904，4）

〔1〕 Adhémard Leclère，Une campagne archéologique au Cambodge，*BEFEO*，Année 1904，4，pp. 737–749.

## 二　湄公河探险队

1860 年第二次鸦片战争之后，中国门户被彻底打开。1864 年法国成为柬埔寨的宗主国，为了进一步扩大他们在中南半岛上的殖民地范围，同时为了从中南半岛的南部进入中国，也为了保护自己国家的传教士和商人，法国人在中南半岛的安南地区登陆，随之征服并进驻交趾支那地区。法国入侵柬埔寨的理由是官方很早就对吴哥感兴趣，并宣布要开发利用它，尤其是吴哥寺，这似乎是一项“为当地人恢复其昔日辉煌”的殖民政策。法国随之控制了吴哥，而暹罗对此反应很平静。

1866 年，英国和法国在吴哥地区展开激烈的竞争。在英国人之前，法国人没能把吴哥寺的官方照片流传出去。在带领探险队成员参观吴哥之前，法国海军中尉杜达尔·德·拉格雷曾经两次到过吴哥，并在测绘师莱德利彻（Lederich）的帮助之下，对吴哥地区的寺庙进行了精确测绘。其中在 1866 年 3 月，拉格雷就对吴哥进行了为期八天的考察活动；到了 4 月，起初他只是计划在吴哥待两天，为即将到来的任务准备行程，但是一到吴哥就遇到了巨大的困难，这迫使他匆忙制作了第一批复制吴哥寺庙的石膏模型。

在这场早期的“科学”考察活动中，尤其是在对吴哥寺的竞争中，适当的记录技巧和复制模型方法被认为是决定性的。因此，拉格雷决定改变他的计划，延长在吴哥寺的逗留时间，进行调查研究并获取尽可能多的信息，以便于成为第一个从吴哥寺寄回实物证据的人。正如他自己在报告中承认的那样，“既没有为真正严肃的工作做好充分准备，也没有配备适当的仪器。西贡（Saigon）方面既没有提供石膏来做模型，也没有纸张用来做拓片，来自西贡的摄像员勒费夫尔（Lefevre）失踪了，因此无法拍照。”此外，鉴于英国人在该地区的权威存在，当地人不愿帮助法国人。拉格雷用水泥和能在该地区找到的所有硫磺制作模型，他曾用合适的泥土做成复制品，结果却发现“在他回来的时候，许多复制品已经在车厢里破碎了”。同时，他还带走了一些石刻造像艺术品。

此外，法属印度支那海军司令维勒梅莱尔（Villemereuil）在当年 4 月发表评论，“拉格雷上尉在柬埔寨收集到的艺术品”已被送往巴黎。

拉格雷最初收集到的“艺术品”包括 19 件原始造像、15 件硫磺模型（6 件来自吴哥寺）、12 件水泥模型（11 件来自吴哥寺）、浅浮雕石刻、碑铭以及 4 份民间宗教手稿。然而到 1883 年出版时，拉格雷收集的物品有“一半”已经不复存在。是年 9 月，拉格雷在柬埔寨收集到的艺术品从西贡出发，运送到法国的克勒兹省。同时奥布里 - 勒孔特（Aubry-Lecomte）修复了损坏严重的收藏品，这些艺术品的状况很差，主要是由于匆忙收集的结果所致[1]。

湄公河探险队的考察活动，就是在这种背景下进行的。1866—1868 年，拉格雷、佛朗西斯·加尼埃（Francis Garniers）、路易斯·德·卡内尔（Louis de Carne）、克洛维斯·托尔（Clovis Thorel）、尤金·约伯特（Eugene Joubert）、路易斯·德拉波特（Louis Delaporte）六人组成了沿着湄公河而上的探险队，此次探险活动得到了法国海军部的经费支持，其意图是开辟沿湄公河前往中国西南部的贸易通道。尽管并未打通商业通道，但是他们对吴哥的考察成果不能不算意外的收获。在法兰西铭文与美文

〔1〕 Michael Falser. The first plaster casts of Angkor for the French métropole：From the Mekong Mission 1866–1868，and the Universal Exhibition of 1867，to the Musée khmer of 1874. *BEFEO*，2012，99，pp. 49–92.

学术院（Académie des inscriptions et belles-lettres）的提议下，要求采取措施以保护这些处于法兰西势力之下的历史古迹。

1866年6月5日，探险队一行六人离开西贡，为了让探险队员熟悉柬埔寨的文物古迹并前往吴哥地区。探险队在24日的时候到达吴哥，“至二十四日清晨，人夫均齐，当日即束装前往，才出遮蔽湖岸之树林，即觉此身已在空阔无垠稻日之中，一路风景平常无异安南。行未几，即得哈美尔（voûtes，拱顶之意）旧化之遗迹，心中为之一快，思此古远之化，能传于远印度合境，足见古人才力，可钦可慕，况在庸常之地，有此异迹更令人悦目畅心，自此抵大盎高尔（Angcor Thom），有旧筑堤岸可通。此岸西去不远，在克老姆山（Mont Crom，格鲁姆山）麓又有旧时筑造工程遗迹，沿此遗迹上行至山顶，便得圣庙一所，其庙更足令人惊异”[1]。

同时，探险队员还对格鲁姆寺（Mont Crom）、沃阿维寺（Athvea）、吴哥寺（Angcor Wat）、巴肯寺（Mont Bakeng）、吴哥通王城（Angcor Thom）、癞王台（Leley）、Preacon、巴孔寺（Bakong）、崩密列（Melea）、圣剑寺（Preacan）、Phnom Bachey等遗址进行了实地的考察，并对遗址的碑铭进行了复制。

其中，不乏对巴肯寺、吴哥通王城、吴哥寺建筑的总体描述。如“大盎高尔古邑南门，计北距五里奇，当此岸之左，倍根山（巴肯山）矗立山顶，亦有古时建筑造工程极多。大盎高尔之城厢内外，旧阁星峙，光彩烂然，与诸胜迹互相辉映，合成至美，非他出可比也。”[2]；“盎高尔庙（吴哥寺）与阿脱浮亚（巴戎寺）大略相近，而美粹过之，故为哈美尔之体制。昔人有映画之图，可证其详。庙四周有濠池，阔六十六丈，环洞四十，直接正殿之门。石柱雕栏层叠曲折，复道迂回，以通车路。庙基长方，南北一百七十三丈，东西二百二十丈，围墙周边一千一百八十六丈，濠之外周一千八百丈。濠岸俱用平好石砌，横出脱马石（砂岩）围洞，以通庙内阴沟也”[3]。

另外，探险队员还对吴哥建筑的材料及结构（如墙体、拱顶）建造方法、装饰工艺进行了详细的调查和研究。如对角砾岩、砂岩的特征及来源地、用途均做了介绍，“其建造之料件，多用质间铁纹铁砂之石，在安南人称之曰平好阿石（Bien-hoa），柬埔治（寨）人称之曰被克里爱（Bai Kriem），因其颜色外形，绝似颗粒粘合者。此石合（河）湖之谷所产极多，东去五十四里许（30千米），在彭镇（Village de Ben）左近，沿路有大沙滩二，计阔二十至三十里不等（10—15千米），其间均产此石。质异色亦不同，匠工选用以淡黄有粗砂者为良。筑堤岸及粗屋之围墙，精屋之根足，墙之空处皆用之。古时柬人用灰色或紫色之石（砂岩），近时称之曰脱马杏格（即泥石之意），命意甚称，今人精识化学，方知所名确当。昔时本无斯称，其质甚细，面可磨光，在矿时甚嫩，出矿后渐坚，惟不能久耐燥湿，

〔1〕（法）晃西士加尼（Francis Garniers）著；（清）丁日昌译：《柬埔寨以北探路记》，台北：广文书局，1978年，第55–56页。《柬埔寨以北探路记》，原名《1866、1867和1868年印度支那探险记》，是法国人加尼埃（Francois Garnier，1839–1873年）所撰的一本游记。1866年6月5日，法国人拉格莱和海军军官加尼埃一行六人（又译“晃西士·加尼”）组成的“调查团”对湄公河上游以及中国进行勘察。调查团从柬埔寨桔井出发，沿湄公河上游澜沧江至中国境内。1868年，调查团抵云南，继而溯元江至大理，后到四川。1868年4月达到叙州（今四川宜宾），再下长江，转汉口，最后抵达上海。探测活动结束返越南自贡。随后，加尼埃对旅行过程做了详细的记录，后整理成法文版图书《1866、1867和1868年印度支那探险记》。此书分上下两卷，共1100多页，附有珍贵的图片、地图200多幅，“堪称为地理学上的伟大杰作。”1873年，加尼埃率领法军侵占越南北部一带，攻陷海阳、南定、宁平等省。同年，河内总督阮知方求援中国黑旗军共同抗法。12月，加尼埃在河内郊外被黑旗军击毙。最早将这本书译介到中国的，是晚清著名的洋务运动主要人物丁日昌。

〔2〕同〔1〕第56–57页。

〔3〕同〔1〕第66–67页。

盖旱则裂成条，雨则毁成片也。……东行约距盎邑六七十里（30—40 千米），复见脱马石块（砂岩）甚大，且有古时开矿形迹，整料早经取去，视百里内之楼阁可证。……（砂岩）石上往往多凿方圆各洞，其洞或一簇或数簇星罗棋布，径阔六分（直径 2 厘米），深约一寸（深 3 厘米），相距约三寸至五寸（10—15 千米）。矿中凿而未起之石，亦有如此者，由此度之，其洞必为转运起重所用矣”[1]。

探险队员在吴哥参观考察时，遇见了英国摄影师汤姆森，并为探险队员拍下合影（图 6）。

图 6　湄公河探险队员在吴哥寺台阶上合影
（从左至右依次为：加尼埃、德拉波特、约伯特、托尔、卡内尔、拉格雷；图片来源 EFEO，编号 VIE07254）

7 月 1 日，在吴哥实地考察不到一个星期，探险队离开吴哥寺乘大象前往暹粒，“盎高尔一带稽留未久，尚未详细探明所有古迹，载记纷繁，耐人考索且自野林行出，忽见热带所产各物，焕然一新如梦初醒，虽于草地偶拾瓦片，亲见其雕凿精工，胜读考古之书数卷，屡次闻特总辨朗声宣讲，引余等考证古迹，然速欲赶程，无心留恋”[2]。

探险队员之后返回金边短暂停留再次出发，在上丁省（Stung Treng）离开柬埔寨进入老挝，利用亨利·穆奥绘制的地图在老挝进行陆路探险。由于亨利·穆奥绘制的地图是当时唯一存在的地图，因

〔1〕（法）晃西士加尼（Francis Garniers）著；（清）丁日昌译：《柬埔寨以北探路记》，台北：广文书局，1978 年，第 57–58、60、62 页。
〔2〕 同〔1〕第 71 页。

此应该归功于亨利・穆奥绘制的从曼谷到琅勃拉邦的第一张路线图。

事实证明，那里的湄公河无法通航。探险队继续前往老挝的巴塞克（Bassac）和瓦普寺，最终到达琅勃拉邦（Luang Prabang）亨利・穆奥去世的地方，并于1867年5月为他竖立了墓碑。此时，法国学者已将亨利・穆奥誉为吴哥的“法国发现者”，尽管亨利・穆奥的吴哥之旅是由英国政府所资助的。

湄公河探险队虽然因为河流沿线布满浅滩和瀑布，放弃了原本打算溯湄公河而上的通商路线，但是这次探险活动意义重大，尤其是探险队带回许多重要的调查报告，成为日后成立法属印度支那联邦的契机。同时，探险队还是世界上第一批以黑铅拓印柬埔寨碑铭资料，制成副本带回国的考察团队。

其中探险队成员德拉波特擅长绘画，在对古迹进行了简单的测量之后，开始绘制大量关于吴哥的建筑遗址原貌及复原想象图。如德拉波特描述巴戎寺“在一处狭小的空间里，只见周围耸立着42座大小各异的石塔楼，中间的一座塔楼最高。每座塔楼都有4张注视着4个方向的巨型佛面”，“丛林深邃而神秘，一只老虎穿过寺庙的庭院，它的面前是一条倒塌的长廊，其后则是保存近乎完好巨大而雄伟的巴戎寺”（图7）。

图7　德拉波特绘制的吴哥寺西神道场景图
（图片来源EFEO，编号CAM05048）

在此次探险活动中，德拉波特对在柬埔寨境内发现的古迹，绘制了一张遗址分布的总平面图，并复制了所发现的古代碑铭，同时注明发现碑铭的确切地点（图8）。他还用平面图、剖面图和立面图来表现主要建筑物，复制难度不大的浅浮雕石刻或对其进行素描，以便于构成一套收藏品。此外，他还研究建筑物的布局及各个部分的用途，阐释用于建造各种建筑物材料的来源，并辨认出古代的采石场遗址。可以说，探险队成员对古迹所采用的方法是十分全面的，因而能够作为当时所有考古调查活动的典范。

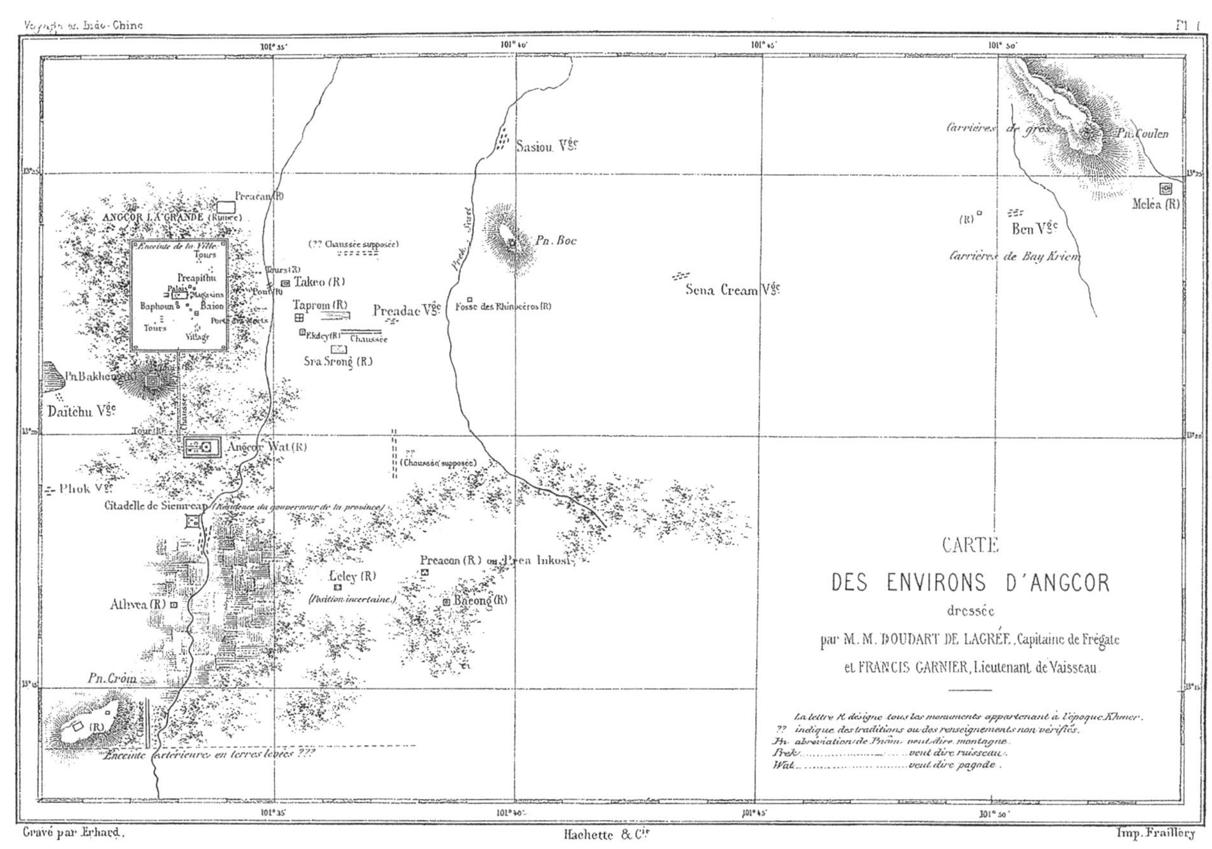


图 8　吴哥地区寺庙遗址分布图——1873 年加尼埃出版物所示
（图片来源 BEFEO，2012，99）

1867 年 4 月 1 日至 11 月 3 日，在巴黎举行的万国博览会法国殖民地的展区中，重点介绍法属殖民地交趾支那和新的保护国柬埔寨，其中第 8 组展示了来自吴哥的模型：包括用于装饰的石刻造像和陶器碎片以及青铜佛像和砂岩造像（图 9）。同年 7 月 15 日，暹罗君主来到巴黎参加万国博览会，随后法国—暹罗条约再次确认“马德望、诗梳风和吴哥将留在暹罗王国一侧”并且“两国之间的边界将尽快由暹罗和法国官员的联合委员会划定”。不久之后，法国就提出了对吴哥的殖民主张[1]。

1866–1868 年的湄公河探险活动，直到 1873 年出版的著作中才发表了探险队的考察成果，名为《印度支那探险之旅》（*Voyage d'exploration en Indo-Chine*）[2]。其中三卷包含超过 1000 幅书面文本、250 幅插图、70 个板画和各种地图，对吴哥的描述非常详细，但重要的细节被省略了。该报告的主要

〔1〕 Michael Falser，The first plaster casts of Angkor for the French métropole：From the Mekong Mission 1866–1868，and the Universal Exhibition of 1867，to the Musée khmer of 1874，*BEFEO*，2012，99，pp. 49–92.

〔2〕 Ernest. Doudart de Lagrée，*Voyage d'exploration en Indo-Chine effectue pendant les annees 1866，1867 et 1868*，Paris：Hachette et cie，1873.

图 9　1867 年巴黎万国博览会上展示的法属印度支那古物
（图片来源 BEFEO，2012，99）

功绩在于承认了“高棉建筑是最独特、最雄伟的建筑之一，高棉艺术既隶属于希腊建筑也隶属于哥特建筑。”这一双重性虽说不能使其（高棉建筑）与之相提并论，却也能使其紧随西方伟大的建筑作品之后[1]。从此条评价可以看出，当时殖民者以欧洲为文化的中心，对亚洲文化尤其是殖民地的土著文化存在歧视，甚至是诋毁的心态。

## 三　德拉波特探险队

1873 年 5 月 20 日，德拉波特带着作为礼物的艺术品准备送给柬埔寨国王和他的大臣们，离开法国前往交趾支那执行“探索东京（Tonkin）”任务，五周后抵达交趾支那。

德拉波特说：“由美术理事会提供的资金将帮助拯救完全被遗忘的吴哥，通过收集珍贵的资料来重建它的历史，并吸引学者、艺术家和全法国的关注‘照亮这个有着美好未来的法国’”。至于在古物复制过程中，德拉波特的目标是“尽可能多的收集造像、艺术品、石膏模型、浅浮雕、碑铭复制品和其他艺术及考古标本”。他从不区别原始艺术品或复制品，为法国选择原始艺术品或复制品完全取决于它

〔1〕 Bruno Dagens，*Angkor Heart of An Asian Empier*，Thames &Hudson，1995，pp. 1–78.

们在尺寸、重量、运输和基础设施方面的可操作性。德拉波特也不关心在吴哥遗址内的合法性，这些古迹直到 1907 年才被置于“法国国家”的控制之下。当时这些古迹在暹罗领土上，正如他在日记中所说：

“9 月 13 日，我们到达了吴哥通王城。我在废墟中发现了一座为我们建造的大竹屋。吴哥省是暹罗国王的一部分，我们与这个国家的统治者关系必须不同于我们与柬埔寨统治者的关系。当布耶（Bouillet）先生访问省会暹粒时，他已经会见了省长。这位官员对我们的到来感到非常害怕，他说暹罗国王的命令，禁止从吴哥纪念碑建筑上取下造像，这些命令是我们事先知道的。因此，布耶先生向官员保证，我们只是想参观和研究吴哥废墟，收集碑铭、造像和浮雕上的图案。为了解决这方面的困难，我派人把我送给总督的礼物装在停泊在河口的炮艇上，作为交换总督同意给我们提供所需要的向导和人员”[1]。

德拉波特一行大约 60 人，包括桥梁道路观察员、测绘师、工程师、地质学家、木匠、博物馆学家、生物学家、医生、民兵等。他们带来千斤顶、电锯、石膏和水泥模具。德拉波特重复着以往典型的殖民者的腔调，谈论着吴哥遗址“非凡的艺术品，它们已经被战争摧毁，放弃了几个世纪，在国家解体后被遗弃，甚至本地人也认为是‘恐怖’的废墟。最后，它们被一层毁灭性的植被覆盖，只有‘手里拿着斧头’才能到达寺庙遗址”。他们收集了大约“20 个箱子”的艺术品，里面放着从崩密列、圣剑寺等遗址搜集而来的艺术品。

在 1880 年出版的《柬埔寨之旅》（*Voyage au Cambodge*）一书中，描述了 70 到 80 名柬埔寨人，是如何帮助德拉波特进行盗掘活动的，并对一些石刻造像和艺术品进行锯切成块。柬埔寨人用 14 辆牛车、竹筏把圣剑寺内的巨型造像和小型艺术品运到附近的河边（Stung）（图 10）。

在德拉波特返回博克寺（Phonm Bok）后，探险队于 9 月 13 日再次抵达吴哥通王城。因为他们在暹罗控制的领土内主要障碍尚未被清除，当暹罗官员在附近的村庄听到法国探险队的到来感到“震惊”，并严格禁止任何来自吴哥遗址内的造像离境。为了安抚暹罗官员，德拉波特让人把大量的木材运到暹罗国王指定的宫殿处。尽管工人仍在默默地把原始艺术品从现场移走，但他向这位官员保证，他们只是在制作模具和石膏模型。除此之外，德拉波特还参观了吴哥地区几乎所有已知的遗址，以及绘制建筑图和对巴戎寺进行拍照。

探险队成员朱利安（Jullien），还对巴戎寺的浅浮雕和癞王台上石刻造像的头部进行了一系列的模具试验。由于探险队携带的资源有限（石膏和水泥已被雨水完全摧毁），大规模复制艺术品是有限的。同时本地官员拒绝帮助运输，因此德拉波特扔掉一件大型造像的 30 块石构件、2 块石质巨头和 1 件那伽（Nagara）栏杆（今在巴黎吉美博物馆展出）。此外，探险队成员几乎都得重病返回西贡，仅有费罗兹（Filoz）留下来开始了长达一个月的吴哥寺浅浮雕复制活动。然而，艺术品的运输给探险队造成了相当大的困扰，著名的那伽栏杆有一部分掉入湖中。最终，在埃蒂安·艾莫涅尔（Etienne Aymonier）的帮助下，把盗掘而来的艺术品和模型，用几艘较小的小艇运送到停泊在西贡的船只上。德拉波特搭乘下一辆开往法国的游轮离开了西贡，将艺术品装上 Avevron 国营航空公司的飞机运往法国。

在现代历史上，从未有人尝试过将吴哥遗址如此大规模地复制到欧洲大陆。德拉波特列出“考察

〔1〕 Michael Falser，The first plaster casts of Angkor for the French métropole：From the Mekong Mission 1866–1868，and the Universal Exhibition of 1867，to the Musée khmer of 1874，*BEFEO*，2012，99，pp. 49–92.

图10　1873年德拉波特探险队在吴哥盗窃古物
（图片来源BEFEO，2012，99）

成果”，重点如下：（一）“获得”约70件原始造像和建筑碎片，其中最重要的是一组两件蹲伏的巨人、几尊佛像以及由壁柱、门楣、门窗、飞檐、基础石等组成的建筑碎片；（二）著名的癞王台造像头部模型和巴戎寺浅浮雕的一大块碎片；（三）来自吴哥寺浅浮雕的34块复制品和其他寺庙的45块复制品；（四）新发现了十余处遗址；（五）20幅著名遗址的图纸和照片；（六）吴哥寺周围的碑铭。

回到法国后，德拉波特向部长表达了他对“（法属）印度支那中部未开发地区”的探险兴趣，还包括“古代柬埔寨省份”，这些领土“最近才被丢弃给暹罗，但今天诺罗敦国王正在大力收复这些省份的人心，他们因相同的种族和语言决定回到法国来”。

对于费罗兹在吴哥寺进行的浅浮雕复制活动，他认为吴哥寺的大部分浮雕过于脆弱，无法承受水泥浇筑模具的压力，建议使用一种湿润的纸张糊在其上。正如他所提到的，他用四十多个纸板复制了“吴哥寺美丽的浮雕”，而有限的石膏和水泥成为了他的第二选择，但这些复制品被潮湿和昆虫破坏。费罗兹的报告也记录了他在这场复制活动中个人经历，生病被蚊子叮咬，身上散发着蝙蝠粪便的刺鼻气味，手指在使用水泥时被侵蚀（这个过程也对寺庙的原始浅浮雕表面造成了相当大的破坏）。

1874年4月，路易斯·德拉波特撰写报告以收集古老的柬埔寨吴哥艺术品来充实“我们国家的博物馆”，参观吴哥的目的首先是尽可能收集多的造像、艺术品、浅浮雕、复制品和其他艺术及考古样本，供以后送往法国博物馆。

报告是发给此次探险活动的主要赞助者，殖民地海军部长和公共教育部、宗教与美术部。最重要的是，1874 年的报告为后人提供了一份详细的清单，这是首次大规模复制吴哥艺术品以展示给法国公众。自 1874 年 8 月以来，德拉波特将搜集到的艺术品一直存放在位于巴黎西北 75 千米处的贡比涅宫（palais de Compiègne）小型高棉博物馆中展出[1]。

该博物馆共收藏了包括 80 件原始艺术品，120 件石膏复制品和 50 张照片（图 11a）。1875 年德拉波特出版了《高棉艺术》一书，包括柬埔寨古老的纪念碑建筑艺术，并列出一些遗址。最重要的

a

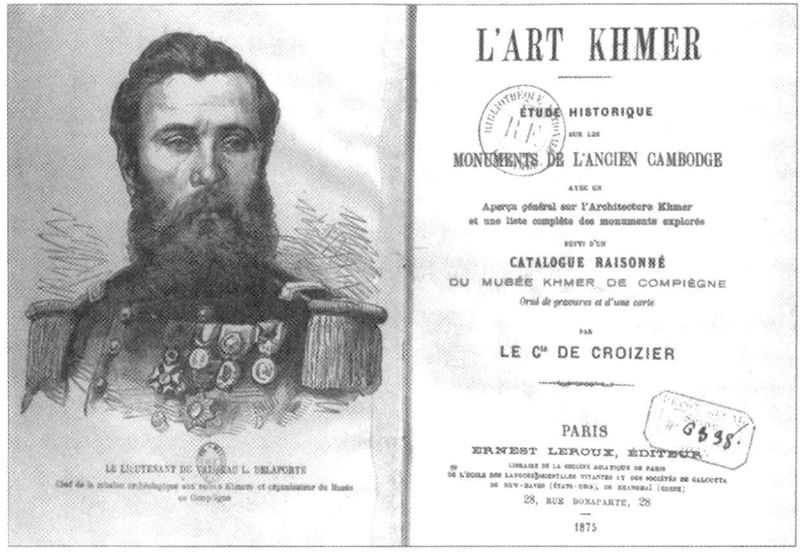


b

Fragment d'un fronton en grès orné de [illegible] (danseuses), en haut relief, vêtues du sampôt (langoutis), et coiffées du [illegible] antique). (V. Catalogue, nº 52)

c

图 11　a. 高棉古物在贡比涅宫博物馆展览情况；b. 1875 年贡比涅宫出版的高棉博物馆目录及标题页；c. 高棉博物馆目录中对门楣装饰构件的描述，原件还是复制品尚不清楚

（图片来源 BEFEO，2012，99）

〔1〕 2013 年 10 月至 2014 年 1 月，在吉美博物馆（Musee Guimet）举行的“吴哥的诞生——路易斯·德拉波特和柬埔寨”未能纳入本文。然而，在这份目录中，作为法国国家大事叙事的一部分，1866–1868 年的湄公河探险活动被不加批判地赞美。德拉波特作为第一个有组织的“小偷”为法国博物馆盗窃了吴哥古物的事实被掩盖了，而 1867 年在万国博览会上，展示第一批吴哥寺石膏模型时所发挥的重要作用也被忽视了。

是建立了贡比涅高棉博物馆第一个目录分类（图 11b）。博物馆馆藏有 22 尊造像，10 尊人兽合体的装饰品（包括前面提到的巨人和那伽造像尺寸为 3. 5×4 米）、15 块石碑、39 件建筑构件、浅浮雕、78 件石膏复制的装饰面板和浅浮雕石刻、4 通碑铭、50 张拓片等（图 11c）。在接下来的几年里，他搜集的壁柱、柱子、栏杆、门楣、飞檐和山花，这些建筑构件元素将成为破解高棉寺庙建筑的一种通用代码[1]。

在德拉波特的鼓动下，建筑师卢西恩·富尔诺（Lucien Fournereau）在 1887—1888 年参观了吴哥，当他返回法国时带回了“520 件复制品、13 件粗陶和木质原件及 17 件彩釉粗陶花瓶”。同时还对吴哥寺庙进行了拍照、绘图，其中包括吴哥寺的平面图和立面图，这是在 1960—1970 年代测绘之前最准确的图纸。

随着吴哥艺术品走入大众的视野，越来越多的人开始到柬埔寨来参观旅游，不仅包括一些官方代表团，还有度假的官员、船员、游客等。他们中的一些人想去吴哥，另一些人则想去磅斯外圣剑寺，而前者属于暹罗，而后者由于道路崎岖很难到达。鉴于此，柬埔寨的南部和交趾支那便成了游客们常去的地方，人们在那里购买纪念品、石刻或青铜造像。这些艺术品被带到法国后一部分被放入博物馆，如吉美博物馆。另一部分则保留在旅行者的家里，希望有朝一日能够成为收藏家或商人追逐的猎物。

总上所述，正是通过早期法国人的探险活动，如穆奥、拉格雷、德拉波特等将辉煌而消失的柬埔寨吴哥的过去寄托在欧洲人的脑海中。而与此同时，欧洲多国也随之进入东南亚地区进行殖民活动。

## 第三节　法属印度支那考古调查团

法国为加紧对法属印度支那殖民地的政治控制，而希望了解更多有关本地的历史，以便服务于殖民统治。当时法国在海外相继成立了雅典学院、罗马学院以及开罗东方考古研究所等机构（Ecoles a’Athenes，de Rome et l’institue Français d’Archeologie Orientale du Caire），对希腊、罗马和埃及的研究活动及成果已经相当丰富，然而关于东亚的研究甚少。

在此背景下，1898 年法国人奥古斯特·巴特、米歇尔·布雷尔（Michel Breal）和埃米尔·塞纳特（Emile Senart）[2] 提出了一项计划，准备依照罗马、雅典学院模式在东南亚建立类似的机构（图 12）。

同年，西尔万·列维（Sylvain·Lévi）作为保罗·杜美（Paul Doumer）的客人来到交趾支那，就是这几天却是法国东方学历史上的一个里程碑。正是西尔万·列维与保罗·杜美在西贡政府会议室内举行的会谈中，决定在法属印度支那建立一个“永久性考古使团”的机构（图 13 左）。虽然早有法兰西文学院的三位大师草拟了在法属印度支那建立一所法国学校的计划，同时该计划也得到许多东方学者的支持，但西尔万·列维并不认为该计划可以实现。因为，他知道政府的支持是最后敲定这件事情

〔1〕 Michael Falser，The first plaster casts of Angkor for the French métropole：From the Mekong Mission 1866–1868，and the Universal Exhibition of 1867，to the Musée khmer of 1874，*BEFEO*，2012，99，pp. 49–92.

〔2〕 埃米尔·塞纳特 1847 年 3 月 26 日出生于兰斯，1868 年 5 月 8 日，他被选为亚洲协会的一员，这标志着他对东方研究的开始。1872 年，他被任命为议会成员，1890 年被任命为副主席，1908 年被任命为主席直到去世。当斯坦因在东方旅行中盗取了中国的考古财富时，他宣布法国不能缺席，英国、德国和俄罗斯正在进行的“伟大”考古调查活动。1905 年，在法兰西文学院的年度会议上，他宣布了这一全新的考古领域存在的强大利益。他组织了一个法国调查团，以分享这一“和平征服”。最终，伯希和使命的完成是对他的“甜蜜回报”。

图 12　从左至右依次：米歇尔·布雷尔、奥古斯特·巴特、埃米尔·塞纳特肖像
（图片来源 Comptes rendus des séances de l'Académie des Inscriptions et Belles-Lettres，2010，154-4）

的基本要素。此外，有人怀疑在庞大的英印帝国殖民地的边缘处，建立一座像罗马和雅典学院这样规模的法国学术机构能够蓬勃发展吗？因此，西尔万·列维建议保罗·杜美将法属印度支那殖民地计划与组织机构的计划融合在一起，从而在法属印度支那实现在印度实现不了的事情[1]。

就保罗·杜美而言，自从被任命为殖民地总督以来，一直致力于开创法属印度支那的科学研究。与此同时，他还在殖民地建立地理服务机构，以研究土壤、动物、植物以及一个气象观测站，负责研究台风的形成和移动，以便准确发出信号。他还为民族学家、语言学家和考古学家建立了一座研究中心，来研究法属印度支那的民族、宗教、语言、艺术、习俗以及历史等。

因此，保罗·杜美决定将两个平行机构的项目纳入自己的组织计划：一个是对自然科学的永久性使命，另一个是对远东文化的研究，尤其是对法属印度支那和邻国文明的研究。当他要求法兰西文学院帮助他准备组织机构的章程时，他已经勾勒出这个组织的大致框架，并通过第一个财年预算（即 1899 年）来确保机构的存在，在“科学机构”名目下为该组织提供一笔特别拨款。同时，他还做了以下规定：第一，该组织机构与罗马、雅典学院一样不以教学为目标，而以研究为宗旨；第二，它不仅研究法属印度支那，而且还必须研究与邻近地理和文化有关的国家共同体[2]。

1898 年 12 月 15 日，法属印度支那总督保罗·杜美成立了法属印度支那考古调查团（Mission archeologique de l'Indochine），并签署《法属印度支那考古使命条例》，这是该组织机构的第一个章程。章程的内容如下：

第一章　在（法属）印度支那设立了一个永久的考古调查团。它由总督管辖，并受法兰西文学院的科学管理。

第二章　其目的：

（一）致力于（法属）印度支那半岛的考古和语言学研究，以各种方式促进对它的历史、古迹

[1] Victor Goloubew，Sylvain Lévi et l'Indochine，*BEFEO*，Year 1935，35，pp. 550-574.
[2] L. Finot，Paul Doumer（1857-1932），*BEFEO*，Year 1933，33，pp. 549-552.

和习语的了解；

（二）为印度、中国、马来西亚等邻近地区和文明的学术研究作出贡献。

第三章　调查团主任是由总督在法兰西文学院推荐下任命的，任期为六年，可以延长。他将有以下任务：

（一）主持并参与教学，其中应包括梵文和巴利语的课程以及实用考古学，以良好的工作方法培训欧洲或土著人员，并使他们能够在从事考古活动中进行有益的合作。

（二）对章程中提到的成员学习和工作，行使指导和控制权。为此，它必须在其可利用的资源范围内，在欧洲或其他东方机构的帮助下建立附属机构，例如，图书馆、博物馆等。

第四章　在指定其归属法兰西文学院的管理情况下，法国居民可以加入调查团，其人数根据情况和机会的不同而定，在作出新决定之前，不得超过三人。

可以任命以下人员：打算研究印度或远东国家的年轻人，这些人应为科学研究做好准备，或者是那些希望在东方逗留的学者。

调查团的实习生或正式成员在进行个人研究的同时，必须结合学院的具体任务目标进行合作。他们的活动费用将由调查团支付，并至少在那里待上一年。根据主任的提议和法兰西文学院的意见，任期可以延长。

将在调查团预算中拨出一笔特别经费，以旅费赠款的形式分发给他们，使他们能够根据研究的具体课题，在东方、印度、中国或其他国家对现有的资源进行访问研究。

第五章　每年主任应向（法属）印度支那总督寄送一份详尽的报告，说明该调查团的活动，其目前或计划中的出版物，成员的活动，以及关于该机构的科学成果和一切的进展。该报告将由总督通过公共教育部长送交法兰西文学院。法兰西文学院将在认为合适的时候与调查团的主任通信并提出意见或建议。

第六章　可以将远东现代语言、著作和文学的教学内容添加到调查团的科学信息中。[1]

章程中任命的实习生时间为一年，那么成员除主任外，没有其他正式成员，这使得任何长期活动都变得不可能。这样就出现了威胁该学术机构未来发展的双重危险：一方面，丰硕的研究成果从属于无用的教学活动；另一方面，由于成员的不断更新而导致研究的中断。

章程通过以后，第一个负责执行章程的小组就成立了。总督批准了高等教育实践学院副院长路易斯·芬诺担任主任（1900 年后称院长）[2]（图 13 中），安托万·卡巴顿（Antoine Cabaton）担任图书馆秘书，殖民地步兵上尉吕内·德·拉云魁尔被赋予了“考古任务”（图 13 右）。

〔1〕 EFEO，L'Ecole française d'Extrême-Orient depuis son origine jusqu'en 1920：historique general，*BEFEO*，1921，21，pp. 1-10.

〔2〕 目前为止远东学院共有 15 任院长，其中路易斯·芬诺分别在（1898-1904、1914-1918、1919-1926）三次担任远东学院的院长，之后分别是阿尔弗雷德·福舍（Alfred Foucher，1905-1907）、克劳德·玛特（Claude Eugène Maitre，1908-1920，在 1914 年由于战争的原因，玛特于 1915 年被召回法国，担任军事参谋长联席会议秘书，1916 年调至内务部工作，但是在名义上他仍然是远东学院的院长，实际工作由芬诺主持）、莱昂纳德·鄂卢梭（Léonard Aurousseau，1926-1929）、乔治·赛代斯（George Cœdès，1929-1947）、保罗·列维（Paul Lévy，1947-1949）、路易斯·马勒雷（Louis Malleret，1950-1956）、让·菲琉杂（Jean Filliozat，1956-1977）、弗朗索瓦·格罗斯（François Gros，1977-1989）、汪德迈（Léon Vandermeersch，1989-1993）、丹尼斯·龙巴尔（Denys Lombard，1993-1998）、戴仁（Jean-Pierre Drège，1998-2003）、傅飞岚（Franciscus Verellen，2004-2014）、伊夫·古迪诺（Yves Goudineau，2014-2018）、克里斯托夫·马奎特（Christophe Marquet，2018 年至今）。

图 13　左：法属印度支那总督保罗·杜美（图片来源 Comptes rendus des séances de l'Académie des Inscriptions et Belles-Lettres，2012，99）；中：法国远东学院首任主任（院长）路易斯·芬诺（图片来源 EFEO，1924，编号 CAM20033）；右：拉云魁尔一行在进行古迹调查（图片来源 EFEO，1900，编号 CAM20062）

路易斯·芬诺以极大的热情投入到法属印度支那考古调查团的活动中。在助手卡巴顿和拉云魁尔上尉的陪同下，他们先后前往越南东京和老挝的高地区域进行调查，然后回到西贡制定活动计划，并决定建立一座图书馆和博物馆。

1899 年 1 月机构人员抵达西贡，立即在柬埔寨展开活动。在法属印度支那的联邦之中，芬诺选择柬埔寨作为他的研究领域，并成功地为学院图书馆收藏了约 100 件作品，其中包括散文和诗歌、本地版本的史诗、天文、占卜、医学和祈祷文等。之后，芬诺和卡巴顿研究柬埔寨的语言和文学，考察一些纪念碑建筑，同时还收藏了大约由 100 件作品组成的高棉艺术手稿，分为 300 个部分，并从塔布隆寺（Ta Prohm，今茶胶省内）运往西贡，作为未来博物馆藏品的一部分[1]。

与此同时，芬诺获得随爪哇考察团一起去参加巴达维亚（Batavia，今雅加达）艺术与科学大会的机会，这是远东历史上最悠久的科学大会。巴达维亚的学术机构被总督保罗·杜美称赞为研究机构的模范。这次旅行持续了两个月（1899 年 8 月至 9 月），标志着良好关系的开端，这种良好关系使未来的法国远东学院与其古老的邻国巴达维亚合作了 35 年。

当年 10 月 16 日，芬诺和拉云魁尔从西贡出发，沿着海岸线向北出发，沿途对占婆（Champa）古迹及佛寺遗址进行了考察活动，并于 1900 年 1 月到达河内（HaNoi）。作为首次文物调查活动的成果，最终出版了一本手写的文物古迹小册子，包含有占婆古迹简要清单（178 号）及一份临时地图（7 张）[2]。

## 第四节　小　结

在 17 世纪的欧洲，“主权国家”概念正在逐渐的抬头。所谓的“主权国家”即用明确的边界来环绕其统治疆域，对于外部而言，君主代表着国家。在主权国家内，以边境线来区别和划分领土，使居

〔1〕 Victor Goloubew，Louis Finot（1864-1935），*BEFEO*，Year 1935，35，pp. 515-550.

〔2〕 EFEO，L'Ecole française d'Extrême-Orient depuis son origine jusqu'en 1920：historique general，*BEFEO*，1921，21，pp. 1-10.

民强烈的意识到领土的“内”和“外”[1]。而另一方面，在印度洋沿岸和东南亚的王权国家中，更优先选择统治人，这是因为就算拥有辽阔的土地，如果没有人的存在，意味着财富无法产生。

正是由于这种意识形态上的差异，才出现了近代欧洲全面碾压亚洲的情况。近代欧洲各国的政治向心力增强，军事力量得到强化，欧洲人开始利用蒸汽机把工业产品出口到亚洲各国。在之后的时间里，亚洲人不管愿不愿意，都被卷入到资本主义的体系之中，同时亚洲各国的社会也将发生重大的变革。

## 一　文化殖民

早在16、17世纪的西班牙、葡萄牙传教士就已经进入柬埔寨境内进行传教活动。随后的19世纪后半叶，是英国、法国、德国实施对外殖民扩张政策的重要时期，越南、柬埔寨、老挝三国正是在此时沦为法国殖民地。法国在越、柬、老三国的殖民扩张有着浓重的宗教色彩，其本身就是以宗教文化的传播为基础。传教士是法国殖民者在三国的“开路先锋”，在整个过程中扮演着十分重要的角色，紧随其后的是探险家、殖民地军官的探险活动。当1863年《法柬条约》签订时，天主教在柬埔寨的合法地位得以巩固，被作为正式条款写入其中，迈出了法国“文化殖民”越、柬、老的关键性一步。

可以说，在法国实现对法属印度支那殖民意图的整个过程中，传教士、探险家、殖民地军官被赋予了重要的任务，他们的活动远远超出了宗教与探险的范围，不仅从事与宗教事务、探险活动有关的事项，而且还积极参与了法国领土扩张的政治意图。法国殖民者正是以“宗教文化的传播”打开了殖民越、柬、老三国的窗口，并通过传教士、探险家、殖民地军官来实现对越、柬、老的经济、文化殖民和全面控制。从某种意义上说，这时的早期研究只是一项试探性活动，他们的主要任务是组织活动，首先是建立图书馆、博物馆和历史古迹保护范围，以便于下一步展开活动。

对比此时的英属印度殖民地可知，英国殖民者于1784年1月15日在加尔各答（Kolkata）创立了“孟加拉亚细亚学会”（印度考古局的前身Archaeological Survey of India，简称“ASI”），其宗旨是为了探索亚洲的历史、文化、艺术、科学与文学。这一时期（1784–1900年）的印度考古活动进入了政府管辖范畴，许多已经开展及未开展的活动都处于殖民地政府的规划之中，活动重点集中在印度各地的遗址，研究也多局限于语言学的层面。此外，英国殖民者相继组建北印度考古部和古代遗址馆，客观上促进了印度考古事业的发展[2]。因此可以说，英国殖民者在印度的考古活动与法国殖民者在（法属）印度支那进行的操作有很大的相似性。

18–19世纪的英法殖民者，为了进一步巩固在当地的殖民政权，需要加强对殖民地历史和古迹的研究，不是为了所谓的“让本地民众了解自己国家的文化遗产，增强公众的文物保护意识”，更多的是为了使殖民者更加了解本地的历史，以便于更好的进行殖民统治。同时，也为了满足殖民者对亚洲艺术的好奇和欣赏，所以才进行了所谓的保护与发掘活动。同时，也应该看到正是这些“意外之举”，客观上促进了殖民地文物保护事业的发展，对历史古迹的保护起到了一定的积极作用。

1887年，为了巩固法国在东南亚的存在并遏制英国在那里的发展，法国政府建立了“（法属）印度支那联邦”，并将政治边界固定下来，这是一个富有想象力的领土集合。法国殖民者以军事在蛮荒地

〔1〕（日）羽田正著，毕世鸿、李秋燕译：《东印度公司与亚洲之海》，北京：北京日报出版社，2019年，第317页。
〔2〕 邹飞：《印度考古局发展史的四个历史时期》，《南亚研究季刊》2015年第3期。

区开拓，报告重要的考古发现——吴哥寺和吴哥通王城等，以及殖民地原住民日常生活的记录。这些记录使游客、旅行者接触到异国的土地，了解奇怪的风俗和部落。这些奇妙的画图还通过其他媒体传播，广告吹嘘殖民地的舒适生活，并敦促法国人离开他们单调的生活——随着蒸汽旅行（以及后来的航空旅行）新技术的进步，大多数法国人的异国梦想不再遥不可及。到了 19 世纪的最后十年，殖民地的壮观景象已成为法国人生活中不可分割的一部分。

为了巩固和发展（法属）印度支那，尤其是缺乏现代神话现象，法国殖民者必须书写该地区的新历史。该历史将适应分配给它的新政治身份并容纳新的幻想图像，例如吴哥寺，长期以来被人们遗忘，由法国人“重新发现”和推广。（法属）印度支那联邦的历史是法国对“（法属）印度支那”的行政建设，为“领土和殖民统治”提供合法性，将法国殖民统治强加于独立的王国和国家之上，将它们聚集在一个广义的“中央政府”统治之下。自相矛盾的是，法属印度支那联邦的建立意味着将三个省（交趾支那、安南、东京），与构成古代高棉帝国一部分的柬埔寨、老挝，三个地区统一为一个殖民地国家。将这些在中南半岛被占领的领土转变为一个单一的行政、经济和政治空间，并将其命名为“（法属）印度支那”，这不仅意味着忽视历史上敌对国家之间的边界争端，吸收不同种族的人口，并在不考虑种族构成的情况下划定新的政治界限。更重要的是，这也意味着创造一个稳定和统一的身份，基于一个不恰当的名字，并以一个“殖民幻想”〔1〕作为补充〔2〕。

## 二　探险活动的评述

对比19世纪中期以来的欧洲考古学，历史时期的吴哥考古学一直以两种平行的考古学传统为特征：一种源于人文科学；另一种源于自然科学。欧洲历史传统着重于该地区的古代文明，并将建筑、艺术、历史、史学方法与考古学相结合，研究罗马帝国以来（约前 500 年至 1453 年）的发展情况。而吴哥的考古学、碑铭学和艺术史则是由一群殖民地军官和行政官员操控着，他们认为对这个法国新殖民地文化和历史的研究，是获得并保持对该地区殖民控制的一种手段。

而这一时期法属印度支那的吴哥考古与保护活动主要以“寻宝”为主，很多探险队、殖民地军官、探险家就是“以最短的时间、最少的资金，找到又多又好的可供博物馆收藏的古物”为目标，因此在发现石刻造像时，往往采用野蛮的手段对其进行占有。早在 1891 年，诺罗敦国王写信给金边驻地官员，反对殖民者盗窃寺庙遗址内的艺术品，认为这是“破坏高棉宗教的行为”，是对“柬埔寨自古以来和所有国王统治时期习俗”的直接侮辱。但驻地官员写信给西贡当局说，国王会“对移走艺术品视而不见，条件是（殖民政府）不会反对柬埔寨人的围垦活动”〔3〕。

这种以寻宝为目的考古发掘，一方面破坏了许多珍贵的文物，同时又为科学界提供了资料，当时的考古研究正是在这些资料基础之上进行的。可以说，这一时期法国殖民者被吴哥的历史所深深吸引着，很少花时间来解释吴哥深处的秘密。而此时，欧洲考古学的地层学和类型学已经确立，这使得考

〔1〕 殖民幻想，即创造性活动和想象过程以及这种活动的产物——揭示了“官方法国”代表其殖民地和想象法属印度支那的方式，以及它与被殖民国家和人民的关系。

〔2〕 Panivong Norindr. Representing Indochina：the French colonial fantasmatic and the Exposition Coloniale de Paris. *French Cultural Studies*，1995. vol. 6. 16. pp. 35–60.

〔3〕 Chanratana Chen，Angkor Wat：A transcultural history of heritages，*Journal of Southeast Asian Studies*，2021，52–1，pp. 133–140.

古资料的收集和整理建立在科学方法之上，提高了考古资料的史料价值。同时殖民地的学者也吸收了语言学的成果，并开始在现存原始民族的研究中寻找答案。另外，从整个考古学的发展历程来分析，由于19世纪的考古学此时还比较年轻，尤其是吴哥考古学更处在襁褓之中，尚不能揭示古代高棉王国社会各个方面的历史。吴哥考古研究需要从碑铭学、民族学、历史学中来汲取营养，这是意识到考古学遗存在历史研究中的局限性表现，这也是吴哥考古学走向成熟，从自在阶段走向自我意识阶段的重要契机〔1〕。

因此可以说，这个时期的吴哥考古与保护活动其发轫于外国探险家和殖民者的到来。在法国人完全占领法属印度支那之前主要以探险活动、民族志为主，占领时期既有传教士的考察报告，又有稍专业的民族学记录，还有业余考古人员（画家、军官、建筑师）的收藏活动，比较科学的考古调查与发掘是在远东学院成立之后才出现的。

因此，在吴哥考古与保护初始期，也是所谓的“英雄时代”。英雄时代的人们都有一种英雄情怀，兼有一种猎奇的心理。他们的动机主要是满足自己的私欲，最大限度地获取吴哥古物，方法是极不科学的，带有极大的破坏性。

他们情怀依靠的是文化上的优越感，在更早的古物学时期，考古学家做的考古学研究都有弘扬民族历史的愿景，伟大的祖先，辉煌灿烂的古代文明，足以唤起民族自豪感，如丹麦的“三期论之父”汤姆森（Thomson）。当然，论证祖先的光荣并不是只有这样一个途径，贬低别人也是可以提高自己，所以在法属印度支那殖民地的考古学中总能发现一些愚昧、落后、封闭、保守、原始、野蛮的文化，看到那些粗劣的物品，总能让人产生发自心底的心理优越感〔2〕。殖民者利用（法属）印度支那殖民地的政治危机或文化颓废，来修复和拯救古老而独特的吴哥遗址。他们意识到这些使命是正确的，因为在殖民地居民面前，他们坚信自己的道德优越，殖民地居民被认为是如此无知和无能，需要“适当的”指导、教育和知识来提高他们的文化知识，更好地保护他们的文化和社会〔3〕。殖民者在政治上依靠的是帝国主义列强，而基础则是资本主义经济实力，参与的国家有西班牙、葡萄牙、英国、德国、法国等欧洲列强，对象国则是软弱、松散的越南、柬埔寨、老挝、暹罗王国。然而就其发现的吴哥文物而言，这个时期的探险活动是富有成果的。具体来说，具有以下几个方面的特征。

（一）大量吴哥时期的遗址被发现，文物的数量、内容和艺术品的精美程度，远远超出人们的预料。因此，探险活动不断在参与国（尤其是法国）间引起轰动，而这种轰动效应又反过来极大的促进和推动了吴哥考古与保护活动的发展。

（二）吴哥考古与保护最初完全是个人行为，随着大批遗址与石刻造像的发现，逐渐的变成国家行为或由国家积极参与的行为。尤其是法国传教士及博物学家亨利·穆奥的探险活动成功之后，引起了法国政府的积极参与，这时才由个人行为转变为国家行为，进而又进一步引起了学术机构（法属印度支那考古调查团）和博物馆（后来的吉美博物馆）的积极参与，这些行为促进了吴哥考古与保护活动的发展，形成了良性循环。

（三）吴哥考古与保护活动始终受到本国政府官员的庇护。如湄公河探险活动、德拉波特探险活动，都离不开法国海军的大力支持。

〔1〕杨建华：《外国考古学史》，长春：吉林大学出版社，1995年，第53页。
〔2〕陈胜前：《思考考古》，北京：三联书店，2018年，第66–69页。
〔3〕Osborne，Milton. *The French Presence in Cochinchina and Cambodia*. Bangkok：White Lotus. 1997.

（四）探险者往往把自己置于本国政府的庇护之下，尤其是法国传教士、探险家、殖民地军官。他们的探险活动往往因为没有本国政府的强力支持而受阻，阻力不仅仅是来自越南、柬埔寨、老挝三国的政府，还有来自遗址所在地的群众或当地政府，当地群众有时也会对探险者在遗址内进行的破坏活动而进行阻挠。在探险者的眼里，这些对探险活动进行阻挠的当地官员都是“暴吏”，而进行阻挠的群众则是“刁民”或“愚民”。站在第三方的视角来审视这个问题，不难发现这个时期的吴哥考古与保护活动具有明显的殖民色彩和“挖宝”特点，也具有明显获利的特点和掠夺性。看到这一点，探险者进行的探险活动受到当地群众阻挠也就不难理解了。

（五）探险活动中发现的吴哥文物完全归探险者所有，这是吸引欧洲人前来吴哥地区进行探险活动的重要因素，也是引起当地群众对探险活动进行阻挠的原因之一。

（六）由于缺乏运输经验或运输条件较差，探险者运载石质文物的交通工具（主要是船只）容易发生侧翻或船只太小无法容载大型石质文物，而造成文物的损失、损毁。如德拉波特探险队，由于船只无法容载大型石质文物，只能扔掉一件大型造像的30块石构件、2块石质巨头和1件那伽栏杆。

（七）这时参与吴哥考古与保护活动的国家主要是法国，而法国政府的力量投入程度远远超过了其他欧洲国家。1859年法国军队占领西贡；1861年完全占领交趾支那；1864年法国成为柬埔寨的宗主国；1884年，越南沦为法国的“保护国”、柬埔寨成为法国殖民地；1887年法属印度支那联邦建立；1889年12月，新任法属印度支那总督成立了第一个学术机构“法属印度支那考古调查团”。由此可见法国在建立法属印度支那联邦的过程中，投入了大量的时间和精力，采取了逐步蚕食、步步为营的方法。

（八）建立学术机构为殖民统治服务。法属印度支那考古调查团使用了：“任务（Mission）”一词，通常是表示暂时的，而“考古任务”显然只是考古学的研究。新机构的情况并非如此，该机构声称持续时间不受限制，其活动范围比考古学领域要广泛得多。因此，在1900年，采用了“法国远东学院”（Ecole francaise d’Extreme–Orient 简称“EFEO”）的名称，这是总督最初选择的名称。毫无疑问，这个新名字也有它的缺点，“学院（école）”的目的是教学，然而教学只是作为一种辅助功能出现在法国远东学院的课程中。因此，不管学术机构名称如何变化，都具有一定的缺点，因为学术机构从建立之初就带有殖民属性。

# 第三章　吴哥考古与保护发展期（1900—1952年）

这一时期肇始于法国远东学院的成立，终于柬埔寨王国独立。由于在中南半岛上法国是其唯一的殖民强国，因此这一时期的吴哥考古与保护活动主要是由法国远东学院在实施。法国远东学院成立是为了服务法属印度支那殖民政府对当地的殖民统治而建立的，学院最大的特色是政治性，几乎所有的学术研究活动都是为了法国能够更好地统治法属印度支那殖民地。为此，学院积极加强自身组织管理建设，以便更好地开展学术研究活动，服务殖民地政府。

在远东学院成立之初，就积极开展吴哥考古与保护活动，这种带有殖民色彩的活动一直持续到柬埔寨王国独立。在近半个世纪的吴哥考古与保护活动中，远东学院发挥着重要的作用。在1900—1919年的20年活动中，学院组织力量对越南、柬埔寨、老挝境内的吴哥遗址进行考古调查和小规模的发掘活动。这期间最重要的当属1907年吴哥地区重新回到柬埔寨，极大地增加了吴哥遗址的规模和数量。同时，鉴于吴哥地区丰富的旅游资源，远东学院成立了“吴哥考古公园”。及至1920—1939年的二十年活动中，吴哥考古与保护活动迎来了一个小高潮，这一时间段的活动主要集中在吴哥核心区附近，并由此产生了对后世影响较为深远的学术研究观点及古迹保护理念。1940—1952年的十三年活动中，吴哥考古与保护活动不仅在吴哥核心区开展，同时扩展至湄公河三角洲地区，并展开考古调查与发掘活动。虽然受到第二次世界大战及战后世界格局的影响，这个时间段的吴哥考古与保护活动规模较前一时间段（1920—1939年）有所减小，但是取得的成绩丝毫不亚于前一时间段。

法国远东学院在近半个世纪的吴哥考古与保护活动中，一方面为吴哥研究奠定了基础，尤其在历史学、语言学、民族学、图像学、碑铭学等方面取得了较高的成就。另一方面也在疯狂地向欧美各大博物馆及游客贩卖吴哥文物的事实，以及与日本政府进行所谓的“吴哥文物交换”活动。这两项活动造成大量吴哥文物的外流，这是在殖民体系下远东学院对吴哥造成无法弥补的创伤，同时还要看到这也是当时殖民国家的本质所在。

## 第一节　法国远东学院成立与发展

19世纪的最后几年，是东亚研究新思想和新方法的起点。以前，殖民者通常满足于从书面资料中来了解这些国家，后来他们逐渐认识到，了解一个民族的过去最可靠方法，“只有通过反思或实践，才能做到这一点”[1]。在查阅相关资料后，发现东亚尤其是法属印度支那，由于对神话的过度使用而造成

〔1〕 EFEO，L’Ecole française d’Extrême-Orient depuis son origine jusqu’en 1920：historique général. *BEFEO*, Année 1921. 21. pp. 1-41.

了失望之后，殖民者本能地转向了另外一个传统，以便找到更可靠的“指南”。

对具体现实的研究，除了需要大胆的思维外，还需要其他一些东西。它要求语言学家、民族学家对宗教和社会事实的细致分析，对纪念碑性质的古迹进行仔细调查。同时，东方学研究者将理论作为研究工具，而忽略了考古学家的“镐头”，民族学家的“指南针”，摄影师的“镜头”。只有通过组织机构，才能提供连续的、有组织的活动，如此才能获得第一手资料。

从 20 世纪初开始，法国对法属印度支那的研究，发展到了一个新的历史时期，这也是法国对法属印度支那研究最重要、最繁荣和最有成效的时期。而法国远东学院作为殖民地的研究机构，对法属印度支那的研究起到了至关重要的作用。同时，远东学院也不是一座象牙塔，它与殖民地的活动紧密地联系在一起。这一时期的远东学院也经历着深刻变化，从一开始的“讲习班”变成了一个组织机构。法属印度支那联邦下的各个国家，都有负责保护历史古迹及民族学和语言学的人员。法属印度支那境内的吴哥遗址受到了如此多的关注，离不开远东学院对古迹的保护活动。

## 一　远东学院成立背景

早在 1898 年，法国的东方学院领导人奥古斯特・巴特、米歇尔・布雷尔和埃米尔・塞纳特构思了一项计划，准备在远东成立一所组织机构，而这所机构原本计划建在印度的加尔各答（Kolkata）以北的金德讷格尔（Chandernagor）地区。随着法属印度支那殖民地迎来新的总督——保罗・杜美，事情出现了转机。

杜美随后开始在法属印度支那殖民地建立“亚洲法国”，致力于巩固法属印度支那国家命名的不统一，为了使之成为一个真正的殖民地国家，建立生活、工作所需机构是必需的，并使其中的科学研究处于较高的地位。此外，法属印度支那并不是孤立的，它的文明来自两个伟大的邻国，并与其中一个国家保持着最密切的联系。

虽然法国东方学研究在很早的时候就有所发展，但是他们的兴趣集中在中国和印度，而不是中南半岛地区。法国在远东地区（尤其是中南半岛）的研究落后于其他国家，处于“令人沮丧的局面”。

例如，柬埔寨碑铭的最早研究者是荷兰人，占婆语言最早研究者是德国语言学家。早在 1898 年，法属印度支那考古调查团成立时，殖民地的考古学、语言学和历史学几乎完全被忽视。诚如路易斯・芬诺在 1901 年的报告中所言，这些研究“曾经由一群杰出的人成功地发起，但现在只吸引了少数孤立的研究人员，他们的研究成果带有明显的孤独感”[1]。

为了避免这种情况继续恶化下去，在 1898 年，法兰西文学院的东方学者计划在东亚建立法国研究机构时，以路易斯・芬诺为代表的“（法属）印度支那考古调查团”（Mission archaeologique d'lndo-Chine）成立了。1900 年 1 月 20 日，法属印度支那政府决定将“（法属）印度支那考古调查团”改名为“法国远东学院”（Ecole francaise d'Extreme-Orient，简称“EFEO”）。学院的创立在某种意义上代表着吴哥考古与保护的研究开始迈向组织化。由于渴望弥补所浪费的时间，其创始人对远东学院抱有很高的期许。从一开始就为远东学院分配了一项任务，即通过学院的活动开放无限的领域，最大限度地扩

〔1〕 EFEO，Documents administratifs（Rapport au Gouverneur Général de l'Indochine sur le développement de l'Ecole française d'Extrême-Orient de 1902 à 1907. 1907, 11, 31），*BEFEO*，1908. 08，pp. 314-315.

大法属印度支那在远东国家中所占据的特殊位置。他们不希望像邻国（印度）的类似机构那样，仅限于考古学、语言学和历史学的地方研究。因此，远东学院的活动不可能仅限于对法属印度支那本身的研究，而不涉及对语言、文字、文学、艺术、宗教与邻国的文明研究，这也是学院的创始人给机构命名为法国“远东”学院的应有之意。因法属印度支那的重要性，他们不仅想建立一个机构，还希望该机构在科学中占据光荣的位置，能够成为与整个远东地区有关的语言、历史和考古研究的中心，范围包括从印度到日本，从土耳其到马来群岛[1]。

## 二 远东学院特色

远东学院被要求不同于传统的东方研究机构，必须具有一定的独特性。其独特性表现在以下几个方面：其一，强调作为“殖民地”的政治性。“不参与政治和利益”的学问在殖民时期是毫无意义的，作为介入当地现状的“殖民地学”以开拓新的远东学，这才是20世纪法国东方学所提倡的理念，也是远东学院创立之初的目的。其二，通过当前的政治去重振“一个伟大的过去”。远东学院的芬诺院长曾说：“对当前的政治干预将重振过去的辉煌。”法国东方学者认为，包括中国和印度在内的亚洲国家，当前状况正处在“下降状态”，对土著人进行“过去的荣耀”和“传统”的教育，使他们坚信可以打破“堕落”和“停滞”[2]。这种观点可以说是在欧洲传统“文明教化的使命”基础之上定位东方学，并认识到这有可能对法国的殖民政策作出贡献。例如法兰西文学院的一员、东方学的权威埃米尔·塞纳特曾给芬诺寄过如下的激励信件：“治理一个国家最有效的方法是唤起人们对其伟大过去的尊重”[3]。这充分说明了西方殖民者披着“文明外衣”对殖民地人民进行“杀人诛心式”教育，目的是让殖民地的人民放弃反抗，安心接受殖民统治。其三，通过地缘政治来创造“远东”概念。法国作为欧洲的大国之一，在世界各地的殖民地中享有声望和权重，并在外交政策上具有优势。因此，需要远东学院的学术活动以及殖民政策来赢得声望，并引起国际关注，阐明包括中南半岛在内的东亚研究的重要性。其结果是，远东学院将创造一个独特的“远东”概念，并“创造”或“制造”出基于法属印度支那考古研究的意义[4]。

同时，远东学院与任何已知的学术机构都不同，它既是免费研究的协会，也是公共服务机构。学院成员由殖民地总督任命，但必须经过法兰西文学院推荐，包括实习生。其他的正式成员（包括教授）即公务员，但是没有晋升渠道，结果是每前进一步就会遇到障碍，学院成员只能求助杜美总督。总督

〔1〕 EFEO，Documents administratifs（Rapport au Gouverneur Général de l'Indochine sur le développement de l'Ecole française d'Extrême-Orient de 1902 à 1907. 1907, 11, 31），*BEFEO*，1908. 08，pp. 314-315.

〔2〕 EFEO，Académie des Inscriptions et Belles Lettres — Comptes-rendus des séances（Communication de Louis Finot â la séance du 10 mai 1900），*BEFEO*，1901, 1, pp. 383.

〔3〕 Emile Senart，Lettre â Louis Finot，rctranscrite dans le，*BEFEO*，1901. 1. 从法国汉学家保罗·伯希和的话就可以明显看出塞纳特对远东地区“衰败”的认识。1900年，伯希和是远东学院的派遣成员，参与了镇压义和团运动，并用武力保护了法国大使馆。那篇描述有英雄主义的日记，因有中国的见闻而出名，但是他自己却认为，在与中国的交涉中教育是有效的，而不是武力压制。最重要的是，通过教育让中国人理解西欧人的想法，这才是“最好的政治政策”。而且他认为，在让中国人了解西方的同时，也要宣传中国本身过去的伟大，从现状的“堕落”中复兴起来。“对西方人而言，当务之急是了解中国人，并使他们了解自己的身份。”EFEO，M. Gourant：En Chine，Mœurs et institutions，Hommes et faits，*BEFEO*，1901，1，pp. 374.

〔4〕 藤原貞朗：《二〇世紀前半期におけるアンコール遺跡の考古学と 仏領インドシナの植民地政策》，《日本研究：国際日本文化研究センター紀要》，2002年26卷，第221-253页。

在研究了这些困难后，向学院成员授予必要的特权。同时，囿于学院的成员较少和资源限制，如果没有地方政府的帮助，学院什么也做不了，且学院又属于殖民地政府体制内的一部分，普遍不受欢迎。为此，杜美总督引入的中央集权彻底改变了这些情况，主要部门的负责人是总干事，他们是真正的部长，从上到下"统治"着地方政府。官员从省级当局的控制中解放出来，被赋予了一定的权力，而在使用这些权力时，却不需要太多的判断力。

在远东学院成立初期，由一些对东方考古学或艺术史不熟悉的"业余爱好者"，在吴哥从事考古研究和古迹保护活动。当然，在实际建筑调查中，建筑技术等专业知识是必不可少，没有建筑师就无法进行考古调查。但是没有东方学知识背景的建筑工程师、考古学家与没有技术知识背景的东方学研究者们之间，存在着无法消除的距离和深深的鸿沟。

芬诺院长在巴黎与远东学院的候选人见面后，不断地表示不满：

"（……）我必须告诉那位候选人，（法属）印度支那这个国家的存在，还有考古学这门学问，他都不知道。（……）被铭文与美文学院选为候选人，总是这种无可奈何的。现在必须暂时忍耐这种状况吧。但是在目前的现状下，我认为招募原住民会更有用。"〔1〕

从上面的言语中可知，在殖民地理想的做法是培养一批以建筑学、考古学为职业的学员，使其成长为东方学者，新的工作将使他们获得荣誉。1918年，亨利·帕尔芒捷在《Architecutre》杂志上发表文章，鼓励法国的建筑师学习考古学。他说："即使一个不幸的法国建筑专业的学员，没有实现他作为建筑师的梦想，但是他可能在（法属）印度支那受到尊重。"〔2〕在殖民地可以获得在本国根本得不到的荣誉和地位。这位研究者的梦想也告诉世人，远东学院是殖民地实践活动的理想场所。

自远东学院成立之后，学院对吴哥开展有条不紊的活动，主要体现在对吴哥遗址基础方面，如建立古迹保护规章制度和开展吴哥遗址考古调查活动等。1900年3月，由芬诺和殖民地的总检察长编写法令，以保护历史文物古迹。芬诺在向学院报告时强调：

"（他们）已经向总督提供保护性立法的方案，来结束文物的掠夺，以保证这些纪念碑建筑不再受到损坏或掠夺，不再允许业余考古学家在陆地和海洋中进行文物的盗掘活动；同时法令还规定：从历史和艺术的角度来看，具有公共利益的建筑物或可移动文物，应该由总督根据远东学院的建议做出决定。在发掘或工作过程中发现的遗址、碑铭、遗物必须向当局报告；远东学院的院长负责监督历史古迹和（法属）印度支那半岛上的其他文物古迹。由他向总督提出确保文物安全所需的措施。"〔3〕

这项法令对法属印度支那的历史古迹（尤其是吴哥）起到了一定的保护作用，尽管后来在某些情况下是不起作用的。

同时，远东学院还与亚洲机构或学术团体保持一定的联系，包括暹罗皇家协会、孟加拉和锡兰亚洲学会、印度考古部门、爪哇考古部门、马尼拉科学局，还有中国北京地质局和香港大学以及日本的大学等。欧洲和美洲的机构也与远东学院保持着定期的交往，它们交换彼此的出版物，并要求各自的代表参加所有国家的组织机构之间的会议和庆祝活动等。

远东学院成立后，杜美不希望后人随意修改他制定的法规，因此采取总统令的形式，从而保证了机构的稳定性确保了远东学院的未来发展。1902年，在河内举行远东国际研究大会，在这次大会上远

〔1〕 Lettre du 14 juillet 1909 de Louis Finot â Claude Maître, dossier administratif, Archives de l'EFEO, carton pp. 7.

〔2〕 Henri Parmentier,（Information）, *Architecture*, 1918. 10.

〔3〕 同〔1〕。

东学院在国际闻名并获得认可，同时因与邻国之间建立的科学合作关系，学术地位而变得更加牢固[1]。

因此可以说，这一时期的远东学院是殖民地的产物，其学术研究活动也是为了法国能更好的在法属印度支那进行殖民统治。

## 三 远东学院组织管理

从 1898 年创立开始，（法属）印度支那考古调查团就被置于法兰西文学院的科学管理之下。根据法兰西文学院东方学者的建议，由法属印度支那总督任命一名主任（院长）。主任（院长）的期限延长，需要法兰西文学院的批准。远东学院的创始章程还规定了成员，由一名主任（院长）和 2 至 4 名实习生或专员（教学任务或学习任务）组成，任期为一年，也可以无限期延长。

远东学院除了实习生（临时人员）外，还有正式人员（根据 1920 年 4 月 3 日的法令）。1901 年 2 月 26 日，学院的法令对正式人员的设立只做了模糊的规定。学院根据此条款，先后设立了图书馆秘书职位（1899 年，然后是 1907 年）、中文老师（1901 年）、学院代表（1903 年）、考古处负责人（1904 年）、日文老师（1905 年）、吴哥保护区负责人（1908 年）、（法属）印度支那语言学教授（1908 年代课教授，1912 年正式任职）、安南历史与考古学教授（1915 年）。

### （一）主任（院长）

1898 年成立（法属）印度支那考古调查团时，主任（院长）由法属印度支那总督任命，任期六年，可以延长。主要负责学院管理，监督成员的学习和工作，主持和参与梵语、巴利语及考古学的教学任务。他还必须建立图书馆和博物馆等机构，并创办一份属于机构的出版物，能够刊载来自考古调查团的成果。每年主任（院长）向法属印度支那总督发送有关调查团活动的详细报告，再由公共教育部长传达给法兰西文学院。

自 1900 年起，根据《（法属）印度支那保护具有历史或艺术价值的纪念碑与文物法令》，院长负责监督法属印度支那的历史古迹和其他文物。同时，还应向总督建议适当的保护措施。因此，院长被授权将所有在现场保存困难的文物分类运送到博物馆，同时还负责将公众感兴趣的可移动文物分类。为了监督和保护历史古迹，院长得到了东京古物委员会（1901 年）和柬埔寨委员会（1905 年；在 1919 年变更成历史与考古文物委员会）的协助，院长还分别担任该机构的主席和名誉主席，其成员可以通过特别授权行使主席的权力。院长担任若干理事会和委员会的主席，其中包括土著教育发展理事会（1906 年），同时还是中央旅游委员会（1923 年）、公共教育咨询委员会（1924 年）、（法属）印度支那科学研究委员会（1930 年）等机构的成员。

### （二）副院长

副院长的职位设立于 1902 年。在院长缺席的情况下，副院长可以代替院长行使权力。院长和副院长轮流在法国办公，负责确保学院与法兰西文学院的联系，监督出版物的出版并通过课程或会议进行宣传活动，以便使大众了解学院的研究成果。

通过定期发送在本国和殖民地进行的，有关科学研究活动信息及研究任务来参与学院的工作。1902 年，远东学院在巴黎设立了一个办事处。1903 年，学院的副院长职位被巴黎远东学院办事处的代

〔1〕 L. Finot，Paul Doumer（1857–1932），*BEFEO*，Year 1933，33，pp. 549–552.

表所取代。他的任务是，保管法属印度支那认为难以保存的书籍和文物，并将其提供给研究人员。从 1907 年起，法兰西学院（Collège de France）设立了一个历史和文献学主席职位，该主席的担任者在巴黎担任远东学院的代表。

（三）活动人员

可以分为实习生（临时人员）和正式成员。他们在进行个人活动时，必须与远东学院的特殊目标一致。关于人员的任命，从 1898 年起由法属印度支那总督根据法兰西文学院的建议任命，到 1939 年由殖民地部长根据法兰西文学院的建议任命。

1. 实习生

于 1899 年被任命为法属印度支那考古调查团成员，成员必须是法国人，人数仅限于三人（此条件在 1901 年取消）任期为一年，期限可以延长。实习生要么是研究印度或远东的年轻研究人员，要么是需要留在东方进行研究的高级研究人员。在进行个人活动的同时，必须与机构的总体目标进行合作。活动时产生的费用，由调查团支付并可获得旅费津贴。

1905 年，学院为年轻的汉学家设立了两个奖学金。这些奖学金持有者，在法属印度支那逗留期间，须遵守并完成与实习生相等的义务。他们还必须为河内帕维亚（Pavie）学校提供法语教学。在与法属印度支那总督和法国驻华大使达成协议后，他们会被要求在学业结束后，到中国（清朝）的大学里任教。这是在中国继续“扩大法国影响力”的政治意愿。由于实习生职位的不足，难以完成这项任务，因此计划设立受训人员的职位并定期更新。但是，当时的中国不愿接纳外国教师，随后在 1907 年，学院放弃了派遣实习生的决定。

2. 正式人员

这些专业成员于 1920 年成为正式人员，并且是从专业具有很高造诣的临时成员中招募的。

图书馆秘书一职于 1899 年设立，但因其前任辞职（由一名担任会计秘书的文职人员接替）而被取消，随后于 1907 年恢复，任期为六年。

在院长的授权下，他负责规范学院内部服务的所有细节：保存图书资料和馆藏的清单，确保图书馆图书的分类。如果院长缺席或不在，且未任命临时院长，则由他临时负责管理学院的活动（1933 年法令）。

考古部门负责人（设立于 1904 年）负责考古部门的管理、历史古迹和库房的检查、学院博物馆的组织及其藏品的分类；每年向院长提交考古活动计划，并从 1907 年起，每年为吴哥的保护活动做出计划。考古部门负责人是吴哥保护区负责人和历史古迹的检查员。

1911 年，在考古部门负责人的授权下，部门成员负责调查和保护各自地区内的历史古迹。当时划分有安南－东京区、安南－占婆区、交趾支那－柬埔寨区、老挝区和吴哥考古公园。

他们的职能在 1930 年得到扩展，当时负责考古勘探，历史古迹的检查、保护和维修活动，以及造像、碑铭和某些可能令他们担心遗失的文物把其运送到博物馆或考古库房存放以免进一步恶化。除了每月给院长和考古负责人提供月度报告外，还必须每年向考古部门负责人提交过去一年的工作报告，及对历史古迹清单变更的建议，并提供下一年的研究计划。

民族学系主任一职设立于 1937 年，当时学院开设了民族学和古人类学。同时，民族学系主任还是院长的学术顾问，负责与法属印度支那民族博物馆的民族学研究和运作有关的所有问题。任务包括：在预算允许的情况下，每年制定调查计划和下一年的活动；收集和分类学校档案中已经存在的民族学信息；收集和保存民族学对象，以存储在本地库房或在大叻（Dalat）民族博物馆进行展览。

吴哥保护区负责人（吴哥地区移交后于1908年创建）办公地点位于暹粒，负责吴哥遗址的保护和修复活动。吴哥考古公园的保护活动由一名负责人来负责，负责人为吴哥考古公园管理员，其职责于1920年得到确定。

（四）附属人员

早在1899年，保罗·杜美和路易斯·芬诺就强调了法国公务员和军官可以为法属印度支那考古调查团服务，而驻扎在东京、安南、交趾支那或柬埔寨的大量殖民地军官，对了解他们正在发现的文明亦表现出了极大兴趣。他们收集的信息和资料可以补充科学研究。1920年的法令规定，殖民地官员或军事人员在得到学院院长的允许下并经总督的命令，可以借调到欧洲军事观察组织作为临时武官，执行特别研究任务，其活动费用由学院来承担。

从1902年起，远东学院通过提供信息、奖励、捐赠或其他方式对有效合作的人员授予学院通讯员的称号。这个头衔是由总督根据院长的建议授予的。同时也可以，以同样的形式撤回。通讯员任期三年，任命可以续签。他们有权获得分配给学院成员的旅行费和生活津贴。通讯员可被委派监督历史古迹，可要求地方当局查明可能损害历史古迹完整性的事实，并采取适当措施以保护新发现的历史古迹或文物。

根据1940年9月9日的法令，任命通讯员的合同期为三年。1943年没有续签，由于当时法属印度支那处于孤立状态，学院的管理人员无法确切地知道居住在国外通讯员的情况，因此法属印度支那总督认为最好推迟这种更新。

根据1930年4月12日的一项法令，在科学界享有杰出地位或为远东学院作出杰出贡献的法国人或外国人士，均可被授予名誉会员的称号。这一头衔是根据学院院长的建议，殖民地总督任命，名誉会员可由院长指派任务，他们有权获得类似学院实习生的旅费和生活津贴（1933年）。这些会员大多是在1930年或1948年任命的，1954年是最后一次授予名誉会员。因此，远东学院共有68名名誉会员。自1948年以来，诺罗敦·西哈努克亲王一直都是远东学院名誉会员。

1922年的远东学院有助手、秘书和法属印度支那学者、档案管理员秘书、法属印度支那之外的亚洲学者或翻译员、协助考古部门的法属印度支那技术人员、制图员、摄影师、美术工人（雕刻家、铸模师、造型师）、摄影师的助手、装订员、服务人员（管理员、园丁）等。1929年颁布的一项法令，规定了远东学院亚洲人员作为正式合同代理人和辅助人员的地位。然而直到1939年7月29日通过的一项法令，才允许“受法国保护的具有（法属）印度支那血统的居民和工作者”加入到科研的行列，但是他们的工资与具有法国血统的公务员工资是不相等的[1]。此外，远东学院也有许多志愿者，他们捐赠书籍、艺术品或免费提供专业知识。

由此我们可以得知，远东学院的成立及发展，首先要归功于其为法属印度支那殖民体系服务的本质。可以说，远东学院的成立离不开法属印度支那联邦政府的大力支持和投资，反之亦然。法国在法属印度支那殖民地统治的巩固和加强，远东学院的“贡献”也很重要，二者的关系可谓“一荣俱荣，一损俱损”。其次，远东学院在制度方面的创新建设，吸引了大批的东方学研究者，尤其是对实习生的吸引力尤为强烈。如著名的汉学家沙畹（Emmanuel Edouard Chavannes，1865–1918年）、伯希和、亨

〔1〕 https：//www. efeo. fr/biographies/rouages. htm.

利·马伯乐（Henri Maspero，1883—1945 年）、戴密微（Paul Demiéville，1894—1979 年）等都曾得到远东学院的资金支持，到东亚来进行学术研究活动。最后，也不能忽视与其相关的亚洲工作成员、合作者、通讯员等，也为东亚研究作出了一定的贡献。

## 四 远东学院发展变迁

1902 年 3 月 10 日，根据法属印度支那总督的命令，远东学院的总部从西贡转移到河内，在甘贝塔（Gambetta）大道 60 号与丹图里尔街（Rue des Teinturiers）3 号租了三所小房子，作为图书馆和人员的临时住处。同时决定拨款 10000 美元用于建造学院大楼。

1905 年，学院图书馆被转移到亨利·里维耶尔（Henri Riviere）和卡罗（Carreau）林荫大道的拐角处。1906 年增加了两间单独的房间，供院长和实习生居住。1920 年远东学院获得“独立的法人身份”（Personnalité Civile）。

为了更加科学和安全的存放文物，从 1926 年开始，远东学院决定在旧馆的基础之上建造新的博物馆。新馆位于河内郊区法租界东北边缘紧靠着红河，建筑总体近似长方形，东北角为圆形，建筑分为地下室、圆形大厅、一二楼层，建筑的设计风格借鉴了中国古典建筑（图 14）。到 1927 年 12 月，博物馆的一楼（二层）地面及大厅已部分完成，圆形大厅和天花板、木质框架已基本搭建完毕。

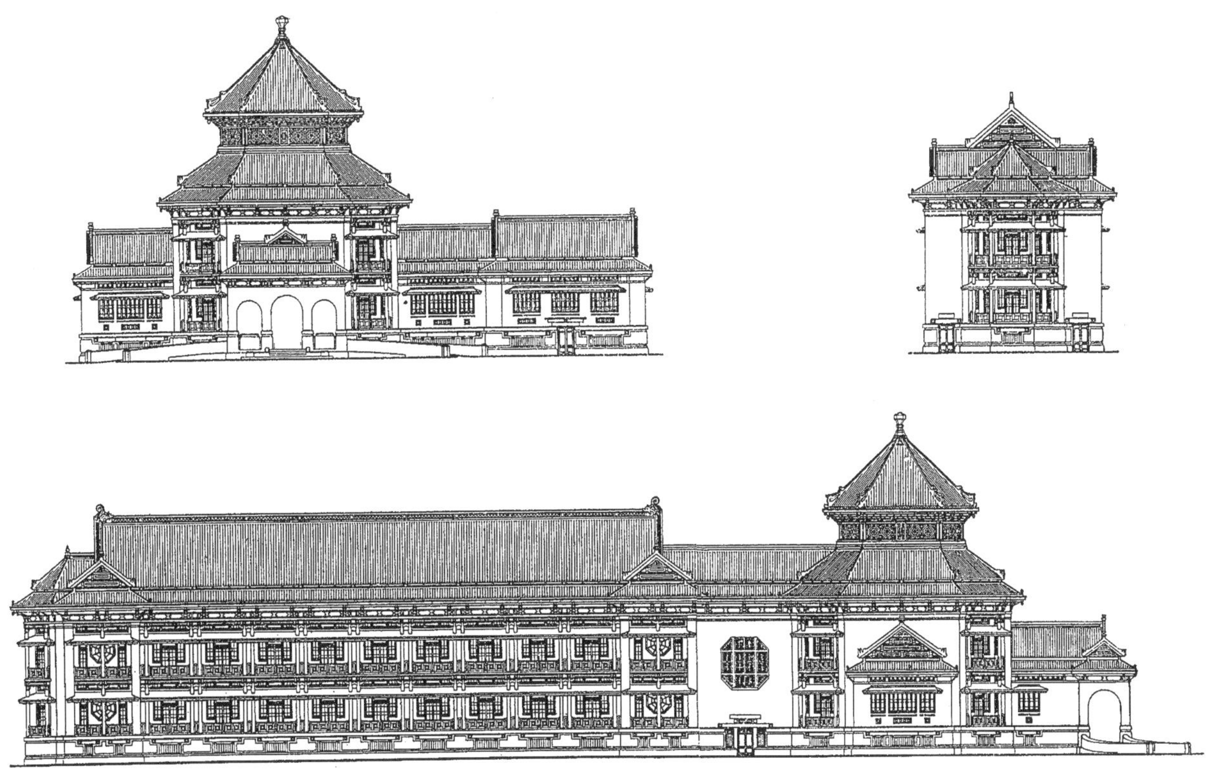

图 14 河内博物馆正视图
（图片来源 BEFEO，1926，26）

1932年博物馆竣工，当年的3月2日，根据法属印度支那总督的法令，河内法国远东学院博物馆改名为路易斯·芬诺博物馆（*Musée Louis. Finot*）。博物馆保留有史前时期（主要是收藏的石器）、原始历史时期（铜鼓和包括清化省、北宁省出土的含中国元素的丧葬遗物）和法属印度支那时期三部分。尤其是在一楼陈列着中国文物（青铜器、玉石、珐琅器和陶瓷器）以及韩国、日本部分文物[1]（图15）。

图15　左：一楼展示的来自中国和越南境内的青铜器（图片来源EFEO，编号VIE08887）；
右：地下室保存的史前陶器（图片来源EFEO，编号VIE08892）

1941–1945年，日本占领法属印度支那期间，一度使法国对东南亚的研究大受影响，因为学院在这一时期被迫从河内转移到印度南部的本地治里（Pondicherry）。日本投降后法国随后重新进入中南半岛，印度支那战争使远东学院从各处研究中心开始撤离。1949年，法国高级专员与越南、柬埔寨和老挝三国达成协议后，远东学院成为一所由四个国家掌控的机构，四国联合任命一名院长。管理委员会由法兰西文学院的一名代表担任主席，路易斯·马勒雷担任院长，让·菲琉杂（Jean Filliozat）担任管理委员会主席（图16）。

与此同时，远东学院还在柬埔寨和老挝设立研究中心，并将来自这两个国家的资料和藏品转交给它们，越南、中国和日本的藏品将留在河内，同时在印度尼西亚设立一个常驻代表团。搬离中南半岛后的远东学院，行政中心迁往巴黎，最终隶属于法国国家教育部下的科学教育学院[2]。

菲琉杂于1956年被任命为远东学院院长，学院主要的研究中心在柬埔寨，由B. P. 格罗斯利埃（Bernard-Philippe Groslier）负责当时世界上最大的考古遗址。同时，菲琉杂在印度的本地治里为远东学院建立了一处新的研究中心。远东学院的搬离，不仅意味着法国在中南半岛上的殖民统治结束，同时也意味着法属印度支那研究的“黄金时代”的结束。至此，法国对法属印度支那甚至是远东的研究也由盛转衰。

〔1〕EFEO，Chronique de l’année 1932，*BEFEO*，1933，33，pp. 470 –471.
〔2〕Pierre-Sylvain Filliozat，Jean Filliozat（1906–1982）. *BEFEO*，Year 1984，73，pp. 1–30.

图 16　1953 年法国远东学院的代表［从左至右依次：远东学院院长马勒雷、法兰西文学院代表菲琉杂、老挝总理梭发那·富马（Souvanna Phouma）、法兰西第四共和国代表德佩雷拉（De Pereyra）］
（图片来源 EFEO，1953，编号 CAM19938-c）

## 第二节　法国远东学院主要活动概述

从 1900-1952 年，远东学院在法属印度支那进行的吴哥考古与保护活动持续了半个世纪有余。其中在 1900-1919 年，这 20 年的时间是法国殖民者确立其殖民统治时期，也是吴哥保护活动的起步阶段，利用这 20 年的时间，主要是对吴哥进行基本的考古调查与保护相关的法令政策的建立。在 1920—1939 年，随着法国在法属印度支那殖民统治的巩固和加强，吴哥保护活动也迎来了一个高潮期。从 1940—1952 年，二战的爆发及越南、柬埔寨、老挝的相继独立，远东学院的考古与保护活动进入了一个低潮期，直到最后学院搬离中南半岛。下面将以这三个时间段为主线进行重点介绍。

### 一　1900—1919 年主要活动

这一时期的吴哥保护活动主要在越南、柬埔寨、老挝三国进行，尤以柬埔寨为活动重点。其中越南、老挝主要是以古迹的考古调查活动为主，而在柬埔寨境内不仅有大量的考古调查活动，同时也开始进行考古发掘活动，尤其是在 1907 年之后，远东学院的重点主要围绕着吴哥地区来开展活动（表 3）。

**表3　1900—1919年法国远东学院吴哥活动统计简表**

| 时间 | 代表人物 | 活动内容 | 活动区域 | 备注 |
|---|---|---|---|---|
| 1900.02 | 芬诺　拉云魁尔 | 越南南部—河内—琅勃拉邦一线进行考古调查 | 越　南<br>老　挝 | |
| 1909 | 帕尔芒捷 | 西宁省发现两处遗存 | 越　南 | |
| 1900 | 图尼尔 | 在瓦普寺发现一通碑铭 | 老　挝 | 法国驻老挝官员 |
| 1900 | 朝圣者 | 在阿托皮亚（Attopeu）发现一批佛像 | | |
| 1900 | 埃蒂安·艾莫涅尔 | 阿托皮亚以北20千米处发现一座砖塔 | | |
| 1901 | 芬　诺 | 瓦普寺考古调查 | | |
| 1900.07 | 拉云魁尔<br>艾莫涅尔 | 柬埔寨进行考古调查 | 柬埔寨 | |
| 1901.11 | 亨利·杜福尔<br>查尔斯·卡佩克斯 | 吴哥通王城内巴戎寺进行清理 | | |
| 1902 | 让·柯梅尔 | 柴桢省的巴塞克遗址进行考古清理 | | |
| 1902 | Bellan | 对波萝勉省以南的Barai Andet遗址、Péarang省Prey Sla、Tuol Prasat遗址进行考古调查 | | 非远东学院人员 |
| 1907.11 | 拉云魁尔 | 马德望省、诗梳风省和吴哥地区进行考古调查 | | |
| 1907—1909 | 让·柯梅尔 | 吴哥寺清理 | | |
| 1908 | 让·柯梅尔 | 圣皮度寺清理 | | |
| 1908 | 狄克雷中尉 | 在通王城内发现486、487号建筑 | | 殖民地军官 |
| 1911.01 | 远东学院 | 湄公河下游地区对古运河遗存进行调查 | | |
| 1911.03 | 远东学院 | 在吴哥地区建立“吴哥考古公园” | | |
| 1911.02—04 | 帕尔芒捷 | 吴哥地区及柬埔寨境内的中部地区进行考古调查 | | |
| 1911 | 让·柯梅尔 | 吴哥寺、通王城内通往五座塔门的道路、巴戎寺进行清理 | | 吴哥考古公园负责人 |
| 1911 | 麦昆姆（Mecquenem） | 巴戎寺至通王城北塔门道路已经建成两侧有排水沟，清理斗象台、巴戎寺、胜利门、北塔门遗址 | | |
| 1913 | 帕尔芒捷 | 瓦普寺进行调查 | | |
| 1913—1914 | 让·柯梅尔 | 巴戎寺、巴方寺进行清理 | | |
| 1915—1916 | 帕尔芒捷 | 磅湛省班迭诺戈寺考古调查 | | |
| 1917 | 马绍尔 | 吴哥寺西神道、斗象台、癞王台修复活动，巴方寺神道、空中宫殿清理 | | 吴哥考古公园负责人 |
| 1919 | 吴哥林业局 | 巴肯寺、巴色占空寺、拜伊寺遗址进行植被清理 | | |
| 1919 | 马绍尔 | 提琶南寺、圣琶丽寺进行清理和修复活动，通王城内17处佛教遗址清理活动，486、487号建筑进行修复 | | |

（一）越南境内考古调查活动

1900 年 2 月，芬诺和拉云魁尔从越南南部出发，沿途考察了山地部落的少数民族。到达河内后，又前往琅勃拉邦（Luang Prabang）停留了一段时间，利用这段时间来研究老挝艺术，了解老挝境内的高棉纪念碑建筑。

1909 年，帕尔芒捷在西宁省（今越南胡志明市的西北部），发现了两处考古遗存。第一处位于 Thai-binh 村丛林中的寺庙遗址，由两座砖砌的建筑组成，其中较小的一组建筑已经倒塌。经过现场调查后发现了很多石质文物，包括陵伽、尤尼（Yoni）[1]、门楣、门柱（图 17a、b）。第二处位于 Vaico 河

图 17 a. 第一处采集到的遗物（陵伽、尤尼、门楣、门柱）；b. 第一处砖塔的平面图和立面图；c. 第二处第一组砖塔的平面图；d. 第二处第一组遗址发现的遗物；e. 第二处第二组遗址发现的石刻造像（图片来源 BEFEO，1909，9）

〔1〕即女性生殖器，在古代高棉人世界观中象征着生命的源泉，其图腾形状犹如方形的石磨盘。

右岸，共发现两组遗址彼此相距900米。第一组遗址是一座砖塔，外围的砌砖已经倒塌，发现一件骑牛的湿婆造像((图17c、d)；第二组遗址是一处2—3米高的土墩遗迹，平面呈长方形，在遗址的最高处发现陶片及一座属于婆罗门教的拉克什迷造像（毗湿奴的爱人）[1]（图17e）。

（二）老挝境内考古调查活动

1900年，法国驻老挝的高级官员图尼尔（Tournier）上校，在瓦普寺（Vat-Phou）遗址中发现了寻宝者盗掘出来的一通碑铭，随后运往远东学院博物馆[2]。同时，在阿托皮亚（Attopeu）附近，老挝人经常朝圣的礼拜场所清理出来了一批佛像，殖民地政府派出在当地的专员Baudenne把发现的7件佛像（3件石质、2件青铜、2件角质）带到了远东学院博物馆[3]。随后，埃蒂安·艾莫涅尔（Etienne Aymonier）在阿托皮亚以北约20千米处，位于Se-Khong河左岸的Ban-Sakhe村内发现了一座砖塔遗址，仅发现一件雕刻花纹的门楣，不见其他遗物，之后又在一处被称为Vat Sai-Phai的遗址内，发现了围墙遗迹和建筑构件（门楣）。他认为此种装饰艺术和占婆艺术很相似，并认为此遗址可能跟占婆艺术有关[4]，根据艺术风格推测属于前吴哥时期（图18a）。

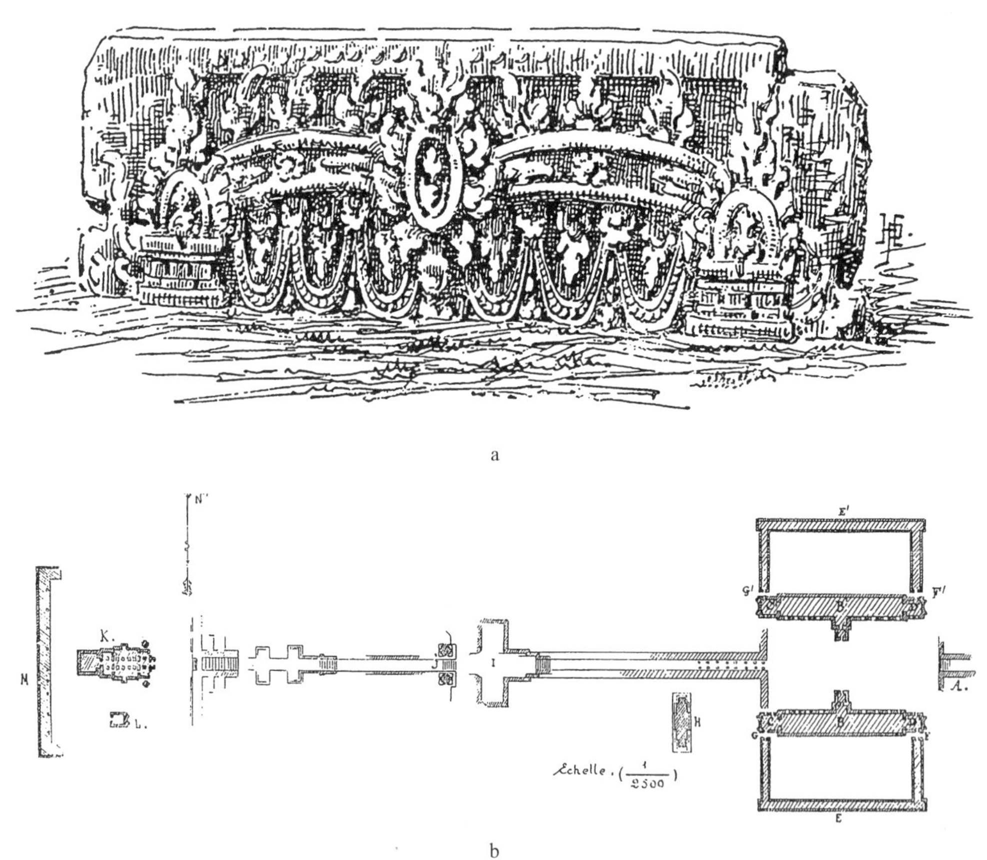


图18 a.艾莫涅尔在老挝发现的石质门楣构件（图片来源BEFEO，1903，3）；
b.瓦普寺平剖面图（图片来源BEFEO，1902，2）

〔1〕 Henri Parmentier, Relevé archéologique de la province de Tây-Ninh (Cochinchine), *BEFEO*, 1909, 9, pp. 739-756.

〔2〕 EFEO, Chronique, *BEFEO*, 1901, 1, pp. 58-66.

〔3〕 EFEO, Chronique, *BEFEO*, 1903, 3, pp. 751-768.

〔4〕 同〔3〕, pp. 137-546.

1901年，芬诺院长对瓦普寺进行了实地调查。瓦普寺是一座坐西朝东的建筑，主体建筑用石块和砖块建造而成，由多重山门、神道、南北两座对称分布的配殿及中央圣殿组成[1]（图18b）。

（三）柬埔寨境内考古调查与保护活动

1. 1900—1909年

1900年，亨利·帕尔芒捷和让·柯梅尔加入到远东学院。学院决定由拉云魁尔负责柬埔寨境内的纪念碑建筑研究活动，而帕尔芒捷负责占婆纪念碑建筑的研究活动（图19）。

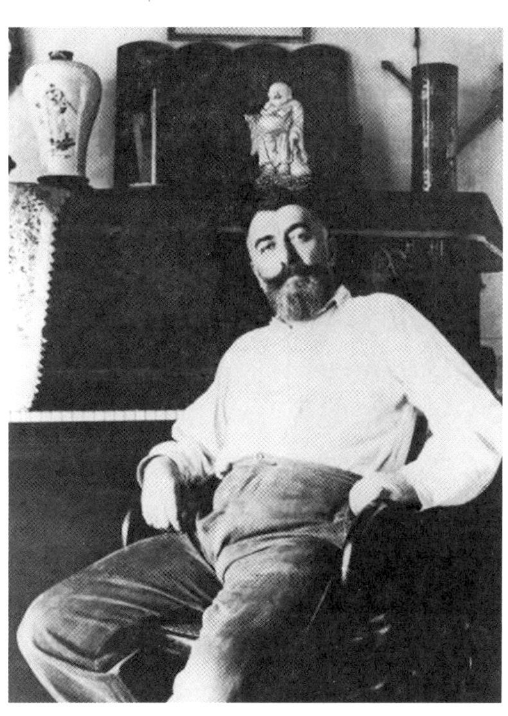

图19　左：亨利·帕尔芒捷肖像（图片来源EFEO，1923，编号CAM20082）；
右：让·柯梅尔肖像（图片来源EFEO，编号VIE20009）

同时，芬诺决定继续探索柬埔寨境内的历史古迹。囿于时间的限制，他把这项任务交给了拉云魁尔。1900年7月，拉云魁尔到柬埔寨境内调查纪念碑建筑，绘制文物清单及古迹分布地图。此时，一位法国海军水手兼碑铭学专家埃蒂安·艾莫涅尔，率先在这漫长的调查过程中负责起吴哥的考古与保护活动。拉云魁尔帮助艾莫涅尔进行古迹调查活动，这份文物清单有助于编制一份历史古迹分布的文件。最终，拉云魁尔在规定的时间内，完成了290座纪念碑建筑和111通碑铭的调查。这份清单于1901年1月份交给了殖民地军事当局，并在1902年出版《柬埔寨纪念碑建筑的描述性清单》（I卷）（*Inventaire Descriptive des Mouments du Cambodge* I，第Ⅱ、Ⅲ卷分别于1907、1911年出版），因提供的信息准确而清晰得到了同行的赞誉[2]。

1901年11月，远东学院委派建筑师亨利·杜福尔（Henri Dufour）和摄影师查尔斯·卡佩克斯（Charles Carpeaux）来到吴哥通王城（Angkor Thom）内的巴戎寺（图20）。

〔1〕L. Finot, Vat Phou, *BEFEO*, 1902, 2, pp. 240–245.

〔2〕EFEO, Chronique, *BEFEO*, 1905, 5, pp. 486–507 ; Lunet de Lajonquière, *Inventaire descriptif des monuments du Cambodge* (*I–III*), Paris : E. Leroux, 1902, 1907, 1911.

图 20　查尔斯·卡佩克斯（1901–1904 年）在巴戎寺浅浮雕前
（图片来源 EFEO，编号 CAM19985）

随后卡佩克斯一行在当地人的帮助下，对巴戎寺走廊内的浅浮雕进行了清理活动。在倒塌的部分空间里，通过连续的清理找到了所有可以并排放置的石块。他们的目标是通过绘画、摄影和复制，来记录已修复完整的浮雕作品。在活动期间，当地的僧侣曾过来拜访，在清理寺庙南部时，还发现了 4 条蛇形环带金项饰。另外，他们还尝试着对浅浮雕上的苔藓进行清洗。

最终，于 1902 年 12 月把成果呈交给河内总部。1903 年完成了第二次清理任务，七年之后（1910 年）出版了巴戎寺浅浮雕作品。

1902 年，柯梅尔对位于柴桢省（今柬埔寨境内）的巴塞克遗址[1]（Bassac）进行了清理活动。遗址由三块不同的区域组成，地面上散落着砂岩、破碎的砖块及石刻造像的碎片。清理活动把寺庙主体部分全部清理出来，发现了寺庙的壁柱、门廊、门楣等遗物，遗憾的是因陀罗骑象浮雕全部被盗掘[2]。

同年 12 月，第一届远东国际研究大会在河内举行，这是在保罗·杜美即将离任法属印度支那总督时召开的。由远东学院准备和组织，受邀的国家包括日本、中国、英属印度、荷属东印度群岛、意大利、奥地利－匈牙利、挪威等国。在其中的一场会议上，芬诺宣读了题为《柬埔寨 12 世纪的医院遗址》一文，为研究阇耶跋摩七世时期的一系列遗址揭开了序幕，更为其后研究吴哥通王城的历史提供了新的启示[3]。

1907 年 11 月，远东学院派遣拉云魁尔前往最近移交的三个省份，对古迹进行必要的调查和发掘活动，与他同行的还有殖民地炮兵军官布亚特（Buat）和狄克雷（Ducret）中尉，被指派在吴哥地区开展地形测量活动[4]。拉云魁尔在最后的考察报告中写道："在（法属）印度支那的历史遗存中，吴哥是值得特别对待的。由于它的建筑集中在一个相对较小的空间里，它的美丽是无与伦比的，它们仍然留在柬埔寨人民的生活中，且已经享有了普遍的声誉。爪哇和印度都没有如此庞大和完美的建筑组合"[5]。

随着西北部各省及吴哥地区重新回归到柬埔寨。拉云魁尔随之也将古迹清单扩大到该国其他地区，同时还呼吁出版古迹清单的第二卷和第三卷，这样能够扩大考察活动区域，并为研究柬埔寨艺术提供坚实的基础。这项调查于 1909 年完成，所有的调查成果都显示在一张柬埔寨考古地图上。尽管他所依据的框架依旧不完善，但仍然是当时所有考古活动的基础。拉云魁尔用了 4 张纸，绘制完成了法属印度支那的第一幅考古地图，成果于 1910 年出版。同时，拉云魁尔在 1910 年的《考古委员会公报》上发表了一篇引人注目的文章，介绍了这张新地图，地图上清楚地标记了土地、河流与古迹分布之间的关系。除了这些作品外，他还与其他人合作对吴哥地区进行绘图活动。拉云魁尔不仅绘制了吴哥地区第一张准确的地图，还揭示了未知的建筑领域，例如吴哥通王城内巴戎寺的中央广场。同时，他还是首个提出"吴哥考古公园"构想的人[6]。

另一方面，1907 年，马德望驻地专员代表 Lorin 先生指派远东学院前秘书、文职人员柯梅尔指导吴哥的第一次清理活动，并在当年 12 月份开始推进该计划。

从 1907—1909 年，柯梅尔一直在吴哥寺活动，主要是清理被植被覆盖的建筑，其中最大的难点是无法根除不断生长的植被根系。同时，清理院落内的碎石及台阶之间的凹陷部分，并发现了一些完美的造像碎片[7]。他的办公室兼住宅位于吴哥寺神道附近，是一间高棉式建筑，屋顶用蒿草覆盖，墙壁用椰叶制作，用树液做成油灯。他的夫人琴艺高超，悠扬的琴声常常吸引周边村民驻足欣赏。后来他的夫人无法承受如此痛苦的生活离开了他。从此，柯梅尔生命中的四分之三时间是在孤独寂寞中度过的。

在随后的日子里，柯梅尔将重心转移到吴哥通王城内的巴戎寺，对建筑内的土石进行清理作业，

〔1〕早在 1897 年的时候，当地的居民在遗址中就经常发现一些石刻文物，包括毗湿奴造像、砂岩陵伽等。到了 1900 年，康奈尔（Connel）对遗址中最大的区域进行了盗掘活动，发现了一些青铜器和宝石。

〔2〕Lajonquiere，Une "Tour du silence" au Cambodge？*BEFEO*，1902，2，pp. 286–288.

〔3〕Victor Goloubew，Louis Finot（1864–1935），*BEFEO*，Year 1935，35，pp. 515–550.

〔4〕EFEO, Chronique，*BEFEO*，1907，7，pp. 150–210.

〔5〕同〔4〕。

〔6〕H. Parmentier，E. Lunet de Lajonquière，*BEFEO*，Year 1933，33，pp. 1147–1151.

〔7〕EFEO，Chronique，*BEFEO*，1908，8，pp. 588–595.

之后对建筑内多处坍塌的四面佛塔进行修复。除此之外，还清除吴哥通王城内的杂草，所有建筑内的灌木丛粗略地清除；从城内中央广场到围墙的塔门，都有笔直的大道。其中两条通道已经清理完毕，一条从空中宫殿通往东城墙的胜利门，另一条通向巴戎寺的东塔门至死亡之门[1]。同时，在1908年间，柯梅尔开始清理圣皮度寺（Prah Pithu），第一期活动主要涉及西部的两处建筑平台和寺庙东北部的佛教平台及附属建筑。同年，狄克雷中尉报道了两处鲜为人知的建筑遗址，并把这两座建筑分别编号为486和487号[2]。

1908年，法国指挥官蒙特盖尔（Montguers）担任法国和暹罗之间边界划界委员会（1907—1908年）的总裁。他向远东学院提供了一份非常详细的关于划界委员会行动中发现的考古遗址。委员会到达的地方是考古遗址相对较少的区域，尽管如此仍然发现了一些鲜为人知但颇为重要的古迹[3]。

2. 1910—1919年

1911年，亨利·马伯乐（H. Maspero）被任命为远东学院的中文教授，对中南半岛上的语言进行研究。乔治·赛代斯被派往柬埔寨进行一次考察访问，并开始对高棉历史碑铭进行释读[4]。同时，远东学院开始对吴哥通王城内的相关建筑遗址进行持续的清理活动，并着手对建筑古迹进行简单的木质支护，对通王城的塔门、巴戎寺、城内的道路进行清理活动等。

同时，远东学院开始对湄公河下游地区（交趾支那）进行所谓的现代意义上的“航空考古”[5]，主要观察湄公河三角洲地区的古运河遗迹。在1911年1月份，发现了4条运河遗迹，分别是Phdau Khnong—金边（编号1）、Ph. Kompong youl—吴哥博雷—金边（编号2）、Ph. Kompong youl—吴哥博雷（编号3）、从吴哥博雷—朱笃（编号4）。这些运河遗迹随着时间的推移而变得曲折，但是总体来说是呈直线分布的，分布在茶胶河的两侧穿过AnlonTien（图中虚线部分），在AnlonTien以南延伸至Rach-Gia[6]（图21）。

1915—1916年，帕尔芒捷对位于磅湛省（kompon Cham）境内，距离河边3千米处的班迭诺戈寺进行实地的考古调查。调查后指出，班迭诺戈寺始建于9世纪，起初供奉佛教神像，后来被改造成供奉婆罗门教神像的寺庙[7]（图22）。同时，帕尔芒捷通过对三坡布雷库遗址的研究发现，遗址具有前吴哥时期的艺术特征，砖质建筑在其建筑中占有重要地位。这项活动的成果清楚地界定了，高棉建筑与占婆建筑的区别。随后，帕尔芒捷开始分析另一组灰泥砖建筑的特征，这标志着所谓的古典艺术的开始，他将其命名为“因陀罗跋摩艺术”。

对建筑遗址进行大规模保护活动，是随着亨利·马绍尔的到来而开展起来的。1916年4月29日，柯梅尔在吴哥被暴徒杀害，5月4日，殖民地公共工程部同意将亨利·马绍尔借调至远东学院[8]。由此

〔1〕 EFEO, Chronique, *BEFEO*, 1907, 7, pp. 419–423.

〔2〕 EFEO, Archéologie indochinoise, *BEFEO*, 1921, 21, pp. 150–156.

〔3〕 同〔2〕。

〔4〕 EFEO, Chronique, *BEFEO*, 1912, 12, pp. 163.

〔5〕 主要指使用飞机从空中向地面摄影，通过对所得照片的观察、分析，判定遗址和遗迹的形状、种类及他们的分布情况。而真正的航空考古学开始于第一次世界大战末期。当时英国、法国、德国的考古学者利用空军侦察地形时所拍摄的航空照片，探寻地面上的古迹。战争结束后，此项工作进一步开展，尤以英国考古学者的工作最为出色，奠定了航空考古学的基础。

〔6〕 Pierre Paris, Anciens canaux reconnus sur photographies aériennes dans les provinces de Ta Kèv et de Châu-doc, *BEFEO*, 1931, 31, pp. 221–224.

〔7〕 EFEO, Chronique, *BEFEO*, 1916, 16, pp. 1–38.

〔8〕 同〔7〕, pp. 89–103.

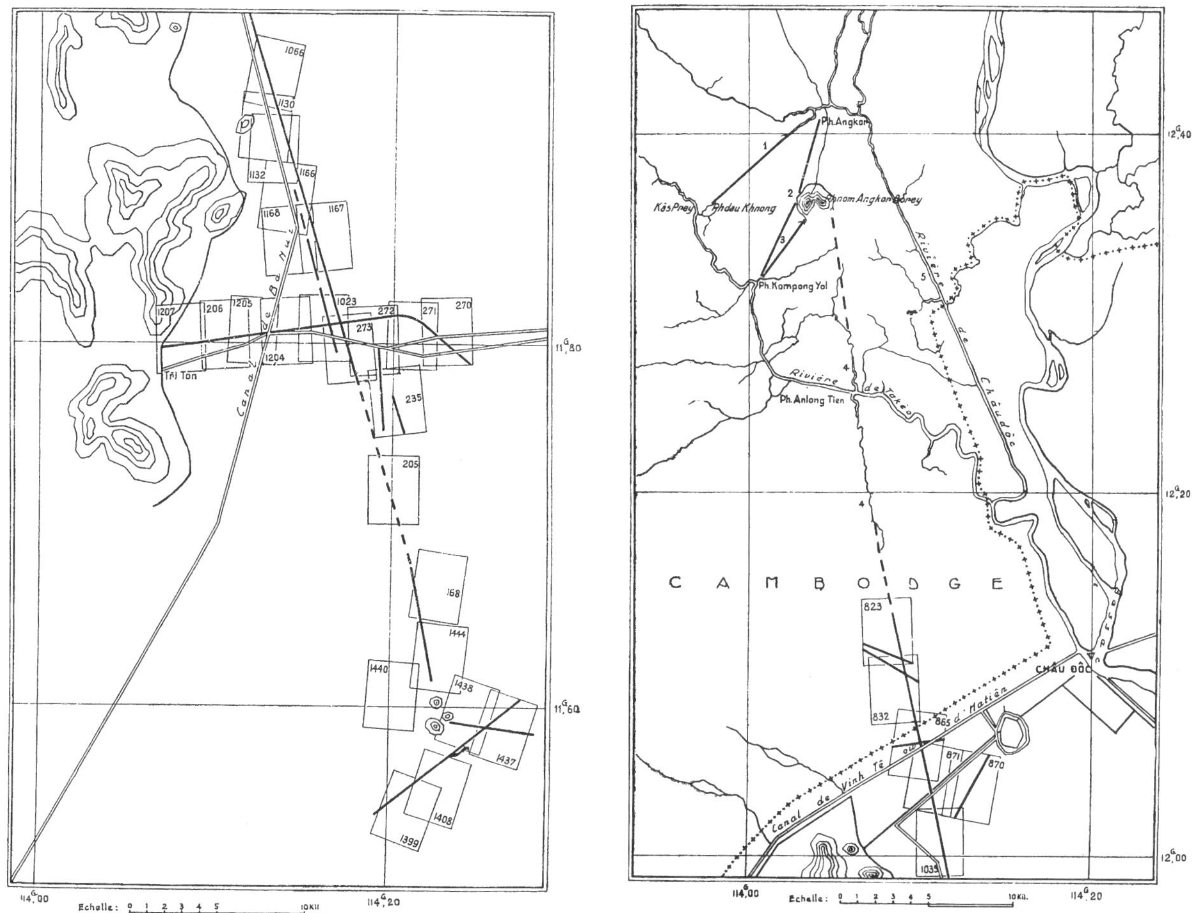


图21　左：Triton与Rach-Gia之间的运河遗迹；右：吴哥博雷和朱笃之间的古运河遗迹
（图片来源BEFEO，1931，31）

图22　左：第二院落第一圣殿的东南角；右：中央圣殿的南门廊和西门厅
（图片来源BEFEO，1916，16）

拉开了大规模采用钢筋混凝土对建筑古迹进行保护措施的序幕。

1917 年的吴哥考古与保护活动，由于得到较多经费的支持，古迹的清理更加有持续性，同时配套设施正在逐步完善，使得吴哥的参观更加容易和安全。

1918 年以来，远东学院在茶胶寺、班迭克黛寺、塔布隆寺内清理葡萄藤、大树等植被。在吴哥通王城内只是一步一步地对建筑古迹进行重建，并修复了胜利门前的 54 件巨人石像。到了 1919 年，巴戎寺已经清理干净，寺院轮廓清晰可辨，中央圣殿的塔楼均可看见。当路易斯・芬诺看到巴戎寺的造像时，对巴戎寺之前的认识产生了怀疑。这座纪念碑建筑一直被认为是婆罗门教的神殿，甚至之前研究者承认，这座著名的中央圣殿是耶输跋摩一世，9 世纪末在都城中部建立的陵伽所在地。然而，正如马绍尔指出的那样，走廊墙体上面雕刻着高耸的浅浮雕，主体部分似乎不是婆罗门教的图案。

芬诺决定将班迭奇玛寺庙、巴戎寺、吴哥通王城的塔门上雕刻有巨大佛面孔的石刻造像进行对比研究。于是，他与帕尔芒捷、维克多・戈鹭波（Victor Goloubew）乘坐牛车一起出发前往班迭奇玛寺庙。班迭奇玛寺庙位于离暹罗边境不远的马德望省（今属班迭棉吉省），距离吴哥约 120 千米。当第六天结束时，他们来到了班迭奇玛寺庙的外围墙前，巴拉特（当地行政长官）用树枝为他们建造小屋提供了一个舒适的庇护所。第二天黎明他们开始了考察活动，一周后人们对班迭奇玛寺属于佛教寺庙不再有任何疑问。这是一座大乘佛教寺院，寺内供奉着观自在菩萨（AvaLokitesvara），在一处装饰着浅浮雕走廊的墙体上，他们看到了这位圣人的形象，高 2 米。因此可以肯定地认为，吴哥通王城内的巴戎寺也曾是佛教圣所，而从其中消失的神秘人物就是“伟大的慈悲者”。但是直到 1923 年这一假设才得以确认，这要归功于在巴戎寺的山花上发现保存完好的观自在菩萨浅浮雕。根据这一重要发现以及之前的研究表明，佛教纪念碑建筑——巴戎寺的建造时代不能追溯至耶输跋摩一世。最终通过对寺内发现的碑铭研究，得知巴戎寺是阇耶跋摩七世于 12 世纪末建造的，碑铭上的内容记载：“用寺庙覆盖整个国家，在那里建立了 104 家医院”[1]。

1919—1920 年，吴哥林业局在巴肯寺内发现了许多佛像。同时把吴哥通王城南侧的巴色占空寺（Baksei Chamkrong）和拜伊寺（Prasat Bei）从植被中清理出来。马绍尔开始对吴哥通王城内的圣琶丽寺（Prah Palilay）、提琶南寺（Tep Pranam）、巴方寺、空中宫殿进行考古发掘与修复活动。同时，对编号 486、487 号纪念碑建筑的将倾之处予以指出并进行修复活动。

马绍尔还在吴哥通王城内新发现了 17 处（从 A 至 P 点）佛教平台遗址，并对其进行调查和简单的清理活动（图 23a）。清理活动以吴哥通王城遗址测绘地图为依据，同时在地图上标识出新发现的平台及清理的建筑遗址。这些建筑平台遗址保存都比较差，大都分布在通王城东北和西南部，遗址均朝向东方，大部分基址保存较差，仅个别还残留有角砾岩和砂岩。在这些平台遗址内发现了很多建筑构件和石刻造像，包括那伽、尤尼等遗物[2]（图 23b、c）。

〔1〕 Victor Goloubew，Louis Finot（1864–1935），*BEFEO*，Year 1935，35，pp. 515–550.

〔2〕 Henrich Marchal，Monuments secondaires et terrasses bouddhiques d'Ańkor Thom，*BEFEO*，1918，18，pp. 1–40.

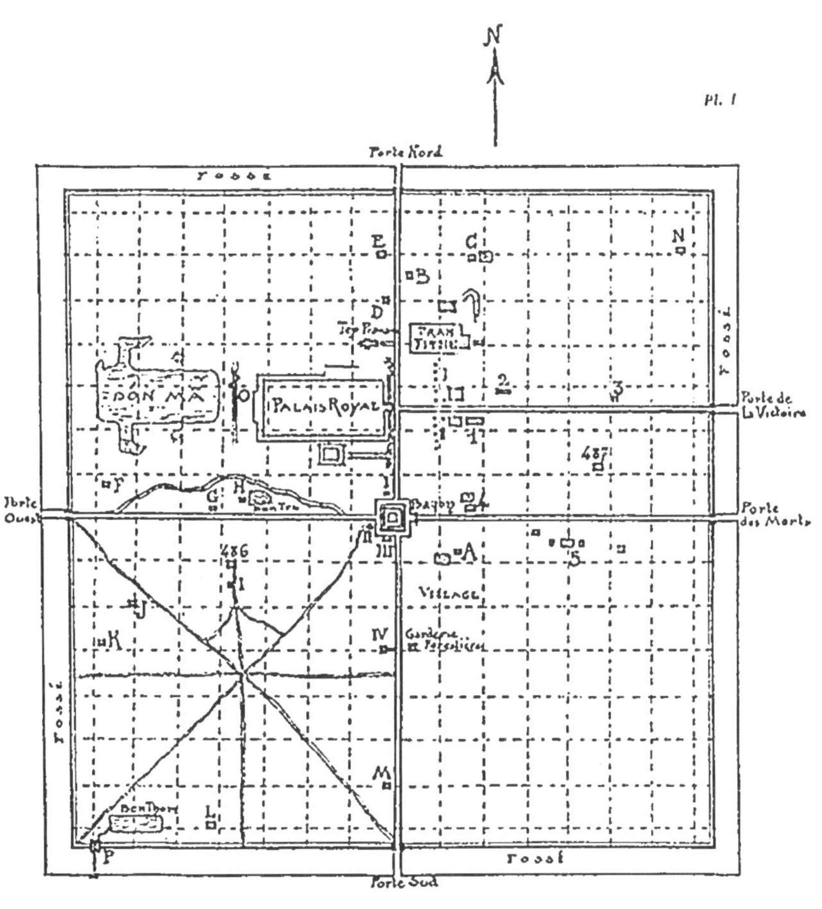


a

b

c

图 23　a. 吴哥通王城遗址分布图；b. 在通王城内不同地点发现的遗物；c. D 号平台修复后的构件
（图片来源 BEFEO，1918，18）

## 二　1920—1939年主要活动

这一时期的吴哥考古与保护活动迎来了一个小高潮，主要的活动范围集中在柬埔寨，活动内容主要是以吴哥地区古迹的清理、修复为主，辅以考古调查活动。其活动轨迹以吴哥通王城为中心逐渐的向四周扩散，以吴哥地区为中心向中东部及湄公河下游地区转移。1930年之前的修复活动，主要是以古迹内植被的清理为主，对古迹的修复活动主要是简单的修葺、支护，尚未形成吴哥独特的修复理念。1930年之后，随着"原物重建法"的引入，吴哥开始进入了大规模的古迹修复时期。同时，随着殖民地政府及远东学院对吴哥考古与保护活动资金投入的不断加大，不仅在古迹修复方面保持着高昂的势头，同时在古迹的考古调查活动（地面调查与航空考古调查）也有所扩大和发展，对吴哥地区以外的一些重要遗址也进行了首次的清理发掘活动（表4）。

**表4　1920—1939年法国远东学院吴哥活动统计简表**

| 时　间 | 代表人物/机构 | 活动内容 | 活动区域 |
|---|---|---|---|
| 1920.01—06 | 马绍尔 | 开始清理塔布隆寺 | 柬埔寨 |
| 1920.02 | 戈鹭波 | 三坡布雷库遗址考古发掘 | |
| 1920.05 | 马绍尔 | 开始清理茶胶寺 | |
| 1920 | | 胜利门外桥两侧栏杆装饰进行修复 | |
| 1920 | | 托玛依神庙、周萨神庙进行修复，巴方寺、巴戎寺进行持续的修复 | |
| 1920—1921 | | 班迭克黛寺进行清理 | |
| 1921 | | 整治巴戎寺周围的环境，清理王宫遗址的塔门建筑和龙蟠水池遗址 | |
| 1922 | | 在Sarnronn村的东面新发现一座小寺庙遗址和一块碑铭 | |
| 1922 | | 巴肯寺东塔门进行修复活动，巴戎寺、巴方寺、茶胶寺、班迭克黛寺等进行清理 | |
| 1922 | | Spean Prapto桥梁进行修复 | |
| 1923.04 | | 库伦山进行考古调查 | |
| 1923 | | 龙蟠水池、格劳尔哥寺（Krol Ko）、巴方寺、巴肯寺和癞王台北面的墙体进行考古 | |
| 1923 | | 巴戎寺内回廊进行调查活动、对胜利门北侧栏杆、茶胶寺东神道进行持续修复 | |
| 1924 | | 巴肯寺、巴方寺、王宫遗址、吴哥寺和吴哥通王城内的486、487号纪念碑建筑、圣皮度寺进行持续的清理与修复 | |
| 1924 | 远东学院 | 库伦山、贡开都城遗址进行考古调查 | |
| 1925 | 马绍尔 | 圣皮度寺、北仓、王宫遗址、巴肯寺、托玛依神庙进行清理修复 | |
| 1926 | | 提琶南寺清理活动，周萨神庙持续清理活动，吴哥通王城内的编号520、543、613号纪念碑建筑进行实地的调查 | |

续表

| 时　间 | 代表人物 / 机构 | 活动内容 | 活动区域 |
|---|---|---|---|
| 1927 | 远东学院 | 圣剑寺清理活动、周萨神庙持续修复活动、清理建筑古迹上的植被 | |
| 1928 | | 圣剑寺进行持续的清理和修复活动，对巴色占空寺、吴哥通王城的南北塔门、王宫遗址、斗象台、癞王台、茶胶寺、托玛依神庙上的植被进行清理 | |
| 1929. 03—07 | 帕尔芒捷 | 柬埔寨东北部的地区进行了考古调查 | |
| 1929 | 马绍尔 | 圣剑寺修复活动、巴肯寺、塔布隆寺清理活动、巴戎寺修复活动、巴方寺北墙考古发掘、茶胶寺东神道东端平台的考古发掘 | |
| 1920 年代 | 埃里克・塞登法登 | 东暹粒四省（今泰国境内的呵叻高原）的古迹考古调查 | 暹　罗 |
| 1930 | 远东学院 | 圣剑寺、巴肯寺、巴方寺、塔逊寺、比粒寺持续清理与修复 | |
| 1931 | 马绍尔 | 圣剑寺、比粒寺、巴戎寺、豆蔻寺、女王宫的清理与修复活动，茶胶省进行考古调查 | |
| 1932. 03 | 特鲁韦 | 罗洛士建筑中圣牛寺的清理与修复活动、普拉萨托（Prasat To）寺、巴戎寺清理修复 | |
| 1932. 07—1933. 12 | 罗伯特・戴勒 | 在干丹省附近对吴哥进行了为期 18 个月的考古调查 | 柬埔寨 |
| 1932 | 马绍尔 | 圣剑寺、巴戎寺、比粒寺、癞王台、女王宫的清理与修复活动，吴哥考古公园进行调查 | |
| 1933. 01 | 戈鹭波 | 吴哥 1 号区的拍摄 | |
| 1933 | 马绍尔 | 巴戎寺中心塔楼的修复，比粒寺、女王宫、圣牛寺、阿约寺持续的清理与修复 | |
| 1934. 01—1935. 02 | 罗伯特・戴勒 | 对磅同省、磅湛省、磅士卑省、朱笃省、干丹省、柴桢省、金边及马德望省内的吴哥进行为期 14 个月的考古调查 | 柬埔寨<br>越　南 |
| 1934 | 马绍尔、戈鹭波 | 巴戎寺以东道路以北区域考古调查、巴肯寺周边进行清理 | |
| 1934 | 马绍尔 | 吴哥寺中心塔楼考古发掘活动，女王宫、比粒寺持续清理与修复活动，罗洛士地区 Prasat Olok、Prasat OKaek 遗址的清理 | |
| 1935 | | 比粒寺、豆蔻寺、阿约寺、女王宫持续的清理与修复活动，东湄奔寺进行清理 | |
| 1935 | 远东学院 | 湄公河下游地区的阿斯朗姆・马哈・鲁赛寺（Asram Maha Rosei）遗址、达山寺、吴哥博雷遗址进行考古发掘 | 柬埔寨 |
| 1936. 03—07 | 戈鹭波 | 磅湛省的班迭诺戈寺航空考古 | |
| 1936 | 马绍尔 | 比粒寺、东湄奔寺、女王宫持续的清理与修复，班迭色玛修复活动，西湄本寺的考古发掘，塔布隆寺、巴孔寺的清理与修复，巴戎寺局部的清理 | |

续表

<table>
<tr><th>时　间</th><th>代表人物/机构</th><th>活动内容</th><th>活动区域</th></tr>
<tr><td>1936</td><td>亨利·莫格</td><td>奇梳山寺进行清理</td><td rowspan="10">柬埔寨</td></tr>
<tr><td>1936</td><td>戈鹭波</td><td>通王城死亡之门附近考古发掘活动，罗洛士地区孟瑞提寺、女王宫西池、库伦山进行航空考古</td></tr>
<tr><td>1937</td><td>马绍尔</td><td>巴孔寺、班迭色玛、圣琶丽寺、东湄奔寺持续修复，通王城内 64 号建筑遗迹进行清理，新发现的 9 处佛教平台遗址、巴戎寺走廊内部走廊地基进行发掘</td></tr>
<tr><td>1937</td><td>戈鹭波</td><td>王宫遗址的西部 TrapanDonMa 遗址进行调查活动、磅同省磅斯外圣剑寺进行航空考古</td></tr>
<tr><td>1937</td><td>亨利·莫格</td><td>奇梳山寺进行清理与修复</td></tr>
<tr><td>1937</td><td>罗伯特·戴勒</td><td>对柬埔寨中部地区进行调查</td></tr>
<tr><td>1937</td><td rowspan="2">皮埃尔·杜邦</td><td>库伦山考古调查</td></tr>
<tr><td>1938. 04—06</td><td>库伦山考古调查</td></tr>
<tr><td>1938</td><td>格莱兹</td><td>巴孔寺、班迭色玛、圣琶丽寺、龙蟠水池、东湄奔寺、格鲁姆寺进行持续的修复</td></tr>
<tr><td>1938</td><td>路易斯·马勒雷</td><td>湄公河下游三角洲地区进行考古调查</td><td>越　南</td></tr>
<tr><td>1939</td><td>格莱兹</td><td>巴孔寺、班迭色玛、龙蟠水池持续修复活动、通王城北塔门壕沟的考古发掘活动、圣剑寺、博克寺的清理与修复</td><td>柬埔寨</td></tr>
<tr><td>1939</td><td>亨利·莫格</td><td>磅斯外圣剑寺进行考古调查与测绘</td><td></td></tr>
<tr><td>1930 年代</td><td>乔治·格罗斯利埃</td><td>班迭色玛遗址的考古调查</td><td></td></tr>
</table>

### （一）吴哥核心区保护活动

随着吴哥考古研究的稳步进行，其考古活动的范围越来越大。远东学院对古迹进行清理和加固后，仍需要对其进行持续的清理，以避免再次被植被覆盖。同时，由于吴哥地区森林中缺乏耐腐蚀的木材，这意味着所有木质支护都将会迅速的腐烂，在某种程度上给古迹造成了“虚假安全”。为此，远东学院曾尝试使用钢筋水泥对其进行支护，并取得了较好的效果。对古迹的保护不仅涉及工程加固，还涉及碑铭的研究工作，以此来确定古迹的年代；绘制考古图（使用地面和空中技术）以研究不同地区的建筑年代顺序以及与修复有关的考古活动。

1. 1920—1929 年

这一时期，远东学院不仅在吴哥寺、吴哥通王城内对遗址进行考古清理与保护活动，同时也开始了对城外的古迹进行清理与保护活动，如托玛依神庙、周萨神庙、茶胶寺、塔布隆寺、班迭克黛寺等。

及至1921年初，吴哥寺和吴哥通王城内的所有纪念碑建筑均处于保护状态下，免遭植被侵袭和人为的破坏。当年6月，巴特尔（Ch. Batteur）担任柬埔寨文物委员会常务成员，在马绍尔休假期间担任吴哥考古公园的负责人。他与林业部门合作对考古公园内的树木进行了各种改造，使其更加突出诸如吴哥寺正面和吴哥通王城广场等纪念碑建筑的某些方面。在1922年1月20日举行的柬埔寨文物委员会会议上，巴特尔要求总督府立即对吴哥地区进行适当改造和调整。如在吴哥修建可能的轻便铁路；延长1911年3月31日的皇家法令以确保遗址得到更有效的保护；同时还设法增加对吴哥地区活动的地方预算拨款；最后应研究一个更合理的旅游宣传组织策略[1]。

1921年2月17日和1922年1月20日，柬埔寨文物委员会举行会议。芬诺详细阐述了目前吴哥的状态，以及纪念碑建筑存在的各种问题。他同意委员会的意见，使用机械工具来加速遗址的清理活动，并同意对巴戎寺东面的南北向道路进行改造。在提案中，委员会提出了一项建议，将一些高棉造像送到马赛展览，然后将其捐赠给吉美（Guimet）博物馆。

1923年，马绍尔继续对龙蟠水池、格劳尔哥寺（Krol Ko）、巴方寺、巴肯寺和癞王台北面的墙体进行考古清理。同时，吴哥林业管理局与吴哥管理处达成协议，两家单位进行了一些卓有成效的活动，可以使游客在不同的观光路线上看到不同的纪念碑建筑，如此便可欣赏到吴哥寺、通王城的胜利门、荼胶寺、（东）湄奔寺、比粒寺、豆蔻寺等遗址。同时从1927年开始，远东学院对圣剑寺进行持续数十年的清理与保护活动。

1926年，在学院的出版物中，帕尔芒捷的关于“原始高棉艺术（L'Art khmèr primitif）[2]”著作（两卷本）出版。其中一卷是文本，另一卷是有关纪念碑的记录。著作是对柬埔寨早期艺术发展20年研究的总结，他在1936对著作进行了重要的补充，从柬埔寨早期艺术中分离出所谓的扶南建筑艺术。

2. 1930—1939年

1930年总督颁布一项法令，修改吴哥考古公园西部边界，将西池和一条连接到吴哥寺西环壕的30米宽的路堤划到公园之内，如此便可拆除吴哥寺近郊严重破坏寺庙道路的临时木板屋。

同时，远东学院对古迹的清理与修复活动，不仅仅集中在吴哥通王成内。对城外的古迹也开始进行大规模的清理与修复活动，如塔逊寺、比粒寺、豆蔻寺、阿约寺、东湄奔寺、班迭色玛寺等遗址。另外，远东学院还对吴哥寺环壕里的大量浮游生物进行清理以及对不同建筑物喷洒氯酸钠（用作除草剂），最后对皇家浴池平台上的那伽栏杆进行重新归安活动[3]。

1930年6月18日，马绍尔离开吴哥前往荷属东印度群岛，在那里他将学习荷属东印度群岛建筑古迹的修复方法，开始了法属印度支那与荷属东印度群岛之间的科学和技术人员的交流。1931年，当他再次回到吴哥后，决定采用荷属东印度群岛的“原物重建法”修复遗址，而被他选中的则是女王宫遗址。原因有二：一是，因其艺术品质高超；二是，在这里肯定能找到几乎所有的石构件[4]。随后，远东学院首先对女王宫第一院落中的三座塔楼四周进行考古清理，以便获得更大的空间，从散落在地面上的石构件中寻找原建筑石构件进行重新归安。修复活动从南塔楼开始，对建筑进行平面、立面的测量和调查后，并与许多同时期类似的寺庙建筑进行比较，同时对清理出的每一块石构件进行标识，一

〔1〕EFEO，Archéologie indochinoise，*BEFEO*，1921，21，pp. 43–158.

〔2〕Henri Parmentier，*L'Art khmer primitif*，Pairs：Gvanoese. 1927.

〔3〕EFEO，Chronique，*BEFEO*，1930，30，pp. 185–227.

〔4〕同〔3〕。

旦地面完全清理平整后用混凝土砂浆铺地，然后在其上面铺砌水平砂岩，进行重新铺砌地基。先前的墙体内只由角砾岩砌成，在修复过程中角砾岩被分解与水泥砂浆混在一起来填充墙体[1]（图 24）。

图 24　左：女王宫中央圣殿基础部分的重建（图片来源 EFEO，1931，编号 CAM07114）；
右：拆卸南塔楼的石构件（图片来源 BEFEO，1931，编号 CAM07119）

及至 1932 年，女王宫建筑遗址内许多归安的石构件通过内部连接，以补偿基面的不稳定性，对缺失部分产生的空洞用水泥进行了重新密封，并用碎石粉末着色，这样粉红色的砂岩色调与女王宫砂岩的色调一致。对于建筑中缺失的石构件则采用新构件来填补，按照原来模型轮廓替代缺失的构件，如此便可很容易的识别出新旧石构件。这一做法符合荷属东印度古迹修复所采用的方法，也符合 1931 年 10 月在雅典举行的关于保护艺术和历史古迹国际专家会议的结论。

1931 年，乔治·特鲁韦对 PràsàtTor 遗址（位于东池东北角外附近的一处建筑遗址）进行了清理和全面勘测。他很幸运地发现了阇耶跋摩七世时期的一段碑铭，这段碑铭为这座纪念碑建筑的历史提供了所有可取的细节。在此情况下，他又对有埋藏石碑的地点进行精确的调查。在清理 PràsàtTor 遗址的同时，特鲁韦还在巴戎寺进行修复活动，其中包括更换寺庙外部走廊建筑构件元素，例如柱子、门楣等构件，并且清理掉先前加固工作中铺设的水泥支柱。

1932 年 3 月，特鲁韦对吴哥东南方向的罗洛士建筑群中的圣牛寺（Preah Ko）、巴孔寺进行清理活动，清除掉灌木丛之后发现了位于东西轴线上南侧的第一、二庭院塔门之间的平台遗址——Prasat Srane 圣殿遗址[2]。当年 11 月，特鲁韦被任命为吴哥保护区负责人。他立即决定利用现场设备，在施工过程中实施一些创新想法，后来证明他的修复活动和碑铭发现为他留下持久的痕迹。

同年底，特鲁韦又开始对位于西池南部堤坝下的阿约寺进行清理活动。清理发现，建筑整体呈正方形，位于一座砖砌的基础之上，通往四个方向的台阶被破坏。建筑为庙山型结构，周围有三层平台，平台之上分布多座塔楼。东南角的塔楼由砂岩组成，在西侧假门下有四层台阶，在北端发现了一块九位婆罗门神灵的浅浮雕门楣构件。西南塔楼，平面亦呈方形，东向开门，其他三面均为假门，建筑材

〔1〕 EFEO，Chronique，*BEFEO*，1931，31，pp. 325–329，612–626.

〔2〕 EFEO，Chronique de l'année 1932，*BEFEO*，1933，33，pp. 514 –529.

料表明它与东南塔楼形制相同，然而从装饰上看，尚有未完成的图案。同时，在东南塔楼和西南塔楼中间地带发现了一座南塔楼，基本上处在中央圣殿的南北中轴线上，在其内部发现了一件史前时期的石斧。

在南塔楼和东南塔楼之间，有一座古老的方形建筑（平台）遗迹，应该是原始建筑的一部分。在庙山建筑建成之后，通过砖质路面连接，该方形建筑被庙山建筑叠压并打破。同时，远东学院在清理建筑主体东部塔门的时候发现了早期的石刻艺术（图 25），该建筑也是迄今为止吴哥地区发现的第一座早期寺庙遗址[1]。

图 25　左：遗址南侧整体（自南向北拍摄）；右：遗址内出土的早期门楣石构件
（图片来源 BEFEO，1933，33）

1933 年，巴戎寺中央圣殿引起了人们的极大关注。幸运的是，在没有严重破坏的情况下得到了认真的加固。通过脚手架支撑圣殿而到达顶部，以归安好剩下的顶部冠状石构件，并用看不见的密封圈和配件将其绑起来以重新归安。在这项计划的不同阶段出现了不同问题，要解决这些问题，不仅需要技术知识，还需要一定的想象力（图 26 左）。特鲁韦在巴戎寺顶部用临时材料来搭建脚手架，1933 年来到吴哥参观的专家对这一举动表示钦佩。正是在这项维修巴戎寺中央圣殿的活动中，发现了一尊大佛像。佛像已被砸成碎片，埋在塔楼中央内部的深坑内。特鲁韦对其进行重新拼对后，放置在通王城中心处新建的亭子里（图 26 右）。1935 年 5 月 17 日，在西索瓦・莫尼旺国王主持的仪式上，人们恢

〔1〕 EFEO, Chronique, *BEFEO*, 1933, 33, pp. 1045-1146.

图 26　左：巴戎寺中央圣殿西北角的加固；右：巴戎寺中央圣殿下发现的佛陀造像（修复后）
（图片来源 BEFEO，1933，33）

复了对佛像的崇拜[1]。

1933 年 1 月，飞行员 Gouet 上尉指挥一个飞行中队，在戈鹭波的带领下完成了对吴哥 1 号考古区（总共有 5000 个考古区）的拍摄，它将为吴哥考古研究提供最有价值的帮助[2]。

其中，最著名的“戈鹭波补罗（Goloupura）”假说，就是这一时期由戈鹭波提出来的，虽然现今已证明这个城址的范围有待进一步商榷[3]，但是此观点在当时影响力还是比较广泛的。戈鹭波在 1930 年代提出的假说，是关于耶输跋摩一世在巴肯山周围建立都城“耶输陀罗补罗”，并明确指出了该城址的四至（图 27）。1932 年 4 月至 11 月，戈鹭波一直在吴哥地区进行考古活动，他相信巴肯寺可能就是这座都城的中心，这一信念源于菲利普・斯特恩（Philippe Stern）关于吴哥年代论文所引发的讨论。他（斯特恩）在文章中指出，巴戎寺是由 11 世纪的佛教崇拜者苏利耶跋摩一世建造的，同时还认为空中宫殿应该是 9 世纪耶输跋摩建立的城市中心[4]，这一结论引发了其他争议。

1932 年，马绍尔对巴肯山周围进行了首次考古发掘，戈鹭波在当年的 8 月 30 日的日记中写道：“耶输陀罗补罗正变得越来越清晰”。1933—1934 年，远东学院又对其进行了第二次考古发掘活动。发掘活动是根据空中拍照时发现的迹象进行，但是在一些特殊地点进行的发掘活动，能够了解到建筑的某些方面，有些是精确的，有些是混乱的。戈鹭波认为，巴肯寺是吴哥地区都城（耶输陀罗补罗）的中心，四周被城墙环绕，院落内有大小不等的土墩，四周还有很深的环壕、水池。而巴肯寺北部则被巨大的树木和藤蔓所遮蔽。东西向的轴线把环壕、水池彼此分开，并发现了其中的四座水池，这四座不同方向的水池分别对应着一条大道。同时，对巴肯寺西侧台阶附近的一座土墩进行清理，发现其为

〔1〕 George Coedès，Georges Alexandre Trouvé（1902–1935），*BEFEO*，Year 1935，35，pp. 574–577.
〔2〕 EFEO，Chronique，*BEFEO*，1933，33，pp. 1045–1146.
〔3〕 Christophe Pottier，À la recherche de Goloupura，*BEFEO*，Année 2000. 87–1. pp. 79–107.
〔4〕 V. Goloabew. Le Phnom Bakhen. Yasoyarmam. *BEFEO*. 1933. 33. pp. 319.

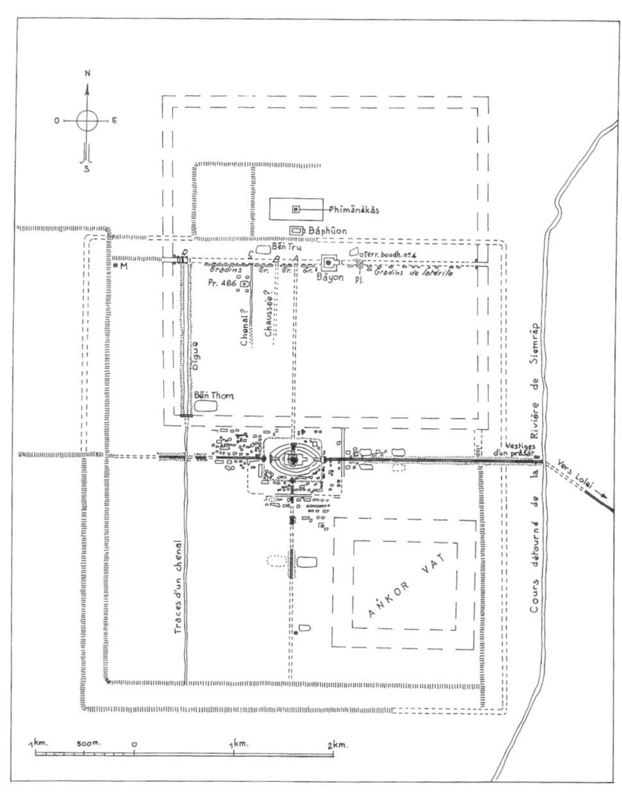


图 27　左：维克多・戈鹭波肖像（图片来源 EFEO，1920–1945，编号 CAM20053–1）；
右：耶输陀罗补罗示意图（图片来源 BEFEO，2000，87–1）

角砾岩建造的塔门，由于没有发现砖、柱子和栏杆等砖石构件，由此推断塔门可能是用易腐材料建造的。在找到西塔门后，又对南塔门进行考古发掘，仅发现了砂岩基础，由此推断塔门亦是用易腐材料建造。在东侧台阶附近则发现了一座角砾岩结构的平台遗迹，在台阶旁边有两头石狮子[1]。

早在 1930 年马尔罗《皇家之路》（*La voie royale*）的小说中[2]，提到古代高棉王朝拥有交通“王道”，纵横在密林当中。居民们利用王道穿梭各地。这仅是小说中的情节而已，但到了 1937 年 5 月，在吴哥地区进行“航空考古”时，发现了许多道路、古老的运河遗迹和洼地处的遗址形成一组框架，为吴哥地区古迹的研究开辟了巨大的前景。这种在地面和空中的双重调查，最终使戈鹭波确信，在耶输陀罗补罗之后吴哥通王城之前的城市里有很多条运河穿过。在给赛代斯的信件中如是说：“我已经很清楚地感受到第二座吴哥城就是威尼斯。也许她会让您想起曼谷……”。因此，在 1941 年河内举行的一次会议上，戈鹭波总结了“吴哥时期的城市和农业水利系统”的新发现。戈鹭波的朋友们愉快地将这个发现称为“戈鹭波补罗”，并认为这是吴哥地区的第一个重大发现[3]。

如今回顾“戈鹭波补罗”的假说就会发现这是一个以巴肯寺为中心的巨大的四边形，它的标志是一个大约 4 公里长的围墙，城址的东面在今吴哥通王城、吴哥寺的东侧，南面与今编号为 CP807 的水

〔1〕 Goloubew，Nouvelles recherches autour du Phnom Bakhèn. Rapport sur une mission archéologique dans la région d'Ankor（décembre 1933–mars 1934），*BEFEO*，1934，34，pp. 576–600.

〔2〕 Malraux，André，*La voie royale*. Paris：Bernard Grasset，1930.

〔3〕 Louis Malleret，Le vingtième anniversaire de la mort de Victor Goloubew（1878–1945），*BEFEO*，Year 1967. 53–2. pp. 331–373.

渠重合，西面亦与 CP807 水渠重合，北面则在今吴哥通王城内巴方寺与巴戎寺之间。后经学者实地调查，指出 CP807 水渠的时代属于后吴哥时期，是作为沟通西池的运河网络而存在的[1]（图 28）。

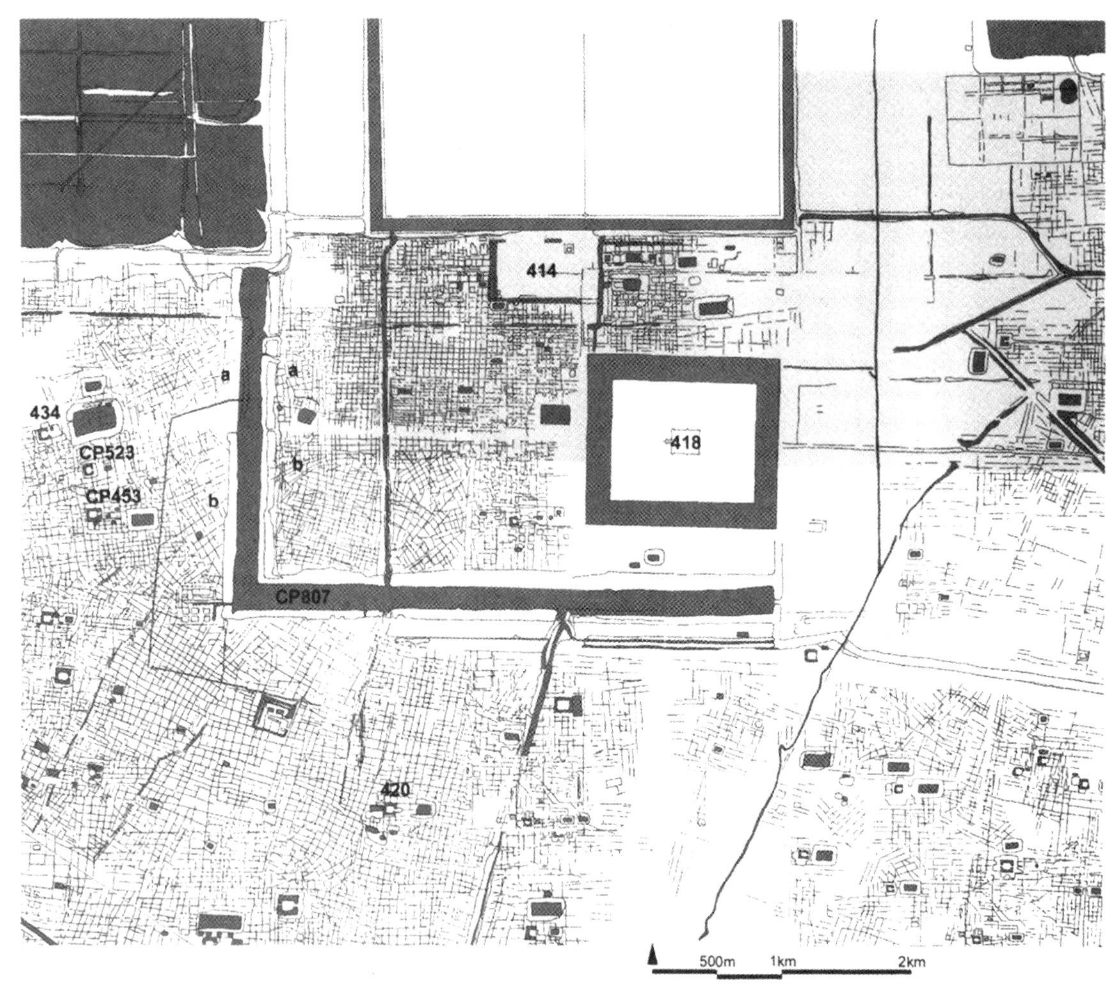


图 28　巴肯寺周边地区遗迹分布情况
（图片来源 BEFEO，2000，87–1）

1936 年，戈鹭波对罗洛士地区的瑞孟提寺（Prasat Prei Monti）进行航空考古，发现遗址四条边界线清晰可见，平面呈东西轴对称的长方形，中间区域的位置似乎为两条对角线的交点（图 29）。几天之后，又对女王宫进行航空考古，能看到远东学院重新归安后的三座塔楼，并对女王宫以东的两处人工水池进行重点观察。虽然已有灌木侵入，但是水池的轮廓还是很明显的。在对吴哥寺西部的西池西侧和南侧观察时，发现了四座平面呈方形或长方形的院落，在纵向上四个院落相互连接。继续向西飞行，看到西池西侧的 Trapan Tuk 和 Trapan Khnar 遗址，还有其他几处平面呈方形或长方形的水池遗址[2]（图 30）。

〔1〕 Christophe Pottier，À la recherche de Goloupura，*BEFEO*，Année 2000. 87–1. pp. 79–107.

〔2〕 Victor Goloubew，Reconnaissances aériennes au Cambodge，*BEFEO*，1936，36，pp. 465–477.

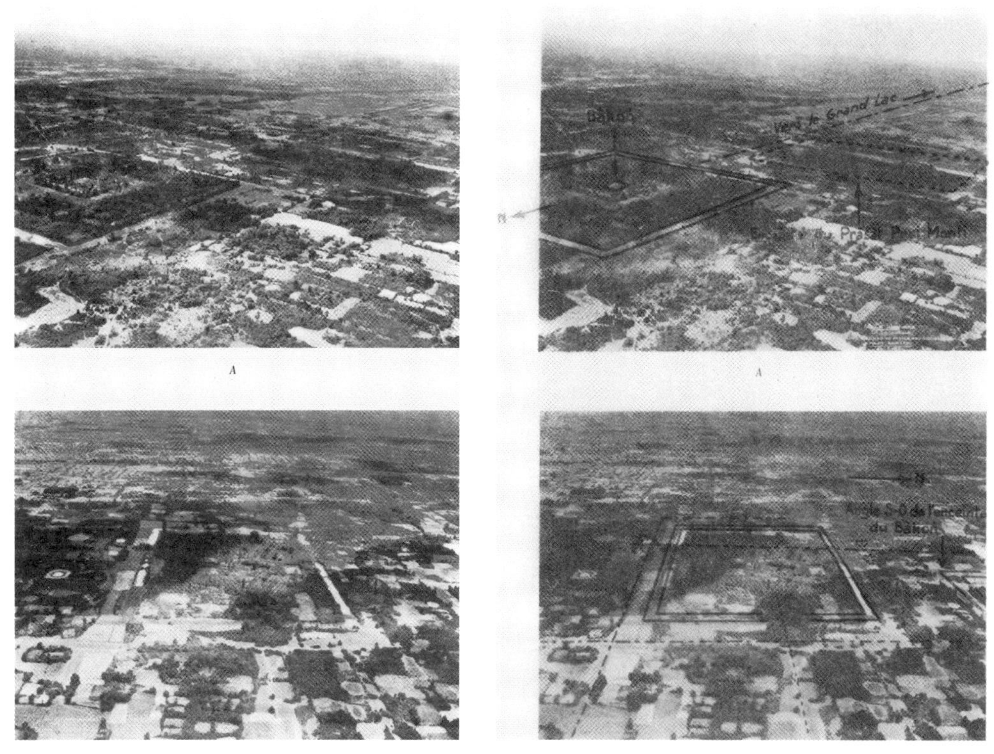


图29　瑞孟提寺的位置图
（图片来源 BEFEO，1936，36）

图30　西池西侧的长方形院落遗迹
（图片来源 BEFEO，1936，36）

鉴于，马绍尔近年来在女王宫修复活动取得的成功，因此远东学院开始在吴哥修复活动中逐步推广“原物重建法”。

1937年，对罗洛士地区的巴孔寺实施修复活动。此外由于建筑在几个世纪的时间里遭到系统的破坏和各种改造，因此在清除建筑内的构件碎片后，就必须在真正混乱的构件中找到原来的构件，并将其按形状或装饰类别进行分类，最后通过系统的分类将其归安到各自的位置。因此，他们“在地面上建造一个试验平台结果令人鼓舞，因此决定尝试这个真正的‘拼图’”，“尽管有许多缺陷和一些构件的极端磨损，但结果超出了所有人的预期”。因此在当年年底，中央圣殿已修复到一楼位置，但因发现的构件太少，他们不期望能修复第三、四层，而就当前修复的高度已经超越了巴肯寺。

同时，远东学院在通王城内调查时，新发现了8处佛教遗址，它们是东南方向的第61、62、63、65号，东北方向的第67、69号，西南方向的第68号，西北方向66号遗址[1]（图31）。

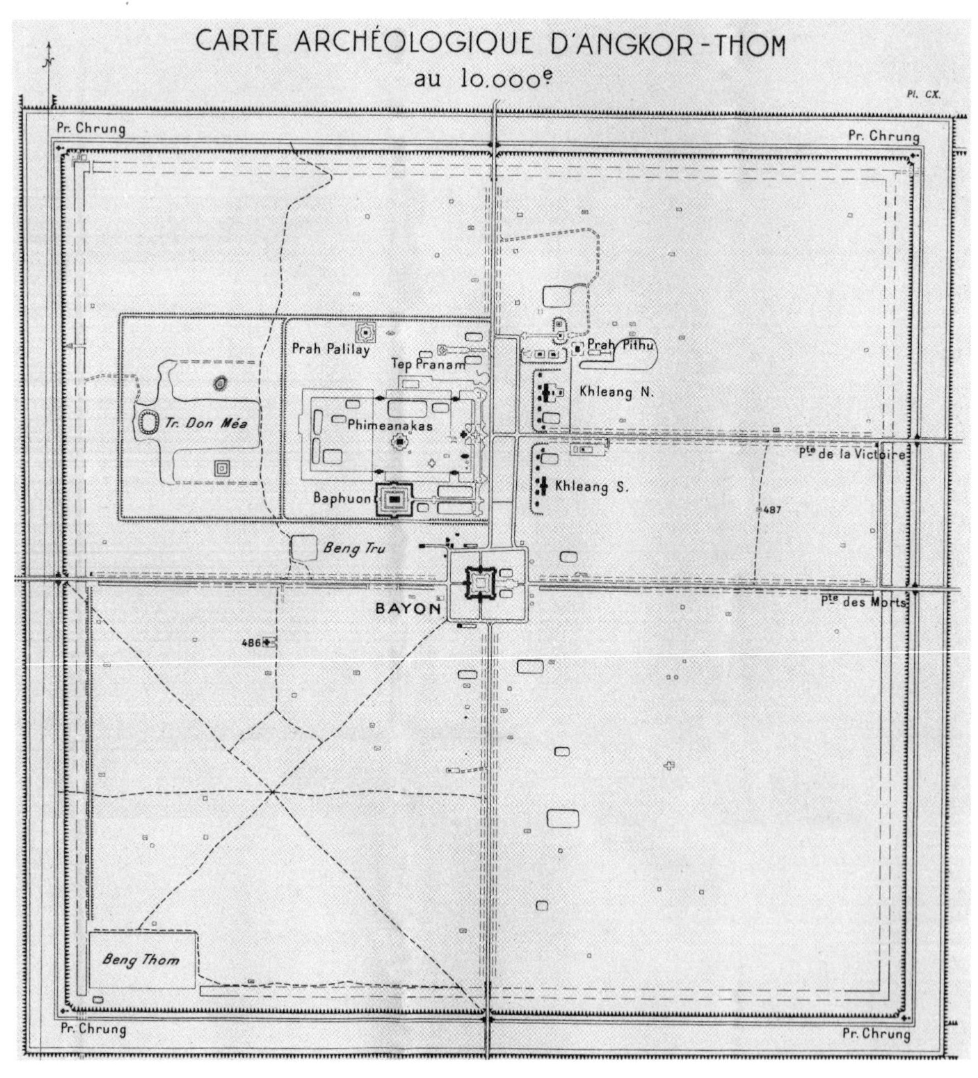


图31　吴哥通王城的考古调查地图（1937年）
（图片来源BEFEO，1937，37）

〔1〕 EFEO, Chronique de l'année 1935，*BEFEO*，1937，37，pp. 553–693.

1938 年，格莱兹对巴孔寺、班迭色玛、圣琶丽寺、龙蟠水池、东湄奔寺、格鲁姆寺，采用原物重建法对古迹进行修复活动。同时，远东学院还对 Damdekd 地区的 3 座寺庙遗址，进行了简单的清理活动。1939 年，尽管第二次世界大战已经爆发且法德已经宣战，但是吴哥的保护活动在格莱兹的带领下依然正常运转。

（二）其他地区的保护活动

1. 1920—1929 年

此时远东学院的吴哥考古活动不仅集中在吴哥地区，同时也在呵叻高原（今泰国境内）、三坡布雷库遗址、柬埔寨的东北部也进行了小规模的考古调查和发掘活动。

如 20 世纪 20 年代初，暹罗宪兵司令埃里克·塞登法登（Erik Seidenfaden）指挥官，利用巡视之便对东暹粒四省（今泰国境内的呵叻高原）的古迹进行了考察活动，共发现了 26 座寺庙遗址、4 座古城遗址、7 通碑铭及 18 处有石刻造像的地点。此外，还收集到了 26 座小型寺庙遗址、1 座古城遗址、8 通碑铭及 15 处考古遗址点的信息。这些信息来自殖民地政府派出的官员或当地人，最后找到了清单中列出的 28 处古迹信息，主要分布在乌汶府省、黎逸府省、乌隆府省、呵叻府省[1]（图 32）。

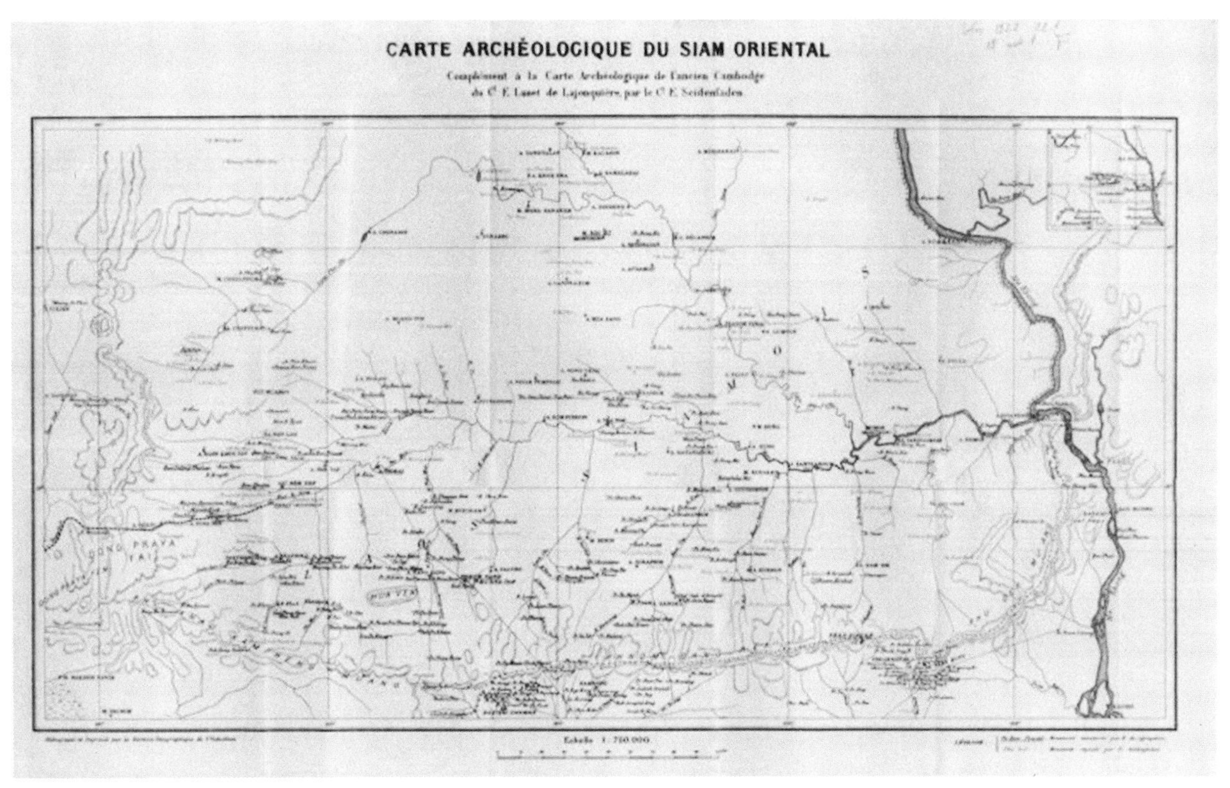


图 32 东暹粒四省考古遗迹调查图
（图片来源 BEFEO，1922，22）

1927 年 2 月，戈鹭波招募了 60 名工人对三坡布雷库遗址进行首次发掘活动。此次考古发掘的重

〔1〕 Erik Seidenfaden，Complément à l'Inventaire descriptif des monuments du Cambodge pour les quatre provinces du Siam Oriental，*BEFEO*，1922，22，pp. 55–99.

点位于建筑群南部区域，对第一道围墙附近的灌木清理之后，戈鹭波在南 1 塔楼和南 2 塔楼之间挖了一条深约 0.8—1.2 米的大排水渠（探沟）并发现了陶瓦残片，随后对主塔楼进行了清理。戈鹭波在三坡布雷库遗址进行的考古活动，发现了很多尚未清理的遗迹，总计大约为 24 处[1]（图 33）。

1928 年 1 月，由福伯陶克斯（Fombertaux）继续对三坡布雷库遗址的南部建筑群进行考古发掘活动，发掘了第一、二院落之间的场地，并完成了对南 7、8 塔楼两座纪念碑建筑的清理活动，剩下的就是清除纪念碑上的植被[2]。

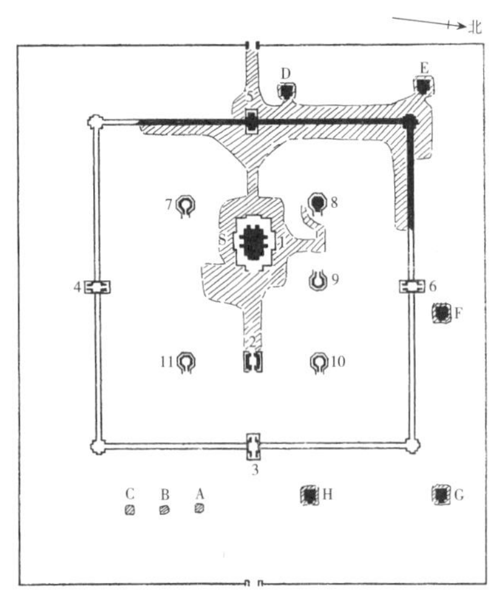

图 33　左：三坡布雷库遗址南部建筑群平面图；右：南部建筑群遗址内入口处（塔门）西侧附近发现的门楣石刻（图片来源 BEFEO，1927，27）

1929 年 3 月至 7 月，帕尔芒捷对柬埔寨东北部的地区进行了考古调查。在这次调查中，共发现了 115 座纪念碑建筑，其中 43 座是新发现的，包括 52 通碑铭。他还对磅斯外圣剑寺和贡开遗址的主要建筑群进行了全面的研究。回到金边后，开始整理调查过的纪念碑建筑详细清单，为柬埔寨考古遗址新版本的出版做好准备[3]。

2. 1930—1939 年

此时的吴哥考古与保护活动主要集中在柬埔寨东南部（罗伯特·戴勒的考古调查、湄公河下游地区的考古发掘、磅斯外圣剑寺遗址考古调查、磅湛磅同省的考古调查活动）、北部（库伦山区的调查活动）、西部（班迭色玛遗址的调查活动）。

（1）罗伯特·戴勒考古调查活动

1932 年 7 月至 1933 年 12 月，远东学院的通讯员罗伯特·戴勒（Robert Dalet）对柬埔寨境内干丹省（Kandal）附近的吴哥遗址进行了为期 18 个月的考古调查。戴勒发现的多处遗址、遗物的时代大部分属于吴哥时期，个别遗物的时代可追溯至前吴哥时期（扶南政权）[4]。1934 年 1 月至 1935 年 2 月，戴勒继续对柬埔寨的磅同省、磅湛省、磅士卑省、朱笃省（今越南境内）、干丹省、柴桢省、金边及马

〔1〕 EFEO，Chronique，*BEFEO*，1927，27，pp. 412–518.

〔2〕 EFEO，Chronique，*BEFEO*，1928，28–1，pp. 315–333.

〔3〕 EFEO，Chronique，*BEFEO*，1929，29，pp. 466.

〔4〕 Robert Dalet，Dix-huit mois de recherches archéologiques au Cambodge，*BEFEO*，1935，35，pp. 117–145.

德望境内的吴哥遗址进行为期 14 个月的考古调查。在各省发现的遗址中大部分为石质建筑，少部分为砖砌建筑且部分已经倒塌，同时还发现了大量的婆罗门教石刻造像及建筑构件。

在此次考古调查活动中（从 1932 年 7 月至 1935 年 2 月），共调查了 605 处塔楼遗址，主要集中在干丹省、磅士卑省、茶胶省、磅清扬省、磅湛省。在过去的 32 个月中，调查了 967 处遗址，其中 453 处遗址在《原始高棉艺术补编中》有记录，并对其中的 181 处新遗址点进行了研究，使遗址的总数达到了 616 处[1]。

1937 年，戴勒继续调查了柬埔寨境内的 290 处遗址，其中有 93 处遗址是新发现的。另外，还在马德望省发现了 4 处、茶胶省发现了 3 处、磅湛省发现了 2 处、菩萨省和磅同省各 1 处。新发现的遗址类型主要为塔楼建筑，大部分已经倒塌，仅个别保存较完整，遗物主要有建筑构件和石刻造像[2]。

（2）湄公河下游地区考古发掘活动

1935 年，远东学院对湄公河下游茶胶省的阿斯朗姆·马哈·鲁赛寺（Asram Maha Rosei）遗址进行了考古发掘活动。寺庙建在狭窄的岩石平台上，北向开门，后部紧靠山体，这座建筑的主要部分建在陡峭的斜坡岩石上，容易攀爬。对该寺庙修复的方法采用的是原物重建法，首先搜集坍塌的石块构件，其次拆除残存建筑物，再次利用钢筋混凝土来施工，随后拆除建筑基础部分，最后石构件全部归安（图 34）。

图 34　左：正在拆卸建筑内的石构件；右：修复后的建筑遗址
（图片来源 BEFEO，1935，35）

〔1〕 Robert Dalet，Recherches archéologiques au Cambodge，*BEFEO*，1936，36，pp. 23–64.
〔2〕 EFEO，Chronique de l’année 1937，*BEFEO*，1937，37，pp. 553–693.

达山寺（Prasat Phnom Da）与阿斯朗姆·马哈·鲁赛寺庙处在同一座山上，建筑主体已经倒塌，在清理碎石的过程中发现了榫头基座及石刻造像手部的碎片以及三尊造像（图 35）。同时，对北门框架进行了加固，通过适当添加铁质构件以固定在钢筋混凝土浇筑的框架上。另一方面，对西立面假门下的大裂缝进行钢筋混凝土浇筑，以支撑不稳定的建筑基础。

图 35　达山寺出土的部分石刻造像
（图片来源 BEFEO，1935，35）

吴哥博雷遗址（Angkor Borei）位于现在的吴哥博雷村，在真腊政权时期甚至是扶南政权时期崛起的一座城市。尽管城址的大部分被水田破坏，但是仍有一部分砖砌城墙存在，平均高度在 6—8 米，厚度在 1—1.2 米。在靠近遗址中心的地方有建筑遗迹，发现的遗物其中包括一通石碑，高 120 厘米、宽 80 厘米，日期为 611 年。在吴哥博雷城墙以北 7 千米处的 Vat Kas 遗址，发现了一尊残损的造像，清理后重新拼对，发现造像的造型为左臂举起，努力的把手放在石头的底下，此种造像风格被认为奎师那[1]在举起哥瓦尔丹山（Govardhana）的形象[2]。

1936 年，远东学院对奇梳山寺（Phnom Chisor）遗址进行了考古发掘活动。奇梳山寺遗址位于距离金边 60 千米的茶胶省，遗址的年代可追溯至 11 世纪上半叶。亨利·莫格（Henri·Mauger）主持了

〔1〕 奎师那即印度教史诗《摩诃婆罗多》中的黑天神，是毗湿奴或那延陀的化身。
〔2〕 EFEO，Chronique de l'année 1935，*BEFEO*，1935，35，pp. 491.

对该寺庙的清理，首先清理围墙内厚厚的土层及院落内的六棵大树，紧接着对入口处东塔门进行重建，最后恢复中央圣殿[1]。1937年，亨利·莫格继续对奇梳山寺进行清理，已完全修复了围墙内部的建筑，通往中央圣殿内的道路被重建。此外由于地面塌陷，对入口处的塔门进行修复。对西侧塔门上的山花进行重新归安，同时对藏经阁上的山花也进行了归安。另外，还对中央圣殿内的中殿与塔门之间的建筑遗址进行了清理[2]。

1938年，路易斯·马勒雷在对该区域内的古遗址进行了考古调查活动。其中在芹苴省（越南）Thân-ctiru-nghïa村，发现了前吴哥时期的毗湿奴造像。同样，在新安省（越南）Htung-diên村亦发现了两尊巨大的石刻造像，其中一尊头部有浓密的卷发。在同一地点还发现了两尊造像的躯干及各种石质碎片。

随后，马勒雷对茶荣省、芹苴省、永隆省的34座砖塔（仅17座残留有遗迹）进行了实地的调查，共发现了27件文物，包括陵伽、基座、狮子、门楣、青铜佛陀造像、陶器等；在嘉定省的Sôc-tràng和Rach-giá村，发现了8座砖塔、9尊砂岩造像、10件尤尼和陵伽组合的器物，时代为前吴哥时期；在安宁村发现了大约40余件遗物，包括4尊前吴哥时期的造像[3]。

（3）磅湛与磅同省的调查活动

1936年的3至7月，戈鹭波和拉云魁尔对磅湛省的班迭诺戈寺遗址进行了航空考古。

从空中俯瞰班迭诺戈寺是一座规则的方形遗址，四面都被植被包围。在寺庙周围发现了许多干涸的人工水池，尤其是东北角有一座边长200—250米和两座边长在70—80米的方形水池（图36）。在班迭诺戈寺的东西轴线上，东侧的延长线上分布着一处规模更大的长方形水池。随后飞机逐渐的靠近Prah That Thom遗址，两座纪念碑建筑在一片开阔地中较为明显。同时在Prah That Thom以西处发现

图36 从西南角俯瞰班迭诺戈寺
（图片来源BEFEO，1936，36）

〔1〕Victor Goloubew，Reconnaissances aériennes au Cambodge，*BEFEO*，1936，36，pp. 465–477.

〔2〕EFEO，Chronique de l'année 1937，*BEFEO*，1937，37，pp. 553–693.

〔3〕EFEO，Chronique de l'annéc 1938，*BEFEO*，1938，38，pp. 416–478.

了几处洼地，东西向的轴线上大致分布着一些小的水池。通过调查戈鹭波认为班迭诺戈寺属于前吴哥时期，即6—7世纪的寺庙遗址[1]。

1937年5月27日，戈鹭波与远东学院的记者兼航空基地的负责人Ben-Hoa飞越磅同省时发现了占地4平方公里的院落，其中一半以上被植被所覆盖，在其西侧有一座巨大的干涸水池紧挨着三坡布雷库遗址。之后飞越到磅斯外圣剑寺，之前对该地区的很多遗址（院落、水池、寺庙）的认识很不完整。从空中观察可知，寺庙遗址由方形外围墙和一条宽250—300米的环壕及长约16千米的双堤组成。28日，他们向吴哥通王城北部的库伦山方向飞去。在这次飞行中发现了吴哥通王城向北延伸的道路，这条古老的道路向北延伸约20千米消失在丛林中。通过航拍库伦山，新发现了22处遗址，并在地图上准确定位了不同建筑遗址地点[2]。

同年，戈鹭波和Terrasson指挥官飞越至磅斯外圣剑寺建筑群进行航空考古。结果发现，似乎所有的纪念碑建筑均被环壕包围，形成一个5平方公里的长方形遗址。同时还发现了几处新的遗址：第一处位于院落西边的Prasat O Cho Tal E Thbon平台遗址；第二处位于东端的Stun Krasan古桥遗址；第三处位于Prasat Prah Stun以南低地处的建筑遗迹，部分已经被拆除[3]。

随后，1939年远东学院派出亨利·莫格等人对磅斯外圣剑寺进行考古调查和测绘[4]（图37）。

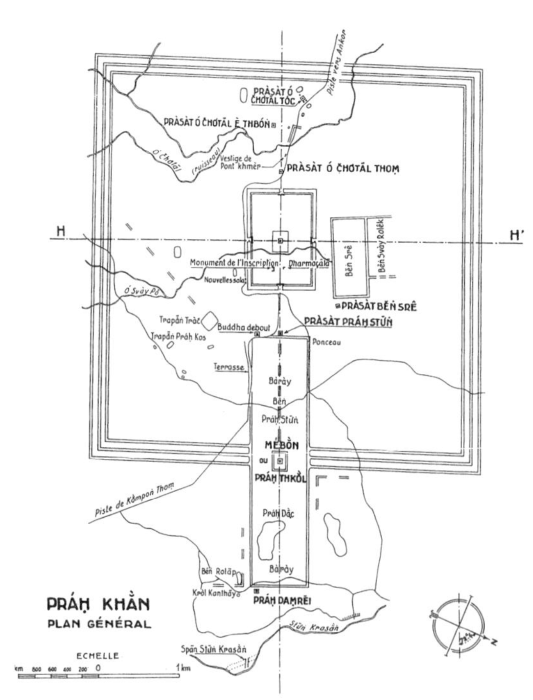


图37 磅斯外圣剑寺总平面图
（图片来源 BEFEO,1939,39）

〔1〕 Victor Goloubew, Reconnaissances aériennes au Cambodge, *BEFEO*, 1936, 36, pp. 465-477.

〔2〕 EFEO, Chronique de l'année 1937, *BEFEO*, 1937, 37, pp. 553-693.

〔3〕 EFEO, Chronique de l'année 1938, *BEFEO*, 1938, 38, pp. 420.

〔4〕 Henri Mauger, Práh Khẳn de Kômpon Svày, *BEFEO*, 1939, 39, pp. 197-220.

（4）库伦山区调查活动

1937 年，皮埃尔·杜邦（Pierre·Dupont）在访问柬埔寨期间，进行了一系列的考古调查活动（图 38）。包括对库伦山进行考古调查，以寻找阇耶跋摩二世的摩醯因陀罗跋伐多城。随后，针对库伦山区的遗址制定了考古计划：首先对该地区进行实地的考察，厘清遗址的数量；其次是搜集碑铭；再次是对纪念碑建筑进行类型学研究，同时把纪念碑建筑和图像研究结合起来，以便于推测建筑的年代。最后是对纪念碑建筑的方向研究，对重要遗址如 Prasat Kraham II、PrasatNakTa、Prasat Khtin Slap 进行清理发掘[1]。

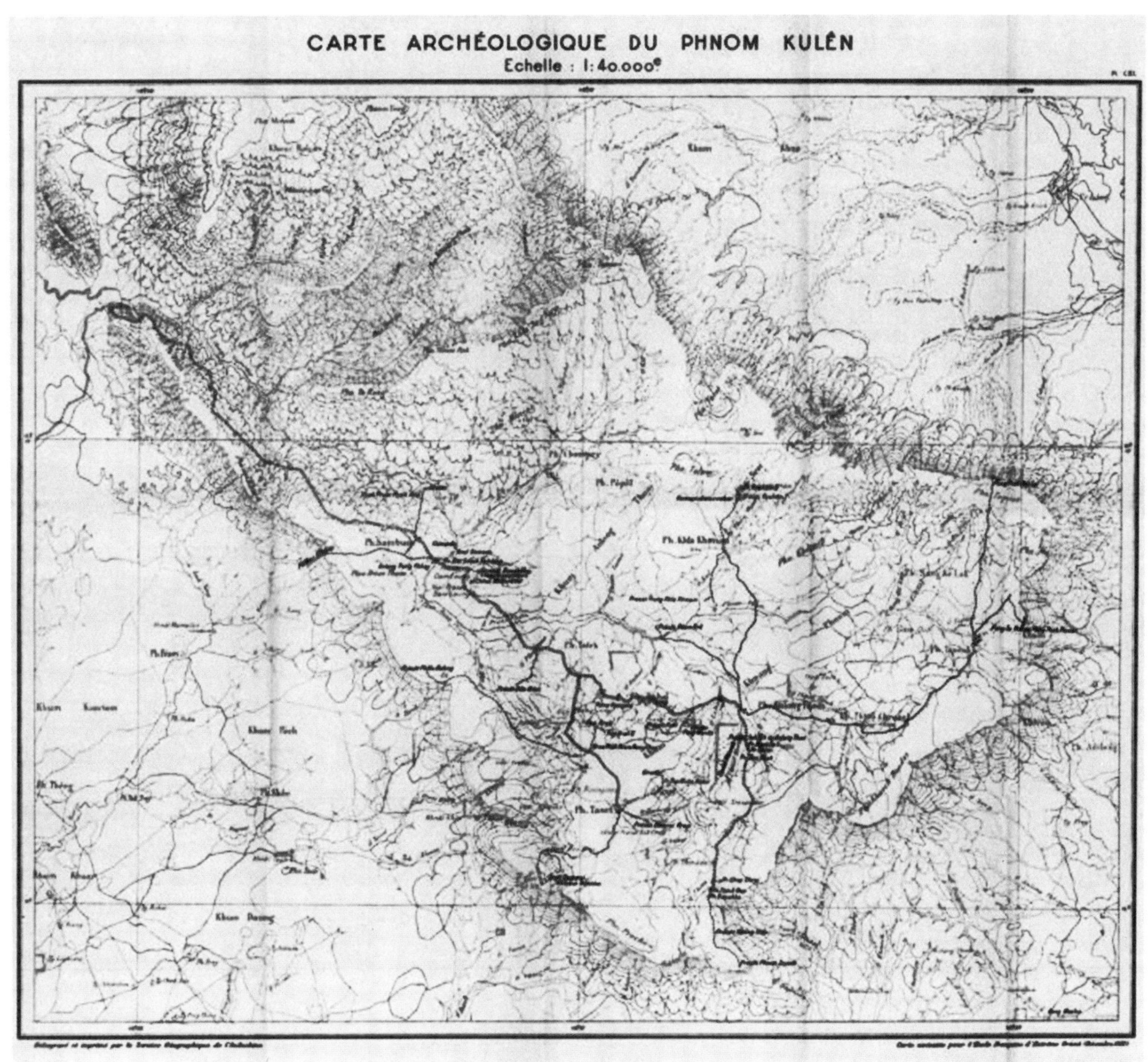


图 38　杜邦绘制的库伦山遗迹地图
（图片来源 BEFEO，1937，37）

〔1〕 EFEO，Chronique de l'année 1937，*BEFEO*，1937，37，pp. 553-693.

（5）班迭色玛调查活动

20 世纪 30 年代在远东学院资助下，由乔治·格罗斯利埃（George. Groslier）负责对柬埔寨境内西北部连接吴哥和现代泰国披迈寺（Phimai）之间的古道近旁的班迭奇玛（Bantéai Chhmar）进行了初步的调查和测绘。当时的班迭奇玛建筑部分已经倒塌，遗址由残留下来的寺庙建筑和水利工程（水池）组成。水池平面呈长方形，平均深度为 3 米，内部有角砾岩砌成台阶。在水池的中央建有一座人工岛，其上建造一座涓奔寺庙。在水池的西侧建有一平台，其地基部分在水池内，两侧雕刻有荷花和水鸟等纹饰（图 39）。

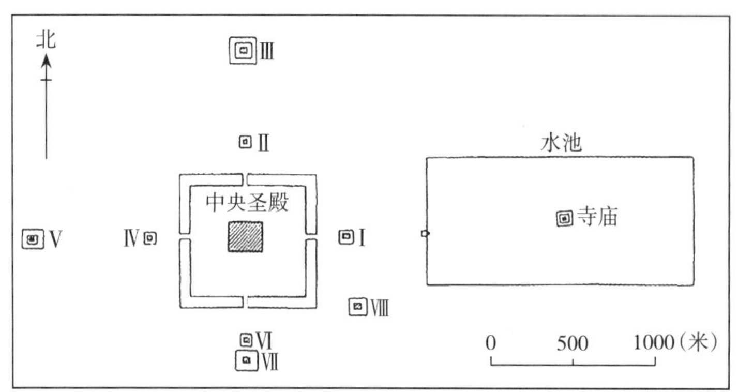


图 39　班迭奇玛寺庙总平面图，中央圣殿（图中阴影部分）、周边方形的次要寺庙建筑（Ⅰ到Ⅷ）及水池和池中寺庙建筑
（图片来源 Aséanie，Sciences humaines en Asie du Sud-Est，2004，13）

中央圣殿被方形环壕所包围，环壕每条边长 65 米、宽 3 米。其上有四条对称分布的道路，每条道路的两侧都有两排石巨人支撑着那伽栏杆。在进入中央圣殿之前，东西和南北轴线上分布着 7 座小型塔楼建筑。这些建筑具有次一级的艺术价值，彼此之间的结构或多或少是相似的，每处建筑都有一道或两道围墙（图 40）。因此，在班迭奇玛所覆盖的面积约 8 到 9 平方千米的土地上，超过六分之一的

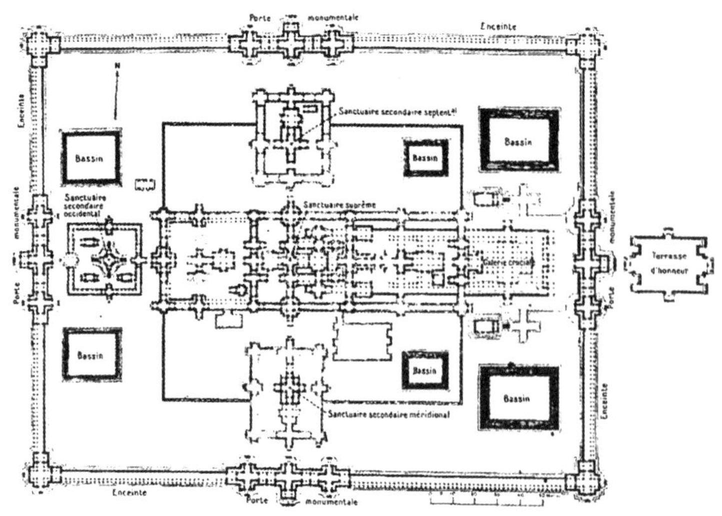


图 40　中央圣殿及次要建筑分布平面图
（图片来源 Aséanie，Sciences humaines en Asie du Sud-Est，2004，13）

土地被挖掘到 6 米深以建造水池。

整座建筑内所有的走廊和柱廊都以直角或交叉形式相连接，在这些连接点处大多都有一座塔楼遗址。当测绘人员接近最高的中央圣殿时，其余塔楼的高度在逐渐增加，从外围的 6–7 米到中心处的 20 米，总共有 56 座塔楼。

最后，格罗斯利埃总结到，班迭奇玛遗址平面与目前已知的高棉寺庙平面有很大的不同。一般的寺庙遗址平面通常是同心的，因此它的外观和尺寸与四个基点基本相似。在大多数情况下，次要的或连续性的建筑都是随机建造的，并无严格的对称性，而在班迭奇玛恰恰是相反的，遗址平面从东到西在连续中发展，从不打破严格的对称性。围墙、走廊与古典时期的寺庙形成交叉，建筑师忽略了其中央建筑群的北、南和西面，甚至被独立的次要建筑所掩盖。

此外，远东学院对遗址进行了多次的测量，以便于能够计算出立体面积和浅浮雕面积，另一方面，还发现了阇耶跋摩七世时期的碑铭。由铭文可知，以班迭奇玛为宗教中心的古老城市在 12 世纪没有达到繁荣时期，其中心建筑群最早建于 1140 年左右[1]。

## 三　1940—1952 年主要活动

由于第二次世界大战范围的不断扩大，到了 1940 年 9 月法属印度支那被日本占领。同时，远东学院的活动经费要比去年少了一半，因此必须减少在偏僻荒凉荆棘丛生地区的活动，为此只能减少队伍活动的规模，且早先制定的活动计划只能无限期的推迟。远东学院被所谓的“安南人”占领和管理，安南人也一直很尊重历史古迹和文物，同时远东学院将行政总部迁往西贡。在 1940—1941 年的冬天，柬埔寨和老挝境内的许多纪念碑建筑和重要遗址被泰国吞并。1942—1944 年，远东学院的部分藏品只有一部分被转移出来。及至 1945 年 3 月 9 日，法国在法属印度支那殖民地失去“主权地位”，使得远东学院生存条件变得岌岌可危。最终在当年的 8 月 21 日，法国人被日本政府驱逐“出境”，日本人将法属印度支那政府置于东京（河内）政府的保护之下，该政府不久就让位于越共。当年 10 月，法国恢复了对柬埔寨的殖民统治。为争取柬埔寨民族独立，西哈努克于 1953 年相继访问欧美各国，争取国际舆论支持柬埔寨独立，同年的 11 月 9 日，柬埔寨王国正式成立。

鉴于以上的国际情况，远东学院活动的重点集中在吴哥地区和湄公河下游区域。而此时，俄厄遗址、王宫遗址的考古发掘活动代表着当时吴哥考古的最高水平，使学者对这两处遗址有了重新的认识（表 5）。同时，二战前后考古学方法已经发生转变，不再是单纯的传统考古学方法，此时更多的依靠自然科学作为其辅助手段。其中，尤以俄厄遗址的考古发掘最为显著，大量的自然科学已经参与其中。在王宫遗址的发掘活动中，开始注重地层之间的关系，借助地层来解释建筑的发展历史。但遗憾的是，王宫遗址的考古发掘报告至今未刊发，后人只能在一些文章中见到一鳞半爪。

〔1〕George Groslier，Une merveilleuse cité khmère : «Bantéai Chhmar» ville ancienne du Cambodge，*Aséanie*，*Sciences humaines en Asie du Sud-Est*，Année 2004，13，pp. 151–161.

表 5　1940—1952 年法国远东学院吴哥活动统计简表

| 时　间 | 代表人物 | 活动内容 | 活动区域 |
|---|---|---|---|
| 1940 | 格莱兹 | 巴孔寺、班迭色玛、东湄奔寺、女王宫、巴戎寺持续修复，圣剑寺持续的清理与修复 | 柬埔寨 |
| 1940 | | 干丹省的 Tuol An Srah ThatIK. 76、36 号遗址进行考古发掘 | |
| 1940 | 路易斯・马勒雷 | 湄公河三角洲地区考古调查 | 柬埔寨<br>越　南 |
| 1941 | 格莱兹 | 巴孔寺、班迭色玛、巴戎寺持续的清理与修复，通王城北塔门修复，王宫遗址的调查 | 柬埔寨 |
| 1944 | | 罗洛士地区的瑞孟提寺调查，西湄本寺考古发掘 | |
| 1944 | 路易斯・马勒雷 | 俄厄遗址考古发掘 | |
| 1944 | 皮埃尔・杜邦 | 吴哥博雷遗址考古调查 | |
| 1951—1954 | B. P. 格罗斯利埃 | 暹粒至 Ca-Mau 进行航空考古 | 柬埔寨<br>越　南 |
| 1952 | | 交趾支那地区、王宫遗址等地航空考古 | 柬埔寨<br>越　南 |
| 1952—1953 | M. Déricourt<br>（殖民地飞行员） | 柬埔寨北部区域航空考古 | 柬埔寨 |
| 1952—1953 | B. P. 格罗斯利埃 | 王宫遗址内东北水池考古发掘 | |

（一）吴哥核心区保护活动

尽管受到泰国轰炸暹粒、日本占领中南半岛、太平洋战争爆发等事件的干扰，但是吴哥的保护活动一直在持续。1940 年，格莱兹继续修复巴孔寺，同时完成了对女王宫和巴戎寺的重建活动，并把圣剑寺从入侵的森林中清理出来。

直到 1941 年 1 月底，古迹保护活动才停止三周。同时由于燃料的短缺，对汽车等交通工具的限制使工地的供应和监督变得困难，此外还取消了所有的旅游活动。这一年远东学院所分配的经费与 1940 年的经费大致相同，只允许继续进行缓慢的保护活动，并将研究范围限制在吴哥通王城王宫遗址内的几次发掘活动中。

同年，远东学院继续对巴孔寺的中央圣殿进行重建，在完工后进行了仔细的检查。巴戎寺的保护重点是修复东南部的建筑，吴哥通王城北塔门的修复活动在当年 6 月份结束，完成了栏杆上那伽和阿修罗构件的归安。修复活动把人物面孔表现得很有张力，只是缺少了五件完整的石刻头部和顶部位置的图案。6 月底，远东学院在吴哥通王城王宫遗址进行了考古调查，调查的区域在第二院落空中宫殿与大水池之间进行[1]。

1944 年初，为了进一步研究 9 世纪末吴哥都城——诃利诃罗洛耶（Hariharalaya）[2]，格莱兹在罗洛

〔1〕 EFEO，Chronique de l'année 1941（Cambodge），*BEFEO*，1942，42，pp. 223-230.

〔2〕 该城供奉诃利诃罗神（Harihara）。诃利诃罗神是印度教湿婆与毗湿奴合二为一的形态。诃利是毗湿奴的别称，诃罗则是湿婆的别称。

士地区对瑞孟提寺内尚未发掘的三座塔楼进行调查活动。结果显示，这些建筑的时代与巴肯寺处在同一时期，期间还发现了一座巨大的造像[1]。

5 月 22 日，作为西湄奔寺遗址首次修复的一部分（1942—1944 年），格莱兹在中央圣殿基础之上进行了发掘活动，发现了所谓的"东方竖井"（Eastern Shaft）[2]，底部有铜管与外部的水池相连，其上铺有一层细沙，同时发现了毗湿奴青铜造像（编号 DB 631）及其他文物。1950 年 11 月，吴哥保护区负责人让·布瓦瑟利耶（Jean Boisselier）将其移交给柬埔寨金边国家博物馆（1949—1955 年）。该青铜造像于当年 12 月正式注册为收藏品。随后博物馆人员使用水泥将右前臂重新组装到胸像上（至今仍然可见），同时让·布瓦瑟利耶从造像碎片中采集到三个样本（右前臂和左髋部）并送到在西贡的远东学院[3]进行检测。

1952—1953 年，B. P. 格罗斯利埃对王宫遗址内的东北水池[4]进行发掘活动，并布设探沟 2 条。发掘显示，该水池的沉积过程可以分为两个阶段：第一阶段是用第二期宫殿遗址（阇耶跋摩七世时期）残留物进行部分填埋；第二阶段是在第三期宫殿遗址被毁坏后进行最终的填埋，并在此地层中发现了宋加洛（Sawankhalok）瓷器[5]（图 41）。

### （二）湄公河下游地区考古活动

#### 1. 考古调查活动

远东学院的马勒雷在交趾支那地区，对扶南政权时期的遗址进行了考古调查活动。在西贡与堤岸市（Cho-Lon）两个城市群的边缘处发现了几处土堆遗址，里面包含有砖块；同时还发现了 4 块砂岩，包括门槛、饰有莲花的底座、尤尼、青铜造像等遗物以及一段砖墙遗迹。在华埠镇以西又发现了一处被沟渠环绕着的土堆遗址。这处土堆遗址位于两条土墙的南侧，前面有一条沟渠，地面上散落着许多砖块和破碎的砂岩及桥墩遗物。

同时，他还对位于湄公河三角洲区域的 10 个省市（美荻市、茶荣市、芹苴市、朱笃、永隆省、莱容县、新安市、嘉定市、堤岸市、西贡 – 堤岸）内的遗址进行了调查活动，这些遗址在时代上均属于前吴哥时期及吴哥时期。

---

〔1〕Louis Malleret，Nécrologie：Maurice Glaize（1886–1964），*BEFEO*，1967，53–2，pp. 326.

〔2〕该竖井均用石材搭建，整体分为三部分：底部为圆形，其上为八角形，最顶部为四方形。1961 年克劳德·杜马西对西湄奔寺进行发掘，发现了与"东方竖井"相连接的地下有一根长长的铜管。铜管水管从石砌的井底横向延伸地下，顶端与小道外部的蓄水池相连。蓄水池的水通过铜管注入竖井内。杜马西认为，水井的整体被砌成三段不同形状的横截面，主要是作为水位计的刻度。他还认为，水井的水位降低至圆形部分那么蓄水池将会干涸；相反水井内的水位达到四方形以上，那么蓄水池内的水则将溢出堤坝。见石泽良昭著，瞿亮译：《东南亚：多文明世界的发现》，北京：北京日报出版社，2019 年，第 99 页。

〔3〕Aurélia Azéma、Pierre Baptiste、Jane Bassett 、Francesca Bewer 、Ann Boulton、David Bourgarit 、Manon Castelle 、Laurence Garenne–Marot、Huot Samnang 、Elsa Lambert 、Susan La Niece 、Jeff Maish 、Mathilde Mechling 、Benoît Mille 、Dominique Robcis 、Donna Strahan 、Annick Texier、Brice Vincent 、Jeremy Warren、Ittai Weinryb 、Jean–Marie Welter，Angkorian Founders and Bronze Casting Skills：First Technical Investigation of the West Mebon Visnu，*BEFEO*，2018，104，pp. 303–341.

〔4〕在 2019 年中国工作队的工作中把王宫遗址内的东北水池编为 1 号水池。

〔5〕宋加洛瓷器，因产地为泰国中部地区宋加洛，故名。是素可泰府（泰族最初建国素可泰王朝的都城所在）下辖的行政区划。13 世纪前期取代衰败的高棉王国，以泰国中部的素可泰（Sukhothai）为中心建立了素可泰王朝。在兰甘亨（Ram khamhaeng）统治时期，大约有 500 名中国陶瓷工匠先后来到暹罗都城素可泰及近畿宋加洛建窑烧制瓷器。其产品以青瓷最为著名，器形有盘、碗、瓶、壶、水注等日用陶瓷器之外，也生产神兽类造型的建筑饰件。由于胎质粗糙，因此有施釉前以白土为化妆土或不施化妆土直接烧造的特征，并用铁釉制品绘制鱼、花草等图案。产品蜚声东南亚，大量出口到爪哇、苏门答腊及吕宋岛等地，因此对这一时期生产的陶瓷器统称为宋加洛瓷器。15 世纪末素可泰和宋加洛衰落，陶瓷工匠移往清迈桑甘烹（San Kamphaeng）另谋发展，宋加洛瓷器也成为现代工艺精良的"清迈泰瓷"之渊源。宋加洛城郊现有窑址 49 处，残存瓷片比比皆是。见东南亚历史词典编委会：《东南亚历史词典》，上海：上海辞书出版社，1995 年，第 230 页。

图41 王宫遗址东北水池（1号水池）的发掘情况
（从东向西拍摄 图片来源EFEO，1953，编号CAM01161）

2. 俄厄遗址考古发掘

在西贡（今胡志明市）博物馆收藏着大量的越南、占婆和高棉文物，而路易斯·马勒雷在这方面作出了大量努力，并编制了文物目录。但他并不局限于研究博物馆的展品，他想探索这个国家的过去，而当时人们普遍不赞成在法属印度支那东南部进行考古研究，且普遍认为像湄公河三角洲这样的洪泛区，古代伟大的文明不太可能在这样的地方产生。但是马勒雷知道至少在几个世纪的历史中，高棉王国就已经扩展到这些地区，至今高棉人仍然居住在这块区域。

1944年，路易斯·马勒雷正式对俄厄遗址进行考古发掘活动，同时还收缴上来几件前吴哥时期的造像。

俄厄遗址位于湄公河三角洲的海洋边缘毗邻暹罗湾，距离大海25千米，Bat Sâmner山或Nui Bathè约2.5千米，龙川市和迪石市（今越南南部）交界处（图42），俯瞰着金边到海边的大片泥泞的平原。1942年4月11日，马勒雷第一次来到遗址内就发现了连续的土堆遗迹，同时，这里偶然间发现的黄金首饰也在吸引着“不法分子”的到来。

参照以往的航空照片发现，在遗址的东、西、南三面都有明显的方形或长方形区域，面积有2.25—4平方千米不等。直到1946年的一次航空考古，从获得的清晰照片中，辨识出了一座占地约4.5平方千米的城址，其中遗址密度最高的部分位于北部区域约3.3平方千米。

城址的轮廓表现为连续的堤坝和凹陷，这些遗迹在蒿草和芦苇中很难被发现。土墩遗迹大约由35个大小不同的花岗岩石块组成的圆形轮廓，来自龙川市的地理测绘人员绘制了俄厄遗址的地图，随后

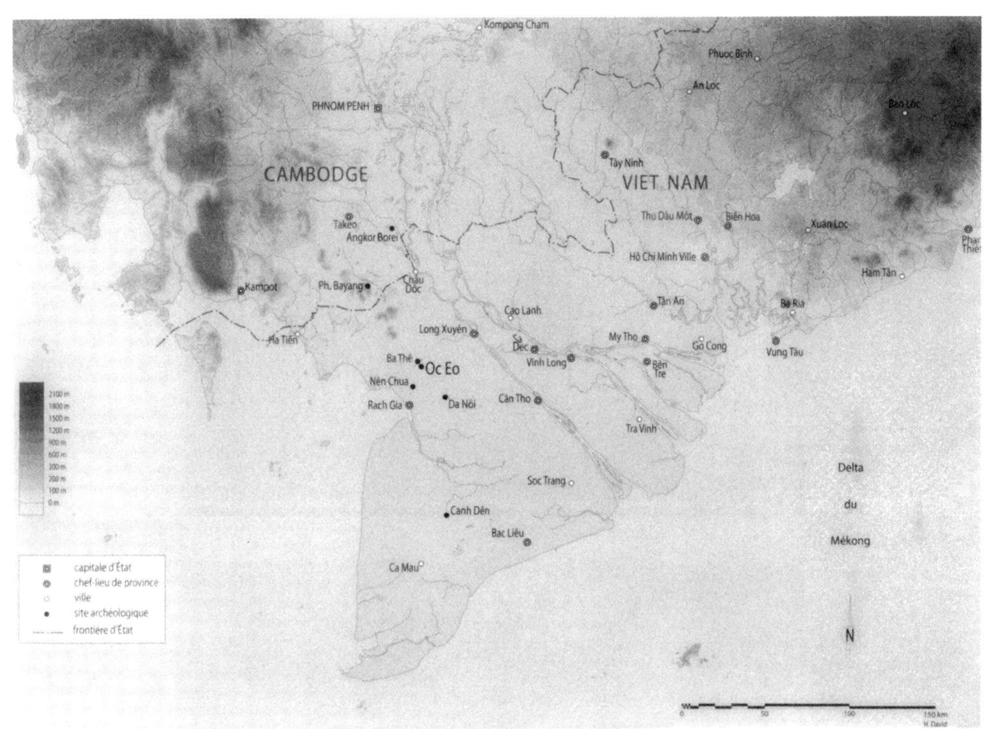


图 42　俄厄遗址的位置图
（图片来源 BEFEO，2007，94）

远东学院根据航空照片把遗址区分成三个部分：北部、中部、南部，在每个区域内又划分东、西两侧。同时，对北部和中部地区的 8 处遗址点进行了地面调查活动，而南部地区则因沼泽而无法进行地面调查。

1944 年 2 月 10 日，在发掘区向下发掘 1 米左右遇见了水，直到 4 月初才发掘至 2 米左右。此时地层可分为两层：第一层在沙床之上深度约 50—80 厘米；第二层深度约 1.8—2.2 米。这两层均出土有陶瓷碎片，其中第二层包含的贝壳类遗物较多，而第一层则有小块黄金出土，呈丝状碎片或箔片或与青铜碎片混合（图 43）。另外，在遗址的低洼处还发现了木桩，高度在 75 厘米左右。

远东学院还对遗址区中部和北部的 12 处土墩遗迹进行了发掘活动，发现了砖房遗迹（A、C、E 点和 O 点）。其中在 O 点清理的土墩遗迹，发现了由直立的木方桩组成的台阶；在 E 点发现的遗迹，由平面呈长方形的花岗岩石块砌成。在 K 点发现了铁渣，铁的含量达到 40%—50%。其中，重点对遗址区的 A 点 GO Cay Thi 遗迹和 K 点进行了发掘活动。

远东学院在对 GO Cay Thi 遗迹清理后，发现了一座东西向 17 × 8 米的建筑，平面呈十字形。建筑由四个房间组成，深 4 米，外围被一些大小不等的空间所包围着，均为长方形大约有 20 组（图 44）。这些房间的底部都有砖砌的地板，各房间之间没有孔道相连，高度不一，高差约 1 米。在砖堆中清理出两口水井，其中在一座房间底部还清理出牛骨和稻谷痕迹。

房间内有大量从平原地区运来的泥土，包括遗弃的石头、珍珠、青铜或锡碎片、铁渣等遗物。在 2.5 米深左右的地方，暴露出建筑倒塌留下的砖瓦痕迹。在建筑的墙壁上有烟熏的痕迹及砖面硫化物，表明了房址在一段时间被用作了手工业作坊。

图 43　B 点区域内的发掘（洗沙）
（图片来源 EFEO，1944，编号 VIE01751）

图 44　A 点中的 Go Gay Thi 遗迹 Tuol Dom Tonleap 十字形建筑
（从东北角观察，图片来源 EFEO，1944，编号 VIE01770）

同时，远东学院在清理遗址的过程中，发现了很多高密度的砖瓦碎片，遗物整体密度较均匀，表面有凸榫或孔洞以便于固定。但是在遗址中没有发现门槛、门楣、砂岩台阶和角砾岩等石构件，只发现了一些页岩和花岗岩。目前在该遗址发现的梵文碑铭，大都刻在砂岩或页岩上。

经过对遗址的发掘，收集到的样品包括木屑、植物种子、动物骨骼、矿渣。通过对这些样品的分析，人们可以对该区域先民的生活进行复原。同时还发现了大量的遗物，如石质工具、木质造像、数以千计的玛瑙、水晶、珊瑚、孔雀石、青玉、玻璃器、不同国家的货币、耳环、黄金饰品、坩埚、熔炉、陶器以及少量的青铜造像等遗物（图45）。

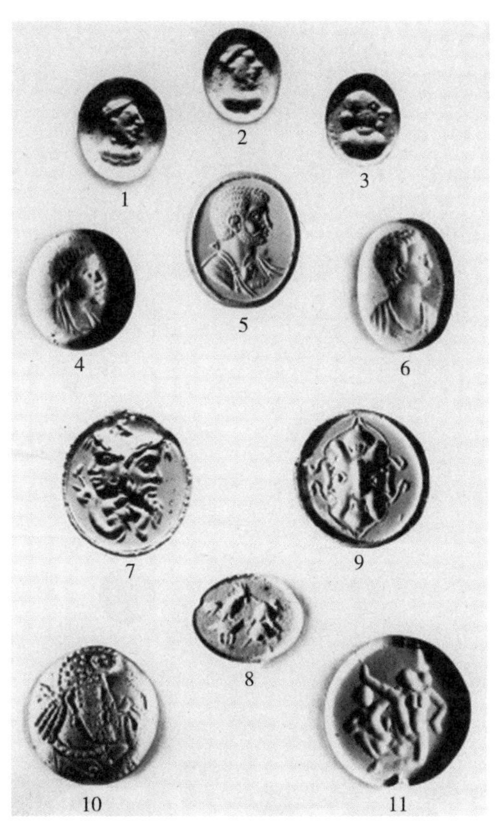


图45　遗址内出土的11件来自地中海和近东的遗物
（图片来源EFEO，1944，编号VIE01849）

另外，远东学院还对地层中沙样进行了采集，以便于对古环境、古生物进行分析。他们还注意到地层中的沙层是断断续续的，厚度从几十厘米到三四厘米不等，其间还夹杂着一层黏土层。另外，在地层中还发现了动物骨骼，以牛和猪为主，而不是大家认为的海洋生物[1]。

1944年的考古发掘活动只持续了两个月，因为战争和不安全因素而中断。尽管如此，发掘出来的大量遗物充实了西贡博物馆。通过对所发现遗迹、遗物的详细研究，极大的开阔了人们对俄厄遗址的认知。随后马勒雷出版了《湄公河三角洲考古报告》（*L'archéologie du delta du Mékong*）一书，引起了学界的注意。这本书以几篇文章为前导，综合了1938年以来马勒雷在整个湄公河三角洲进行的广泛实

〔1〕 Louis Malleret，Les fouilles d'Oc-èo（1944）. Rapport préliminaire，*BEFEO*，1951，45-1，pp. 75-88.

地调查和发掘活动。该书在1959年至1963年间出版了4部7卷，书中还伴有一份1944年的考古发掘报告[1]。

3. 吴哥博雷遗址调查

1944年，皮埃尔·杜邦对湄公河三角洲的吴哥博雷遗址进行了调查活动。该遗址考古遗存较丰富，且遗址的年代可追溯至扶南政权时期（前吴哥时期）。他在遗址内发现了很多早期佛像，其中的一部分被转移至金边博物馆[2]。

4. 运河与道路遗迹调查

1951—1954年，B. P. 格罗斯利埃对柬埔寨（暹粒）至交趾支那（Ca–Mau）区域进行了航空考古，并用黑白和彩色照片对这些遗址点进行了测绘。可以说这种技术在当时是最为先进的空中观察手段，也是远东学院近十年来取得的最大成功之一。通过航空考古发现的遗址达到600余处，这些遗址通过数百条运河与古道路相连[3]。

1952年，由B. P. 格罗斯利埃对交趾支那进行了系统的航空考古活动，识别出了20处遗址点、200条古运河、古道路和60处古遗址，最后绘制了详细的考古地图。同时，还在吴哥地区领导了王宫遗址空中宫殿附近的考古发掘活动。此外，他还在柬埔寨境内组织了几次航空考古，其主要的活动区域是在洞里萨湖以南和吴哥地区，并在通往马德望省的道路上以及吴哥通王城以北发现了古老道路的痕迹。在随后的地面调查活动中，在Prasat Chrap和Banteay Pir Chan寺庙遗址内发现了属于贡开风格的造像[4]。

## 四　远东学院对吴哥的管理与开发

殖民体系下的远东学院对吴哥所采取的管理活动，一方面出于对巩固殖民统治的需要，另一方面则出于东方研究的需要。出于以上目的，远东学院以极大的热忱投身到吴哥的保护活动中，积极制定相关的政策，并以法令的形式对吴哥进行保护管理。同时还在吴哥核心区建立“吴哥考古公园”，对建筑古迹进行考古与修复活动，并以此来促进吴哥核心区旅游业的发展。远东学院通过政策法令、考古调查和发掘活动把散落在各处遗址内的文物（主要是石刻造像）收集起来集中存放，以防止文物的“流失”。这些活动主观上促进了吴哥的保护，但是客观上却加速了吴哥文物的流失，其通过贩卖吴哥文物和政治“献礼”来博取欧美国家甚至是日本军国主义的认可与保护的做法，成为了远东学院历史上“黑暗”的一面。

（一）制定相关政策法令

1. 1900—1909年

1900年2月6日，法属印度支那总督发布法令，规定保护位于法属印度支那领土上的一切古代建

〔1〕Louis Malleret, *L'Archéologie du Delta du Mékong（I–IV）*. Pair, 1959, 1960, 1962, 1963. Éric Bourdonneau, Réhabiliter le Funan. Óc Eo ou la première Angkor, *BEFEO*, 2007, 94, pp. 114.

〔2〕Georges Coedès, Nécrologie：Pierre Dupont（1907–5955）, *BEFEO*, 1959, 49–2, pp. 639.

〔3〕Groslier, Bernard–Philippe, Nouvelles recherches archéologiques à Angkor, *Comptes rendus des séances de l'Académie des Inscriptions et Belles–Lettres*, 1959, 103–2, pp. 377–389.

〔4〕Renou. Louis, Rapport sur l'activité de l'École française d'Extrême–Orient；lu dans la séance du 2 octobre 1953, *Comptes rendus des séances de l'Académie des Inscriptions et Belles–Lettres*. 1953, 97–3, pp. 327–331.

筑物、石刻造像和碑铭，区域涉及到安南、柬埔寨、交趾支那和老挝境内的历史古迹[1]。

1901年，《法国远东学院学报》第一卷出版，这是这所非常年轻的学院，历史上具有里程碑意义的事件。从那时起出版的35份年度学报可以看出它的重要性，在第一卷的10篇文章中，有8篇与法属印度支那民族学、语言学有关；另外两个主题与中国历史和印度历史地理有关。

1905年8月17日，远东学院在金边建立了法属印度支那博物馆"高棉文物部门"（*section des antiquités khmères*）。由驻地高级管理局和远东学院共同监管，学院考古部负责人为法定保管人。另一项法令于10月3日颁布，成立了一个柬埔寨文物委员会，其任务是"清点具有历史或艺术价值的纪念碑建筑、文物"，提出旨在"保护、监督可以展示的古代艺术作品，通过一切手段为柬埔寨的历史学、考古学和民族学作出贡献"[2]。

1907年3月20日，法国同暹罗签订了《法国—暹罗条约》。条约规定：自1794年暹罗占领的马德望省、诗梳风省和吴哥地区归还给柬埔寨。这极大的增加了柬埔寨考古的重要性和遗存的丰富性。正如拉云魁尔所说："柬埔寨古代文化遗存已经覆盖了整个地区，从南边的洞里萨湖到北边的库伦山之间有相当多的纪念碑性质的古迹，从西边的斯通加多碑（Sadak-kak-Thom）到东边的瓦普寺至少有500处考古遗址被发现，这些遗址将在法国法律的保护下进行调查、登记、分类，其中吴哥是最重要的组成部分"[3]。同时，这也给远东学院增加了"新任务"，对学院里的考古学家和碑铭学家而言，这只是多了一处活动的场所，而且是一处不同寻常的、不受限制的活动场所。永久性的介入取代了之前的局部使命，通过成员的更新和技术方法的改进，在60多年的时间里，这种"垄断"确保了古迹保护工程的连续性，使得吴哥遗址渐渐得以重生[4]。

随着马德望省、诗梳风省和吴哥地区的回归，引起了法国人对吴哥遗址的热烈讨论。一个名为"吴哥（法属）印度支那古迹保护协会"（*Société d'Angkor pour la conservation des monuments anciens de l'Indochine*）随即成立。根据协会的提议，按照1900年3月9日总督的命令，尽其所能为（法属）印度支那古迹的保护和研究作出贡献：

在（法属）印度支那古代文明辉煌的建筑群中，吴哥寺庙与帕台农神庙（Parthenon）、卢克索（Louqsor）、泰姬陵（TajMahal）一样，跻身于世界建筑奇迹之列。作为这些遗址的保护者，法国有责任照顾好它们。它们存在了10个世纪后仍然屹立不倒，受到气候和植被破坏的威胁。我们必须尽快采取保护措施，地方预算无法承担这项工作的全部负担。他们需要私人的主动行动来帮助他们，并在一定程度上提供必要的资源。吴哥（法属）印度支那古迹保护协会将坚决承担这项任务，同时呼吁所有艺术之友，包括对（法属）印度支那感兴趣并希望保证其辉煌历史的遗址免遭破坏的所有法国人、外国人或当地人的帮助[5]。

另外，原远东学院院长阿尔弗雷德·福舍（Alfred Foucher）返回法国后，成立了一家名为"吴哥"的私人公司。该公司旨在向吴哥提供所需的资源，以达到保护和修复吴哥的目的。

当年8月30日，远东学院的院长克劳德·玛特（Claude Eugène Maître）写信给干丹省（Kandal）

---

〔1〕 EFEO, Chronique, *BEFEO*, 1901, 1, pp. 58–66.

〔2〕 EFEO, Chronique, *BEFEO*, 1905, 5, pp. 478–507.

〔3〕 EFEO, Chronique, *BEFEO*, 1907, 7, pp. 184.

〔4〕 同〔3〕pp. 150–210.

〔5〕 同〔3〕pp. 209–210.

行政长官兼柬埔寨文物委员会主席让·纳拉（Jeann·Nerat），在金边成立了一个文物小组委员会，在几个月的时间里聚集了相当多的土著人和法国人，并组织了富有成效的古迹调查活动[1]。

远东学院在法属印度支那殖民地进行的古迹保护活动，受到了西方国家的大加赞誉。在1909年丹麦哥本哈根举行的"第十五届东方大会"上，法属印度支那政府受到大会表彰。大会感谢他们为保护柬埔寨的古代文化遗产所做的努力，同时也希望殖民地政府能够一如既往地支持远东学院的东方考古活动[2]。

2. 1920–1929年

1920年，殖民地政府新建成了一座高棉艺术博物馆，这座博物馆又名阿尔伯特·萨罗博物馆（Musée Albert Sarraut）[3]。这座宽敞的建筑取代了柬埔寨国王曾为远东学院提供的简陋亭子，它收藏了大量的造像、青铜器、银器和木制品。

此时对大多数游客而言，吴哥寺已经成为了他们必不可少的中途停靠站，而这并不为吴哥负责人所知。他们中的一些人为了能够使自己的名字出现在吴哥负责人的发掘日记中，就把名字刻在寺庙上或偷几块石刻残片。这种情况不时被发现，于是一些被盗窃的文物从破坏者的旅馆房间中被缴获。

鉴于国际上对吴哥的认可以及本国研究的需要，远东学院还需加大对吴哥考古遗址的保护力度。同时，为了防止游客毁坏古迹，更为了防止文物被盗窃，法属印度支那总督和远东学院重新制定法令。如1923年10月18日，以柬埔寨国王的名义颁布了《关于指定柬埔寨历史建筑的国王命令》，命令规定："具有历史、美术价值的建筑物和遗址，要根据1900年5月9日（法属）印度支那总督的法令指定。……总督应指定特别保护的建筑物和遗址。我们把彻底保护古迹的权力完全交给总督"[4]。

颁布该条法令的目的，是重申1900年颁布的指定历史建筑的规定，并强调对吴哥地区进行管理的责任，归属于法属印度支那总督府和远东学院。学院以国王法令为依据，确立了无论是何种目的的调查活动，未经学院允许不得从吴哥遗址中带走文物的原则，以确保吴哥遗址在远东学院的独家管理下进行调查活动。

就在此时发生了一件事情，打破了这种平衡。1923年，安德烈·马尔罗（Andre Malraux），试图从女王宫遗址中盗取造像，以至于出现了"马尔罗事件"[5]，至今为止仍被很多马尔罗研究者所提及。

马尔罗在其1930年出版的小说《皇家之路》（*La voie royale*）中，表达了对远东学院独占吴哥学

---

〔1〕 L. Aurousseau，Claude Eugène Maître（1876–1925），*BEFEO*，Year 1925，25，pp. 599–624.

〔2〕 Jean–Yves Claeys，Considérations sur la recherche archéologique au Champa et en Indochine depuis 1925，*BEFEO*，1951，44–1，pp. 89–96；EFEO. Danemark，*BEFEO*，1908，8，pp. 609–612.

〔3〕 博物馆于1917年8月开始建造，大约两年半后建造完成，在1920年4月13日新馆揭幕。乔治·格罗斯利埃将新建造的博物馆与柬埔寨艺术学院（Ecole des Arts Cambodgiens 1917年）合并，并于1919年称为柬埔寨博物馆（Musée du Cambodge）。1920年，这座博物馆很快以当时的法属印度支那总督的名字更名为阿尔伯特·萨罗博物馆。

〔4〕 EFEO，Documents administratifs（Ordonnance royale relative au classement des monuments historiques du Cambodge，Bulletin administratif au Cambodge，1923，pp. 809），*BEFEO*，1924，24，pp. 649.

〔5〕 安德烈·马尔罗（1901–1976）是法国的一位年轻前卫艺术家，在读过帕尔芒捷的文章后，发现女王宫并未在吴哥考古公园的保护范围之内。于是决定自费前往柬埔寨并得到一项官方使命，即对从暹罗通往吴哥的公路做考古调查。1923年他在马赛港登船来到吴哥参观，随后到女王宫带回几件石刻造像。当他回到金边时就被逮捕了，罪名是贩卖文物罪，石刻造像被扣下马尔罗被判死刑。马尔罗的法国朋友重新起诉，可石刻造像归还给殖民地政府的判决维持不变。他在1923年12月，来到女王宫进行盗掘活动时，而远东学院工作纪要没有公布当年10份的国王法令。因此，马尔罗在不知道学院禁止携带吴哥遗物出境的情况下进入了法属印度支那的女王宫遗址。

术研究的厌恶[1]。殖民地法律禁止带走遗物，关闭了个人研究的学术道路，同时远东学院并未对女王宫进行全面的调查活动，而马尔罗对该遗址进行了"调查"，并收集了有价值的建筑构件和造像。即使是个人的"发现"，也必须将调查发现的遗物上缴给远东学院。由于无法从遗址内带走遗物，也就无法在异地对文物进行收藏或倒卖活动（更多的是打着研究的旗号）。另一方面，远东学院可以自由处理这些遗物，并可以从阿尔伯特·萨罗博物馆和吴哥保护区的考古遗址内随意获取石刻造像，以文物保护和研究为借口被带走的造像，并没有成为详细的研究对象，很多都被搁置在那里。

从这个意义上讲，马尔罗案件是一件揭示了1920年代，远东学院在遗址保护政策上的矛盾事件。实际上，尽管在涉及马尔罗案的先前研究中并未提及，但在排除1923年建立的文物保护的原则之前，远东学院执行了一项充满矛盾的法令。从保护的角度来看，这一法令只能被视为脱离历史的行为。同时，通过马尔罗案件也反映出了殖民者之间的矛盾，以及彼此之间的利益分配不均现象。从本质上来说，马尔罗和远东学院都属于"闯入"柬埔寨的境内的"小偷"。

为了弥补法令上的漏洞，1924年3月26日在金边阿尔伯特·萨罗博物馆颁布的规章制度中，关于向博物馆转移美术品的规定，第一条如下：

"在柬埔寨发现的所有文物，从历史、考古和艺术的角度考虑需要加以保存的文物，都可以移交给阿尔伯特·萨罗博物馆。转让应按照博物馆保管主任的指示，并与远东学院院长达成协议。"[2]

这样，远东学院就可以完全控制吴哥遗址中遗物的移动。自此以后，在没有得到学院许可的情况下，遗物从吴哥遗址中被带出或流失到国外，原则上是被禁止的。

1925年5月，远东学院院长芬诺与法属印度支那总督签署了一项重要法令，对法属印度支那的1045处纪念碑建筑和历史古迹进行了分类。他们与柬埔寨皇室合作，制定了保护吴哥遗址的特殊措施。

1929年9月，法属印度支那政府颁布的《入境权利法案》开始生效。同时，在一位美国游客的建议下，在吴哥寺临时木板房内，放置了一份捐款登记表为吴哥的保护和修复进行募捐活动。另一位美国游客则向远东学院捐赠了100多美元，以建造一通石碑立于吴哥寺临时木板房前，目的是让游客对吴哥多一些尊重。石碑上写着："帮助我们保护吴哥，禁止对其进行任何破坏或偷盗。"

### （二）建立吴哥考古公园

早在1907年的10月至12月底，已经有超过200人参观了吴哥寺，因此一些法国旅行社已经开始关注，如何组织环球旅行计划中的吴哥之旅。同时，远东学院已经意识到，不能将吴哥保护范围局限在1900年3月9日法令规定的保护范围之内。

鉴于吴哥远离当时的欧洲政治中心，同时越来越多的游客慕名而来。如此以来就面临着两个问题：第一，如何做好旅游服务；第二，也是最重要的一条，如何保护和修复建筑。由于当时交通条件的限制以及雨季的影响，从金边到吴哥的交通十分艰难，尤其是在洞里萨湖下船以后到吴哥寺这段路程特别难以通行。

因此，拉云魁尔建议在格罗姆山[3]（Phonm Krom）和吴哥寺之间修建一条公路，将公路连接到"吴哥考古公园"内各个有趣的地方；同时在吴哥寺外围修建一座可容纳20—30人的休息室以供游客

---

〔1〕 André Mariaux, *La Voie royale*, Paris：Bernard Grasset, 1930.

〔2〕 EFEO, Documents administratifs（Règlement du Musée Albert Sarraut, le 26 mars 1924）, *BEFEO*, 1924, 24, pp. 651.

〔3〕 格罗姆山位于洞里萨湖北岸，华侨称为狮山或猪山。《真腊风土记·耕种》条载："自四月至九月，每日下雨；午后方下。淡水洋中水痕高可七八丈，巨树尽没，仅留一梢耳。人家滨水而居者，皆移入山后"。该条中"山后"即指格鲁姆山。

休息；设立吴哥保护区由远东学院考古部负责保护和日常的管理及发掘活动。当局应派人绘制吴哥地区的文物古迹分布图，同时开始清理吴哥寺、吴哥通王城道路两侧的灌木丛，以方便游客的走动[1]。而塔布隆寺（Ta Prohm）则继续保留在高大植被的包围之中，使遗址内有几条通道可供怀旧的游客通行。

因此，在 1911 年 3 月为了保护吴哥遗址，划定了“吴哥考古公园”的范围。共包括以下几个区域：A. 暹粒河右岸。具体包括暹粒河至吴哥通王城道路两侧 100 米宽的区域；巴肯寺、吴哥寺、吴哥通王城、圣剑寺、班黛普瑞寺（Banteay-Prey）周围 200 米的区域。B. 暹粒河的左岸。具体包括格劳尔哥寺（Krol-Ko）、龙蟠水池（Neak Pean）、塔逊寺（Ta-Som）、茶胶寺（Ta-Keo）、（东）湄奔寺（Mebon）、比粒寺（Pre-Rup）、巴琼寺（Ba-Chum）周围 100 米的区域；塔布隆寺（Ta-Prom）、班迭克黛寺（Banteay-Kdey）、皇家浴池（Sras-Srang）周围 200 米的区域。同时还规定了，这些古迹周边地区均在远东学院的控制之下；居住在保护区范围之内的居民，将继续享有他们在这片土地上获得的权利；但是在没有经过吴哥管理处的授权，不得在保护区内砍伐树木和开垦荒地。还规定保护区的居民禁止破坏和盗掘古迹里的文物[2]。

但是法国人在具体做法上却很野蛮，法国人试图将佛教僧侣驱逐出吴哥寺，因为他们住在所谓的荣誉平台或十字形平台或附近的小木屋里，这可能被视为对历史古迹保护和游客参观理想化的破坏。后来重新考虑了驱逐僧人的决定，因为吴哥寺意味着“寺庙之城”，而没有僧人的寺庙是不合适的。僧侣们被允许在主建筑之外建造两座寺庙，就像现在一样。曾经有一座名为 Wat Preah Ngok 的寺庙位于吴哥通王城的 Preh Ngok Vihara（寺庙大厅）以西，在殖民时期不复存在。法国人命令僧侣离开，后者拒绝这样做。法国人牵来一头牛杀掉，并带了酒来在院子里喝。这些行为被僧侣们认为是无法忍受的，因此离开吴哥通王城继续他们的宗教生活。法国人还强迫班迭克黛寺的僧侣从前柱廊的南侧搬到了西侧，也就是寺庙的后部，而一些僧侣则去了 Preah Dak 村的 Preah Dak 寺[3]。

对于吴哥考古公园的负责人而言，则是独自管理考古公园，主要负责古迹的管理、清理发掘、古迹重建、田野考古调查、研究、辨识、绘图，甚至还需要追捕破坏古迹和盗掘文物的人。此外，还需要接待介绍而来的参观者，为这些同行们做向导（图 46）；还需要从事写作，包括旅行指南、文章、书籍和定期的汇报工作；尤其是发掘日记需要经常把一些与古迹保护活动关系不大的小事也写进去。

第一任吴哥考古公园的负责人是艺术家柯梅尔，他是一位职业画家随着法国外籍军团进入到法属印度支那。1916 年在去往吴哥寺的路上被人谋杀。一如他之后的继任者，他们在法属印度支那都有着丰富的活动经验，在二战之前有三位是比较有名的，分别是亨利・马绍尔、乔治・特鲁韦（George Trouve）、莫里斯・格莱兹（Maurice Glaize）（图 47）。

从 1912 年起，旅行社就组织“费用全部包括在内的”为期两天的吴哥旅游。“吴哥考古公园”直到 1925 年才正式建成，用石头铺砌而成的路面全年正常使用。及至 1926 年，远东学院又出台一则法令规定：吴哥考古公园内的汽车时速不得超过 30 千米且停车要合乎规定[4]。

---

〔1〕 EFEO，Chronique，*BEFEO*，1907，7，pp. 407–460.

〔2〕 EFEO，Archeologie indochinoise，*BEFEO*，1921，21，pp. 86–87.

〔3〕 KeikoMiura，Discourses and Practices between Traditions and World Heritage Making in Angkor after 1990. Michael Falser，*Cultural heritage as civilizing mission：from decay to recovery*，Cham：Springer，2015. pp. 251–277.

〔4〕 Bruno Dagens，*Angkor Heart of An Asian Empier*，Thames &Hudson，1995. pp，84–93.

图 46　菲律宾总督及夫人在吴哥保护区负责人的陪同下参观吴哥寺
（图片来源 EFEO，1931，编号 CAM22972）

图 47　左：亨利·马绍尔在女王宫中央圣殿前（图片来源 EFEO，1937，编号 CAM07103）；中：乔治·特鲁韦（图片来源 BEFEO，1935，35）；右：莫里斯·格莱兹（图片来源 BEFEO，1967，53–2）

（三）吴哥核心区旅游开发

从旅游的角度来看吴哥，在20世纪20年代开始进入一个正常的时期。此时吴哥地区到处都是旅行社，在各个季节都可以组团旅游。官方导游向游客推荐的服务和交通工具也是多样的，包括大象、马匹、汽车等（图48）。

图48 吴哥通王城内斗象台遗址前的旅游汽车
（图片来源EFEO，1934，编号CAM10387）

其中，最著名的游客当属法国的一战英雄约瑟夫·霞飞元帅（Joseph Joffre），陪同人员包括西索瓦国王（King Sisowat）、法属印度支那总督、法国常驻柬埔寨的高级外交官、远东学院的院长及其他人，为了元帅一行的到来，考古工地停工打扫寺庙遗址，甚至还开辟了一条道路，让汽车直接进入圣剑寺内（Preah Khan）。同时，老挝、暹罗王室成员也来吴哥进行参观访问。

吴哥考古公园内的多条道路早已开辟，包括一条通向重要古迹的"小线路"和一条连通许多古迹的"大线路"。东池以北的钢筋混凝土人行天桥已经完工，该天桥的完工为整个吴哥地区的道路系统提供了更好的布局。

"小路线"主要从吴哥寺出发经过巴肯寺（Phnom Bakheng）穿过吴哥通王城南塔门到达巴戎寺，过了巴戎寺便是皇家广场，在癞王台（Leper King）停留片刻之后便朝东走。过了胜利门（Victory Gate）便可看到托玛侬神庙（Thommanon）和周萨神庙（Chau Say Tevoda），穿过暹粒河便是茶胶寺（Ta Keo），紧接延伸公路的是塔布隆寺，在这个地方远东学院决定让寺庙保持由植物形成的神秘外表模样。公路延伸至班迭克黛寺（Banteay Kdei）最后到达皇家浴池（Sras Srang Lake）。在这里穿过丛林返回吴哥寺，途中可看到不远处的已成废墟的豆蔻寺（Prasat Kravan）（图49）。

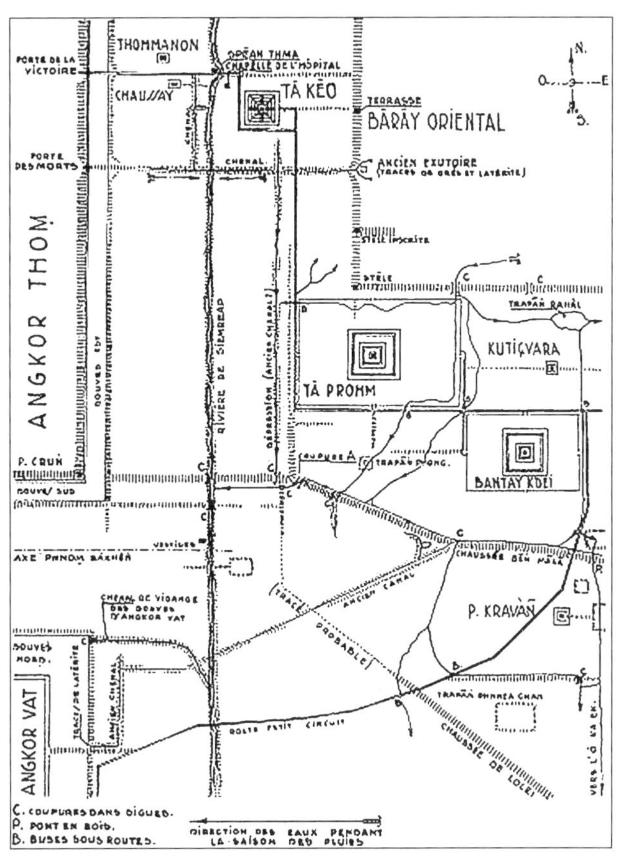


图 49　吴哥考古公园内小线路
（图片来源 EFEO，编号 CAM12606–a）

"大线路"则是在皇家广场与"小线路"分道扬镳。在那里通过吴哥通王城的北塔门，然后斜行沿着圣剑寺向前行。圣剑寺塔门前有神道，两侧有巨人石像，朝东走便是"北池"其内已干涸，湖中央则是龙蟠水池（Neak Pean）主塔被巨大的榕树根所包裹着。"北池"的东边便是塔逊寺（Ta Som），随后公路便朝南延伸进至另一个人工湖"东池"（Eastern Baray），并从中心岛东湄奔寺（Eastern Mebon）经过，然后在皇家浴池与"小线路"汇合[1]。

由于吴哥地区道路系统的完善，使远东学院可以很方便地考察吴哥以东的古迹。在这段时间里，吴哥林业管理局一直与考古部门进行合作，并努力美化"吴哥考古公园"，以提供最广泛、最全面的景观纪念碑建筑；同时在清除树木的过程中，对吴哥时期的医院遗址进行所需的调查和监测，注意那些经常被忽视的遗址，这一活动已获得了良好的效果。

1931 年，在巴黎国际殖民地博览会上，法属印度支那政府以 1∶1 的比例复制了吴哥寺，这次展览使柬埔寨艺术和建筑特别是吴哥寺，成为主要主题和标志性符号（图 50）。

在 1920—1930 年快速发展的旅游业中，人们使用了完全相同的策略将吴哥寺的"真实遗址"变成了一幅完美的状态：寺庙主体建筑前的现有佛教寺院已经被清除和重新安置，植被已清理干净，风景如画的棕榈树种植在人工改造过的水池周围，吴哥寺塔楼倒影在荷花过度生长的水面上。柬埔寨

〔1〕 Bruno Dagens，*Angkor Heart of An Asian Empier*，Thames &Hudson，1995，pp. 177–581.

图 50 在巴黎举行的国际殖民地博览会中法属印度支那的代表性建筑物吴哥寺
（图片来源 BEFEO，2012，99）

作为法国殖民地，吴哥遗址已成为法国文化遗产的一部分。

在 20 世纪的前 30 年，在法国举办的国际殖民展览旨在促进贸易，让世界感受到法国的殖民帝国。1931 年，超过 3300 万游客有机会参观柬埔寨两座雄伟的吴哥寺庙。他们可以欣赏吴哥寺走廊墙壁上的建筑天才、有节奏的对称和精美的雕刻；看到了巴戎寺，其雄伟的塔楼上刻有四张佛脸，表达了神秘的“吴哥微笑”。对大多数游客来说，这些寺庙是他们第一次接触高棉艺术和文化。

1937 年，在巴黎布洛涅森林（Bois de Boulogne）举办了一场关于现代生活艺术和技术的国际展览，尽管展出了吴哥寺和巴戎寺的混合表现形式，但展览较之前有大幅度的缩小。在后大萧条的年代去吴哥旅游的可能性，在 1930 年代达到了前所未有的高度，让游客可以去吴哥体验原始的寺庙，跨太平洋航行已成为常态。在同一时期，吴哥的保护活动在远东学院的支持下取得进展。道路的增加，寺庙清理并进一步的修复，以及额外的旅游设施的建设，如当地的交通、旅馆和餐馆，使到吴哥的旅游更有吸引力和回报[1]。

### （四）吴哥文物的销售与交换

#### 1. 文物的销售

远东学院是法属印度支那政府下的学术机构，属于殖民地的产物，因而其活动带有一定的殖民属性。尤其是在 20 世纪 20–30 年代，吴哥热潮使游客“泛滥成灾”，远东学院开始对其进行管理。此外，第一次世界大战后法国殖民地管理上的失败和财政困难变得显而易见，这对远东学院的考古与保护活动也产生了相当大的影响。在这种情况下，殖民地政府于 1923 年 2 月 14 日颁布了一条法令，即远东

〔1〕 Dawn Rooney，Angkor Redux：Colonial Exhibitions in France，*SPAFA Journal*，2011. vol 21. 2. pp. 5–19.

学院的“柬埔寨文物拍卖法”[1]。

根据法属印度支那总督的法令，吴哥文物被出售给游客以及欧美博物馆是出于拍卖的目的。学院的成员表示，他们将在可能的情况下举出“防止盗掘”和“获得国际认可的高棉文物”的牌子，为吴哥的保护做贡献，但是其拍卖文物的主要目的是克服远东学院持续的财务困难。实际上从1920年代到1930年代，远东学院针对政府官员和访问吴哥的游客进行的定期拍卖活动，所获利润是“不可思议的”。没有比这个法令的施行更能使远东学院远离考古调查和古迹保护活动，而且这个拍卖事业，极大地使远东学院权威扫地。因此，关于拍卖文物的资料，一直被认为是只有学院的历任院长才能阅览的绝密资料。直到1997年，在即将迎来学院百年庆典时才决心公开这份资料。目前，学院持有一系列与石刻造像拍卖相关的材料，均包含在文件“Calton 28”中[2]。

在1920年代，与吴哥文物销售有关的职责，均由柬埔寨艺术部主任乔治·格罗斯利埃和亨利·马绍尔来负责。首先根据1900年“历史建筑名称”法律，在指定的文物中“每年根据学术或艺术上的协议，并准备一份文物清单。该清单中的文物已经保存在殖民地博物馆或库房中，被默认为不属于清单中指定的文物”（《古董艺术品销售法》第3条）。之后，柬埔寨文物委员会正式颁发销售许可（第3条）。该委员会由柬埔寨艺术部主任、监察员、政府官员、吴哥负责人，远东学院院长和学院考古部负责人组成。1923年8月19日，第一次委员会会议提出并批准了格罗斯利埃和马绍尔编制的四件拍卖石刻造像的清单，随之确定了每件石刻造像的价格[3]。

这四件石刻造像于1923年9月4日进行出售。拍卖是依法“在柬埔寨艺术总监在场的情况下，在金边的阿尔伯特·萨罗博物馆”进行的（第4条）。出售的文物必须提供“记录商品状况的原始证明，并另外记录购买者的姓名和地址”（第4条）。文物的销售款将由柬埔寨艺术部主任根据远东学院院长的要求，转入柬埔寨税收局管辖的学院预算账户上，原则上属于“吴哥保护活动经费分配项目”（第6条）。

在销售的环节中，远东学院将向申请购买者出示文物的照片，并且学院目前持有的一些文件表明，许多待售的石刻造像头部均已遗失。买家的姓名和地址清单保存在一个安全的地方，许多买家是法国人及布鲁塞尔、纽约和日本的艺术收藏家[4]。

1923年9月的第一次拍卖非常成功。1924年1月24日，参加拍卖会的柬埔寨艺术部成员Glory表示，拍卖活动非常“成功”。他告诉当时的院长路易斯·芬诺：

“每次出售的文物都获得了巨大的成功。待售的‘窗户’已经空了，很多买家希望购买，但是只剩下石头了。（……）我们想请您尽可能多的寄回文物（石刻造像）碎片，头部，躯干和带有装饰的砂岩，并尽快充实我们的‘精品店’。”[5]

负责挑选和销售文物的艺术部成员，将拍卖文物的阿尔伯特·萨罗博物馆描述为“精品店”，并高兴地报告了销售情况。这句话表明，学院的成员在积极促进文物的拍卖活动，并在1930年代进一步扩大了这种拍卖活动。

---

〔1〕 Arrêté autorisant la vante au Cambodge d'objets anciens provenant de monuments historiques, le 14 février 1923, *Journal Officiel*, 17 février 1923, pp. 308.

〔2〕 Archives de l'EFEO, Carton 28 : Documents ; Ventes d'objets anciens.

〔3〕 同〔2〕.

〔4〕 同〔2〕.

〔5〕 同〔2〕.

在1920年代，文物的平均销售量每年不到1000皮阿斯特（Piastre）[1]，及至1930年代，从每年3000增加到6000皮阿斯特[2]。销售量的增加暗示了所售文物的数量增加，以及质量和价格的上升。销量迅速增长的原因之一，是学院成员的促销活动。如1934年，当时学院的乔治・特鲁韦在对文物进行拍卖准备时，要求学院院长尽快删除文物名称。同时，他为了进一步促进销售，打破了在阿尔伯特・萨罗博物馆限量销售的规定。从1932–1937年，委托西哈努克吴哥大饭店代理销售[3]，游客在酒店的拍卖活动虽然效率极高，但违背法令的销售行为损害了远东学院的权威是不言而喻的。

另外，与欧洲和美国各地的博物馆、研究所的频繁交易活动，也是1930年代销售增长的最大推动力。阿姆斯特丹博物馆、纽约大都会艺术博物馆均要求购买吴哥文物，而远东学院则做出了积极回应。在这种情况下，选择适合博物馆展览的高品质文物，打破了1923年规定的“科学和艺术上不够等级”的文物拍卖的模糊限制。

在1930–1932年，远东学院与阿姆斯特丹博物馆进行文物买卖活动，这是与欧美其他博物馆进行的第一笔交易。最初，远东学院考虑以“礼物”的形式转让文物，但由于“无法出示其合法属性”，便以“友好的价格”出售文物[4]。最终交易了四尊石刻造像，总销量为4000皮阿斯特[5]。随后，1935–1936年与纽约大都会艺术博物馆签订了交易合同。1935年4月11日，在选择要拍卖的文物时，学院院长赛代斯告诉大都会艺术博物馆方面的代表马丁・比尔姆鲍姆（Martin Birmbaum）：

“（赛代斯）我所呈现出的三件古代文物，都是代表着不同时期高棉石刻造像的绝品。大部分都属于一级文物，商业价值巨大。您可能会认为照片背面显示的价格很高，但是即使在文物交易不景气的情况下，您也知道高棉文物是有买家的。”[6]

这些话语也许是对外交涉的陈词滥语，但赛代斯自己称之为“一级文物”，正式卖给了大都会艺术博物馆。当时，大都会艺术博物馆所选择的6件文物的价格合计是19500皮阿斯特，相当于每件文物平均3000皮阿斯特进行了交易，而在1920年代平均销售则只有12皮阿斯特，这表明大都会艺术博物馆收购的文物价格和质量都异常得高。其中，从吴哥通王城出土的毗湿奴石刻造像，交易达到了6000皮阿斯特，而梵天造像的交易达到了5000皮阿斯特。在今天看来仍是大都会艺术博物馆价格最高的高棉造像[7]。

虽然这些交易活动没有“违反”法令，但学院也担心会被视为越轨行为。赛代斯给柬埔寨高层人士发送了一封书信：

---

〔1〕皮阿斯特银币正面为自由女神坐像，背面正中央均镌有大写法文：PIASTRE DE COMMERCE意为“皮阿斯特贸易货币”，边缘装饰图案为麦穗，故国内取其音译称之为皮阿斯特银币。该银币始铸于1897年，终于1937年。因其成色高重量足，晚清以至民国，在中国南方尤其在中越边境一带通行至1949年，为清末民初在华流通的外国银圆之一，民间俗称“法光”、“光洋”。

〔2〕Pierre Singaravélou, *L'Ecole française d'Extrême–Orient ou l'institution des marges（1897–5956）, essai d'histoire sociale et politique de la science coloniale*, *L'Harmattan*, Paris：1999, pp. 252.

〔3〕Archives de l'EFEO, Carton28, Ventes des objets anciens. 重视事态的菲利普・斯特恩向院长发送了抗议信，赛代斯则下达了禁止在酒店拍卖文物的通知。

〔4〕Archives de l'EFEO, Carton 28：Documents；Ventes d'objets anciens（lettre de Coedès du 1er avril 1931.）.

〔5〕Archives de l'EFEO, Carton 28：Documents；Ventes d'objets anciens（Ventes au Musée Amsterdam）. 交易内容如下：“女性石刻文物（尤尼）”两件：1000皮阿斯特、“拥有四张脸”的梵天造像800皮阿斯特、菩萨的头部600皮阿斯特。

〔6〕Archives de l'EFEO, Carton28, Ventes des objets anciens（Ventes au Métropolitan Muséum, lettre de Coedès du 11 avril 1936）.

〔7〕除此之外还有其他4件文物：带有装饰纹样的砂岩石材（2500皮阿斯特）、佛陀头部（3000皮阿斯特）、观世音菩萨头部（1000皮阿斯特）、壁柱的残片（2000皮阿斯特）。安德烈・马尔罗在《皇家之路》中载：“小小的浅浮雕饰件以3万法郎（3000皮阿斯特）卖给那些爱好高棉艺术的人，其价格与拍卖给大都会艺术博物馆的文物是非常接近的。”

“这次文物拍卖活动，丝毫没有触碰到柬埔寨艺术遗产中的重要文物。因为，这是我最怕的事情。”[1]

同时，赛代斯还暗示他的同事戈鹭波：

“这件事情，不能公开说得太多。虽说是符合法令，但如果被媒体抓住就会成为问题。如有职责请回应，在大都会艺术博物馆展出的美丽高棉造像将会增加（法属）印度支那的旅游业和当地的荣誉。”[2]

学院院长及其成员说，无论他们出售的石刻造像多么漂亮，均保留了造像的原型，并且这项交易并没有破坏法属印度支那的传统。他们强调了通过此类“非一流”文物，将高棉艺术的普遍价值传达给西方国家的重要性。

2. 文物互换活动

1939年爆发的第二次世界大战，彻底摧毁了法国的和平主义。1940年，纳粹德国对巴黎的占领导致维希政府（Régime de vichy）的诞生，随之法属印度支那也迎来了新一任总督。趁此机会，日本开始进驻法属印度支那，向总督府请求对中国的政治协助。从这一政治动向来看，日本研究机构的知识分子们在文化层面上，积极推动河内的远东学院与日本研究机构建立友好关系[3]。现在远东学院拥有的文件中，有很多与日本学术机构交流、交换的资料。如1941年1月22日，戈鹭波被任命为使者前往日本进行交流，虽然当时的国际环境不利于这次日本之旅，但是戈鹭波还是于5月15日从海防离开前往日本，并在东京和京都的几个协会上发表演讲（图51）。

图51　戈鹭波在河内与日本代表合影
（图片来源EFEO，编号VIE22981）

〔1〕 Archives de l'EFEO, Carton 28, lettre de Coedès à Silvestre, Résident Supérieur au Cambodge,（le 24 février 1936）.

〔2〕 同〔1〕.

〔3〕 早在1902年，远东学院的成员克劳德·欧仁·玛特（Claude Eugène Maître），就被派往日本对其历史进行研究。一方面，他在那里为远东学院的图书馆收集日本馆藏的资料，并把这些资料送到河内，在很长一段时间里，这些资料给学院的日本编年史专栏带来了巨大的价值。另一方面，玛特关心的是与东京（日本）和京都的不同学术团体建立关系，并为日本参加定于1902年晚些时候在河内举行的远东国际研究大会做准备。他在这两项任务上都做得如此出色，以至于他的个人行动带来日本学术界的大量杰出代表出席了这次大会。

对于来自日本的知识分子，总督和学院则向其赠送古老的陶器和高棉造像作为“友好”的象征。如对梅原末次[1]（Umehara Sueji，1893—1983年）的来访，学院院长赛代斯赠送了“一级的高棉造像”，甚至还指示：“由于是向考古学造诣很深的知识分子赠送的所以要慎重地选定文物”[2]。

随着知识交流的加深，法属印度支那政府和日本文化财机构达成了重要协议。以至于两国之间在1943年实现了“文物互换”的活动。虽说是“互换”但实际上可以推测，日方单方面希望得到欧美国家认可的吴哥文物，而日军则成为法属印度支那政府的“盾牌”。据远东学院掌握的文件记载“总共有8吨，共23箱柬埔寨文物”被运往日本[3]。据说远东学院的戈鹭波和赛代斯促进了维希政府与日本的合作关系，特别是俄国革命前来到法国的戈鹭波，与法国的民族主义者有密切关系，自1940年以来，他结识了一直从事政治活动的亨利·菲利蒲·贝当（Henri Philippe Pétain）将军。鉴于这种政治背景，戈鹭波于1941年对日本的访问才能顺利进行。因此不可否认，在戈鹭波和赛代斯之间实现的所谓知识分子交流和文物互换活动，在维希政府和日本缔结友好关系方面起到了政治上的可能性。

## 第三节　法国远东学院的学术成就

在法属殖民地时期，远东学院是中南半岛上的唯一学术机构，路易斯·芬诺博物馆是一处包罗万象的有机体，与河内的其他知识中心紧密相连。同时博物馆的包容性也很强，由在读的学生、业余艺术家及所有关注法属印度支那古代艺术的人员组成。可以说，路易斯·芬诺博物馆也是法属印度支那殖民地的另一个标志。

吴哥之所以闻名于世，很大程度上归功于柬埔寨境内分布着数量众多的古代纪念碑建筑遗址。在对外宣传方面，远东学院积极向欧美国家“推销”吴哥研究。因此，远东学院取得的成就不仅仅局限于考古与保护方面的研究，还在以下几个方面的研究也取得了一定的成就。

### 一　历史学（Histoire）

远东学院不仅对柬埔寨历史知识的进步作出贡献，而且还利用其他资料来阐释柬埔寨历史的各个时期。

首先是国家起源问题。众所周知，世人对6世纪下半叶发生的事情很模糊，扶南从附庸国家上升到一个主权国家，并在湄公河流域取得了政治霸权。因此迅速发展起来的扶南取代了当地较小的政权，并在中文的古籍中为世人所知。中文古籍中其名称为“扶南”，这可能是“Bhnam”（山）的音译。扶南是古代柬埔寨的前奏，要想厘清柬埔寨的古代历史，首先需要收集和释读中国古籍对扶南的所有记载。伯希和（M. Pelliot）承担了这项任务，他以博学好批判的态度完成了这项工作。同时，伯希和还对《真腊风土记》进行了重新翻译，这对法国人了解高棉文明，尤其是对了解吴哥遗址有很大的帮助。

学者们还对柬埔寨“皇家纪事”的各种文本进行了合理的校释。编辑人员根据年代顺序，将其分

〔1〕梅原末治，日本考古学家，1921年任“朝鲜总督府”古迹调查委员。1929年任东方文化学院京都研究所研究员，1939年任京都大学文学部教授，1956年由京都大学退休获该校名誉教授称号。他在日本考古学方面，先致力于古坟的研究，以后为了确定古坟的年代而研究出土的铜镜，又从研究铜镜进而全面地研究以青铜器为中心的东亚古代文化。

〔2〕EFEO, *Le Livre d'or de l'Exposition coloniale internationale de Paris 1931*, publié sous le patronage officiel du Commissariat Général de l'Exposition par la Fédération Française des Anciens Coloniaux, Paris, Honoré Champion, 1931, pp. 120–121.

〔3〕Archives de l'EFEO, Carton 16, Échange de conference 1941–1943.

为三个部分：第一部分为历史部分，从14世纪中叶到1921年；第二部分为传奇部分，起源于14世纪。第三部分为历史、传奇部分融合的完整版本。根据最后的汇编，赛代斯总结了15世纪金边地区土著部落的传统。

远东学院前秘书卡巴顿（M. Cabaton）负责在西班牙、葡萄牙和意大利的任务，因而有机会在这些国家的档案中搜集，有关15-17世纪中南半岛历史的有趣研究。乔治·马伯乐的《高棉王国》（金边1904）和亨利·罗斯（Henri Russier）的《柬埔寨王国简史》（西贡1914），在很大程度上是根据远东学院的研究成果撰写而成的。

远东学院的莱昂纳德·欧根·鄂卢梭（Léonard Eugène Aurousseau）一直致力于安南语的研究，他的研究领域非常广泛：历史地理学、文学、法国与中国的关系、宗教习俗、考古学、史诗学和语言学等[1]。他在1913—1914年，成为阮朝皇帝的顾问，鄂卢梭利用在顺化的生活期间，继续从事有关安南的历史和文学研究。他与编年史办公室保持着长期的联系，几乎每天都在帝国图书馆工作，查阅了大量的手稿并复印出来，很快撰写了《征服安南国家》的第一卷发表于远东学报二十四期（1924年）[2]（图52）。

图52　莱昂纳德·欧根·鄂卢梭肖像
（图片来源EFEO，1929，编号CAM19964）

乔治·马伯乐的《安南史研究》连载于远东学报，其后的《占婆史》于1928年在巴黎出版[3]。皮

〔1〕 Victor Goloubew，Léonard Eugène Aurousseau（1888-1929），*BEFEO*，Year 1929，29，pp. 535-541.

〔2〕 Léonard Aurousseau，Sur le nom de Cochinchine，*BEFEO*，Year1924，24，pp. 563-579.

〔3〕 EFEO，Cambodgc，*BEFEO*，Année 1921，21，pp. 287-305；（法）马司帛洛著，冯承钧译：《占婆史》，北京：中华书局，1956年。

埃尔·埃德蒙·阿本（Pierre Edmond About）等合著的《印度支那：交趾支那、安南、东京、柬埔寨、老挝》于1931年在巴黎出版。该书被称为“法国殖民地指南”，内容丰富，包括历史概论、地理概况、行政机构、人种、语言、艺术、自然资源、旅游咨询。赛代斯凭借对整个东南亚碑铭学的了解，撰写了东南亚历史综合的史书，即1944年在河内出版的《远东印度教国家的古代历史》（*Histoire ancienne des États hindouisés d'Extrême-Orient*）。之后又以稍微不同的标题出版《印度支那和印度尼西亚的印度化国家》（*Les états hindouisés d'Indochine et d'Indonésie*）[1]，然后在1947年和1963年重新再版，直到1968年首次以英文标题《东南亚的印度化国家》（*The Indianized States of Southeast Asia*）出版[2]。

## 二　语言学（Philologie）

阻碍高棉文字学进步的障碍之一，是文字的不确定性和土著文字的多样性。在这方面远东学院学者的研究尤为突出，很多碑铭学家也是语言学家，如芬诺、乔治·赛代斯、苏珊娜·卡佩蕾斯（Suzanne Karpelès）等人。

芬诺不仅对高棉碑铭和吴哥考古学有所研究，还精通佛教和巴利语（pali），为提高柬埔寨僧侣的水平和培养他们中的精英作出了一定的贡献。1914年依据皇家法令，在金边建立了巴利语学校，这是一所佛教研究中心，以大学的形式组织起来。芬诺与该机构保持着密切的联系，同时还是这所学校的顾问和支持者。芬诺为学校提供资金用以印刷作品，还写了一部简短的佛教史，后被翻译成柬埔寨语[3]。

为了统一柬埔寨作品形式，芬诺阐释了书写和发音的转录系统，并且取得了令人满意的效果。不久之后，他列出了为学校图书馆收集的第一批高棉语手稿。研究语言的两个基本工具是字典和语法，自1878年以来艾莫涅尔出版了第一本高棉词典，但是存在一定的缺陷。正是考虑到这一点，法属印度支那考古委员会决定再出版一本高棉语词典的手稿。这本书有三个版本从1914年到1920年就已出现，虽然字典引起了很多的批评，但它对促进高棉语的阅读，为柬埔寨的研究提供了很好的服务[4]。

此外，乔治·赛代斯在暹罗和法属印度支那文学领域进行了长期的语言学研究。早在1914年就在《远东学院学报》上发表文章，关于阿瑜陀耶时期暹罗编年史中的巴利语研究、关于泰国保存的巴利语著作的研究、关于泰国素可泰王朝时期文献的研究。因此，他认为中南半岛上所使用的巴利语不是锡兰教规里经典的巴利语，而是在婆罗门教和大乘佛教放弃了巴利语文本后，随之在老挝、柬埔寨、泰国和缅甸的巴利语主导地位也被取代了[5]。

苏珊娜·卡佩蕾斯极具语言天赋，是与西尔万·列维（Sylvain Lévi）、路易斯·芬诺、阿尔弗雷德·福舍（Alfred Foucher）一起筹备法国远东学院的成员之一。1922年卡佩蕾斯进入远东学院，她开始研究已经出版的锡兰梵文文本，并与柬埔寨的手稿进行对比研究。

1925年8月，她创建了金边皇家图书馆，并坚持认为这座图书馆对柬埔寨人至关重要，实际上那里将是所有高棉文学、宗教文学的存放地。她的基本任务是：收集、分类、保存和宣传该国的语言宝

〔1〕 George Cœdès. *Les états hindouisés d'Indochine et d'Indonésie*, Paris, De Boccard (Histoire du Monde, vol. 8), 1948.

〔2〕（法）G. 赛代斯著，蔡华、杨保筠译：《东南亚的印度化国家》，北京：商务印书馆，2018年。

〔3〕 Victor Goloubew，Louis Finot（1864–1935），*BEFEO*，Year 1935，35，pp. 515–550.

〔4〕 EFEO，Cambodge，*BEFEO*，Année 1921，21，pp. 287–305.

〔5〕 Jean Filliozat，Notice sur la vie et les travaux de M. Georges Cœdès（1886–1969），*BEFEO*，Year 1970，57，pp. 4–24.

藏。由此，佛教文学和图像的出版即将开始。

1930年1月25日，她在柬埔寨和老挝分别成立佛教学院，同时还是两处学院的秘书长。因此皇家图书馆（金边的图书馆和琅勃拉邦的图书馆）仅用于保存佛教文献。佛教机构负责出版物和宗教作品的传播，其中最重要的工作是建立巴利语文本并将整个佛教经典译成高棉语。

她坚持不懈地从事佛教研究，期间几次中断在本地治里（印度）的生活，不仅去了几次法国而且还准备在锡兰撰写佛教百科全书[1]。

此外，柬埔寨人汤玉（Thaong Yok）年轻时在巴利学校学习语言后受聘于远东学院。他是苏珊娜・卡佩蕾斯在柬埔寨组织巴利语教学方面所发挥的杰出作用的直接见证人之一。同时，汤玉还参与了佛教学院馆藏的手稿清点和分类工作。

1990年，远东学院通过柬埔寨手稿编辑基金会（Fonds d’édition des manuscrits cambodgiens，简称“FEMC”）在柬埔寨站稳脚跟后，汤玉得以重新加入到远东学院。EFEO-FEMC的团队建立了抢救、恢复和清查巴利语手稿的计划，汤玉负责鉴定巴利语手稿，完整的记忆使他能够辨识出，多年来远东学院工作者没有发现的不匹配的文本片段[2]。

## 三　民族学（Ethnographie）

在远东学院成立之前，阿德莱马德・勒克勒（Adhémard Leclère）已经对柬埔寨的民俗做了相关研究，这些研究已经发表在了《远东学院学报》上。其中有描述1901年诺罗敦（Norodom）国王的儿子钱德勒卡王子（Prince Chandalekha）剪发后，参加在金边举行的庆祝活动[3]。杜福尔拍摄了一系列照片，有描述“水节的盛宴”活动一直持续到10月份结束，同时活动期间还向宗教人士分发衣服[4]。

随后，奥古斯特・博尼法斯（Auguste Bonifacy），对居住在MánQuâncôc及东京省Thai-nguyèn地区的部落民族进行研究。最终，带回了至少五个关于东京地区部落和86种不同物品的详细说明，这些物品是从他们生活中最具代表性的器物中挑选出来的。与此同时，《远东学院学报》还刊出了专著中有趣的章节，标题为《东京通俗故事》[5]。

同时，远东学院的拉云魁尔不仅仅是位考古学家，还是一位优秀的地理学家，尤其在民族志方面有着非凡的才能。早在1899年，拉云魁尔就开始对东京地区的部落（Haut-Tonkin）进行民族志研究，并被授权完成对蒙卡伊（Moncay）和拉奥凯（Laokay）地区与中国边界的探索。他于当年3月离开Bâc-ninh，6月返回西贡，提供了关于沿途遇到的泰人、曼人（Man）、米奥人（Meo）和洛洛人（Lolo）的完整报告，列出了22个词汇表和一些手稿[6]。在编辑古迹清单的各章介绍中，提供了关于每个区域人口及资源分布的情况。1904年出版的《东京地区民族志》就是这类著作中最重要的一部。及至

〔1〕Jean Filliozat，Suzanne Karpelès（1890-1968），*BEFEO*，Year 1969，56，pp. 1-3.

〔2〕Olivier de Bernon，Thaong Yok（1921-2007），*BEFEO*，Year 2006，93，pp. 9-13.

〔3〕Adhémard Leclère，Le Cûlâ-Kantana-Mangala ou La fête de la coupe de la Houppe d’un prince royal à Phnôm-Pénh，le 16 mai 1901，*BEFEO*，1901，1，pp. 208-230.

〔4〕M. H. Dufour，Documents photographiques sur les Fêtes ayant accompagné la coupe solennelle des cheveux du prince Chandalekha，fils de Noroudām，en mai 1901，à Phnom-Penh. *BEFEO*，1901，1，pp. 231 – 243.

〔5〕L. Finot，Le Lieutenant-colonel Bonifacy（1856-1931），*BEFEO*，Year 1931，31，pp. 343-349.

〔6〕EFEO，L’Ecole française d’Extrême-Orient depuis son origine jusqu’en 1920：historique général. *BEFEO*，Année 1921，21，pp. 1-41.

1906年，东京民族志小组通过对领土内部落民族的考察，结果发现与拉云魁尔调查结果是一致的[1]。

及至20世纪50年代，盖伊·莫雷尚（Guy Moréchand）的研究几乎涵盖了民族学的所有领域：音乐、捕鱼技术、人口统计、经济、人文地理、经济史、民族宗教、语言等方面（图53）。

图53　盖伊·莫雷尚肖像
（图片来源EFEO，编号VIE20071-1）

1950年4月至1951年4月，他研究了老挝川圹（Xieng Khouang）地区苗族的语言及其宗教习俗。在川圹地区苗族管理者Touby Lyfoung的帮助下，他花了一年的时间在Muong Khoune县的一个村庄学习苗族语言。他的民族学研究涉及六个邻近的苗族村庄。在这次的科研考察任务中，他还发表了第一本关于苗族萨满教的研究报告（1955年）。

1952年，开始在越南西北部的莱州（Lai Chau）学习白苗[2]（White Hmong）语言，并在莱州市东南部Pou Nhu地方的一个苗村进行课题研究。研究当地人口及鸦片在苗族人群中的作用。

1953年，盖伊·莫雷尚到越南北部海岸城市海宁（现芒街市）执行一项长期任务，并对那里的台南和粤语群体进行研究，从这处与中国接壤的边境地区收集了不同的方言进行比较研究。同时还加深了他对“灵魂”和“精神”概念的了解，以便对萨满进行合理的解释。

从1967年开始，他继续对泰国境内的苗族人和老挝人进行研究。他先来到万象然后去了沙耶武里（Sayaboury），录制了萨满教徒的声音并拍了几千张照片。他还曾两次处于中南半岛北部山区武装冲突的中心[3]。

与盖伊·莫雷尚同时代的皮埃尔·伯纳德·拉丰（Pierre-Bernard Lafont）是远东学院派出的最后一位民族志学家，主要研究当时中南半岛高原上的“野蛮人”。这一时期的民族志学家，接受了巴黎文学院民族学系统的培训，但仍以民族学和殖民地调查为特色。所有人都把自己的任务，看作是对他们

〔1〕 H. Parmentier, E. Lunet de Lajonquière, *BEFEO*, Year 1933, 33, pp. 1147-1151.

〔2〕 白苗，苗族的一支。名称始见于清代，操苗语川黔滇方言，因穿白衣裙而得名。——作者注

〔3〕 Christian Culas, Guy Moréchand（1923-2002）, *BEFEO*, Year 2002, 89, pp. 15-18.

所研究的孤立群体进行长时间观察的结果，因为没有录音机，所以要把传统和口头歌曲写下来并加以编辑，同时也要寻找手稿进行编辑和翻译。

从 1953—1954 年、1956 年，拉丰两次在嘉莱族群[1]中调研，与他们一起进行刀耕火种的生活，收集有关嘉莱部落的资料。最终，他以嘉莱族群的考察报告为基础完成了自己的博士论文。1955 年，他又被派往泰国来到丰沙里省（勐新省），研究那里的泰洛族人（Tay-lôe）[2]。

## 四　图像学（Iconographie）

柬埔寨有三大系列浅浮雕建筑遗址：班迭奇玛、巴戎寺、吴哥寺。第一位拍摄吴哥寺浅浮雕的是贝利耶（Beylié），其成果由帕尔芒捷描述，后由赛代斯根据贝利耶拍摄的 236 张照片，对吴哥寺内走廊的浅浮雕进行了介绍。其次是杜福尔与卡佩克斯拍摄的巴戎寺浅浮雕，由法属印度支那考古委员会出版，柯梅尔和赛代斯作介绍。

在该领域内取得最高成就的当属菲利普·斯特恩博士，他于 1927 年发表《吴哥巴戎寺和高棉艺术的发展》（*Le Bayon d'Angkor et l'évolution de l'art Khmer*）[3]一文。在文中对吴哥图像研究提出了"演变模式研究方法"。这种原理非常简单："当一个或多个古迹的装饰图案与过去建筑物上的装饰图案相同时，人们可以得出结论：所涉及的古迹与该建筑物年代近似一致；如果装饰不太发达，显然会早些，如果装饰多一些，它们会晚些……这不是一种真正的创造而是一种适应"。特别是印度世界的艺术可以"通过相当多的专门为此目的而选择的装饰图案，来产生一种艺术风格或主题的演变"。

自 1927 年斯特恩的论文发表之日起，高棉考古学的研究就走上了一条新道路。从那时起，所有对高棉艺术和考古学的研究，以及对印度世界各种艺术的研究，都或多或少地受到巴戎和高棉艺术演变模式研究方法的影响。

1965 年，斯特恩出版了《巴戎风格的高棉古迹及阇耶跋摩七世》[4]（*Les monuments khmers du style du Bayon et Jayavarman VII*）一书，成功地找到了巴戎寺风格的内部发展演变轨迹。详细分析并总结了巴戎寺风格的特点，同时进一步通过图像学研究将巴戎寺风格划分为三个时期。

斯特恩通过一系列的观察、比较、分析，成功地建立了"巴戎寺风格"的演变序列。按时间顺序对大量纪念碑和附属建筑进行分类，在其时间顺序上重新构成一系列表面和精神内容的重大转变，并提出"阇耶跋摩七世宗教思想"的发展。这些都为吴哥建筑艺术史的发展添上了重要的一笔。

同时，斯特恩还致力于占婆艺术风格的研究，把其分为：巴戎风格、阿旃陀（石窟）风格、埃洛拉（石窟）风格[5]。

---

〔1〕嘉莱族（嘉莱语：Jarai，越南语：Người Gia Rai）是越南官方认定的 54 个民族之一，分布在越南的中央高地一带，主要集中在嘉莱省、昆嵩省，以及多乐省部分地区和柬埔寨的腊塔纳基里省。嘉莱族与占族人、马来人以及菲律宾人关系密切，以嘉莱语为母语，嘉莱语属于南岛语系马来 - 波利尼西亚语族。由于其世居土地被京族人强占、民族文化遭到越南官方严重打压，嘉莱族人对越南的国家认同很淡薄，在历史上，曾联合巴拿族、埃地族、格贺族成立"被压制民族斗争统一战线"，发动过多次抵抗运动，试图实行区域自治。

〔2〕Gérard Fussman，Pierre-Bernard Lafont（17 février 1926-13 avril 2008），*BEFEO*，Year 2007，94，pp. 13-24.

〔3〕Philippe Stern. *Le Bayon d'angkor et l'evolution de l'art khmer*. Paris，librairie orientadisee pall Geuthern，1927.

〔4〕Philippe Stern. *Les monuments khmers du style du Bayon et Jayavarman VII*. Paris，Presses Universitaires de France，1965；Henri Parmentier，*L'Art khmèr primitif*，Paris：G. Vanoest，1927.

〔5〕Jean Boisselier，Philippe Stern（11 avril 1895-4 avril 1979），*BEFEO*，1981，70，pp. 1-9.

## 五　碑铭学（Epigraphie）[1]

在破译碑铭之前，纪念碑建筑和当地传统都无法被正确的理解。调查人员曾听到当地人说："这些纪念碑建筑是神灵的杰作"。他们的结论是：在今天的民族中没有发现此类纪念碑建筑的传统。这些纪念碑建筑一定是被历史遗忘的民族的作品，或者可能是印度人的作品，因为许多建筑形状和造像让人想起了印度文明。事实上，这里的传统观念与纪念碑建筑没有根本的联系，而且比纪念碑建筑更古老的就是婆罗门传说和民间传说的传统，这些传说将美丽的宫殿归诸神灵所有，通常是由神圣的建筑师毘首羯磨（Vishvakarman）创造。由于对建筑历史一无所知，当地人只是按照他们的传统观念来解释这些纪念碑建筑。

在这种情况下，实地的调查只能记录意见以供猜测之用，通过阅读碑铭可以了解建造者对语言、现代信仰的起源和形成，但是碑铭并没有提供国王的名字和日期。在没有文学或历史文献的情况下，碑铭告诉世人：这些碑铭是古代人使用的但这种传统没有流传下来。当学者们探索印度文学的时候，尤其是梵语和泰米尔语的时候，他们可以经常找到这些知识的来源。

迄今为止，印度教徒研究最多的、最古老或最经典的梵文作品，并不是在长期的接触中独占宗教统治思想的那些作品，而是保存在印度和东南亚地区从公元 1 世纪到 14 世纪的作品[2]。

早在 1873 年，哈曼德博士（Harmand）在中南半岛进行探险之旅，并在 1879 年 5 月的《东方东亚编年史》中刊出了一些复制自柬埔寨的碑铭。爱德华·洛格（Edouard Lorgeou）在 1881 年出版的《印度 – 中国学术公报》（*Bulletin of the indian–chinese academy*）中对其进行了研究，之后荷兰印度学专家亨德里克·克恩（Hendrik Kern）在 1882 年出版的《东亚年鉴》中介绍了哈曼德博士的研究。随后在法国文学院奥古斯特·巴特的帮助下，于 1885 和 1893 年出版了一批来自柬埔寨大型梵文碑铭的资料。直到 19 世纪末，阿贝尔·贝尔盖涅（Abel Bergaigne）和奥古斯特·巴特联合对柬埔寨碑铭进行研究（图 54）。

通过研究可知，这些梵文碑铭证明了印度高等文化在海外影响的广度和深度。他们为柬埔寨历史研究提供了大量的资料，特别是贝尔盖涅的研究，使重新建立高棉王国国王的年代顺序成为可能。但他们的研究活动最宝贵的贡献无疑是启示，或者对那些预见到这一点的人来说，不仅仅是佛教在印度领土之外的扩张，婆罗门教在海外也有传播的事实。早在 19 世纪就形成了一种经典的观点，佛教徒认为婆罗门教是一种非传播性宗教，且地域仅局限于印度领土内。但是，并不是所有的碑铭都是梵语还有高棉语或占婆语，这主要取决于碑铭的主人是柬埔寨人还是占婆人。

---

〔1〕所谓的碑铭就是雕刻在大型寺庙及小型宗教建筑内的石板、石柱或侧壁上的石刻文字，是由国王或官员用梵语、古高棉语、巴利语、近代高棉语及孟族语等语言书写的一种捐献记录。文字由左向右书写而成。碑铭短则一行，长则达五十行，最长的碑铭是比粒寺碑文（梵语 K. 806），多达 298 节，碑铭年代横跨 6–19 世纪，大部分完成于 9–12 世纪左右。碑铭内容主要记录了对神佛的皈依、事迹及捐献，也有对祖先的敬仰和对国王的赞词。梵语的碑铭主要是对神佛的祈文，也有对国王、高官的族谱或是其品德的描述，最后用咒语进行总结。古高棉语的碑铭则记载国王的命令、捐献财物的目录、捐献者的名单、土地的界限、田地的交换等，主要是日常生活事项的记录，内容却经常前后不一致，仅为只言片语。不论是哪种内容都充满宗教色彩，几乎没有涉及当时社会的状况，且几乎所有的碑铭内容都谈及宗教布施，或是统治者位于权力顶端，如何一手掌控天下。见（日）石泽良昭著、林佩欣译：《亦近亦远的东南亚：夹在中印之间非线性发展的多文明世界》，新北：八旗文化，2018 年，第 83–84 页。

〔2〕Jean Filliozat，Notice sur la vie et les travaux de M. Georges Cœdès（1886–1969），*BEFEO*，Year 1970，57，pp. 4–24.

图54 来自吴哥保护区的碑铭（K. 340）
（图片来源EFEO，1968，编号CAM25258-1）

殖民地碑铭已经成为法属印度支那学者研究活动的对象，早期的研究者主要是埃蒂安·艾莫涅尔。可以说法属印度支那的研究是由碑铭学开启的。艾莫涅尔利用他的语言知识，翻译了一些现代高棉文字，并首次翻译出了古代碑铭的日期。他于1881年返回法国汇报了自己对碑铭的一些研究情况，得到了法兰西文学院的首肯。

1882年5至10月，艾莫涅尔前往吴哥地区，并开始撰写高棉碑铭的文章，由此揭开了研究高棉碑铭的序幕。在1882年11月至1883年6月，他开始了第三次探险活动，对洞里萨湖南部周边地区进行实地调查，并对崩密列、磅斯外圣剑寺、贡开遗址都进行了参观考察活动，这次探险使他发现了吴哥遗址中的两百多处碑铭[1]。这次探险活动还为他的高棉碑铭研究奠定了坚实的基础，并成功引起了被人们所忽略的占婆古迹。这项研究活动将足以确保他的名字，在法属印度支那的历史研究中占有举足轻重的地位。

最早在柬埔寨报刊上刊载的碑铭，当属1901年在老挝境内瓦普寺发现的碑铭，碑铭内容提供了高棉王国最早的信息。乔治·马伯乐（Georges Maspero）在老挝的Say Fong遗址发现的碑铭，是目前已知的高棉碑铭最北处。碑铭的内容是阇耶跋摩七世撰写的关于建立医院的法规，立碑时间为1186年。碑铭内容向世人揭示了13世纪的高棉王国医院分布情况。

在奥古斯特·巴特、贝尔盖涅与赛代斯这两代人之间，是西尔万·列维（Sylvain Lévi）、阿尔弗雷德·福舍（Alfred Foucher）和路易斯·芬诺，而乔治·赛代斯则是芬诺的一位门徒。

[1] George Cœdès，Etienne-François Aymonier（1844-1929），*BEFEO*，Year 1929，29，pp. 542-548.

1912 年，芬诺在三坡布雷库遗址的一处祭坛建筑门旁边发现了一通碑铭。研究结果证明，这座遗址可追溯至古代柬埔寨最早的国王之一伊奢那跋摩（Icanavarman）统治时期，这位国王在 7 世纪上半叶统治着真腊（陆真腊）。1915 年，芬诺将著名的斯通加多碑（Sdok Кaк Thom）译本完整地加了注释。该文本以梵语和古高棉语书写，碑铭包含了许多早期吴哥时期的历史。

因此可以说，远东学院首屈一指的碑铭学专家是路易斯・芬诺，著有长篇文章《碑铭考》，前后长达 13 年之久。其次是乔治・赛代斯，是研究占婆和高棉碑铭的专家。他在 1904 年获得学士学位后，随后在《远东学院学报》上发表了第一篇文章：柬埔寨国王拔婆跋摩二世（Bhavavarman Ⅱ）的碑铭（K. 561），这是 639 年用梵语和高棉语书写的碑铭（图 55）。

图 55　乔治・赛代斯肖像
（图片来源 EFEO，编号 CAM19996）

柬埔寨是发现碑铭最多的国家，乔治・赛代斯于 1966 年出版的碑铭总目就包含有 1005 处，此后又对其他地方发现的碑铭进行了补录[1]。此外，柬埔寨的许多碑铭只用梵文介绍宗教用语，辅以古高棉语说明决定、命令或细节。

这些与梵语、古高棉语或双语碑铭有关的成果被收录于《远东学院学报》和《亚洲杂志》中，尤其是在著作《柬埔寨碑铭》（*Inscriptions du Cambodge*）的八卷中，前七卷为文字、翻译和注释，其中第八卷专门用于目录，出版于 1966 年参考每处碑铭有关的出版物以及地点、名称和相关人员的姓名索引[2]。另外，在乔治・赛代斯的著作中，还增加了两卷在曼谷出版的《暹罗碑铭》和许多关于暹罗古文字的文章，以及来自苏门答腊的占婆和古马来语的碑铭。

〔1〕自 1920 年代截止到 2020 年，在柬埔寨境内发现的碑铭注册数量已经达到 1459 通，其中包括 2020 年 6 月份在 Tonle Snguot 医院遗址新发现的碑铭。

〔2〕George Coedes. *Inscriptions du Cambodge*（*I–VIII*）, Hanoi，1937，1943，Paris，1951–1954，1964，1966.

对柬埔寨历史而言，乔治·赛代斯最大的贡献是梳理了古代柬埔寨王室的族谱，把国王追溯至高棉王国的起源之际。

在所有这些文献中许多碑铭都有准确的年代，自 7 世纪以来连续不断，因此碑铭也记载着中南半岛古地理的演变情况。在此之前，至少从 3 世纪开始由于高棉碑铭样式与印度样式非常接近，可以根据印度古地理来标注日期。这些都是东南亚历史的主要来源，而中国古籍有时含糊不清有时难以解释。此外，在南亚印度、东南亚也发现了泰米尔语的碑铭证据[1]。

帕尔芒捷对柬埔寨的碑铭、建筑和原始艺术都有很高的造诣，他在远东学报上发表了《高棉王国时期碑刻铭文的分布》一文[2]。

在乔治·赛代斯之后的碑铭专家，当属远东学院的院长让·菲琉杂（Jean Filliozat，1956—1977 年）。对于高棉碑铭研究而言，他的贡献尤为重要。无论是在某些专门针对碑铭的文章中或宗教史研究中，其基础材料均来源于柬埔寨的碑铭或者取自其教学内容，其高等实践学院的许多课程都致力于阐释碑铭中的文字和内容[3]。

## 第四节　小　结

本章节重点讨论了殖民体系下法国远东学院对吴哥所做的一些考古与保护活动。在近半个世纪的时间里，吴哥的保护活动经历了起步阶段（1900—1919 年）、高潮阶段（1920—1939 年）和低潮阶段（1940—1952 年），之所以出现这种局面，跟法国在法属印度支那实施的殖民经济政策及国际环境有很大的关系。法国远东学院在近半个世纪的殖民活动中，一方面对吴哥的保护奠定了基础，另一方面也应看到其疯狂贩卖和掠夺古代高棉文物的事实，这是在殖民体系下法国远东学院对吴哥造成的无法弥补的创伤，同时这也是当时殖民国家的本质所决定的。

### 一　殖民政策的影响

1887 年法属印度支那联邦的建立，标志着法国在法属印度支那的殖民统治基本确立。1893 年老挝纳入联邦后，意味着法国在这一区域的殖民统治体制全面的确立。从 1897 年起保罗·杜美任殖民地总督期间（1890—1902 年），实施了一系列的行政改革，最终形成了法属印度支那的殖民政治体制。西方学者称之为“按照拿破仑一世的模式而组成的一套像样的法国殖民地行政机构”[4]，这个殖民体制被称为“杜美体制”。此种体制下的殖民经济政策指导方针是“合一主义”与国家垄断。殖民地被视为法国的一个省份，宗主国强调法属印度支那作为商品市场与原料产地的作用，以保证法国商品的倾销和对法国需求的供给，完全忽视殖民地本身的特点与需求，把法属印度支那定为被法国“同化”的殖民地。法国殖民者的这一举动，源于它一直奉行“壮大法兰西民族”的同化理论。法国人认为，“法国所创造的文明是最优秀的文明，法国人应该把法兰西文明传播到世界各地，因而主张殖民地同法国在政

〔1〕 Jean Filliozat，Notice sur la vie et les travaux de M. Georges Cœdès（1886–1969），*BEFEO*，Year 1970，57，pp. 4–24.

〔2〕 EFEO，Cambodge，*BEFEO*，Année 1921，21，pp. 287–305.

〔3〕 Pierre–Sylvain Filliozat Jean Filliozat（1906–1982），*BEFEO*，Year 1984，73，pp. 1–30.

〔4〕 D·G·E·霍尔：《东南亚史》（下），北京：商务印书馆，1982 年，第 859 页。

治、经济上保持一致，土著居民应通过受教育而接受法兰西文化，最终自然同化为法国公民[1]。但在侵入中南半岛后，法国殖民者却遭到当地人民的强烈反抗，抗法斗争不仅有群众性的武装斗争，还有本地民族文化对外来文化的抵制。这使得法国殖民者认识到，要征服具有悠久历史文化传统的中南半岛上的民族，仅用暴力是不行的，只征服其国土还不够，还要征服他们的灵魂[2]。

因而，法国殖民者就把教育作为殖民统治的重要手段，并立即插手文化教育领域。在此思想意识形态的指导下，殖民地政府成立法国远东学院，负责研究法属印度支那的历史、语言和民族等。因此，在起步阶段远东学院在吴哥的考古与保护方面，主要是进行大量的考古调查及简单的古迹清理活动。在此阶段很少见到对古迹的修复活动，这也许跟殖民地的经济政策有关。

而到了 1918 年，即第一次世界大战之后，法国愈加重视殖民地的经济，法属印度支那的经济政策也由一战前的“合一主义”演变为“联系主义”。法属印度支那的殖民政策也随之作了调整，把殖民地视为法国一个省份的“同化”政策，并不利于宗主国的经济发展，强调法属印度支那是与法国有机联系的组成部分，必须承认殖民地与宗主国之间的差异和重视殖民地的特点与需求，主张“每块殖民地应按自己的文明发展”[3]，要“维护当地社会传统的风俗习惯，以便在土著精英与殖民当局之间创造出一种合作的关系，并让法属印度支那民众和法国人联合起来”[4]。

这种经济政策一直延续至第二次世界大战结束，而正是在这种经济政策的指导下，远东学院的吴哥考古与保护活动才迎来了高潮。远东学院开始对越南、柬埔寨、老挝、泰国境内的吴哥遗址进行考古调查与发掘活动，还对吴哥核心区的古迹进行修复活动。吴哥保护活动迎来高潮主要有两个方面原因：一方面跟远东学院私自贩卖古代高棉石刻文物“自筹资金”有关，另一方面也跟法国殖民者在继续倾销商品的基础上，大力推动宗主国资本的输出有关。

然而好景不长，随着二战的结束及亚洲民族独立的意识觉醒，法国在法属印度支那的地位变得岌岌可危。因此远东学院的处境也十分困难，此时的远东学院考古与保护活动只能勉强维持。

因此，可以说对越柬老三国而言，殖民地化是它们在近代历史发展过程中所不得不经历的一个阶段，也是一个不可回避的客观现实。尽管从理论上讲，如果越柬老三国的发展进程不被法国殖民者的侵略所打断的话，它们是会依靠自身的动力走上更高层次的发展道路。但历史事实也表明，在殖民者入侵前，越柬老三国仍处于较低级的社会发展状态之中。只是在经受西方资本主义入侵的刺激后，新的社会因素才在这些国家出现并逐步发展起来。这便是殖民统治的“双重使命”[5]，从客观上加速了越柬老三国民族主义思想的觉醒，但是法国文化在越柬老三国的影响是不均衡的，对越南的影响比较深，对柬埔寨的影响除了金边之外十分有限，在老挝更是微不足道。

## 二　殖民凝视

法国在 1889 年至 1937 年期间举办了几场大型国际展览。在 19 世纪后期，东南亚对欧洲人来

〔1〕 K · Smith, *Africa*, *North of Limpopo*, Pretora, 1985.

〔2〕 梁志明：《论法国在印度支那殖民统治体制的基本特征及影响》，《世界历史》，1999 年第 6 期。

〔3〕 Thomas E · Ennis, *French Policy and Development in Indochina*, New York : 1964. pp. 97.

〔4〕 J · M · Pluvier, *Southeast Asia From Colonialism to Independence*, London : 1974. pp. 8.

〔5〕 姆 · 耳 · 马尼奇 · 琼赛（M. Jumsai）著、厦门大学外文系翻译小组译：《泰国与柬埔寨史》，福州：福建人民出版社，1976 年，第 364 页。

说仍然是一个不寻常的地方，许多人是通过 19 世纪末和 20 世纪初在法国举行的国际殖民地博览会（International Colonial Exhibitions）了解到吴哥及其不朽的寺庙。因此，通过博览会来展示一个国家在国外的经济和文化利益的想法就根深蒂固了，而当时法国在东方的殖民存在已达到了顶峰。

殖民地博览会被认为是提升法兰西帝国声望的舞台，从而证明和促进殖民主义精神，它描绘了一个空间，在这个空间中，不同的表现体系和不同的话语汇聚在一起，“物化”异国文化。殖民地博览会不仅致力于提供统一的愿景和对异国情调（即殖民化）现实的完整清单，而且还旨在“陶醉”并激发人们对殖民地的渴望。

如，柬埔寨吴哥寺庙浅浮雕中的仙女（APSARA）造像吸引了保罗·高更（Paul Gauguin，1848—1903 年）的注意[1]。1891 年，高更离开法国前往塔希提岛（Tahiti），他最早的作品之一是一幅塔希提岛女子站着休息的画作，灵感来自于 1889 年，他在巴黎殖民地博览会上看到的吴哥寺空灵仙女。1906 年，法国著名雕塑家罗丹（Franqoise-Auguste-Rene Rodin）在布洛涅森林观看了一场为柬埔寨国王举办的花园派对，柬埔寨皇家舞者和音乐家进行了表演。罗丹被美丽、独特的艺术表演所吸引，他说：“我在狂喜中思考它们”。他对这些舞者如此着迷，以至于他跟随舞者回到了马赛，在那里他花了一周的时间画了 150 多幅画，重点是女性性感、轻盈的身体和感性的动作。后来，当这些舞者离开法国时，罗丹评论说他们“……带走了世界上所有的美好。”今天，这些作品在巴黎的罗丹博物馆，被认为是他的艺术亮点之一[2]。

法国殖民者为了获得民众对殖民主义的支持，并最终获得政治上的支持，通过将异国情调与现实相融合的美学而被铭记在博览会观众的想象中。将博览会理解为“幻想、凝视”，即创造性活动和想象过程以及这种活动的产物，揭示了“法国官方”代表其殖民地和想象中的法属印度支那的方式，以及它与被殖民国家和人民的关系。其中，海报、明信片在促进法国殖民统治方面也发挥了重要作用，目的是为了让公众从不同的角度看待法国在柬埔寨的殖民帝国。

殖民地的明信片在 20 世纪 20 年代达到鼎盛时期，它代表了西方摄影技术（印刷和批量生产）的胜利，以及欧洲征服和扩张的政治胜利。明信片是殖民地旅行的公共标志，也是所有阶层海外居民首选的通信形式。它们的印刷既作为帝国宣传的一部分，也作为基于教会的传教团体的一部分，它们主要用途是个人交流。图片内容信息为我们提供了一种最有趣的一面，将殖民者内心感受投射到异国情调的人身上，使用视觉图像作为评论的衬托，既讽刺又偶尔真诚。殖民者的内在性常常通过被殖民者的形象表现出来[3]。尽管种族刻板印象仍然是其中的一部分，但还有一个更微妙的过程，就是寻找“土著”的奥秘，并把这个奇特的世界作为一面镜子来反映他们自己生活的各个方面。其中，法属印度支那色情的、注入鸦片的图片特别受欢迎，因为它们描绘的异国情调乌托邦是精心构建的，以证明殖民活动的合理性。

在 20 世纪 30 年代，建筑被认为是最优秀的艺术，因为它包含所有的艺术。建筑也被视为衡量一个土著文明成熟度的标准。建筑技术可以告诉后人，建造者的智慧和创造力的程度，建筑的外表透露

〔1〕高更是一名后印象派巴黎艺术家，以描绘法属波利尼西亚（塔希提岛和马克萨斯群岛）的人物和风景而闻名于世。

〔2〕Dawn Rooney，Angkor Redux：Colonial Exhibitions in France，*SPAFA Journal*，2011. vol 21. 2. pp. 5–19.

〔3〕Janet Hoskins. Postcards from the Edge of Empire：Images and Messages from French Indochina. *SPAFA Journal*. 2008. vol. 18. 1. pp. 19–25.

了一个民族的精致、力量或天真。因此，建筑作为“整体艺术”取代了绘画，成为代表其他世界最受欢迎的媒介。殖民地博览会成员认为，建筑作为“现实的镜子”或“世界的镜子”，应该调解与异国文明的相遇，从而有效地为法国殖民主义争取支持。他们完全相信模仿艺术的作用，因为模仿艺术代表了殖民地的现实，被认为是可以接近或透明的。建筑和种族意识形态之间的共生关系，为法国长期存在的种族和文化偏见提供了有力的理由。土著建筑和纪念碑的建造不能委托给土著建筑师，当地的工匠只被要求装饰这些建筑[1]。因此，他们委托法国建筑师再现法属印度支那的纪念碑建筑，以吸引法国人的视觉直接感，并满足他们对异域文化的渴望。因此，殖民地博览会，被用来描述和宣传法国及其海外领地的旗帜，而建筑被赋予了捍卫“殖民理念”的权威和力量。

在法属印度支那的遗址中选择一座代表性的寺庙遗址，据说能够表达整个国家的气质，在一个特定的历史时刻，她的意识形态含义是什么？这时代表异国情调的高潮是吴哥寺的再现。吴哥寺是世界上最大、最复杂的宗教建筑寺庙之一。她被认为是殖民地博览会的亮点，选择她是因为吴哥寺在法国人的想象中最生动地体现了异国情调，而法属印度支那则被视为法国殖民帝国的一颗明珠。

对法国人来说，吴哥似乎值得比较，因为它与西方建筑的声望、伟大的宗教建筑、中世纪的大教堂或古希腊的帕台农神庙（Parthenon）不相上下：“……吴哥寺庙是一千年前高棉人的世界镜子，就像中世纪的大教堂是基督徒的世界镜子，黄金时代希腊人的帕台农神庙一样”[2]。因此，吴哥被严格地从欧洲中心的观点来评判，这个观点从不质疑比较主体的“地位”。

因此，对于法属印度支那。许多法国人声称，法国是高棉文明的合法继承人。

我们是远东的西方和平缔造者，是这个古老高棉文明的合法继承者。当然，这比我们在遥远而神圣的海滩登陆之前发生的一切都要好。我们已经禁止屠杀或奴役柬埔寨人、老挝人、孟人等等，就像我们现在所做的那样，让过去成为未来的导师[3]。

法国民族主义者在20世纪五六十年代，为他们继续在法属印度支那的存在进行辩护时，采用的口号是“法国人的亚洲”。作为它的宗主国，法国有道德、义务防止该地区进一步的流血事件发生。法国教化这些交战民族的使命必须与政治目标相联系。吴哥寺不仅象征着曾经统治整个地区的高棉文明的黄金时代，且500年后（自1431至1931年），它象征着新的吴哥，象征着从废弃的遗址中重生的法属印度支那，法国使这一重生成为可能。法国人不仅仅把自己定位是考古学家、建筑师，职责是保护过去，甚至还一度认为自己是一个伟大文明的直接继承者。

## 三　远东学院活动的评述

### （一）客观的一面

从20世纪初，乔治·格罗斯利埃试图“拯救”高棉艺术，使其免于“颓废”。法国殖民者认为他们有义务将殖民地的象征性民族文化恢复到昔日的辉煌，这反过来又会增强法国殖民者的合法性。因此，对吴哥遗址的管理与保护是证明自己存在最有效的方式之一。

---

〔1〕 Panivong Norindr. Representing Indochina : the French colonial fantasmatic and the Exposition Coloniale de Paris. *French Cultural Studies*，1995. vol. 6. 16. pp. 35–60.

〔2〕 Michel Fougère. Les Ruines khmères dans la littérature française，*Présence Francophone*，1970. vol. 1. pp. 71–89.

〔3〕 Claude Farrère. Angkor et l'Indochine，*L'illustration* Album Hors Série Sur L'Exposition Coloniale，no. 4603. 23 May 1931.

1. 促进了碑铭学与考古学的结合

可以说，这一时期法属印度支那的考古与保护史就是吴哥的考古与保护史。与初始期相比，这一时期（发展期）首先表现为，存在科学的考古发掘与调查活动，与之前探险活动有很大区别。初始期探险家们以收集艺术品为主要目的，对吴哥遗址的价值认识不足，因此常常忽略释读碑铭的价值。而这一时期法国政府出于对殖民地管控的政治目的和法国学者对柬埔寨乃至东南亚地区的学术兴趣，大批法国学者来到法属印度支那，他们对吴哥碑铭情有独钟，特别重视发现和研究碑铭，如此不但促进了吴哥历史学和语言学的研究，也为吴哥的考古解释奠定了基础，同时也促进了吴哥建筑遗址的保护与发展。尤其是在远东学院有计划的指导下，吴哥的考古与保护活动从零星散碎的发现，逐渐走向系统调查和有计划的活动。此时，欧洲考古学的地层学和类型学已经确立，这使得考古资料的收集和整理建立在科学方法之上，极大地提高了考古资料的史料价值，从而构建了吴哥考古学的时空框架，为进一步复原高棉王国的社会组织结构，奠定了科学的基础。同时通过科学的考古发掘活动，在正确释读碑铭基础之上，揭开了高棉王国王位继承顺序及社会发展的一般历程。

吴哥碑铭是史料，与吴哥文物不同，几乎没有观赏价值。如果不是用于治史，碑铭几乎没有什么价值。正是因为法国东方学者（语言学、碑铭学、历史学者）以吴哥碑铭为原始材料，开始揭示了湮没几个世纪的柬埔寨古代历史，因而，碑铭也成为了法国东方学者的第一追求目标。东方学者重视碑铭，使得吴哥建筑遗址在发掘现场注意对碑铭的寻找，而吴哥建筑遗址内发现的碑铭，又为东方学者提供了丰富的史料，极大地促进了碑铭学及吴哥考古与保护的发展。这是一个考古学与碑铭学结合十分紧密的时期。芬诺、赛代斯等碑铭学家，潜心研究从吴哥建筑遗址内发现的碑铭，通过史料重建古代柬埔寨历史，尤其是吴哥时期国王的继承顺序。考古学与碑铭的紧密结合，在他们身上得到了充分体现。

当然，与同时期亚洲其他地区的考古遗址比较，吴哥考古最大的特点是侧重于对建筑遗址进行考古发掘，并对遗址进行保护。这一特点一直被保持到现在，当然也是由遗址的属性所决定。同时，吴哥保护区负责人大都拥有建筑学知识背景，他们也十分善于发掘建筑遗址，善于辨识各建筑部分的功能。不但如此，还能准确绘制建筑遗址图，大大提高了记录的准确性。

2. 东方学者及远东学院对吴哥研究的重要性

在这一时期，吴哥考古与保护活动主要集中在吴哥核心区（吴哥通王城及周围建筑群、罗洛士建筑群）及柬埔寨东南部（今越南境内的湄公河三角洲地区）。参与考古发掘与古迹保护活动的人员，在之后的几十年内成为了吴哥考古与保护的重要力量。如路易斯·芬诺、拉云魁尔、帕尔芒捷、柯梅尔、乔治·赛代斯、亨利·马绍尔、莫里斯·格莱兹、乔治·特鲁韦、戈鹭波、菲利浦·斯特恩、路易斯·马勒雷、乔治·格罗斯利埃等。这些学者能在吴哥考古与保护活动中取得如此高的学术地位，也与其自身优秀品质是分不开的。如戈鹭波在哈佛大学以每小时 100 美元的价格接受了一门冬季课程，“我在那里（美国）的朋友们希望我可以永远留在那里，我当然不同意。因为，我将忠诚于我的单位（远东学院），就像赛代斯、芬诺一样忠诚于微薄的工资”[1]。正是由这些研究学者组成的法国科研院所的学术力量（主要是远东学院、吉美博物馆），在此后的吴哥考古与保护活动中频频出现，吉美博物馆（Musée Guimet）和法国远东学院也成为了吴哥考古与保护的两座桥头堡。然而，这一切的研究成果都

［1］ Louis Malleret, Le vingtième anniversaire de la mort de Victor Goloubew (1878-1945), *BEFEO*, Year 1967, 53-2, pp. 331-373.

是带有一定的殖民目的，最终目标都是为了法国在法属印度支那的统治而服务的，虽然在客观上促进了柬埔寨文化的发展。

以上取得的成果，离不开保罗・杜美在法属印度支那建立的法国远东学院，同时也标志着吴哥考古与保护进入到一个持续发展期。正是由于这座学术机构的成立，其考古与保护活动带有一定的学术性而不可能都是功利性。同时，由于考古与保护活动的资金得到了保证，使得远东学院能毫无后顾之忧地进行考古与保护活动，研究者才能安下心来进行研究工作。殖民地时期的远东学院人才济济、大师云集，在当时东南亚各国的殖民政府中，像法国这样以如此庞大的研究机构和如此强大的研究力量，不惜投资，深入广泛地研究殖民地文化实属罕见。

3. 建立了吴哥考古公园

建立相应的保护区和吴哥考古公园，使持续的考古发掘与保护活动得到了保证。尤其是“吴哥考古公园”的建立对吴哥的保护与修复发挥了重要的作用。在当时的社会环境下，法属印度支那学者提出建立“吴哥考古公园”这一做法，非常具有前瞻性，这是一种非常先进的保护理念。既保护了吴哥遗址中最核心的部分，又规范了吴哥旅游行业，为保护吴哥建立了一个良好的运营模式。同时，也为世界范围内古遗址的保护树立了榜样，对其他国家古遗址的保护具有非常重要的借鉴意义。但是，吴哥考古公园的建立并不仅仅是为了保护古迹，法属印度支那政府之所以将其定为国家考古公园，目的是为改善吴哥地区的交通网络和安全以吸引游客，发展旅游业。同时，也包含着一定的“政治野心”，吴哥周边的村民及其农业生产活动、寺庙内举行的宗教活动等等全部被清除，专门供欧美旅游者参观游玩，并用“重新发现吴哥（Re-discover Angkor）”等标语作为政治工具，为法国殖民统治的合法性提供支持。在此语境下，柬埔寨人民或者说与吴哥有直接联系的高棉人彻底的与吴哥遗址脱离了关系[1]。

4. 新理念和新科技助力吴哥保护

此时，吴哥考古与保护方法也进入一个相对成熟期，其主要特点是利用考古学为建筑遗址的保护提供技术支撑，可以归纳为搜集建筑构件、详察建筑结构和重建建筑历史，这种方法很快在30年代被发扬光大，为后来的吴哥建筑遗址的修复奠定了基础。

同时，自然科学技术也应用到吴哥考古与保护方面上，主要表现为早期的航空考古[2]。这些照片向人们展示出空中拍摄对于记录古迹的辅助价值，它可以揭示遗址的整体面貌，也可以观察到地面上不太容易引起人们注意的遗迹，发现了大量的不为人知的信息。考古发掘方法亦有很大的进步，主要表现在发掘之前制定计划，以决定采用什么相应的方法。对遗物的重点收集变成对所有考古现象进行研究，完全摒弃了鉴赏艺术的做法，收集物中包含植物种子及金属遗物等，考古学家在考古发掘活动中更加依赖自然科学的帮助。尤其是马勒雷在俄厄遗址的发掘活动，其考古方法与理念都具有一定的前瞻性，为后来遗址的考古发掘树立了典范。

（二）存在的问题

虽然这个时期在总体上被视为吴哥考古与保护发展期，但是，在考古活动中还有很多不科学的因素或现象，主要表现在以下几个方面：1. 在考古发掘中不注重地层关系，不记录文物的准确发现地点或位置，这给后来的研究带来了很多不便。许多小型文物（陶质建筑构件、陶瓷器、铁、锡等文物）

〔1〕伍沙：《文化景观——亚太地区柬埔寨吴哥遗产保护管理重拾的新策略》，《建筑与文化》，2020年第12期。

〔2〕Hunt，Major P. D. R. Williams，The Study of Archaeology from the Air，*Journal of the Siam Society*，1949. Vol. 37. 2. pp. 85-110.

被忽略，或有意无意地遭到丢弃，这种现象直到 20 世纪 50 年代被 B. P. 格罗斯利埃制止。2. 建筑师或考古学家只重视对造像、建筑、青铜器的研究而没有去关注陶瓷器的变化，没有建立起吴哥陶瓷器的器物谱系，没有抓住陶瓷器的演变规律，如此则对古代高棉王国在不同的历史阶段所表现出来的物质文化缺少全面而准确的了解。3. 负责吴哥考古与保护活动的吴哥保护区负责人缺少考古知识背景。这一时期的建筑学者、考古学者，均缺少一定的考古知识储备，而所谓的吴哥考古学者专业背景知识大都是建筑学或其他专业背景知识，甚至是殖民地军官。如 1932 年，首届远东史前考古学大会在河内召开，但最激烈的批评来自远东学院内部的语言学家埃米尔·加斯帕东（Émile Gaspardone）。他在 1936 年的《巴黎评论》（Revue de Paris）上发表文章，严厉批评远东学院滥用业余考古学家提供不准确信息，因为在博物馆馆藏的遗物信息是错误的[1]。

另外，世人在看到远东学院为保护吴哥所作出努力的同时，也不要忽略殖民体系下远东学院的“黑历史”。经过近半个世纪的吴哥考古与保护活动，古迹保护政策法令日趋完善，对保护吴哥客观上起到了一定的作用，但是这种保护是包含有“政治野心的”。鉴于欧美国家对吴哥文物的认可，远东学院更需要对吴哥进行保护以达到“垄断”这些文物的目的，以此来保证“货源”便于向欧美国家提供文物，借此提高远东学院甚至是法国在欧美国家的知名度和影响力。可以说，吴哥文物就是远东学院通向欧美学术圈的一张明信片，通过不断的向欧美“输送”吴哥文物，以提高远东学院的知名度和学术圈内的认可度。

以今天的眼光来看，尽管当时远东学院的考古研究和古迹保护活动缺乏经费，也不应该拍卖吴哥石刻造像等文物。但是，世人还需要了解殖民地学者的复杂立场。自 1920 年代以来，吴哥的保护活动获得了国际认可，远东学院的成员不得不将其活动成果传达给殖民地以外的国家，尤其是西方国家。没有在欧洲和美国的声誉，就无法保证当地学术的成功，也无法获得对古迹的保护。在这个学术结构不平衡的世界，为了法属印度支那的考古研究和保护活动受到好评，有必要向欧美各国提供一级石刻造像并展示出来。从这个意义上说，这一时期内卖给欧美美术馆的吴哥文物，可以看作是在欧美支配的学术世界里，为了在殖民地进行研究得到评价而献上的“贡品”[2]。

而对于以“文化交流”的名义带到日本的高棉文物，无疑是战争期间法属印度支那政府向日本政府缴纳的政治“贡品”。在当时的殖民体系下，发生这种政治行为是很常见的，远东学院的这种活动理应受到谴责，但是需要强调的绝不是个别研究机构或研究人员的越轨行为所引起的“犯罪”。相反，在 20 世纪上半叶的殖民体系下，法国人想把吴哥置于西方国家保护之下的想法，却引发了“当前的破坏”，导致法属印度支那“过去历史的复活”成为了现实，而且在吴哥研究中碑铭学、历史学、民族学、美术史的“成熟”，使其作为殖民地当局遭受了巨大的“损失”。不论是远东学院文物的拍卖还是互换活动，这些都使吴哥成为日本（政治和学术）获得欧美大国学术“认可”的资本，从而进一步获得国际认可。

虽然这一时期存在吴哥文物的买卖和互换活动，但是相较与吴哥考古与保护初始期的野蛮掠夺和盗窃行为。这时期的吴哥文物买卖和互换活动相对较“温和”且操作者还心存顾虑。

〔1〕 Manguin，Pierre-Yves，De la « Grande Inde » à l'Asie du Sud-Est：la contribution de l'archéologie，*Comptes rendus des séances de l'Académie des Inscriptions et Belles-Lettres*，2000，144-4，pp. 1485-1492.

〔2〕 藤原貞朗:《ニ〇世紀前半期におけるアンコール遺跡の考古学と 仏領インドシナの植民地政策》,《日本研究：国際日本文化研究センター紀要》，2002 年 26 卷，第 221-253 页。除了这些学术上的贡献外，文物有时被字面地表现为政治上的贡献。如应总督的要求，学院在法属印度支那完成考古发掘任务后，应给总督“赠送”文物。在 1930 年，顺化的高级官员勒弗（Le Fol）送给总督一件造像的头部；1933 年赠送法属印度支那高官拉维一尊石刻造像的头部。

# 第四章　吴哥考古与保护持续发展期（1953—1969年）

柬埔寨、越南、老挝三国分别于1953、1954年摆脱了法国的殖民统治，成为了一个主权独立的国家。1954年第一次印度支那战争结束（1946—1954年），法国把殖民地的权力移交给了刚独立的越南、柬埔寨和老挝。越南在胡志明市和河内市分别建立了考古所，考古发展势头不减。而柬埔寨和老挝境内的吴哥保护工作虽然继续进行，但是发展则相对要缓慢一些。虽然法国结束了其在法属印度支那的殖民统治，但是这并不意味着吴哥保护工作也随之结束。相反，独立后的柬埔寨更加需要保护吴哥遗址，他们更需要法国人的帮助，尤其是远东学院的协助，帮助独立后的柬埔寨培养吴哥考古与保护方面的人才。因此这一时期的吴哥保护工作是以柬埔寨为主导，远东学院极力协助，在一种平等、自愿的前提下双方进行的合作。

同时，第二次世界大战后，许多学科都发生了变化，这与战后的世界格局和人们思想的变化以及各学科之间相互渗透是密切相关的。主要表现在考古学理论的发展，不再以单纯的器物研究为目标，开始重视社会组织结构的研究，以及自然科学技术在吴哥考古与保护工作中的应用。如C14测年技术的发明，计算机、DNA分子生物技术的运用等一些自然科学技术，极大地提高了吴哥考古与保护水平，并因此产生了一些总结性的著作，对后世影响深远。

随着世人对吴哥认识和理解的加深，开始总结反思，近半个多世纪的吴哥考古与保护活动。这种反思不仅体现在吴哥考古与保护活动中实践理念上的变化，而且也通过对前人基础材料的梳理，来认识之前活动中的不足和缺憾，为下一步的工作指引了方向。

## 第一节　吴哥遗址的主要保护活动概述

本小节主要针对远东学院在柬埔寨获得民族独立后至内战爆发前，这段时间内进行的工作所做的一个梳理。远东学院在柬埔寨独立以后继续从事吴哥的保护与修复工作，尤其是对王宫遗址进行的考古发掘工作，极大地改变了人们对该处遗址的认知。在1956年柬埔寨政府与远东学院签订了十年的合作协议，要求远东学院继续对吴哥进行保护与修复工作。随后远东学院的工作范围也在逐渐扩大，从吴哥核心区扩展至其他地区甚至是泰国境内，可以说这是二战之后，远东学院在吴哥保护方面迎来的又一个小高潮（表6）。

**表 6　1953—1969 年柬法泰三国的吴哥保护工作统计简表**

| 实施国家 | 时　间 | 代表机构 / 人物 | 工作内容 |
| --- | --- | --- | --- |
| 法　国 | 1953 | 马绍尔 | 吴哥通王城开展考古调查、斗象台遗址考古发掘 |
| 法　国<br>柬埔寨 | 1954 | 让・布瓦瑟利耶（Jean Boisselier） | 继续对王宫遗址内东北水池考古发掘 |
| | 1956 | B. P. 格罗斯利埃 | 通王城内遗址考古调查工作、南塔门桥两侧栏杆修复工作，豆蔻寺、吴哥寺、皇家浴池修复 |
| | 1957—1959 | | 吴哥地区南部进行地面考古调查 |
| | 1958 | | 王宫遗址考古发掘工作、罗洛士遗址考古 |
| | 1960. 10 | 村民 | 马德望 Phnom Sres 寺庙遗址发掘 |
| | 1961 | B. P. 格罗斯利埃 | 吴哥寺、通王城南塔门、巴方寺、托玛依神庙、豆蔻寺修复 |
| | 1962—1965 | | 巴方寺、吴哥寺道路、托玛依神庙局部修复工作，巴色占空寺植被清理 |
| | 1963. 03—1964. 03 | | 皇家浴池北侧墓地的考古发掘 |
| 泰 国 | 1965 | 美术部工作人员 | 苏可达耶地区古迹的调查与修复 |
| 法　国<br>柬埔寨 | 1967. 01—1970. 06 | 远东学院、柬埔寨工作人员 | 库伦山考古调查 |
| | 1967. 11—12 | 金边皇家艺术大学师生 | 古都乌栋内的提琶南寺进行了实地的考古调查及研究 |
| | 1968. 07 | 克劳德・杜马西 | Prasat Prei 遗址的考古调查与发掘 |
| | 1969. 03 | 村民 | 乌栋 DebPranamy 寺庙遗址发掘 |

## 一　吴哥核心区保护工作

### （一）1953—1959 年

1953 年，马绍尔继续在吴哥通王城内开展考古调查活动。在斗象台遗址北侧发现了几面装饰着浅浮雕的墙壁，它们被隐藏在遗址内的砖石结构墙体中。经过发掘后证明，斗象台遗址北部的连续变化可分为三个阶段：1. 平台底部浅浮雕墙体的延伸，在 1 号墙体构成了立面的第一处开口；2. 2 号墙体为这堵墙壁提供了一种独特的外部装饰，与平台的其他部分结构有很大的不同。其上的浅浮雕杂技表演、马球运动员、角斗士等场景相互叠加。新发现的 1 和 2 号浅浮雕墙体，内容较多且复杂。3. 在 1 号墙体的东北角，被大象躯干推倒的两个神秘人物，构成了高棉艺术中特有的图案，考古人员从未见过此种图案。考虑到建筑的总体规划，马绍尔认为导致 1 和 2 号墙体建筑连续出现两种状态的变化，是由于平台顶部的面积增加所导致的[1]。

〔1〕 Henri Marchal, Modifications successives de la partie nord de la Terrasse des Eléphants d'Angkor Thom, *BEFEO*, 1955, 47-2, pp. 617-620.

1954年，让·布瓦瑟利耶（Jean Boisselier）继续对王宫遗址内东北部的水池进行发掘，发掘结果使他对B. P. 格罗斯利埃的推断产生了怀疑。他在发掘日记中指出，在对水池遗址继续进行发掘时，发现地层中有两层永久的部分填充物，上层是路堤，下层是部分填充物，中间是一层黑色的植物痕迹。从这些地层的剖面和发现陶瓷器碎片的性质来看，布瓦瑟利耶无法做出与B. P. 格罗斯利埃相同的假设。下层沉积物这似乎很自然，而且似乎还可以追溯很长一段时间。对上层路堤的判断则拿捏不准且陶瓷器残片发现较少，似乎是一个非常晚的时间段，也许是19世纪住在王宫遗址内的暹罗总督所遗留下来的。

同时为了调查水池的实际深度，他们清理出了13层台阶，而不是最初的5层台阶，水池底部覆盖着角砾岩，深度为5.2米，而不是之前的2米。经过对水池的发掘得知，黑色沉积物在水池底部明显增加，并形成了全黑色的土壤层，没有任何分层现象，这是自然沉积的证据。

发掘过程中在第13水平层上发现了一些宋加洛瓷器的碎片，动物的骨头和一块经过处理的木材，这些遗物应该可以给出它被掩埋的大致日期。虽然吴哥要到40年后才会进行放射性年代测定，但在水池底部发掘出的陶瓷碎片与B. P. 格罗斯利埃的解释是有矛盾的。

1956年，远东学院与柬埔寨政府签署了十年合作协议，由远东学院继续对吴哥进行保护与修复工作。这项协议由柬埔寨政府出资（1961年为800万瑞尔），B. P. 格罗斯利埃负责并由两位法国建筑师Guy Nafilyan和Pierard de Maujouy来协助，共同完成对吴哥的保护工作。

远东学院对吴哥的保护工作，包括以下内容：由于吴哥通王城内考古遗址非常丰富，所以不断有新的发现，吉美博物馆的Serstevens小姐对遗址类型进行清点和分类工作。在吴哥通王城的南塔门道路和栏杆的修复工作已经完成，这些栏杆由108件高大的天神和阿修罗支撑着。吴哥寺的工作则集中在道路和平台的修复上，尽管这些平台已经消失在土壤和植被之下。同样，在皇家浴池遗址中对台阶进行修复并逐渐恢复到原来的样貌，这将使这座宏伟的水池恢复到12世纪的样子。在豆蔻寺内，他们对一组可追溯至961年的砖塔进行修复，对砖塔内部的浅浮雕进行保护工作。

鉴于在吴哥地区新发现的遗址，高棉皇家陆军地理服务小组结合B. P. 格罗斯利埃在1951—1954年间航拍的照片，进行了地面、地形调查，并绘制了详细的1∶10000吴哥地图[1]。

从1957—1959年，B. P. 格罗斯利埃在吴哥南部地区进行了两次系统的地面调查。由于在第一次地面调查时获得的经验，已经建立了一种“空中景观库”并对空中观察到遗址的性质进行推测，把这些遗址放到吴哥地区大的环境中，以便于推测遗址的年代。这是因为在第一次调查中（1957—1958年），发现了大量这样的遗址点，但无法对其进行发掘工作，且在此类遗址中尚未发现包含物。

在第二次地面调查（1958—1959年）中，他们能够对较为重要的遗址进行发掘。他们对其中一座塔楼进行了发掘，其年代可追溯至10世纪下半叶。在对罗洛士遗址群进行调查时，除了已知的水利设施和纪念碑建筑之外，还发现了25座塔楼遗址，并对其中的17座遗址进行了发掘。此外，还确定了37处生活遗址区，大多数是通过勘测来确定的。这是首次发现吴哥时期的生活遗址，这些遗址区聚集在塔楼遗址的周围，在某种程度上塔楼发挥了乡村寺庙的作用[2]。

---

〔1〕 Coedès, George, Rapport sur les travaux de l'École française d'Extrême-Orient en 1959-1962 ; lu dans la séance du 20 juillet 1962, *Comptes rendus des séances de l'Académie des Inscriptions et Belles-Lettres*, 1962, 106-2, pp. 249-257.

〔2〕 Groslier, Bernard-Philippe, Nouvelles recherches archéologiques à Angkor, *Comptes rendus des séances de l'Académie des Inscriptions et Belles-Lettres*, 1959, 103-2, pp. 377-389.

1958 年，B. P. 格罗斯利埃对吴哥通王城王宫遗址进行了局部发掘工作。王宫遗址的发掘结果对高棉王国年代的研究产生了重大影响，这一点在后来的报告中经常被提及。最后，在这份报告中对遗物的阐释很有启发性，尤其涉及到高棉陶瓷和进口瓷器的研究。

该报告是关于王宫遗址的初步调查报告。B. P. 格罗斯利埃首先回顾了 1952 年 10 月至 1953 年 5 月，在王宫遗址内进行的第一次考古发掘的经验，并对王宫遗址发掘中划分的四个地层分别对应四个不同历史时期的纲要，进行了进一步的阐释。

1958 年的考古发掘目标，包括对大水池[1]与空中宫殿之间的二期宫殿遗址和三期宫殿遗址以及瓷器在内的研究，因此这一区域成为发掘重点。首先是对该区域试探性地布置了两条垂直的发掘探沟，然后是大面积的布设探方。

探方按照 5 米 ×5 米的标准，从 A 到 H 确定南北线（纵轴）和编号为 4 到 10 的东西线（横轴）进行组合。在 A、B、C、F、G 及 H4 内探方中布设了 6 个 2 米 ×4 米的探沟，在第 6、7、8、D9 探方中布设了 4 个相同尺寸的探沟。随后进行了 19 个 4 米 ×4 米的扩方工作，其中的几条探沟是与 1953 年发掘的探方相连（图 56）。因此，1958 年在大水池和空中宫殿之间发掘的面积估计为 400 平方米，加上 1953 年在这一地区发掘的约 240 平方米，两次发掘共约 640 平方米。

图 56 左：D7 至 G9 的探方（从东北方向拍摄 图片来源 EFEO，1958，编号 GROB03109）；
右：F9 到 D7 的探方（从西南方向拍摄 图片来源 EFEO，1958，编号 GROB03141）

B. P. 格罗斯利埃描述了宫殿遗址内连续发现的各种遗迹，并以 1952—1953 年的发掘资料为基础，同时辅以探方 H4 的地层剖面图进行了说明。他认为第一期（自上而下排列）宫殿遗址时代是最晚的应与空中宫殿有关，他在 1958 年的发掘中证实了这一点。这一期出现了建筑构件遗物，暗示着一场大火把宫殿系统摧毁，还发现了经过用紫红色沙土掩埋的陶器和中国瓷器。第二期宫殿建在一处普通的

〔1〕 在 2019 年中国工作队的工作中把大水池编为 2 号水池。

填充物之上，其时代属于阇耶跋摩七世时期。在第二期遗址内发现了许多陶瓷器，其中中国瓷器约占了三分之二（图 57）。通过对第二期宫殿遗址内燃烧物的残骸分析可知，这一期是在第三期宫殿遗址被覆盖后，于其上建造了第二期宫殿。另外，在第三期遗址内发现了很多蓝色和白色进口瓷器。

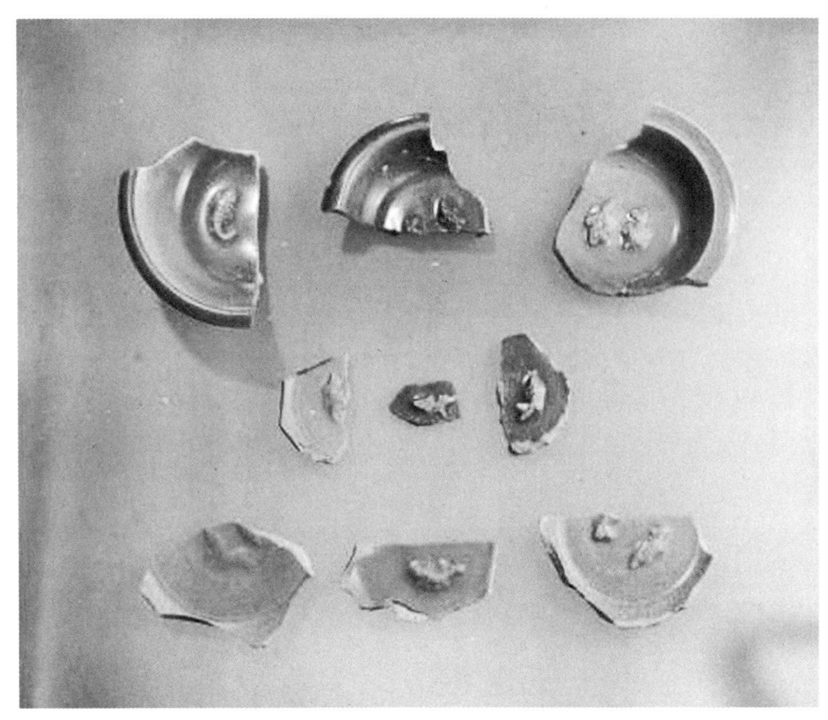

图 57　遗址内发现的中国青瓷器残片
（图片来源 EFEO，1950–1960，编号 GROB03462）

第四期宫殿遗址是建立在一种新的填充物之上，在很大程度上恢复了以前的建筑结构。建筑被限制在一处小型建筑内（水池和道路边缘）和一处曾经延伸到空中宫殿的建筑，第一处建筑被烧毁，第二处似乎被遗弃了。发掘工作收集了重复使用的砂岩碎片、大量从中国和暹罗进口的劣质瓷器。

B. P. 格罗斯利埃认为第四期宫殿遗址的废弃年代是在 12 世纪，很可能跟 1177 年占婆人入侵吴哥都城并毁坏城市有关系。第三期宫殿遗址可能跟周达观提到的阇耶跋摩八世（1243—1295 年）有关。第二期宫殿遗址应该是在 1295 年之后，虽然他没有发现周达观提到的“铅瓦”的痕迹，但是在王宫遗址外围东北部发现了一处青铜作坊遗址，其东段直抵斗象台北门廊。根据最新的测年研究，该作坊遗址大约在 13 世纪末即在第三期宫殿遗址时就已经废弃了。第二期宫殿遗址时代为 13 世纪末；第一期宫殿遗址的时代对应着 14 世纪上半叶。

他随后在其他地方进行了勘探调查，以廓清王宫遗址内建筑上的一些模糊之处。5 号探沟位于空中宫殿东南角的十字形平台建筑[1]脚下，希望通过发掘证明，该建筑能够与第四期宫殿联系起来从而证实马绍尔的观点。6 号探沟位于在斗象台遗址的中部北门廊处，格罗斯利埃想“看看这种勘探能带来什么”，以明确王宫遗址和斗象台之间的关系。

〔1〕 在 2019 年中国工作队的工作中把十字形平台建筑编为 7 号建筑基址。

B. P. 格罗斯利埃总结了有关设定的目标成果报告，并重点介绍了1953年和1958年对吴哥通王城王宫遗址发掘的主要贡献。他回顾了在发掘工作期间收集的建筑构件，易腐烂遗物、建筑陶瓷器和金属材料等信息，还提出了所收集样品的多样性、研究状况，尤其是在1958年开始对古环境的研究。

B. P. 格罗斯利埃也强调建立陶瓷器编年谱系的价值，无论是以前对当地陶瓷生产的认识还是对中国出口瓷器的了解，这两者都对高棉瓷器产生了深远的影响，并且他认为从考古学的角度来看其影响，从东南亚一直延续到非洲西海岸。

B. P. 格罗斯利埃还进一步扩展了他的报告，提出了关于王宫遗址未来可能的发掘工作建议，他认为，现在这些建议与其他优先事项相比过于草率，并且尽可能由柬埔寨考古学家负责发掘。他还提出了一些保护措施，如保护王宫遗址内的森林和环壕内的灌木丛，保护在发掘过程发现的遗迹、遗物，并对遗迹做出合理的解释。同时，他还建议对空中宫殿和大水池之间的地区给予特殊关注，并建议继续在那里进行发掘，以便清理"第三期宫殿遗址"的地面，并恢复阇耶跋摩七世时期的建筑。此外，还建议1952-1953年发掘的遗物应该全部存放在柬埔寨金边国家博物馆和吴哥保护区内。1959年，他被任命为远东学院考古部负责人时广泛实施了这些计划。

同时，他也对在考古工作中大规模的发掘提出了质疑，并认为此种做法可能是负面的。随后，他提出了在广泛实地调查基础之上，来建立一般地层学和取样，就像他在斗象台遗址中的工作一样。他只在1964年对皇家浴池西侧墓地进行大面积的考古发掘工作，共发掘了约67个探方面积超过1600平方米。

最后，B. P. 格罗斯利埃以各种行政考虑结束了他的报告，特别详细说明了记录和移交材料的方法，并为"博物馆感兴趣的"和"考古感兴趣的"遗物建立了单独的清单、记录和登记册。同时，他还在暹粒（Siem Reap）建立了一座金属物品修复实验室，开始重视小型铁器等遗物。在此之前，它们有时会被简单地称为"毫无价值的垃圾"[1]。

（二）1960—1969年

1960年，诺罗敦·西哈努克亲王访问了吴哥。亲王表示有兴趣保护文化遗产，以提高柬埔寨民族主义的声望。随后于1965年成立了金边皇家艺术大学（Royal University of Fine Arts 简称"RUFA"）[2]，以回应保护柬埔寨民族主义下文化遗产的需要。学校计划建立与考古、建筑、历史、民族学以及遗址保护和修复有关的专业，每个系每年都有许多学生毕业，其中一些人出国继续深造学习，其他人则进行吴哥遗址的保护与修复、民族学研究以及考古发掘工作等。

1961年，远东学院在柬埔寨暹粒的研究中心落成。共有三间别墅供学院成员、研究人员和行政官员居住，还有一幢主楼，里面有办公室、图书馆、摄影图书馆、摄影实验室和科学实验室（图58）。

在B. P. 格罗斯利埃的指导下，吴哥保护区的任务包括每天的日常工作及下一步发展的计划，以及古迹的保护工作。在吉美博物馆文化和技术事务总干事的协助下，远东学院执行了一项为期几个月的任务，编制了库房内石质文物目录。而此时吴哥的考古与保护工作，一部分由柬埔寨政府来资助，另

〔1〕 Christophe Pottier, Fouilles statigraphiques à Angkor Autour d'un rapport de fouilles inédit de Bernard-Philippe Groslier. Présentation, *Aséanie*, *Sciences humaines en Asie du Sud-Est*, 2014. 33. pp. 147-174.

〔2〕 Chea Thay Seng是皇家艺术大学考古系的第一任主任，同时还是柬埔寨国家博物馆的第一任馆长。这所大学是以1920年成立的柬埔寨艺术学院（Ecole des Arts Cambodgiens）作为班底，该学院从一开始就致力于保护与柬埔寨传统文化相关的学生、工匠和教师。

图 58　吴哥保护区内的资料室
（图片来源 EFEO，1958，编号 LAUJ00131）

一部分则由远东学院资助，同时在几个地点进行工作。

此时的工作包括：在吴哥寺修复神道南侧的台阶，为系统地拍摄浮雕走廊而修建了起重机巷道。在吴哥通王城的南塔门，对原始地基部分进行调查后，完成了神道西侧的重建工作。还对巴方寺基础的四个角和台阶部分进行了拆除、抬高、重建工作；在托玛侬神庙重建寺庙的前厅部分；在豆蔻寺内对其中一座砖砌塔楼进行浅浮雕切割、重建墙壁，在厚厚的墙壁上安装钢筋水泥带，因为这些墙壁正处于断裂和倒塌的过程中；对皇家浴池则进行考古调查与平台修复工作。

在这些工作中 B. P. 格罗斯利埃均得到了建筑师 Nafilyan 的协助。此外，还有两名建筑师对十二生肖塔（Prasat Suor Prat）和巴方寺情况进行了评估。十二生肖塔是近年来重建的，有可能再次遭到破坏。在两名建筑师的协助下进行了地形调查，并向法国国家地理研究所提供了详细的文件，以便绘制吴哥地区的地图。

自然历史博物馆的 Fusey 在暹粒进行一项任务，对吴哥砂岩病害进行研究。

地球物理研究所所长 Thellier 教授，制定了一项关于建筑中砖块剩余磁性的研究计划。因为在柬埔寨有很多从 6 世纪到 10 世纪的砖砌建筑，因而能为重建这一时期，东亚地球磁场的变化提供基础材料[1]。

〔1〕 J. Filliozat Michel Soymié L. Vandermeersch Roger Billard，Rapports sur l'activité de l'Ecole française d'Extrême-Orient en 1961，*BEFEO*，1963，51-2，pp. 649-650；Bernard Philippe Groslier（textes réunis par Jacques Dumarçay），*Mélanges sur l'archéologie du Cambodge*（*1949-1986*），Paris：Presses de l'École Française d'Extrême-Orient，1997.

同一年，让·德尔沃特（Jean Delvert）通过对柬埔寨境内的吴哥寺、巴肯寺、巴戎寺、塔布隆寺、比粒寺、格罗姆寺、罗莱寺（Lolei）、班迭色玛、女王宫、茶胶寺建筑内的岩石构件以及馆藏的石刻造像，所遭受的侵蚀情况进行观察和研究。

1962年8月，在法国国家科学研究中心（CNRS）项目的资助和B. P. 格罗斯利埃的帮助下，Annexe有机会来到吴哥地区灰色砂岩的采石场。从图克里奇村（Teuk Lich）以北3千米处的一个小采石场收集样品，此样品所处的深度比之前采集到的任何样品都要深，因此温度也更高。研究结果表明，岩石似乎没有改变但其中一些矿物质改变了。他对这些尽可能"新鲜"的岩石进行分析，证实了灰色砂岩中含有许多在沉积过程中已经改变的矿物质（特别是黑云母和某些长石）[1]。

1962—1965年，远东学院在暹粒研究中心进行的工作包括：吴哥摄影调查、建筑装饰图案绘图、地形调查、古迹调查以及建筑师Nafilyan和地形学家Turletti对吴哥绘制了一幅非常详细的地图。而之前最新的地图，则是由法国国家地理研究所根据以前的资料，结合最新的测量和航空考古调查结果所绘制的。

1963年3月至1964年3月期间，远东学院在皇家浴池西岸北侧发现了一处墓地。其中年代最早的墓葬可以追溯到11世纪，最晚的墓葬为14—15世纪。第一个时期的墓葬大约有50座，其中包括了250多件完整的陶罐，里面装有骨灰，其他的遗物包括青铜器、镜子、武器等。这是柬埔寨首次发现这样的墓地，毫无疑问墓地的发现为研究古代高棉人的丧葬习俗提供了重要的资料[2]。

1967年1月至1970年6月，远东学院与柬埔寨联合在库伦山区进行考古调查工作。该调查的目标是从各个方面来了解库伦山区的古代生活遗址，同时搜集自然数据和绘制遗址地图[3]。

调查区域包括库伦山的西北—东南方向，暹粒河的上游约30公里的区域，西边靠近女王宫、东边毗邻崩密列建筑的北部边缘。在这样的区域内，为吴哥巨大的经济和宗教建筑遗址提供了一个不可或缺的水利城堡，可能也是一处重要的"后花园"。工作人员对库伦山附近及山区内的遗址进行了调查，并按照方位分为四个调查区域，分别是西北地区和高布斯滨（Kbal Spean）[4]地区、北部地区、东北部地区、从SVAY LOE到TPEN地区。

1967年，远东学院与柬埔寨政府签订了关于吴哥考古公园保护的协定。该项目由B. P. 格罗斯利埃负责，考虑到吴哥的清理、拆除、修复和重建纪念碑建筑的工作，基本上是技术性的，目的是重建与保护。通过深入研究建筑衰退的原因，包括土壤基质的情况、材料的性质、生物气候条件和建筑结构，使技术本身得以改进。因此，他们提供了关于建筑群及其结构元素的知识，并对建筑进行考古发掘和研究，以揭示建造纪念碑建筑之前人群的活动[5]。

---

〔1〕Jean Delvert，Recherches sur l'« érosion » des grès des monuments d'Angkor，*BEFEO*，1963，51-2，pp. 453-534.

〔2〕Coedès，George，Exposé sur une découverte à Angkor，*Comptes rendus des séances de l'Académie des Inscriptions et Belles-Lettres*，1964，107-5，pp. 61.

〔3〕Jean Boulbet Bruno Dagens，Les sites archéologiques de la région du Bhna Gūlen（Phnom Kulen），*Arts Asiatiques*，1973，27，pp. 1-52.

〔4〕Spean指的是桥梁。

〔5〕Filliozat Jean，Rapport sur l'activité de l'École française d'Extrême-Orient en 1967-1968；lu dans la séance du 15 novembre 1968，*Comptes rendus des séances de l'Académie des Inscriptions et Belles-Lettres*，1968，112-4，pp. 494-501.

## 二 其他地区保护工作

### （一）柬埔寨境内

1960 年 10 月，马德望省 Phonm Prab Net Pral 西南约 4 公里处 Phnom Sres 寺庙遗址，在一场大雨后人们看到几块石头从泥土中显现出来。村民们清理现场后发现了石刻碑铭，其中一通碑铭高 112. 5 厘米，宽 41. 5 厘米，碑身正反两面都刻有铭文，碑身的底部高浮雕象头神伽纳什（Ganesha）。该碑铭于 1965 年 4 月被运往吴哥保护中心[1]（图 59）。

图 59 Phnom Sres 寺庙遗址出土的石碑
（左：石碑的正面 右：石碑的反面；图片来源 BEFEO，1968，54）

1967 年 11 月底至 12 月初，由柬埔寨金边皇家艺术大学（RUFA）考古系的师生对古都乌栋（Oudong）城内的提琶南寺（Tep Pranam）进行了实地的考古调查和研究工作。可以说这是柬埔寨民族独立以来，首次见诸报端的考古调查报告，具有一定的里程碑意义[2]。

1968 年 7 月，应高棉城市规划部门的要求，远东学院的克劳德・杜马西（Claude・Dumarçay）对吴哥寺西南 1500 千米处靠近康耶（Commaille）公路的一处小土墩 Prasat Prei 遗址进行了四次考古调查工作（图 60 左）。这处遗址在 B. P. 格罗斯利埃的空中观察时就发现了环壕和土墩遗迹。考古人员把被

〔1〕 Claude Jacques，Études d'épigraphie cambodgienne，*BEFEO*，1968，54，pp. 605–622.

〔2〕 étudiants de la Faculté Royale d'Archéologie de Phnom Penh，André Bareau，Le monastère bouddhique de Tep Pranam à Oudong，*BEFEO*，1969，56，pp. 29–56.

土层掩埋的建筑完全清理出来，在对纪念碑建筑进行了四次勘测之后（一次在南北轴线上，三次在东西轴线上），并完全拆除了纪念碑建筑的东北部，以便于能够深入研究这座高棉建筑（图60右）。最后认定这座建筑可以追溯到16世纪的后吴哥时期[1]。

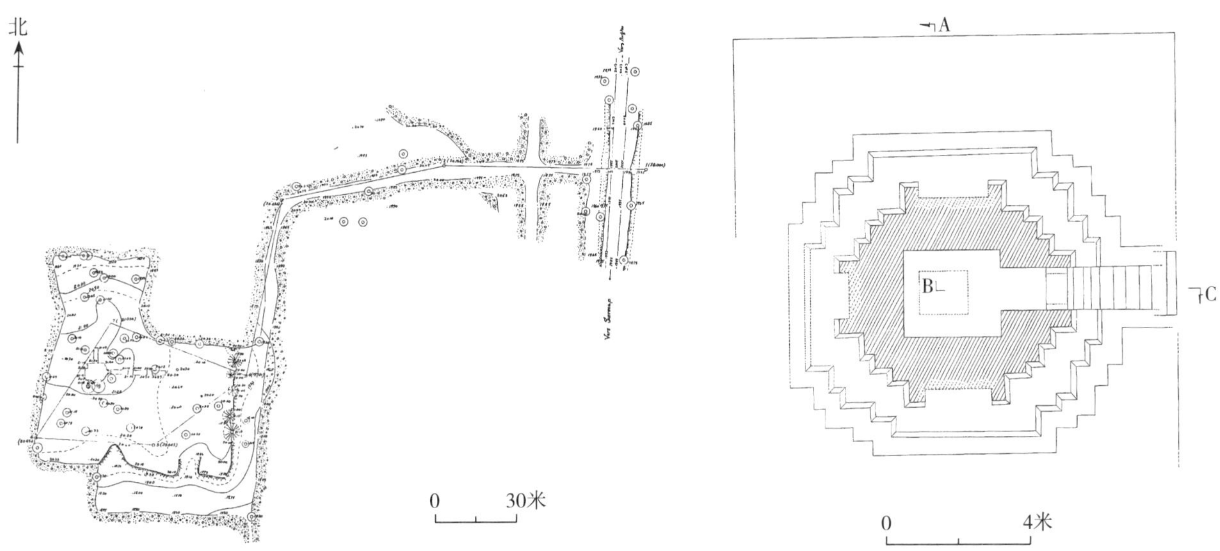


图60　左：远东学院测绘的遗址位置图；右：砖塔的角砾岩地基平面图
（图片来源BEFEO，1972，59）

1969年3月，在乌栋的Deb Pranamy寺庙对中央圣殿进行重建的过程中，当地人发现了几件古老的青铜器。青铜器包括几件小造像和较大的碎片。虽然这些青铜器均已变形，且受到严重的腐蚀，但值得进一步研究，所以工作人员修复了三尊小造像和一尊男性造像[2]。

（二）泰国境内

根据航拍照片显示，泰国东北部有200多处被遗弃的城址和寺庙遗址，其中许多遗址尚未得到调查。鉴于此，1959年，泰国艺术部（Fine Arts Department）派出一支考察队对东北部的呵叻府、武里南、猜也贲府进行实地调查并发掘了该地区的许多古代遗迹，其中在Prasat Hin Muang Khaek、Tambol Korat、Amphoe Soong Noen、Changvat Nakhon Ratcha Sima遗址点的发掘工作取得重大成果。这些遗址主要属于古代高棉文化，而在呵叻省所在的这个地区，靠近扁担山脉，很有可能曾经有一个古老的城址——Mahidharapura，由一位名叫赫拉尼亚跋摩（Hiranyavarman）的人统治，在之后的1082到1357年左右，古代高棉国王统治该地区[3]。

1965年，在泰国境内的苏可达耶（Sukhodaya）地区由泰国艺术部负责修复的Sala Ta P'a Deng遗址，是苏利耶跋摩二世时期修建的纪念碑建筑。虽然它具有同时向东、西两侧开门的特殊性质，但建筑的布局和高度使人们对建筑的时代毫无疑问。同时，他们还对Watp'ra Pai Luang、Wat Si Savai遗址

〔1〕 J. Dumarçay，Le Prasat Prei près d'Angkor Vat，*BEFEO*，1972，59，pp. 189-192.

〔2〕 Madeleine Giteau,Note sur quelques pièces en bronze récemment découvertes à Vatt Deb Pranamy d'Oudong (Utun), *Arts Asiatiques*, 1971, 24, pp. 149-159.

〔3〕 J. J. Boeles. Note on Archaeological Survey and Excavations in North-Eastern Thailand in 1959. *The Journal of The Siam Society*，1960. vol. 48. 2. pp. 85-93.

及呵叻高原地区发现的吴哥遗址进行了实地的调查和修复工作[1]。

## 第二节　吴哥保护工作成就

第二次世界大战之后，中南半岛上的政治格局发生了变化。昔日的法属印度支那联邦成员，均已摆脱法国殖民者的统治纷纷独立。这种政治格局对吴哥考古与保护工作产生了直接的影响，最明显者有二：一是，法国与现在的越南、柬埔寨、老挝、泰国实现了国家之间的平等。在这些国家内进行吴哥考古与保护工作时，均以双方自愿、平等方式进行，两国之间处于平等地位且还需遵守这些国家的法律；二是，法国开始对这些国家，尤其在对柬埔寨进行考古与保护方面专业人员的培训工作，这在以前是难以想象的。同时，这一时期的吴哥考古与保护工作是建立在之前活动成就基础之上的，更何况一些重要遗址的考古与保护活动就始于20世纪初，如吴哥通王城、库伦山区的考古调查活动。

因此，这一时期的吴哥考古与保护工作成就，归纳起来主要体现在以下几个方面：

一、随着地层学与类型学的不断完善，考古学在吴哥考古与保护工作越来越发挥其重要性。

第二次世界大战后许多学科都发生了变化，这与战后的世界格局和人们思想的变化，以及各学科之间相互渗透是密切相关的。这一时期的考古学也在变化，这种变化就是从以地层学和类型学为主的文化史研究进入对古代社会的重构和研究之中[2]。

在20世纪60年代，以路易斯·宾福德（Lewis·R·Binford）为代表的过程主义考古学家（新考古学家）对当时的“传统”考古学提出了挑战，形成了所谓的“新考古学”。考古学家们立足当代以观察之前的考古工作，意识到了理论对于重现历史的重要性，考古学也从此步入了新的发展阶段[3]。一些新的考古学方法受到自然科学新技术的推动，但最重要的因素是考古学目标概念的改变。考古学家被要求更严格地解释和阐述，更密切地与自然科学结盟，并采用数据收集和分析方法，更容易验证或证伪他们的结论。“新”与“旧”考古学之间的主要区别在于，除了客观描述之外，更强调解释和寻找因果关系。

虽然考古学并不是唯一一个打破战前解释的学科，但它在其中发挥了重要作用。考古学借鉴了地理学、民族学的一些方法，这种新的考古学方法不仅适用于研究无文字的时代，而且尤其适用于东南亚古代历史的原始时期或历史时期。由于不愿以牺牲现有资源为代价，优先考虑发掘所发现的建筑遗址，这种考古学连同它所提出的新分析方法，已在传统的学科中占有一席之地。从B. P. 格罗斯利埃的王宫遗址考古发掘开始注意划分地层，并根据地层中出土遗物来重建建筑历史，同时对出土的陶瓷器加以分析研究。虽然对建筑历史认识的正确性有待商榷，但是这种理念方法无疑是正确的，对吴哥以后的考古工作具有重要的启示意义。

二、吴哥考古与保护工作不断升华。这一点主要体现在以下几个方面：第一，注意收集在考古工作中发现的小型遗物，如铁器、陶瓷器等。第二，在柬埔寨暹粒成立研究中心，以便于更好的持续对吴哥进行保护工作。第三，开启了对石刻造像侵蚀现象的研究工作。第四，研究对象从陶器、石刻造像、建筑遗址

〔1〕 Jean Boisselier，Récentes recherches archéologiques en Thailande. Rapport préliminaire de mission（25 juillet–28 novembre 1964），*Arts Asiatiques*，1965，12，pp. 135–140.

〔2〕 杨建华：《外国考古学史》，长春：吉林大学出版社，1995年，第114页。

〔3〕（美）路易斯·R·宾福德著，何传坤译，宋新潮、陈星灿整理：《美国新考古学的发展》，见中国历史博物馆考古部编：《当代国外考古学理论与方法》，西安：三秦出版社，1991年。

等人工制品所反映的年代扩展到，以遗址和遗物群所反映的社会行为的联系。陶器文化概念被提出，水利设施与建筑的分析取得进步，文化结构和自然环境背景关系、文明起源、农业起源成为世界考古学的主要课题。吴哥时期人类的行为与生业模式也被纳入研究范畴等等，昭示了此后吴哥研究多元化、多学科的趋势。

从这四个方面充分说明了，这一时期人们对吴哥考古与保护工作，远离了功利性，而走向纯科学性。在吴哥建筑遗址中存在大量陶瓷器及铁器等小型遗物，这些看似“毫无价值的东西”，但是在学术研究中个个都是无价之宝。吴哥考古与保护工作就是在日益重视“不重要的东西”，并把发掘和研究它作为目标的过程中自身得到了升华。

三、吴哥考古与保护队伍的不断科学化和正规化。1965 年，柬埔寨政府成立金边皇家艺术大学，设有考古学和建筑学专业。除此之外，政府支持的研究机构培养了大量经过考古专业训练的研究人员，在全国范围内展开了考古调查项目，科学系统地进行调查和发掘工作，获取了大批考古材料，一批有专业技术的学者就职于各大博物馆或考古单位。最明显的现象之一，是将研究工作从“外国人”手里转移到柬埔寨的考古学家之中，同时提高了研究质量。另外，法国作为柬埔寨的宗主国仍在向其输送研究人员，但是在方式、方法上有所改变，从最初的全盘控制到后来与柬埔寨国内考古单位联合考古的模式。此外，柬埔寨境内的吴哥考古与保护工作还得到了一些外国资金的支持，这也是柬埔寨独立之后，吴哥保护工作持续发展的原因之一。

四、由具有考古知识背景的学者负责吴哥保护工作。二战后吴哥考古与保护工作迎来了首位有考古学知识背景出身的负责人 B. P. 格罗斯利埃（图 61 左）。格罗斯利埃于 1926 年 5 月 10 日出生于柬埔寨金边。年轻时，他前往法国学习（克莱蒙费朗，1943—1944 年）。在 1942—1943 年的夏天，他参加了斯特拉斯堡大学在 Gergovie 的高卢—罗马遗址发掘工作。其他时间（夏季）则是在剑桥大学的 Star Carr 发掘（1948 年）和意大利的庞贝古城（Pompeii），赫库兰尼姆（Herculaneum）和帕斯图姆

图 61　左：伯纳德·飞利浦·格罗斯利埃肖像（图片来源 EFEO，1960，编号 CAM19938-b）；
右：吴哥保护区内的设备仓库（15 米 ×60 米）（图片来源 EFEO，1956，编号 LAUJ00047）

（Paestum，1949 年）度过的。二战后，他进入巴黎索邦大学学习，1950 年获得历史学证书，并从巴黎东方语言学院（École des Langues Orientales）获得了柬埔寨语文凭。他还在卢浮宫学院、高级实践学院和民族学学院学习。他长期致力于吴哥考古与保护工作（1960—1975 年），对吴哥遗址的研究始于 1952 年对王宫遗址的发掘。其中，他最显著的成就是 1953—1958 年，在王宫遗址内空中宫殿的北侧进行考古发掘工作，以探方 H4 剖面为例把遗址分为四期，每一期对应着空中宫殿的建筑演变过程。但是很遗憾的是，囿于当时条件的限制没有采用碳 14 测年技术，因而无法来验证其推测的科学性。但是也应该看到其客观原因：其一，当时的碳 14 技术处于起步阶段尚未普及；其二，由于吴哥遗址中存在大量的碑铭，这就为遗址的断代提供了依据。同时，在王宫遗址发掘期间，他对出土的中国瓷器进行了研究，对东南亚多处重要遗址点都进行过实地调查，还对馆藏在伊斯坦布尔和伦敦的中国瓷器进行研究，最终成为了一名出色的陶瓷器专家。不久之后，利用航空考古重建扶南和古代柬埔寨的灌溉网络。从 1960 年开始，他主要开展了对吴哥地区所有的纪念碑建筑进行全面的调查工作，建立一个研究建筑变化过程的实验室，拟订修复理论和技术，培训（特别是在法国）技术人员和修复人员[1]。

五、新技术、新方法的应用。计算机的广泛运用方兴未艾，考古学家正是通过它去处理巨量的、琐碎的考古材料信息。在吴哥考古学中，此时已经开始逐渐利用计算机来处理考古材料。其次是分子生物学的进展引人注目，DNA 分子生物技术开始运用于考古学中。最具突破性的是，1949 年美国化学家威拉德·利比（Willard Libby）发明了放射性碳 14 断代法。虽然直到 10 年以后学者们才能认识到这一划时代技术成就的全面影响，但是其意义是重大的，尤其对考古学来说，把考古学者从年代学研究中解放出来，使得他们将现实变得更加广阔，从狭窄的年代学研究转变到丰富的历史联系过去与过程的探索中[2]。航空考古日臻成熟，并逐渐发展成为了一种可替代地面调查的一项新技术，这一切都离不开新理论的出现与成熟。

除此之外，1954—1955 年，在远东学院和法国部队的共同努力下，吴哥遗址修复现场在相当长的一段时间内获得了丰富的辅助工具，这在同类组织机构中是罕见的。具体包括：可在所有地形中使用的卡车和货车，两层厢式货车、拖拉机、吉普车、摩托车、铁或木或汽动船、现场电话，可为工作人员提供运输旅行和通讯。两台二十吨重的轮胎和履带式起重机可用于大型作业，小型起重机、传送带（不包括绞车和卷扬机）和重要的起重机为几百公斤的重物提供必要的提升动力。树桩粉碎机、机械锯、混凝土搅拌机、压缩机、电动泵、发电机组、探照灯、潜水设备、净水器，灌木丛设备等……可以满足远东学院所有的任务需要。从砍伐雨林中的大树到抽干地下渗水，甚至是使用轻型潜水服进行水下调查作业。这些设备的维护需要机械修理厂，修理厂配备了用于加工木材和铁器的机床，可以在紧急情况下对某些零件进行机床加工[3]（图 61 右）。

六、吴哥学术研究的爆发期。1970 年之前历史时期的考古研究被视为文本和艺术史的附属品，主要针对寺庙、造像和碑铭的研究。而吴哥的研究多集中在寺庙、石刻造像和碑铭学上，在这些问题上已经取得了相当大的进展。如 1965 年，斯特恩出版的《巴戎风格的高棉古迹及阇耶跋摩七世》。在书中对他著名的造像分析方法进行了最终改进，它们被更准确而详细地应用于巴戎风格的纪念碑建筑中，

〔1〕 Denys Lombard，Bernard Philippe Groslier（1926–1986），*Arts Asiatiques*，1987，42，pp. 105.

〔2〕（英）科林·伦福儒、保罗·巴恩著，陈淳译：《考古学理论、方法与实践》（第 6 版），上海：上海古籍出版社，2015 年，第 8–18 页。

〔3〕 Louis Malleret. La Restauration des Monuments d'Angkor et ses Problèmes. *Studies in Conservation*，1959，4–2，pp. 51–61.

大致对应于阇耶跋摩七世统治时期（1181 年至 1219 年）。

而碑铭学的方向发生了重大转变，从对统治等级的关注转向社会历史[1]。不幸的是，在吴哥碑铭学（甚至东南亚碑铭学）研究领域工作的学者人数太少，无法利用大量的材料产生较大的学术影响。同时，这门学科对学者也提出了很高的要求，他们需要掌握广泛的语言技能，因此很少有学生被这门学科所吸引。

在历史方面的研究则产生了一些对后世影响较大的著作，不仅有法文，还有英文、中文。如，远东学院的东方学者让·布瓦瑟利耶（Jean Boisselier）主编的《远东考古学手册——柬埔寨卷》[2]（*Manuel d'archéologie d'Extrème-Orient. Le Cambodge*）于 1966 年在巴黎出版。文章以非常详细和高度文献化的形式来呈现，虽然按照时间顺序来概述，但没有过多地关注史前史和原始史，而是概述了邦国时期、前吴哥时期、吴哥时期、后吴哥时期的建筑及装饰，并依次介绍了宗教遗址和造像、金属艺术、陶瓷以及发现较少的遗物（木雕，绘画，织物）。

作者提供的信息非常广泛和可靠。可以说，它为我们提供了各个方面的最新知识。首先，建筑得到了充分的阐释。书中详细研究了建筑及其布置、施工工艺和构件。接着讨论了金属艺术（青铜、铁、金和银）、陶瓷艺术和其他技术（绘画、雕刻木材、织物），并提供了许多非常有用的信息。书中共有 225 张照片，且这些照片都是经过精心挑选的。文章非常详细，因此提供了大量的资料，并附有参考书目。在本卷的末尾有一个完整的参考书目，以及一个有价值的索引。总的来说，虽然该书很受欢迎，但往往在细节上缺乏精确性，这使该书成为全面了解柬埔寨考古的一般读物，而不具备进行深入研究的科研性读物。

另外，专门介绍吴哥水利城市的文章在很长一段时间内被奉为圭臬。B. P. 格罗斯利埃于 1970 年代相继发表两篇与高棉人居环境相关的文章：1974 年《吴哥帝国的农业及宗教》（*Agriculture et religion dans l'empire angkorien*）和 1979 年《吴哥水利城市：对土地的开垦是否过度？》（*La cité hydraulique angkorienne：exploitation ou surexploitation du sol?*）。

文章主要讨论这座坐落在库伦山与洞里萨湖北岸之间的水利城市（吴哥通王城）。水利城市是一个由运河和水池组成的网络，这些运河和水池收纳河流和季风带来的水资源，然后将其重新分配到由这个水资源网络构成的永久性稻田中。运河和水池除了在旱季为居民和牲畜提供必要的水资源储备外，它还可以确保远离水资源的农作物消除气候差异，从而提高农业生产的安全性。它为吴哥地区寺庙的建设提供了必要的人力资源，以及其他王室权力的表现。同时，吴哥水利城市是一种对空间进行开发的系统，该空间非常适合于此国度，这使该文明得以勃兴，并随后得到了繁荣。同样明显的是，在某种程度上也是对自身发展产生一种封锁，最终将其文明窒息而死[3]。

英文著作中首推美国籍历史学者——劳伦斯·帕默·布里格斯（Lawrence Palmer Briggs）。早在 1914 年被任命为美国驻西贡领事职位之日起，就开始收集材料，终于在 1943 年（近 30 年后）撰写了《古代高棉帝国》（*The Ancient Khmer Empire*）一书，于 1951 年由美国哲学协会出版。此书一经刊出影响甚大，可以说是一部叙述柬埔寨古代历史的大型权威著作[4]，中国的夏鼐先生校注《真腊风土记》时亦采用了此书中的一些观点。

布里格斯利用了远东学院东方学者的大量资料，引用了大约 750 本书籍和 300 多处法语翻译的碑

〔1〕 J. G. de Casparis，Pour une histoire sociale de l'ancienne Java principalement au x–emeS，*Archipel*，1981，21，pp. 125–147.

〔2〕 Jean Boisselier. *Manuel d'archéologie d'Extrème–Orient*（*première partie Asie du Sud–Est*，*tome 1*，*le cambodge*）. Paris：A. et J. Picard，1966.

〔3〕 Bernard Philippe Groslier，La cité hydraulique angkorienne：exploitation ou surexploitation du sol？*BEFEO*，1979，66，pp. 161–202.

〔4〕 Lawrence Palmer Briggs. *The Ancient Khmer Empire*，The American Philosophical Society，Philadelphia，1951.

铭（主要来自贝尔盖涅·芬洛（Bergaigne Firrot）和赛代斯）。尽管他的书涉及高棉的民族学、社会学、宗教、建筑和艺术的许多问题，但目录将表明该书目的和方法，从根本上来说是历史性的。他的叙述起于1世纪的扶南王朝，止于1432年都城从吴哥地区迁出。全书共分三章：第一章，1世纪至550年的扶南政权时期；第二章，真腊政权时期约550至802年；第三章，柬埔寨或吴哥时期802-1432年。作者着重叙述了第三章，这一章约占全书篇幅的三分之二。

在中文书籍方面，则是陈序经先生出版于20世纪五六十年代的《扶南史初探》[1]。这本书共分为三编，其中第一编从国名、史料、地理、贸易、交通、物产、种族、土俗、工商、城市十个方面来总的介绍扶南情况。第二、三编则对不同时期的扶南进行了逐一的介绍，并探讨了扶南与周边国家的关系，尤其是扶南与真腊的关系。这本书可以说是中国第一部关于中南半岛上古代国家的研究著作，作者充分利用中国古籍中对中南半岛上古国的详细记载，对扶南这个国家进行了详细的研究。同时囿于时代的局限性，作者没有能充分利用法国人的研究成果（湄公河下游地区的考古发掘、调查活动及相关的碑铭资料），只是较多的利用中国古籍资料来论证相关问题，使这本著作的重要性有所折扣。

七、吴哥背负了巨大政治愿景。柬埔寨于1953年从法国的殖民统治下解放出来，为了寻找自己的身份，开始了一项独特的实验，利用君主制、宗教和吴哥的强大象征性，创造了自己的社会和政治模式，因此，有人把这一时期称为“黄金时代”。

这个“黄金时代”产生了一个在东南亚历史上独一无二的建筑学派。这种现象在任何情况下都是不寻常的，同样对于一个第三世界的农业小国来说就更重要了。尽管人们普遍认为这主要归功于西哈努克的个人承诺，但这只是其中的一部分。在与法国进行和平独立谈判时，由此产生的民族自豪感，成为动员社会各阶层积极进行自我完善的催化剂。法国的影响、吴哥神话、与不结盟国家的团结也促成了这一转变，这些因素反过来使柬埔寨人能够坚持自己建筑的原创性和多样性，反对来自西方的模式。

其中，这一时期最具代表性的人物叫Vann Molyvann[2]。他被证明是最能满足、最苛刻赞助人要求的建筑艺术家，在被称为“新高棉建筑”的多产运动作出贡献的众多建筑师中，Vann Molyvann在这一时期完成的大量工作是值得称赞的。1966年，他主持兴建的国家综合体育馆不仅被用作国际体育场馆，还用于举办人数多达10万人的赛事。同样重要的是，该建筑是使用吴哥时期大规模土方工程施工技术建造的，而不是使用昂贵和复杂的技术与承重结构。基础设施受到了吴哥寺建筑技术的启发，正如他在1964年11月13日的《柬埔寨日报》（*La Depeche du Cambodge*）采访时谈到，他没有遵循他的法语老师所授内容，而是融合了自己国家的传统：

我注意到，在经历了长期的衰退之后，我的国家出现了一种前所未有的创造力。每个人都意识到，有必要重新发现我们的起源，我们国家存在的动机，就像任何具有古老传统的国家一样，它应该重申自己的个性。（Vann Molyvann 1964）

Vann Molyvann在1964年11月13日柬埔寨日报[3]

〔1〕 陈序经：《陈序经东南亚古史研究合集》（上卷），香港：商务印书馆，1992年，第509-730页。

〔2〕 Van Molyvann，1926年11月23日出生于柬埔寨贡布（他只比西哈努克小4岁），法国国家认证的建筑师DPLG，1949年至1956年在巴黎国立高等美术学院（ENSBA）接受培训，是柬埔寨独立后第一位合格的建筑师。

〔3〕 Helen Grant Ross，The Civilizing Vision of an Enlightened Dictator：Norodom Sihanouk and the Cambodian Post-independence Experiment（1953-1970）. Michael Falser，*Cultural heritage as civilizing mission*：*from decay to recovery*，Cham：Springer，2015. pp. 149-178.

同时，现代柬埔寨人在建筑、场地规划、建筑材料和技术方面，并不是一味地复制吴哥的艺术创作，而是受到它们的启发，将它们转变并适应新的现实。这些新现实之一是他对钢筋混凝土的掌握。他通过对当地语言价值的提炼和吴哥概念的深刻理解，努力将柬埔寨传统与他在法国的建筑训练结合起来。

西哈努克的另一个政治愿景是吴哥时期的阇耶跋摩七世。通过发掘柬埔寨过去的英雄以激发强烈自豪感，法国为这个新国家提供一个重要的历史参照和吴哥时代的身份。如果古代高棉人是伟大的建设者，那么独立后的现代柬埔寨人也将是伟大的建设者；如果阇耶跋摩七世是一位神之王，一位以建造了数百所医院和驿站而闻名的好国王，那么西哈努克也会以他为榜样，致力于建设他的国家。因此，在西哈努克时期，阇耶跋摩七世是一个反复出现的主题，他是世界的征服者，同时也是世界的弃绝者。除了佛教徒，阇耶跋摩七世也是古代高棉的国王，他最重要的是参与建筑工程。1969年，西哈努克将完成的工程比作阇耶跋摩七世的工程，称金边为“新的吴哥通王城”。1965年，西哈努克用阇耶跋摩七世来解释佛教社会主义，引用了古代国王众多的寺庙和纪念碑，数千公里的道路和运河，以及数百家医院：

我想强调的是，一个新的“现代”社会的愿景在很大程度上是为了呼应柬埔寨佛教形象而建立的。

1965年西哈努克[1]

然而，与古代“神王”不同的是，西哈努克对他的人民表达了强烈的同情，数百次访问国家的每一个角落，与农民聊天分发礼物，并表现出对他们福祉的真正关心。

新形势的冲击、文化交流和心理挑战催生了新的艺术形式。在西哈努克的领导下，一群受过高等教育的年轻柬埔寨人满怀热情地开始了现代化的实验，并以新高棉建筑的形式实现了这一实验。“人民社会同盟党（Sangkum Reastr Niyum）”是政治理想、伦理和艺术成就相结合的综合实验。

西哈努克是一位开明的赞助人，也是一位艺术家，他支持建筑师的愿景，并敦促他们拓展而不是限制他们的思维。国王和建筑师这两位杰出人物的会面，对柬埔寨的建筑产生了持久的影响。国王的灵感来自英勇的阇耶跋摩七世，而建筑师的灵感来自宏伟的古代高棉建筑——尤其是吴哥建筑。

与此同时，我们在看到吴哥考古与保护工作取得的成就时，其存在的问题也是很明显的。如许多建筑遗址内出土的遗物（尤其是陶器）保存不当，没有详细的文字描述与图片佐证，甚至再也没有看见相关研究。一些采集而来的石刻造像没有详细记录，其考古价值不仅会打折扣，而且年代的可信性也会被削弱。更有一些遗址的发掘报告历经数年尚未正式出版，只能在相关文章的引用中得以稍作了解。还有就是测年数据的缺少，很多吴哥时期的建筑修建持续十几年甚至几十年，跨越了两三代君主，只能根据碑铭的记载或与其他建筑古迹进行对比，凭借相对年代判断绝对年代，所以吴哥考古与保护工作在快速成长的同时，也暴露出了其粗糙的一面。

此外，东南亚的古代城市化进程（定义为具有大型密集聚居地可识别的考古遗址的出现）是难以被发现的。这可能是由部分学者指出的环境原因[2]，但也可能是东南亚倾向于不遵守世界上大多数其

〔1〕Helen Grant Ross, The Civilizing Vision of an Enlightened Dictator：Norodom Sihanouk and the Cambodian Post-independence Experiment（1953-1970）. Michael Falser, *Cultural heritage as civilizing mission：from decay to recovery*, Cham：Springer, 2015. pp. 149-178.

〔2〕Bronson and Wisseman, “Lateness of Early Cities”；reprinted in P. Wheatley, *Nagara and Commandery：Origins of the Southeast Asian Urban Traditions*, Chicago：University of Chicago, Department of Geography Research Paper nos. 207-208. 1983, pp. 245-248.

他地方发现的许多考古遗址规范的结果[1]。学者们仍然缺乏关于柬埔寨吴哥地区聚落遗址规模的最基本信息，这在很大程度上是由于大多数在吴哥工作的考古学家缺乏对陶瓷器的关注。对于了解历史上出口到高棉王国的主要商品类型的考古学家寥寥无几，更不用说，研究吴哥时期当地生产的陶器学者就更少了。这种考古研究上的空白并不是因为缺少手工制品，因为当地的陶器几乎在每处遗址都很丰富，而是因为学者缺乏兴趣。聚落考古学和陶瓷器研究是密切相关的。陶瓷器是定居地点与年代的主要标志和判断依据，可以在遗址表面的考古调查中发现。而在整个东南亚对陶瓷器的研究几乎完全限于史前时期和外国瓷器鉴赏家对中国瓷器的研究。

## 第三节　吴哥保护活动反思

法国远东学院在近半个多世纪的吴哥保护活动中，其保护理念也在不断的变化与发展之中，从指定历史建筑物到简单的加固支护方法到原物重建方法再到全面的原物重建法，都反映在吴哥遗址的保护活动中。每一种保护理念的出现都有一定的社会背景，随着吴哥遗址保护活动的发展，最终都会在每一阶段选择适合的保护理念。同时，远东学院在半个多世纪的吴哥保护活动中，保存了大量的基础材料，通过重新梳理这些基础材料，发现之前吴哥保护活动中的不足，以便于指导下一步的工作。

### 一　吴哥保护实践理念评述

#### （一）实践理念发展历程

法属印度支那的古迹保护活动，始于20世纪初期，并在30–40年代达到顶峰。在这段时间里，古迹保护活动是一项明显的殖民主义势力，它被嵌入到更广泛的文明使命中。从20世纪初的“殖民地古迹保护”活动来梳理殖民时期的吴哥保护史，主要是受到当时的政治和学者的支配。

在1900年远东学院对法属印度支那进行考古调查与古迹保护活动时，法属印度支那总督颁布了一项法律，就是“关于具有历史和艺术价值的（法属）印度支那古迹保护法律”。其中，第一条规定，远东学院有负责指定历史文物的任务。这种从历史或艺术的角度来指定，自然保护区或人为活动保护区的行为是符合公共利益的。其程序是由法属印度支那总督和远东学院院长协商指定，并经法属印度支那高级常务委员会审议后做出最后的决定[2]。

在指定的“历史建筑物”基础上，进行学术调查与保护活动的想法是非常具有法国特色的。自18世纪末法国大革命以来，对王室建筑（如王宫、天主教堂）的破坏频繁发生，为此政府将国家管理的建筑称为“历史建筑”。同时，20世纪初在法属印度支那建立远东学院时，“国家和宗教分离”的时代开始了，大量的教堂无法得到保护，出现倒塌和毁坏的现象。对于法国建筑学家而言，教堂的保护一

〔1〕 John N. Miksic. Evolving Archaeological Perspectives on Southeast Asia，1970–1995. *Journal of Southeast Asian Studies*，1995，26，pp. 46–62.

〔2〕 EFEO，Arrêté relatif à la conservation en Indo-Chine des monuments et objets ayant un intérêt historique ou artistique，*Journal Officiel*，1900. pp. 311.

直是一项挑战[1]。

这项法令通过之后，成为法属印度支那古迹保护的指导方针。值得注意的是，历史建筑物的指定是根据殖民地总督和远东学院院长两人的协商来决定的。也就是说，实质上是根据远东学院院长的判断来决定应该调查、保护的古迹。该法令允许学院迅速指定“具有历史或艺术价值的”考古遗址并进行学术研究。除了对遗址进行分类外，远东学院也在努力建设博物馆。自 19 世纪中叶以来，法国对柬埔寨进行调查时，经常将大量古物带回法国或殖民地高级官员的住所。

1905 年，法属印度支那政府颁布一项法令，成立了柬埔寨文物委员会，其任务是“清点具有历史或艺术价值的纪念碑建筑或文物”，旨在“保护、监督可以展示的古代文物，宣布通过一切手段为柬埔寨的历史、考古和民族学作出贡献”[2]。

1907 年 3 月，根据法国与暹罗王国签订的条约，暹罗统治下的吴哥地区正式纳入法属印度支那联邦，而对于吴哥的研究与保护活动，则开始进入了以远东学院全面主导的时期。吴哥的保护修复活动也逐渐成为远东学院最为重要的工作领域之一。

远东学院在进行古迹修复的过程中，还注意到建筑与周边环境的统一性，尽量不去随意打破建筑与周边环境的平衡。人们将清除那些覆盖在“原始结构”上的全部附着物（植物）和时代较晚的建筑，可是这种“科学的态度”并不是人人都具有的。许多参观吴哥遗址的人认为，去除遗址上的附着物是理所当然的，若再去除植物他们是持反对意见的。因为这些植物构成了遗址的神秘性，也就成就了它的趣味性。

这种认识很快在远东学院内部达成共识，他们将以“科学”的方法清理大部分古迹。而对某些树和石质建筑的绝妙结合，如塔布隆寺、塔逊寺、龙蟠水池等，将维持其原状，同时还将保护吴哥地区的森林资源（图 62）。

图 62　左：塔布隆寺西侧第三塔门（自西向东拍摄　图片来源 EFEO，1962，编号 CAM10348-C）；右：龙蟠水池遗址内的中央圣殿（自东向西拍摄　图片来源 EFEO，编号 CAM13429）

〔1〕 藤原貞朗：《芸術破壊とフランスの美術史家、ルイ．レオ著『ヴァンダリスムの歴史』の余白に』》，《西洋美術研究》2001 年第 6 卷，第 146–153 页。

〔2〕 EFEO，Chronique，*BEFEO*，1905，5，pp. 478–507.

虽然吴哥遗址上的植被很容易被清理掉，但是执行起来并不是毫无弊端的。树木保护遗址不受暴风雨侵袭，而树木根系固然使墙体崩塌，可是也起到了固定作用。何况它们被砍伐后，很快又被一种不起眼的，却更有侵略性的小型植被所取代，这种植物完全遮住了遗址，所以清除活动往往会加快建筑物的损坏或者会使损坏重新开始，这是个没完没了的过程。“科学”面对这一结果是乏力的，尽管经费总是不足，可是每个雨季结束后，养护队都需要重新清除已清理过的寺庙遗址。1925年左右还使用过几次化学试剂，但均不太成功且费用较高。

作为吴哥研究与保护领域的先驱者，吴哥保护区的历任负责人，如让·柯梅尔、亨利·马绍尔、乔治·特鲁韦、莫里斯·格莱兹、B. P. 格罗斯利埃等，由于他们的专业背景知识皆为建筑学或考古学，因此贯穿于20世纪上半叶吴哥考古与保护史，亦是主要围绕考古研究与建筑修复两大主题而展开的。

在吴哥保护与修复的理念上，“保存现状”与“恢复原状”的争论与博弈是其核心问题。其中，尤以维奥莱·勒·迪克（Viollet Le Duc）为代表的法国历史建筑保护学派，是19世纪末至20世纪初欧洲文物建筑保护的主流。此学派主要基于对历史古迹艺术价值的认同，特别是对一些标志性、纪念性的历史建筑，更是将艺术价值和艺术风格作为其出发点，表现出强烈的艺术至上倾向。他们坚持对遗址的尊重，最多同意通过用立柱、道具、横梁、框架、钩子或扁铁皮等工具来加固建筑遗址。这些装置非常醒目，有时令游客感到不愉快，存在倒塌事故的风险。最后，该学派甚至反对对建筑物进行深入的研究。

由于受到此学派的影响，在20世纪初的吴哥保护与修复活动中，主要以加固支护存在坍塌风险的建筑为主，以清除覆盖遗址的植被和腐殖沉积物为辅。另外，该学派还强调修复工作必须是建立在深入研究的科学基础之上，古迹修复不仅是对形式风格的保护，更重要的是结构的修复。

因此，当时远东学院吴哥保护与修复理念的主旨是，加固与支护并反对古迹的复原或重建。当时远东学院吴哥保护区采用的原则是，绝对禁止以材质大小相同的新构件来代替原物件，以免混淆古迹的真实性。在加固修复古迹时，必须严格保持其在清理活动完成后，所展示出的遗址废墟状态，尽量不要实施带有明显修复痕迹的工程。所以当时实施的吴哥保护与修复活动，多是在清理活动完成后，采用钢筋混凝土对危险结构进行不加任何修饰的临时性支护，具有抢险加固的性质〔1〕。

伴随着20世纪二三十年代现代建筑思潮的兴起，欧洲古迹保护修复理念也逐渐发生变化〔2〕，那种追求艺术至上、保存遗址废墟状态的观念和倾向，逐渐遭到质疑和摒弃，被一种称为Anastylosis的古迹保护修复理念所替代。在欧洲古迹保护修复领域，特别是在希腊和罗马的古迹保护中得到推广和应用〔3〕，该理念主张用新的构件来补充缺失部分从而恢复一座毁坏的古迹，这一做法被广泛接受。这就是“原物重建法”（Anastylosis），在希腊语中stylos指“柱子”，而前缀ana是“重新竖起”之意。希腊建筑学家巴拉诺斯（Balanos）对“原物重建法”定义是：在古迹落架解体之后，通过精确的测绘记录利用建筑原有构件，根据建筑结构的形制，进行构件修补并原位归安。在修复过程中，允许非常慎重地

〔1〕温玉清：《法国远东学院与柬埔寨吴哥古迹保护修复概略》，《中国文物科学研究》2012年第2期，第47页。

〔2〕1933年，国际现代建筑协会（CIAM）《雅典宪章》表明，当时的建筑师、城市规划师已经认识到历史古迹中所蕴涵的人类价值的统一性，并将古迹视为人类共同的文化遗产，并一致呼吁古迹保护修复指导原则应在国际上得到公认并做出相应的规范。引自清华大学营建学系：《雅典宪章》，《城市发展研究》2007年第5期（1951年10月译，原名《都市计划大纲》）。

〔3〕希腊古迹修复专家巴拉诺斯（Balanos）在修复雅典卫城古迹时的阐述：“原物重建法意指古迹解体之后，以建筑物本身的材料，依据其原有的建筑形制与构造方式予以修复并复原重建。修复过程中，允许以非常谨慎准确方式使用新材料制作。Glaize M, *Les monuments du groupe d'Angkor*, *3rd edition*, Paris：1963.

添加新构件替换缺失部分[1]。Anastylosis因其具有建筑解体、测绘记录、构件修复、原位归安等涵义，或可较为简洁地翻译为“原物重建法”。

原物重建法目的是从倾倒的大量原始构件中重建历史悠久的建筑遗址，这些遗址现在只是一堆废墟。通过将构件放回原始位置来完成，如果站立的建筑物有倒塌的危险，则必须要有准确的图纸和测量值，进行逐件拆卸以及仔细地重新归安，并根据建筑结构完整性要求使用新材料，有时完成这些工作也需要新的基础。当缺少构件时，可以使用（修复级的）现代材料代替，例如灰泥、水泥与合成树脂等。

早在20世纪初，荷属东印度的考古部对婆罗浮屠古迹的修复采用了该技术，取得了不错的效果进而起到了表率作用。

1929年，荷属东印度考古部的范·斯特因·卡伦费尔（Van Stein Callenfels）博士来到吴哥，时任吴哥保护区负责人的亨利·马绍尔带他参观工地（图63）。事后他在发掘日记中写道：“我们那种不把建筑物的坍塌部分放置到原位的做法和一些清理手段，遭到了他（卡伦费尔）的严厉批评”，接着他用很长一段文字来谈论吴哥与荷属东印度群岛古迹之间的差异。他承认有必要从荷兰人那里吸收几种尚在使用的方法，其中最大的教训就是，在吴哥修复的过程中需要谨慎使用水泥。

图63 卡伦费尔在吴哥保护区圣剑寺内的合影
（图片来源EFEO，1931，编号CAM22969）

1930年6月，马绍尔离开吴哥前往荷属东印度群岛，在那里他研究了荷兰人对荷属东印度建筑古迹的修复方法。他在考察报告中指出，“原物重建法”可分以下几个步骤：第一步，清扫、发掘和绘制建筑平剖面图，研究石材并层层放倒遗址残存部分；第二步，硬化地面（铺设或不铺设水泥层）；第三步，通过嵌入将必不可少的新构件（新构件并未细细雕刻过只是粗凿，凭借一个铅印的标记能识别它们）进行重新归安，石构件砌面不用灰浆粘合（背后用铁钩固定）。

[1] Bruno Dagens, *Angkor Heart of An Asian Empier*, London: Thames&Hudson, 1995.

1931 年当他再次回到吴哥后，他决定采用“原物重建法”对女王宫（Banteay Srei）进行修复[1]。随着女王宫修复的成功，“原物重建法”在吴哥修复活动中得到广泛推广。法国专家认为：“在确实合适的解决方法中‘原物重建法’具有不可抗拒的特性，真正的浪漫主义是在古老石块建成的倾圮庙宇中，有能力将业已消失的再度升起”[2]。将倒塌的建筑构件重新归安，并恢复建筑物的原状做法，在 1964 年的《威尼斯宪章》中得到确认。同时《威尼斯宪章》详细介绍了原物重建法的标准。首先，必须科学确定结构的原始状态。其次，必须确定每件原始构件的正确位置。第三，辅助构件必须限于稳定性所必需的那些构件（也就是说，替代构件永远不能位于本体建筑的外部），并且必须能够识别为替代构件。

1930 年代以后，以马绍尔主持修复女王宫遗址为代表。远东学院吴哥保护修复实践中，“原物重建法”大行其道，一度被认为是保护吴哥最好的方法之一。此法也逐渐取代了此前以清理加固为主的保护策略，成为当时吴哥保护修复理念与技术的主流，其产生的深远影响一直流传至今。以远东学院为主导的吴哥保护与修复活动，成为了当时整个亚洲乃至全世界规模最大的历史古迹保护修复项目之一。

吴哥建筑遗址具备按照原建筑形制和原结构进行复原的基础，又因吴哥建筑遗址的特殊性，如石质材料的脆弱性、屋顶的砖瓦结构、基础的特殊构造等给“原物重建”方法的适用性带来了巨大的挑战，但是，这种方法在吴哥也是一直摸索着前行。

第二次世界大战之后，东南亚地区殖民体系瓦解，政治格局发生重大变革。但无论政局如何变化，远东学院的吴哥保护活动始终没有停止，而且时任吴哥保护区的负责人 B. P. 格罗斯利埃仍坚持提出，吴哥保护与修复也需要革新，应该使之成为融合学术研究与工程技术的综合性项目，应以科学的调查研究为主旨，学术研究贯穿保护工程的始终。保护科学技术采取多学科交叉的研究方法，研究内外因素影响下的各种破坏机制，深入解析病灶，诊断并提供治疗方案，运用科学技术手段保护对象对抗或延缓破坏。利用这些科学技术对吴哥建筑遗址进行重组，结合之前多年的“原物重建”方法的实践经验，形成“全面的原物重建法”（Comprehensive Anastylosis）。

他指出吴哥保护与修复工作，除了建筑师、工程师、考古学家、历史学家的密切配合之外，还需要生物学、岩石学、气象学等多学科的共同参与，以期通过科学保护创造出具有最高艺术和科学境界的古代遗址作为目标[3]。B. P. 格罗斯利埃在科学验证的基础上，采用了更多现代的修复材料，并随着重型机械的引入，吴哥建筑遗址现场的修复工作量大大增加，在拆除和重建的工作中，对多数的遗址进行了地基和墙体内部嵌入钢筋混凝土，实施结构加固工作（图 64）。同时，还对之前的工作进行了完善，如设置排水系统，致力于延缓石材劣化的方法研究。在实验室对石材破坏机制进行生物和化学方面分析，并采用不同的化学试剂来增强岩石的性能等。

巴方寺作为吴哥遗址群中最重要的寺庙之一，其高大的中央基座坍塌并处于废墟状态，因此，B. P. 格罗斯利埃决定在此期间开始对其进行修复工作。这是吴哥建筑遗址群中最具代表性的大型寺庙之一，钢筋混凝土结构墙体隐藏在基座的砌体后面，并在庙山型的基座内部铺设挡土墙，以确保结构的稳定性。修复设计使用全面的原物重建法，经过长时间的停工后，伴随着 30 万块砂岩构件的全部归

〔1〕 EFEO，Chronique，*BEFEO*，1930，30，pp. 185-227.

〔2〕 中国文物研究所：《周萨神庙》，北京：文物出版社，2007 年，第 242 页。

〔3〕 温玉清：《法国远东学院与柬埔寨吴哥古迹保护修复概略》，《中国文物科学研究》2012 年第 2 期，第 47 页。

图 64　吴哥通王城南塔门外的修复工作
（从东北方向拍摄　图片来源 EFEO，1955，编号 LAUJ00009）

位，半个世纪后的 2011 年终于完成了修复工作。

在 B. P. 格罗斯利埃的领导下，远东学院保护人员不得不一直努力解决有关保护技术和方法的基本问题：修复一座吴哥建筑遗址需要多少钱；如何把它最好地呈现给访问者；如何引导访客参观遗址；以及如何在公园内分散游客。有些遗址如塔布隆寺，他们干脆就“放弃”修复。在圣剑寺，B. P. 格罗斯利埃决定只修复一部分遗址，而留下大部分遗址。他还必须考虑项目成本，并确定遗址倒塌威胁最大的地方。回顾过去，有些选择似乎是错误的，如格罗斯利埃在很多地方严重依赖钢筋混凝土扶壁和支柱，还引入了现在已经生锈的铁皮撑带[1]。但是，他们是吴哥遗址保护与修复工作的真正先驱，柬埔寨遗产的存续在很大程度上应归功于他们的努力。

综上所述，吴哥的保护与修复理念方法主要经历了四个重要的阶段，分别是：指定历史建筑物阶段、临时加固支护阶段、原物重建法阶段、全面的原物重建法阶段（表 7）。每一个阶段的保护理念方法，都反映了当时社会上对古建筑保护理念的认知，随着时代的不断发展其方法也在发展，并最终找到一条合适的古建筑保护方法。

〔1〕 William Chapman，Angkor on the world stage Conservation in the colonial and postcolonial eras. Kapila D. Silva and Neel Kamal Chapagain. *Asian heritage management: contexts*，*concerns*，*and prospects*，Abingdon：Routledge，2013，pp. 215–235.

表 7　20 世纪前半叶吴哥保护方法的发展阶段统计简表

| 时　间 | 保护方法 | 代表性建筑 |
|---|---|---|
| 20 世纪 20 年代之前 | 指定历史建筑物 | 吴哥遗址 |
| 20 世纪前 20 年代 | 临时加固支护法 | 巴戎寺、塔布隆寺 |
| 20 世纪 30 至 40 年代 | 原物重建法（原状修整、重点修复） | 女王宫 |
| 20 世纪 50 年代 | 全面的原物重建法 | 巴方寺、癞王台 |

（二）实践理念评述

尽管殖民地学者认为保护遗址的重要性是理所当然的，但决定适当的保护方法往往是一个有争议的问题，今天更是如此。事实上，以今天的眼光来重新审视“原物重建法”，会发现能够实施“原物重建法”的吴哥建筑遗址只占很少的一部分。因为在柬埔寨，建筑物不像在地中海附近建筑那样容易受到地震的威胁，建筑材料并没有像希腊神庙里的大理石那样有系统地为人们提供原构件。尽管柬埔寨佛教僧人在近代犯下了“严重的错误”，但建筑石构件很少被移动到很远的地方，而且往往可以追溯到他们最基本的动机。简而言之，在吴哥建筑遗址修复方面，建筑师面临的主要问题是原构件的归安问题。

同时，原物重建法在科学界亦有所争议。该方法有以下几个问题：

1. 不管准备工作多么严谨，任何解释上的错误都会导致重建过程中常常无法发现或无法纠正的错误；2. 损坏原始构件几乎是不可避免的；3. 一件石构件可能在不同时期的不同建筑或纪念碑中被重复使用，或者可能起源于不同时期的不同建筑或纪念碑。

在这里，需要强调一下吴哥建筑结构的某些特点。这些建筑通常建造在由黏砂土组成的稳定土层之上，但是在建筑本身发生变化的过程中，从地面上收集的部分石构件随着时间的推移而有所变化。吴哥建筑整个历史是由单体建筑向着越来越复杂的建筑群演变的过程，这些建筑群首先是在孤立的建筑物中发展，然后在一个公共平台上分组，并由走廊串联起来，有时分布在开阔的地面上形成平衡的群体，可以说每一座寺庙遗址的修复方法都是不同的[1]。

这种修复方案的多样性，也取决于建筑工人使用的材料性质。用红砖建造寺庙在前吴哥时期占主导地位，并一直持续到 10 至 11 世纪，当时砂岩构件的使用仅限于门框、柱子、门楣和假门。红砖通常烧制质量较高，并与角砾岩搭配组合使用，但是在与砂岩的竞争中最终被砂岩所取代；但不排除在衬梁、门扇、天花板或框架中使用木材。由于吞噬能力强的白蚁使木材无法保持持久，所以木材在白蚁的叮咬下几乎完全消失了。

而角砾岩一般位于建筑物内部的中间起到填充作用，其外部则由雕刻的砂岩构件砌成。因此，吴哥建筑进入石料范畴后，当时的工匠已经发现石料的质量和强度各不相同。无论是被外部砂岩所覆盖，还是出现在露天环境中的围墙，角砾岩都会在潮湿的环境中开始变得破碎。因此，必须对角砾岩建筑进行定期修复，而获取它的唯一方法是开采地下角砾岩。这种角砾岩是第四纪热带地区泥土中的铁元素与黏土层混合而形成的，普遍分布于东南亚地区。刚从地下挖出时，这种富含铁质的

〔1〕 Louis Malleret. La Restauration des Monuments d'Angkor et ses Problèmes. *Studies in Conservation*, 1959, 4-2, pp. 51–61.

黏土相当柔软，容易制成岩石块；暴露在空气与阳光之下一段时间后，就变得非常坚硬，因此适用于建筑的隐蔽部位，缺点是干燥后会在表面形成很多深孔，不利于表面整修，得用灰泥进行修补。然而，这种供应方式是昂贵的，角砾岩短缺的问题并未得到解决。在一些纪念碑建筑中，似乎是由于缺少砂岩，因而使用了从黄色到棕色的不同色调的角砾岩，这种岩石缺乏同质性，决定了材料的强度不同。

对于切割后的角砾岩很难均保持在同一水平线上，所以形状不统一，切割后的角砾岩缺乏统一性。由于角砾岩砌体没有确保各个关键点相互叠压，因此会出现破裂或分离现象。例如巴戎寺的人脸塔在修复之前，就已沿着垂直接缝的弱点线，从底部到顶部的间距逐渐地裂开。

当砂岩不再受到碎石或森林植被的保护时，温度和暴雨无疑会影响到其表面。研究表明，自20世纪20年代清理茶胶寺周围的森林以来，砂岩风化程度加快了10倍。同时指出，森林遮盖可以保护有雕刻的砂岩免受气候影响[1]。亦如，女王宫遗址内出现的地衣使石刻造像变黑、变暗，浅浮雕及造像受到了极大的损害。关于巨大的植物根系在砌体的空隙中生长，人们普遍认为植物最终使建筑移位，但是森林地幔也具有保护作用，有时可以观察到过度砍伐森林会加速遗址毁灭的过程。当然，砍伐一些巨大的树木是必要的，这些树木在暴风雨中倒下，有时会对建筑造成巨大的破坏。一个折中的解决方案是保持树木阴影，这将有利于砂岩的合理保护。此外，它们还提供了一种优势，即在遗址周围保持着一股神秘的气氛，这种气氛吸引着梦想家和浪漫主义者的灵魂。

在一般情况下，吴哥建筑遗址的破坏加速，是由于土地的沉降或沉陷加速引起的，其中白蚁的危害是比较大的。在寺庙建筑中白蚁堆积成土，土壤则从建筑基础或周围地区被带走，因此在土壤内部形成一定的空间，最终导致孔洞的形成。雨季时水流进洞里，造成建筑基础塌陷，最终导致建筑倒塌。然而，除了用自身的构件重建之外没有别的补救办法，而实现原物重建的原理可以归结为一场规模巨大的益智游戏。他们有时会遇到意想不到的情况或技术困难，而原物重建法只提供了一般原则。如让·劳尔（Jean Laur）在修复格鲁姆寺时由于角砾岩的短缺，他们决定使用石制容器取代建筑的内部填充物，这个容器不是砂岩而是很好的替代材料。在其他方面，由于水的渗入在地基修复工作时，用挡泥板将工作区与渗水区隔开，并用抽水机将工作区域内的水抽干使水泥底板干燥。在特殊的情况下，必须提供出入坡道，以便通过起重机辅助庙山型台阶的修复[2]。

然而，并不是所有的古迹修复工作都可以归结为相对简单的原物重建。重建像巴方寺这样巨大的纪念碑建筑，曾经在两个不同部位经历过严重的沉降，这是一项巨大的任务，至少要十年以上的时间。这座建筑建在一座主要由沙子组成的人工山丘之上，由于暴雨的影响沙丘内部出现了沟壑侵蚀现象，泥沙在墙壁的压力下产生了滑坡。此外，在塔门入口处的浅浮雕群还需要拆卸下来。在所有这类修复案件中，都需要有大量的记录和照片，使它们能够在稳定的基础上重建。

目前，"全面的原物重建法"已被各国普遍采纳，而石质建筑是实施原物重建最基本的条件，倒塌的建筑物石构件必须保存在原地，如此才有条件进行建筑复原。但是原物重建也会遇到一定的瓶颈，在吴哥核心区之外有些建筑遗址内石构件遗失严重，是否还有必要对建筑进行复原。在此情况下，也许对此类建筑遗址进行适当的考古发掘，掌握其建筑的整体规模、布局和属性，要比单纯的复原建筑

〔1〕中国文化遗产研究院主编：《联合国教科文组织吴哥古迹国际保护行动研究》，杭州：浙江大学出版社，2018年，第137页。

〔2〕Louis Malleret. La Restauration des Monuments d'Angkor et ses Problèmes. *Studies in Conservation*，1959，4-2，pp. 51-61.

更有意义，这为以后建筑遗址的展示和利用提供基础材料。

今天多个国家和组织在吴哥进行建筑遗址的保护与修复工作，构建了繁荣的保护修复文化，保护类型丰富多样，保护方法也不尽相同。尽管各国工作队已取得对待文物及石构件的修复原则，即远观整体协调近看新旧有别的处理共识，但在整体保护与修复工程的策略和方法上，还是有很大的不同，甚至出现了“矛盾”之处。如印度工作队修复的塔布隆寺，保护策略是维持植物与建筑之间的和谐关系，但是在修复中使用钢构架系统来进行支撑。而这一策略对于巴方寺、吴哥寺等寺庙遗址又是完全不适用的，对于部分修复工作主张不需要对建筑进行解体，而对于另外一部分修复工作又主张对建筑进行解体重建。在主张不使用混凝土的情况下，有些修复工作又在使用等。尽管提出要用历史发展的眼光以及建筑与环境的独特性而导致的差异等观点，来看待这些矛盾，但可以看出国际保护与修复行动的各种尝试，还是有一定程度的“水土不服”。新材料的使用对建筑本体的破坏，具有历史意义的建筑特征被移除，造成不可挽回的损失，修复导致的遗产真实性受损，缺乏统一的记录及考古要求等问题，经常发生在初期的保护与修复工作之中〔1〕。

这些问题意味着既要使用现代方法和技术，也要使用传统的修复方法。只有在现代主义和传统主义的这种结合中，吴哥建筑修复方法的独创性才能成为一种现实。适合吴哥的具有柬埔寨特色的保护修复哲学、保护修复标准及技术水平，评价标准始终未能形成。

从 1950 年代，B. P. 格罗斯利埃倡导的“全面的原物重建”修复古迹的方法，到日本工作队提出的《巴戎宪章》、意大利专家乔治·克罗西（Giorgio Croci）编写的《吴哥寺庙的结构性能》（*The Structural Behavior of the Temple of Angkor*）都为吴哥保护修复的原则、方法、技术等提出，做出了相应的尝试。这些成果结合吴哥现场各个国家及组织 20 多年的保护修复“实验”所做的有益探索，以及国际通行的保护修复准则，凝结成了具有保护修复标准意义的《吴哥宪章》，已经在新常态下的吴哥保护工作中开始发挥作用〔2〕。

如今，让遗址恢复原状不再是“真实”保护的优先事项；相反，保护者的目标是保持遗址随着时间的推移而“恶化”的迹象明显。因此，在柬埔寨的班迭色玛等遗址看到了目前的极简保护方法。世界遗产基金（World Monuments Fund）的目标是稳定这座建筑遗址，而不是修复。如果将来班迭奇玛的浅浮雕墙体在一夜之间倒塌，或者如果地震损坏了爪哇的普兰巴南寺庙（PrambananTemple）或缅甸境内蒲甘时期的寺庙，会发生什么结果呢？这些事件难道不是这些遗址真实的一部分吗？在这种情况下，遗址应该“修复”吗？如果是这样，国际保护人员不只是重新堆放石块、瓦砾，而是重建宗教建筑？是否以及如何修复的问题从来都不是一个容易或无关紧要的问题。

## 二　吴哥考古活动评述

1970 年之前，东南亚考古学通常被视为印度、中国或远东研究的一个分支。该地区普遍接受的文化发展观点是：东南亚一直是一个边缘地带，是一个人口稀少的“容器”，其文明是从其他地方发展而

〔1〕 伍沙：《一场二十多年的“实验”——世界文化遗产柬埔寨吴哥古迹国际保护修复比较研究》，《建筑师》2018 年第 4 期，第 56–57 页。

〔2〕 同〔1〕，第 61 页。

来的[1]。而对吴哥遗址的考古发掘与研究活动就是在这种观点的误导之下进行的。

众所周知，从 1900 年远东学院开始对吴哥进行研究至柬埔寨王国时期（1953–1970 年），在近 70 年的时间里，远东学院一直是吴哥考古活动的主体，留下了大量的珍贵原始资料具有较高的学术价值。当这些资料成为一个参考对象，后来者以批判性的眼光来审视这些资料时，将为目前柬埔寨在全新的框架内重新组织考古与保护研究提供思考的素材。

远东学院在 1908 年设立了“吴哥保护区”（Dépôt de la Conservation d’Angkor 简称“DCA”），保护区的负责人必须每天记录保护区内的日常生活和工作，从 1909 年 7 月 1 日开始一直持续到 1955 年 8 月。这些第一手原始资料用图表说明，有时也用活动报告中的图片文件来补充。这些文件每月或每季度送至河内的远东学院管理部门，然后再送到巴黎，最终收集了大约 3 万张保护区内的照片。在当时的情况下，这些照片资料都是以工作环境为背景，因此照片资料年度分布的矢量图为后人提供了吴哥考古活动的频率，包括其繁盛时期和政权更迭时期（图 65）。

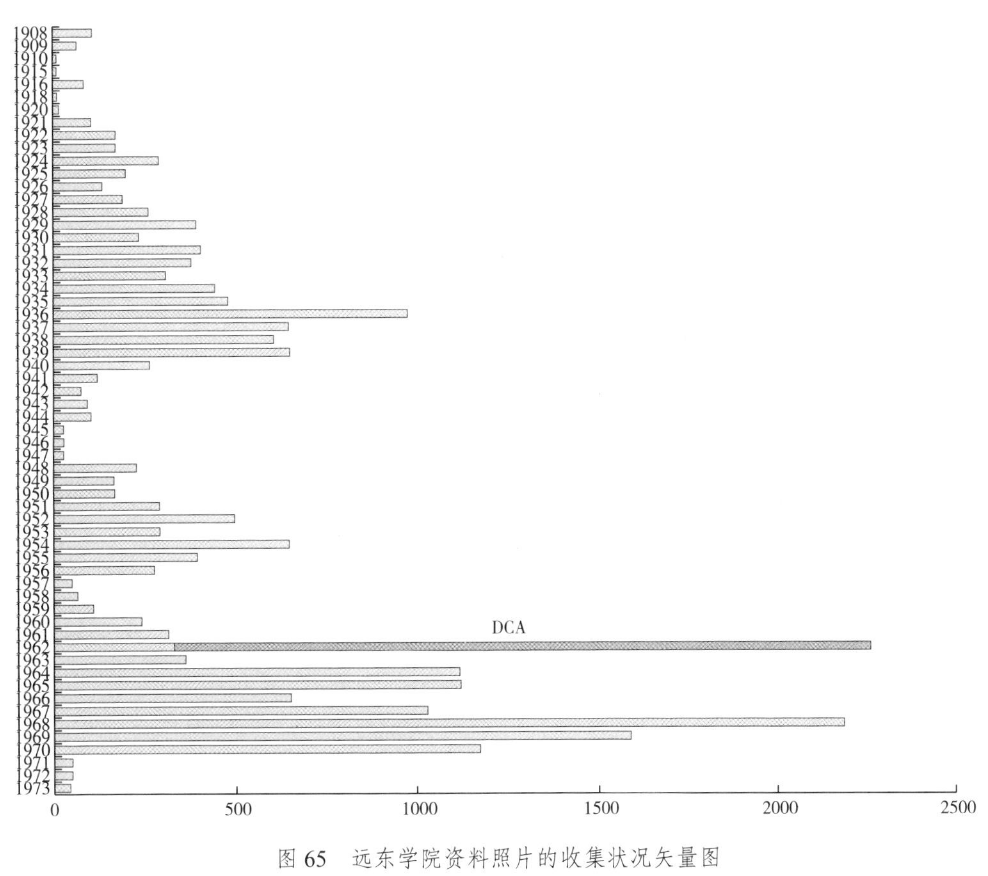


图 65　远东学院资料照片的收集状况矢量图
（图片来源 BEFEO，2001，88）

从矢量图中可知，吴哥考古活动从远东学院建立之时的艰难开局，到 20 世纪 30 年代的繁盛时期，紧接着是第二次世界大战期间的急剧放缓，及至 1948 年开始缓慢增长，但在 1954 年被非殖民化的不

〔1〕 John N. Miksic. Evolving Archaeological Perspectives on Southeast Asia，1970–95. *Journal of Southeast Asian Studies*，1995，26，pp 46–62.

确定性因素所改变。其中 B. P. 格罗斯利埃在上世纪 60 年代的到来，标志着考古活动的复苏，在 1971 年吴哥建筑遗址部分倒塌之前，他系统地拍摄了吴哥保护区内各遗址的照片，而在矢量图中对应的是 1962 年照片数量以指数级的形式猛增[1]。

吴哥考古资料还为世人提供了研究遗址的进展情况，正如吴哥保护报告中所提到的，遗址大部分集中在吴哥地区和金边地区，尤其是罗伯特·戴勒（Robert Dalet）在 20 世纪 30 年代进行的调查研究，其成果在地图上也有所显示（图 66）。

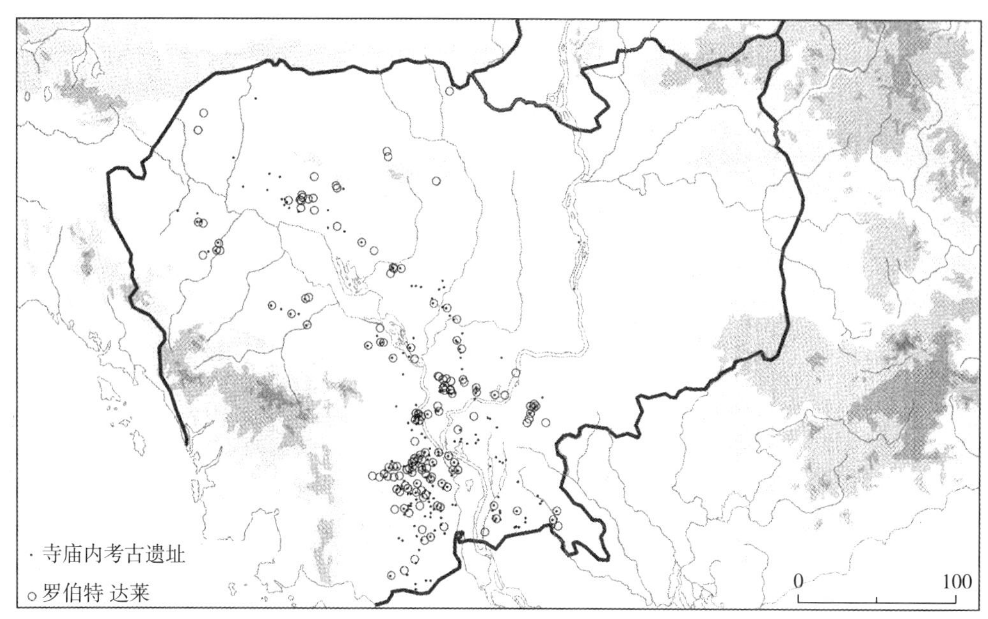


图 66　罗伯特·戴勒标识出的遗址分布图（1970 年之前）
（图片来源 BEFEO，2001，88）

在 20 世纪 70 年代以前，这种两极分化的遗址在地图中是很明显的。在金边和吴哥地区所标识出的遗址中，中间区域的遗址密度是稀疏的且大部分都分布在古老的高棉道路两侧。对于在道路两侧发现的遗址似乎是合乎逻辑的，其原因可能是远东学院在调查时沿着金边至暹粒道路进行调查的结果。

总之，如果世人对古代高棉王国的印象仅仅局限于古迹资料所传达的那样，那么就有可能沦为地图显示中吴哥和金边的"两极柬埔寨"。事实上，这是当时柬埔寨行政机构管理古迹的基础材料。然而，这种两极分布的遗址模式与水池遗址分布（沿着东西轴线取向的矩形水池）有很大不同。当然，这种方法证实了吴哥地区水池遗址的密度非常高。相比之下，其他地区的水池遗址分布则相对稀疏。

对吴哥通王城（Angkor Thom）的认知可追溯至上个世纪，通过考古活动城内的建筑遗址逐渐的被世人认识和了解。早在 1918 年，亨利·马绍尔发表了一篇关于"吴哥通王城内次要纪念碑建筑和佛教平台遗址（Monuments secondaires et terrasses bouddhiques d'A ń kor Thom）"的文章，随后在考古发掘日记中，系统的记录了城内建筑遗址的发现，但是在最终发往河内的考古报告中，只汇报了认为具有重要意义的建筑遗址[2]。

[1] Bruno Bruguier，Des archives archéologiques à la protection du patrimoine：le cas du Cambodge ancient，*BEFEO*，2001，88，pp. 315-330.

[2] Henri Marchal，Monuments secondaires et terrasses bouddhiques d'Ańkor Thom. *BEFEO*，Année 1918，18，pp. 1-40.

同样，在照片资料中也存在一个明显的层次结构。如果只看吴哥通王城内重要纪念碑建筑遗址的话，就会发现具有一定重要性的纪念碑建筑，至少有 10 张以上的照片，而对于那些次要的纪念碑建筑和佛教平台的照片资料则非常有限，通常只有 1 或 2 张照片（图 67）。

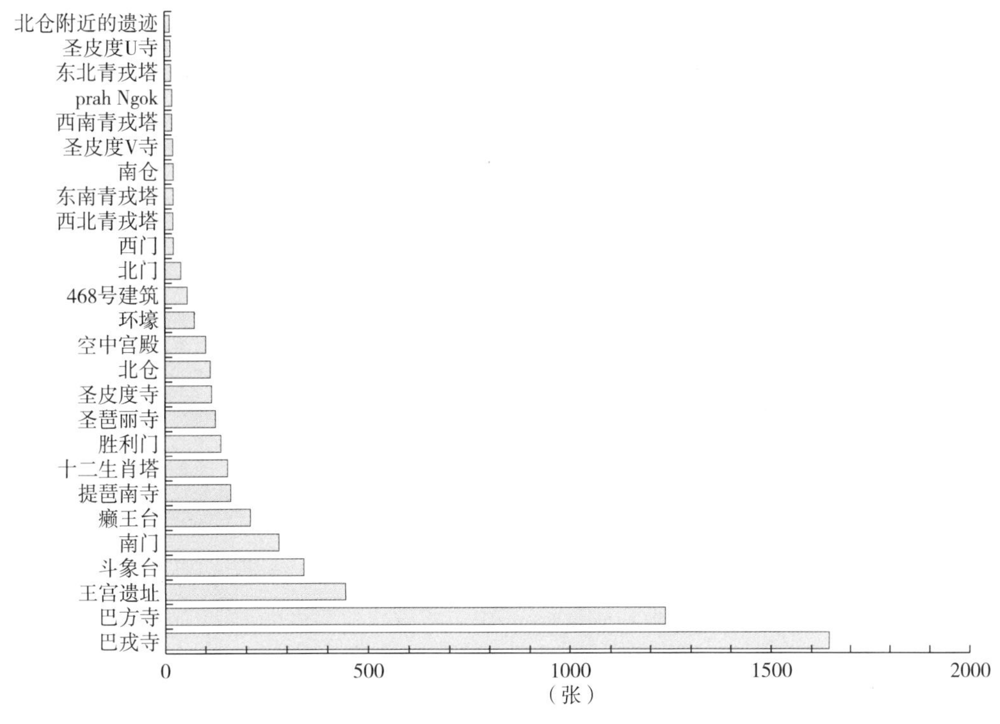


图 67 吴哥通王城考古遗址照片资料数量分布图
（图片来源 BEFEO，2001，88）

事实上，吴哥通王城内纪念碑建筑的照片多在 10 张以上，除了吴哥通王城，巴戎寺和巴方寺也是两处最为重要的遗址。这两处遗址的照片数量最多，说明了世人对其关注度较高，同时也对次要纪念碑建筑造成了一定的影响。如吴哥通王城的南塔门有接近 400 张照片，而西塔门则只有 20 张照片，这是非常具有可比性的（旅游除外）。

同样，远东学院资料室还收藏了近 250 张吴哥时期的桥梁照片资料。超过一半的照片与“Spean Praptos”有关，而这座桥只是金边通往暹粒 6 号国道的一座很雄伟的大桥（图 68）。另外 50 张照片涉及同一条道路沿线标识不清的桥梁，编号在 1 到 22 之间，其余的照片则分布在柬埔寨另外 70 座桥梁中分布极不均匀。

这种照片分布不均衡的现状，是 20 世纪 20 年代在道路建设过程中所留下的痕迹，尤其是在 60 年代对“Spean Praptos”进行了桥梁修复工程。然而，此类照片资料并不能代表高棉桥梁遗址的分布情况，但它们与道路的发展有着直接联系[1]。

因此，1970 年之前的吴哥考古活动具有一定的“欺骗性”。它能够为后来者提供修复遗址所必需

〔1〕 Bruno Bruguier，Des archives archéologiques à la protection du patrimoine：le cas du Cambodge ancient，*BEFEO*，2001，88，pp. 315–330.

图 68　Spean Praptos 桥
（从东侧拍摄　图片来源 EFEO，1967，编号 CAM13388-1）

的资料，但它们也倾向于通过优先考虑前人的观点来歪曲问题。这些资料代表了在收集过程中普遍存在的政治和科学倾向，而企图限制利用这些资料的话，只会导致对旧问题的关切和剽窃。相反，这些资料必须作为新研究的基础，事实上要充分发挥资料与实际情况的相比较，只有这样才能充分发挥其价值。

# 第五章　吴哥考古与保护缓慢发展期（1970—1989 年）

从 1970 年代始，柬埔寨国内持续战乱，战争阴霾下的吴哥也受到了极大的破坏，直接导致了吴哥遗址被遗弃了近 20 年，这一时期成为吴哥考古与保护史上最为艰难曲折而又缓慢的发展时期。从 1970—1974 年，在这四年时间里柬埔寨境内的吴哥考古与保护工作一直在断断续续的进行着，但是规模很小，数量有限。及至 1980 年代，随着柬埔寨国内局势的稳定，笼罩在吴哥上空的战争阴霾逐渐散去，吴哥考古与保护工作也在逐渐的复苏。日本上智大学的吴哥国际调查团、法国远东学院、印度考古局以及波兰工作队的身影开始出现在柬埔寨吴哥遗址内。同时，在 1989 年法国与泰国联合对泰国境内的吴哥遗址进行考古调查工作（表 8）。

随后，柬埔寨政府在日本东京政府间会议上提出的关于保护、修复和改善吴哥的计划，是应对这一特殊情况的推动力，该计划已取得了可观的长期成功。

表 8　1970–1989 年各国的吴哥保护工作统计简表

| 实施国家 | 时　间 | 工作机构 / 代表人物 | 工作内容 |
|---|---|---|---|
| 法　国 | 1972 | B. P. 格罗斯利埃 | 沃阿维寺和 Preah Enkosai 遗址考古调查、马德望的 Vat Ek 和 Ba Not 寺庙遗址考古清理 |
| 柬埔寨 | 1972 | 金边国家博物馆 In Rom（考古实验室负责人） | 修复西湄本寺出土的毗湿奴青铜造像 |
| 法　国 | 1972 | B. P. 格罗斯利埃 | 马德望、暹粒附近考古调查 |
|  | 1974 |  | 泰国境内高棉遗址进行调查 |
| 印　度 | 1986 – 1991 | 印度考古局 | 吴哥寺修复 |
| 波　兰 | 1987 – 1991 | 波兰工作队 | 巴戎寺修复 |
| 法　国 | 1988. 01 – 07 | 弗朗索瓦・比佐特 | 高棉手稿收集保护 |
|  | 1989 | 米歇尔・安德烈 | 培训柬埔寨石刻造像的修复人员 |
| 法　国<br>泰　国 | 1989 | 远东学院<br>泰国艺术部 | 泰国东北部历史、考古及碑铭研究项目 |

## 第一节 战争阴霾下的吴哥

从1970年柬埔寨国内战争爆发，至1975年境内的吴哥考古与保护工作全面停止。在这段时间里，虽然法国远东学院仍在吴哥核心区及周边坚持做一些零散的考古与保护工作，但是基本上处于缓慢而又艰难的发展状态。同时，由于战乱及自然的原因，吴哥遗址也受到了破坏，但主要是石刻造像的破坏和盗窃较为严重，对遗址整体的影响并不大。同时，战乱对柬埔寨文博专业人才队伍造成了无法弥补的损失。

### 一 吴哥保护工作

1970年柬埔寨国内爆发了军事冲突，吴哥考古与保护工作也随之进入了一个黯淡的时期。当年，柬埔寨签署了联合国教科文组织《关于禁止和防止文化遗产非法进口、出口和转让所有权方法的公约》。1971年，柬埔寨加入东南亚教育部长组织（Southeast Asian Ministers of Education Organization 简称“SEAMEO”），该组织在金边成立了考古与艺术中心（Center for Archeology and Fine Arts 简称“SPAFA”）。在内战爆发之前，柬埔寨原本准备成为东南亚遗产培训和人力资源建设的区域中心[1]。

B. P. 格罗斯利埃和他的同事们继续在自己的岗位上工作，他们从金边撤走可带走的考古资料，并根据联合国教科文组织关于战时保护文化遗产的规则，采取必要的保护措施，以保护考古遗址和石刻碑铭[2]。此外，留在现场的柬埔寨工作人员，能够使考古遗址在长期废弃的情况下不受到严重破坏，但是后来发生的一切证明，他们并未能阻止文物被抢劫的现象发生。虽然大部分文物被运送至金边或安置于钢板、水泥地板和堆积如山的沙包下。

伴随着紧急工作在暹粒和吴哥核心区的完成，考古工作得以继续。B. P. 格罗斯利埃详细研究了巴肯寺的宗教表现形式，杜马西完成了巴肯寺的建筑调查，布鲁诺·达庚斯（B. Dagens）研究了战前巴肯寺的造像。此外，B. P. 格罗斯利埃还清理和发掘了一些纪念碑建筑[3]。

直到1972年1月，B. P. 格罗斯利埃才能进入交战双方外的吴哥遗址。因此，他能够在敌对双方爆发冲突时，关闭正在进行的考古遗址，并使它们处于长期被“抛弃”的状态。当年的1月底，工作人员已经无法进入吴哥地区，但是远东学院的工作并没有停止。自1月以来，他们一直把考古工作的重点放在一些重要的遗址上，且这些遗址早已为人所知，但吴哥保护工作的紧迫性阻碍了对这些遗址的详细研究。同时，B. P. 格罗斯利埃在沃阿维寺遗址（Vatt Athvea）和 Preah Enkosai 遗址内发现了新的遗迹和碑铭。此外，在1971年末，Boulbet 在受军事行动影响较小的马德望省建立工作站，作为金边和暹粒的接力站。同时，B. P. 格罗斯利埃还对马德望省附近的 Vat Ek 和 Ba Not 寺庙遗址进行了勘

〔1〕Miriam T. Stark and Heng Piphal，After Angkor：An Archaeological Perspective on Heritage and Capacity-Building in Cambodia. Paul Newson and Ruth Young. *Post-conflict archaeology and cultural heritage: rebuilding knowledge*，*memory and community from war-damaged material culture*，New York：Routledge，2018. pp. 195–216.

〔2〕Filliozat，Jean，Rapport sur l'activité de l'École française d'Extrême-Orient en 1970–1971；lu dans la séance du 2 juillet 1971，*Comptes rendus des séances de l'Académie des Inscriptions et Belles-Lettres*，1971，115-3，pp. 492–499.

〔3〕同〔2〕.

测和清理工作[1]。

在 1972 年的上半年，吴哥“考古金属修复实验室”对西湄奔寺早年出土的毗湿奴青铜造像进行了修复工作，共计 17 件碎片（编号 E1230）被修复。随后青铜造像搬到柬埔寨的金边国家博物馆，由柬埔寨金属保护者 In Rom 负责修复（1964—1974 年）。阿尔伯特·法兰西·拉诺德（Albert France-Lanord）在法国的“南希实验室”（*Laboratoire de Nancy*）针对青铜器开发了保护技术，当时修复工艺使用的环氧树脂、松散织物、蜡或丙烯酸等材料已应用于青铜制品的保护工作中[2]（图 69）。

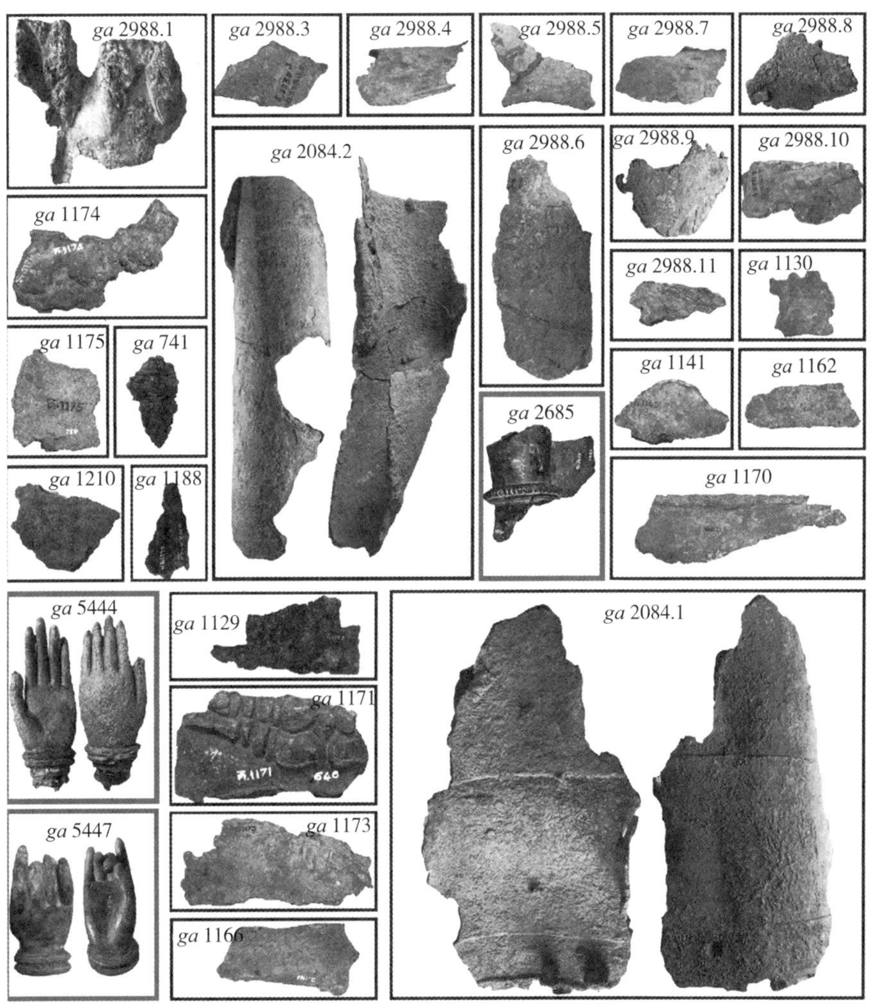


图 69　保存在柬埔寨金边国家博物馆内的西湄奔寺毗湿奴青铜造像的主要碎片（两只手和一只脚踝碎片）
（图片来源 BEFEO，2018，104）

〔1〕 Filliozat，Jean，Rapport général sur l'activité de l'École française d'Extrême-Orient en 1971-1972 ; lu dans la séance du 21 juillet 1972，*Comptes rendus des séances de l'Académie des Inscriptions et Belles-Lettres*，1972，17-2，pp. 453-462.

〔2〕 Aurélia Azéma、Pierre Baptiste、Jane Bassett 、Francesca Bewer 、Ann Boulton、David Bourgarit 、Manon Castelle 、Laurence Garenne-Marot、Huot Samnang 、Elsa Lambert 、Susan La Niece 、Jeff Maish 、Mathilde Mechling 、Benoît Mille 、Dominique Robcis 、Donna Strahan 、Annick Texier、Brice Vincent 、Jeremy Warren、Ittai Weinryb 、Jean-Marie Welter，Angkorian Founders and Bronze Casting Skills：First Technical Investigation of the West Mebon Visnu，*BEFEO*，Année 2018，104，pp. 303-341.

虽然远东学院放弃了在吴哥核心地区的工作，但是研究人员仍然在其他地区开展工作，尤其是在马德望和暹粒附近。在这些区域发现了一些新的纪念碑建筑遗址，虽然规模有限，但是具有很高的艺术价值，可与著名的女王宫媲美。同时研究人员还计划对泰国境内的吴哥遗址展开调查研究。

由于巴方寺在战前已经被拆除和部分重新归安，B. P. 格罗斯利埃和杜马西正在对其进行重建工作，其中地基部分和建筑的一、二层（共三层）已经归安结束〔1〕。

1974 年，远东学院在柬埔寨的考古与保护工作，由于军事和政治的动荡而被迫取消。同年年初，在法国外交部的资助下，B. P. 格罗斯利埃对泰国境内的吴哥遗址进行了考古调查工作〔2〕。

及至 1975 年初，在敌对势力的允许下，吴哥的考古与保护工作得以继续。B. P. 格罗斯利埃及他的同事，为保护吴哥而对收集到的考古和碑铭材料采取了保护措施。随后，吴哥考古工地被迫停止，他们只能在暹粒和马德望附近进行新的考古研究，这些地区的考古工作相对吴哥核心区较孱弱。

## 二　吴哥的梦魇

B.P. 格罗斯利埃曾评价过柬埔寨人的心理：他（们）陶醉在丰富且奇妙的想象力中……然而，如果被他（们）表面上随和的生活方式所误导，那将是一个错误。在无忧无虑的外表之下，蛰伏着野蛮的力量和令人不安的暴行，这些暴行可能会伴随着狂热的暴行所爆发出来〔3〕。

在 1970 年代初柬埔寨政治局势恶化期间，他最关心的是在吴哥遗址建筑群工作的人员，如何保护他们以及总共约 6000 人的家属。他把这种想法告诉了一位朋友，说："石头会活下来的，我担心的是人"〔4〕。

1972 年，远东学院工作人员离开吴哥核心区后，柬埔寨人 Pich Keo 成为首位负责吴哥保护的柬埔寨考古学家。1973 年，SEAMEO 将 SPAFA 中心从金边搬离，两年后皇家艺术大学和国家博物馆关门，整个国家进入了"悲剧性的社会失望"期，这种情况一直持续到 20 世纪 90 年代初。从 1975 年 4 月开始，大规模的灌溉建设项目也破坏了考古遗址。而 1979 年开启了十年的越南式教育，当皇家艺术大学于 1980 年以正式身份重新开放时，几乎没有受过训练的学者留在该国〔5〕。

虽然战争的原因，使大部分古迹处于无人看护的状态，但是仍有一部分的纪念碑建筑有专人看护。在距离暹粒市 35 公里的女王宫及罗洛士地区的巴孔寺、圣牛寺、罗莱寺都有专人负责看护，他们日常的工作就是清除遗址内不断生长的植被。然而，大多数纪念碑建筑在很大程度上已经荒废，它们被茂密的植被所覆盖并造成一定的破坏。其中，最引人注目的是塔布隆寺，吴哥保护区负责人曾经故意留下了茂盛但受到控制的植被，它现在已经完全被植被入侵。遗址的状态与上个世纪探险家发现时的状态相差不远。同样，曾经保护得很好的比粒寺也变得面目全非（图 70 左）。

由于战争的原因，一些寺庙遭受较严重破坏。首先就是巴肯寺，其被越南军队用作军事瞭望台，

〔1〕 Filliozat Jean，Rapport général sur l'activité de l'École française d'Extrême-Orient en 1972-1973；lu dans la séance du 6 juillet 1973，*Comptes rendus des séances de l'Académie des Inscriptions et Belles-Lettres*，1973，117-3，pp. 373-379.

〔2〕 Filliozat，Jean，Rapport général sur l'activité de l'École française d'Extrême-Orient en 1973-1974；lu dans la séance du 12 juillet 1974，*Comptes rendus des séances de l'Académie des Inscriptions et Belles-Lettres*，1974，117-7，pp. 447-452.

〔3〕 Bernard Philippe Groslier *Angkor: hommes et pierres*. Grenoble: Arthaud, 1956.

〔4〕 Elizabeth Moore, Bernard Philippe Grosiier 1926-1986, *Asian Perspectives*. 1986-1987, Vol 27, 2, p. 173.

〔5〕 Miriam T. Stark and Heng Piphal，After Angkor：An Archaeological Perspective on Heritage and Capacity-Building in Cambodia，Paul Newson and Ruth Young. *Post-conflict archaeology and cultural heritage: rebuilding knowledge*，*memory and community from war-damaged material culture*，New York：Routledge，2018. pp. 195-216.

图 70　左：遭植被入侵的比粒寺　右：遭到枪械破坏的巴肯寺浅浮雕
（图片来源 Comptes rendus des séances de l’Académie des Inscriptions et Belles–Lettres，1989，133–2）

在山顶入口旁建了一座直径 10 米，高 3 米的圆形战壕，并从藏经阁建筑上拆卸角砾岩基石、围墙岩石、石构件等堆积起来，导致了巴肯寺保存状态比较差（图 70 右）。但是，并不是所有的历史建筑都像巴肯寺一样遭受到了严重破坏。1982 年，一位美国记者来到吴哥核心区进行访问，在吴哥寺浅浮雕和造像上偶而能找到弹孔，其中一块著名的浅浮雕被弹片炸出一片麻坑。对于庞大的建筑而言，这点损坏是轻微的。后来他在考察报告中写道："令人感到惊奇的是经过数年的战争以后，这些建筑几乎没有受到破坏"，或许跟当时的红色高棉政权梦想着重温古代高棉王国自给自足农耕社会的光辉岁月有关[1]。虽然建筑在物理上的破坏相对较小，但是政府垮台给柬埔寨人民所造成的心理影响是巨大的。

1980 年，日本上智大学吴哥国际调查团进入柬埔寨进行古迹调查时发现，金边国家博物馆的大型展厅和三个小展厅遭到了轻微破坏，但它们还算是安全的。然而，在东展览厅的一角，大约有 30 块湿婆神造像和四臂毗湿奴造像的碎片，被收集并储存起来。同时，由于博物馆顶部受损，导致三个小展厅内的所有造像和浅浮雕石板上都粘有白色油漆斑点，有些造像的肩膀和头顶都是白色的。

在马德望市的博物馆内，200 平米左右的空间地方，到处都有石刻造像和石柱碎片，房间的四个角落堆满了残损的造像、浅浮雕碎片等。在另外一间房间内，用柱头和造像的碎片支起了炉灶，墙壁亦被煤烟熏黑[2]。

而在吴哥寺的环壕、吴哥通王城的环壕、皇家浴池、西池等遗址均被用来种植水稻。同时，在吴哥寺内南侧水池里发现了被遗弃的大约 30 件石刻造像，且周围还散布着断了头的佛像，没有脖子的

〔1〕（美）戴尔·布朗主编，王同宽译：《东南亚：重新找回的历史》，北京：华夏出版社；南宁：广西人民出版社，2002 年，第 152 页。
〔2〕（日）石泽良昭著：《古代カンボジア史研究》，東京：国書刊行会，1982 年，第 327–329 页。

躯干，两件端坐的造像以及石质胳膊和腿部的碎片。同时，在距主体建筑约 500 米的堤坝南侧，约有 100 件造像被破坏成一堆砾石。造像的脸、头、胳膊、腿、身体等残片堆积很高，有的造像被砸得像铺在路上的碎石子那么大。经调查发现，这些造像是被供奉在吴哥寺十字形中间走廊和第三走廊中，是当时的高官和信徒供奉的，属于后吴哥时期造像。

另外，在吴哥寺南走廊的中部、东半部，似乎有持机关枪直射现象，数十米处有子弹痕迹造成浅浮雕脱落，还有一些女神造像也惨遭机枪射击〔1〕。而在柬埔寨湄公河三角洲地区，过去从村庄、森林的路边可以看到金色的宝塔（佛教寺庙），但是现在大部分宝塔被损坏、炸毁并且堆积成了碎片〔2〕。

其次，就是吴哥通王城以北的圣剑寺、龙蟠水池、塔逊寺，红色高棉政权在此地埋置了大量的地雷，安全无法保证〔3〕。直至今日，雷区还在困扰着本地居民。对于负责遗址保护的人们而言，首先要完成的任务是确认危险区，并建立明显的禁区标志。直到 1995 年红色高棉政权的游击队依然控制着吴哥核心区北部区域，其中就包括库伦山遗址和女王宫遗址，游击队能够对这两处遗址进行短暂的控制，吴哥建筑遗址时刻受到威胁。

同时，盗掘、破坏石刻文物现象比较猖獗。红色高棉政权、越南入侵者、金边政权都对石刻文物进行了大肆的盗掘活动。尤其在马德望省，两座博物馆被红色高棉政权彻底的摧毁。由于遗址的保护和监管不力，各遗址内安置的小型造像、佛头等都消失得无影无踪。据报道，当附近居民成为难民并逃往泰国边境时，他们拿出这些小型造像并将其出售。在 1979 年刚刚重新开放吴哥遗址保护区时，居民在逃亡途中被政府人员（金边政权）发现并没收的佛头、小型造像及浅浮雕碎片，大约有 120 件之多〔4〕。从 1972 年远东学院开始退出吴哥核心区，到 20 世纪 90 年代政府开始接手吴哥，吴哥保护区库房内的石刻造像从原来的 4000 余件，锐减至 2400 件〔5〕。虽然现在大多数单体文物已经消失，但是对于规模宏大的古建群遗址来说，这种破坏对整体的影响并不大。

## 第二节　吴哥保护工作的复苏

随着柬埔寨国内战争的逐渐平息以及政治的日趋稳定，笼罩在吴哥上空的战争阴霾也在逐渐散去。吴哥考古与保护工作也在开始慢慢地复苏。

早在 1980 年 8 月，日本的上智大学以石泽良昭（Yoshiaki Ishizawa）教授为首的吴哥国际调查团进入内战中的柬埔寨。在军队的保护下，从当年的 8 月 9 日开始用了两周时间对主要的 23 座遗址进行了调查工作。影像录制团队对整个吴哥遗址的损坏与坍塌部分进行了拍摄，并将其记录在视频胶片上约 23 小时。此外，调查团还拍摄了大量的遗址图片。

正式的调查报告很快完成，于当年 11 月提交给柬埔寨金边政权。报告从专业立场指出了遗址的历史和现状，以及需要修复建筑的问题点的详细内容，彩色照片被整理成多达 140 页的册子。调查的结果是，在吴哥地区登记了大约 2500 处考古遗址，只有大约 10% 的考古遗址受到了影响。

---

〔1〕（日）石泽良昭著：《古代カンボジア史研究》，東京：国書刊行会，1982 年，第 331–333 页。

〔2〕同〔1〕第 327 页。

〔3〕Jacques Claude，Angkor état actuel et perspectives，*Comptes rendus des séances de l'Académie des Inscriptions et Belles-Lettres*，1989，133–2，pp. 465–471.

〔4〕同〔1〕第 334 页。

〔5〕（美）戴尔·布朗（Dale M. Brown）主编，王同宽译：《东南亚：重新找回的历史》，北京：华夏出版社；南宁：广西人民出版社，2002 年，第 163 页。

此外，该报告还向联合国教科文组织等国际组织及日本政府发送。在日本，该记录片以《被埋没的文明——吴哥遗址》为标题进行销售，曾于 1980 年 10 月 23 日和 1981 年 3 月 7 日两次在日本电视台播放，约有 2 千万日本人观看了该记录片[1]。

到了 1980 年代末，吴哥考古与保护工作开始出现复苏迹象。如 1986 年，印度政府与金边政权签署了一项针对吴哥寺进行保护的协议（1986—1991 年）。印度考古学家一直致力于清除吴哥寺内造像上的苔藓地衣，尽管他们的工作似乎令人满意，但是仔细观察就会发现，印度工作队所做的工作缺乏后期维护，对建筑因素中存在危险的部位没有进行真正的处理。随后，金边政权与波兰政府之间达成的一项针对巴戎寺进行保护的协议（1987—1991 年），波兰工作队非常谨慎同时希望能够与法国进行科学合作。波兰工作队计划，首先是编制一份考古清单，并在尚未进行考古工作的地方进行一些考古调查，然后尝试将堆积如山的石构件归安到建筑原位。

与此同时，在缺席了东南亚地区 30 年后，远东学院的院长弗朗索瓦・格罗斯（François Gros，1977—1989 年）准备让学院重新回到东南亚。从 1983 年 11 月起正式返回越南；1987 年底在马来西亚开设了远东学院中心；1987 年和 1989 年与老挝正式接触。而对于柬埔寨，格罗斯院长曾三次派遣考察团，最早一次是在 1985 年。遗憾的是，要么时机还不成熟，要么是因为法国政府的不情愿。直到 1988 年，一群来自柬埔寨的高棉艺术崇拜者在法国成立了"吴哥之友协会"（*Association des Amis d'Angkor*）。该协会与远东学院保持着密切的联系，这个非政府组织可以在金边政权和法国政府，在没有外交联系的情况下采取活动。远东学院在当年的 1 月份试探性地访问柬埔寨，在访问期间制定了一项柬埔寨手稿编辑计划。该计划在柬埔寨和法国获得了批准并将开始执行，由远东学院的弗朗索瓦・比佐特（François Bizot）对现存的高棉手稿进行收集和保存，此项任务在当年 7 月份完成。而吉美博物馆的阿尔贝特・勒・博纳尔（Albert Le Bonheur）对金边国家博物馆馆藏的文物进行清点工作；在 1989 年的年底，让・米歇尔・安德烈（Jean-Michel Andre）负责培训柬埔寨石刻造像修复师。另一项任务是远东学院的建筑师对巴方寺的现状进行评估并对其进行重新修复，最后帮助柬埔寨培训急需的考古和建筑方面的人才[2]。

另外，1989 年在法国外交部的资助下，远东学院与泰国艺术部联合开展了"泰国东北部的历史、考古及碑铭"研究项目。该项目分两部分：第一部分，完成泰国东北部地区考古地图的绘制；第二部分，重点研究芒占帕西（Muang Champasi）遗址[3]。

泰国东北地区主要指的是泰国东北部心脏地带伊桑（Isan）地区，主要是以芒占帕西遗址建筑群为主（图 71）。该区域主要发现有大型吴哥时期的水池遗址，在整个呵叻高原地区的纪念碑建筑遗址中以该区域最为密集，同时也是吴哥时期重要的陶瓷器生产中心，尤其是在 11 至 12 世纪，该区域是古代高棉王国的领土。这些建筑遗址大多位于蒙河（Mun）和锡河（Chi）河谷地带，发现带有环壕的建筑遗址及铁渣、盐业等手工业生产遗迹。

在这种背景下，玛哈沙拉堪府（Mahasarakham）的那伦县（Na Dun）芒占帕西遗址成为了该区域内最重要的遗址点（图 72 左）。该遗址是一处庞大而复杂的"城市"中心，附近有两座吴哥时期的寺

〔1〕（日）石泽良昭著：《古代カンボジア史研究》，東京：国書刊行会，1982 年，第 325-327 页。

〔2〕 Jacques Claude，Angkor état actuel et perspectives，*Comptes rendus des séances de l'Académie des Inscriptions et Belles-Lettres*，1989，133-2，pp. 465-471.

〔3〕 Dagens. Bruno，Recherches archéologiques franco-thaï dans la Thaïlande du Nord-Est. Les fouilles de Muang-Champasi，*Comptes rendus des séances de l'Académie des Inscriptions et Belles-Lettres*，1994，137-5，pp. 43-67.

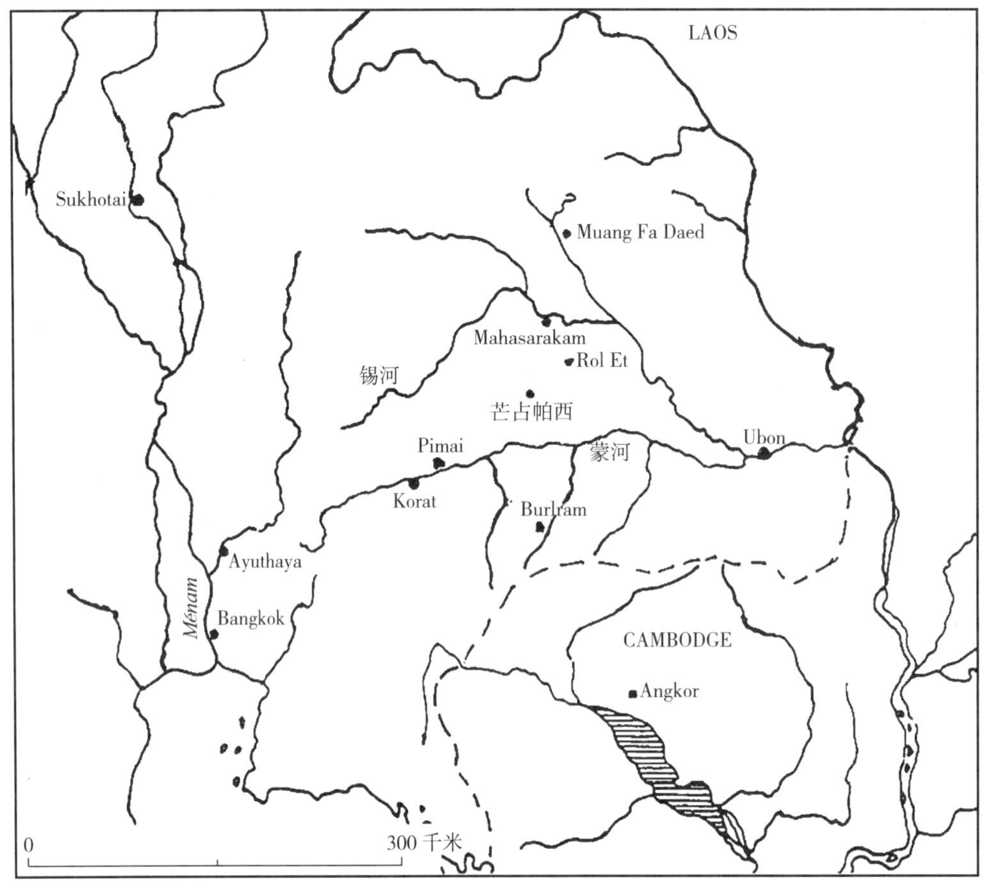


图 71　泰国东北部地图
（图片来源 Comptes rendus des séances de l'Académie des Inscriptions et Belles-Lettres，1994，138-1）

图 72　左：芒占帕西遗址平面图　右：Sala Nang Khwao 遗址（东面全景）
（图片来源 Comptes rendus des séances de l'Académie des Inscriptions et Belles-Lettres，1994，138-1）

庙遗址，其中一座前面有水池遗址。在遗址内发现了多处遗迹，如角砾岩、砖砌结构的遗迹已被确认为佛塔，且在城址内部（土墩区域和稻田中）和外部均有发现。同时，还在遗址地表上采集到大量种类繁多的陶瓷器碎片。如佛教寺庙 Sala Nang Khwao 遗址位于城址内部，遗址仅剩下东西轴线对称的基础部分（图 72 右）。

另外，对该地区西北方向进行调查时，发现了一处铁矿遗址。另外，研究表明盐业的开采是目前当地很普遍的一种工业或半工业活动。

## 第三节 后续的影响

在 1975 年之前，吴哥的考古与保护工作仍在继续，虽然规模有所减小，但是仍在缓慢前行，到了 1975 年之后，柬埔寨境内的吴哥考古与保护工作彻底停止，吴哥遗址被完全的抛弃。这种影响不仅使吴哥之前的保护工作付诸东流，而且之后的国内战乱对柬埔寨文博专业人才队伍造成了无法弥补的损失。

吴哥建筑中损坏最为严重的是吴哥寺，在战争中遭受了炮弹的轰击，尤其是装饰着仙女的浅浮雕墙壁被士兵们肆意破坏。同时，红色高棉政权利用吴哥来恢复昔日的辉煌，他们对全国各地的佛教寺庙进行了破坏而吴哥遗址得以幸免。值得注意的是，在红色高棉政权执政期间，吴哥文物被掠夺现象几乎完全被杜绝。柬埔寨的民族主义分子将吴哥时期看作高棉历史的黄金时期，并对古建筑进行严格的保护。由于人们对政权所实施的严厉措施而感到恐惧，所以文物掠夺现象被有效遏制。直到 1978 年红色高棉政权结束之前，吴哥一直处于废弃状态，大自然的力量使法国远东学院为保护古迹而进行的清理工作都付诸东流。

及至 1980 年代末，吴哥考古与保护工作见证了一个缓慢但有希望的复兴，它始于柬埔寨吴哥核心地区。这项工作之所以困难，是因为柬埔寨内战遗留下来的地雷、糟糕的基础设施和不完善的运输路线，阻碍了考古与保护工作的开展。而吴哥囿于长期的缺乏管理，使得非法盗掘文物猖獗一时，热带植物的快速生长和蝙蝠等丛林动物的大量排泄物也对遗址造成了伤害。

同时，柬埔寨国内战乱也使吴哥考古与保护专业人才断层，尤其是红色高棉执政时期，造成的损失是无法估量的，以至于战后吴哥保护工作难以开展，只能向国际社会发出援救的呼声。如柬埔寨 Vatt Saravann Decho 巴利学校的教授汤玉（Thaong Yok）在学校任教了将近 25 年，他的知识使他名声远播。内战爆发后，汤玉被迫于 1973 年离开宗教学校回家照顾母亲。1975 年，红色高棉政权掌权后，汤玉和家人被驱逐到茶胶省的 Bâti 地区。他在那里待了一年然后再次被驱逐，并被软禁在菩萨省 Kandieng 地区养牛[1]。由于缺乏更好的专业人员，金边国家博物馆的馆长由皇家艺术大学考古系一年级的学生来担任[2]。同时，持续的内战也为柬埔寨日后与周边国家对吴哥遗址的管理埋下了隐患，甚至引发冲突。因此可以说，这一时期是吴哥考古与保护工作中最黑暗的阶段，吴哥考古与保护工作基本上处于缓慢发展状态。

与此同时，柬埔寨国内战乱给吴哥学术研究也带来一定的影响。正常的学术研究活动受阻，以至于这一时期柬埔寨境内产生的有影响力著作较少，反倒是在中国、日本产生了一些对后世影响较大的著作。

〔1〕 Olivier de Bernon，Thaong Yok（1921–2007），*BEFEO*，Year 2006，93，pp. 9–13.

〔2〕 Filliozat Jean，Rapport sur la situation de l'Ecole d'Extrême–Orient ; lu dans la séance du 4 juillet 1975，*Comptes rendus des séances de l'Académie des Inscriptions et Belles–Lettres*，1975，119–3，pp. 341–345.

关于这一时期吴哥历史研究的中文书籍，首推1975年香港中文大学出版陈正祥先生的《真腊风土记研究》[1]一书。该书从真腊风土记的价值、古代扶南与中国的接触、隋书与唐书关于真腊的记载、安哥（吴哥）时代、元兵的征讨与周达观的南行、真腊风土记的原文及注释、余论，七个方面来对《真腊风土记》进行一个全方位的研究。其中价值最高的当属“真腊风土记的原文及注释”，虽然书中的一些观点有待商榷，但是这是国人首次对吴哥进行实地的调研工作，以此尝试对《真腊风土记》进行校注，同时对后来人继续研究吴哥起到了推动作用。

其次，就是1981年中华书局出版夏鼐先生《真腊风土记校注》是该书整理研究的集大成者[2]，在中外学者研究的基础之上做了全面的校注。夏鼐先生收集十多种刊本、抄本，以及中外学者的有关论著，博采众说、择善而从，使之成为目前最好的、可依赖的一种本子，是研究柬埔寨吴哥历史的必备读物。可以说陈正祥先生的《真腊风土记研究》和夏鼐先生的《真腊风土记校注》，这两部“一南一北”关于吴哥研究的著作是当代吴哥研究中的“乐府双璧”。

随后是陈显泗、许肇琳、赵和曼等编纂的《中国古籍中的柬埔寨史料》[3]一书，收集相关史料130余条，大致梳理出柬埔寨自古及今的政治、经济、社会以及风土人情的概况。而国内第一部全面系统的介绍柬埔寨历史，则是陈显泗著的《柬埔寨两千年史》[4]。本书系中国一部系统的柬埔寨通史，从“跨入历史的门槛以前”直到20世纪中叶柬埔寨独立，较为全面地反映了柬埔寨历史发展的全过程。本书广泛搜集中国古籍、西方文献及柬埔寨本土史料，首次将柬埔寨的历史理出一个清晰的脉络出来，层次分明，论证翔实，为柬埔寨史研究成果之总汇，具有较高的学术价值。

除中文书籍外，外文著作中当属日本学者石泽良昭的《古代柬埔寨史研究》最具代表性[5]。日本东南亚研究的元老级人物与东南亚学会首任会长山本达郎[6]称其著作“代表了柬埔寨古代史研究的最高水平”，是“研究柬埔寨古代史的最佳指南”[7]。该书是作者于1976年3月，向中央大学（Chuo University）研究生院文学研究科提交的博士论文《古代柬埔寨史研究——前吴哥时期的政治与社会》，在此基础之上构成了该书的核心部分。在提交论文后的两年，石泽良昭先生一直都在巴黎法国远东学院等地学习，并借此机会重新核查了书中所用碑铭的原始资料，并重新进行了新的释读和翻译。

该书共分为5部分，第1部分是柬埔寨历史研究框架。从研究史的角度来讲，前吴哥时期的美术史、碑铭的研究和中国史料的研究是个别进行的，通过对扶南的港口城市俄厄遗址的发掘和从各地收集到的碑铭研究，在一定区域内捕捉到了扶南交流的历史痕迹——高棉族的历史发展。

第2部分前吴哥时期，是该书的重点。作者在比较碑铭史料及中国史料的同时，发现真腊的勃兴、发展与吴哥时期的关系，将前吴哥时期定位在柬埔寨历史的长河中。同时他认为，这个所谓的“前吴

〔1〕陈正祥：《真腊风土记研究》，香港：香港中文大学，1975年。
〔2〕（元）周达观著，夏鼐校：《真腊风土记校注》，北京：中华书局，1981年。
〔3〕陈显泗、许肇琳、赵和曼：《中国古籍中的柬埔寨史料》，郑州：河南人民出版社，1985年。
〔4〕陈显泗：《柬埔寨两千年史》，郑州：中州古籍出版社，1990年。
〔5〕（日）石泽良昭著：《古代カンボジア史研究》，東京：国書刊行会，1982年。在2013年的时候，该书修订出版，篇幅增加一倍，页码扩展到766页。
〔6〕山本达郎（1910–2001）东京大学教授，是日本东南亚史研究的先驱，自第二次世界大战前至20世纪末，一直活跃于学术界，曾任日本东方学学会会长、日本东南亚史学会首任会长、日本越南研究学会首任会长等，他是第二次世界大战后日本亚洲研究的代表性人物，其代表作《安南史研究Ⅰ》在1952年获得“日本学士院奖”。见桃木至郎：《安南史研究Ⅰ·序》，北京：商务印书馆，2020年，第1–2页。
〔7〕孙来臣：《东南亚：多文明世界的发现·序》，北京：北京日报出版社，2019年，第4页。

哥时期”，并不是吴哥时期单纯的“初露峥嵘”时期，而是面向吴哥的生动发展时期。作者论证了这是政治、社会、文化基础形成的重要“胎动时期”。

继前吴哥时期之后是吴哥时期，也是鼎盛时期。在该书第3部分中讨论了“吴哥时期的政治与文化”，作者充分讨论了王权背后的神职人员宗派血统和敬拜神祇的方式，并试图对吴哥遗址和柬埔寨宇宙观的基本结构进行阐释。

在第4部分“吴哥遗址与当代柬埔寨的痛苦”中。作者询问了吴哥遗址的现代历史意义，并刊出了1980年8月遗址破坏状况的调查报告。第5部分作为“结束语”，考察了柬埔寨的现状框架作为历史归宿之一被固定下来，并引起了人们对柬埔寨历史的关注。

不可否认，柬埔寨人的过去以及吴哥遗址仍然是民族主义和高棉民族身份的重要象征。事实上，民族自豪感是全国各地恢复考古工作和培训学生考古与保护技术的主要催化剂。然而，吴哥遗址的修复是当今世界上任何国家都无法独自承担的财政负担。在这一时期内，只有四个国家（日本、法国、印度、波兰）对吴哥进行援助保护，这四个国家也许更关心这样一项使命的荣耀，而不是对这些纪念碑建筑的热爱。同时由于保护理念上的差异，甚至出现了破坏古迹现象。如1986年，印度考古局首先开启了修复吴哥寺的工作，为消灭苔藓地衣等植被而最初使用杀真菌剂含有二氧（杂）芑，这是越南战争中被发现的臭名昭著的橙剂；使用不透水的密封剂来防止渗透只能使水分更多地在石构件表面以下集结，形成更严重的破坏[1]；未经训练的工人过于用力的刮擦也造成石构件表面的损坏，“在印度人的监督下，许多不熟练的工人握着水桶和刷子，像用力冲洗脏了的厨房地板一样从事着石材的清洗工作”[2]。这样的工作方法后来受到了严厉的批评。值得肯定的是，印度考古局第一个冲到危险地区进行古迹保护的做法得到了好评，但其在内容和技术上缺乏慎重。

吴哥名字的声望和威望是如此之高，既是高棉民族的历史结晶，又是人类的瑰宝，以至于许多其他国家都愿意直接参与吴哥的保护与修复工作中来。柬埔寨政府对保护这处遗址责无旁贷，虽然要负起管理的责任，但现在除了“赤手空拳”什么都没有。在这种条件下，联合国教科文组织似乎应该来倡导对吴哥遗址的保护做些工作。

〔1〕（美）戴尔·布朗主编，王同宽译：《东南亚：重新找回的历史》，北京：华夏出版社；南宁：广西人民出版社，2002年，第180页。
〔2〕下田一太：《りアンコール遺跡群における標準的な修復仕様の模索》，《世界遺産学研究》2016年第2辑，第44–54页。

# 第六章　吴哥考古与保护大发展期（1990 年至今）

1989 年，当和平曙光重现柬埔寨之后，柬埔寨联合政府主席西哈努克亲王向联合国教科文组织提出了保护吴哥的请求。5 月，雅加达非正式会议启动了和平谈判，这促使教科文组织向吴哥派遣了一个小组赴吴哥现场进行实地考察，以回应西哈努克的请求。11 月，时任泰国总理差猜・春哈旺（Chatichai Choonhavan）会见了联合国教科文组织总干事，并宣布泰国无条件支持联合国教科文组织为吴哥所做的努力。其他东盟成员国[1]效仿泰国同意将吴哥问题非政治化，并通过了由澳大利亚提出的口头决议，该决议得到日本和法国等国的支持，要求教科文组织启动吴哥的筹备活动。从这一时期开始，法国和日本成为柬埔寨吴哥保护工作的关键参与者。

1990–1991 年，联合国教科文组织数次参与吴哥的现场调研评估活动，对古迹的现状有了进一步的了解，并于 1990 年 6 月和 1991 年 9 月先后在曼谷和巴黎召开国际圆桌会议，确定优先援助的项目。

日本通过联合国教科文组织的一个信托基金资助了曼谷会议，联合国教科文组织委托日本上智大学对吴哥遗址进行调查，并开发了计算机化的遗址清单表格。此外，日本还资助法国远东学院，将 1909 年至 1972 年远东学院在吴哥修复与研究的主要报告和图形文件电脑化、缩微胶片。

在巴黎的会议上，西哈努克亲王再次呼吁联合国教科文组织协调国际力量保护吴哥。与此同时，与会各方建议联合国教科文组织协同世界遗产委员会与国际古迹遗址理事会（ICOMOS），帮助柬埔寨政府准备《世界遗产公约》所需的相关材料，并将申报吴哥列入《世界遗产名录》。

1991 年 11 月，柬埔寨政府批准了《世界遗产公约》吴哥的申遗程序。1992 年 12 月，在美国圣达菲（Santa Fe）召开的世界遗产委员会第 16 届会议上，吴哥申遗项目被正式提交。申报遗产包括吴哥核心区、罗洛士建筑群和女王宫三处独立的遗产区，加上统一的缓冲区，总面积约 400 平方公里，据统计遗产区内的居民约为 22000 人，涉及 112 个村庄。

1993 年，由联合国教科文组织出面，法国和日本牵头组织国际上多个国家和国际组织发起“拯救吴哥行动”，从此揭开了有史以来规模最大的国际文化遗产保护合作行动的序幕。截至目前，据不完全统计，共有 21 个国家 / 国际组织参与并实施了大约 139 项与吴哥保护有关的项目（附录一）。

## 第一节　法国远东学院回归

法国远东学院的回归是以对吴哥资料的保护为肇端的，资料以微缩胶片的形式提供所有层次和一

〔1〕 东南亚国家联盟成立于 1967 年。

定数量的印刷品，这为以后其他各国开展吴哥保护行动提供了很大的便利。同时，远东学院也在积极帮助柬埔寨对战争期间遭破坏的吴哥遗址进行评估工作。可以说，远东学院的回归对战后吴哥的保护和研究起到了非常重要的作用。

## 一 回归前准备工作

20世纪90年代初，随着柬埔寨国内局势的稳定，远东学院开始在金边设立办事处，计划准备恢复在吴哥的保护与修复工作。在1990—1991年，远东学院为回到吴哥工作动员了很多的力量，以满足柬埔寨当局、联合国教科文组织和法国外交部的要求。

具体内容包括两个方面：1. 向联合国教科文组织遗产司提供咨询，负责组织保护吴哥的国际行动（1990年6月在曼谷、1991年9月在巴黎举行圆桌会议）。在这个咨询角色中，远东学院负责将吴哥列入世界遗产名录。2. 成立吴哥专家组（1990年12月至1991年1月），具体包括5名法国专家、1名日本专家和1名波兰专家，由克劳德·杜马西负责。专家组调查了35处吴哥遗址，并于1991年4月，向联合国教科文组织提交调查报告。

在等待联合国教科文组织发表这份报告的同时，专家组还对吴哥核心区进行了实地的调查。其中吴哥寺南侧走廊、庭院及一层建筑受到迫击炮炮击；巴肯寺已经变成了一座军火库；巴色占空寺被现代僧侣修建成佛教寺庙；拜伊寺的窗户被严重破坏；吴哥通王城城门外两侧的石刻造像头部被盗（由水泥复制品替代）；巴戎寺入口处的建筑已经倒塌，巴方寺损坏较小，提琶南寺被改造成了现代寺院，周萨神庙的浅浮雕被枪支所毁坏，班迭克黛寺入口处的塔门建筑倒塌；皇家浴池内长满了浮游植物，豆蔻寺内窗户遭到破坏。

总的来说，纪念碑建筑整体没有受到太大影响，然而吴哥考古公园却遭到了破坏。此外，扫雷工作仍远未完成，这意味着无法进入大约十几处纪念碑建筑，因而这些纪念碑建筑的受损情况无法估计。

与此同时，远东学院还开展了一些合作项目。如在泰国开展Phanom Wan项目，作为修复泰国境内吴哥时期建筑的培训机构（1990年第一次，1991年第二、三、四次）。1989年成立的柬埔寨手稿编辑基金会（Fonds d'édition des manuscrits cambodgiens 简称“FEMC”）主旨是清点、保护和出版存放在泰国和柬埔寨寺庙内的高棉手稿，泰国发现大约650份、柬埔寨大约350份手稿。同时，远东学院亚洲中心除了接待青年学者和学生、游客之外，作为吴哥行动的一部分，还在巴黎总部于1990—1991年、1991—1992年提供培训课程，由布鲁诺·达庚斯培训巴黎第三大学的5名研究生学习东南亚考古学[1]。

## 二 保护吴哥资料

早在1990年，由于提前预料到柬埔寨以后的政治局势，远东学院就在金边设立了一个办事处，并在巴黎开展了一项广泛的大规模保护和传播吴哥考古资料的计划[2]。

---

〔1〕 L. Vandermeersch，Rapport d'activité de l'EFEO，1990-1991，*BEFEO*，1992，79-1，pp. 214-219.

〔2〕 Bruno Bruguier，Angkor Conservation et diffusion du fonds documentaire de l'EFEO，*BEFEO*，1992，79-1，pp. 256-265.

第一步，与联合国教科文组织合作计划复印远东学院的档案，以便于重建吴哥的保护文件，并将其提供给打算帮助柬埔寨保护其建筑遗产的科学组织。远东学院有大量关于吴哥的文献和考古资料，它主要包括（不包括其他次要文件）9000页的考古发掘报告（1908年至1970年）；2300页的古迹档案、4000页的吴哥报告、1000页的帕尔芒捷文件、3000页的工作计划、4万张照片。但是，1970年至1972年，在困难背景下运回的大量文件，其分类非常粗略并开始出现严重损坏。因此，学院人员觉得这项工作不应局限于文件的复印，而是将其纳入一项更雄心勃勃的档案索引、分类和保存计划。

第二步，保护好柬埔寨境内远东学院的档案资料，包括行政性质的档案、捐赠给远东学院的个人档案及科学文献。在初始阶段，研究人员只对科学文献感兴趣，它汇集了吴哥不同保存者收集到的考古资料，主要由书面文件、图表文件、吴哥保护区文件和照片文件组成。

（一）书面文件包括发掘日志、吴哥报告、“帕尔芒捷”文件和其他文件。发掘日志可能是文档中最重要的部分，保护区负责人日复一日地记录着在吴哥的活动和研究（图73）。在1909年至1955年，由不同的成员保存，有29份大约300页的手写登记册。在1960年至1970年，为大约12座纪念碑建筑建立了一般索引和打印档案（内附原始草图）。

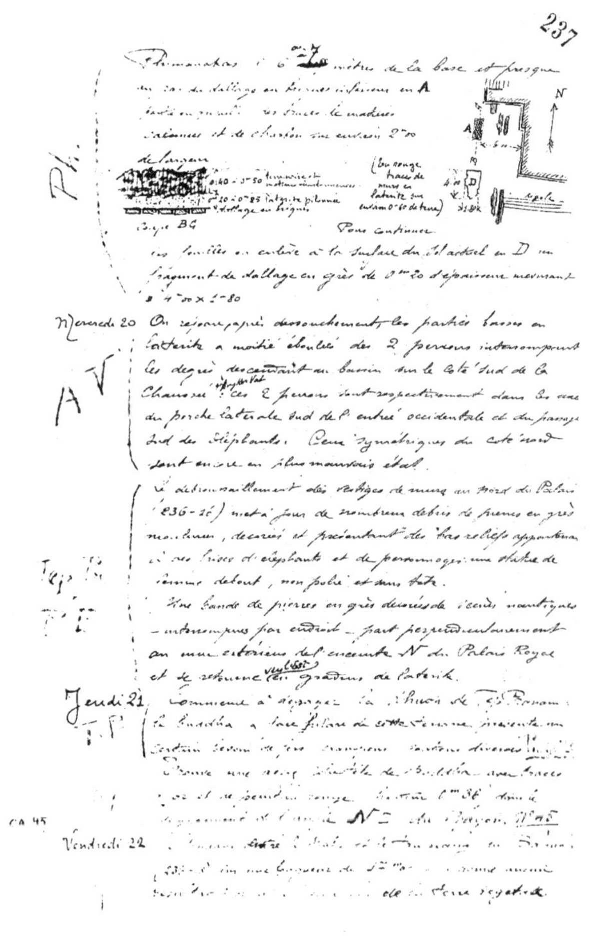

图73　1918年3月19日星期二至22日星期五，由马绍尔撰写的发掘日志
（图片来源BEFEO，1992，79-1）

吴哥报告，是吴哥保护区（DCA）向远东学院管理层和柬埔寨政府，通报正在进行的活动和研究。在1960年以前是每月出版的，在此之后有时按季度、半年或年度摘要出版。在此日期之后直到1973年，变成每年出版但可以同时出版中期或专题报告。打印稿（一式多份）连同图纸和照片，以及1990年以前的原稿均予以保留。

20世纪30年代，远东学院以考古部门负责人名字命名的“帕尔芒捷文件”，是针对柬埔寨、老挝和泰国境内的吴哥遗址编制的一份材料。吴哥地区的大部分纪念碑建筑资料都是用打字机打印出来的，但也有一些复制品和最初的原稿。

（二）图表文件，包括了吴哥保护区创建以来制作的近3000幅原始图纸。这些图纸主要侧重于纪念碑建筑，但也包括测绘图、地形测量、调查发掘、技术过程或装饰图案的插图以及考古遗迹的草图，它们可以跟踪遗址的进展状况，控制各项干预措施，并了解每座纪念碑建筑的修复方法（图74）。

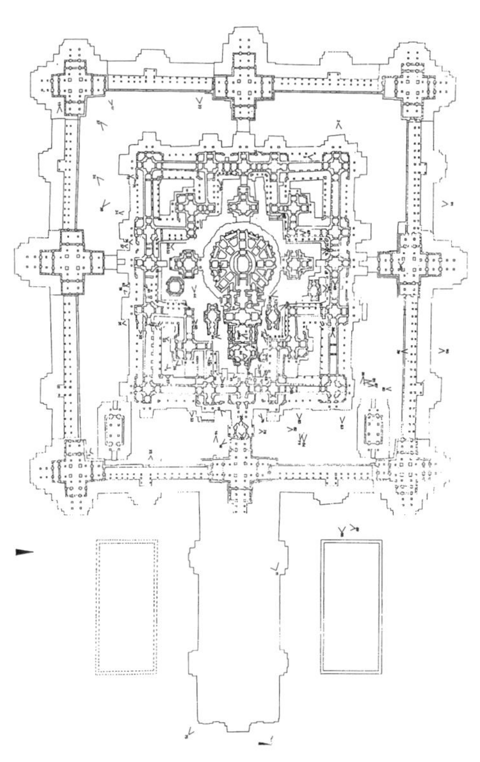

图74　编号571的巴戎寺平面图
（图片来源BEFEO，1992，79–1）

图纸载体的质量通常是参差不齐的，保存质量较差的是墙纸。由于这些图纸要么装订在图纸上要么直接卷在图纸内，因此对图纸的查阅就比较困难。在柬埔寨其中一些已经重新编号，而另一些则以打印的形式来使用。在某些情况下，当时添加的注释提供了额外的信息，但最重要的是，这些注释在一定程度上弥补了某些原始文档的丢失。

此外，法国国家地理研究所对吴哥周边地区进行了1/500的地形测绘，对吴哥整个地区进行了1/10000地形全覆盖，并绘制了一系列行政、地质、文化和历史地图。这是一份鲜为人知的地图文件，很可能是该地区目前最详细的地图之一。

（三）吴哥保护区文件，记录着在吴哥清理过程中发现的遗物，以及偶然发现或缴获的遗物资料。当它们放入库房时，每件遗物都有一个库存编号，这些遗物大多保存在暹粒，部分遗物保存在金边国家博物馆，或者在 20 世纪 30 年代馆藏于吉美博物馆。直到 1945 年，部分次要的遗物才被降级，并在市场上公开出售。最后，吴哥保护区内的文物清单还包括留在原地的遗物（其中重要遗物在 1970 至 1973 年间馆藏于保护区内的库房里）。

从 1960 年开始，B. P. 格罗斯利埃对保存在远东学院的每一件遗物都建有卡片，上面登记有编号、发掘日志的参考资料和附有照片的遗物说明（图 75）。相比之下，陶瓷、青铜器建档库存工作仍未完成，仅列出了 1960–1970 年间发掘中发现的遗物。

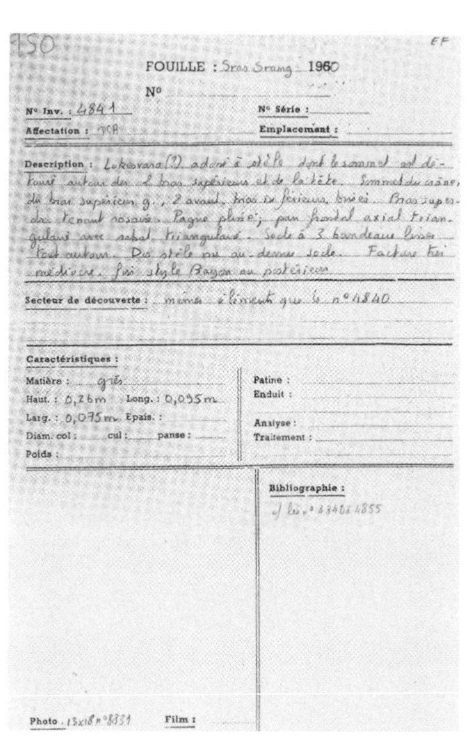

950 EF

FOUILLE : Sras Srang 1960

N°

N° Inv. : 4841 N° Série :

Affectation : DCA Emplacement :

Description : Lokesvara (?) adossé à stèle dont le sommet est détouré autour des 2 bras supérieurs et de la tête. Sommet du crâne, du bras supérieur g., 2 avant-bras inférieurs brisés. Bras supér. dr. tenant rosaire. Pagne plissé; pan frontal axial triangulaire avec rabat triangulaire. Socle à 3 bandeaux lisses tout autour. [illegible] stèle [illegible] au-dessus socle. Facture très médiocre. [illegible] style Bayon ou postérieur

Secteur de découverte : mêmes éléments que le n°4840

Caractéristiques :

Matière : grès

Haut. : 0,26m Long. : 0,095m

Larg. : 0,075m Epais. :

Diam. col : cul : panse :

Poids :

Patine :

Enduit :

Analyse :

Traitement :

Bibliographie :

Photo . 13x18 n°8831 Film :

图 75 资料卡第 950 号存放在吴哥保护区库房内，编号为 4841，拍照号 8831
（图片来源 BEFEO，1992，79–1）

（四）照片文件。远东学院的摄影图书馆，是由河内和暹罗的部分摄影收藏品合并而成的。有两个主题：民族学和考古学，主要的考古资料集中收藏在柬埔寨，但在其他东南亚国家和印度也均有收藏，资料来源多样且收藏的年代较早。最早的照片可追溯到 19 世纪初。

印刷品的形式较多样化，有些是安装在硬纸上，参考图片和图例较为精确。一些则是吴哥保护区的报告和情况介绍，另一些则放在盒子或小袋里背面有一个或多个库存编号（图 76）。据估计，远东学院有 4 万张幻灯片和经常被错误引用的彩色照片。

第三步，重组文件资料库。在运回法国时已部分重新分类，这种重新分类的尝试导致了库存数量的增加，但并不能够将有缺陷系列与完整系列、副本与原件区分开来。为了避免落入同样的误区，该

图76　在1954年6月的报告中描述了与托玛侬神庙入口处塔门活动有关的照片，分别记录在编号为7453和7453下，然后插入到EFEO照片库的文件中，编号12702（图片来源BEFEO，1992，79–1）

工作旨在通过重新分类文件，避免引入新的数字系列。另一方面，从一开始就计划为每一种文件保留所有已知的库存编号。因此，文件的重新分类可以在以前的存储基础上进行，并在审查过程中加以补充。优先编制索引以便在几个月的时间内，甚至在远东学院保留不完整的文件清单中完成复印工作。

从1990年7月至1991年12月，在布鲁诺·达庚斯的指导下，布鲁诺·布鲁吉尔（Bruno Bruguier）对其进行分类、数据录入和索引工作。具体如下：1. 几乎所有的发掘报告都已录入（1650页的清单）；2. 输入报告的索引（5000份文件）；3. 整个计划的缩微档案（3000张资料卡）；4. 索引16000张照片。

此外，远东学院在柬埔寨的任务结束后，使保护区库房内的吴哥时期文物数据得到了更新，根据计算机数据显示，大约库存了4144件文物。这些工作的经费（设备、假期、调查团开支）主要来自法国外交部和联合国教科文组织的支持（教科文组织在日本的赠款是应日本要求转到远东学院的）。

最后，在1991年的夏秋两季，继续进行索引、复印和保护工作。同时，工作的重点是数据输入方法、地名和词汇的标准化。

总而言之，经过一年半的工作，远东学院以微缩胶片的形式提供了所有层次和一定数量的复印资料，并且所有考古报告和期刊也很快完成。对吴哥档案进行索引，可以向负责打击非法贩卖文物的服务部门传递文件清单。这就是为什么远东学院认为，在文件复印方面已经在全球范围内实现了最初的目标，但是开放、补充、研究项目是当时最令人鼓舞的行动。然而，很明显开发一个真正的文献检索系统——考古数据库，将需要转向更强大的计算机技术和图像库的集成。

## 第二节　古迹保护十四年（1990—2003 年）

柬埔寨吴哥遗址被遗弃了近 20 年。从 1980 年到 1991 年，除了印度考古局（1986—1991 年）在吴哥寺以及波兰工作队（1987—1991 年）在巴戎寺进行遗址保护工作，没有任何国际团队出现在吴哥遗址保护现场[1]。然而，1991 年，国际评估团发现了紧急情况，并准备启动第一处修复现场对遗址进行修缮。随后，柬埔寨政府在东京政府间会议上提出的关于保护、修复和改善吴哥的计划，是应对这一特殊情况的行动推动力，该计划已取得了可观的长期成功。下面分别对各个国家所做的工作进行概述。

### 一　柬埔寨

在柬埔寨内战中文化遗产教育被忽视，金边皇家艺术大学曾是柬埔寨在考古、文化遗产保护和修复等领域的大学教育中心，在 1989 年重新开学之前关闭了将近 20 年。即使考古系重新成立，也没有科学的教育方法和教学所需的设备与教材，而且在红色高棉执政时期幸存下来的考古学家也寥寥无几，人才不足是最大的问题。这一时期的柬埔寨刚从战争中走出来，所有的一切均处于百废待兴状态。在柬埔寨政府的努力及国际社会的帮助下，开始有针对性的对吴哥进行保护工作。首先从建立保护机构、培训保护人员等工作入手，随后有针对性的对建筑古迹开展修复工作（表 9，图 77）。

**表 9　柬埔寨（APSARA 局）吴哥保护工作统计简表**

| 序　号 | 时　间 | 工作内容 | 备　注 |
|---|---|---|---|
| 1 | 1995—2023 | Prasat Ta Prohm Kel 医院遗址修复项目 | |
| 2 | 1997—2012 | 塔逊寺修复项目 | |
| 3 | 2000— | 罗洛士建筑群修复项目 | |
| 4 | 2004— | 巴琼寺修复项目 | |
| 5 | 2004—2009 | 暹粒机场考古发掘项目 | |
| 6 | 2004—2012 | 吴哥时期水资源的管理项目 | 可持续发展项目 |
| 7 | 2005— | Prasat Tonle Snguot 医院遗址修复项目 | |
| 8 | 2006—2007 | 贡开遗址考古项目 | |
| 9 | 2006—2012 | 高棉社区解说中心 | 可持续发展项目 |
| 10 | 2006— | 土地使用设计和注册计划 | |
| 11 | 2007— | 北池（阇耶塔塔卡胡）修复项目 | |
| 12 | 2007— | 西池修复项目 | |

〔1〕 此时的法国正对吴哥资料进行保护，日本则是对遗址进行考古调查与研究，二者均没有进行大规模的修复活动。

续表

| 序　号 | 时　间 | 工作内容 | 备　注 |
|---|---|---|---|
| 13 | 2009— | 大吴哥岩画艺术研究项目 | |
| 14 | 2009— | 皇家浴池修复项目 | |
| 15 | 2009—2010 | 冶铁遗址的研究项目 | |
| 16 | 2009—2012 | 遗产教育培训项目 | 可持续发展项目 |
| 17 | 2013— | 吴哥寺遗址修复（考古）项目 | |
| 18 | 2013 | 吴哥考古公园野生动物放生项目 | 可持续发展项目 |
| 19 | 2014— | 吴哥通王城城墙修复项目 | |
| 20 | 2015— | 班迭色玛修复项目 | |
| 21 | 2015— | 女王宫修复项目 | |
| 22 | 2016—2017 | 斗象台遗址内莲花基座修复项目 | |
| 23 | 2017— | 班迭克黛寺（围墙）修复项目 | |
| 24 | 2017 | 比粒寺（石刻造像）修复项目 | |
| 25 | 2019.05 | 阿约寺遗址考古项目 | |
| 26 | 2019.05 | 考古保护区的划定项目 | 可持续发展项目 |
| 27 | 2019 | 寺庙石材修复培训项目 | |
| 28 | 2019 | 佛教与科学博物馆培训项目 | |
| 29 | 2019 | 保护和研究寺庙遗址的技术培训项目 | |
| 30 | 2019— | 吴哥通王城北塔门附近造像修复项目 | |
| 31 | 2019.11—12 | 吴哥时期道路遗迹发掘项目 | |
| 32 | 2019—2022 | 吴哥通王城西塔门修复项目 | |
| 33 | 2020.01 | 库伦山考古调查项目 | |
| 34 | 2020.03 | Prasat Kandal Srah Srong 寺庙遗址修复项目 | |
| 35 | 2020.07—12 | Damrey Krab 寺庙遗址修复项目 | |
| 36 | 2020.07 | 石刻艺术品登记注册项目 | 可持续发展项目 |
| 37 | 2020— | 吴哥超越项目 | |
| 38 | 2020— | Prasat Krahorm 寺庙遗址修复项目 | |
| 39 | 2020.11—12 | Tuol Trapeang Bos 窑址考古项目 | |
| 40 | 2020— | Prey Prasat 医院遗址修复项目 | |

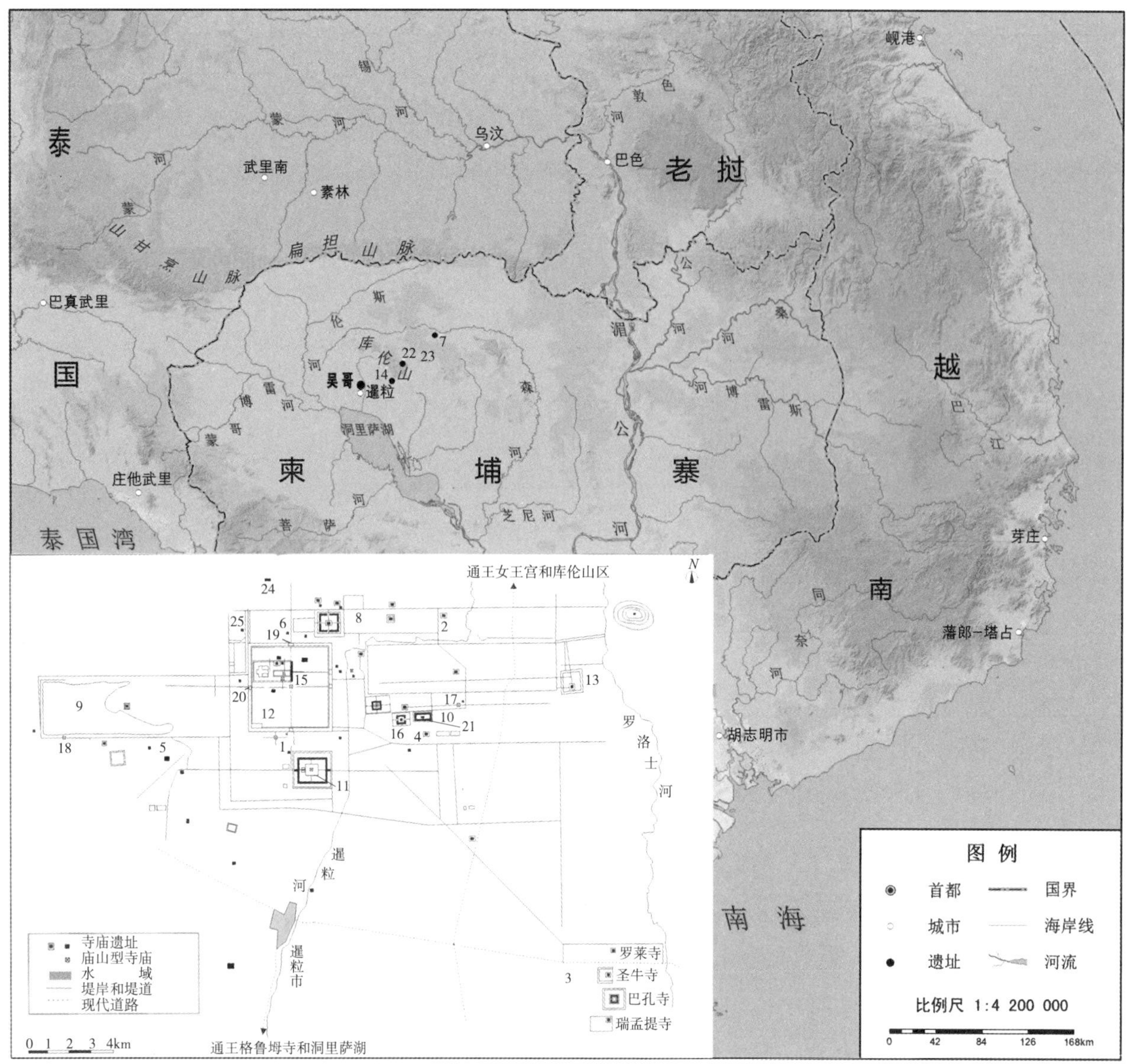


图 77 柬埔寨的吴哥保护工作地点分布示意图

（1. Prasat Ta Prohm Kel；2. 塔逊寺；3. 罗洛士建筑群；4. 巴琼寺；5. 暹粒机场；6. Prasat Tonle Snguot；7. 贡开遗址 8. 北池；9. 西池；10. 皇家浴池；11. 吴哥寺；12. 吴哥通王城；13. 班迭色玛；14. 女王宫；15. 斗象台；16. 班迭克黛 17. 比粒寺；18. 阿约寺；19. 吴哥通王城北塔门；20. 吴哥通王城西塔门；21. Prasat Kandal Srah Srong 遗址；22. Damrey Krab；23. Prasat Krahorm；24. Tuol Trapeang Bos；25. Prey Prasat）

### （一）政府部门具体规划

#### 1. 拟订计划

吴哥建筑群包括 40 处左右的重要遗址，仅通过实施大规模的保护修复工作是不能实现保护这样的古建筑遗址群。尽管发现了许多古迹的保护状况很差，但必须作出初步努力来了解其保护状况，并且必须制定修复干预计划。

在国际方案开始时，强调有必要为古迹保护拟订一项总计划，并执行一项修复方案。柬埔寨 APSARA 局于 1997 年成立了一个修复小组，对古迹进行非侵入性的保护工作，例如紧急加固和铲除植被。从2000年开始，成立了一个考古调查部门，负责考古评估、抢救性考古发掘、实施大型土地管理项目背景下的遗产保护。

2. 人员培训

正如《东京宣言》所明确表达的那样，国际社会一直坚定不移地帮助柬埔寨人民接管吴哥遗址，并促进其保护与发展。过去十年（1993—2003年），在吴哥进行的所有双边或多边行动中均建立了培训部门。培训基金的使用，使来自柬埔寨APSARA局的管理人员能够参加海外（德国、印度尼西亚、法国、日本等）或国际组织（如ICCROM和SPAFA）的短期培训课程。

同时，金边皇家艺术大学（RUFA）考古专业和建筑专业的大学教育改革于1993年启动，并在联合国教科文组织/日本信托基金的帮助下，由柬埔寨文化和艺术部（The Ministry of Culture and Fine Arts简称“MOCFA”）与联合国教科文组织于2007年完成改革。在获得学生奖学金的前提下，柬埔寨许多考古专业和建筑专业的学生能够在海外获得硕士研究生学位（埃及、美国、法国、日本等地的大学）。

为了招募到合格的工作人员，APSARA局与ICCROM/UNESCO和SPAFA合作，于1999年在塔内寺遗址举办培训班。这个跨学科的课程为期五个多月，为20名学员提供高等教育资格。最有前途的学生已经被APSARA局招募来加强其团队，其后的塔内寺修复计划已由APSARA局来实施。

自2000年以来，APSARA局还从法国借调了一名专业建筑师和一名来自国家考古预防研究所（INRAP）的考古学家。他们的主要任务之一，是为年青建筑师、考古学家和工程师提供高水平的现场培训。

3. 社区参与

自吴哥被定义为一处活态遗产后。1993年，APSARA局制定了五年紧急计划，提到了使居住在吴哥考古公园内的当地社区居民，参与到保护文化和自然环境的法规制定中。这一点在1994年得到重申，当时暹粒省被列为社会经济和文化开发区。

社会参与主要包括以下几个方面：提高社区的生活水平，控制该地区的人口增长、森林砍伐及城市化方面的结果，为适龄儿童提供教育。

第一个涉及公园居民的项目于1995年开始到2000年结束，由联合国志愿小组执行。为了继续这项工作，当地成立了一个非政府组织，从1999年开始APSARA局设立了一个部门，负责对吴哥考古公园内的社区进行社会学和民族学的研究。

2003年，联合国教科文组织与柬埔寨国家旅游局、APSARA局合作，开展了教育工作者培训试点项目。教育工作者的任务是为公园内的社区做好准备，以应对旅游业快速增长带来的社会、文化和经济变化，并提高普通民众、游客和旅游专业人士的遗产保护意识。

（二）古迹保护与修复项目

这一时期共实施了3项与吴哥有关的项目，主要涉及建筑古迹的修复工作。由于处在古迹保护的起步阶段，因此古迹保护工作持续的时间也比较长。

1. Prasat Ta Prohm Kel医院遗址

从1995年开始，APSARA局对Prasat Ta Prohm Kel遗址进行保护与修复项目。Prasat Ta Prohm Kel是一所古老的医院遗址，位于吴哥通王城的南部，建于阇耶跋摩七世统治期间，在12世纪末至13世纪初建立了大乘佛教寺庙。

直到 2019 年 11 月至 2020 年 2 月，APSARA 局对 Ta Promh Kel 医院遗址进行第一阶段的工程修复。该项目将重点集中在遗址内的中央圣殿上，这是遗址建筑结构中最明显和损坏最严重的部分，通过稳定和修复来保护遗址免于进一步恶化（图 78）。目前该项目仍在进行中，预估到 2023 年结束[1]。

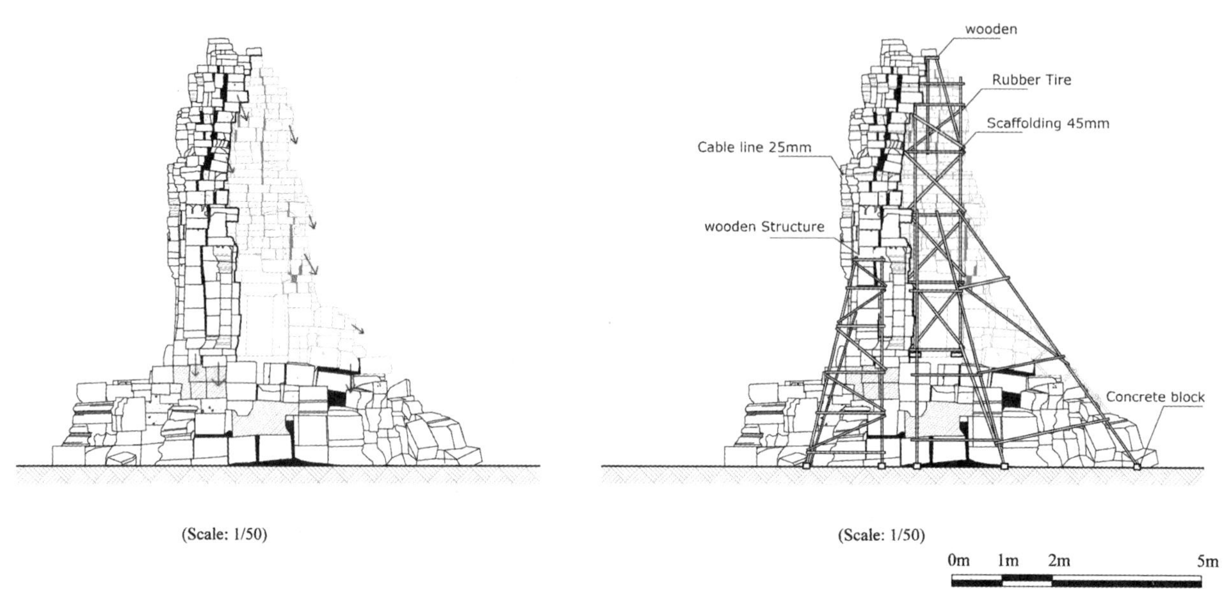


图 78　中央圣殿西侧结构风险图
（图片来源 APSARA 官网）

2. 塔逊寺遗址

1997—2012 年，由世界遗产基金组织培训的柬埔寨成员负责对塔逊寺（Ta Som）进行修复工作，这也是柬埔寨人自己主持和管理的第一个遗址修复项目，他们中的许多人都在圣剑寺遗址修复工作时接受过专业的培训。该修复项目的目标是，通过稳固建筑结构以提高游客的观感。该团队遵循了一项最低限度的干预政策，以有效稳定和保护建筑遗址。

3. 罗洛士建筑遗址群

罗洛士地区被称为古代高棉王国早期的首都。该地区有一些主要的寺庙遗址，如罗莱寺、圣牛寺和巴孔寺等。与其他地区的寺庙遗址不同，该地区的寺庙均为红砖建造，且受到严重破坏需要及时修复。从 2000 年开始，APSARA 局就在罗洛士地区对寺庙遗址进行修复工作。工作主旨是修复寺庙主体建筑，包括建筑的支撑和结构修复，以防止寺庙进一步的损坏。

（1）罗莱寺修复

APSARA 局于 2000 年开始对罗莱寺进行修复工作。寺庙遗址位于现在巴孔社区的罗莱村，这是古代因陀罗塔塔卡（Indratdak Baray）中间的神圣岛屿。他们对寺庙的结构修复，采取从局部到整体的修复方法。其中一处在西北角，一处在东北角，两座砖塔已修复了 50% 以上，已于 2018 年完成修复

[1] 联合国教科文组织吴哥国际保护与发展协调委员会（ICC-Angkor）2019 年 12 月，第 33 届技术大会上 APSARA 局公布的项目简介。

工作。

（2）圣牛寺修复

2001 年，开始对圣牛寺进行修复工作，而中央圣殿的修复工作于 2009 年完成。周围其他五座塔楼也进行了部分修复，如 Diamond Pillar 和 Pillar，并且在 2016—2017 年完成了藏经阁的修复工作。

（3）巴孔寺修复

APSARA 局与德国组成联合工作队，于 2018 年初，完成了对该寺庙西北塔楼的修复工作。目前，正在继续修复第八座砖砌的塔楼[1]。

## 二 法国

法国在吴哥遗址修复方面有着丰富的经验和成熟的理念，同时作为柬埔寨的前宗主国，在近一个世纪的时间里对吴哥遗址进行持续的保护与修复，其影响力是深远的。从 1991 年至今，法国在吴哥遗址保护方面已经达到了 26 项之多，其中 4 项为可持续发展项目，足迹横跨越南、柬埔寨、老挝、泰国（表 10，图 79）。而在这一时期，法国共实施了 15 项与吴哥有关的项目，其中 1 项为可持续发展项目，涉及人员培训；14 项为古迹保护与修复项目，主要涉及古迹的修复、遗址的考古调查发掘及都城遗址的考古学研究等内容。

**表 10 1991 年以来法国的吴哥保护工作统计简表**

| 序号 | 组织机构 | 时 间 | 工作内容 | 备注 |
|---|---|---|---|---|
| 1 | 吉美博物馆<br>老挝考古与博物馆理事会、<br>万象信息和文化部 | 1991—1998 | 瓦普寺地区考古项目 | |
| 2 | 远东学院<br>泰国艺术部 | 1992. 01—02 | Phanom Wan 遗址项目 | |
| 3 | 远东学院 | 1993—1996 | 癞王台修复项目 | |
| 4 | | 1995—2011 | 巴方寺修复项目 | |
| 5 | | 1996—1997 | 斗象台遗址北侧考古项目 | |
| 6 | 远东学院<br>越南胡志明市考古所 | 1997—2000 | 俄厄遗址考古项目 | |
| 7 | 远东学院 | 1998 | 巴方寺附属建筑考古项目 | |
| 8 | 吉美博物馆<br>老挝考古与博物馆理事会、<br>万象信息和文化部 | 1998—1999 | 占巴塞省南部考古调查项目 | |

〔1〕 转引自 APSARA 局官网。

续表

| 序号 | 组织机构 | 时　间 | 工作内容 | 备注 |
| --- | --- | --- | --- | --- |
| 9 | 远东学院 | 1999. 04 | 柬埔寨金边国家博物馆造像保护与修复项目 | 可持续发展项目 |
| 10 | | 2000 | 医院遗址调查活动 | |
| 11 | | 2000—2012 | 库伦山班迭遗址项目 | |
| 12 | | 2000. 01 | 磅斯外圣剑寺遗址调查 | |
| 13 | | 2000— | 从耶输陀罗补罗到吴哥通王城：吴哥都城考古研究 | |
| 14 | | 2000 - | 法国—高棉考古组对吴哥地区遗址的考古发掘项目（MAFKATA） | |
| 15 | | 2000—2014 | 耶输陀罗补罗项目：关于耶输跋摩一世寺庙的考古和碑铭研究 | |
| 16 | 法国国家国防科学研究所（INRAP） | 2004. 01—07 | 暹粒机场扩建考古发掘项目 | |
| 17 | 远东学院 | 2004— | 考古调查和发掘项目 | |
| 18 | | 2004— | 金边博物馆石刻造像的修复项目 | 可持续发展项目 |
| 19 | 自然环境地理实验室（GEOLAB）、帕斯卡大学、国家科学研究中心（CNRS） | 2006— | 茶胶寺周围森林减少引起的砂岩加速衰变项目 | |
| 20 | 法国驻柬埔寨大使馆　法国夏约学院 | 2007—2015 | 遗产技能培训项目 | 可持续发展项目 |
| 21 | 远东学院 | 2008 | CERANGKOR 研究项目 | |
| 22 | | 2008—2010 | 古代高棉空间研究项目 | |
| 23 | | 2009—2012 | 贡开遗址的考古发掘项目 | |
| 24 | | 2012—2016 | 西湄奔寺修复项目 | |
| 25 | 吴哥之友协会 | 2012—2016 | 吴哥 / 暹粒的水资源开发与管理 | 可持续发展项目 |
| 26 | 远东学院 | 2018—2024 | ModA Thom 考古项目 | |

### （一）可持续发展性项目

在 1996 年，远东学院与柬埔寨金边国家博物馆建立了联系，1999 年与柬埔寨文化和艺术部的合作框架内，成立了保护与修复石刻造像的工作室。该培训项目不仅涉及保护修复工作，还为博物馆藏品的文物和发展作出了贡献。另外，在联合国教科文组织的协助下，培训班承担了核实文件资料和国家博物馆的古代摄影档案数字化任务。

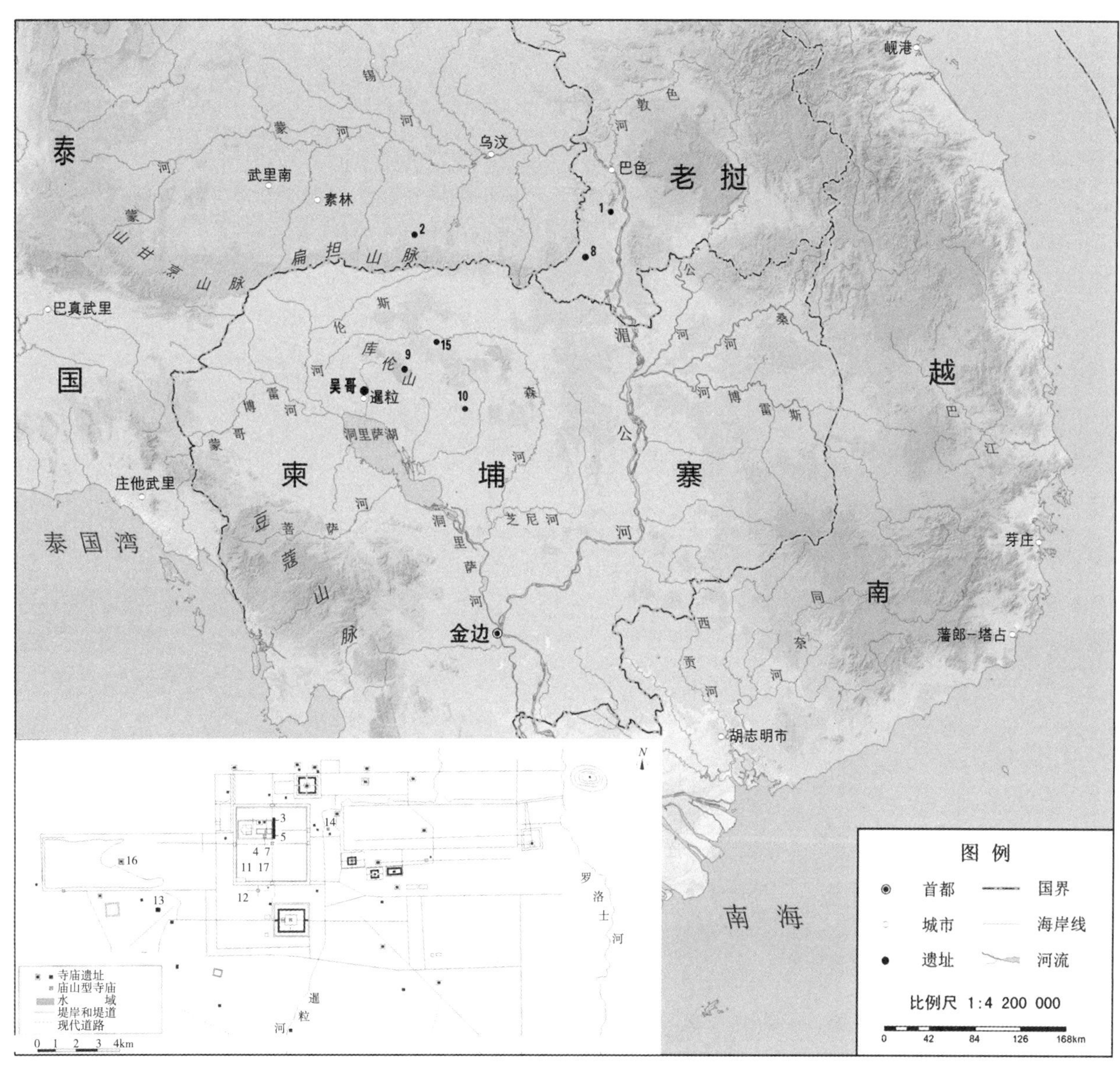


图 79　法国的吴哥保护工作地点分布示意图

（1. 瓦普寺；2. Phanom Wan 遗址；3. 癞王台遗址；4. 巴方寺；5. 斗象台遗址北侧；6. 俄厄遗址；7. 巴方寺附属建筑考古遗址；8. 占巴塞省南部考古遗址；9. 库伦山班迭遗址；10. 磅斯外圣剑寺；11. 吴哥都城研究（从耶输陀罗补罗到吴哥通王城）；12. 耶输陀罗补罗；13. 暹粒机场；14. 荼胶寺；15. 贡开遗址；16. 西湄奔寺；17. Moda Thom 项目）

这项工作还涉及柬埔寨各省其他博物馆的藏品。此外，从 2004 年到 2010 年，远东学院与越南岘港占婆造像博物馆和胡志明市历史博物馆共同开发了重要的合作项目。项目包括设立培训班以及修复和重置许多造像，自 2010 年以来又与老挝瓦普寺遗址博物馆建立了新的合作关系[1]。

（二）古迹保护与修复项目

1. 瓦普寺遗址

1991—1998 年，法国吉美博物馆与老挝民主共和国的考古与博物馆理事会、万象信息和文化部联

〔1〕转引自 APSAR 局官网中的《20 years of International Cooperation for Conservation and Sustainable Development》。

合开展考古合作项目，对瓦普寺地区的古城遗址开展调查工作。

瓦普寺建筑群位于湄公河右岸，占巴塞以南约30千米，距离柬埔寨边境的孔瀑布（Khon）约100公里。它基本由一处吴哥时期的宗教纪念碑建筑群和一处前吴哥时期（六七世纪）的双层围墙组成。宗教建筑群坐落在一座山脚下，山峰的最高点“普高山”（Phu Kao）因其形状特别而引人注目。在其悬崖底部有一处永久的喷泉，这可能促使该地区的国王（前吴哥时期）在那里建立了一座湿婆神殿。

湄公河右岸地势平坦，在距离河流5千米处有前吴哥时期的古城遗址。现在整个城址的建筑（墙体、纪念碑建筑）已经在地面上消失殆尽。航空照片显示出古代城址很密集地分布在整个平原上，包括古代的灌溉水渠和零散的道路、围墙、纪念碑建筑、村庄等。其中，连接瓦普寺和吴哥地区的旧道路尤其引人注目，几乎可以在整个100多千米的路程中均可发现，道路已经部分记录于20世纪50年代的法属印度支那地图上。联合工作队对瓦普寺附近的古城遗址、Nong Vienna纪念碑建筑、Khan Mak Houk石刻遗址及Mounlapamok地区进行考古调查、勘测和发掘工作[1]（图80）。

图80 Nong Vienna纪念碑建筑中1号基址的西侧
（图片来源BEFEO，1998，85）

2. Phanom Wan遗址

1992年1至2月，雅克·高舍（Jacques Gaucher）加入到法国Phanom Wan项目调查团中（自1990年以来由远东学院的皮埃尔·皮查德负责协调任务），来到泰国东北部（伊桑地区）考察吴哥建筑遗址。蒙河是该地区的中心，将柬埔寨境内的扁担山和东部的湄公河分隔开，使呵叻高原成为一个相对独立的区域。7—14世纪，高棉人曾在此地修建了很多建筑，但直到11世纪苏利耶跋摩一世彻底征服了该地区，才对该区域进行了真正意义上的建筑规划，包括城市建设、道路、水池、寺庙建设等。此次考察了主要的寺庙遗址，如披迈寺（Phimai）、帕侬荣（Phanom Rung）、玛穴寺（Muang Tam）、Ta Muen寺以及一些小的遗址点，如Sla Muen、Sikhoraphum、Sri Kam phaeng Yai、Muang Kao、Noan

〔1〕 Marielle Santoni et Christine Hawixbrock，Laos. Fouilles et prospections dans la région de Vat Phu（province de Champassak，sud du Laos），*BEFEO*，1998，85，pp. 387–405.

Ku、Muang Kaek 及 1992 年重新开放的柏威夏寺（Preah Vihar）[1]。

3. 癞王台遗址

1992 年，远东学院开始对柬埔寨吴哥遗址进行修复工作。囿于资金所限，只能选择规模较小的遗址。在 1993 年 11 月至 1996 年 3 月，对 1972 年 B. P. 格罗斯利埃未完成的癞王台进行了修复。尽管修复工作停止了 20 年，但遗址并没有受到太大的影响。然而，在修复过程中遇到了一个严重的困难——原始资料的丢失。因此，修复工作是从复原原始资料开始，并重新记录刻在石构件上的数字，重绘建筑图纸。

另外，远东学院把修复北侧外墙作为修复工作的开始，然后拆除南侧内墙和外墙，并用相同技术采用钢筋混凝土加固，之后再安装排水系统。最后，用金属格栅隔开两壁之间的通道（图 81）。两年后，癞王台不仅恢复了其外观而且也恢复了它的历史面貌[2]。

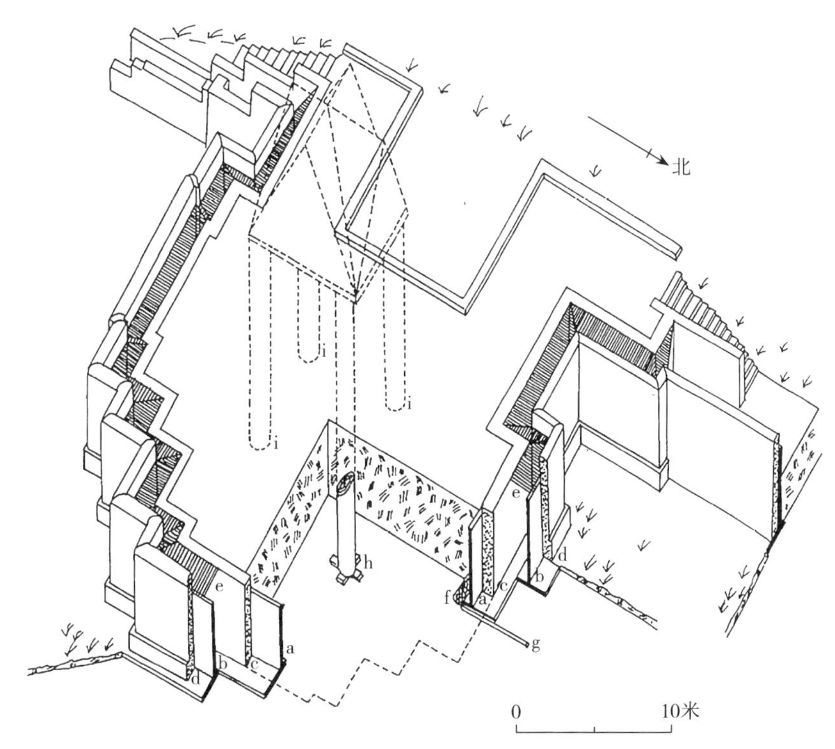


图 81　癞王台的修复工程示意图
a. 加固的内墙；b. 加固的外墙；c. 内墙；d. 外墙；e. 格栅；f. 排水；g. 输水管；h. 重建中发现的基础石；i. 结构恢复
（图片来源 Arts Asiatiques，1993，48）

4. 巴方寺遗址

1995 年，远东学院的帕斯卡尔·罗耶（Pascal Royère）接过修复巴方寺的任务，由于 1959—1971 年拍摄的照片和文字记录在战争中被毁坏，以至于建筑周围散落着大约 30 万块砂岩等待重新归安。因

〔1〕 Jacques Gaucher，A propos d'une visite des sites khmers de Thaïlande，*BEFEO*，1992，79-1，pp. 249-256.

〔2〕 Jacques Dumarçay Christophe Pottier，La reprise des travaux de la Terrasse du Roi lépreux，*Arts Asiatiques*，1993，48，pp. 158-160.

此，必须逐一进行测量以便确定砂岩的准确位置。为此，罗耶通过耐心观察和分析，不断尝试每一块重约 500 公斤的岩石并对其进行拼图，最终依据远东学院巴黎总部保存的老照片，对建筑完成了重新归安工作（图 82）。

2011 年 7 月 3 日，巴方寺修复完工。2012 年在远东学院和 APSARA 局的见证下重新开放[1]。

图 82　左：修复前的巴方寺（东南角 1991 年）；右：修复后的巴方寺（东南角 2011 年）
（图片来源 BEFEO，2012，99）

5. 斗象台遗址北侧

1996 年 4 月，由远东学院的克劳德·杜马西和克里斯托佛·鲍狄埃（Christophe Pottier）开始对吴哥通王城内的斗象台遗址北侧进行修复工作。在某种意义上讲，斗象台遗址北侧的修复是 30 年前（1966 年）修复计划的延续。

斗象台遗址北侧经过初步调查，发现了六个不同时期的建筑遗迹相互叠压、打破关系，显示出了六个时期的建筑形态（图 83）。M0 墙体由角砾岩砌成，界定了台阶的原始状态；M1 墙体由雕刻的砂岩砌成并叠压在 M0 墙体之上；M2 墙体通过新雕刻的砂岩叠压在 M1 墙体东侧凸出部分；M3 墙体在新的凸出范围内叠压在 M2 墙体的东部；M4 是平台上的浅浮雕石构件；佛塔（Stupa）时代最晚，建在与 M4 重叠的角砾岩之上[2]。

6. 俄厄遗址

1997 年，由法国和越南考古学者联合组成考古组，对俄厄遗址进行考古发掘工作。其中第一阶段的研究对象是 Ba The 遗址；第二阶段则是相对较困难的 Canh Den 遗址。

联合考古组对此次发掘制定了两个目标：（1）收集必要的资料，以便在未来制作一幅精准的俄厄 / Ba The 遗址地形图和考古图，作为下一步考古研究的基础材料；（2）在 1998 年进行必要的调查和勘探以确定发掘的地点。

在随后的 1997—2000 年，联合考古组在遗址内的围墙西侧，Ba The 土墩西北 680 米处，发掘了一条长约 24 米的壕沟（图 84）。

〔1〕 Pierre Pichard，Pascal Royère（1965–2014），*BEFEO*，2012，99，pp. 11–13.

〔2〕 Chistophe Pottier，La restauration du perron nord de la terrasse des Éléphants à Angkor Thom. Rapport sur la première année de travaux（avril 1996–avril 1997），*BEFEO*，1997，84，pp. 376–410.

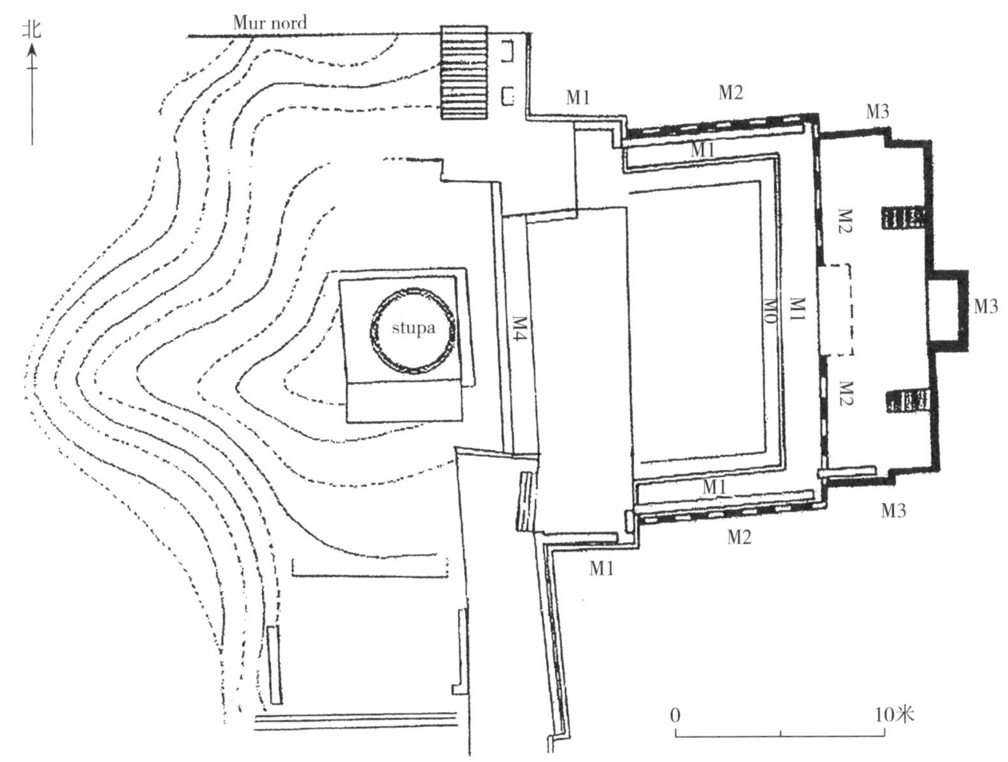


图 83　斗象台北门廊的总体平面图
（图片来源 BEFEO，1997，84）

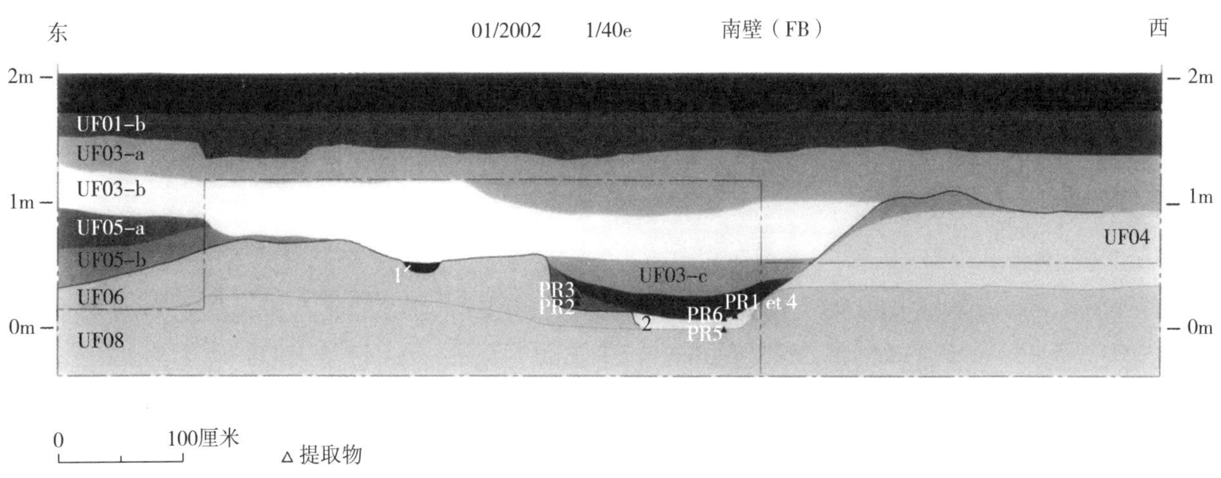


图 84　俄厄遗址堤坝内壕沟南壁剖面图
（图片来源 BEFEO，2007，94）

通过对壕沟内采集而来的黑色黏土（UF07）进行 $^{14}$C 测年可知，年代在前 50—220 年或 20—250 年[1]。联合考古组在对湄公河三角洲地区进行的联合调查中，最大的亮点在于使用分散的数据来配合和

〔1〕 Éric Bourdonneau，Réhabiliter le Funan. Óc Eo ou la première Angkor，*BEFEO*，2007，94，pp. 111-158.

准备考古发掘的研究，也构成了地理信息系统（GIS）等计算机分析工具的基础。在对不同尺度的湄公河三角洲地图进行数字化处理之后，所有地理参考点和相关数据都可以在其空间分布中得到展示和研究。

7. 巴方寺遗址内的附属建筑考古

1998年，在法国外交部的支持下，远东学院开始对巴方寺内附属建筑进行修复工作，同时还对建筑历史和现状进行了研究。他们在进行遗址修复的过程中，发现了一条排水渠遗迹。这条排水渠在中央圣殿西面约20米处，沿着寺庙院落向西延伸。为此，他们在中央圣殿的西南部进行了考古发掘，来进一步核实寺庙南部是否存在同样的建筑遗迹。同时，还在该处布设了两条探沟，并最终发现了排水渠。排水渠的主要特点及规模，使它成为寺庙建筑的一个重要组成部分，但它的主要意义在于阐释建筑结构的性质。在遗迹的南部边界对应着水流的出口，表明在这个地方有一处洼地，其性质尚待澄清[1]。

8. 占巴塞省南部区域的调查工作

1998—1999年，法国和老挝联合考古队继续对占巴塞省南部区域进行考古调查工作。调查区域集中在湄公河右岸以西至泰国边境，北起Khamouane河，南至柬埔寨边境。此次考古调查共发现了约20处遗址，其中包括15处纪念碑建筑遗址。通过GPS数据、地图和航空照片的交叉核对进行清查和定位，每一处遗址都有一份文物清单、一份报告、照片和一段录像，还列出了大约50处可进入的水池遗址。

最后，他们通过对遗址布局及建筑的风格研究，认为遗址属于吴哥时期，大约在10世纪左右。同时通过对在整个区域内发现的水池遗址研究表明：大型水池（边长100—200米）似乎与道路（湄公河至山前的道路和瓦普寺到吴哥地区的道路）的分布有着密切的关系；中型水池（边长50—100米）通常与寺庙有着密切的关系或属于古老村庄的设施；小型水池（边长50米以下）数量最多，通常与孤立、规模较小的古老或现代村庄关系较为密切[2]。

9. 医院遗址

2000年，远东学院的克里斯托弗·鲍狄埃（Christophe Pottier）和澳大利亚悉尼大学联合开展了“中世纪吴哥医院遗址”考古项目。他们在高空中观察了4万公顷的吴哥考古公园及村庄、稻田等。在这里，研究者使用所有的调查手段——空中定位、遥感、勘探、地理信息系统、磁化率和电阻率，对吴哥地区的形态、环境和历史进行了研究[3]。

10. 班迭遗址

2000年，远东学院与APSARA局合作对库伦山的班迭（Banteay）遗址[4]进行考古调查时，发现了周围有环绕的堤坝和建筑遗迹。从地表上看，建筑遗迹不明显，但是从整个地势来看非常适合建造宫殿。在这种情况下，有必要明确建筑的外延和内部结构，以便于对其确认该地是否为阇耶跋摩二世的早期都城——摩醯因陀罗跋伐多城。

从2000年开始持续至2017年，对班迭遗址及其周边地区进行了考古调查和发掘工作，所取得的

〔1〕Pascal Royère，Programme de restauration du Bapùon. A propos d’une occupation tardive du monument，*Arts Asiatiques*，1999，54，pp. 153–158.

〔2〕Marielle Santoni et Christine Hawixbrock，Laos. Prospections 1999 au sud de Vat Phou（province de Champassak）：du Houay Khamouane à la frontière cambodgienne，*BEFEO*，1999，86，pp. 394–405.

〔3〕M. Franciscus Verellen，La conservation du patrimoine khmer aujourd’hui，*Comptes rendus des séances de l’Académie des Inscriptions et Belles–Lettres*，2010，154–1，pp. 461–474.

〔4〕“班迭”一词在高棉语中意为“城堡”。

成果得益于激光雷达探照而获得的数据[1]（图 85）。

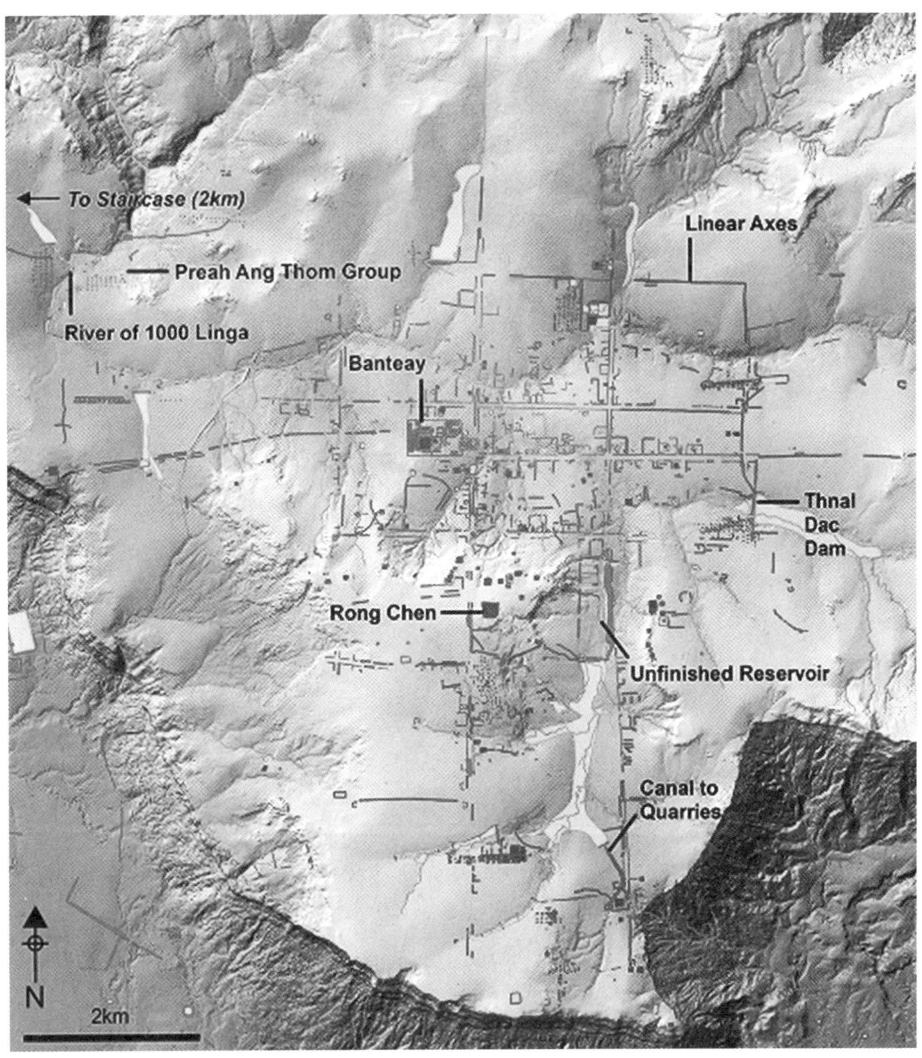


图 85　摩醯因陀罗跋伐多城在激光雷达衍生的山体阴影模型地图
（图片来源 Antiquity，2019，Vol. 93. 371）

2005 年至 2007 年，在进行第一轮考古调查工作后，确定了遗址的边界，并明确了地表发现遗迹

〔1〕2009 年，受激光雷达技术在伯利兹（Belize）卡拉科尔（Caracol）玛雅遗址大获成功的启发，大吴哥项目的成员利用国家地理种子资金发展了一个由八个国际团队组成的联盟（高棉考古激光雷达联盟 The Khmer Archaeology LiDAR Consortium 或 KALC），以便在亚洲首次将激光雷达技术应用于考古。这项工作于 2012 年在吴哥核心区、库伦山和贡开遗址内完成。作为柬埔寨激光雷达考古计划（Cambodian Archaeological Lidar Initiative，简称 “CALI”），由远东学院和英属哥伦比亚大学的达米安・埃文斯（Damian Evans）负责柬埔寨激光雷达考古项目。该计划由三个主要组织组成：法国远东学院、柬埔寨文化和艺术部、APSARA 局，其中资金来自欧洲研究委员会。目前，该计划已经或正在与许多个人或机构建立研究伙伴关系，包括：考古与发展基金会（英国）、悉尼大学（澳大利亚）、弗林德斯大学（澳大利亚）、柬埔寨环境部、柬埔寨皇家学院、奈良国立文化财研究所（日本）、伊利诺伊大学芝加哥分校（美国）、世界遗产基金会（英国 / 美国）、SOAS 伦敦大学（英国）、剑桥大学（英国）、联合国教科文组织自然与文化遗产空间技术国际中心（中国）、帝国理工学院（英国）、不列颠哥伦比亚大学（加拿大）、多伦多大学（加拿大）。此外还聘请了三个主要分包商进行激光雷达采购：PT McElhanney Indonesia（航空测量）、Helistar 柬埔寨（飞机供应）、ILI 咨询工程师 /Aruna Technology（地面测量）。

的位置，绘制出了第一张考古地图。

调查初步确定遗址内角砾岩块和砖堆的分布密度，预示着建筑遗迹存在的规模。许多高地平台、洼地和外围堤坝也预示着建筑规模的大小。由于山区内最茂密的森林均位于此处[1]，因此调查工作进行得异常艰难。

在2011年至2015年的地面调查中取得了重大进展，调查确定了城址形态的某些特征，特别是作为一处早期吴哥都城的特征。其中最著名的是荣成寺（Rong Chen）遗址，其独特的庙山型建筑是前吴哥城市和吴哥城市中心地区皇家寺庙的典型特征。在2015年，在班迭遗址发现了一处靠近荣成寺庙的皇家宫殿遗址。其独特的矩形形状、大小、方向和建筑遗迹表明，它是一处皇家权力中心。这处遗址通过考古发掘得到了证实，同时还提供了与770—834年阇耶跋摩二世统治时期相一致的放射性碳测年结果。

在2012年，首次使用机载激光扫描（激光雷达）技术，极大地丰富了考古遗址。第一次图像采集是在2012年，由柬埔寨考古激光雷达协会联合实施，通过对航线末端采集的数据进行处理，共获得约37平方公里的图像。第二次采集是在2015年，仍由柬埔寨考古激光雷达协会组织，覆盖了整个山脉（包括2012年区域的重叠覆盖）总面积为975平方公里。

2012年至2017年，在地表上总共发现了598处新遗址，观察发现地形变化与激光雷达高程模型的一致性。他们还记录了地表考古遗迹的存在，这些遗迹主要由陶器碎片组成，而不太常见的砖块或砂岩基座，通常表示的是寺庙遗址。在如此特殊的情况下，他们需要进行实地调查以区分自然地质构造（特别是岩石露头）和炸弹坑。最后，在对地理数据库进行了更新和修改，以纳入实地调查工作中并绘制了山区考古地图。

11. 磅斯外圣剑寺遗址

2000年1月，远东学院的克里斯托弗·鲍狄埃、联合国教科文组织的顾问克劳德·雅克（Claude Jacques）及柬方APSARA局的顾问Ashley Thompson组成的联合考察组对磅斯外圣剑寺进行了一次调查工作。发现了两尊石刻造像，其中一尊是阇耶跋摩七世的躯干造像部分，其头部保存在金边国家博物馆。该造像（躯干部分）位于第一院落外东南角20米处的角砾岩台基之上。随后吴哥保护区与远东学院合作，于当年3月30日将造像的躯干部分运送至金边国家博物馆。随后在伯特兰·波特（Bertrand Porte）的指导下对其进行头部安装，并于4月3日组装结束。

第二尊造像是在第三院落东部塔门以西的角砾岩基础之上发现的，是一尊男性造像，无头，腰间有一简单的松波（Samppot）腰带。身体和方形基座保存较好，缺少头部和背部的大部分，颈部和手臂亦缺失[2]。

12. 从耶输陀罗补罗到吴哥通王城：吴哥都城考古研究

从2000年开始，远东学院的雅克·高舍负责“从耶输陀罗补罗到吴哥通王城：吴哥都城考古研究”项目。这是一个关于城市考古学的研究，涉及古代柬埔寨首都吴哥通王城的考古发掘工作（10–16世纪），它是城市考古学的一部分，而不是城市本身。在这座城市空间里纪念碑建筑将不再是孤立的，而是融入一处环境之中。

---

〔1〕 班迭（Banteay）遗址被列入金边国家公园的五个保护区之一，在该保护区禁止进行刀耕火种的农业。因此，森林得到了特别好的保护，村民或多或少尊重这一规定，特别是因为这种身份使他们有权每年收获荔枝。据柬方人员介绍，库伦山地区荔枝果树的密度最高。

〔2〕 Christophe Pottier，A propos de la statue portrait du roi Jayavarman VII au temple de Préah Khan de Kompong Svay，*Arts Asiatiques*，2000，55，pp. 171–172.

通过研究最终证明，吴哥通王城是一座古代城市。考古清理出来的不同类型建筑遗迹并没有因为地形的差异而出现分散的现象，而是根据整个城市在其历史上某一特定时期所规划的空间组织而分布的。城市包括两个陆地防御系统：一个由90多公里的道路、运河组成的网络；另一个是由近3000处大型建筑遗址组成，涉及了200座砖石遗迹（主要和次要古建筑遗迹、宗教建筑、防御工事和水利工程），40处人造土墩遗迹（平台、山丘、土墩、堤坝）。同时，这座城市也是一座面积为900万平方米的皇家纪念性水利工程综合体，在此基础上，还必须加上在城市建立之前发现的一条古老河流的痕迹[1]。

13. 吴哥地区遗址的考古发掘项目（MAFKATA）

从2000年开始，法国—高棉考古小组致力于研究吴哥地区的遗址，目的是为了详细了解6世纪至9世纪，由高棉人在吴哥地区建造的第一批历史古迹。该项目与远东学院的"文明中心建设"研究计划整合在一起，是远东学院、悉尼大学和APSARA局之间合作的大吴哥项目的补充[2]。

14. 耶输陀罗补罗项目：关于耶输跋摩一世寺庙的考古和碑铭研究

2000—2014年的耶输陀罗补罗项目，是一项关于耶输跋摩一世寺庙考古和碑铭研究。除了研究遗址的物理性和功能特性外，该计划还旨在增加对古代高棉王国关键时期内历史知识的认知。这将能够确定古代高棉王国的影响范围，并绘制不同宗教在城址内留下的遗迹，从而绘制出9世纪末古代高棉王国的政治和宗教地图[3]。

## 三　日本

早在日本江户时代（1603—1868年），从1604年到1635年的32年间，共有356艘朱印船[4]出航前往东南亚各地，去的最多的地方是交趾支那有71艘船，其次是暹罗56艘，吕宋（菲律宾）54艘[5]（图86左）。这期间有日本人来过吴哥寺并在寺庙的"十字形走廊"墙壁和石柱上留有参拜者的墨迹，能够识别出墨迹的年代在庆长十七年（1612年）至宽永九年（1632年）[6]。今天在日本水户市的彰考馆德川博物馆还收藏了题名为"祇园精舍"（Gionjoja）的吴哥寺平面图[7]。该图绘于长68.45厘米、宽75厘米的纸上，建筑用中国墨水轻轻的渲染了一层颜色，水池和环壕上了一层淡淡的靛青色。建筑单体都采取日本传统建筑样式，在图的右上方写着建筑的名称"祇园精舍"[8]。这张平面图上留下了"安

〔1〕 Yves Goudineau，Rapport scientifique 2005 de l'EFEO，*BEFEO*，2005，92，pp. 641-651.

〔2〕 转引自APSARA局官网中的《20 years of International Cooperation for Conservation and Sustainable Development》。

〔3〕 同〔2〕。

〔4〕 所谓"朱印船"是16世纪末至17世纪前半期，日本商人持有海外出航许可，即朱印状的贸易商船，文禄元年（1592），丰臣秀吉首次颁发朱印状。见（日）石泽良昭著，瞿亮译：《东南亚：多文明世界的发现》，北京：北京日报出版社，2019年，第293页。

〔5〕（日）羽田正著，毕世鸿、李秋燕译：《东印度公司与亚洲之海》，北京：北京日报出版社，2019年，第113页。

〔6〕（日）石泽良昭著，瞿亮译：《东南亚：多文明世界的发现》，北京：北京日报出版社，2019年，第290页。

〔7〕 在德川家光统治时期（1623~1651年），长崎大通辞首席译员岛野兼良（Shimano Kenryô）受幕府将军召见，奉命前往印度中部摩揭陀国（Magadha）的Jetavana。岛野兼良回答说，他是恭恭敬敬地接受了这个命令，并会遵守它。同年，他登上了一艘荷兰船，前往印度中部并抵达Jetavana。他用日本的尺寸绘制了建筑，并将其提交给幕府将军。后人认为，由于岛野兼良受到荷兰文化的影响，加之时空错置误把中南半岛当做了印度，最终把柬埔寨的吴哥寺当做了印度摩揭陀国的Jetavana。见N. Péri，Essai sur les relations du Japon et de l'Indochine aux XVIe et XVIIe siècles. Appendice，*BEFEO*，Année 1923. 23. pp. 105-136.

〔8〕 精舍是指前六世纪左右，兴起于印度的恒河中游的憍萨罗国（Kosala）之僧侣起居的住所，据传佛陀曾在此讲过佛法。当时的日本人时空错置，将吴哥寺过度的想象成祇园精舍的遗迹。见（日）石泽良昭著、林佩欣译：《亦近亦远的东南亚：夹在中印之间非线性发展的多文明世界》，新北：八旗文化，2018年，第80页。

永元年壬辰二月二十五日”的字样，相当于1772年[1]（图86右）。

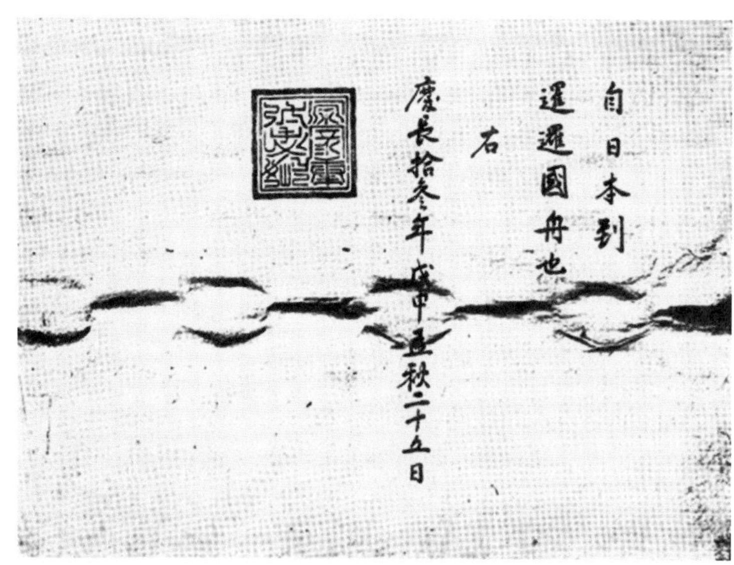


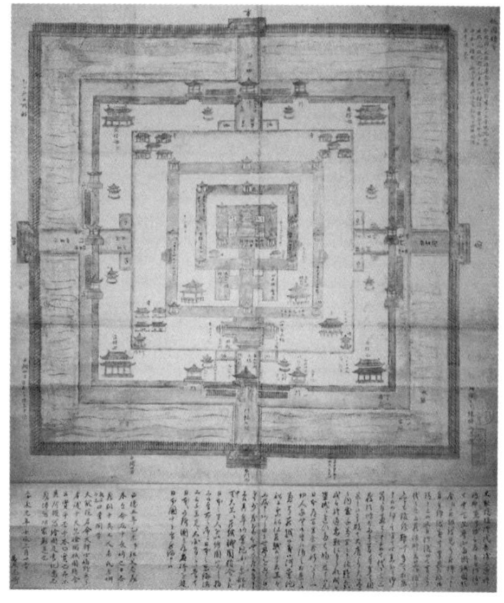

图86　左：从曼谷皇家图书馆复印的日文资料，庆长十三年（1608年）的朱印状（图片来源EFEO，编号THA23584）；右：祇园精舍平面图

（左图片来源EFEO，1941，编号CAM05272；右图来源Angkor Heart of an Asiar Empire. London. 1995）

二战之后，上智大学的石泽良昭教授于1961年开始对东南亚地区的吴哥遗址进行调查。从1979年开始致力于“向（法属）印度支那难民伸出爱心之手”的募捐活动，到1980年设立了“亚洲文化研究所”，开始收集关于柬埔寨和吴哥问题的信息。

在1980年8月，上智大学的吴哥国际调查团进入内战中的柬埔寨。在韩桑林（Heng Samrin）政权的协助下，调查团开始对吴哥进行保护、修复和调查等研究工作。调查团对23处古迹进行了清理工作，包括动员邻近村民砍伐茂密的热带雨林、排出建筑内淤积的雨水、清除有害地衣，这样的工作持续了大约10年之久，调查团方可进入遗址内进行调查和保护工作。1991年，由石泽良昭教授领导的专业人士，在金边皇家艺术大学考古系和建筑系开始了教育培训计划，专注于柬埔寨人力资源开发，这是对文化遗产保护长期愿景的重要认可。1996年，上智大学在柬埔寨成立了“上智大学亚洲人才培训研究中心（*Sophia Asia Center for Research and Human Development*）”。2002年10月，更名为“亚洲人力资源开发中心”。

在1991年4月，日本工、学、政三方成立了“吴哥救济委员会”。在委员会的亚洲秘书处内设立了“吴哥研究室”（1992年4月），并在同年的4-5月间，对吴哥进行了首次考察工作[2]。

1992年，联合国教科文组织将吴哥列入《世界濒危遗产名录》。吴哥成为具有全人类普遍价值的古迹，保护与修复它是一项迫在眉睫的任务。

在联合国教科文组织1989年设立的日本保护世界文化遗产信托基金的协助下，日本外务省文化司于1994年7月成立由中川武博士（早稻田大学教授）率领日本政府吴哥保护工作队（JSA）。工作队由大学、实验室、私人研究人员和商人组成，聚集了各个领域的专家：建筑学、考古学、修复/保护

〔1〕伍沙：《20世纪以来柬埔寨吴哥建筑研究及保护》，天津：天津大学博士学位论文，2014年，第40页。

〔2〕上智大学アンコール遺跡国際調査団：《アンコール遺跡を科学する——第20回アンコール遺跡国際調査団報告》，株式会社ムーンドッグ，2016年。

科学、地质学、自然 / 环境研究、岩石学、GPS 测量、计算机、城市规划、艺术史、摄影等。

同月，JSA 开始了第四次全面调查，确定了以下三项工作计划：1. 巴戎寺北侧藏经阁的重建和巴戎寺建筑群综合保护总体规划的制定；2. 保护有倒塌危险的皇家广场、十二生肖塔及其建筑平台，并对平台进行考古发掘和保护；3. 对吴哥寺北侧藏经阁进行修复。

截至 1997 年 8 月，第 13 次代表团（由 250 名专家组成）已被派往柬埔寨。在暹粒，6 名日本专家和 100 名当地员工每天都在现场和办公室工作。他们还强调对当地人（不仅仅是年轻人）的培训，以在各个领域培养更多的专家[1]。

自从这个项目开始以来，日本政府短期派遣的专家总数已超过 700 名，他们连同柬埔寨工作人员一起，一直积极参加古迹的保护与修复工作。JSA 还将保护与修复工作的记录公开给公众进行科学研究，这一开放的信息政策有助于国际思想和信息的交流。JSA 还允许柬埔寨专家在第三阶段开展保护与修复工作，因此，JSA 和 APSARA 局联合成立了 JASA 工作队，以便建立更密切的合作。

同时，本地人民和 JASA 在当地非政府组织的支持下，努力建立了一套保护遗产的制度，使柬埔寨人民能够将吴哥遗产传给后代。JST 是柬埔寨当地的一个非政府组织，JASA 的专家们参与了遗产保护工作，并为其基金会发挥了主导作用。囿于柬埔寨的教育系统没有像日本学校组织的“游学”或实地考察这样的项目，许多孩子即使是居住在遗产地旁边的孩子，也没有去过吴哥遗产地。鉴于此，JST 与 JASA 一起以“遗产修复与村落、下一代教育”为关键词，开展了基础设施建设、教育体系建设、吴哥村寨遗产教育等项目。

截止到 2020 年，日本工作队共计实施 17 项吴哥考古与保护工作，其中可持续发展项目为 4 项，活动范围主要在柬埔寨境内（图 87，表 11）。而在这一时期内，日本政府共实施了 9 项与吴哥有关的项目，其中 2 项为可持续发展项目，涉及到暹粒市水资源的扩建及生态环境的评估。7 项为古迹保护与修复项目，主要是以古迹的保护与修复为主，同时也对吴哥时期的手工业作坊遗址进行了考古发掘工作。

### （一）可持续发展项目

#### 1. 暹粒市供水扩建工程项目

自 1996 年以来，日本政府一直为暹粒市供水系统的发展提供援助，以解决城市供水短缺的问题。随着暹粒市人口和游客的增加，给城市基础设施带来了压力，这已无法以可持续的方式应对增长。暹粒市的居民、游客和商业活动用水严重短缺，这导致地下水无节制的开采，已威胁着吴哥世界遗产并阻碍了暹粒市 / 吴哥地区的发展。

为了解决上述问题，应柬埔寨政府的要求，日本政府通过日本国际协力机构（JICA）改造暹粒市供水系统。供水系统具有每天 8000 立方米净水的生产能力，该项目于 2006 年完成，为 22400 名居民提供服务。同时，为了扩大向所有居民提供供水服务，并杜绝无节制的开采地下水，2012—2018 年，JICA 计划提供额外的援助，将暹粒市供水系统的日供水能力提高到每天 60000 立方米。项目组将提供 6000 万日元的补助金，用于协助扩大和改善现有的供水系统[2]。

#### 2. 洞里萨湖的生物多样性机制项目（EMSB）

从 2003 年开始，为了评估洞里萨湖及其周边地区生物多样性和独特淡水生态系统的机制，日本金

〔1〕 中川武 監修，BAKU 斉藤撮影：《Bayon：アンコールの神々》，東京：小学館，1997，第 25 页。
〔2〕 转引自 APSARA 局官网中的《20 years of International Cooperation for Conservation and Sustainable Development》。

**表 11　1991 年以来日本国的吴哥工作统计简表**

<table>
<tr><th>序号</th><th>组织机构</th><th>时间</th><th>工作内容</th><th>备注</th></tr>
<tr><td>1</td><td>上智大学</td><td>1991—2001</td><td>班迭克黛寺遗址考古发掘项目</td><td></td></tr>
<tr><td>2</td><td>日本吴哥保护工作队</td><td>1994—2021</td><td>巴戎寺修复项目</td><td></td></tr>
<tr><td>3</td><td>上智大学<br>奈良文化财研究所</td><td>1995—2001</td><td>塔尼窑考古发掘项目</td><td></td></tr>
<tr><td>4</td><td>上智大学</td><td>1996—2020</td><td>吴哥寺西神道修复项目</td><td></td></tr>
<tr><td>5</td><td>日本国际协力机构（JICA）</td><td>1996—2018</td><td>暹粒市供水扩建工程项目</td><td>可持续性发展项目</td></tr>
<tr><td>6</td><td rowspan="2">日本吴哥保护工作队</td><td>1999—2005</td><td>十二生肖塔北 1 和北 2 塔楼修复项目</td><td></td></tr>
<tr><td>7</td><td>1999—2005</td><td>吴哥寺北藏经阁修复项目</td><td></td></tr>
<tr><td>8</td><td>东京文化财研究所</td><td>2001—</td><td>塔内寺修复项目</td><td></td></tr>
<tr><td>9</td><td rowspan="2">金泽大学</td><td>2003—</td><td>洞里萨湖的生物多样性的机制项目（EMSB）</td><td rowspan="3">可持续性发展项目</td></tr>
<tr><td>10</td><td>2006—</td><td>吴哥及其周边地区的环境研究项目（ERDAC）</td></tr>
<tr><td>11</td><td>教科文组织日本联合会</td><td>2006—</td><td>吴哥社区学习中心项目</td></tr>
<tr><td>12</td><td>名城大学</td><td>2007—2010</td><td>古代高棉省级古城和寺庙科学研究</td><td></td></tr>
<tr><td>13</td><td rowspan="4">奈良文化财研究所</td><td>2010—</td><td>洛韦遗址的保护项目</td><td></td></tr>
<tr><td>14</td><td>2010.11—12</td><td>库兰考遗址调查项目</td><td></td></tr>
<tr><td>15</td><td>2011 至今</td><td>西塔寺修复项目</td><td></td></tr>
<tr><td>16</td><td>2012—2013</td><td>Veal Svay 窑址发掘项目</td><td></td></tr>
<tr><td>17</td><td>教科文组织日本联合会</td><td>2012—2014</td><td>巴戎寺外走廊的那伽和石狮子造像修复项目</td><td></td></tr>
</table>

泽大学（Kanazawa University）和 APSARA 局联合科学团队于 2003 年下半年，启动了维持洞里萨湖生物多样性机制项目（EMSB）。

EMSB 项目是对洞里萨湖的第一次系统科学研究，重点研究湖泊的生物多样性。鉴于该地区对于生物多样性保护和经济发展具有很高的价值，同时自然资源开发和土地利用不足带来的压力越来越大，因此这是一个紧迫的问题。研究小组证明了，永久性湖泊周围的洪泛区和被淹的森林，在维持丰富的生物多样性方面发挥了重要作用[1]。

### （二）古迹保护与修复项目

#### 1. 班迭克黛寺遗址

自 1991 年以来，上智大学吴哥国际调查团一直在班迭克黛寺（Banteay Kdei）进行考古发掘工作，

〔1〕同〔1〕。

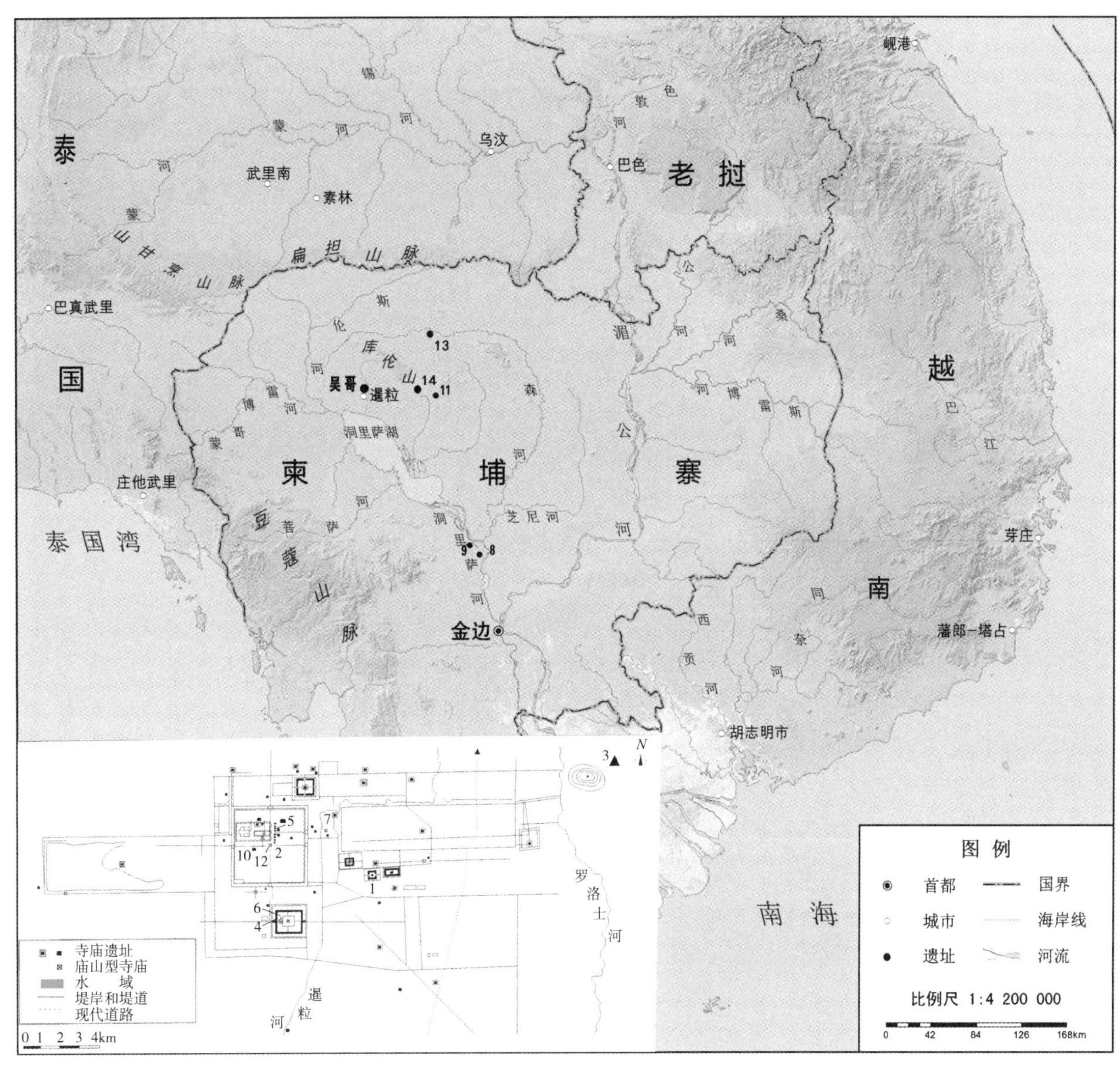


图 87　日本国的吴哥保护工作地点分布示意图
（1. 班迭克黛寺；2. 巴戎寺；3. 塔尼窑遗址；4. 吴哥寺西神道；5. 十二生肖北 1、2 塔楼，6. 吴哥寺北藏经阁；7. 塔内寺 8. 洛韦遗址；9. 库兰考遗址；10. Western Prasat Top；11. Veal Svay 窑址；12. 巴戎寺外走廊的那伽和石狮子造像修复项目；13. 贡开遗址；14. 崩密列遗址）

主要目的是收集与建筑基础、寺庙建造过程以及不同建筑的功能和性质有关的数据。

这项研究工作是围绕在中央圣殿周围不同区域进行的（图 88a）。在 1991 年围绕着前厅内柱（C09）展开发掘工作，发掘区位于建筑南部。从第 30 次任务开始（2000 年），在中央圣殿以东的东神道（D01）展开考古工作，主要目的是收集东神道南侧和北侧建筑的数据。

在该区域进行了三次调查工作，分别是第 30 次（2000 年 8 月）、第 32 次（2001 年 3 月）和第 33 次（2001 年 8 月至 10 月）。这三次调查收集了重要的信息，其中最引人注目的是在第 30 次任务中，在 D11 建筑南部发现了一处石刻造像窖藏坑，共发现 274 件文物，其中大部分是佛教造像（图 88b），为了解班迭克黛寺历史演变提供了重要材料[1]。

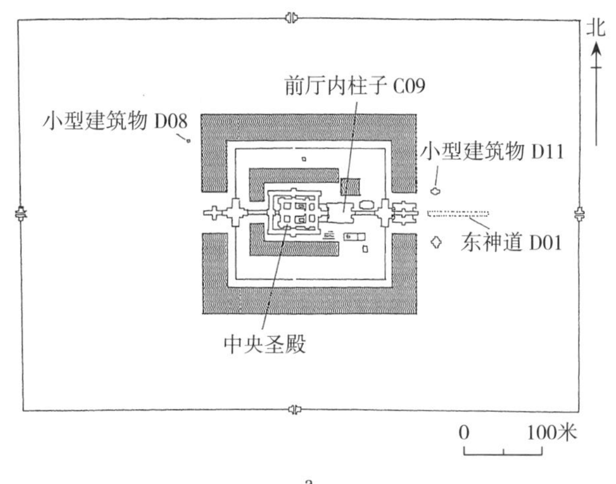


a

b

图 88 a. 班迭克黛寺的平面图；b. 紧靠在窖藏坑壁上的造像（第 33 次任务）
（图片来源 Aséanie，Sciences humaines en Asie du Sud-Est，2002，10）

同时，上智大学吴哥国际调查团的老师在 1991—1998 年，在金边皇家艺术大学集中讲授专门科目，其后带领考古学和建筑学专业的学生到吴哥现场实习。每年的 3 月、8 月、12 月至次年 1 月，皇家艺术大学的学生有三次现场实习机会，有日本教授现场指导。考古学专业的学生赴班迭克黛寺遗址进行实习，建筑学专业的学生从 1996 年开始在吴哥寺西神道参与建筑古迹的修复工作。1996 年，为了培养柬埔寨的核心管理人员，调查团在当地建立了上智大学亚洲人才培训研究中心。柬埔寨学生从皇家艺术大学毕业后，进入上智大学研究生院学习，取得硕士、博士学位后回到柬埔寨，大部分人员在 APSARA 局工作[2]。

2. 巴戎寺遗址

从 1994 年开始，日本政府的吴哥保护工作队（JSA/JASA）在巴戎寺（Bayon）进行古迹保护与修复工作。此项工作共分为五个阶段来实施和完成。

第一阶段（1994—1999 年），完成了巴戎寺北藏经阁的部分拆除和重建工作。第二阶段（1999—2005 年），为大规模的保护北藏经阁，制定了“保护和修复巴戎寺综合设施总计划”，并负责为柬埔寨人员提供培训方案；第三阶段（2005—2011 年），完成巴戎寺南藏经阁的部分拆除和重建工作，南部外走廊的浮雕和中心塔楼结构的加固工作。虽然南藏经阁的保护与修复方法沿用了北藏经阁之前的工作方法，但南藏经阁的修复工作主要是由柬埔寨专家和技术人员来完成的。

第四阶段（2011—2016 年），是对巴戎寺外走廊东侧的景观进行改善工程（完成 55 及 57 号塔楼及相关建筑物的景观改善工程）；完成对巴戎寺的狮子造像和那伽栏杆的修复工程（与 NFUAJ 和 JST 的合作）；完成巴戎大佛复制品的雕刻（与 GWA 合作）。第五阶段（2018—2021 年），继续对巴戎寺外走廊东侧的景观进行持续改善（69 号塔楼及相关景观得到改善）；对巴戎寺中央圣殿进行加固工作。

〔1〕 Masako Marui，La découverte de statues bouddhiques dans le temple de Banteay Kdei. *Aséanie*，*Sciences humaines en Asie du Sud-Est*，2002，10，pp. 65-83.

〔2〕（日）石泽良昭著，瞿亮译：《东南亚：多文明世界的发现》，北京：北京日报出版社，2019 年，第 290 页。

目前，第五阶段的保护与修复工作正在进行中[1]。

3. 塔尼窑遗址

1995年8月，以上智大学石泽良昭教授为首的吴哥国际调查团在距吴哥寺东北约20公里的塔尼（Tani）村发现了一处窑址。1996年3月，石泽良昭教授等人在塔尼村附近又新发现了7座窑址。据估计塔尼村附近发现的窑址是一处大型陶器生产基地，从1999年到2001年，奈良文化财研究所对塔尼窑遗址进行了持续的考古调查和发掘工作（图89）。

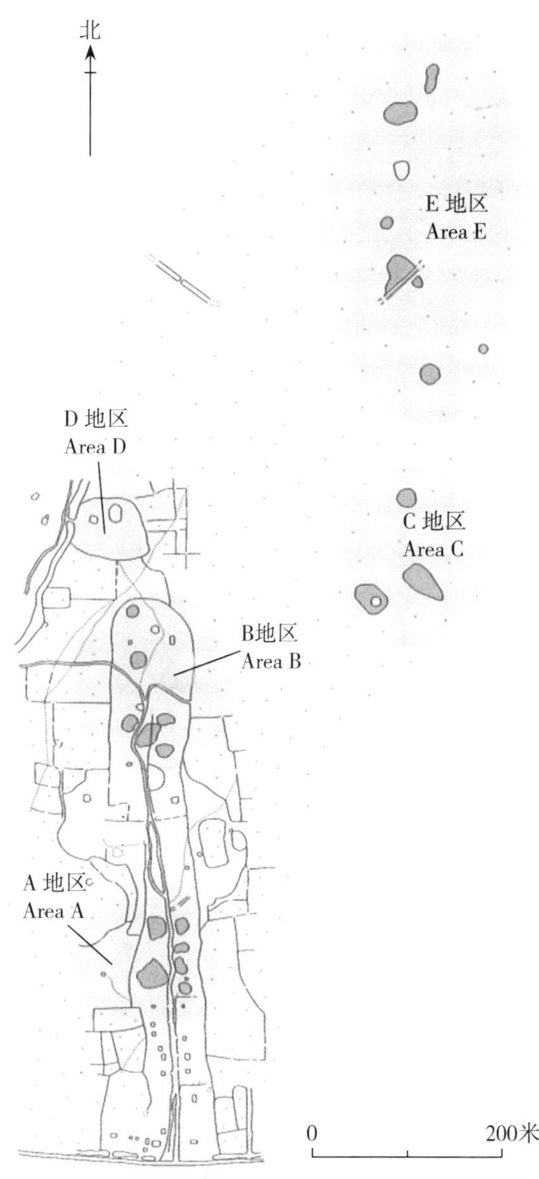


图89　塔尼窑遗址平面图
（图片来源：タニ窯跡の研究：カンボジアにおける古窯の調査 FIG. 1）

〔1〕 作者于2019年11月到巴戎寺现场调研时，在日本队的展示中心阅读到相关内容；Joyce Clark, *Bayon: new perspectives*, Bangkok：River Books, 2007.

塔尼窑的第 1 次调查始于 1996 年 8 月，到 2000 年 8 月的第 7 次调查为止，共进行了 6 次考古发掘和 1 次周边调查工作。在第 1 次调查中，布设两条探沟以确认是否有窑址分布在 B 区 1 号土墩内。通过发掘确认了窑址的存在，并将其命名为 B 区 1 号窑（简称 B1 窑）。第 2 次调查的结果显示，有五组土墩被命名为 A—E 窑址。第 3 次调查时，在窑址所在区域布设了一条探沟，以确认窑址的位置和规模，从而确认窑址的走向和窑床上部的轮廓，利用第 1 次调查时的探沟位置建立了测量区。第 4 次调查中，对窑床的下部和窑床一起进行发掘，但是很难弄清窑床的详细结构。第 5 次调查是为了解窑床的结构，以及调查周围的设施，如废料堆和操作间等遗迹。通过对 4 号土墩的试掘获取材料与 Bl 窑址进行对比，证实了 B4 窑址的存在。在第 6 次和第 7 次调查中，继续对周边设施如废料堆和操作间等遗迹进行调查，同时还对 B4 窑址的结构进行了进一步的了解。

出土遗物包括有釉和无釉陶器（无釉陶瓦），有釉的陶瓷包括许多带盖碗、小口瓶，未上釉的陶器包括许多广口瓶和罐子；有装饰的陶瓦相对较少，大部分是弧形陶瓦（图 90）。同时还发现了用黏土烧成的窑具，大小从 5 厘米、7 厘米，9 厘米到 11 厘米不等，最常见的是 9 厘米。窑具多为圆形，具有平坦的顶部和倾斜的底部，倾斜的角度与窑炉底部的倾斜角度基本一致。发掘者通过对窑址内出土遗物的推测认为，窑址群的时代可追溯至 10 至 11 世纪。

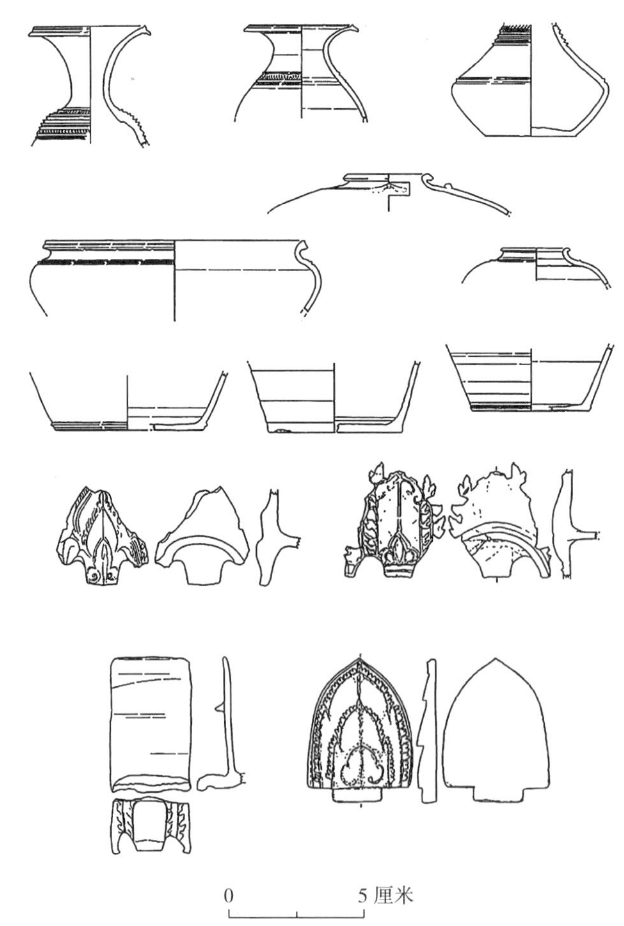


图 90　B4 窑址出土的部分遗物
（图片来源：タニ窯跡の研究：カンボジアにおける古窯の調査 FIG. 34）

鉴于这是柬埔寨境内首次对陶窑遗址进行的发掘工作，后来在日本外务省的支持下，APSARA局决定在当地建立博物馆，由奈良文化财研究所提供展览方法等技术指导。

2009年12月15日，吴哥塔尼窑遗址博物馆开馆，博物馆陈列着完整的约100件文物，如出土的陶器以及奈良文化财研究所复原的窑址模型。博物馆内有2名在奈良文化财研究所接受过培训的柬埔寨策展人[1]。

4. 吴哥寺西神道遗址

从1996年到2007年，上智大学吴哥国际调查团承担了吴哥寺西神道（第一阶段）的保护与修复工作。

调查团于1993年12月开始在西神道进行初步调查，1996年开始培训柬埔寨专业人员和工人，2000年开始对西神道正式进行拆解工作。到2007年10月，西神道共重新安装了5000块石构件（12排水平墙壁上安装了3000块角砾岩、路面上安装了2000块砂岩）。修复工作揭示了原有建筑的高水平智慧和技术，如雨水分流的方法。到了当年11月，第一阶段修复工作已完成西神道200米中的100米修复工作。

从2016年至2020年（第二阶段），上智大学继续与APSARA局合作对西神道的北侧西端进行修复工作。目前正在修复的神道全长90米，此次修复将不同于以往的修复工作，只对破损严重部分进行修复，以保留过去修复的痕迹[2]。

5. 十二生肖塔中的北1和北2塔楼遗址

1999年5月至2005年4月，日本政府的吴哥保护工作队，对十二生肖塔（Prasat Suor Prat）中的北1和北2塔楼进行修复工作。这两座塔楼面临着石构件崩塌的危险，建筑主体有许多大裂缝贯穿塔身，很大程度上向塔楼后面的水池倾斜。

为此，JSA开始了一系列学术调查和研究，包括对塔身基础的考古调查，并证实了地基部分沙层的弱化，是塔身倾斜的主要原因。基于这一发现，JSA启动了一项保护与修复工程，涉及到对塔身、地基及沙层进行全部拆除和重建的过程。

6. 吴哥寺北藏经阁遗址

1999—2005年，JSA对吴哥寺院落内的北藏经阁进行保护与修复工作。

JSA首先对倒塌的石构件进行清理工作，确定了大约450块倒塌石构件的原始位置，在重组850块左右的石构件中大约有400块石构件被压塌，散落在建筑附近。同时还拆除、修复并重新归安了大约250处结构上有崩塌危险的石构件。其次，更换新的石构件。新的石构件是从位于库伦山脚下的采石场收集而来，用于那些在结构上有必要更换新的石构件的部位，如缺少石构件的部位以及原石构件受到严重破坏而无法重新使用的部位（图91）。

此外，JSA采用新的石构件修复缺失的结构元素；拆除、修复和归安结构上有倒塌危险的部位；加固基础结构的稳定性，以防止建筑出现不均匀地面沉降而引起的结构变形；还对变质石构件的表面

[1] 青柳洋治、佐々木達夫、野上建紀、田中和彦、丸井雅子、隅田登紀子：《アンコール遺跡タニ窯跡群発掘調査の成果と環境整備方針》，《カンボジアの文化復興》，2000年第17期，第134-141页；青柳洋治，佐々木達夫 编：《タニ窯跡の研究：カンボジアにおける古窯の調査》，東京：連合出版，2007年。

[2] 联合国教科文组织吴哥国际保护与发展协调委员会（ICC-Angkor）2019年12月，第33届技术大会上上智大学公布的项目简介。

图 91　修复中的北藏经阁
（从西北方向拍摄　图片来源カンボジアの文化復興，2000，17）

进行了固结[1]。

7. 塔内寺遗址

从 2001 年开始，日本东京文化财研究所（NRICPT）与 APSARA 局合作开展了一项关于塔内寺（Ta Nei Temple）建筑的保护与修复项目。该项目由两个核心部分组成：（1）环境和生物对砂岩变质的研究（2001—2011 年）；（2）建筑测量培训（2012 年起）。

2017 年 1 月，NRICPT 与 APSARA 局联合举办了一次研讨会，旨在确定该项目保护与修复的基本原则，就该遗址的重要性和特点、保护与可持续发展的主要目标，以及实现这些目标所需的基本原则达成了一项一般性协议。包括以下四点：（1）为了保护遗址内的自然环境应尽量保持遗址现状，只采取必要的最低限度的干预措施；（2）应防止建筑物进一步倒塌并确保游客的安全；（3）应采取适当的措施来介绍和阐释该遗址，以便提高游客对其重要性和建筑特点的了解；（4）该遗址应该定位在更大的考古背景下，同时提供生态旅游体验。

因此，项目组决定将遗址分为核心区、东塔门区、保护区（院落与环壕之间的区域）、环境保护区，并对这些区域进行不同程度的干预。为遵循这一基本计划和分区方法，从三个相互关联的角度同时进行调查、保护和可持续发展工作。

2017—2018 年开始进行考古调查，作为“吴哥塔内寺保护与可持续发展”的一部分。东塔门结构不稳定，之前由木制支撑物加固，但木制支撑物已老化，部分已腐烂。因此，拆除和修复东塔门是项目组计划的一部分，他们在东塔门布设 4 个 10 米 ×10 米的探方，试图廓清塔门遗迹在吴哥时期的原始地表（图 92）。到了 2019 年，开始对东塔门进行修复工作。

另外，还根据 ICC-Angkor 专家的意见，对塔内寺遗址的地形进行测绘和东池西堤与东塔门之间

〔1〕 作者于 2019 年 11 月到吴哥寺北藏经阁现场调研时，在日本队的展览板中阅读到相关内容。

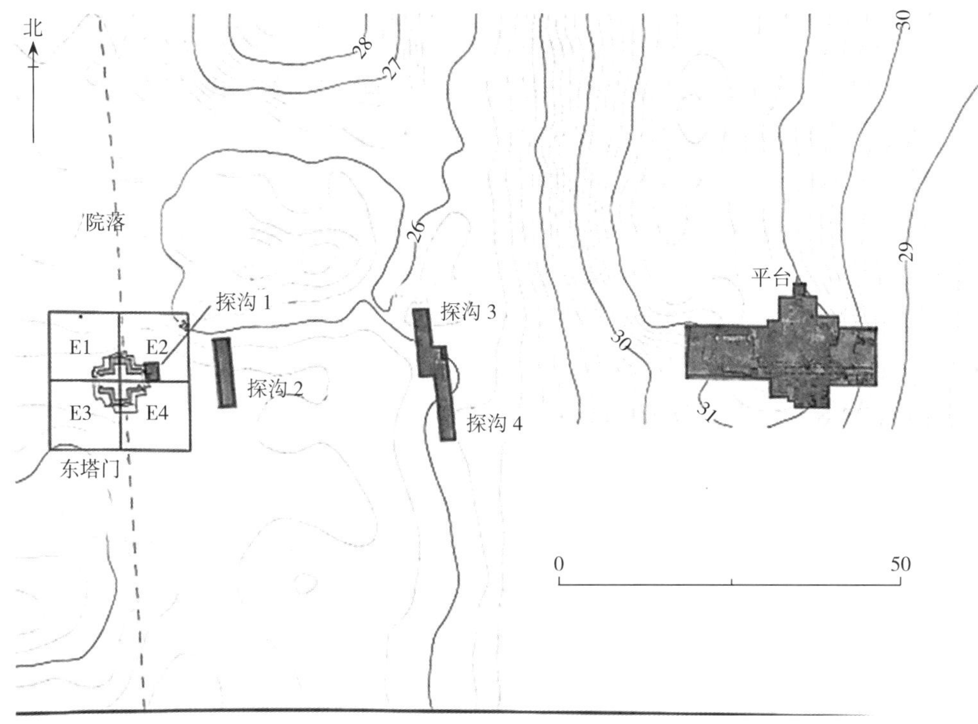


图 92 遗址内发掘位置分布图
（图片来源 Technical Cooperation Project for the Conservation and Suatainable Development of Ta Nei Temple, Angkor–Progress Report of 2017–2018. Figure. 5. 1 局部做了修改）

的路面进行土壤取样分析研究。目前工作仍在进行中[1]。

## 四 印度

在介绍印度对吴哥的保护工作之前，有必要简要讨论一下印度文化对古代高棉文化的影响。

在公元1世纪前后，古代印度与古代柬埔寨就保持着人员往来。自扶南范寻时代以后，就开始了印度化运动。而扶南的印度化历史是有其长久历史的，混填可能是一个印度化的人物，自范旃遣苏物到天竺之后，带回来了天竺王的使者陈宋等，这样扶南之于天竺有了正式的使节来往，随之经济、文化上的交往也活跃起来。根据中国古籍《水经注》卷一引康泰扶南传说，家翔梨告诉范旃，天竺的“土俗道法，流通金室，委积山川，饶沃恣所欲，左右大国，世尊重之”[2]。

由此可知，古代柬埔寨已经接受了古代印度的文化及其体制，尤其受到印度史诗《摩诃婆罗多》、《罗摩衍那》影响最深，使古代柬埔寨建立在印度教和大乘佛教立国思想的基础上，国王更替和王朝兴亡反复上演，印度式的文物如拼接般镶嵌在柬埔寨本土社会的方方面面。

但是在强调外来文化对古代柬埔寨的影响时，也不能忽视本地文化的包容性和地方性，持此观点的尤以日本学者石泽良昭教授最具代表性。他指出印度文明对古代柬埔寨的深刻影响，也非常强调吴

〔1〕 联合国教科文组织吴哥国际保护与发展协调委员会（ICC–Angkor）2019年12月，第33届技术大会上东京文化财研究所公布的项目简介。

〔2〕 陈序经：《陈序经东南亚古史研究合集》（上卷），香港：商务印书馆，1992年，第652页。

哥文明的独特性和独创性。如古代高棉王国的造像受到很多印度佛像的影响，自然是既成事实，然而从整体上，它仍保持了独立的倾向。高棉人创造出的造像是高水平的作品，他们对印度造像再次的塑造，最终转变为当地独特的平静优雅的美术式样[1]。

因此说，古代高棉文化不是对印度文化的全盘照搬，而是在原有的基础之上进行消化、吸收和创新的模式。而印度则把保护柬埔寨吴哥遗址看作是一种义不容辞的义务，是属于较早进入柬埔寨进行古迹保护的国家之一。

早在 1986—1991 年，印度考古局[2]（Archaeological Survey Of India，简称“ASI”）对吴哥寺进行保护与修复工作。为了清洗吴哥寺内的苔藓和防止建筑被水侵蚀，采用了水泥等不当的修复材料，导致了许多浅浮雕的细节被毁，招致了广泛的批评。但是仔细观察后就会发现，印度队所做的工作缺乏后期保护以及地点的选择，对存在危险因素的建筑结构没有进行真正的处理。例如北部走廊的浅浮雕正处于倒塌的危险之中，正如一位目击者所揭示的那样：“据我所知，工作队没有采取任何严肃的计划来解决这个问题”[3]。直到 2002 年，印度队才被允许重返吴哥。

## 五 美国

1989 年，美国世界遗产基金会（World Monuments Fund）首次访问吴哥。1991 年，巴黎和平协议结束了冲突，为柬埔寨开启了一段和平与重建的时期。这一时期主要实施了 2 项与吴哥有关的项目，其中，可持续发展项目、古迹保护与修复项目各占 1 项（表 12）。

**表 12 1991 年以来美国的吴哥保护工作统计简表**

| 序号 | 组织机构 | 时间 | 工作内容 | 备注 |
| --- | --- | --- | --- | --- |
| 1 | 世界遗产基金会 | 1991— | 圣剑寺修复项目 | |
| 2 | 夏威夷大学马诺阿分校 | 1994—1998 | 柬埔寨考古与遗产管理人员培训项目 | 可持续发展项目 |
| 3 | 世界遗产基金会 | 2004 至今 | 巴肯寺修复项目 | |
| 4 | | 2007—2012 | 吴哥寺东走廊浅浮雕保护项目 | |
| 5 | 夏威夷大学马诺阿分校 | 2019—2020 | Tuol Daun Pok 寺庙遗址发掘项目 | |

〔1〕（日）石泽良昭著，瞿亮译：《东南亚：多文明世界的发现》，北京：北京日报出版社，2019 年，第 221 页。

〔2〕印度考古局（Archaeological Survey of India）以“孟加拉亚细亚学会”的成立（1784 年 1 月 15 日）宣告开始，但该学会的重点是对于印度各地文物的调查活动。其后，亚历山大·坎宁汉（Alexander·Cunningham）组建北印度考古部，以官方的形式宣告印度考古事业的起步，对印度各地主要遗址的调查、试掘、研究皆进入正轨。1902 年约翰·马歇尔（John·Marshall）到任后，印度考古局进入了一个崭新的时代。他对印度考古局进行重组，划分 6 个考古大区，制定了古代遗址保护法案，规定了考古局每年必须将主要工作以年度报告的方式呈现，以及兴建博物馆等一系列措施。虽然在 1928 年提交辞呈，但他在印度一直工作到 1934 年，从 1928 年到 1944 年间四位考古局局长皆受到了他的影响。1944 年莫蒂默·惠勒（Mortimer Wheeler）接任，他以一个军人独有的姿态对印度考古事业，尤其是在科学发掘这一层面作出了巨大的贡献。英属印度考古局是今天印度考古局、巴基斯坦博物馆及考古部的前身，至今仍在保护和发扬南亚历史文物层面发挥着重要的作用。见邹飞：《印度考古局发展史的四个历史时期》，《南亚研究季刊》2015 年第 3 期。

〔3〕Filliozat Jean，Rapport sur la situation de l'Ecole d'Extrême-Orient ; lu dans la séance du 4 juillet 1975，*Comptes rendus des séances de l'Académie des Inscriptions et Belles-Lettres*，1975，119-3，pp. 341-345.

（一）可持续发展项目

1994–1998年，夏威夷大学东西方研究中心对金边皇家艺术大学（RUFA）的学生进行考古与遗产管理方面的培训工作。

1994年初，夏威夷大学东西方研究中心接收皇家艺术大学的学生来学习，并对其进行考古学方法和理论的强化培训，计划让学生返回柬埔寨并领导其考古和遗产管理的重建工作。

1995年夏季，在吴哥博雷进行的考古发掘工作，主要目标以学生实习为主，其次是对该城址的结构和规模进行初步了解。1996年夏，夏威夷大学东西方研究中心开始实施“湄公河下游考古项目”（LOMAP），Miriam Stark担任现场发掘工作的负责人。他们在吴哥博雷遗址对一处砖砌的建筑基础，进行了考古发掘和陶瓷器数据的采集工作，同时还研究了该区域内土地的利用方式与洪涝对水稻的影响。

到目前为止，他们报告了关于粮食减产、水稻和其他土地使用实践的结论。同时，仍继续对吴哥博雷遗址内的石刻造像进行细致入微的分析，得出了关于造像年代以及与考古遗址问题相关的重要结论。如今，年轻的柬埔寨专业人员开始在美国、德国、法国和日本学习，他们在管理着柬埔寨的遗产这一艰巨的任务。未来他们将继续加强与金边皇家艺术大学和金边国家博物馆的合作，因为只有这两所机构能够提供奖学金、资源和人员，也正是这两所机构能把柬埔寨的遗产放在应有的位置之上[1]。

（二）古迹保护与修复项目

1991年以来，美国世界遗产基金会与APSARA局合作对圣剑寺进行保护与修复工作。其合作主旨是，在稀疏的丛林环境中谨慎地修复不朽的圣剑寺，使其成为不朽的遗址。自工作开始以来，他们一直强调对高棉建筑师、工程师、考古学家和一批当地工匠的培训工作，这些人将在未来吴哥的保护中发挥着越来越大的作用。同时，世界遗产基金会在圣剑寺的工作也成为柬埔寨政府支持的建筑遗址保护典范。

1992年，美国世界遗产基金会制定了一个保护与研究圣剑寺的总体计划。1993—1994年，东三塔门南侧廊柱修复工作成为了修复圣剑寺的第一处试点，包括对梁柱和其他构件的结构修复。1994年，世界遗产基金会与美国国家航空航天局（NASA），利用合成孔径雷达技术从太空观察吴哥的空间布局。1995—2001年，对遗址内“舞蹈大厅”建筑的柱子和三个装饰有仙女造像的门楣进行修复。1997年，扩大到西三塔门的修复，具体包括塔门的门廊、门楣、山花等建筑结构的修复。

到了1998年，又发起了对圣剑寺外围墙上的石刻艺术“达鲁迦（Garuda）保护”计划。为保护圣剑寺外围墙上的72处达鲁迦石刻艺术，美国世界遗产基金会已经筹集了超过55万美元，来保护这些非凡的砂岩造像，它们已经成为美国世界遗产基金会在吴哥保护工作的象征。

经过10年的田野工作，2000年在美国世界遗产基金会的帮助和培训下，在暹粒成立了高棉研究中心。2004年，美国世界遗产基金会开始修复第二和第三院落东西轴线之间有毗湿奴造像的复杂走廊；2007—2011年又对西四塔门入口处的中央圣殿进行修复工作；2012年用角砾岩重建了东部第二走廊的墙体，以便提高游客通过时的安全性；2012—2014年，拆除和稳固东四塔门的中央圣殿建筑群。2012—2016年，对中央建筑群和南部入口第二走廊、梵天造像建筑群进行结构的稳定处理和修复工作。目前的修复工作仍在继续。

[1] Miriam T. Stark, Results of the 1995-1996, Archaeelogical field investigateisn at angkor Borei, Canbodia. *Asian Perspectives*，1999. Vol. 38, No. 1, pp. 1–6.

另外，从1989—1991年开始，美国世界遗产基金会召集了一群当地的手工艺人，并邀请了金边皇家艺术大学的学生和老师对其进行培训。截至2008年共有40多名高棉工人组成的工作队，在积极帮助圣剑寺、巴肯寺、塔逊寺和吴哥寺“搅动乳海”的修复工作。这项培训为当地工人和手工艺者提供了广泛的建筑技能和项目管理经验，使他们的文化遗产得以延续到遥远的未来[1]。

## 六　中国

中国与柬埔寨自古以来有着友好交往的历史。汉晋之时的扶南，唐宋时之真腊，尤称为富强之邦。至其与中国之联系，更悠久而密切，《史记·秦始皇本纪》：“三十三年（前241年），发诸尝逋亡人、赘婿、贾人略取陆梁地，为桂林、象郡、南海，以谪遣戍，徐广曰：‘五十万人守五岭’”[2]。“秦时已并天下，略定杨越，置桂林、南海、象郡，以谪徙民，与越杂处十三岁”[3]，流寓古代柬埔寨者不乏其人。三国时，朱应、康泰使扶南，使其国中之风俗为之一变。盖古代柬埔寨沐浴印度文化虽深，而所得于吾国之惠泽殊不浅。降及明初，自洪武、永乐至宣德、景泰朝贡之使不绝，两国往来频繁[4]。

自1296—1297年，元朝人周达观曾作为使者来到过吴哥通王城，在其回国后根据所见所闻撰写的《真腊风土记》，则是当今世界上现存的最早一部全面介绍古代柬埔寨吴哥时期的政治、经济、宗教、文化、社会、风俗等各方面情况的专著。

自13世纪以来，专志柬埔寨之著作，除周达观之《真腊风土记》外竟成绝响。如宋赵汝适之《诸蕃志》、元汪大渊之《岛夷志略》、明马欢之《瀛涯胜览》等，虽有著录，然一鳞半爪，其用不宏。是以自唐迄今，国人对柬埔寨之认识，可以说由密切而变成疏远，由熟知而变成不知，良可慨也[5]。

及至近代，在吴哥寺的主体建筑内（第一走廊内或Bakan、第二三走廊之间的十字形平台或Preah Poan）残留有中国人在建筑上的墨迹及镌刻，共有66处，其中大多数为墨迹（黑、红、蓝），能够识别出的墨迹和镌刻的年代在光绪乙亥年（1875年）、光绪九年（1883年）、光绪丙申年（1896年）至民国六年（1917年）[6]（图93）。其中，在第二三走廊之间的十字平台内墨书“庚寅九月初拾日安江省□□□郑公卿参拜诗题”[7]。由此可知，郑公卿是居住在越南的华侨，在1890年的时候到吴哥寺内进行参拜。

1921年，法国人对吴哥进行修复时已经指出“对于柬埔寨石头的雕刻，必须求助于中国工人”[8]。因此可以说，早在上个世纪20年代之前（甚至早到清代光绪年间），中国人已经到吴哥寺来进行参拜活动，而对于吴哥的修复活动甚至有可能也早到清代，只是这种行为属于民间组织行为，没有规划和目的性。

1940年代，黄雄略先生的《柬埔寨志略》一书“对于当地山川形势及风土人物，均加以细心考察，与周氏所记互相印证参考”，“该著作首尾具备，是要可补国人今日研究柬埔寨之憾焉”[9]。全书共分为

〔1〕作者于2019年11月到圣剑寺现场调研时，在美国世界遗产基金会的展览板中阅读到相关内容。

〔2〕（汉）司马迁撰：《史记》卷六《秦始皇本纪》六，北京：中华书局，1963年，第253页。

〔3〕（汉）司马迁撰：《史记》卷一一三《南越列传》五三，北京：中华书局，1963年，第2967页。

〔4〕黄雄略编著：《柬埔寨志略·姚楠序》，台湾：正中书局，1947年。

〔5〕黄雄略编著：《柬埔寨志略·张礼千序》，台湾：正中书局，1947年。

〔6〕APSARA，Center for Khmer Studies，*Inscription of Angkor Wat*，Phnom Pen：2013，pp. 127-144.

〔7〕安江省是越南西南方的一个省，西临柬埔寨，1932年建省，由此推断出庚寅年在1890年。

〔8〕EFEO, Archéologie indochinoise，*BEFEO*，1921，21. pp. 43-165.

〔9〕同〔5〕。

图 93　吴哥寺遗址内的墨迹及镌刻
（图片来源 Inscription of Angkor Wat，Phnom Pen. 2013）

九章，包括释名、土地及人民、历史、政治及交通、文化及教育、物产、宗教及风俗、重要城市及胜迹、华侨。其中第三章历史、第六章物产、第七章宗教及风俗，用墨较多，陈述较为详细。

及至 1993 年，时任中国国家文物局局长张德勤先生率团出席了“国际拯救吴哥行动”的东京会议。从那时起，中国政府成为吴哥保护国际行动最早的一批发起者和参与者之一。这是继 20 世纪 60 年代，埃及阿斯旺水库建设引起的努比亚文物抢救之后，规模最大的全球性文化遗产跨国行动。

截止到目前，中国政府共实施 7 项吴哥考古与保护工作，其中可持续发展项目为 2 项，活动范围主要在柬埔寨吴哥核心区（图 94）。而在这一时期，中国政府最重要的吴哥保护与修复项目——周萨神庙（Chau Say Tevoda）（表 13）。

**表 13　1993 年以来中国的吴哥保护工作统计简表**

| 序号 | 组织机构 | 时间 | 工作内容 | 备注 |
|---|---|---|---|---|
| 1 | 中国文化遗产研究院<br>（中国文物研究所） | 1998—2008 | 周萨神庙修复项目 | |
| 2 | 国际自然与文化遗产空间技术中心<br>（HIST） | 2013—2016 | 吴哥遗产地环境遥感项目 | 可持续发展项目 |

续表

| 序号 | 组织机构 | 时间 | 工作内容 | 备注 |
|---|---|---|---|---|
| 3 | 中国文化遗产研究院（CACH） | 2010—2018 | 茶胶寺遗址修复项目 | |
| 4 | 农业部下属单位 | 2016— | Run Ta Ek 生态村发展项目 | 可持续发展项目 |
| 5 | 中国文化遗产研究院（CACH） | 2017—2019 | 崩密列东神道遗址考古项目 | |
| 6 | | 2015 至今 | 柏威夏寺遗址调查项目 | |
| 7 | | 2019 至今 | 王宫遗址修复项目 | |

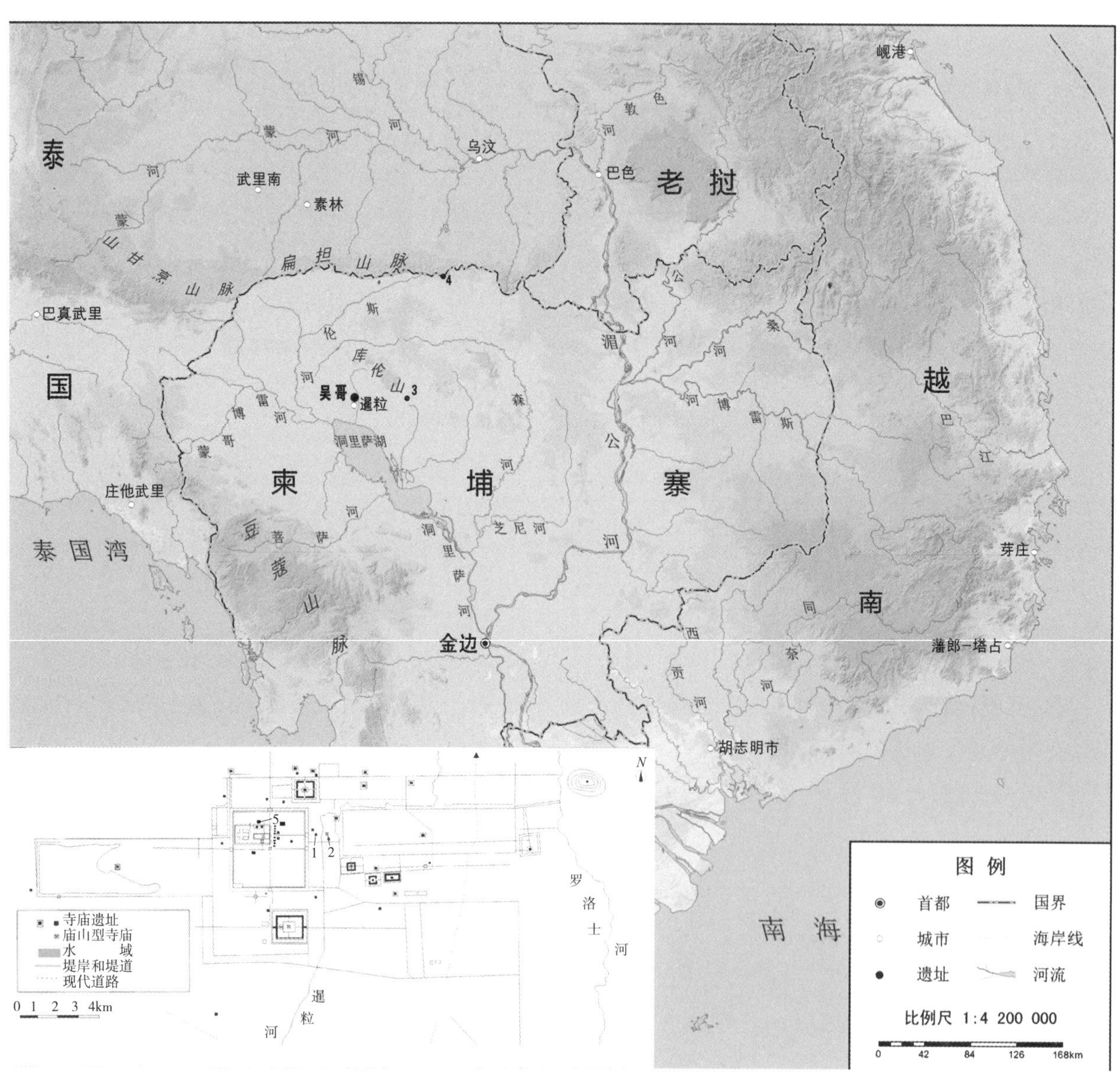


图 94 中国的吴哥保护工作地点分布示意图

（1. 周萨神庙；2. 茶胶寺；3. 崩密列；4. 柏威夏；5. 王宫遗址）

图95　工作组在班迭色玛前的合影
（1995年12月，自北向南拍摄　自左向右依次为：孟宪民、理丰、柬方安保人员、童明康、黄克忠
图片由孟宪民先生提供）

在1995年，国家文物局派工作组赴吴哥考察工作（图95）；1997年，国家文物局选定周萨神庙作为保护修复与研究对象，并委托中国文物研究所（中国文化遗产研究院前身Chinese Academy of Cultural Heritage，简称“CACH”）正式组建“中国政府援助柬埔寨吴哥保护工作队”（Chinese Government Team for Safeguarding Angkor，简称“CSA”），开展周萨神庙保护与修复项目。中国文物研究所也成为了以中国政府名义，最早赴国外开展文化遗产保护与考古工作的文博科研单位。

在经过数次考察完成了基础测绘工作后，1998年12月至1999年1月，中国文物研究所、中国社会科学院考古研究所联合派出工作组对周萨神庙进行必要的考古勘查和发掘工作。通过发掘和勘探所揭露的层位堆积了解到，人们活动同寺庙建筑的关系[1]。

在工程方面，中方对周萨神庙的修复工作可分为前期研究和施工两个阶段。1998—1999年为前期研究阶段，主要工作有考古调查、工程地质勘查、建筑残损情况调查、制定修复计划和施工准备工作。2000—2008年为施工阶段，中方根据周萨神庙的特点提出“抢险加固、遗址保护、重点修复”为指导思想与《中国文物古迹保护准则》要求的“原状修整”和“重点修复”的精神是一致的。及至2008年，周萨神庙遗址修复全部完工。

同时，中方在认真进行历史考古、地质、建筑和材料的调查研究、分析测试的基础上，初步整理

〔1〕中国考古学会编:《中国考古学年鉴2000》，北京：文物出版社，2002年，第312–313页；中国文物研究所，中国社会科学院考古研究所:《吴哥遗迹周萨神庙考古报告》,《考古学报》2003年第3期；中国文化遗产研究院:《柬埔寨吴哥古迹周萨神庙新发现遗物整理简报》,《考古》2018年第4期。

出了4部研究报告:《吴哥遗迹周萨神庙考古报告》、《柬埔寨吴哥遗址周萨神庙岩土工程勘察报告》、《柬埔寨吴哥遗址周萨神庙建筑材料工程性能研究》、《柬埔寨周萨神庙修复工程现状测绘技术报告书》。另外，中方还积极为柬方培养文物保护人才。除对金边皇家艺术大学学生举办讲座授课和来华培训之外，还在国内聘请高级石工技术人员传授工人雕刻、安装技术，聘请石质文物保护专家培训工人石构件的保护方法。先后有79名工人接受了系统的培训，并且这些工人的技术水平已经得到了国际认可[1]。周萨神庙修复项目是中国文物研究所/中国文化遗产研究院在柬埔寨实施的第一个古迹保护项目，也是中国政府援助吴哥保护工程的开始[2](图96)。

图96　左：修复前的南藏经阁；右：修复后的南藏经阁
（图片来源中国文化遗产研究院）

21世纪伊始，为配合国家外交大局进一步增进中柬合作交流。2014年12月26日，中国国家文物局、中国文化遗产研究院等几家机构联合承办了《高棉的微笑——吴哥艺术特展》在北京首都博物馆开展。来自柬埔寨金边国家博物馆的80件（组）文物，其规模、种类与品质全完可以媲美该馆曾在美国、德国、日本所举办的展览，在北京每一个前来参观的中外观众都对它不吝赞誉[3]。

最近20多年来，中国政府积极参与“吴哥保护国际行动”，使古老的吴哥成为新时期中柬全面战略合作伙伴关系中一条绚丽的纽带。

## 七　其他国家/国际组织

这一时期主要涉及到6个国家（其中1个是多国联合）和1个国际组织（ICCROM）参与的吴哥考古与保护工作，共计实施了13项保护工作，其中古迹保护与修复项目为11项，2项为建立地理信息系统和人员培训下面分别介绍如下。

### （一）匈牙利

皇家吴哥基金会（Royal Angkor Foundation简称“RAF”）是吴哥国际保护与发展协调委员会的创

〔1〕 孙波:《十年磨一剑“骑士”载誉归——记援柬文保专家姜怀英和他的同事们》,《中国文物报》, 2007年01月26日，第1、2版。
〔2〕 中国文物研究所:《周萨神庙》，北京：文物出版社，2007年。
〔3〕 刘曙光:《高棉的微笑：柬埔寨古代文物与艺术·序》，广州：岭南美术出版社，2015年，第9页。

始者之一。吴哥地区最早的地理信息系统是由皇家吴哥基金会与联合国教科文组织联合开发的，作为分区与环境管理计划的一部分（ZEMP 1992—1994）。

基金会与美国国家航空航天局喷气推进实验室以及世界遗产基金会（1995—1996 年）进行联合研究，以收集和分析从吴哥和圣牛寺传来的修复数据〔1〕。

（二）印度尼西亚

1994 年 8 月—2000 年 4 月，印度尼西亚政府与 APASAR 局合作对王宫遗址内的东塔门、东北塔门、东南塔门展开了保护与修复工作。

东塔门已经被土层掩埋至 1. 5 米厚，塔门的南北两侧下沉了 4 厘米，一些墙壁倾斜了 3 度 16 分，部分砂岩柱已经断裂由混凝土柱支撑。东北塔门的损坏更为严重，地面下沉达 4. 5 厘米，墙体倾斜达 10 度 50 分，西侧的屋顶已经塌落。塔门与东边邻近的围墙已被破坏作为现代通道口。东南塔门作为技术研究的重点课题，其状况将会被更深入的阐述，围墙相对完好结构也很稳定，只有一小部分是被人故意破坏。

印尼工作队对三座塔门进行了危险因素的初步分析、保护技术的提出、保护和修复工作的开展。为此，他们展开全面修复工作，包括拆卸塔楼、安装混凝土板、石材养护（清洁、修复、固结，将松动的石材重新组装起来）、用混凝土加固结构以进行重建、锚定建筑石材以加强其凝聚力、用新砂岩代替丢失的砂岩（在其上雕刻几何纹，标明其为新的砂岩）、重建屋顶并覆盖其空间。

在早期的吴哥国际行动中，大都直接涉及古迹的修复与研究项目，很少有涉及人力资源的开发，特别是直接负责培训保护吴哥的柬埔寨技术人员。因此，印尼工作队计划对柬埔寨技术人员进行古迹保护与修复的培训工作。

同时，他们还意识到印尼与柬埔寨在文化遗产方面有很多相似的文化和技术背景，比如寺庙遗址考古。另外，由于建筑材料、施工技术等内在因素与外部因素（热带环境条件）的相似性，古迹在保护上也存在着相似的问题。印尼工作队希望能够分享他们在本国保护古迹方面的经验。

除此之外，印尼工作队不仅关注建筑本身，也关注环境作为努力保护的一个重要组成部分，具体包括场地清理、建立排水系统和基本保护方法及其长期保护的景观美化〔2〕。

（三）意大利

这一时期意大利共实施了 2 项与吴哥有关的项目，均为古迹保护与修复项目，内容涉及到遗址的修复工作（表 14）。

**表 14　意大利的吴哥保护工作统计简表**

| 序号 | 组织机构 | 时间 | 工作内容 | 备注 |
|---|---|---|---|---|
| 1 | 意大利政府信托岩土与结构工程所 | 1995—2003 | 比粒寺修复项目 | |
| 2 | | 1996—2015 | 吴哥寺修复项目 | |
| 3 | 巴勒莫大学 | 2011—2014 | 保护和修复图像遗产的国际行动培训项目 | 可持续发展项目 |

1. 比粒寺修复项目

1995—2003 年，由联合国教科文组织、意大利岩土与结构工程所（Ingegneria Geotecnica e Strutturale

〔1〕转引自 APSARA 局官网中的《20 years of International Cooperation for Conservation and Sustainable Development》。

〔2〕作者于 2019 年 11 月到王宫遗址现场调研时，在印度尼西亚的展示中心阅读到相关内容。

简称“IGeS”)、意大利信托机构联合对比粒寺(Pre Rup)进行保护与修复工作。

联合工作队成员包括柬埔寨年轻专业人员在内，对10座主要塔楼的结构进行了全面研究。经过几次程序调查、监测序列及研究后，他们开始全面实施建筑结构强化工作。这涉及到建筑的基础和上层结构，目的是为了恢复每座塔楼结构的完整性和对施加的荷载作出反应能力。在建筑基础方面，对不同墙体之间的连接，是由地下钢筋混凝土箱构成的钢性结构或通过插入水平连接杆进行加固。

此外，他们还对拆下的或倒塌的门楣进行全面修复，修复后将其归安到原来的位置。塔楼的顶部是用原来的砖块重建，保证了建筑顶部不受雨水的侵蚀[1]。

2. 吴哥寺修复项目

1996年9月，大雨导致吴哥寺南侧环壕堤岸西段60米发生了塌陷，随后IGeS对受损部分进行修复工作。1999年，IGeS又对吴哥寺遗址内的临时支护进行拆除，以便于游客能够进入中央圣殿。通过去除旧的混凝土和铁箍，恢复了十字形平台处的栏杆，西塔门的穹顶以及入口处受损的柱子都得到了加强和完善。

2012年，吴哥寺西环壕北侧因堤岸滑坡和地下水排水系统受损而遭到破坏。IGeS对破损的80米堤岸进行了修复，并在2015年底之前完成了修复工作[2]。

(四)德国

从1995年起，德国与APSARA局成立联合保护队(German Apsara Conservation Project 简称“GACP”)致力于保护吴哥遗址内的砂岩浅浮雕、造像、灰泥和彩色装饰(图97，表15)，GACP在这一时期主要实施了6项古迹保护与修复项目。

工作主旨目标：1. 关于对吴哥寺浅浮雕的科学文献，砖砌建筑中的砂岩、砖和灰泥以及彩色装饰及其风化过程的研究；研究适用的保护材料和技术以进行可持续的保护治理。2. 执行保护干预措施并坚持长期保护计划。3. 培训高棉保护人员如何保护多孔建筑和造像材料，并与国际保护专业人员进行科学交流。

GACP的保护者，针对不同的建筑和造像材料(砂岩、砖、灰泥和彩色壁画)开发了特殊的保护产品和技术。保护工作始终遵循为不同寺庙准备不同的风险图(例如石质构件、灰泥、彩塑)，但是最重要的任务是在国际和科学层面上培训柬埔寨的保护人员。

**表15　德国的吴哥保护工作统计简表**

| 序号 | 组织机构 | 时间 | 工作内容 | 备注 |
|---|---|---|---|---|
| 1 | 德国政府外交部科隆应用科技大学(cologne Facchochschule) | 1995— | 贡开遗址和崩密列散乱文物的保护项目 | |
| 2 | | | 吴哥灰泥保护项目 | |
| 3 | | | 吴哥和贡开砖庙中多色壁画的调查和保护项目 | |
| 4 | | | 库伦山的Sarah Damrei遗址造像的调查与保护项目 | |
| 5 | | | 博克寺遗址陵伽保护项目 | |
| 6 | | | 圣牛寺保护与修复项目 | |
| 7 | 德国政府国际合作公司 | 2006 | 豆蔻寺遗址修复项目 | |

〔1〕作者于2019年11月到比粒寺现场调研时，在意大利队的展览板中阅读到相关内容。

〔2〕转引自APSARA局官网中的《20 years of International Cooperation for Conservation and Sustainable Development》。

续表

| 序号 | 组织机构 | 时间 | 工作内容 | 备注 |
|---|---|---|---|---|
| 8 | 波恩大学 | 2007 | 吴哥碑铭研究项目（AIS） | |
| 9 | 德国政府国际合作公司 | 2007—2013 | APSARA局石材保护部门的培训计划（SCU） | 可持续发展项目 |
| 10 | | 2012— | 吴哥寺第三庭院内浅浮雕修复项目 | |
| 11 | | 2014— | 班迭色玛遗址修复项目 | |
| 12 | | 2019—2020 | 巴孔寺修复项目 | |

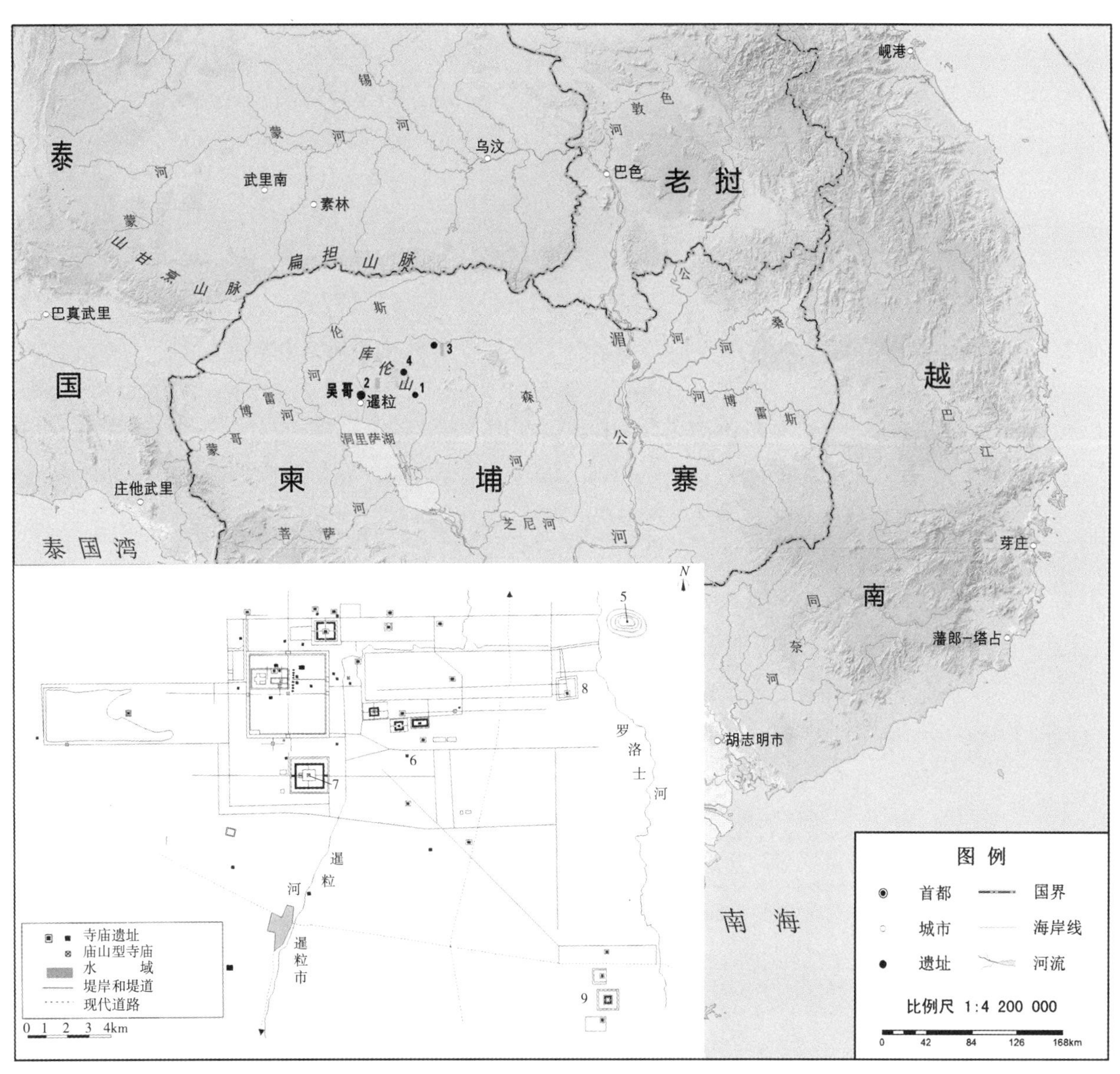


图97　德国的吴哥保护工作地点分布示意图
（1. 贡开遗址和崩密列散乱文物的保护项目；2. 吴哥灰泥保护项目；3. 吴哥和贡开砖庙中多色壁画的调查和保护项目；4. 库伦山的Sarah Damrei遗址；5. 博克寺；6. 豆蔻寺；7. 吴哥寺第三庭院浅浮雕修复项目；8. 班迭色玛遗址；9. 巴孔寺）

（五）瑞士

瑞士政府与柬埔寨政府的合作可追溯至20世纪90年代，当时的女王宫遗址由于处在隔绝状态，因此能够使其处于安全保护之下。虽然一些来自女王宫的建筑构件被保存在吴哥保护区，但直到1998年APSARA局任命了一组管理人员来保护该遗址，持续的修复才得以继续。

2001年，根据柬埔寨公众天文台进行的关于旅游业对寺庙影响的报告后，APSARA局封闭了女王宫建筑的中心部分，以保护浅浮雕并进行维护工作。

2002年，瑞士政府和APSARA局联合开展女王宫保护项目（Banteay Srei Conservation Project，简称“BSCP”）。BSCP团队于2002—2005年对寺庙遗址及周围地区的古迹进行保护与修复工作。

BSCP团队首先对古迹的破损进行评估工作。经过团队的研究后发现，寺庙面临主要的风险是：地下水、建筑基础的弱化。由于建筑基础由沙层组成，被连续的流纹岩和红土层覆盖，无法承受寺庙建筑的重量；同时加之地下水位的活动和季风季节雨水的侵入破坏了土壤结构，导致寺庙的建筑结构出现歪闪、倒塌等现象。此外，附近的树木也威胁着寺庙，虽然树冠层保护了寺庙免受季风的侵袭，但倒下的树木是导致寺庙损毁的主要原因之一。最后人类频繁的活动对寺庙构成了重大威胁，特别是在目前旅游业扩大的情况下。

在为古迹建立诊断框架的同时，BCSP团队还建立了一个广泛的考古项目。除了评估地基的状况、原来的排水系统以及它们恶化的原因外，考古小组还发现了一些遗物和新的遗迹。

针对寺庙存在以上的问题，BSCP团队随后有针对性地实施了保护工作。在最终确定了建筑风险的分布情况和对每座建筑进行“医疗评估”完成后，BSCP团队启动了几项保护措施。

最后，BSCP团队与APSARA局、暹粒省森林部门的专家合作，对女王宫遗址附近的1770棵树木进行登记注册，并将其中的155棵列为危险树木，其中一些已经被砍掉或修整。此外，在寺庙结构的70处关键位置上安装有监控来进行观测。BSCP团队还遵循了德国石材保护小组的建议，即不要从纪念碑建筑砂岩中去除微生物或真菌，以延缓石材的衰退。

2007—2008年，BSCP团队对女王宫进行总体规划，目的是建立一处寺庙遗址保护区和一处新的游客区，以便能更好地保护寺庙免受污染和游客的过度压力。BSCP团队于2009年春季，将游客和翻译中心移交给APSARA局[1]。

（六）多国联合

多国联合工作队主要实施了1项吴哥保护项目，即对老挝境内的瓦普寺进行修复工作（表16）。

**表16　多国联合的吴哥保护工作统计简表**

| 序号 | 国家/组织机构 | 时间 | 工作内容 |
|---|---|---|---|
| 1 | 法国、意大利、日本、印度、韩国等 | 1991–2010 | 瓦普寺的修复项目 |
| 2 | 澳大利亚悉尼大学、柬埔寨APSARA局、法国远东学院、美国的佛利尔和赛克勒美术馆等9家单位 | 2009–2013 | 青铜作坊遗址发掘项目 |
| 3 | 澳大利亚悉尼大学、柬埔寨APSARA局、法国远东学院、美国大都会艺术博物馆等7家单位 | 2011– | 石刻造像作坊遗址发掘项目 |

〔1〕作者于2019年11月到女王宫现场调研时，在瑞士队的展示中心阅读到相关内容。

续表

| 序号 | 国家 / 组织机构 | 时间 | 工作内容 |
|---|---|---|---|
| 4 | 澳大利亚悉尼大学、柬埔寨 APSARA 局、法国远东学院、美国夏威夷大学等 7 家单位 | 2012–2014 | 大吴哥项目 |
| 5 | 美国、法国、柬埔寨 | 2015– | 铜合金造像技术与历史项目 |

瓦普寺一系列重要的调查与考古工作始于 1991 年，作为法国政府资助的老挝考古研究项目（Projet de Recherches en Rrchéologie Lao 简称“PRAL”）的一部分。瓦普寺考古调查与发掘项目由玛丽·桑托尼（Marielle Santoni）和 Viengkèo Souksavatdy（老挝考古与博物馆部）负责。从 1991 年至 1995 年，对瓦普寺进行了首次科学的考古发掘工作，揭示了寺庙周围建筑的结构。1993 年至 1998 年，还对前吴哥时期的建筑遗址进行了发掘工作。

同时，意大利的莱里奇基金会（Fondation Lerici）（罗马）也加入了该项目。由 Mauro Cucarzi 和 Patrizia Zolese 负责指导，从沿湄公河右岸的古城到寺庙及附近的山脉进行地球物理勘测，以期建立该区域遗址内的考古地图。

通过法国、意大利的专家与老挝的工作人员密切合作，利用这一机会培训了当地的年轻考古学家、建筑师和工程师，这些人现在老挝信息和文化部负责考古与遗产事务。

1997 年 2 月，联合工作队就位以后，联合国教科文组织曼谷区办事处在占巴塞省组织了一次协调和培训研讨会。同时联合国教科文组织、莱里奇基金会和老挝当局，共同制定了将瓦普寺 – 占巴塞遗址列入《世界遗产名录》所需的遗产管理和发展计划，该提名于 2001 年被正式批准。这极大地刺激了当地工作人员的工作热情，更好地保护该区域内的遗址，特别是在每个雨季过后控制入侵建筑内的植被。

瓦普寺建筑结构在很大程度上，是由于土壤遭到浸渍和雨水侵蚀的结果。俯瞰该遗址处在山脉的一处重要集水区，其径流淹没了寺庙所在的上层平台建筑，然后冲坏了台阶和平台所处的整个斜坡。在莱里奇基金会的要求下，一项水文研究说明了这些观察结果，并提出了将雨水径流从受影响最严重的地区转移出去的技术措施。

在此基础上，日本政府于 2002 年实施了一项计划。首先建立排水网络，在遗址点上游的山腰部建造一条水道，以便于将部分径流引走；其次在遗址入口处建造一栋可容纳游客的建筑物，并设有展览馆、库房和办公室；第三，提供建筑修复设备（起重机、金属脚手架、小型工具、测量仪器和计算机设备），并培训人员使用这些工具。

瓦普寺的工程保护工作于 2005 年开始，在 Patrizia Zolese 的指导下，对寺庙的神道进行了清理工作，并对神道两侧经幢式石柱进行了约 400 米的修复（图 98）。

2006 年，在莱里奇基金会的资助下，开始修复被称为“南迪厅”（Nandin Hall）的南侧小建筑。2007 年以来，在法国优先团结基金会（FSP）的支持下建立和发展一个公共机构，负责开发和管理瓦普寺—占巴塞遗址（SAGV）。后来逐渐的发展成为瓦普寺—占巴塞世界遗产部，负责培训科研、技术和行政人员，这个服务机构改善了机构的运作和人员的技能。2010 年，由印度政府资助的瓦普寺考古项目，在北侧四边形建筑遗址拉开序幕。他们对东部和北部走廊建筑的突然拆除引起了一些关注，并证实有必要设立一个协调机构来监测项目及监督其执行情况。设立这些机构的目的只是全面保护古迹的第一步。

图98 修复后的经幢式石柱
（从西南方向拍摄 图片来源 BEFEO，2010，97–98）

洪南斯达（Hong Nang Sida）是一座吴哥时期的高棉寺庙建筑，由中央圣殿、Mandapa[1]和Antarala[2]建筑组成（图99）。在经过韩国工作队的研究后，认为中央圣殿的重建将是非常困难的。在经过一系列保护工作后，洪南斯达建筑遗址的外观得以改善，韩国工作队对Mandapa墙体和门廊进行了修复，尤其是在清理建筑内部倒塌的石构件后，方可进入建筑内部进行清理、保护工作[3]。

根据《世界遗产名录》的规定，在该遗址区内受保护的面积约380平方公里，包括了几处遗存。其中就包括建于5–10世纪的湄公河右岸古城，是11–13世纪高棉人的定居点，也是连接瓦普寺和吴哥通王城之间的重要节点。

这座古城自1991年以来，由玛丽·桑托尼进行持续的发掘工作，揭露了前吴哥时期用砖建造宗教建筑的基础，并留下了新的碑铭和雕刻的石头。同时，他们还对瓦普寺遗址内的近代高棉建筑进行了地面勘测，使Patrizia Zolese能够辨识出手工业（陶器）区和住宅建筑区。湄公河左岸的托木寺遗址（Tomo），只剩下两处建筑遗迹，一部分是建筑的外墙，另一部分是由砂岩砌成的挡土墙用来加固河滩。另外，还在遗址内发现了几件石刻造像，现存于瓦普寺博物馆展览。

（七）国际文化财产保护与修复研究中心

除了各国政府派出的工作队之外，在吴哥现场仍然活跃着许多国际组织，其中，国际文化财产保护与修复研究中心（International Centre for the Study of the Preservation and Restoration of Cultural Property 简称“ICCROM”）就是最具代表性的机构之一。

ICCROM主要专注于文化遗产的培训项目，早期的培训工作大多在总部罗马开展，专家也来自世

〔1〕圣殿前面的大厅或门廊部分。
〔2〕连接前厅与圣殿的通道。
〔3〕Pierre Pichard，La conservation des monuments de Vat Phu : bilan et perspectives，*BEFEO*，2010，97–98，pp. 315–330.

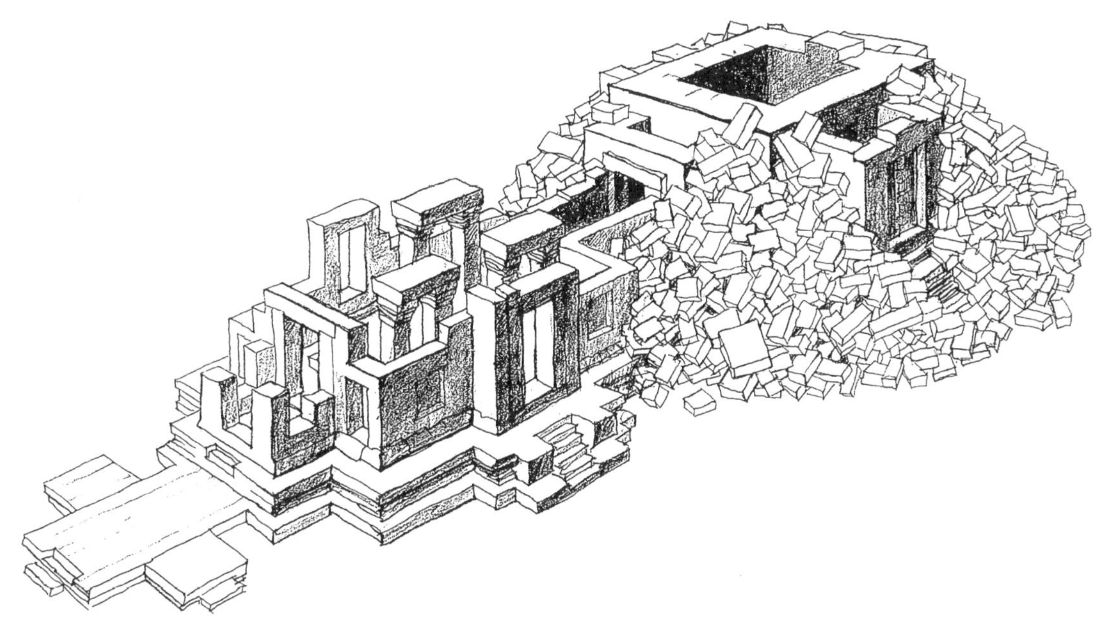

图 99　洪南斯达寺建筑示意图
（图片来源 BEFEO，2010，97–98）

界各地。目前主要开设一些区域性的培训课程，以受过培训的当地人来做讲师，这样不仅能让培训的内容更有针对性，也促进了人才的循环发展。如 1999 年和 2000 年，在塔内寺遗址内对 APSARA 局的人员进行了培训。12 年后（2012 年），ICCROM 与新成立的柏威夏管理局一起更新了该培训计划。ICCROM 除了与 APSARA 局进行的联合研究工作，还与 JASA、CCSA（中柬联合吴哥保护工作队）和 EFEO 进行紧密的合作。柬埔寨受训人员包括建筑师、考古学家和工程师，APSARA 局已雇用了其中的 16 名人员。

## 第三节　可持续发展十年（2004—2013 年）

在对社会与环境问题进行思考的十字路口上，联合国于 1987 年提出了可持续发展的概念，从那时起，这一概念就被载入了经济思想史。可持续发展的这一概念认为，有限的自然资源并不存在于自然界中，而是存在于用于产生这些资源的技术和社会组织模式中。

在柬埔寨得益于 14 年前对吴哥遗址的抢救性保护。2004 年，第 28 届联合国教科文组织世界遗产大会在中国苏州举办。世界遗产委员会表示，联合国教科文组织自 1993 年发起的吴哥国际保护行动是一个“成功的故事”。吴哥顺利从《世界濒危遗产名录》中移除，而吴哥国际保护行动持续开展至今，已成为全球范围内文化遗产保护国际合作的典范。

在吴哥地区，旅游业的蓬勃发展也清楚地说明了，可持续经济发展的必要性。通过这种变化，旅游业已成为潜在矛盾的核心，这一产业往往被认为是妨碍或破坏传统生业的“首要之恶”，尽管它也为遗址的发展和保护带来了财政收入。因此，实现“更可持续发展的旅游业”是必要的。由于找不到理想的方案来解决这些矛盾，因此可能会视情况使用技术手段来解决问题，如旅游人数的管理，临时关闭部分景点，建立新的旅行团或定价规则。

因此，这一时期各国工作队 / 国际组织在对吴哥遗址进行保护的同时，也需要考虑到古迹保护的可持续发展，主要体现在人员的培训、人与自然的和谐共存关系上。

## 一　柬埔寨

这一时期柬埔寨共实施 15 项与吴哥保护有关的项目，其中 7 项为可持续发展项目，涉及到了吴哥考古公园内的社区组织学习、教育、土地规划以及水资源的恢复与管理等，这些项目与民生、减贫有着紧密的关系。8 项与吴哥修复有关的项目，其中 4 项为古迹修复项目，3 项为考古发掘、调查项目，1 项为综合性项目（考古发掘与修复）。考古发掘、调查项目的最终目的，是为了厘清遗址的结构或遗迹的形态，为下一步的研究与保护修复工作提供数据支撑（见表 9）。

### （一）可持续发展项目

1. 2004—2012 年，APSARA 局开展对吴哥遗址内的水资源管理项目。APSARA 局共修复了 12 世纪的 52 千米水利系统中的 37. 87 千米。现在，干旱季节时水资源的增加使当地社区受益，改善了粮食安全并促进了经济活动。自修复工程开始以来，根据工程地段的重要性进行考古发掘工作，并考虑到对当地居民的影响，因为他们部分生活在供水系统之中[1]（图 100）。

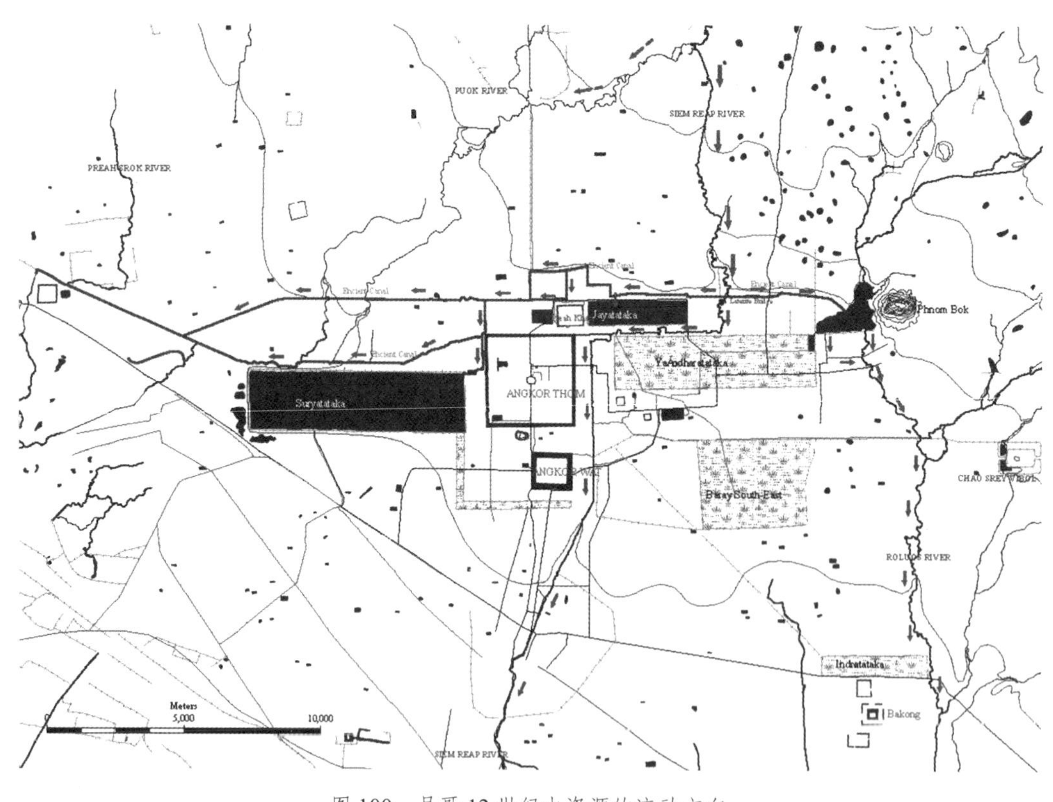


图 100　吴哥 12 世纪水资源的流动方向

（图片来源 Comptes rendus des séances de l’Académie des Inscriptions et Belles-Lettres，2014，158-2）

〔1〕 Hang Peou，La gestion de l’eau dans Angkor，capitale de l’empire khmer，*Comptes rendus des séances de l'Académie des Inscriptions et Belles-Lettres*，Année 2014，158-2，pp. 783-802.

2. 2006年，APSARA局对吴哥考古公园内的土地进行识别和测量，并根据它们的用途进行重新组合。2006—2012年，为了保护吴哥考古公园内高棉人社区的传统建筑，APSARA局在公园内建立了一处高棉人社区解说中心。2007年开始的北池（又名阇耶塔塔卡 Jayatataka）、西池遗址修复项目改善了周围环境，同时及时补充地下水位，保护了该地区古迹的稳定性，以抵消暹粒市无节制抽水所必需的水资源平衡。2009—2012年，APSARA局在吴哥考古公园举办遗产教育活动，目的是让吴哥考古公园内的村民参与到保护生活环境的过程当中来〔1〕。

3. 自2013年以来，APSARA局、金边林业局和野生动物联盟合作开展了“吴哥考古公园野生动物放生项目”。该项目已成功地将许多动物放生到公园的天然森林中，如秃鹫、土狼、猴子等哺乳动物〔2〕。

（二）古迹保护与修复项目

1. 巴琼寺遗址

从2004年开始，APSARA局对巴琼寺（Bat Chum Temple）遗址进行了保护与修复工作。该寺庙是由一位名叫卡毗陀罗利玛塔的官员，在952年国王罗贞陀罗跋摩二世统治期间建造的。

2019年7月，APSARA局启动了巴琼寺修复工程。他们在塔楼受损的地方，拆除了腐烂的砖块并修复了部分建筑构件。同时保持寺庙的原始形态，以保留古老的技术并保存寺庙建筑的历史价值。另一方面，他们还搜集旧的可重复使用的砖块，并根据建筑物的损坏程度适当添加新的砖块，坚持文化遗产的保护理论。另外，他们还让具有多年修复砖质寺庙的熟练工人参与其中，且还对塔身进行测量，用砂浆加固建筑。目前，他们正在持续对建筑的裂缝进行修复以防止漏水〔3〕。

2. 暹粒机场考古发掘项目

2004—2009年，APSARA局对暹粒国际机场的用地进行预防性考古工作，旨在对机场附近的几处吴哥时期的遗址进行抢救性保护。

暹粒机场遗址群的考古发掘主要集中在宗教建筑上，但是在附近定居的古代人生活遗迹仍然没有被发现。新的研究项目，旨在研究那些不太为人所知的寺庙遗址和普通人的日常生活居址。这些详尽的研究，使他们能够进一步了解吴哥时期各种形态的居民栖息地，以及它们在10-12世纪的演变过程〔4〕。

3. Prasat Tonle Snguot 医院遗址

从2005年始，APSARA局在 Prasat Tonle Snguot 医院遗址周围开展保护工作，以防止建筑倒塌。Tonle Snguot 是一所位于吴哥通王城北部的医院遗址，建于12世纪末至13世纪初的阇耶跋摩七世统治时期。遗址由东塔门、南藏经阁、水池、中央圣殿及围墙组成，大部分建筑已经倒塌，石构件散落在各处（图101）。

在2019年7月完成保护项目的第一阶段之后，他们计划登记散落的石构件，同时搜集石构件并准备测试石构件的拆卸和归安（从顶部到地基的整个过程）工作。另外，还在进行考古发掘前的准备工

〔1〕转引自 APSARA 局官网中的《20 years of International Cooperation for Conservation and Sustainable Development》。

〔2〕转引自 APSARA 局官网。

〔3〕联合国教科文组织吴哥国际保护与发展协调委员会（ICC-Angkor）2019年12月，第33届技术大会上 APSARA 公布的项目简介。

〔4〕在柬埔寨 APSARA 局调研时阅读到相关内容。

图 101 中央圣殿的东南部（修复前）
（图片来源 APSARA 局官网）

作，清除沉积物，去除寺庙遗址上的树木等。

关于医院遗址的考古发掘与研究工作，他们准备发掘遗址的基础部分，研究建筑倒塌的原因以及建筑的建造过程。在考古发掘中发现了长约 31 米的墙体（角砾岩）痕迹及零散的建筑构件，这是建筑顶部存在轻质建筑构件的证据。此外，还发现了小块的陶器和砂岩构件。

在 2019 年实施了项目的第二阶段（2020 年），开始修复和加固基础，重新归安石构件和建筑主体。第三阶段的项目计划在 2021 年底之前完成[1]。

4. 贡开遗址

在 2006–2007 年，APSARA 局在贡开遗址进行了第一次现代意义上的科学考古发掘工作（图 102 左）。他们对 Trapeang Sre 人工水池、拉哈尔（“Rhal” 意为水池）北岸的角砾岩排水口、大塔寺（Prasat Thom）东塔门以东 200 米处的运河遗迹，他们将其命名为 Prasat Srut（拉云魁尔称其为纪念碑建筑 A）。这三处进行考古发掘工作，此次考古发掘还兼有调查任务，以便于厘清大塔寺东部和北部的地貌。

在 Trapeang Sre 的发掘证据表明，有人为痕迹的存在，尤其是陶器碎片的发现。这些陶器碎片可

〔1〕 摘引自 APSARA 局官网。

能是从位于水池岸边或附近的家庭中丢弃的，然而在 Prasat Srut 北部的环壕内 1.5 米深处，发现了一组陶器组合，主要由屋顶建筑构件（陶质）组成，包括釉面粗陶器和陶碗的碎片，且在最底层发现了前吴哥时期的陶器。对拉哈尔北岸排水口的发掘，揭示了水池建造的不同阶段。同时，他们也注意到拉哈尔北部地形复杂多样，而在洼地及大塔寺北部，分布着前吴哥时期的陶器和铁矿石，并得出在原始时期或前吴哥时期拉哈尔以北和贡开的中央区经过几次人为的地形改造，可能有人开始居住（图 102 右）。

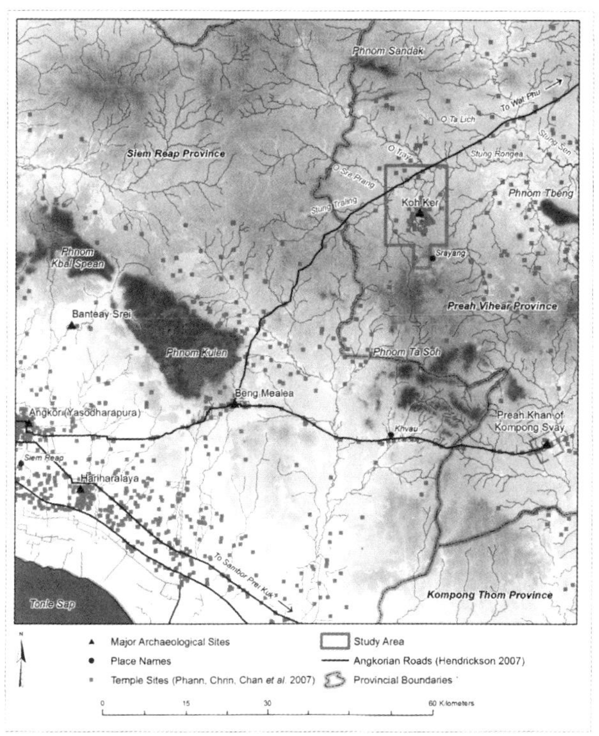


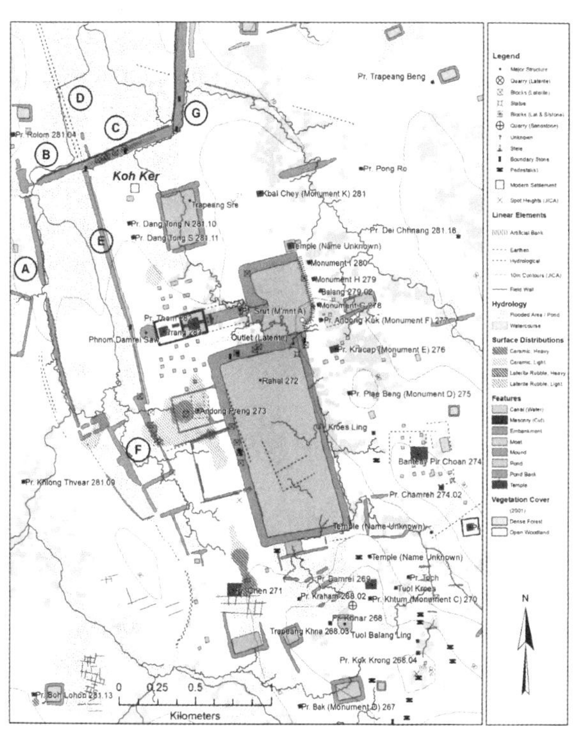


图 102 左：贡开遗址与区域考古遗址图；右：拉哈尔地区和北部的平面图
（图片来源 BEFEO，2010，97–98）

这处考古遗址在匈牙利—柬埔寨合作编写的报告中进行了总结，并附有对贡开遗址周围的各种空间和年代问题的研究，以及关于如何更全面的了解遗址考古景观等一系列建议。

随后在 2009 年，APSARA 局、悉尼大学和匈牙利联合团队一直致力于陶瓷分析和遥感领域，最终于 2012 年 4 月开展了机载激光扫描（激光雷达）任务并绘制了贡开遗址新的考古地图，这是该技术首次在贡开遗址内使用。此外，匈牙利和日本团队还与柬埔寨研究人员合作，对地形测量、考古发掘以及碑铭和建筑研究提出了合作意向，这些研究有望大大增强学者们对贡开遗址历史的了解[1]。

5. 大吴哥岩画艺术研究项目

从 2009 年开始，项目研究的重点是柬埔寨石质建筑宗教类遗址（佛教遗址、婆罗门教遗址）内存在的岩画艺术。该项目的主旨是记录库伦山区内的岩画艺术、对其观察和测量并重点调查新的岩画遗

〔1〕 Damian Evans, the Archaeological Landscape of Koh Ker, Northwest Cambodia, *BEFEO*, 2010, 97–98, pp. 91–150.

址，通过民族学来研究解释该地区的历史和意义，考察岩画艺术的年代、确定当地岩画艺术风格并提出保护和管理建议[1]（图 103）。

图 103　库伦山发现的早于吴哥时期的鲶鱼和几何形图案岩画
（图片来源 Archaeology，2015，68）

6. 皇家浴池遗址

2009 年，APSARA 局对皇家浴池遗址（Srah Srang）进行保护与修复工作，工作重点是加固和修复皇家浴池的码头。皇家浴池位于班迭克黛寺的东侧，一块空地把这两座建筑综合体连接起来，同时也把它们分开，这块空地需要翻新并新建一条公路。皇家浴池驳岸以加固工作为主，已经完成了前期准备工作（考古发掘、地质研究、水池给排水系统），码头上的石构件现已完成归安工作。皇家浴池与班迭克黛寺之间的空地和两处进场区域的工作正在筹划中，准备在社区内建设高棉生态展示中心及皇家浴池邻近村庄的路线改造，以便于进行宣传传统活动、环境保护等活动。

7. 冶铁遗址

2009—2010 年，APSARA 局和泰国联合开展“活态的吴哥道路计划（LARP）”项目。项目主旨是对柬埔寨境内有关的冶铁遗址进行考古研究，对重要的考古遗址进行保护以免受到破坏，并加强对

〔1〕 转引自 APSARA 局官网中的《20 years of International Cooperation for Conservation and Sustainable Development》。

Kuy Dek 族群（冶炼铁社区）的民族学研究[1]。

自 2005 年以来，LARP 小组已在柬埔寨境内 100 多处遗址（暹粒、Od-dar Meanchey、磅同省和柏威夏省等）和泰国西北部的大约 85 处遗址（武里南和素林）进行了考古调查工作。

2009 年 8 至 9 月，LARP 小组对暹粒省 Chikreng 区 Khvav 公社 Khvav 村的一处古代炼铁遗址进行了两次考古发掘工作，地点位于从吴哥到巴甘（BaKan）的古道南段（磅斯外圣剑寺）。LARP 小组共发现 4 处由黏土建造的铁炉遗址，每座长约 5 米、宽 2 米。同时还发掘出一些破碎的土制管子、炉壁、陶瓷以及大量铁矿渣和铁矿石等，据介绍这些铁矿石含铁率达 80% 左右。有证据显示，吴哥时期的柬埔寨土著人将炼成的铁进贡给国王，用来制造刀、剑等兵器以及斧子等工具，同时遗址内还发现了一些中国瓷器[2]。

8. 吴哥寺遗址

2013—2017 年，APSARA 局对吴哥寺北侧环壕西端的 40 米堤岸进行修复工作。他们选择了传统技术来加固原来的土层，去除旧土层更换新的土层，然后用岩石、沙子以及红土、黏土和石灰的混合物压实堤岸地基。对于基础部分将在原来基础之上扩展到 80—120 厘米，深度扩展至 30—80 厘米，使基础变得更加牢固。

除了加强基础之外，他们还使用现有的新旧角砾岩来代替已经损坏的角砾岩，使用液体砂浆将角砾岩一一粘住，以防止水分渗入角砾岩内部，从而导致角砾岩分解。目前修复工作仍在持续进行中[3]。

2018 年 4 月，考古组对吴哥寺院落内的北侧水池进行了考古发掘工作（图 104a）。首先计划对水池的南部和西部进行发掘，初步结果显示，水池的基础、三处台阶均由砂岩建造，下层台阶由角砾岩建造，并埋在土层下处于失修状态。目前尚不能断定它是水池底部的台阶还是夯实的地面。

考古组在完成第一处发掘后，将继续在水池西部进行发掘工作。在 2020 年 3 月在西部中间发现了木结构，其在将近一千年的历史中仍然完好无损并被精心埋藏，同时出土的遗物还有石构件、石刻造像、植物和谷物痕迹、海洋生物残骸以及陶器碎片（图 104b、c）。尤为重要的是发现了一尊婆罗门造像神祇——迦纳什（图 104d）。这尊造像代表着知识、智慧和魔力，因为婆罗门教的造像是艺术与信仰的混杂。古代高棉人认为与神灵埋葬在一起，是为了表示对信仰的尊重，并使这个地方变成值得信赖的地方。

4 月，APSARA 局在吴哥寺院落内实施自动灌溉系统的施工过程中，在寺庙主体建筑的西南角发现佛陀造像坑。这些造像埋藏较浅，共发现了佛陀造像碎片 105 件，其中包括造像 35 件（残）只有 1 件保存完整，遗物小碎片 180 件（图 105）。根据 ICC-Angkor 专家组建议，佛陀造像将被全面修复，这对研究吴哥时期的佛像具有一定的参考价值[4]。

在看到柬埔寨为保护吴哥所作出努力的同时，也要看到由于一些历史方面的因素，导致个别吴哥遗址无法得到全面有效的保护和研究。例如 2008 年 7 月 9 日，柏威夏寺被联合国教科文组织世界遗产委员会批准，作为世界文化遗产列入《世界文化遗产名录》。从那时起，此地就成了泰国和柬埔寨民族主义表明政治姿态的目标。这一独特的圣地对两国的文化遗产都很重要，其建筑也面临着一定的危险。

---

〔1〕作者于 2019 年在 APSARA 局调研时阅读到相关材料。

〔2〕http：//kaogu. cssn. cn/zwb/xcczlswz/200909/t20090908_3917232. shtml.

〔3〕摘引自 APSARA 局官网。

〔4〕同〔3〕。

a

b

c

d

图 104　a. 北侧水池的全景（东南角拍摄）；b. 考古发掘现场；c. 发现的陶器碎片；d. 婆罗门教的神祇 – 迦纳什造像
（图片来源 APSARA 官网）

图 105　左：发掘中的佛陀造像坑；右：发掘出来的部分佛陀造像
（图片来源 APSARA 官网）

柏威夏寺建筑分布在一条南北长约800米的中央台阶上，东西宽400米，这条台阶一直延伸到悬崖的边缘。南侧紧邻崖壁，北侧为缓坡，由南向北地势逐渐降低，东西两侧相对陡峭，局部也为陡崖，建筑选址具有极佳的地势，充分考虑了自然景观与宗教功能。

关于柏威夏寺的冲突起源于20世纪初，属于历史遗留问题。1904年法属印度支那政府和暹罗王国签署条约，重新划分了现在的泰国和柬埔寨边界。根据条约规定，两国以扁担山山脉（Dangrek Mountains）分水岭为界，但是划界作业成了法国殖民者的独家活动，测绘员伯纳德（Bernard）绘制了一条沿着扁担山脉分水岭由东向西的分界线，在柏威夏寺附近转而向北进入暹罗境内，呈弧形绕过柏威夏寺遗址，然后折返至分水岭。如此，柏威夏寺尽管位于分水岭靠近暹罗这一边，但是却完全被纳入到法属印度支那界内[1]。根据丹隆亲王（Prince Damrong）的描述，柏威夏寺位于扁担山脉的分水岭以北，应该在暹罗境内。但是后来他在一位法国考古学家的陪伴下参观了这座寺庙遗址，绝口没有提出主权议题，说他来此只为参观古迹，没有任何其他官方意义[2]。第二次世界大战期间泰国銮披汶[3]（Phibul Songkhram）自掏腰包出资两千泰铢，对柏威夏寺进行了修复活动[4]。

1953年，当法国殖民者从柬埔寨撤出时，泰国入侵并占领了柏威夏寺，促使柬埔寨向位于海牙的联合国国际法院（*International Court of Justice*）提起诉讼。最终泰国败诉，而国际法院将其视为默认接受1904年地图划定的边界。然而，国际法院没有对寺庙周围近4.6平方公里的土地做出裁决，这也是一直存有最大争议的地方。

2003年，两国同意共同开发寺庙遗址并将收益分成，同时积极寻求将柏威夏寺正式列为跨界地点进行合作管理。2008年，泰国黄衫军走上街头，抗议即将获准将柏威夏寺列入世界遗产名录，并要求对支持列入世界遗产名录的泰国政府官员进行刑事调查。

7月15日，一名僧侣和另外两名泰国人进入有争议的领土，在柏威夏寺附近插泰国国旗。在同一天发生的另一起事件中，一名泰国陆军游骑兵踩到了几英里外的一枚旧地雷，失去了一条腿。这两起事件导致两国数千名士兵在边界集结，接下来的三年中，在柏威夏寺和边界附近的另外两处有争议的地点，塔克拉比（Ta Krabey）和塔穆安（Ta Moan）也发生了冲突。2009年5月，泰国使用重型武器摧毁了柏威夏寺旁的柬埔寨村庄，该村庄通向柏威夏寺五号塔门，导致312户家庭流离失所（图106左）。

尽管有冲突，但种种迹象表明持久和平是可能的。柏威夏寺在2008年被列为世界遗产名录后，柬埔寨柏威夏寺管理局在为遗址制定管理计划（图106右）。作为该计划的一部分，Pheng Sam Ouen领导了一个考古研究小组。该研究小组沿着一处将倾的古老台阶发掘了五条探沟，从北部台阶穿过森林深谷，一直通向寺庙的基础部分。遗址中的大部分工作都集中在收集石构件、保护石质建筑等方面，并在不破坏任何考古遗迹的情况下，在古老的台阶旁边建造一个2500步长的木制台阶。考古发掘工作发现了一些陶器碎片，包括寺庙上的屋顶陶瓦及1980年代的红色高棉时期的军事文物。考古研究小组发现的考古证据表明了，该寺庙建筑群内有7处定居点，山脚下还有5处定居点。在山脚下发现了可能是医院性质的建筑遗址和一处可能追溯到12世纪的小村庄[5]。

---

〔1〕（美）Shane Strate 著、谭天译：《从暹罗到泰国：失落的土地与被操纵的历史》，新北：联经出版社，2019年，第258页。

〔2〕International Court of Justice，'*Case Concerning the Temple of Preah Vihear*，' pp. 89–91.

〔3〕銮披汶·颂堪（Phibul Songkhram，1897年7月14日—1964年6月12日），泰国总理（1938年-1944年，1948年-1957年）。1934年9月22日-1944年8月5日、1947年11月8日-1957年9月17日泰国实际上最高统治者，泰国军事独裁者。

〔4〕*Nikorn*，May28，1941.

〔5〕Brendan Borrell，The Battle Over Preah Vihear，*Archaeology*，2013. 2. pp. 53–60

图 106　左：柬埔寨士兵守卫着柏威夏寺遗址；右：工人们安装支护以稳定建筑结构
（图片来源 Archaeology，Masuru Goto 拍摄）

## 二　法国

这一时期法国共实施了 10 项与吴哥有关的项目，其中可持续发展项目有 3 项，分别涉及到石刻造像修复、人员技能培训、水资源的管理与开发项目。古迹保护与修复项目有 7 项，涉及到遗址的考古调查及发掘工作、砂岩浮雕衰退研究、手工业的生产、城市空间研究及古迹的修复工作（表 10）。

### （一）可持续发展项目

#### 1. 金边博物馆石刻造像修复项目

2004 年，远东学院的伯特兰・波特负责对金边国家博物馆馆藏的石刻造像进行修复工作。在培训博物馆技术人员的同时，还对石刻造像进行了 150 多次保护与修复。同时，他还对即将赴韩国、日本进行友好展览的造像作品，进行了检测、修复和跟踪工作。波特还与华盛顿史密森学会（Smithsonian Institution）自由美术馆的保护与研究部合作，研究古代柬埔寨砂岩雕刻类型，同时特别研究了在古代砂岩中影响石刻造像断裂的根源。

#### 2. 遗产技能培训项目

从 2007 年开始，法国驻柬埔寨大使馆、夏约学院（Ecole de Chaillot）、柬埔寨文化和艺术部（遗产培训中心）联合对柬埔寨、老挝、越南人员进行遗产技能培训工作。

遗产培训中心是柬埔寨文化和艺术部监督下的公共机构，于 2007 年在法国政府的协助下成立。工作重点是对从事建筑、城市、景观保护与修复的建筑师、考古学家和管理员进行持续的教育。

通过区域外展，该培训旨在对柬埔寨、老挝和越南的遗产项目所有权、实施和管理方面的专家进行再培训。多年来，法国夏约学院一直在海外开展类似的合作活动，并设计项目的科学管理方法和课程。从 2007 年到 2010 年，共有 50 名学生（三个毕业班）获得了毕业证，通过率超过 80%[1]。

#### 3. 吴哥 / 暹粒的水资源开发与管理项目

2012–2016 年，法国吴哥之友协会与 APSARA 局，联合实施了吴哥 / 暹粒的水资源开发与管理项目，其中主要涉及到给北池给水、建造约 30 个水闸以控制水流、修复古运河并建造测量站（天气、水

〔1〕 转引自 APSARA 局官网中的《20 years of International Cooperation for Conservation and Sustainable Development》。

位和流量）等工作[1]。

（二）古迹保护与修复项目

1. 暹粒机场考古发掘项目

2004 年 1 月至 7 月，法柬合作对暹粒机场进行了考古发掘工作。遗址位于西池以南吴哥寺以西 5 千米处，这是一处具有丰富内涵的遗址。在遗址区内共发现了大约 10 处遗址点，该地区的两处重要遗址是南部的 Prasat Prei 遗址和东部的 Prasat Trapeang Ropou 遗址，该区域总面积约 24. 5 万平方米（图 107a、b）。

此次的 Trapeang Thlok 和 Prasat Trapeang Ropou 遗址的考古发掘工作，是在柬埔寨 APSARA 局的监督下进行的。

在这次考古发掘工作中，发现的遗物以陶瓷制品为主，包括许多陶罐、砂岩构件和进口瓷器碎片。同时也发现了一定数量的铁器（铁刀），其中一些仍然装有皮革护套，由于氧化铁的浸渍而得以保存（图 107c）。通过对遗物的年代测定可知，Trapeang Thlok 遗址年代可以追溯到 10 世纪末至 11 世纪中期，Prasat Trapeang Ropou 遗址可追溯到 11 – 12 世纪[2]。

2. 考古调查项目

2004 年，远东学院的布鲁吉尔（Bruno Bruguier）试图从柬埔寨政府手中收集有关国际组织在柬埔寨的工作（联合国教科文组织、日本国际协力机构、早稻田大学等），或者是私人提供的吴哥考古遗址的资料。最终，他把柬埔寨境内的考古遗址数量从拉云魁尔（1902—1907 年）的不到 2000 处，增加到 5000 处，极大增加了遗址的数量，同时也改变了世人对古代高棉王国疆域四至的认识[3]。

3. 茶胶寺周围森林减少引起的砂岩加速衰变项目

自 2006 年以来，法国自然环境地理实验室（GEOLAB）、帕斯卡大学（Blaise Pascal University）、法国国家科学研究中心（CNRS）一直对茶胶寺的表面浅浮雕砂岩变质、劣化原因的情况进行研究（茶胶寺表面浅浮雕砂岩变质高达 90%）。该项目基于摄影测量和微气候调查，根据远东学院和吉美博物馆提供的老照片，以及茶胶寺与仍同处森林环境中类似装饰图案的寺庙遗址进行对比分析。最终研究表明，自 1920 年代茶胶寺周围的森林被砍伐以来，砂岩的退化已急剧增加（增加了 10 倍）。装饰图案直接暴露在阳光和季风雨中增加了干湿循环，从而导致干物质的快速机械腐烂和砂岩的轮廓收缩、剥落。相比之下，其他地方的林冠层则通过充当保护伞来保护砂岩，以阻止带有装饰图案的石构件免受风雨侵蚀[4]。

4. CERANGKOR 研究项目

2008 年，法国国家科学院、远东学院、APSARA 局三家共同合作，由法国外交部资助的“Cerangkor”研究项目在柬埔寨启动。该项目旨在从技术、器物类型的角度，阐释吴哥时期高棉陶瓷的生产情况。

古代高棉王国 9 世纪时期开始生产大型储物陶瓷罐，大致可分为四大类，它们对应着三处不同的地理来源（图 108），分别是吴哥附近、琼邑克（Choeung Ek）附近、武里南（Buriram）附近生产的陶

〔1〕转引自 APSARA 局官网中的《20 years of International Cooperation for Conservation and Sustainable Development》。

〔2〕Pierre Bâty，Les couteaux angkoriens de Trapeang Thlok et de Prasat Trapeang Ropou，*BEFEO*，2007，94，pp. 95–110.

〔3〕Yves Goudineau，Rapport scientifique 2005 de l'EFEO，*BEFEO*，2005，92，pp. 641–651.

〔4〕同〔1〕。

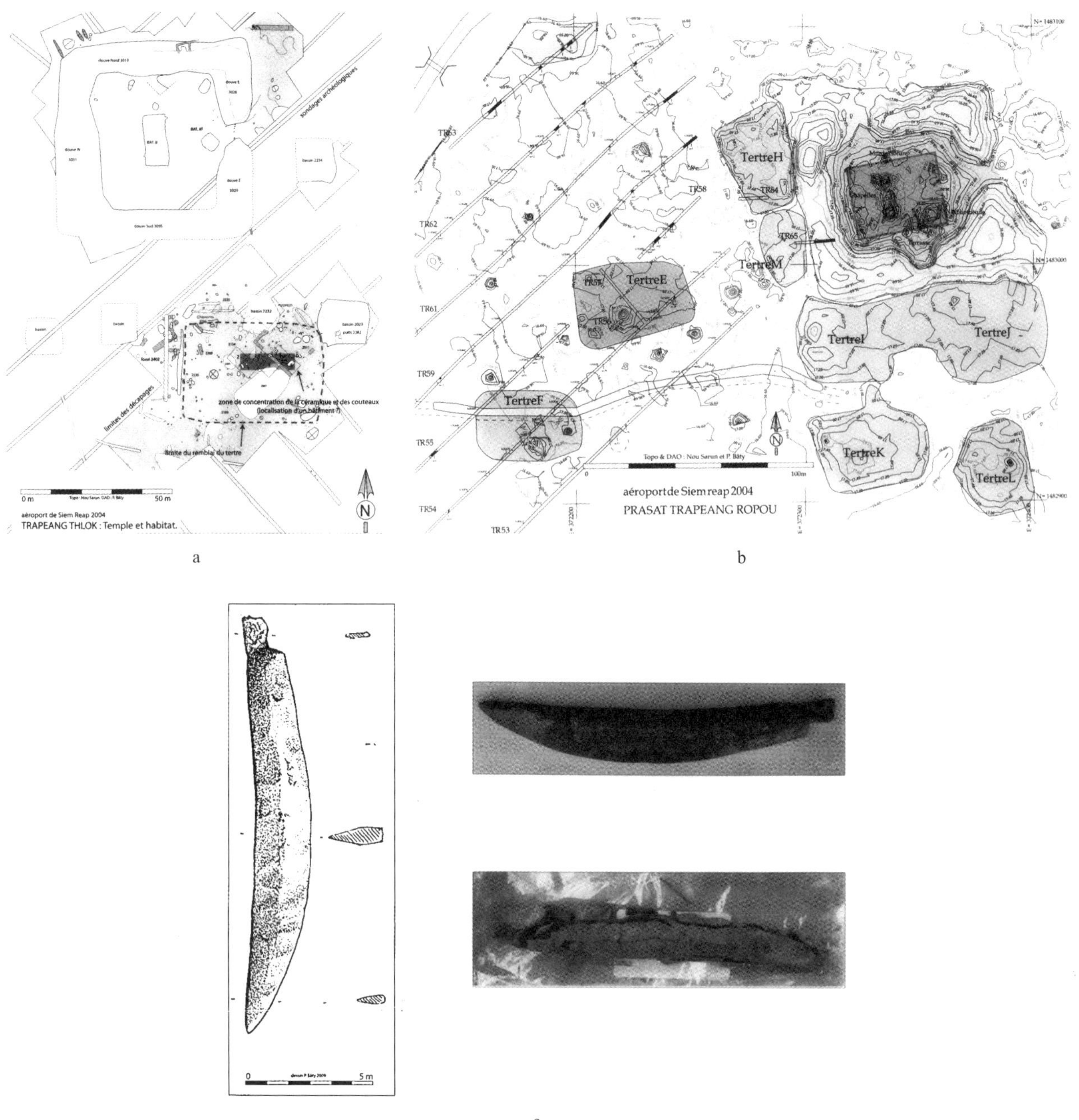


图 107　a. Prasat Trapeang Ropou 遗址；b. Trapeang Thlok 遗址内寺庙和居住区；c. Prasat Trapeang Ropou 遗址发现的 7 号铁刀（图片来源 BEFEO，2007，94）

瓷罐，且这三处陶瓷罐的生产技术和器形的变化均有所差异。

最终研究证明，此三处生产的高棉陶瓷罐，在吴哥通王城内均有发现，且高棉陶瓷罐的扩散仍然局限于古代高棉王国内部，到目前为止还没有考古发现，表明它们被用于海上贸易[1]。

〔1〕 Armand Desbat，Les jarres de stockage khmères（IXe–XIVe siècle），*BEFEO*，2017，103，pp. 297–311.

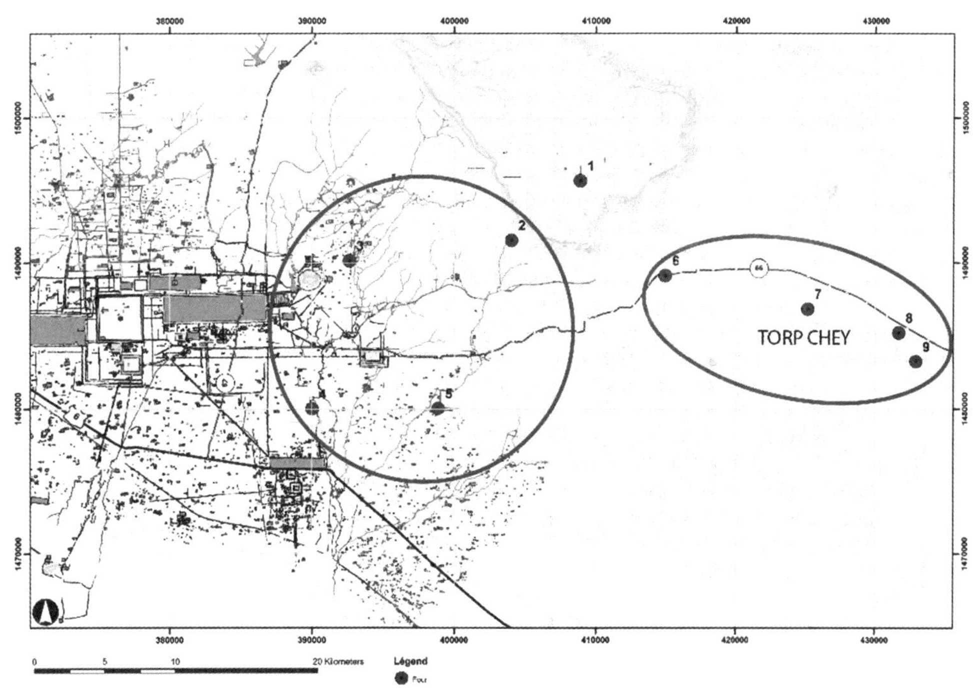


图 108 吴哥周边地区的窑址分布图

（1. Anlong Thom；2. Sor Sei；3. 塔尼窑；4. Bankong；5. Khnar Po；6. Teuk Lech；7. Torp Chey；8. Veal Svay；9. Chong Samrong）

（图片来源 BEFEO，2017，103）

5. 古代高棉空间项目

2008—2010 年，远东学院与法国高等教育实践学院（EPHE）合作并在国家研究局（ANR）的协助下，开展了庞大的“古代高棉空间”项目研究（EKA）。该项目由 Manguin 领导的跨学科小组负责（历史学、考古学、碑铭学、艺术和建筑史、古迹修复）旨在建立一个数字馆藏库，其中包括与高棉世界有关的丰富的历史资料[1]。

远东学院在执行项目时，需要使用现代考古学的传统工作方法，但也需要使用最精确的遥感技术。在吴哥的森林环境中，这些最先进技术不一定能准确地回答考古学家提出的问题。考虑到吴哥考古公园的具体环境景观特征，西蒙尼基金会（Fondation Simone）和西诺·德尔·杜卡（Fondation Cino del Duca）基金会拨给远东学院暹粒中心资金，用于购买激光成像雷达（LIDAR），使法国高棉小组能够加入到一个保护吴哥的大联盟当中，以便于在吴哥开发和运用一个具有创新性且有前途的激光雷达成像覆盖系统。

远东学院暹粒中心正在同吴哥其他团队进行合作，利用其他资金来源（联合国教科文组织和 APSARA 局赞助），建立一个团队分别承担激光雷达技术对吴哥地区覆盖成像的费用，计划在下一个旱季（3 月至 6 月）对吴哥遗址（至少 100 平方千米）、贡开遗址（60 平方千米）、三坡布雷库遗址（50 平方千米）和库伦山区（50 平方千米）进行激光雷达覆盖成像[2]。

〔1〕 Franciscus Verellen，Rapport sur l’activité de l’École française d’Extrême-Orient en 2009-2010，*Comptes rendus des séances de l’Académie des Inscriptions et Belles-Lettres*，2010，154-3，pp. 1057-1078.

〔2〕 Pascal Royère，Les travaux de l’École Française d’Extrême-Orient sur le site d’Angkor au Cambodge，*Comptes rendus des séances de l’Académie des Inscriptions et Belles Lettres*，2011，155-3，pp. 1315-1329.

6. 贡开遗址

2009—2012 年进行的贡开遗址考古发掘项目，重点是对皇家寺庙大塔寺（Prasat Thom）进行研究，特别是对建筑环形结构中，入口处建筑内的造像进行深入的研究。寺庙入口处的建筑被评为最精致的高棉艺术品之一，对入口处建筑造像的发掘和清理，为建筑的研究提供了更准确的视角，重新定义了对寺庙神圣入口处建筑的理解。

通俗的讲，在贡开遗址内进行的工作包括：发展与古代文物贩卖作斗争的专门知识；对文献记录藏品中造像或以前来源未知的，需要对藏品中的一些文物进行记录（从柬埔寨金边国家博物馆的藏品开始）；同时对主要文物的修复进行采集工作[1]。

7. 西湄奔寺项目修复

2012—2016 年，远东学院与 APSARA 局合作，对西湄奔寺进行保护与修复工作[2]。西湄奔寺是一组建筑群，曾经供奉着毗湿奴神像，位于西池中心的一座岛上。这处水池是建于 11 世纪的大型水库，位于吴哥考古公园的西部。

尽管法国远东学院的莫里斯·格莱兹在 20 世纪 40 年代初，对西湄奔寺进行了部分修复（图 109），但是目前该遗址大部分已经坍塌。计划中的修复部分是一项技术和科学的挑战，是法柬合作小组（EFEO 和 APSARA）的第一项内容。在保护与修复这一独特建筑作品的同时，该项目还将包括跨学科方法（包括考古、修复展示）的技能传播到 APSARA 局。

图 109　修复后的围墙和塔门
（自东向西拍摄，图片来源 EFEO，1943，编号 CAM13739）

〔1〕转引自 APSARA 局官网中的《20 years of International Cooperation for Conservation and Sustainable Development》；中川武、溝口明則監修：《コー・ケーとベン・メアレア：アンコール広域拠点遺跡群の建築学的研究》，東京：中央公論美術出版，2014。

〔2〕该修复项目计划于 2019 年完成，但是由于预算不足在与相关机构之间进行了深入讨论之后，项目将移交给 APSARA 局，法方向 APSARA 局提供支持和技术咨询。此外，法方还向 APSARA 局专家提供了过去修复方法的详细信息，以便在重新开始工作之前了解以往的工作内容。

这项修复工作具有挑战性，特别是其技术的复杂性。当雨季时必须保证该岛屿局部是干燥的，因此需要建立一处缓冲区，使修复工作能在干燥的环境下进行。同时，工作地点也受到了 APSARA 局正在进行的修复西池作业的影响〔1〕。

在 2016 年 6 月，他们对中央圣殿的平台进行发掘时，又发现了一些青铜碎片，命名为“西湄奔 1 号”。到目前为止，西湄奔寺中央圣殿青铜造像共发现 30 块碎片，但是大小差异较大，胸围长 222 厘米、高 123 厘米，而大块的碎片长达 100 厘米，局部碎片长达 94 厘米。其他大多数碎片长度在几厘米至几十厘米不等。

## 三　日本

这一时期日本共实施了 8 项与吴哥有关的项目，其中可持续发展项目 2 项，涉及到吴哥地区环境保护的问题；古迹保护与修复项目 6 项，主要涉及古代城市遗址、手工业遗址研究、建筑古迹及石刻造像的修复工作（见表 11）。

### （一）可持续发展项目

1. 吴哥及其周边地区的环境研究项目

从 2006 年开始，吴哥世界遗产及其周围地区的环境污染和恶化问题日益严重。针对此种情况，金泽大学与 APSARA 局联合启动了“吴哥及其周边地区的环境研究项目（ERDAC）”。该地区（包括洞里萨湖）的有害物质，对生物多样性造成的威胁已达到临界水平。

在前三年（2006 年至 2009 年）中，ERDAC 项目侧重于，根据大气、水文和森林环境的测量结果，来评估吴哥的环境污染和破坏。同时，还根据现场研究和实验室分析结果（2009 年起），对空气和水中污染物的实际来源进行研究。最后，项目组为吴哥世界遗产地区设计出了一处无污染的和谐环境〔2〕。

2. 吴哥社区学习中心项目

自 1994 年以来，联合国教科文组织日本联合会（NFUAJ），通过教科文组织在发展中国家实施的非正规教育计划发挥了领导作用。到 2006 年 4 月，该计划已扩展至吴哥社区学习中心（ACLC），在项目下运营自己的办事处，以便为社区学习中心（CLC）和其他基层综合经济体提供多功能非正式方案。

同时，在吴哥考古公园中的 Kauk Srok 村和 Leang Dai 村建立了两个 CLC 中心。NFUAJ 于 2009 年在暹粒，实施了一个与吴哥世界遗产有关的项目，由于许多柬埔寨人包括小学生没有机会参观吴哥遗址。因此，为了促进柬埔寨儿童对本国的有形和无形遗产的尊重，NFUAJ 与 APSARA 局、暹粒省青年教育部联合出版了第一本针对小学生的试点书籍以及《学生用书和教师指南书》〔3〕。

### （二）古迹保护与修复项目

1. 贡开与崩密列遗址

2007—2010 年，名城大学（Meijo University）团队与 JASA 和 APSARA 局合作开展“古代高棉省级古城和寺庙科学研究”项目（*Scientific Research on Provincial Ancient Khmer Cities and Temples*）。

〔1〕 联合国教科文组织吴哥国际保护与发展协调委员会（ICC-Angkor）2019 年 12 月，第 33 届技术大会上远东学院公布的项目简介。
〔2〕 转引自 APSARA 局官网中的《20 years of International Cooperation for Conservation and Sustainable Development》。
〔3〕 同〔2〕。

该项目的主旨是研究吴哥核心区周围在古代高棉王国扩张方面，所发挥的重要基地作用，以及包括周边地区在内的土地状况，试图阐明古代高棉王国东部地区的共同历史背景和特征，以此说明古代东部和东北部的皇家道路提供了强大的首都和省份连接功能。这项研究针对位于吴哥核心区东部和东北部道路沿线的几处基地为研究对象，旨在从建筑学、岩石学、艺术史和考古学等广泛的角度获取、分析和讨论基础材料。

项目团队主要集中在古代高棉王国的省级中心——贡开与崩密列遗址。遗址周围的一些小寺庙也被纳入研究之中（图 110）。他们利用 GPS/TPS 对遗址进行测量调查、古迹清点和摄影测量等。

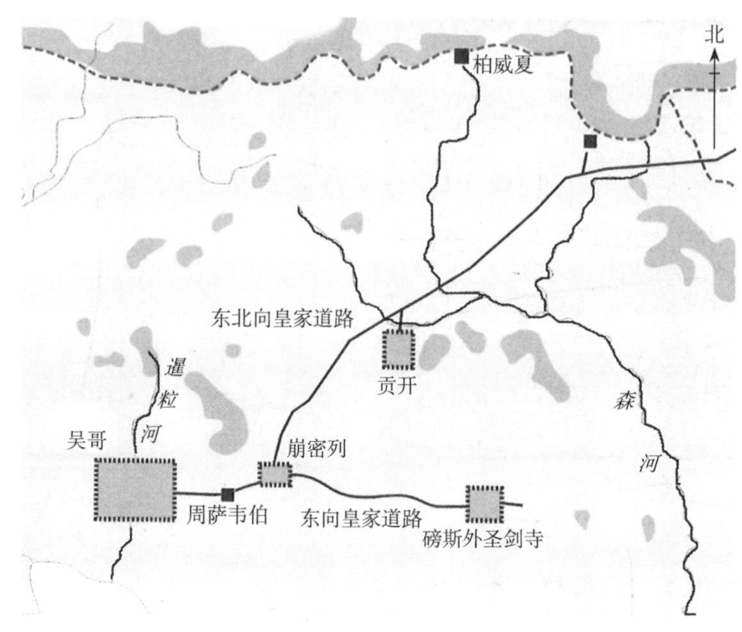


图 110　项目目标区域
（图片来源：コー・ケーとベン・メアレア：アンコール広域拠点遺跡群の建築学的研究）

在贡开遗址，APSARA 局正在努力进行遗址开发和维护，多个国际研究团队也取得了良好的成果。项目团队在这座综合性遗址中的主要工作是遗迹测量和地面调查。调查结果使遗迹的数量显著增加，关于古迹的观点也得到了修改。通过现场测量勘察，完成了一套图纸，并以此为基础进行了寺庙规划方法的重建研究。

在崩密列遗址中，主要调查是为未来更广泛的研究创建高精度地图。寺庙建筑群中的特色建筑，如中央圣殿、宫殿和藏经阁，是建筑研究的重点。同时还调查了分布在崩密列周围的几座寺庙遗址。此外，他们还对寺庙区域内和周围的陶瓷器进行了地表调查工作。

除了贡开和崩密列遗址之外，项目团队还研究了周萨韦伯（Chau Srei Vibol）和沿皇家道路的一系列所谓的"Temple d'etape"建筑。通过高精度的测量方法确定了磅斯外圣剑寺城市中，每座寺庙的尺寸和形状、水池位置。他们计划通过与柬埔寨其他考古遗址的比较，推进对古代高棉城市规划的研究[1]。

〔1〕中川武、溝口明則 監修：《コー・ケーとベン・メアレア：アンコール広域拠点遺跡群の建築学的研究》，東京：中央公論美術出版，2014 年，第 231–233 页。

2. 洛韦遗址

2010 年以来，奈良文化财研究所与柬埔寨文化和艺术部合作开展“柬埔寨都城洛韦（Lovea）等地遗址的保护项目”。首先利用 GPS 记录信息，进而创建文物清单以确认遗址点。

调查显示，洛韦是一座长方形的城址，三面被土围墙和环壕包围着。近年来，部分土围墙已被农业道路破坏，并且在局部有围墙横截面暴露出来，但大部分围墙保存状况良好（图 111）。在洛韦城内也发现了各种遗存，例如上座部佛教寺庙遗址、佛教平台和土墩遗迹。迄今为止，已经确认了 20 座寺庙遗址、9 座土墩遗迹。这项调查并未涵盖洛韦城的整个区域，并且仍有大量未调查的区域，因此将来需要进一步的研究[1]。

从 2016 年开始，奈良文化财研究所、澳大利亚弗林德斯大学（Flinders University）、柬埔寨文化和艺术部联合组成考古队，对遗址内的重点区域进行考古发掘，发现大量的与中国、日本、越南甚至欧洲有关的陶瓷器，表明了后吴哥时代的首都与国际长途贸易网络密切相关[2]。

图 111　西围墙剖面
（图片来源奈良文化财研究所 2015 年紀要）

3. 库兰考遗址

2010 年 11 至 12 月，奈良文化财研究所与柬埔寨文化和艺术部合作对库兰考（Krang Kor）遗址进行考古调查工作。他们从掌握库兰考遗址概况、了解村民对文化遗产保护状况、培养年轻的考古学研究者等 3 个方面展开工作。

〔1〕 佐藤由似、さとうゆに、Sato Yuni：《ポスト・アンコール期遺跡に関する研究報告書》，载《奈良文化財研究所紀要》，2015 年，第 27–36 页。

〔2〕 https：//angkorlidar. org/

为了全面掌握整个遗址的概况，他们首先在库兰考村进行了勘测，并使用 GPS 数据记录遗存，在东西大约 3. 5 千米、南北大约 1 千米的范围内发现了 8 处遗迹。由于遗迹分布范围广，在调查中选定了遗物出土较多的地点，进行第 2 次雷达探测调查并确定了发掘区。在第 3 次调查中，发掘出了 1 座未被盗掘的墓葬[1]。

4. 西塔寺庙遗址

从 2011 年，奈良文化财研究所对吴哥通王城内的西塔寺遗址（Western Prasat Top）进行了保护与修复工作。该建筑群坐西朝东，为南北并列的砂岩砌三座塔殿，整个建筑群雕刻着丰富的佛教图案。遗址内的中央圣殿、南塔殿、北塔殿与前方的佛教平台，内部均用角砾岩填充。寺庙遗址建筑外表均采用砂岩砌成，但是建筑的部分装饰大都属于 10 世纪的女王宫建筑风格，在砂岩平台内有一周角砾岩，疑似原来建筑残留的痕迹。从发现的碑铭可知，该建筑早在 9 世纪就已经开始建造，很可能是角砾岩平台建筑。后来，将主体建筑上部改造为砂岩建筑，并且在基础的外部包砌砂岩。这座寺庙遗址在早年被法国人编为“486 号纪念碑建筑”。

修复前三座塔殿建筑倒塌严重，存在地基下沉、墙体倒塌等多种危险因素（图 112）。因此，他们决定对建筑采取“原物重建法”，对已经或将要倒塌的建筑进行重新加固和归安工作，并在场地内西南角铺设了一处试装平台，专门用于砂岩的拼对和归安。

图 112　建筑遗址修复前的状况
（自东向西拍摄　图片来源奈良文化财研究所 2017 年纪要）

〔1〕佐藤由似、さとうゆに、Sato Yuni：《クラン・コー遺跡調査—中世カンボジア墓葬遺跡の調査》，载《奈良文化财研究所紀要》，2012 年，第 10–11 页。

他们首先是对南塔殿进行拆解工作，对南侧和西侧的散乱石构件进行调查，南塔殿的重修工作于2015年12月结束。此后，开始拆除和重修北塔殿。北塔殿的重修工作始于2016年5月，并在2017年完成。

在对北塔殿基础进行发掘的过程中，发现了砖坑遗迹。砖坑表面南北长2.13米，东西宽2.08米，深度1.48米，底部南北长1.85米，东西宽1.6米（图113）。其建造方式为，在东西长约4.6米，南北宽约4米的地方挖一深约1.5米的土坑。在坑的底部铺砌平砖，四壁亦用平砖垒砌，同时坑内堆积粗沙。在坑的下半部分，四周覆盖有一层厚约1厘米的黏土，坑壁四周有灼烧的痕迹，尤其是东壁受热较多以至于变黑。在坑底部10厘米左右，发现大量混入炭化物的遗物层，共出土了180多件遗物，其中以金制品为主，包括瓷器5件、金制品174件、青铜制品29件、玻璃制品46件、石制品19件、水晶42件、骨头11件，不明器物21件[1]。

图113　北塔殿基础下发现的砖砌遗迹
（自北向南拍摄　图片来源奈良文化财研究所2017年纪要）

从2018年1月开始拆卸中央圣殿。中央圣殿大致分为顶部、主体和基础三部分，1月顶部的拆卸和临时组装完成，主体部分的拆卸从2月开始，之后为配合建筑组的调查，基础部分的拆除工作于11月开始。

〔1〕杉山洋、佐藤由似：《西トップ遺跡の調査と修復》，载《奈良文化财研究所纪要》，能登印刷株式会社，2017年，第8-9页；Nara Bunkazai Kenkyujo. *Western Prasat Top site survey report on joint research for the protection of the Angkor historic site*, Nara National Research Institute for Cultural Properties, 2012.

从2019年对中央圣殿基础平台的调查可知，中央圣殿的砂岩建筑可能与角砾岩基础平台是同一时期的。而基础平台东侧突出的平台部分也反映在上部砂岩建筑上，可以说两者有可能是同一时期的建筑遗迹。截止到2020年2月，南半部分已经恢复到上层平台，而北半部分已经恢复到中层平台[1]。

5. Veal Svay 窑址

2012—2013年，奈良文化财研究所对从吴哥到磅斯外圣剑寺的皇家道路沿线的黑褐釉陶窑遗址进行考古调查工作。在2012年末，奈良文化财研究所与APSARA局联合对其进行了考古发掘工作。2013年2月，在日本井上国际合作基金的支持下，他们在调查时发现了Veal Svay窑址和位于Veal Svay窑址以东2.4千米的Chung Samraong窑址。

当年，奈良文化财研究所、APSARA局和史密森学会对该窑址进行了联合调查。调查发现Veal Svay陶窑遗址沿皇家道路散布在一处非常狭窄的区域内，表明该区域是黑褐釉陶器的主要生产区域。

调查结果表明，Veal Svay窑址内有两座土墩遗迹，其中位于西侧的土墩被认定为1号窑址，位于东侧的稍小于1号窑址的土墩，被认定为2号窑址。发掘结果显示，1号窑址平面呈长椭圆形，烟道在其西南部，东北部为地上式窑体，在窑室东西两侧分别发现了一处约20厘米的投柴孔。窑体的最大宽度约为1.8米（图114a）。从土墩剖面上观察后发现，1号窑址是用烧土与砌块堆砌的人工土墩上建

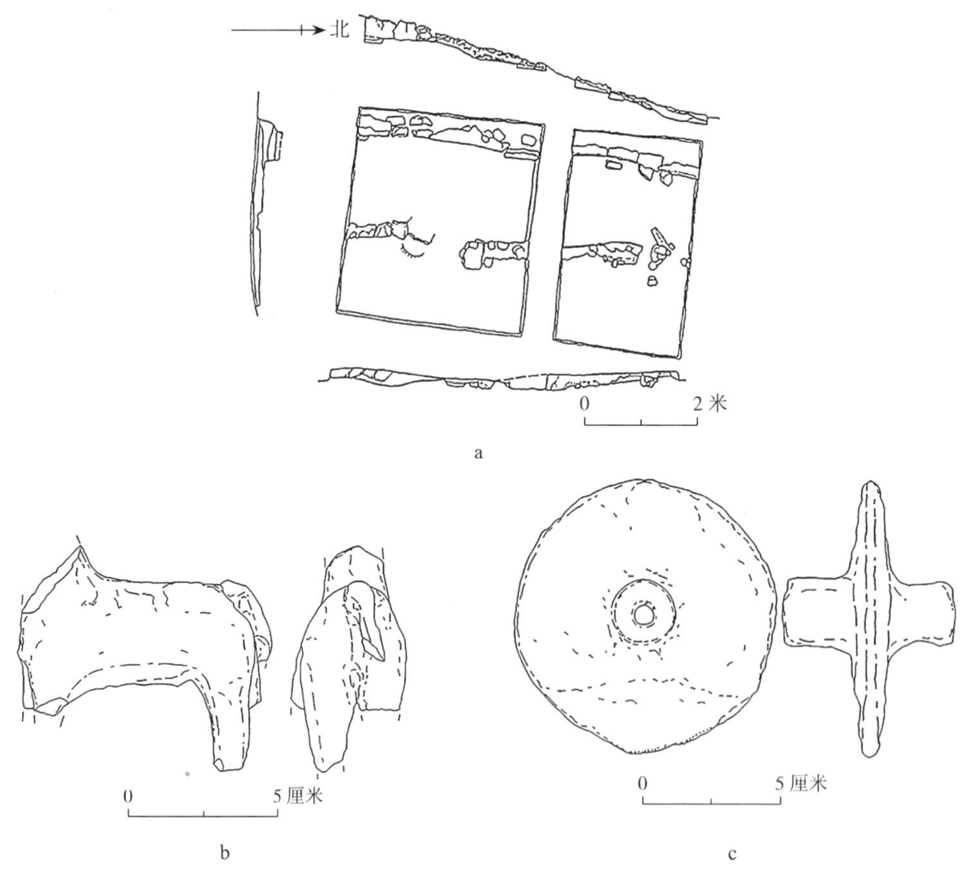


图114　a. 1号窑址平面图（1∶20）；b. 1号窑址出土的动物形雕塑；c. 1号窑址出土的车轮形遗物
（图片来源奈良文化财研究所2014年纪要）

〔1〕奈良文化财研究所：《奈良文化财研究所纪要2020》，能登印刷株式会社，2020年，第56–60页。

造而成的。

从地表采集和发掘到的遗物来看，在 Veal Svay 窑址中发现的遗物可以大致分为两种：大多数遗物是大型黑褐釉罐，还有少量小型黑褐釉遗物（图 114b、c），但未发现陶瓦[1]。

6. 巴戎寺外走廊那伽和狮子造像修复项目

2012—2014 年，联合国教科文组织日本联合会（NFUAJ）与 JASA、JST 合作对巴戎寺内石刻造像进行修复工作，并在遗址中执行了一些紧急修复任务。而修复那伽和石狮子（辛哈 Shingha）造像是项目中的重中之重，因为造像散布在其原始位置的附近且受到严重破坏[2]。

## 四　印度

2004 年 1 月，由印度考古局（ASI）和 APSARA 局合作对塔布隆寺进行保护与修复工作。工作目标旨在突出这座 12 世纪寺庙综合体的真实性和完整性，以加强保持自然环境和建筑环境之间微妙平衡的哲学。

项目启动以后，印度考古局派出各个领域的人员，包括考古、历史、碑铭、结构工程、水文、地质、岩土工程、树木栽培等方面的专家，花了 3 年的时间对寺庙遗址进行了广泛调查研究。除了常规的建筑基础、结构稳定、水文以及岩土工程等方面的勘察外，塔布隆寺前期工作中最值得一提的是关于树木的相关调查研究。来自印度考古局园艺部和印度森林研究所等机构的专家，对寺庙内的树木进行了细致的分类和记录。

2007—2010 年，工作组对寺庙内第三与第四院落之间的西神道及入口处的十字形平台进行修复工作。同时，还对位于第三院落东部南侧的走廊进行修复，向游客展示了寺庙的建筑特色。目前修复工作仍在进行中[3]。

## 五　美国

美国共实施了 2 项与吴哥有关的项目，且均为古迹保护与修复项目，涉及到巴肯寺遗址的修复及吴哥寺东走廊浅浮雕的保护项目（见表 12）。

1. 巴肯寺遗址

2004 年，世界遗产基金会和 APSARA 局合作，对巴肯寺建筑出现的紧急情况进行修复工作。目前已扩展到包括现场文件管理和规划、稳定与长期保护建筑以及游客管理方面。这项工作包括考古学、水文学的研究和寺庙周围附属建筑的修复。该寺庙修复计划原定于 2019 年底或 2020 年初完成。

该项目的初期资金由美国国会和美国运通公司来提供，分别在 2008 年、2011 年、2013 年和 2015 年，提供了大量资金支持这一阶段的工作。另外，世界遗产基金会还得到拉尔夫・E・奥格登基金会

〔1〕佐藤由似：《クメール黒褐釉陶器の調査＿ウイール・スウアイ窯跡の発掘一》，载《奈良文化財研究所紀要》，2014 年，第 20–21 页。

〔2〕转引自 APSARA 局官网中的《20 years of International Cooperation for Conservation and Sustainable Development》。

〔3〕作者于 2019 年 11 月到塔布隆寺现场调研时，在印度队的展示中心阅读到相关内容。

（Ralph E. Ogden Foundation）和罗伯特·W·威尔逊挑战基金会（Rober W. Wilson Challenge）提供的资金来保证吴哥遗址的修复工作。

世界遗产基金会与 APSARA 局，于 2004 年在巴肯寺开展了一项重点研究该遗址的历史、意义和现状的工作。在整座建筑群内执行了一个保护试点项目和紧急稳定计划。在美国国会的进一步支持下，世界遗产基金会于 2008 年启动了项目的第二阶段：稳定和修复主体建筑的东部。这项工作旨在通过稳定结构、防水、修复和部分重建，来保护主体建筑免受进一步的破坏。2011 年，美国国会提供了额外的资金，扩大了该项目的修复范围。

同时，自上世纪 90 年代初以来，世界遗产基金会的工作使数十名柬埔寨员工得以与国际专家一起工作、学习。这些专家帮助世界遗产基金会制定并实施保护计划。今天，巴肯寺建筑结构保护与修复项目，由世界遗产基金的技术人员和经验更丰富的柬埔寨专业人员监督并与外国专家合作进行的[1]。

2. 吴哥寺东走廊浅浮雕保护项目

2007—2012 年，世界遗产基金会与 APSARA 局及 GACP 三家单位联合对吴哥寺东走廊的浅浮雕进行保护与修复工作。

世界遗产基金会一直致力于，通过使用合适的材料和方法来恢复走廊屋顶的古老排水系统，以保护雕刻有“搅动乳海”的东走廊。巨大的工程包括拆除走廊的屋顶、记录和清洗每一块砂岩、检查和处理周围的砂岩、重新归安屋顶，以防止雨水对浅浮雕的损害。他们巧妙安装排水系统可以使雨水，通过许多管道从建筑中流出，同时还增加了一个可移动的、不渗透的导管，以提供额外的保护[2]。

另外，从 2105 年开始，世界遗产基金会与 APSARA 局合作，恢复“搅动乳海”走廊南侧顶部的木质天花板（图 115 左）。

图 115　左：走廊顶部恢复的天花板；右：天花板图案
（图片来源 APSARA 局官网）

在当年 12 月 2 日举行的 ICC-Angkor 第 25 届技术会议上，通过了在“搅动乳海”走廊里安装新天花板的决议，而采用的新木制天花板雕刻有 10 种柬埔寨传统文化因素[3]（图 115 右）。

〔1〕 作者于 2019 年 11 月到巴肯寺现场调研时，在美国世界遗产基金会的展览板中阅读到相关内容。
〔2〕 作者于 2019 年 11 月到吴哥寺现场调研时，在美国世界遗产基金会的展览板中阅读到相关内容。
〔3〕 转引自 APSARA 局官网。

## 六　中国

中国政府主要涉及到2项与吴哥有关的项目，1项为可持续发展项目，另外1项为古迹保护与修复项目（见表13）。

1. 可持续发展项目

2013年6月，联合国教科文组织国际自然与文化遗产空间技术中心（简称“HIST”）[1]与APSARA局建立合作项目——“吴哥遗产地环境遥感”。

该项目是将有关空间技术，用于吴哥世界遗产保护和管理以及暹粒地区的可持续发展研究之中。随后，中国科学院遥感与数字地球研究所对APSARA局人员进行了6次培训，其中5次培训在中国，共培训了13人，在APSARA局组织了1次培训。通过培训使APSARA局的工作人员，掌握了如何使用空间（遥感）技术来保护和管理吴哥以及附近的普克河（Stung Puok）、罗洛士河（Stung Rolous）、库伦山集水区的可持续发展。

通过中柬合作，双方多渠道收集或者采集多源遥感数据（包括高分辨率卫星遥感数据、长时间序列中分辨率光学卫星数据、微波遥感数据、激光雷达数据）以及其他辅助数据，并进行数据标准化建成吴哥遗产地空间数据库。提取吴哥本体及周边森林、水系、地表形变等环境特征要素的时空分布信息，分析人类活动和气候变化对这些因素的驱动方式，并探索这些环境特征要素对吴哥遗址本体的影响机制（图116）。同时，综合遥感、地理信息系统、数据库等技术，构建吴哥高精度的交互式三维信息管理系统，为吴哥遗产的科学研究、监测、保护提供空间技术支撑[2]。

2. 古迹保护与修复项目

2004年3月，中国政府与柬埔寨政府签署了中柬两国政府双边合作文件，将“帮助柬埔寨修复周萨神庙以外的一处吴哥遗址，在周萨神庙修复工程完工后实施”，作为中柬双边合作的另一项工作内容。在与柬埔寨政府及APSARA局充分沟通的基础上，中方初步选定茶胶寺（Ta Keo）作为中国政府援助柬埔寨吴哥保护的第二个项目。

2006年，中国国家文物局与柬埔寨APSARA局正式签署了“中国政府援助柬埔寨吴哥保护（二期）茶胶寺保护修复项目合作协议”。鉴于周萨神庙的顺利竣工，并获得国内外各方的高度评价，2007年以来中国文化遗产研究院参与选定茶胶寺作为援柬的二期项目。2009年，柬方正式将茶胶寺保护与修复工程列入中国政府援助柬埔寨的总体规划中。

茶胶寺位于吴哥通王城胜利门东约1公里处，坐西朝东，是一座庙山型建筑，按须弥山意象进行设计和建造，平面布局按照中心对称和轴线对称相结合的方式组织。整体是逐层收进的5层方形须弥坛，坛顶五座塔楼呈梅花状布置，在东西和南北轴线与其相交处均设有一座塔门，藏经阁和长厅建筑分布在东西轴线两侧，建筑群外环壕环绕，东侧有长长的神道，一直通向东池西岸，以码头平台建筑

〔1〕国际自然与文化遗产空间技术中心系教科文组织二类国际机构，2007年5月由中国科学院提议建立，2009年10月获教科文组织第35届大会批准，并于2011年4月获国务院正式批准。当年7月24日，HIST成立大会在北京成功召开，标志着它在全球范围内宣告正式成立。这是教科文组织在全球设立的第一个基于空间技术的世界遗产研究机构，依托中国科学院空天信息创新研究院建设，现主任为郭华东。

〔2〕http：//www. unesco-hist. org/index. php？ r=article/info&id=439

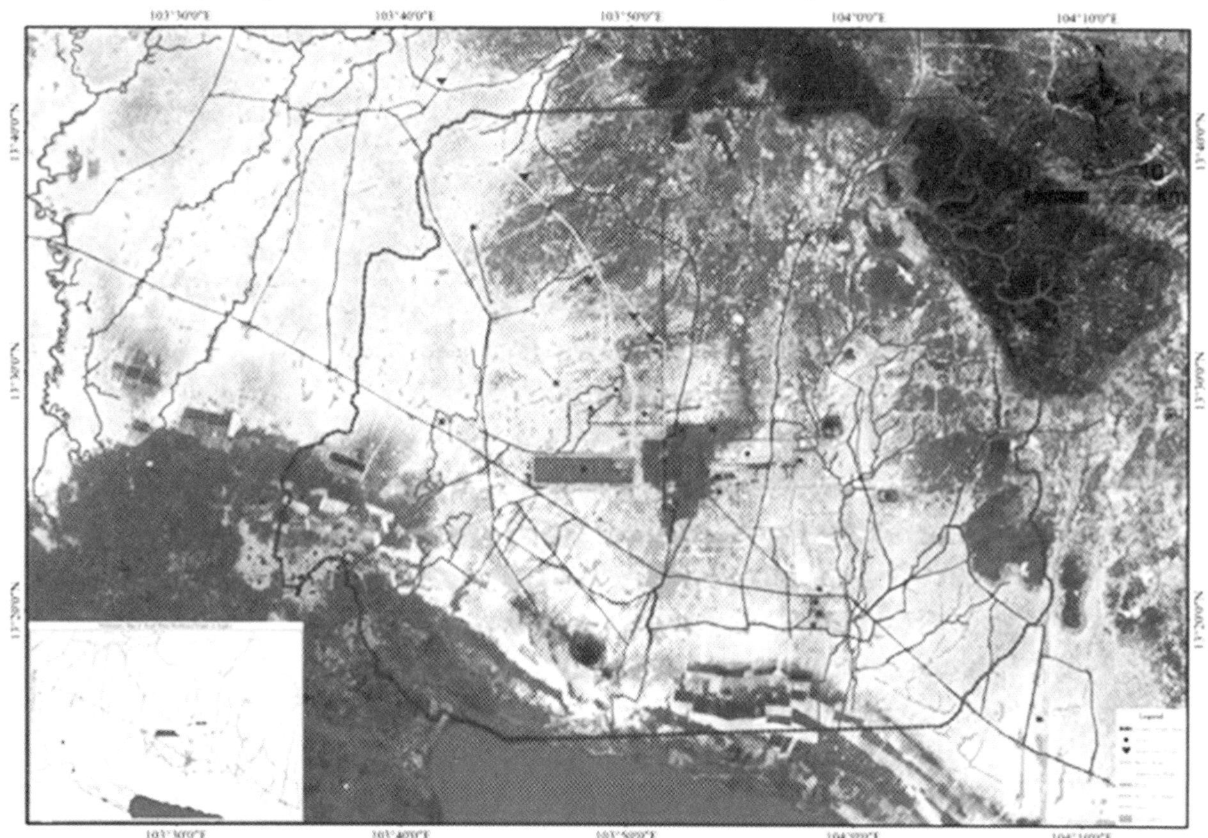


图116 吴哥遗产地水系分布图
（图片来源 国际自然与文化遗产空间技术中心官网）

作为结束。其建筑风格属于吴哥艺术中的南北仓建筑风格，建筑年代为10世纪末至11世纪初。

自2011年开始，在茶胶寺的修复项目过程中，中方人员与APSARA局、金边皇家艺术大学合作组建联合考古队，在茶胶寺修复现场开展考古调查、勘探、发掘以及初步研究等工作。

从2011年至2014年，中柬联合人员还对茶胶寺及周围进行了五次田野调查工作。共采集器物标本137件，基本上弄清了该寺庙建筑遗址的现状和文化面貌〔1〕。

自2014年7月开始，联合人员在地面调查的基础之上，分别选择庙山建筑一、二、三层台及散水、神道、环壕等需要深入勘探的区域进行钻探，了解其性质、分布范围和地下埋藏情况。

在工程修复方面，中方人员首先对茶胶寺保存现状进行了调查和评估，了解茶胶寺遗址当前所面临的病害、险情，并进一步分析其病害形成原因，为茶胶寺的修复工程提供科学依据。此外，针对茶胶寺须弥台石刻存在的病害，中方也积极与国外同行展开探讨和交流〔2〕。

同时，由于常年的风吹雨淋与暴晒，茶胶寺庙山五座塔楼存在不同程度的安全隐患。考虑到建筑和游客安全，中方人员对庙山五座塔楼进行了安全检查与建筑受力结构分析，制定了排险加固方案。

〔1〕 中国文化遗产研究院编著：《柬埔寨吴哥古迹茶胶寺考古报告》，北京：文物出版社，2015年，第29–30页。
〔2〕 中国文化遗产研究院编著：《茶胶寺修复工程研究报告》，北京：文物出版社，2015年。

秉承“可逆”措施与“最小干预”原则，坚持不使用对文物造成破坏的保护方式。另外，中方人员还克服了茶胶寺须弥台顶施工场地较小、高台施工难度大、风险高等诸多困难，在五座塔楼分别搭设了脚手架进行修复与加固工作。

另外，中方人员还对茶胶寺内每座单体建筑的严重损坏部位实施局部解体，从根本上解决建筑主体存在的安全隐患，成为恢复和展示其原貌的重要步骤。中方人员在确定每座建筑解体的部位时，充分考虑到结构的破损程度是否能够承受上部的荷载等条件。同时，还在结构解体前对拆落的石构件逐一编号、建档。2018 年 12 月，茶胶寺修复工程全部竣工（图 117）。

图 117　南外长厅修复前后对比图
（左：修复前；右：修复后，图片来源中国文化遗产研究院）

## 七　其他国家 / 国际组织

这一时期主要涉及 11 个国家（其中 1 个是多国联合）和 1 个国际组织（ICCROM）参与的吴哥考古与保护工作，共计实施了 21 项保护工作，其中古迹保护与修复项目为 13 项，可持续发展项目 8 项，分别介绍如下。

### （一）匈牙利

贡开遗址项目的主要目标，是支持 APSARA 局在保护与发展贡开地区，努力成为潜在的世界文化遗产。贡开遗址项目的前两年致力于勘测，目的是创建一个多功能的基础地图，并提供更广泛考古环境的详细信息。

匈牙利印度支那公司（Hungarian Indochian Company，简称“HUNINCO”）还为项目添加了碑铭计划。由于柬埔寨和法国碑铭学专家的积极作用，启动了一项基于远东学院早期拓片以及匈牙利印度支那公司新开发的文献重新阅读计划。从 2008—2010 年，匈牙利印度支那公司将皇家吴哥基金会作为其科学合作伙伴。2011 年，匈牙利东南亚研究所（Hungarian Southeast Asia Institute）承担了对贡开遗址项目的组织和科学管理。

自 2011 年 3 月以来，匈牙利印度支那公司、APSARA 局和匈牙利东南亚研究所联合，在贡开遗址的 Prasat Krachap 进行了系统的考古发掘和全面研究工作。同时还出版了贡开遗址内发现的碑铭，以及 LiDAR 对贡开遗址的调查报告，包括数据处理等资料[1]。

〔1〕 转引自 APSARA 局官网中的《20 years of International Cooperation for Conservation and Sustainable Development》。

（二）意大利

2011年10月，巴勒莫大学（*University of Palermo*）在柬埔寨启动保护与修复图像遗产的国际行动培训项目（见表14）。项目开始于暹粒吴哥保护区内保存的文物藏品，其目的是通过四个具体目标（技术教育、大学教育、培训人员和交流）将技术保护、文化遗产保护和开发方面的知识，传授给柬埔寨受训者。另外，该项目将从吴哥保护区中挑选100多件文物（石质、木质、金属）进行修复[1]。

（三）德国

德国政府主要实施了4项与吴哥有关的项目，其中可持续发展项目1项，涉及到人员培训；而古迹保护与修复项目3项，涉及了遗址、碑铭、浅浮雕的修复工作（见表15）。

1. 可持续发展项目

自2007年3月以来，德国国际合作公司（GIZ）支持APSARA局建立永久性石材保护部门（SCU）。GIZ根据其在能力建设方面的长期经验，加强了现有的当地能力建设。为了建设石材保护部门并满足对修复者的高要求，SCU在吴哥出版了题为“石材保护技能”的手册，并制定培训计划。培训于2013年3月启动并持续两年，GIZ提供理论和现场培训工作[2]。

2. 古迹保护与修复项目

（1）豆蔻寺

从2006年开始，GACP工作队、吴哥碑铭研究中心（*Angkor Inscriptions Survey*，简称“AIS”）和APSARA联合在豆蔻寺进行工作，旨在保护建筑、浮雕和碑铭，并对碑铭的历史意义进行新的研究。

豆蔻寺由五座砖砌的塔楼组成，南北向一字排列，东向开门，其中在第二、三、五砖塔楼的砂岩门框两侧发现了碑铭。他们首先对豆蔻寺遗址内存在安全隐患的建筑结构进行综合分析研究，指出碑铭由于长时间风化今已无法辨认，现存的碑铭极易受到游客的破坏。其次，石刻建筑元素和狮子造像，呈现出各种衰败的迹象，出现了如磨砂、劈裂、剥落等现象。再次，塔楼内的墙壁和砖块浮雕及所有墙壁层的彩色涂料、浅浮雕和装饰都显示出彩绘的痕迹。针对以上存在的安全隐患，给出了具体建议。目前保护工作还在继续进行中[3]。

（2）吴哥碑铭研究项目

2007年2月，吴哥碑铭研究项目启动。工作主旨是通过实地调查、确定和监测吴哥地区（罗洛士、吴哥核心区、贡开）遗址内发现的碑铭位置和状况，并根据一定的标准，编制碑铭保护的优先次序清单。通过重新翻译和研究碑铭的内容，以新的译文、纪录片和公共电影及出版物等形式出现，以提高公众对碑铭意义的认识（图118左）。

在2008年7月至2009年6月期间，吴哥碑铭研究中心将碑铭目录从133处增加到215处。2009年，吴哥碑铭研究中心的工作范围扩大到了班迭奇玛（图118右），其中在2013年记录和翻译的两本古高棉碑铭和一本未出版的梵语碑铭（K. 1318）全部来自班迭奇玛。2010年，他们对磅斯外圣剑寺发现的碑铭进行了分析研究，并翻译了新的译文，同时开始编撰《班迭奇玛碑铭解释手册》，于2012年在金边文化和艺术部完成讨论[4]。

〔1〕转引自APSARA局官网中的《20 years of International Cooperation for Conservation and Sustainable Development》。

〔2〕同〔1〕。

〔3〕作者于2019年11月到豆蔻寺现场调研时，在德国队的展览板中阅读到相关内容。

〔4〕同〔1〕。

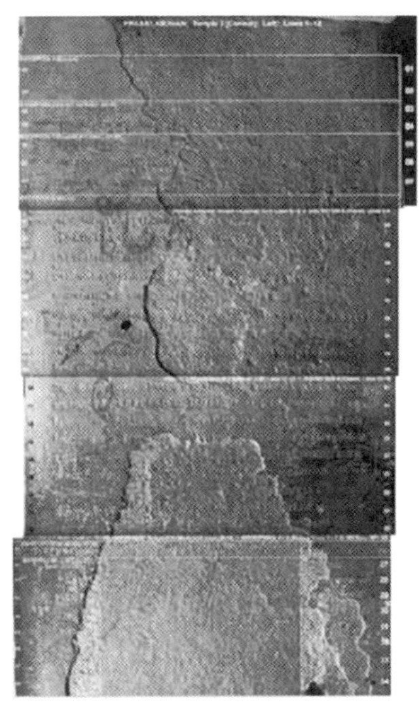

图 118　左：豆蔻寺中央圣殿东门南柱碑铭（编号 K. 270，古高棉文第 1–34 行　公元 843–893）；右：在 2012 年班迭奇玛地区 Banteay Meanchey 遗址内发现的碑铭（顶端部分　A 面　古高棉文 1–10 行，共计 41 行）
（图片来源 APSARA 局官网）

（3）吴哥寺遗址

2012 年 9 至 10 月，GACP 工作队对吴哥寺第三庭院内的浅浮雕石刻进行保护与修复工作。

GACP 工作队在经过研究后指出，吴哥大多数寺庙（包括吴哥寺）都是用吴哥地区北部山区（库伦山区）的泥质砂岩建造的，许多浅浮雕由于外形的剥落而严重受损，同时也由于诸如磨砂、裂缝、盐化和铁壳等原因而受损以及滋生微生物。

GACP 工作队在开始复杂的调查和修复过程之前，首先对破损较为严重的浅浮雕采取可逆措施以防止全损，从而使浅浮雕稳定下来。同时，还针对不同破损区域进行有针对性的“治疗”。

目前，GACP 工作队正在对吴哥寺的第一院落塔门、西北角的二号塔楼及第二院落的东北塔楼进行保护与修复工作[1]。

（四）瑞士

2007 年，瑞士 HOLCIM 集团公司开始修复圣巴孔寺（Vihear of Wat Bakong）内的壁画。圣巴孔寺走廊内壁画在 1940 年代由当地画家绘制，之后并没有受到红色高棉政权的破坏，绘画内容包括佛陀生平和其他罕见事件的宏伟景象。

这是近代柬埔寨历史上首次，没有被僧侣摧毁或重建的佛教纪念碑建筑。相反，建筑结构完全原状保存，而修复壁画的团队则是由无国界餐厅组织（Restaurateurs sans frontières 简称“RSF”）、APSARA 局、金边皇家艺术大学及圣巴孔寺内僧侣共同完成的[2]。

〔1〕作者于 2019 年 11 月到吴哥寺现场调研时，在德国队的展示中心阅读到相关内容。

〔2〕转引自 APSARA 局官网中的《20 years of International Cooperation for Conservation and Sustainable Development》。

（五）泰国

2005—2008年和2009-2013年，由泰国艺术大学美术系（Silpakorn University）、朱拉中高皇家军事学院（Chulachomklao Royal Military Academy）和APSARA局联合对两国境内现存的吴哥时期道路遗迹进行调查工作。该项目范围包括从吴哥都城到王国东部、西部、西北部和东北部各省、城市以及邻近的各区域内的皇家道路的考古研究（图119左）。

调查组最终确定了，吴哥时期皇家道路及其相关建筑遗迹（石桥、驿站、水利设施等），并绘制了已知的皇家道路网络地图，还发现了一些聚落遗址、景观及古代手工业作坊遗址（图119右）。扩大了人们对吴哥遗产更广泛的认识，多个村庄群体也被视为“活态的遗产”。这些村庄群体保持着与过去吴哥文明的联系。同时，又加强了该地区、国家之间的遗产教育工作（在泰国和柬埔寨各组织了五次会议，让两国的学生得以交流文化知识）[1]。

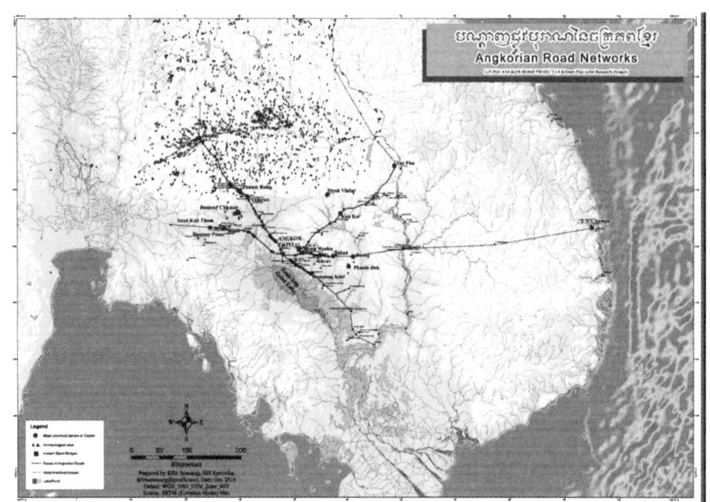

图119 左：吴哥时期的道路网络图；右：手工业遗址发掘
（图片来源APSARA局官网）

（六）新加坡

这一时期新加坡国立大学（National University of Singapore 简称“NUS”）的亚洲研究所（Asia Research Institute）参与了吴哥的保护工作，主要涉及对吴哥时期陶窑遗址的发掘（表17）。

**表17 新加坡的吴哥保护工作统计简表**

| 序号 | 组织机构 | 时间 | 工作内容 | 备注 |
|---|---|---|---|---|
| 1 | 新加坡国立大学亚洲研究所 | 2007.01 | 库伦山窑址考古发掘项目 | |
| 2 | | 2015.12 | 贡开遗址考古发掘项目 | |
| 3 | | 2016至今 | 柬埔寨民族学和历史学研究培训项目 | 可持续发展项目 |

2007年1月，新加坡国立大学亚洲研究所与APSARA局联合对库伦山班迭遗址内的Thnal Mrech Kiln 02（简称“TMK02”）窑址进行考古发掘工作（图120）。

〔1〕作者于2019年11月在柬埔寨APSARA局阅读到相关内容。

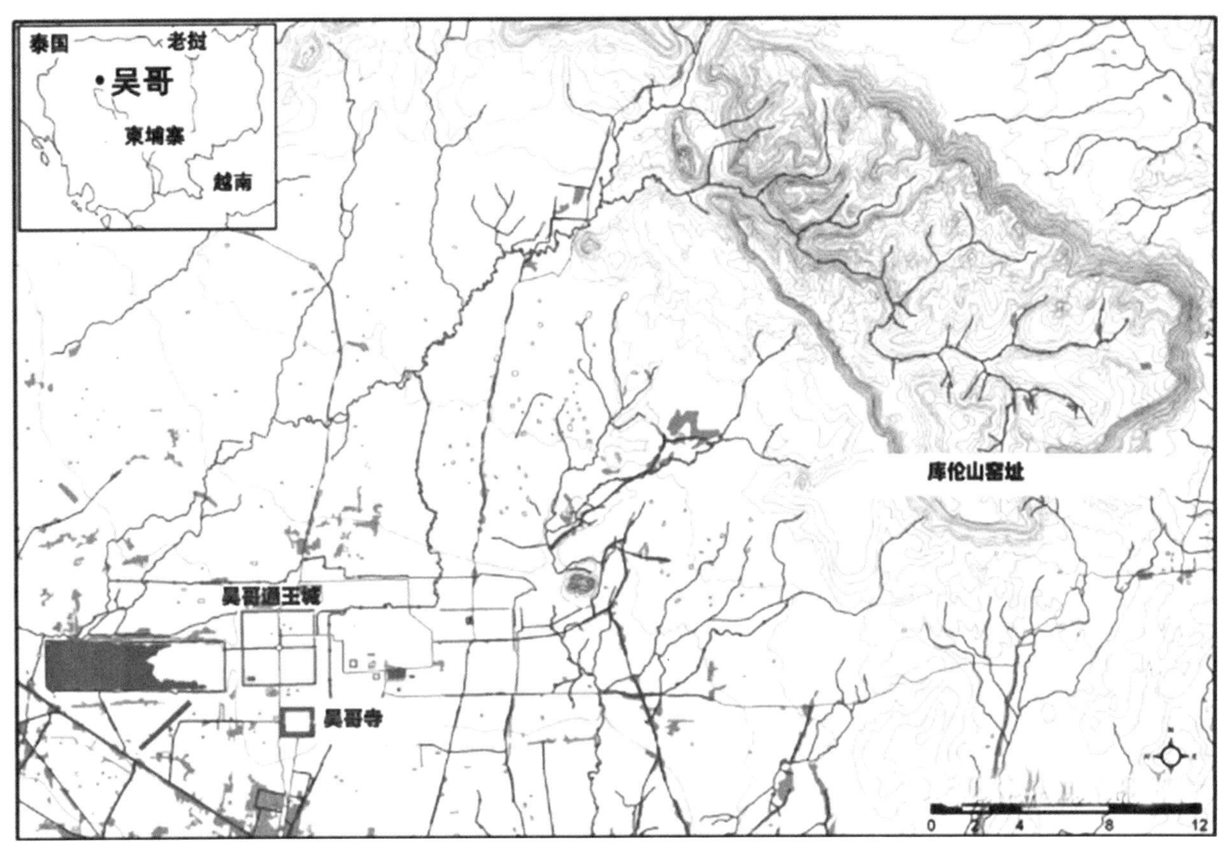


图 120　库伦山窑址群的地理位置图
（图片来源 Asia Research Institute Working Paper，2009，126）

库伦山窑址群位于暹粒省吴哥地区的库伦山上，距暹粒市东北 35 千米。在库伦山班迭遗址内包括多处窑址，通常被称为安隆通（AnlongThom 即“大河道”之意）。然而，这个术语涵盖了相当大的范围，而 Thnal Mrech 一词的字面意思是“胡椒之路”。

2007 年，新加坡国立大学考古发掘的 TMK02 窑址位于 TMK01 窑址的南侧。发掘区域的确定是基于团队，在 2006 年用计算机生成的等高线图上完成的。该项目是分多个阶段来进行，首先是对一般窑址区进行制图然后是发掘。在此期间，皇家艺术大学考古专业的学生接受了专门的培训。

此次发掘的目的是为了更好地了解柬埔寨的制陶技术，特别是在对所谓吴哥时期的“库伦陶器”进行研究。另一个目标是对 TMK 窑址群中发现的陶器进行初步分类和研究，希望这一分类将为以后发掘的高棉陶器比较研究提供有用的资源。未来陶瓷器的研究可能集中在日常生活、贸易交流、文化联系、技术、效用、仪式和过去的许多其他方面。

为此，他们在土墩斜坡边缘的一处盗掘坑中铺设了一条探沟，以收集有关地层的信息。随后沿着土墩的坡度在东北方向布设了一条宽 1 米、长 17.5 米的探沟。该探沟又被分成四个较小的小探沟，每条小探沟之间相距 2 米。

同时，在该位置的东南方向又布设了 2 米 × 0.5 米的发掘区域，在表土层 20 厘米下，发现了坍塌窑址的顶部。鉴于此，又布设了东西长 9 米、南北宽 5.6 米的发掘区域对 TMK02 窑址进行考古发掘（图 121）。

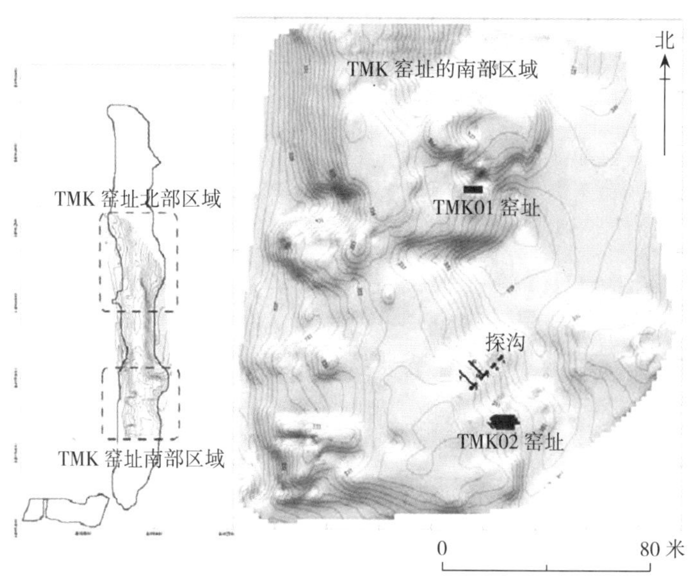


图 121　Thnal Mrech 窑址群的位置分布图
（图片来源 Asia Research Institute Working Paper，2009，126）

他们将窑顶的一部分清理后露出窑址的轮廓。根据窑址轮廓，又对窑址采用了“二分之一”的发掘方法，布设了一条东西向轴线，然后发掘窑址的北半部，以期暴露出窑址内部与底部。在发掘的过程中发现了两处经过修整的窑址结构和一处带有多层台阶的地面，包括一处火塘。发掘证明了，窑址的上部残留有早期（TMK 02a）遗迹，后来又对其进行了改建 / 扩大（TMK 02b）。

TMK02 窑址的陶瓷器均以“瓦器共烧”的方式生产，即同一窑址共烧瓦器及陶瓷器，使用条状泥块、圆形泥饼及垫座等窑具支烧，没有使用匣钵。陶器主要有青釉器、黄釉器、酱釉器和无釉器等；器形包括瓷盒、盖罐、长颈瓶及建筑构件板瓦、筒瓦、瓦当、脊饰等（图 122）。根据 $^{14}C$ 测年及误差校正后可知，TMK 02a 窑址年代约为 896–1020 年、TMK 02b 窑址年代约为 1016–1215 年[1]。

图 122　窑址内出土的部分陶器
（图片来源 Asia Research Institute Working Paper，2009，126）

〔1〕 John Miksic, Chhay Rachna, Heng Piphal, Chhay Visoth, “Archaeological Report on the Thnal Mrech Kiln Site (TMK02), Anlong Thom, Phnom Kulen, Cambodia”, *Asia Research Institute Working Paper*, 2009. No. 126. PP. 1–29.

（七）新西兰

2007—2013年，新西兰政府与APSARA局合作启动了“吴哥参与自然资源管理和生计项目”（Angkor Participatory Natural Resource Management and Livelihoods Programme简称“APNRM&L”）。

APNRM&L项目旨在通过可持续的经济发展，改善吴哥周边社区的贫困状况，同时保护遗产及自然环境。具体来说目标包括：各公园内社区的生计方式，由利用自然资源转变为利用旅游资源；加强社区在文化遗产发展和保护过程中的参与程度，从而加强遗址公园的可承载量，推动对公园可持续性的管理；增强APSARA局的职能，推动其实现管理目标[1]。

另外，新西兰政府与APSARA局合作，还进行了吴哥管理规划项目（Angkor Management Plan简称“AMP”）和社区发展参与项目（Community Development Participation Project简称“CDPP”）。吴哥管理规划项目主旨是帮助APSARA局重新组织与加强机构。社区发展项目的主旨是帮助APSARA局编制土地使用地图，让社区实验性地参与进来，并支持与旅游开发有关的小项目，以增加生活在保护区内村民的收入[2]。

（八）捷克斯洛伐克

2007—2011年，捷克高校（Czech School）对王宫遗址内的空中宫殿进行了修复工作。捷克工作队从空中宫殿周围搜集岩石碎片，完成拼对并修复了石质狮子，之后将其归安到空中宫殿西侧的原始位置上。在空中宫殿的南侧，捷克工作队完全修复了一件石质狮子。同时，对其中一件较小的石质狮子（另一半石材残缺），利用人造石材修复而成，并归安到空中宫殿北侧的顶部。

对于在空中宫殿周围发现的石质狮子和大象造像的碎片，进行清洗、整理和存放工作。APSARA局的工作人员以及几位当地造像工匠和画家等30多名学员，完成了保护与修复石材的培训计划[3]。

（九）英国

2008年，由英国考古与发展基金会（Archaeology and Development Foundation简称“ADF”）支持的库伦山考古调查项目开始实施。

该项目通过与APSARA局合作，让当地社区参与进来以解决他们当前的生活需求，同时也保护了遗产，从而将考古与可持续发展相结合。库伦山国家公园作为考古、文化和宗教圣地，在柬埔寨人心中具有重要的意义。

该项目主旨致力于研究和保护高棉人的文化遗产（包括排雷、测绘、地形测量、发掘、古迹保护与修复管理），培训本地考古学家（包括约50名来自皇家艺术大学的学生和几位已毕业的考古学家），并提高当地社区对其丰富而独特的文化遗产的认识。该项目还重点解决当前柬埔寨人民面临的严峻经济形势，特别强调粮食安全、教育（包括对小学的物质支持）、基础设施建设（如桥梁）、替代收入的生产（种植和养鱼），以及对库伦山国家森林公园的保护（包括在考古遗址周围重新造林建立缓冲区）[4]。

（十）澳大利亚

澳大利亚共实施了3项与吴哥有关的项目。其中2项是可持续发展项目，主要涉及到吴哥遗产的

〔1〕中国文化遗产研究院 主编：《联合国教科文组织吴哥古迹国家保护行动研究》，杭州：浙江大学出版社，2018年，第110–113页。
〔2〕同〔1〕，第222页。
〔3〕转引自APSARA局官网中的《20 years of International Cooperation for Conservation and Sustainable Development》。
〔4〕作者于2019年11月在柬埔寨APSARA局阅读到相关内容。

保护与旅游开发及减贫工作。1项是古迹保护与修复项目，涉及对相关遗址的发掘工作，以探讨吴哥文明的起源（表18）。

**表18 澳大利亚的吴哥保护工作统计简表**

| 序号 | 组织机构 | 时间 | 工作内容 | 备注 |
|---|---|---|---|---|
| 1 | 悉尼大学 | 2004—2009 | 与遗产共存项目 | 可持续发展项目 |
| 2 | 澳大利亚政府 | 2010—2018 | 吴哥世界遗产区的遗产管理框架项目 | |
| 3 | 悉尼大学 | 2011—2014 | 从 Paddy 到 Pura：吴哥起源项目 | |

1. 可持续发展项目

（1）与遗产共存项目

2004—2009年，悉尼大学、APSARA局、国际联合小组利用吴哥作为一个测试案例，创建了一个基于空间的信息监测系统，用于现场管理吴哥文化遗产。新方法结合了过去与未来的研究、社区价值观、国家政策和国际遗产最佳实践、研究管理和治理结合到一起，以调和与传统生活的竞争需求。

该项目旨在创建一个通用的监控系统，用以跟踪、可视化和比较不同尺度下吴哥在时间上的变化。世界遗产管理者获得了一种新工具，对于实施遗产政策以实现社区需求和愿望相结合的可持续发展至关重要[1]。

（2）吴哥世界遗产区的遗产管理框架项目

2010—2018年，由联合国教科文组织、柬埔寨政府、澳大利亚政府联合开展了吴哥世界遗产区的遗产管理框架项目（Heritage Management Framework 简称“HMF”）。该项目的具体实施是联合国教科文组织、APSARA局和澳大利亚 Godden Mackay Logan 咨询公司（GML）。

HMF项目包含一系列子项目，具体包括：第一，《旅游管理计划》于2012年12月获得通过，并于2013年3月提交柬埔寨政府；第二，风险地图，将环境、建筑结构和社会数据纳入地理信息系统（GIS）中，以用于管理决策；第三，培训APSARA局工作人员的能力；第四，四个试点项目（空气质量试验项目、崩密列遗址试点项目、北池水资源的自然循环试点项目、日落试点项目），用于制定、测试和演示HMF的政策、策略和倡议。

HMF项目为吴哥的未来提供了一条路线图。该路线图解决了当今时代紧迫的问题，包括治理贫困和环境恶化，并确保吴哥世代相传。管理吴哥的未来遗产价值将需要坚定不移的关注，以及柬埔寨政府和APSARA局与当地国际社区的合作伙伴关系的持续承诺和专业知识[2]。

2. 古迹保护与修复项目

2011—2014年，悉尼大学开展了从 Paddy 到 Pura：吴哥起源项目。该项目主要目的是研究在古代高棉王国崛起之前，寻找古代柬埔寨与古代泰国社会政治转型的证据，包括贸易和交换网络点的控制，定居点的转型和增长，军事主义的崛起，通过分配剩余劳动产品，来获得社会地位以及重要资

〔1〕 转引自APSARA局官网中的《20 years of International Cooperation for Conservation and Sustainable Development》。

〔2〕 https：//www. gml. com. au/projects/angkor-wat/

源的特权。

此外，该项目还将研究不断变化的人口动态，特别是关于人口健康、流动性及古代吴哥核心地区与周边地区居民之间的遗传关系。其目的是区分这两处区域在种类或程度上的不同因素，并评估这些因素与泰国和柬埔寨不同国家形成速度和程度之间的关系[1]。

（十一）多国联合

这一时期的多国联合工作队主要实施了 3 项与吴哥有关的项目，其中涉及到青铜作坊遗址、石刻造像作坊遗址的发掘及城市空间的考古调查工作（见表 16）。

1. 青铜作坊遗址

2009 年，在澳大利亚研究委员会发现项目基金会（Australian Research Council Discovery Project Grant）、国家地理协会（The National Geographic Society）/ 威特助学金计划（Waitt Grants Program）的资助下，对吴哥通王城内毗邻王宫遗址北侧的一处历史悠久的青铜作坊遗址进行考古发掘工作，这是在东南亚地区首次发现青铜冶炼遗址。该项目成员包括悉尼大学、APSARA 局、金边国家博物馆、远东学院、法国博物馆研究和修复中心（The Centre de recherche et de restauration des musées de France）、法国国家预防性考古研究所（The Institut national de recherches archéologiques préventives）、美国弗利尔和赛克勒美术馆（Freer and Sackler Galleries）、史密森学会（Smithsonian Institution）、大都会艺术博物馆（The Metropolitan Museum of Art）。

2009 年，他们对王宫遗址围墙北侧区域进行考古调查时，发现了超过 10 件未完成的砂岩造像和大量表面有加工痕迹的岩石。作为吴哥造像作坊遗址研究项目（Sculpture Workshops of Angkor Project 2011—2013 年）的一部分，2012 年，APSARA 局和悉尼大学联合发掘了这处遗址，希望通过发掘对石刻造像作坊遗址能有一个全面的了解。此次发掘证实了，该地点是一处用来进行石刻造像的加工场所，同时也是一处青铜冶炼遗址，发掘出来的青铜造像和遗物，包括了生产过程的每一个阶段。2013 年，再次对遗址进行发掘，发现了至少包括五个阶段的遗迹和遗物。

通过 2012 年和 2013 年的考古发掘工作，共发掘土方约 150 立方米，发现了大约 2000 多件与青铜冶炼有关的遗物，包括坩埚、陶范、陶炉、铜器制品、铁器制品、铸造废料、炉渣、石头、陶器等[2]（图 123）。从 2016 年开始，远东学院和 APSARA 局联合对该遗址进行持续性的发掘工作。

2. 石刻造像作坊遗址

2011 年，由澳大利亚研究委员会发现项目基金会、APSARA 局、金边国家博物馆、远东学院、史密森学会、弗利尔博物馆和赛克勒博物馆、大都会艺术博物馆和悉尼大学罗伯特·克里斯蒂暹粒研究中心，联合组成了一个考古发掘和材料分析团队，发起了一项考古研究项目，旨在研究诃利诃罗洛耶都城（罗洛士）附近的手工业生产作坊遗址（与寺庙建筑和造像制作相关）。该城址是 8—9 世纪吴哥时期阇耶跋摩二世创建的政治中心。

石刻造像作坊遗址，位于巴孔寺第三围墙外的西侧，占地面积约 400 平方米，地表现存一系列人工堆积的砂岩石块，在东西轴线的两侧对称分布着两座土墩遗迹，可能是巴孔寺早期建筑遗迹。在 20 世纪初的时候，一条小路穿过该遗址南部土墩的中心，发现了石刻废料并辨识出大约 35 米长的废料场地。

〔1〕 转引自 APSARA 局官网中的《20 years of International Cooperation for Conservation and Sustainable Development》。

〔2〕 Martin Polkinghorne Brice Vincent Nicolas Thomas David Bourgarit，Casting for the King：The Royal Palace bronze workshop of Angkor Thom，*BEFEO*，2014，100，pp. 327–358.

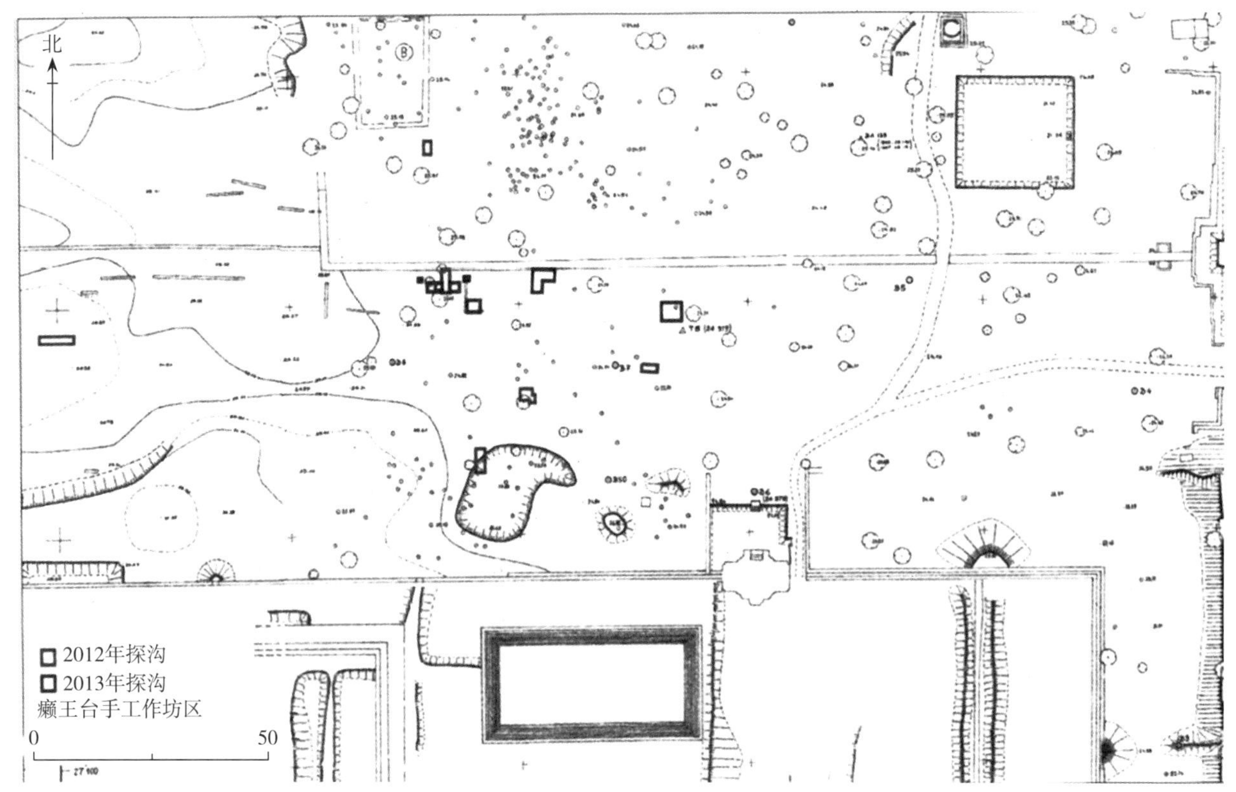


图 123　吴哥通王城西北角手工作坊遗址区（2012、2013 年发掘区域）
（图片来源 BEFEO，2014，100）

为了确认石刻造像作坊遗址的分布范围、规模、年代和产量，并了解砂岩的开采过程，他们布设了五条探沟（图 124），通过发掘以及对遗物、遗迹的研究发现，该遗址至少可分为六个阶段[1]。

3. 大吴哥项目

2012 年初，来自柬埔寨的 APSARA 局、法国远东学院、澳大利亚悉尼大学、柬埔寨机场公司、匈牙利印度支那公司、（英国）考古与发展基金会、JASA、美国世界遗产基金会等 8 家机构的队伍组成了高棉考古学激光雷达联合会。联合会的目标，是利用创新的空中激光扫描技术（Lidar）对柬埔寨西北部森林地区进行扫描。早年，在整个吴哥地区已利用空中与卫星数据，进行过多个考古测绘项目，但很多时候植被掩盖了吴哥遗址，而采用 Lidar 技术可以穿过植被，生成极其详细的森林地面 3D 模型。

2010—2014 年，澳大利亚悉尼大学、法国远东学院、夏威夷大学马诺阿分校、新加坡国立大学、柬埔寨皇家艺术大学、APSARA 局联合开展"大吴哥项目"。该项目旨在确定公元前第一个千年时，古代高棉王国的社会与空间组织起源，城市综合体的运作方式；研究都城为什么何时以及如何被废弃，并揭示 16—19 世纪 300 年间，文化连续性创造现代景观的转变[2]。

大吴哥项目的重要贡献，是证明了由道路和水渠网络形成的郊区包围吴哥核心区著名的寺庙遗

〔1〕 Martin Polkinghorne，Janet G. Douglas，Federico Carò，Carving at the Capital：A stone workshop at Harihar ā laya，Angkor，*BEFEO*，2015，101，pp. 55-90.

〔2〕 https：//www. sydney. edu. au/arts/our-research/centres-institutes-and-groups/angkor-research-program. html

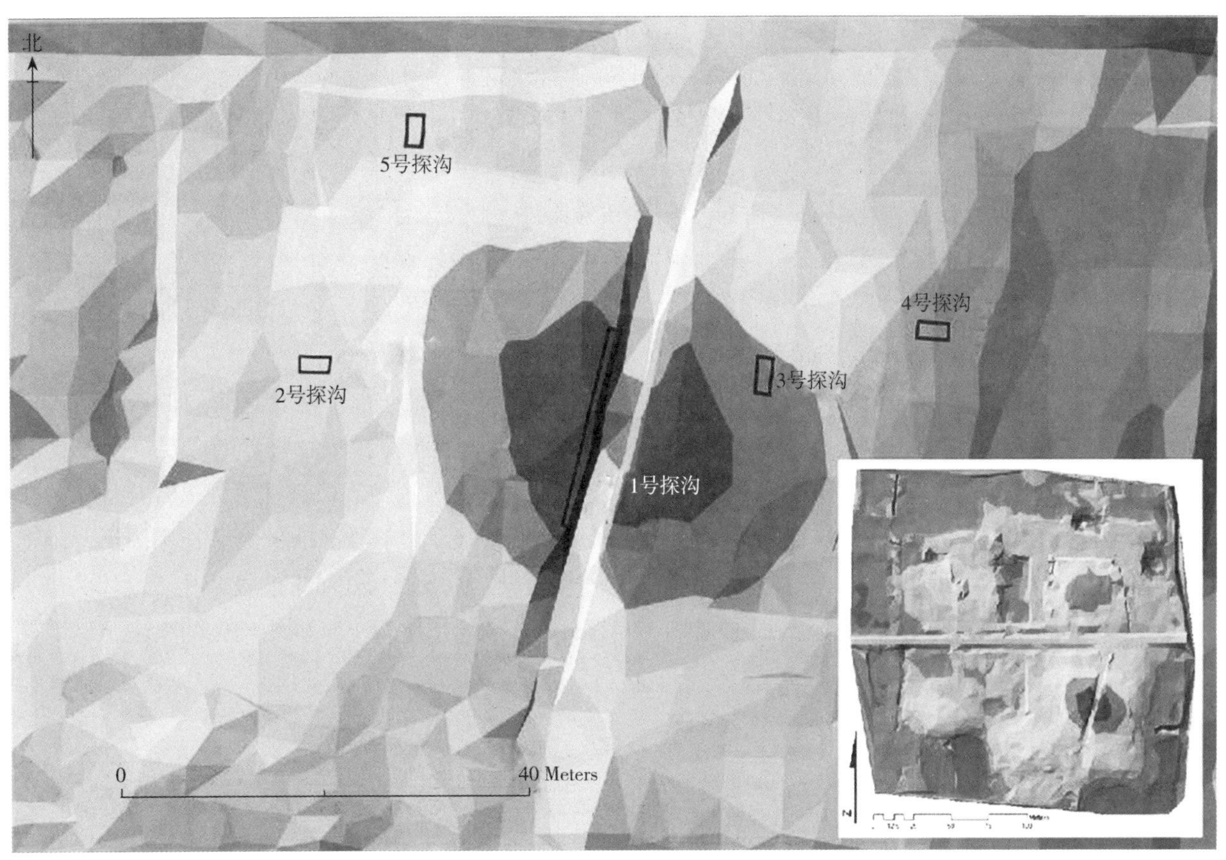


图 124　巴孔寺石刻作坊遗址的地形图及探沟位置图
（图片来源 BEFEO，2015，101）

址。该地区是一个低密度的城市综合体。大吴哥占地约 1000 平方千米，在 12 世纪时人口达到了顶峰，有 75 万人（图 125）。该项目被美国考古研究所（*Archaeological Institute of America*）的考古杂志（Archaeological）评选为“2016 年十大考古发现之一”[1]，其中的项目“吴哥巨型低密度城市化进程”研究成果被 2013 年首届“世界考古上海论坛”评为 2011—2012 年度世界重大考古研究成果[2]。

作为大吴哥项目的衍生计划，柬埔寨激光雷达考古计划（CALI）项目组也在积极的进行持续培训工作，旨在提高使用激光雷达数据，保护文化和自然遗产的专业人员的技术能力。在激光雷达考古计划中开展的培训项目多种多样，包括 GIS 和激光雷达入门课程（2014 年）、研讨会（2015—2016 年）、赞助成员出国参加激光雷达专业研讨会（2016 年）以及派遣专业人员到该计划的现场和实验室小组学习，以培养激光雷达处理和分析方面的更高水平技能，反过来，他们可以将这些技能传授给他们所在组织的其他人（2017 年）。

最近几年，这些努力主要集中在 APSARA 局、柬埔寨文化和艺术部的工作人员身上。在金边开设为期一周的课程“激光雷达在考古学和遗产管理中的实际应用”旨在模拟一系列真实世界场景（例如对道路等模拟基础设施开发进行影响评估），并制定适当的工作流程在这些应用中使用激光雷达数据，

〔1〕 Top Discoveries of 2016. *Archaeology*. 2017. 1.
〔2〕 中国社会科学院考古研究所、上海市文物局编著：《首届世界考古论坛会志》，北京：科学出版社，2015 年，第 132–137 页。

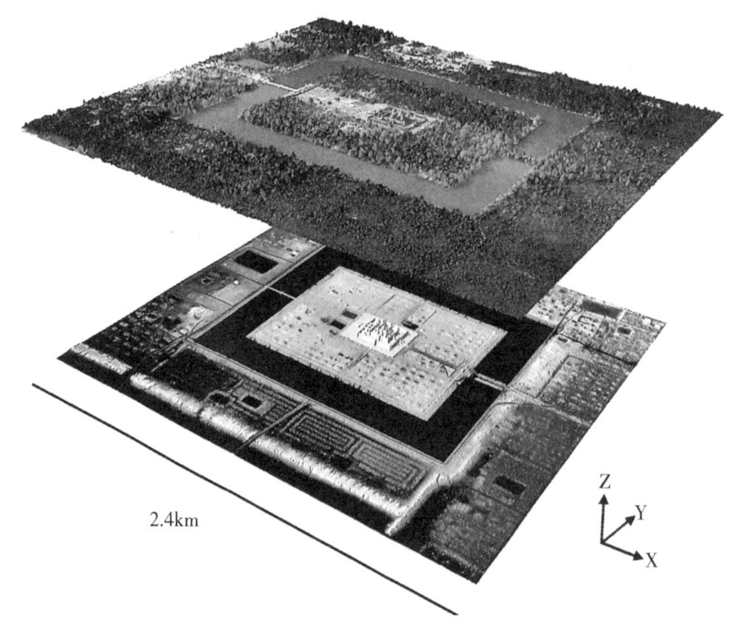


图 125 吴哥寺激光雷达成像透过森林反应出寺庙周围道路和建筑
（图片来源 高棉考古学激光雷达联合会）

同时在班迭奇玛遗址进行实地调查工作[1]。

另外，2009 年 12 月在远东学院暹粒中心，由 APSARA 局、法国远东学院和悉尼大学联合举办国际会议“古文本的新方法：柬埔寨的数字时代”，这是古代柬埔寨碑铭研究的一项创新而独特的事件。事实上，许多碑铭研究小组正在努力建立关于碑铭的电子数据库，以便为语言的咨询和研究提供方便[2]。

（十二）国际文化财产保护与修复研究中心

2008 年，ICCROM 实施吴哥世界文化遗产的研究与保护项目，力图促进考古现场与博物馆的交流，从而使文物流动起来，并将一部分博物馆的文物返还到现场。社区参与项目一直是这项研究令人兴奋的元素之一，与附近村庄的老人和村里精神领袖（Chars）的交流，对重新评估当地社区起到一定的作用。当地社区充分参与了这一过程，并提供了无价的信息和知识。ICCROM 还与 APSARA 局合作，开展石质文物技术研究，让人们首次得以根据巴戎寺浮雕所采用的高棉传统技术对石刻和建筑进行重新处理。

目前，ICCROM 在暹粒没有常驻员工，更多以授权使用其 LOGO 或颁发证书的形式来提升相关培训项目的影响力[3]。

## 第四节 可持续发展与综合治理（2014 年至今）

2013 年，第三届吴哥政府间会议在暹粒召开，会议主题为“吴哥活态遗产的可持续发展与综合治

〔1〕 https：//angkorlidar. org/

〔2〕 Julia Estève, "New Approaches to Old Texts：Cambodian Inscriptions in the Digital Age". Une conférence internationale organisée par le Corpus des inscriptions khmères, l'APSARA et l'université de Sydney, *BEFEO*, Année 2010, 97–98, pp. 403–405.

〔3〕 中国文化遗产研究院 主编：《联合国教科文组织吴哥古迹国家保护行动研究》，杭州：浙江大学出版社，2018 年，第 150–152 页。

理”，会议通过了《吴哥宣言》及其所附建议。宣言指出，要引导吴哥在未来 10 年内朝着活态遗产的可持续与综合治理方向发展，优先考虑与古迹保护、水资源、森林、文化景观、可持续旅游业相关的事务。通过实施《吴哥遗产管理框架》以满足当地人的物质和精神文化需求〔1〕。

可以说，这一时期的柬埔寨吴哥考古与保护工作，一方面得益于吴哥地区繁荣的旅游业带来的利益；另一方面，则体现出了新技术、新方法、新理念在吴哥保护工作中的应用。

## 一　柬埔寨

这一时期柬埔寨共实施了 22 项与吴哥有关的项目，其中 6 项为可持续发展项目，主要涉及到人员的培训、古迹保护区的划定、散落文物的登记造册、吴哥传统文化的宣传及保护工作。16 项为古迹保护与修复项目，涉及到建筑古迹的修复、考古发掘工作（见表 9）。

### （一）可持续发展项目

1. 寺庙石材修复培训项目

2019 年 11 月，APSARA 局员工接受了有关“如何选择寺庙石材进行修复”的培训项目。培训的目标是向新一代员工提供，有关如何选择石材的技术知识。培训的专家都具有石材保护与修复方面的经验。APSARA 局始终重视对工作人员的各种培训，由柬埔寨国内及外籍老师来任教以提高员工在吴哥遗址保护与修复方面的能力和知识〔2〕。

2. 保护和研究寺庙遗址的技术培训项目

2019 年 11 月 19 日至 29 日，APSARA 局下属各部门的 20 名学员接受了关于“保护和研究寺庙遗址的技术培训”项目。培训的目的是向新一代员工，提供来自专家的有关寺庙遗址修复、保护和研究方面的技术知识。这些培训专家在修复和保护砖石寺庙方面有着丰富的经验。培训内容分课堂学习理论和现场进行实践两个环节〔3〕。

3. 佛教与科学博物馆培训项目

2019 年 11 月 25 日至 30 日，APSARA 局在吴哥培训中心的西哈努克—吴哥博物馆为其工作人员举办了为期 5 天的“佛教与科学博物馆”培训班。

该培训课程旨在增强学员在科学博物馆与佛教方面的知识，研究博物馆的一般基础知识、理论、哲学、历史，找出所谓的佛教遗产。

培训班除了对科学博物馆进行一般研究之外，学员还可以了解更多关于佛教方面的知识，特别是在西哈努克—吴哥博物馆，这里有与其他大多数博物馆不同的佛像，其中班迭克黛寺等发掘出来的佛教造像均馆藏于此〔4〕。

4. 考古保护区的划定

2020 年 5 月，APSARA 局吴哥考古公园外围古迹保护部技术团队与暹粒省警察局、暹粒市政府和地方当局合作，设立保护区边界以保护古老的 Trapeang He Phka 村，并划定保护区以防止对古村落土

〔1〕 中国文化遗产研究院 主编：《联合国教科文组织吴哥古迹国际保护行动研究》，杭州：浙江大学出版社，2018 年，第 84-85 页。
〔2〕 摘引自 APSARA 局官网。
〔3〕 同〔2〕。
〔4〕 同〔2〕。

地的侵占，这是村民拥有的公共财产。

未来，APSARA 局还将计划设立保护区哨所，以划定整个暹粒省的其他考古保护区。APSARA 局的技术人员已经在该省明确了保护区，以保护具有文化、历史、民族价值的考古遗址，以供后代了解其历史价值并为旅游业服务。

5. 石刻艺术品登记注册

2020 年 7 月，APSARA 局的非物质文化遗产注册小组对从吴哥保护区内村民家中收集的 711 件古代石刻文物进行了登记注册，以确保这些石刻文物安全并具有准确的信息地来源，以备将来使用（图 126 左）。

目前已经登记在册的这 711 件文物，大部分是石刻砂岩，除了从村民家收集和其他地方发掘中获得的文物清单之外，他们还对吴哥考古公园内 91 座寺庙中的一些石刻进行了登记注册。

对这 91 座寺庙中的文物列出清单目录，目的是记录标识文物，以防止它们长期移动或丢失（图 126 右）。通过这种识别形式，可以提供有关石刻造像的类型、来源、材质、大小、位置、日期、照片和其他描述性的特定信息，凭此信息就可以简化建筑修复工作和减少文物丢失案件[1]。

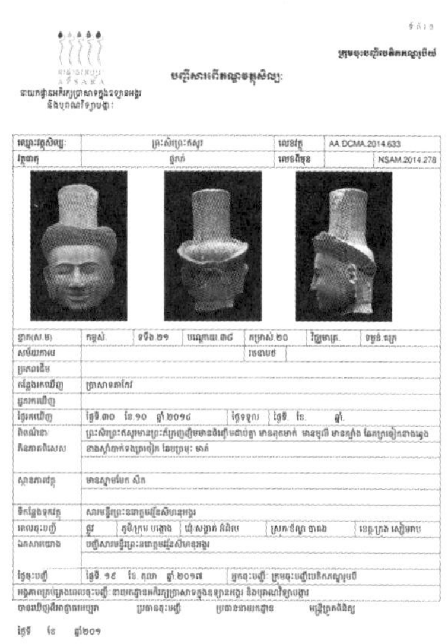

APSARA

AA DCMA.2014.633

NSAM.2014.278

图 126　左：从村民家收集到的石刻文物；右：文物登记注册卡
（图片来源 APSARA 局官网）

6. 吴哥超越项目

2020 年 8 月，APSARA 局与新媒体联合启动了“吴哥超越”（Angkor and Beyond）项目。在 APSARA 局的协调下，新媒体团队已开始在吴哥考古公园内制作相关视频文件。该计划将继续围绕有关吴哥的历史故事制作一系列视频文件。

项目侧重于吴哥遗址中的寺庙遗址、传统文化、自然景观（动物和森林）、考古学、历史古迹、服饰等具有文化价值的旅游资源。由 APSARA 局发起和赞助的新电子报纸，将尝试制作与吴哥地区有关

〔1〕 摘引自 APSARA 局官网。

的历史视频。视频文件将提供高棉语和英语两种语言[1]。

另外，在做好吴哥遗址保护和宣传的同时，APSARA 局还在保护生态环境、遵守传统文化等方面也做出了一定的努力。吴哥考古公园内的环境，包括陆地、水上环境，均由 APSARA 局来定期清理。

此外，APSARA 局还定期监测地下水和地表水的变化，为此组建了水资源管理团队，负责全年定期测量井水以进行监测，他们共选择吴哥地区的 13 个村庄，87 口水井进行监测。这种监测是为了确保当前居民对地下水的使用，特别是保证暹粒市的用水不会威胁到吴哥考古公园内的水位。同时，为了使吴哥得到良好的保护，就必须保证吴哥遗址的完整性和真实性，尤其是吴哥的全球杰出价值。但是吴哥地区的人口增长在过去几年中急剧增加，为此，APSARA 局在吴哥考古公园内拆除非法建筑，以保护吴哥的文化景观以及原始价值。

APSARA 局除了积极对寺庙进行保护与修复外，还通过园林绿化、加强管理来促进吴哥地区的绿色环境，包括种植树木、禁止在吴哥寺的草地上摆摊、积极建设停车场、自行车道及考古公园内的道路建设等。这些活动旨在为旅游业提供服务，并使吴哥考古公园更加美丽，以吸引更多游客来参观。

同时，APSARA 局在可持续发展领域与国际机构密切合作，使吴哥成为世界上最热门的旅游胜地[2]之一，并在 2020 年成为全球排名第一的最受外国游客欢迎的旅游胜地。通过保护遗产和文化旅游，吴哥为柬埔寨国民经济发展，尤其是为本地家庭经济的发展作出了重要贡献。同时还向世界推广高棉文化，为柬埔寨提供了巨大的直接和间接的利益。

另外，在 2013 年的《吴哥宣言》中，还首次提出了“吴哥活态遗产的可持续发展与综合治理”的概念，进而促进了生活在遗址及其周边地区的当地居民对非物质文化遗产的认识。而吴哥地区是高棉文化遗产的仓库，这些也成为了吴哥旅游的一部分。其中，作为吴哥遗址保护的一部分，吴哥砖瓦（Angkor Tile）是一种传统的红砖工艺品，其采用传统技术来烧制，被广泛用于吴哥遗址修复中。香薰业也是吴哥地区居民长期从事并一直延续至今的行业，这种知识和技能世代传承下去。直到今天，这种家庭式制香业仍在继续，很多居民并以此为生，他们可以在村庄的市场和节日上进行买卖。

而联合捕鱼活动则是一种非物质文化遗产中的生活遗产，至今一直为吴哥地区居民所坚持。联合捕鱼活动是在一处古老的水池内进行，当地人对此活动进行了保护。这种捕鱼活动除了展示文化价值、保护文化遗产外，还能反映社区的团结与活力。为此 APSARA 局的研究团队致力于收集和汇编吴哥地区的传统文化，以促进和支持对这些文化遗产的保护，使之生动活泼。

然而，随着社会经济和旅游业的发展，当地的一些传统文化正在遭受侵蚀。APSARA 局已经注意到，目前很少有人懂得吴哥寺的真正含义[3]。也就是说，现在的游客坐在吴哥寺的草丛中，或在吴哥寺建筑上喝酒甚至打开扬声器，尽情玩乐并留下有害于寺庙环境和总体秩序的垃圾。这些举动逐渐使吴哥寺失去了神圣感，也使外国游客对这片神圣的土地失去信心。

亦如，古代高棉人在建造寺庙时，进入寺庙的塔门是有一定顺序的，如此众多的塔门是古代高棉人最重视的一种仪式，也体现了宗教和社会等级制度。但是今天，进出寺庙塔门的习俗似乎已经脱离了古代传统。在吴哥寺，西神道是进入和进出寺庙的主要通道，实际上当地居民在节日期间为了快速方便的进入寺内，选择从东入口进出，而不是从西入口去参加节日活动并参观寺庙，有时会造成拥挤

〔1〕 摘引自 APSARA 局官网。

〔2〕 My international Movers 网站，https：//myinternationalmovers. com/friendliest-countries-in-the-world/

〔3〕 高棉人认为，吴哥寺代表着印度教中的梅鲁山（Meru），而环壕内的水则代表着梅鲁山周围的海洋。

并损坏寺庙塔楼。吴哥寺的独特之处是正门在西方，而东门只是一处临时入口。为此，APSAR 局准备在西塔门附近建立停车场，同时还呼吁民众要尊重传统，尊重寺庙里的传统秩序[1]。

（二）古迹保护与修复项目

1. 吴哥通王城城墙遗址

2014 年，APSARA 局启动吴哥通王城城墙保护与修复项目，其中需要修复的城墙共计 135 米，南塔门以东 20 米，以西 115 米。

2016 年 9 月，APSARA 局对遭受飓风破坏的吴哥通王城（45 米），又进行了全面的修复工作。2019 年 1—11 月再对吴哥通王城北塔门东侧局部倒塌的墙体进行了考古发掘工作，目前已经进入工程修复阶段。

2. 班迭色玛遗址

从 2015 年开始，APSARA 局的石材保护部门对班迭色玛遗址中的中央圣殿东长厅内的石棺进行修复工作。

遗址内石棺破损严重，棺身及棺盖有多处裂缝，且部分已丢失。石棺的表面也有破损的痕迹，如龟裂、磨砂、盐皮、出现白色粉末等，这些都是居住在附近的村民和来自不同省份的居民，为了祈求幸福和其他目的而对其进行着有意和无意的破坏。

为此，保护组决定使用新技术和新材料对石棺进行保护与修复。APSARA 局的石材保护小组一直在班迭色玛修复这座寺庙的建筑部分，这项修复工作是由柬埔寨专家独立进行的，他们得到了德国组织的培训[2]。

3. 女王宫遗址

2015 年 6 月，APSARA 局对女王宫东入口处的第三塔门及中央圣殿西南角的角砾岩墙体进行修复工作。这项工作旨在加强寺庙中受损程度最高和风险最高的塔门及部分角砾岩墙体结构，为此，APSARA 局采用谨慎的技术来重新归安原始石构件，在保持寺庙的原始建筑结构下，尽可能尝试利用传统技术和新材料。

2020 年 4 月，APSARA 局在寺庙建筑群中重新发现了以前被认为丢失的碑铭 K. 842 的壁柱、基座的碎片。这些碎片的发现将进一步增强女王宫的原始外观，并为研究人员提供更多的考古数据。在不久的将来，将找到的石块碎片进行重新归安到其原始位置。

同年 10 月，APSARA 局对女王宫第三围墙（最内层）的破损处进行修复，以免发生危险。他们现已对围墙进行了支护和修复，其中共有五处位置需要修复，总长度为 40 米。修复工作的目标是减少墙体结构的损坏，及时抢救其他处于危险中的墙体。目前为止，寺庙遗址中只有少数部分建筑正在进行修复，而其他部分则需要进行持续的维护[3]。

4. 斗象台遗址内莲花基座的修复

自 2016 年以来，APSARA 局的保护团队开始修复斗象台遗址门廊附近的莲花基座，并于 2017 年 8 月完成修复工作。这座莲花基座高 1. 5 米、直径 3 米，由 69 块砂岩和角砾岩基座组成。这次修复工

〔1〕 摘引自 APSARA 局官网。
〔2〕 作者于 2019 年在班迭色玛遗址内调研时，在德国队的展览板中阅读到相关内容。
〔3〕 同〔1〕。

作不仅在 APSARA 局专家的领导下进行，而且还由 ICC-Angkor 的专家进行监督并提出建议[1]。

5. 班迭克黛寺遗址

2017 年 1 月，APSARA 局对班迭克黛寺西北角的角砾岩墙体进行修复工作。由于墙体向北倾斜，可能最终导致倒塌并危及游客，需要修复的角砾岩墙体长 5. 5 米，高 3. 7 米。他们对墙体结构进行发掘后发现，基础部分角砾岩受损严重，无法承受上层岩石的重量，因此，决定立即修复并于当年 6 月份完成。

及至 2020 年，APSARA 局又对寺庙遗址西塔门进行修复工作。西塔门建筑上的石构件从原来的位置上滚落下来，导致部分墙体被砸塌。建筑某些部位的石构件崩塌，这也可能对游客构成高风险，需要立即修复。值得注意的是修复西塔门遗址是由一群女性专家来负责。目前，他们正在西塔门附近进行考古发掘工作。等考古工作结束后，明年即开始对主体建筑进行修复[2]。

6. 比粒寺遗址

2017 年，APSARA 局在比粒寺造像的修复工作中，对东北、西北塔楼前的三只石狮子造像和两座造像进行修复。随后，他们又对中央圣殿前的两只石狮子造像和一座佛像进行了修复。

从 2017 年 5 月到 2018 年 3 月，在依据同时期其他寺庙建造的石狮子造像作为修复比粒寺石狮子造像的蓝本，以便于保持石狮子造像的原始价值。目前，石狮子造像已经由专家完成修复，并归安到寺庙前面的原始位置[3]。

7. 阿约寺遗址

2019 年，APSARA 局在对西池遗址进行修复时，其考古部门正在对阿约寺北侧的建筑遗址进行考古发掘工作。

尽管在 1932 年至 1935 年，法国人乔治・特鲁韦首次对阿约寺的北侧建筑遗址进行了考古发掘，但并未对建筑结构进行彻底的研究。不过留下了许多文件，例如《考古发掘工程》中的手稿、月度报告、58 张蓝图和 135 张照片供参考。根据当时乔治・特鲁韦的研究，可以看出圣殿的基础部分边长 100 米、高 2.6 米。之后，法国人克里斯托弗・鲍狄埃在乔治・特鲁韦研究的基础上对寺庙的南部进行了建筑复原（图 127）。

现今，APSARA 局已经发掘了 8 处地点，以寻找阿约寺北侧早期建筑遗址，并研究早期建筑遗址与阿约寺之间的关系。发掘的结果表明，早期建筑遗址规模较小，当整个地面抬高时，早期遗址就消失在西池以南的堤岸中，时间在 11 世纪，发现的这些遗址平均深度为 10—130 厘米，这一结果将有助于寻找早期建筑遗址的最初位置和深度（图 128）。

他们还在中央圣殿一楼西北角以西发现了四块大岩石。初步分析认为，这些岩石是由古代高棉人堆积起来的，用来加固南部堤岸（堤岸由压实的灰色黏土砌成并包含少量沙子）以防止水土流失。考古发掘工作在当年的 5 月份结束[4]。

8. 吴哥通王城北塔门附近造像修复项目

2019 年，APSARA 局开始对吴哥通王城北塔门（Dey Chhnang）两侧的提婆（Devadatta）和阿修

〔1〕 摘引自 APSARA 局官网。

〔2〕 同〔1〕。

〔3〕 同〔1〕。

〔4〕 同〔1〕。

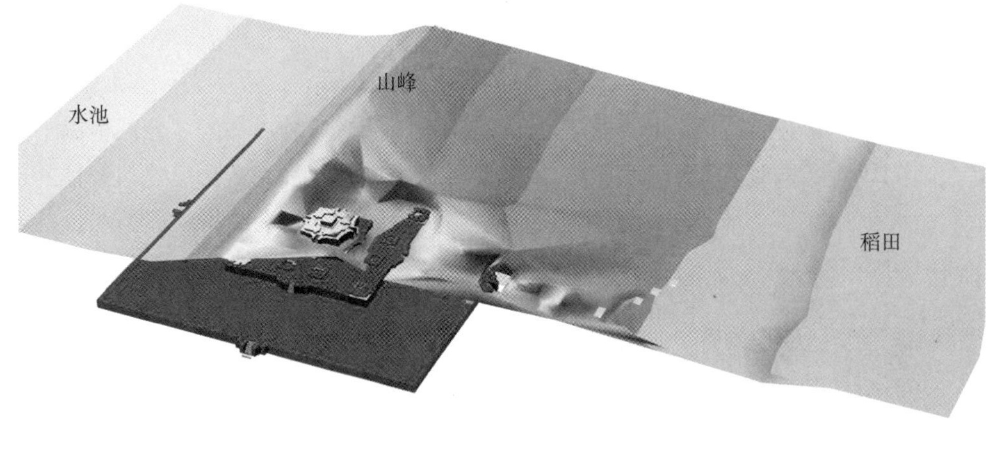


a

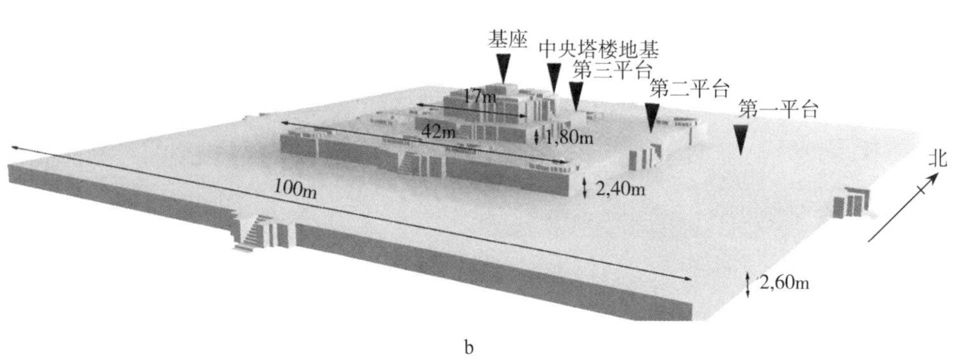


b

图 127　a. 寺庙遗址南侧的复原图；b. 寺庙遗址的全貌复原图
（图片来源 APSARA 局官网）

图 128　考古发掘现场发现的早期遗迹
（图片来源 APSARA 局官网）

罗（Asura）石刻造像进行修复工作。他们首先根据专家意见，对北塔门附近的区域进行考古工作，在发掘过程中留意砖石结构的存在。

在对其进行修复之前，他们发现这些石构件存在歪闪、散落、地基下陷等现象。而导致石构件损坏和倒塌的原因主要有：人类的活动、强烈的地面震动、自然风化及材料的年久失修所造成的。在分析了石构件损坏的原因后，他们有针对性的对其进行修复，其中一项包括用原来石构件或新构件进行重新组装，用砂浆对其进行加固，同时处理好排水系统以防止积水对石构件的侵蚀；稳固石构件的基础部分，使其能够支撑栏杆和造像。目前的工作仍在进行中〔1〕。

9. 吴哥通王城西塔门修复项目

2019 年 12 月，APSARA 局开始着手对吴哥通王城西塔门（Takao）遗址进行修复工作。目前建筑专家、设计组、石构件搜集者、脚手架工人正在进行施工。该项目将花费大约两年的时间来实施，现阶段已按照方位的不同划分出四个区域，以寻找散落在各处的大象石刻、塔门顶部的石构件。同时考古组计划对塔门附近进行考古发掘，以便收集更多的石构件，并对发掘出来的石构件进行研究，以完成塔门及塔门两侧栏杆部分的归安工作〔2〕。

10. 吴哥时期道路遗址

2019 年 11—12 月，APSARA 局清理发掘了一条连接吴哥至罗洛士建筑群的古老道路遗迹，时代属于吴哥时期。

从吴哥到罗洛士的古道路清理发掘工作，是为了与不同区域的其他古道路结构进行比较，并考虑到在保护与可持续发展的项目中，提高这条古老道路的价值使其成为活态遗产。APSARA 局为了研究这条道路的结构，编制勘测计划并布设了 5 个探方进行发掘工作，以了解道路的结构。除此之外，在道路上还发现了许多古桥遗迹（图 129）。

图 129　古桥遗址（残）
（图片来源 APSARA 局官网）

〔1〕 联合国教科文组织吴哥国际保护与发展协调委员会（ICC-Angkor）2019 年 12 月，第 33 届技术大会上 APSARA 局公布的项目简介。

〔2〕 摘引自 APSARA 局官网。

目前，APSARA 局将考虑使其成为一种活态遗产，以恢复古道路的历史价值。此外，他们还将继续研究吴哥考古公园外的其他古道路，以提高古桥梁和沿途古建筑的价值[1]。

11. 库伦山考古调查工作

2020 年 1 月，APSARA 局在崩密列寺庙西北部，库伦山脚下的一座古老水坝处，发现了 14 件石刻文物，包括石刻造像、建筑构件等，以及散落在附近的其他文物（图 130 左）。从造像的艺术风格来判断可能属 11 世纪，类似于崩密列艺术风格。同时，在附近也发现了古代砂岩采石场的遗迹[2]（图 130 右）。

图 130　左：遗址内发现的马卡拉（Makara）石刻造像；右：发现的采石场遗迹
（图片来源 APSARA 局官网）

12. Prasat Kandal Srah Srong 寺庙遗址

2020 年 3 月，APSARA 局正式启动 Kandal Srah Srong 寺庙遗址修复项目。Kandal Srah Srong 寺庙遗址位于皇家浴池的中间，象征着梅鲁山，始建于 12 世纪末至 13 世纪初的阇耶跋摩七世统治期间，是皇家活动的所在地。

修复寺庙遗址项目是为了保护和提高吴哥文化遗产的价值，但该项目的困难之处在于，很难找到寺庙遗址的准确建筑形制及正确的修复方法，因为寺庙遗址的建筑形制尚未在任何资料中发现（图 131）。

这项修复项目不仅得到了 APSARA 局的支持，同时还有私人资金参与其中，这是柬埔寨人共同努力保护文化遗产的一个好兆头[3]。

13. Damrey Krab 寺庙遗址

2020 年 7 月，APSARA 局对库伦山区的 Damrey Krab 寺庙遗址进行保护与修复，项目为期 4 个月。寺庙遗址是一座砖砌的庙宇，三座塔楼建在方形地基之上，东向开门，其余三面均为假门，塔楼四周有围墙，这是国王阇耶跋摩二世（802—834 年）统治下的众多库伦建筑风格寺庙之一。

建筑损坏的主要原因包括：盗掘分子挖掘寺庙的基础、树木的根系“撕毁”寺庙的墙壁和顶部等。为了提高寺庙的历史价值，APSARA 局决定加强塔楼周围腐烂结构部分，清理寺庙墙壁和顶部上生长

〔1〕 摘引自 APSARA 局官网。
〔2〕 同〔1〕。
〔3〕 摘引自 APSARA 局官网，寺庙遗址于 2021 年 2 月份已经修复竣工。

图 131　左：皇家浴池中间的 Kandal Srah Srong 寺庙遗址；右：遗址内露出水面的建筑石构件
（图片来源 APSARA 局官网）

的树根，以阻止树木生长。修复塔楼东门，将石柱归安到原始位置，加固墙壁顶部上的大小裂缝，并修复腐烂的顶部[1]（图 132）。

图 132　建筑遗址修复前的状况
（从东北方向拍摄　图片来源 APSARA 局官网）

〔1〕摘引自 APSARA 局官网。

14. Prasat Krahorm 寺庙遗址

2020 年，APSARA 局对 Prasat Krahorm 寺庙遗址进行修复。该遗址位于吴哥考古公园范围以外库伦山区，距离圣剑寺 14 千米。Prasat Krahorm 是用红砖建造的寺庙，建于 9 世纪阇耶跋摩二世国王统治时期。寺庙遗址由两座塔楼组成。

目前，塔楼建筑保存状况较差，建筑整体非常残破。他们对其中的一座塔楼进行了紧急修复。未来将完成第二阶段的修复工程，即修复塔楼顶部、加固陵伽的砖质基座以及修复其他文物。另外，他们还对寺庙基础进行考古发掘，便于了解其结构，为下一步的建筑修复提供数据支撑。同时，他们还搜集有关此寺庙的更多信息资料[1]。

15. Prey Prasat 医院遗址

Prey Prasat 或 Ta Uon 医院遗址位于吴哥通王城西北 800 米处，是阇耶跋摩七世时期建造的 102 家医院之一，建于 12 世纪末至 13 世纪初，寺庙建筑为巴戎寺风格，是大乘佛教活动的场所。

目前，由于年久失修、气候、人为等因素，寺庙建筑结构受损严重，处于高风险状态，尤其是建筑主体，更是遭到人为故意的破坏，建筑亟需得到修复（图 133 左）。

为了使建筑遗址免遭进一步的破坏。2020 年，APSARA 局在遗址东部入口处整修了一处修复和放

图 133　左：修复前的建筑遗址状况；右：对建筑危险处进行临时支护和加固工作
（图片来源 APSARA 局官网）

〔1〕 摘引自 APSARA 局官网。

置石构件的场地。他们已经完成了寺庙石构件搜集、拍照和编辑文件的工作。接下来的任务是，移除遗址东侧的碎石以进行修复和加固工作，然后进行考古发掘以研究建筑地基，之后将石构件归安到建筑的原始位置[1]（图 133 右）。

16. Tuol Trapeang Bos 窑址

2020 年 11—12 月，APSARA 局在吴哥通王城的北部 Kor Krao 村对 Tuol Trapeang Bos 陶窑遗址进行了考古发掘工作。

通过考古发掘可知，陶窑中的大多数器皿都是日常生活中经常使用的，有无釉陶罐、陶瓦等。目前尚不清楚窑址的整体形状，只能见到一处直径 3 米的圆形窑壁，上面有一处正方形的出火口，而这种结构的陶窑是首次发现。从出土的陶瓦碎片中推测，此类型的陶窑可能出现在吴哥王朝晚期[2]。

## 二　其他国家

这一时期主要涉及到 8 个国家（其中 1 个是多国联合）参与的吴哥考古与保护工作，共计实施了 14 项保护项目，其中古迹保护与修复项目为 12 项，可持续发展项目 2 项，分别介绍如下。

（一）法国

2018 年 6 月，由法国国家研究机构资助，远东学院、图尔大学、APSARA 局联合开展为期四年的 ModA Thom 考古项目（见表 10）。项目主要是以考古工作为基础，以王宫遗址内发现的碑铭和考古数据为依据，对吴哥通王城的演变进行合理的阐释。

该项目将由不同的工作内容构成，如为了解吴哥都城的起源，必须进行一系列考古勘探，并且对王宫遗址进行更多的实地调查活动。同时重点对王宫遗址的原始地层进行勘测；在古环境方面，尽可能恢复王宫遗址附近的原始植被。在技术上，使用一套可以对数量巨大的建筑数据进行分析的方法与创新工具，这些数据可以构成结构性考古参考数据，并用于构建考古统计模型。最后是对柬埔寨研究人员的培训项目，结合现场培训（吴哥通王城遗址发掘）与实验室培训。

2019 年 1—12 月份，他们对吴哥通王城内王宫遗址进行了重点考古发掘工作。主要集中在空中宫殿周围、王宫遗址内的围墙、东北角水池、东北塔门及一号院落和二号院落之间的隔墙。

另外，该项目还涉及到了对王宫遗址内沉积岩芯的微观形态学研究、古环境研究（在王宫遗址水池采集的样本经授权后送往本地治里研究所进行孢粉学分析，目前正在进行化学处理、花粉提取和显微镜检查阶段）以及陶器（陶瓦）的研究工作[3]。

（二）美国

2019 年 12 月—2020 年 1 月，夏威夷大学与 APSARA 局合作，对位于暹粒省 Treak 村沃阿维寺（Wat Athvea）西侧的 Tuol Daun Pok 寺庙遗址进行考古发掘工作（见表 12）。

此次考古发掘工作的目的，是为了寻找吴哥考古公园以外的古代遗存，尤其是暹粒周围的古老村庄、神社和古代生活设施。

他们在 Tuol Daun Pok 遗址发掘了 5 个大小为 1 米 ×2 米的探方，在发掘过程中发现了遗址的底部

〔1〕 摘引自 APSARA 局官网。
〔2〕 同〔1〕。
〔3〕 该资料由 APSARA 局提供。

为红土垫层，而上方的红砖则埋藏了超过1米的深度，同时还发现了两块粉红色的钻石和一堆砂岩构件（图134左）。根据出土遗物推测，Tuol Daun Pok寺庙遗址始建于10世纪，大约与女王宫同时代。这座砖砌的寺庙在12世纪或13世纪之间倒塌，不再成为主要宗教仪式的场所，这种变化可能与12或13世纪沃阿维寺的建造有很大关系，当时人们主要的宗教活动转移到沃阿维寺中进行。此外，在遗址的探方中还发现了12—17世纪的中国瓷器碎片，以及10—13世纪的高棉釉陶器，器皿表面坚硬而光滑（图134右）。

图134　左：遗址内探方地层分布情况；右：遗址内发现的陶瓷器残片
（图片来源APSARA局官网）

经过对遗址的考古发掘认为，今天居住的地方（Tuol Daun Pok遗址）是古代高棉人的一处古老村庄，自10世纪以来已经居住了1000多年，村庄外部被六座寺庙所围绕，而在村庄中间则有一座砖砌的寺庙。

另一方面，Tuol Daun Pok寺庙遗址的发掘成果表明，吴哥南部地区的古代人定居形式主要是以寺庙为村庄的中心，寺庙建筑精美、周围环境宜人，并使用各种陶瓷器服务于日常生活和各种仪式中。此处遗址的发现对于研究和了解高棉地理从古到今的历史非常有价值[1]。

〔1〕转引自APSARA局官网。

（三）中国

中国政府共实施了 4 项与吴哥有关的项目，其中 1 项为可持续发展项目，3 项为古迹保护与修复项目（见表 13）。

1. 可持续发展项目

2016 年，中国农业部与 APSARA 局联合启动了“Run Ta Ek 生态村发展项目”。该项目是中国政府向柬埔寨提供的以农业为重点的援助项目。共有四个主要目标：第一，以水稻和其他蔬菜作物为重点，展示其耕作技术；第二，引进现代农业机械和温室的使用；第三，以示范和促进农产品加工，并最终促进中柬两国在农业领域的良好合作；第四，双方合作的重点是在 Run Ta Ek 生态村建立一个占地 20 公顷的农业科技示范园区。该项目重点是通过农业和旅游业来改善当地居民的生活水平[1]。

2. 古迹保护与修复项目

（1）崩密列遗址

2017 年 6 月，中国文化遗产研究院与 APSARA 局签署了合作开展崩密列建筑研究的谅解备忘录。双方将共同开展崩密列建筑遗址的考古工作，同时对崩密列部分建筑进行清理与资料收集整理，并开展部分典型建筑实施修复试验。随后中方人员赴崩密列进行现场调查、三维激光扫描及测绘工作。

在 2018 年 1—9 月，又对崩密列东神道开展考古工作（图 135 左），共发掘面积 200 平方米，发现了建筑基础等多处重要的遗迹，出土了生活陶器、建筑构件、瓷器碎片及金属器 500 余件[2]（图 135 右）。

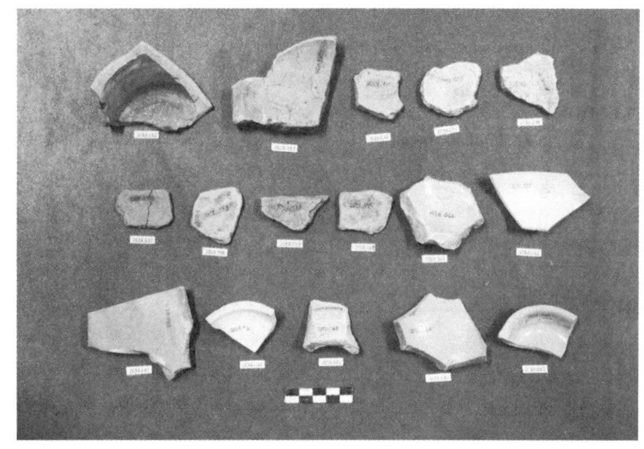

图 135　左：对崩密列东神道及附属建筑进行考古发掘；右：发掘出土的陶瓷器残片
（图片来源中国文化遗产研究院内部资料）

（2）柏威夏寺遗址

从 2014 年起，中国与印度共同承担柏威夏寺[3]国际保护协调委员会主席国。根据柬方请求，中国专业机构将承担柏威夏寺的一、二、三号塔门的保护和研究工作。中国文化遗产研究院负责对柏威夏

〔1〕摘引自 APSARA 局官网。

〔2〕黄雯兰、金昭宇：《柬埔寨吴哥古迹崩密列东神道建筑考古复原的初步构想——兼论崩密列遗址整体保护问题》，《中国文化遗产》，2020 年第 5 期。

〔3〕柏威夏寺始建于公元 9 世纪末，公元 10 世纪中叶至 12 世纪竣工，位于柏威夏省柬泰边境的扁担山山脉崖顶，坐南朝北，是高棉王国时期最具代表性的大型建筑之一。2008 年柏威夏寺被列入世界文化遗产名录，是柬埔寨第二处世界文化遗产。由于年久失修和战乱的影响，柏威夏寺残损情况较严重。

寺开展前期相关调查和研究工作。

2018年4月，中方赴柬埔寨开展柏威夏寺国际保护，中国主席国履职现场调研工作。工作人员对项目区域内的地面遗存进行了全面实地调查，对柏威夏寺建筑进行残损记录、拍摄照片，重点对中央圣殿塌毁部分进行测绘分析，绘制平面图及立面图；通过无人机和三维激光扫描等技术初步获得了区域地形图、全景图、建筑平立面图；应用地质雷达、岩块检测、地基承载力，稳定性评估进行地质勘查；在地质基础评估和建筑机构勘测的基础之上，完成建筑结构评估及分析工作[1]（图136）。

图136　柏威夏寺中央圣殿北立面正射影像图
（图片来源中国文化遗产研究院内部资料）

（3）王宫遗址

2017年10月，受中国商务部委托，中国文化遗产研究院派遣工作组赴柬埔寨吴哥王宫遗址进行现场考察。2018年1月，李克强总理对柬埔寨王国进行正式访问，中柬两国政府发表联合公报指出，双方将继续在文化遗产保护领域进行深度合作——为援柬埔寨吴哥王宫遗址（第三期）修复项目提供支持。

中方全面了解柬方关于王宫遗址保护项目的具体需求和建议，并对项目区域进行实地调研，初步了解项目所在区域的地形、地貌、周围环境等情况。此外，还收集了与王宫遗址相关的基础资料，开展王宫遗址平面及建筑测绘工作，应用三维激光扫描、无人机倾斜摄影技术手段采集基础数据，开展地基与基础勘察及评估、对建筑结构和残损现场进行初步调查及评估，开展石质文物现状初步调查等，为后续保护工作提供数据支持。

中方为此制定了项目修复方案，具体包括王宫遗址院墙内遗迹的考古调查、勘探与发掘；王宫遗址建筑及遗迹的保护修复与展示利用；环境整治与展示宣传；石质文物保护及生物病害与实验室建设。项目实施期限为2019—2030年，共分为三个阶段。三个阶段中工程修复依据“以科学实施保护修复工程为核心目标与根本需求，考古先行、研究支撑，兼顾其后、注重实践”的原则。

---

〔1〕刘建辉、金昭宇、张念：《柬埔寨柏威夏寺建筑历史与现状初步研究》，中国文化遗产研究院，2014年；中国文化遗产研究院：《国家文物局柏威夏寺国际保护——中国主席国前期工作项目报告》，2017年；刘建辉：《柏威夏寺遗址建筑结构变形机理分析与研究》，《文物保护与考古科学》，2016年第2期；金昭宇，黄雯兰：《柬埔寨柏威夏寺历史建筑基础与结构的初步勘察》，《中国文化遗产》2020年第5期。

与此同时，也应该看到中国其他各省市也在积极参与到吴哥保护工作中来。如广西、山东、云南、安徽、江西、北京市密云区、西城区等6省市，就旅游资源的开发与利用与APSARA局达成了初步合作意向。2016年，广西参与到吴哥Run Ta Ek生态村建设中，为生态村的发展提供卫生、教育、农业技术与设备。2017年8月，100多张吴哥遗址照片在安徽省黄山市展出[1]。

随着中柬关系进一步的升温，越来越多的中国企事业单位将参与到吴哥的保护工作中。

（四）德国

德国政府共实施了2项吴哥保护与修复项目（见表15）。

1. 班迭色玛遗址

2014年，GIZ与APSARA局合作，对班迭色玛遗址进行修复工作，重点对寺庙内的那伽栏杆进行修复，以防止进一步损坏。工作组分别对遗址内的四处建筑部位进行修复。第一处是对建筑内南侧那伽栏杆（已经完成了修复工作）；第二处是保护与修复7米长的那伽；第三处是修复建筑中心顶部的横梁，其损坏程度要比外部的横梁严重；第四处是计划外的保护性修复工作[2]。

2. 巴孔寺遗址

2019—2020年，GACP工作队对巴孔寺内的西北和东北砖砌塔楼（编号为7、8号塔楼），采用不锈钢螺纹杆进行支护并对其修复。

GACP工作队根据专家组的建议，对塔楼采取保护措施，对7号塔楼东立面砂岩柱子的结构固结方法进行研究。同时，GACP工作队还关注之前干预措施的效果和类似的案例，以确定即将进行修复的工作方法，特别是用于加固门楣的支护方法。此外，GACP工作队还在研究如何对灰泥图案，在其原始位置上进行修补和加固，以避免其暴露状态下引起的进一步腐烂；研究添加的砖/石构件的加工方法，使其区别于原砖/石构件，并使之与原砖/石构件协调。加固工作于2020年初完成。

（五）新加坡

新加坡共实施了2项与吴哥有关的项目，其中可持续发展项目、古迹保护与修复项目各占1项（见表17）。

1. 可持续发展项目

2016年，新加坡国立大学东南亚研究所与APSARA局、柏威夏管理局合作，为国际学员组织了为期25天的“柬埔寨民族学和历史学研究培训项目”。来自10个国家的14名学员参加了此次培训活动，这是柬埔寨和新加坡第二次举办此类培训活动，目的是向受训者推广高棉文化，提供考古学研究方法的科学性并扩大与东南亚国家合作的关系。

2017年的培训项目在Tonle Snguot医院遗址举行，为期15天。项目组对所有参加高棉文化和历史活动的成员进行了培训，并共同参观了三坡布雷库遗址、吴哥地区寺庙遗址等。此外，项目组成员还参观了位于塔尼村的吴哥陶器博物馆，了解包括吴哥时期医院遗址和其他建筑古迹内在的联系，并在西哈努克–吴哥博物馆学习了砂岩和青铜器的修复。同时，项目组成员还在Tonle Snguot医院遗址进行考古发掘实践活动，取得了较好的效果，发现了几件石刻造像。造像被带到西哈努克–吴哥博物馆进行修复，并在同年的8月13日至16日在新加坡展出[3]。

---

〔1〕早在2016年10月，在柬埔寨暹粒女王宫遗址内就曾举办过安徽黄山摄影展。

〔2〕摘引自APSARA局官网。

〔3〕同〔2〕。

2. 古迹保护与修复项目

2015 年 12 月 1 日至 22 日，东南亚研究所与 APSARA 局合作对贡开遗址进行了为期 22 天的考古发掘工作，来自柬埔寨、菲律宾、印度尼西亚、老挝、越南、香港、新西兰、缅甸和新加坡，共 9 个国家 / 地区的 12 名成员参与了此次发掘工作。

他们共发现了至少 24200 余件遗物，包括陶器、瓷器、人头骨、动物角，此外还发现古老的建筑基础遗迹。这些遗存均来自贡开地区的三个探方内（图 137a）。另外，在贡开遗址环壕内也发现了 1200 件遗物（图 137b、c）。在自然土层中深度达 1 米处，发现了一些蜗牛制品和木炭等遗物，表明了自公元 7 世纪以来贡开遗址就有人居住。

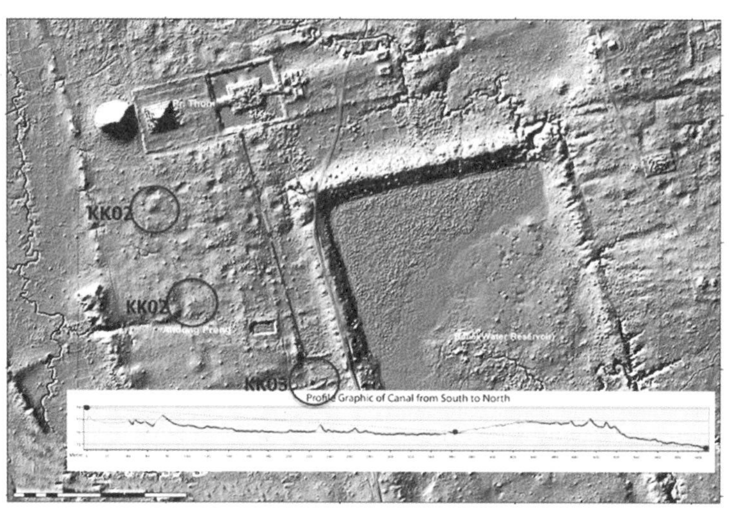


a

b

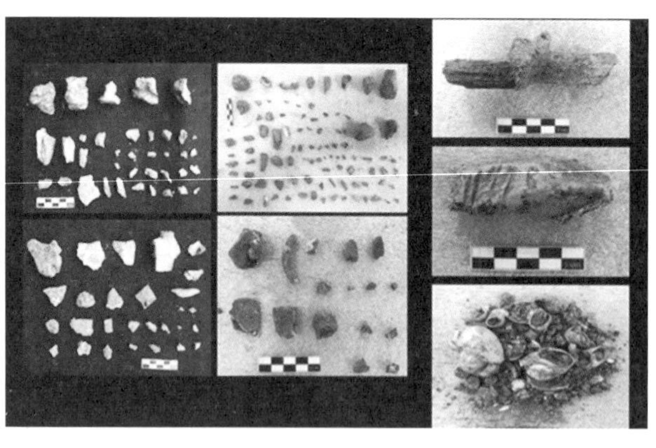

c

图 137　a. 遗址发掘区域位置图；b. 在 KK2 探方中提取样品；c. 发掘出土的遗物（蜗牛、手工制品、动物骨骼）（图片来源 APSARA 局官网）

（六）韩国

韩国政府实施了 2 项古迹保护与修复项目。

1. 圣皮度寺遗址

2015–2018 年，韩国对圣皮度寺建筑群（Preah Pithu Temple）进行第一阶段（T 寺庙）的保护与修复工作。该项目是韩国国际合作署（KOICA）管理的韩国政府官方发展援助（ODA）的一部分。

该项目由韩国文化遗产基金（KCHF）和 APSARA 局共同负责。在研究方面，不同领域联合参与，如建筑、艺术和科学保护等领域。该项目还组织了现场技术培训和邀请培训，以加强柬埔寨文化遗产保护的能力。

项目旨在恢复寺庙的历史和文化价值，努力使历史古迹与自然环境融为一体，提高其作为一个受欢迎的旅游景点地位。

工作队根据 ICC-Angkor 的建议，对寺庙周围附属建筑的恢复、环壕以及寺庙的结构进行研究。为此制定了工作目标：第一，研究人员的能力建设；第二，对寺庙的研究和修复。首先进行的是能力建设培训和寺庙研究，而修复工作将在研究后开始。

在人员培训方面，从 2017 年 3 月 3 日至 9 日，工作队为 APSARA 局 10 名专业人员组织了第二次地层调查培训课程，以便于让其了解地层及寺庙周围水位的情况。目前，工作队只完成了其中的一座寺庙（T 寺庙）的修复工作。2020 年 12 月 21 日至 25 日，他们为 APSARA 工作人员举办了为期五天的文物修复培训班。讲授了如何使用分析工具从岩石中获取数据，如何查看单个岩石的成分、破损问题、岩石疾病和岩石来源等问题，并对以上存在的问题提出了应对措施。

在 2019—2023 年，工作队将继续对圣皮度寺建筑群的 Chorm Temple 寺进行修复。通过对 Chorm Temple 寺周边进行考古调查，以便于用作碎石的储存区域，在 Kor Sak 寺和 Chorm Temple 寺之间，以探沟方式来进行发掘工作。

2. 斗象台遗址

2019 年 10 月—2023 年 11 月，韩国工作队将对斗象台遗址进行保护与修复。

首先对斗象台遗址进行三维扫描与精密测量，随后对平台后面的承重墙进行调查；对建筑状态、材料、回填物和排水问题进行了解，以解决平台上层部分的裂缝继续恶化所造成的损失。对斜坡处（北部受损部分）进行考古调查，拆除平台部分进行结构分析，同时对砂岩进行保护。另外，他们还研究路面震动、地下水对斗象台遗址内砂岩所造成的影响，收集排水系统基本资料，做好斗象台遗址的排水工作。对其中三处突出的建筑部分进行修复及平台的加固工作，同时在工程施工期间做好临时车道绕行工作[1]。

（七）加拿大

2019 年 1—2 月，加拿大多伦多国立大学与 APSARA 局合作，启动了“吴哥精舍项目（Angkor Vihara Project）”。

在 100 多年前，美国人、法国人和柬埔寨人在吴哥通王城发现了大约 70 处上座部佛教寺庙遗址，时代在 13-17 世纪。此次，他们在吴哥通王城附近又发现 8 处上座部佛教遗址。因此，多伦多国立大学与 APSARA 局合作对其中的两处遗址进行了考古发掘工作，以确认此类建筑遗迹的类型。

经考古发掘证实，吴哥地区的佛教宗派在形态和建筑上都大不相同，尤其是发现的碑铭，记录着吴哥地区以及整个柬埔寨上座部佛教建筑的开端。另外，他们对这些佛教遗址做了记录，并进行分类、发掘、研究并与该地区的同类建筑进行比较研究（图 138）。还应当指出的是，多伦多大学是继法国远

〔1〕 联合国教科文组织吴哥国际保护与发展协调委员会（ICC-Angkor）2019 年 12 月，第 33 届技术大会上韩国公布的项目简介。

图 138　左：土墩遗迹的表面；右：遗址中发现的石刻大象
（图片来源 APSARA 局官网）

东学院、日本奈良文化财研究所之后研究上座部佛教寺庙遗址结构演变的第三家科研机构[1]。

（八）多国联合

自 2015 年以来，多国联合开展了“铜合金造像技术与历史：国际跨学科小组项目”（Copper Alloy Sculpture Techniques and history：an International Interdisciplinary Group，简称“ING”）（见表 16）。该项目的目标是为青铜造像技术研究，创建共享协议和词汇框架，这将有助于对青铜造像的理解。该项目由保护人员、科研人员、策展人、艺术史学家、历史学家、考古学家和手工业者组成的国际合作团队，他们研究吴哥时期不同阶段的青铜生产和文化。

项目组每年召开一次会议进行研讨和实践（在洛杉矶保罗盖蒂博物馆举行发布会，在圣雷米莱谢夫勒斯、顾拜旦艺术博物馆进行实践，在华盛顿特区的国家美术馆和巴黎法国博物馆研究与修复中心进行雕刻训练）。2018 年 1 月在柬埔寨举行会议，除了参观古代和现代的高棉青铜冶炼厂（吴哥通王城、暹粒市、乌栋市）外，在柬埔寨国家博物馆（NMC）和金属保护实验室（MCL）的密切合作下，对著名的西湄奔寺毗湿奴青铜造像进行了为期一天半的初步技术研究。主要目的是测试吴哥时期生产的具有纪念意义的青铜造像标准，以追踪缺失的元素，并找出在多样化的领域和学科中，如何促进新思想的出现[2]。

## 第五节　小　结

吴哥是举世闻名的旅游胜地，并以其丰富多样的考古遗存而著称。吴哥也是柬埔寨人骄傲的源泉，柬埔寨人支持考古学研究并保护他们的古代遗产。自 1990 年以来，吴哥考古与保护工作最鲜明的特征是：无论各国在柬埔寨的教学、田野和专业培训的项目开展均为合作性质，目的是培养柬埔寨吴哥考古与保护方面的人才，希冀在不久的将来能成为吴哥考古与保护工作的中坚力量。同时在该领域，世

〔1〕摘引自 APSARA 局官网。

〔2〕Aurélia Azéma，Pierre Baptiste，ane Bassett，Francesca Bewer，Ann Boulton，David Bourgarit，Manon Castelle，Laurence Garenne-Marot，Huot Samnang，Elsa Lambert，Susan La Niece，Jeff Maish，Mathilde Mechling，Benoît Mille，Dominique Robcis，Donna Strahan，Annick Texier，Brice Vincent，Jeremy Warren，Ittai Weinryb，Jean-Marie Welter，Angkorian Founders and Bronze Casting Skills：First Technical Investigation of the West Mebon Visnu，*BEFEO*，Année 2018，104，pp. 303-341.

人已经目睹了吴哥研究的重大转变，它从基于书面建筑资料和图像学的经典研究转向了科学方法和技术关注及其他主题，例如古生态、古气候、城市考古学和空间规划。具有挑战性的关于吴哥都城的衰落和遗弃的旧理论，通常仍然是假设性的，新一代研究人员在纯科学和生物医学领域利用新技术的非凡发展，同时又不忘利用地球科学和雷达遥感领域的进步技术。

在吴哥考古与保护工作的大发展期，主要经历古迹保护十四年（1990—2003 年）、可持续发展十年（2004—2013 年）、可持续发展与综合治理（2014 年至今）这三个不同阶段。每一个阶段的吴哥保护工作都有其侧重点，且每一个参与国也有其侧重的方向，对比这些国家在吴哥的工作，我们不难发现各自的工作历程以及背后的社会因素。

## 一　不同保护阶段的分析

由以上的各小节综述中可知，在吴哥保护十四年阶段（1990–2003 年）中，共有 13 个国家 / 国际组织参与到吴哥的保护工作中，共实施了 44 项与吴哥有关的项目占总数的 32%，其中 6 项为可持续发发展项目，38 项为古迹保护与修复项目。在这些国家中尤以法国（15 项）、日本（9 项）、德国（6 项）实施的项目最多（图 139）。

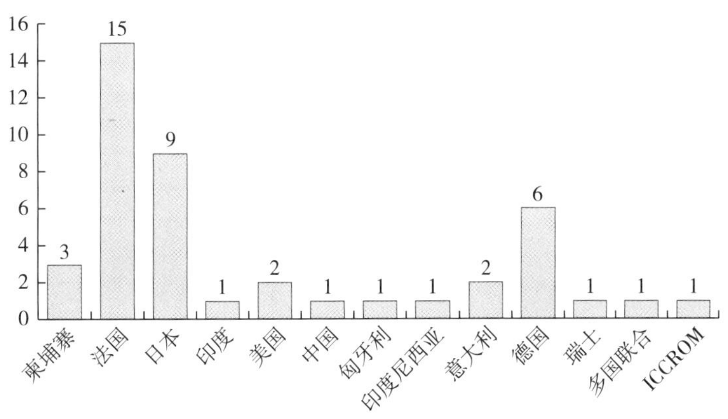


图 139　与吴哥有关的项目实施矢量图

其中可持续发展项目以日本（2 项）居多，其余各国 / 国际组织均为 1 项；在古迹保护与修复项目中以法国（14 项）、日本（7 项）最多。由此可知，在吴哥保护十四年阶段（1990—2003 年）中，法国、日本作为主要的牵头国家，实施的保护项目最多。同时，这一时期吴哥的保护工作以古迹的保护与修复为主，可持续发展项目实施的较少，主要是以规章制度的制定及柬埔寨 APSARA 局人员的培训工作为主，还没有涉及吴哥遗产地环境社会发展的项目。

及至可持续发展的十年阶段（2004—2013 年），共有 18 个国家 / 国际组织参与到吴哥的保护工作中。共实施了 59 项与吴哥有关的项目占总数的 42%，其中 22 项为可持续发展项目，37 项为古迹保护与修复项目。在这些国家中尤以柬埔寨（15 项）、法国（10 项）、日本（8 项）实施的项目最多（图 140）。

其中可持续发展项目以柬埔寨（7 项）、新西兰（3 项）、法国（3 项）最多，其余各国均为 1–2 项；在古迹保护与修复项目中以柬埔寨（8 项）、法国（7 项）、日本（6 项）最多。由此可知，经过十四年

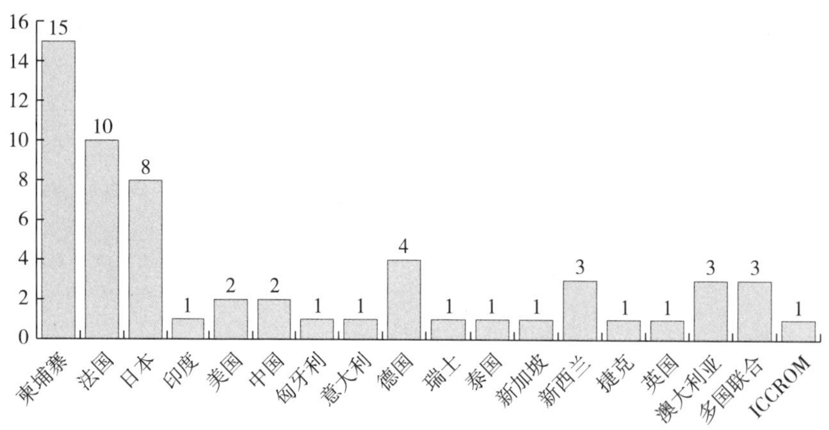


图 140　与吴哥有关的项目实施矢量图

的国际援助，柬埔寨后来居上逐渐在吴哥保护工作中承担起了主要责任，同时法国、日本的影响力依旧不减。古迹保护与修复仍是工作重点，但是可持续发展项目中的人员培训、自然环境保护、民生与减贫工作也在逐步的开展起来。随着柬埔寨国内局势的稳定及经济的发展，柬埔寨 APSARA 局在吴哥保护工作中的分量在逐年增加，法国与日本在这一时期实施的吴哥保护工作与前一个时期（十四年阶段）有所下降。

在可持续发展的十年阶段（2004—2013 年）中，联合国教科文组织宣布吴哥是世界遗产最“成功修复案例”之一。从那以后，吴哥的运作已经成为一种启发，并为世界各地成功修复文化遗产制定了标准。

吴哥的修复被宣布是成功的，部分原因是与 20 世纪 90 年代之前的古迹现状形成了鲜明对比。由于战争和政府缺乏能力或不关心，吴哥地区的古迹保护工作自 1972 年以来一直被忽视，尽管在暹粒南部地区的工作仍在继续。其结果是，在某种程度上，这些古迹被森林覆盖，而砂岩表面的侵蚀、焚毁率和文物的非法贩卖则畅通无阻。在柬埔寨交战各方政治解决和民族和解的前夕，保卫吴哥相当于恢复破碎和分裂的柬埔寨。吴哥的修复重建既是实际的，也是象征性的；无异于挽回过去失去的民族光荣、自豪和尊严，也无异于“想象中的”国家统一，以及政府的合法性[1]。

最后，在可持续发展与综合治理阶段（2014 年至今），共有 9 个国家 / 国际组织参与到吴哥的保护工作中。其中共实施了 36 项与吴哥有关的项目占总数的 26%，其中 8 项为可持续发展项目，28 项为古迹保护与修复项目。在这些国家中尤以柬埔寨（22 项）、中国（4 项）实施的项目最多（图 141）。

其中可持续发展项目以柬埔寨（6 项）最多，中国、新加坡各占 1 项；在古迹保护与修复项目中以柬埔寨（16 项）、中国（3 项）最多。由此可知，自 2014 年以来，柬埔寨在吴哥保护工作中所占的比重越来越大，这种现象离不开各国家及国际社会、组织对其文物保护事业的帮助。同时，在实施的项目中古迹保护与修复仍然占据着很大的比重，这说明吴哥的保护工作在以后相当长的一段时间内仍以古迹修复工作为主。此外，在可持续发展项目中更多的是关注人与自然、人与遗产和谐共处。在所有援助国家里中国后来居上，法国与日本在这一时期的援助项目有所下降，这一方面跟柬埔寨文物保护事业的逐渐壮大有关系，另一方面很多项目的实施都是由基金会资助，这就使古迹保护的资金处于

〔1〕 Keiko Miura，Discourses and Practices between Traditions and World Heritage Making in Angkor after 1990. Michael Falser，*Cultural heritage as civilizing mission*：*from decay to recovery*，Cham：Springer，2015. pp. 251–277.

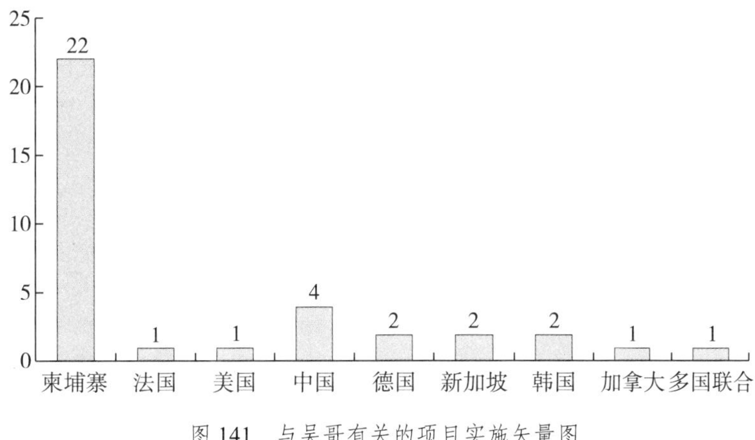


图 141　与吴哥有关的项目实施矢量图

不稳定状态，以至于对古迹不能进行持续性的项目资助。另外，由于一些古迹体量较大、耗费时日较多，因此导致个别国家无法实施新的项目。不论如何，在这一期的吴哥保护工作中，柬埔寨实施的项目比重较大，这正是国际社会所乐于见到的结果。

对比这三个不同阶段所实施与吴哥有关的项目数量及比例不难发现，在吴哥保护十四年阶段（1990—2003 年）中，项目数量达到 44 项占总数的 32%；在可持续发展的十年阶段（2004—2013 年）中，项目数量达到 59 项占总数的 42%；在可持续发展与综合治理阶段（2014 年至今），项目数量达到 36 项占总数的 26%（图 142）。

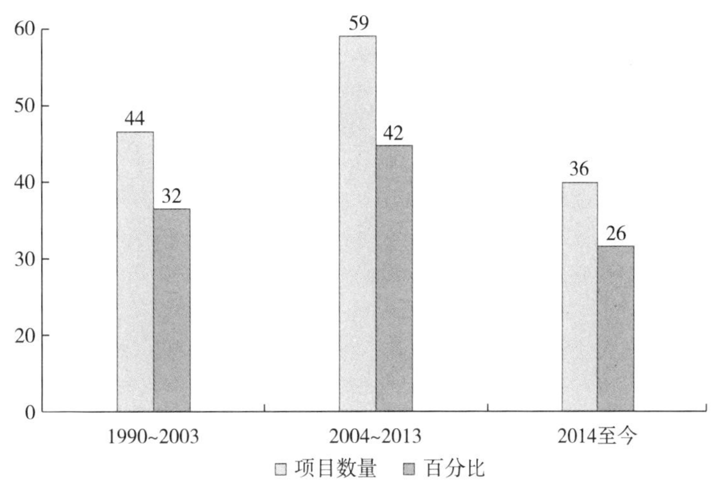


图 142　不同时间段各国实施的项目数量及百分比矢量图

这说明在吴哥保护的十四年阶段（1990–2003 年）中，世界各国家积极响应联合国号召参与到吴哥的保护工作中，这种积极的热情一直持续到 2013 年前后才有所减退。一方面，因为经过 23 年不懈努力，吴哥保护工作已取得显著成果，各参与国项目实施数量也在逐渐减少。另一方面，由于柬埔寨国内局势的稳定及经济的发展，尤其是 APSARA 局力量得到加强，在吴哥保护工作中的作用越来越大，其他国家援助的项目正在逐年减少。虽然在 2014 年以后，各参与国的吴哥保护项目是在减少，但是这并不意味着吴哥保护工作不再受到重视，恰恰相反，这正是在对之前23年工作成果的巩固和加强。因为从2014年前后在吴哥保护工作中，一方面强调建筑遗址的保护，另一方面重视改善遗址周边生态环境、提高遗址内居民生活水平，使吴哥变成一处活态遗产，最终目标是营造人与自然和谐相处的一幕。

同时，在不同阶段各国家所实施的项目数量亦有所不同，如在吴哥保护十四年阶段（1990—2003年）中，以法国（15项）、日本（9项）、德国（6项）实施的项目最多。及至可持续发展的十年阶段（2004—2013年），以柬埔寨（15项）、法国（10项）、日本（8项）实施的项目最多，之后在可持续发展与综合治理阶段（2014年至今），以柬埔寨（22项）、中国（4项）实施的项目最多（图143）。

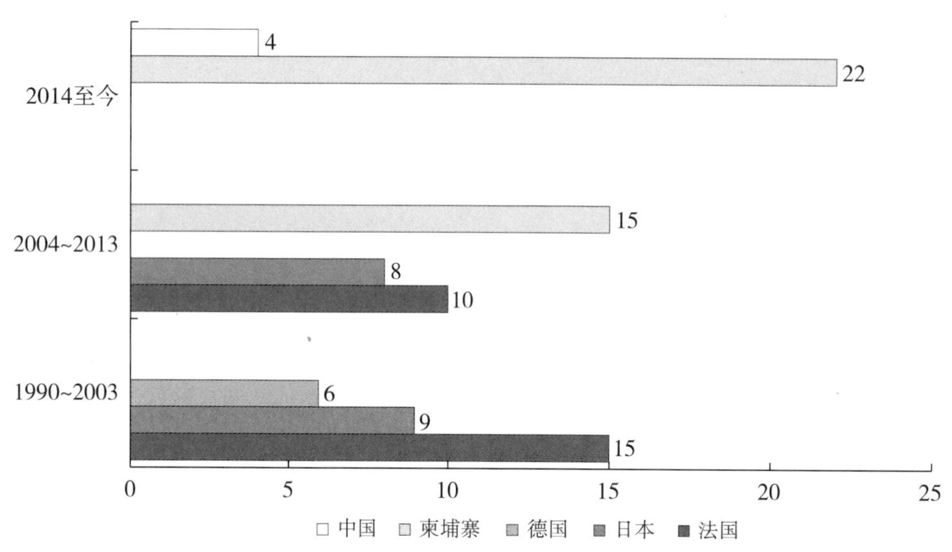


图143　不同时间段实施项目数量最多的国家矢量图

由此可知，在吴哥保护十四年阶段（1990—2003年）中，法国、日本、德国在援助吴哥保护工作中发挥着重要的作用。同时，在国际社会的帮助下，从2003年以后柬埔寨的吴哥保护事业也在迅速成长、壮大。及至2013年前后，所实施的项目已经超越了所有援助国家，这也达到了联合国教科文组织最初援助柬埔寨的目的——帮助柬埔寨加强建设保护吴哥的能力。中国政府是最早参与吴哥保护的发起者与参与者之一，并为此投入了大量的资金和人力，其行动关键的时间节点是在2013年，习近平主席提出了“21世纪海上丝绸之路”战略构想。在此背景之下，中国的组织机构更加积极的参与到吴哥保护工作中，不仅有传统的古迹保护项目而且可持续发展项目也在持续增加。

截止到目前为止，共有21个国家/国际组织参与并实施了大约139项与吴哥有关的项目（图144），其中可持续发展项目36项占26%，古迹保护与修复项目103项占74%。其中尤以柬埔寨开展的项目最多，共计40项（可持续发展项目13项，古迹保护与修复项目27项）；其次是法国（以远东学院为主体）共计26项（可持续发展项目4项，古迹保护与修复项目22项）；再次是日本，有17项（可持续发展项目4项，古迹保护与修复项目13项），德国12项（均为古迹保护与修复项目），中国7项（可持续发展项目2项，古迹保护与修复项目5项），美国5项（可持续发展项目1项，古迹保护与修复项目4项）、多国联合5项（均为古迹保护与修复项目）。其余国家和国际组织项目都保持在1–3项之间，共计25项，可持续发展项目12项，古迹保护与修复项目13项。其中匈牙利、新西兰、泰国、ICCROM 均为可持续发展项目（图 145，附录一）。

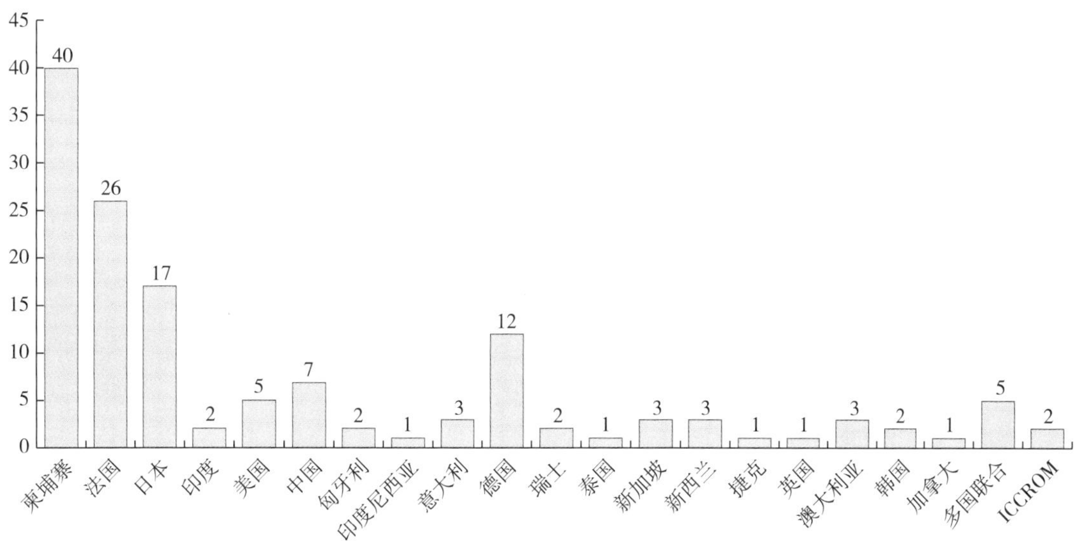


图 145　与吴哥有关的项目实施矢量图

虽然，这一时期吴哥考古与保护工作取得了一定的成就，但是在古迹保护十四年（1990–2003）中仍有一些不和谐的事情发生，尤其在 20 世纪 90 年代初，政府对吴哥地区的控制还不稳固。不稳定的政治局势对文物的盗窃活动相当有利。传闻红色高棉政权后来也放弃了原来的原则，开始掠夺造像并越境卖到泰国，以换来硬通货来继续他们的斗争，当然也包括一些利用混乱局势以谋取利益的组织和个人。尽管局势昏暗不明，然而可以确定有组织的盗窃活动正在进行，其中包括武装集团首次对吴哥保护区内的库房进行直接袭击。1993 年，一支突击队装备手榴弹和火箭发射器破墙而入，运走 10 件有价值的石刻造像。在两个月后的另一次袭击中，有 9 名看守人员被劫持，被劫持人员被迫将佛头运到周围的村庄，武装人员才把人质释放。同时，还有附近村民只要拿到 10–50 美元就可以将石刻造像的头部取下来或者用牛车将造像运至边境。文物甚至是按照客户的订单被盗走，他们从古建筑的照片上预选所需石刻造像。就整个吴哥地区而言，由于人类的贪婪而破坏考古遗产的现象已经受到控制，吴哥保护工作成果是巨大的。

另外，这一时期泰国和柬埔寨之间对吴哥遗产所有权的竞争也以激烈的方式表现出来。2003 年 1 月，一份柬埔寨报纸报道称，一名泰国女演员说柬埔寨偷走了吴哥寺，除非将其归还泰国，否则她不会来柬埔寨。这煽动了一群柬埔寨暴徒摧毁并烧毁了一座新建的泰国驻金边大使馆，并袭击了其他著名的泰国商业机构。泰国政府对此事件作出回应，派出军用飞机从柬埔寨撤离泰国国民，并暂时关闭了泰国与柬埔寨的边界，而泰国人则在柬埔寨驻曼谷大使馆前示威。

## 二　成就分析

吴哥考古与保护工作所取得的成就，离不开联合国教科文组织倡导下的国际社会及国际组织的积极参与。这些国家和机构为保护吴哥遗产起到了积极的推动作用。

除此之外，法国作为柬埔寨的前宗主国仍具有一定的影响力。如柬埔寨独立后，尽管西哈努克大力推动民族文化发展，但长达90年（1864—1953年）的殖民统治给柬埔寨人民在某些方面带来的阴影却是挥之不去的。就像柬埔寨学者宋修在《文明运动》一书中所描述的那样："法国殖民者的做法让许多柬埔寨人对自己民族的语言产生了厌恶感，而这种厌恶不仅仅停留在表面，是深入骨髓的，即使到独立后的西哈努克时代，仍然有柬埔寨人厌恶自己民族的语言，以致于对使用高棉语进行交流和书信往来极其抵制[1]。

另一方面，法国的"主动出击"也使得其影响能够在独立后的柬埔寨得以延续。柬埔寨独立后，尽管法国失去了对柬埔寨的控制权，但其在柬埔寨仍有巨大的经济和商业利益。因此，法国迫切希望能够保持与柬埔寨的联系，保证其语言和文化在柬埔寨的影响力，以维护其自身利益。以至于今天的人们能看到一些奇怪的现象，例如在某种程度上，法国对柬埔寨的重视甚至超过了殖民时期，成立法国文化使团为柬埔寨的教育机关、大学、中小学校提供教授、教师、设备、经费、书籍，以便柬埔寨人学习掌握法语和继续使用法语，从而跟法国有更直接的联系。法国人甚至还"发给柬埔寨人奖学金和助学金，允许他们去法国留学，并且协助安排在法国的学校住所"[2]。

鉴于以上历史原因，法国在吴哥保护方面具有很大的优势，这是其他国家无法与其比拟的。同时，也应该看到随着其他国家和国际组织对援助吴哥保护工作力度的增大，法国"一家独大"的局面已被打破，尤其是柬埔寨APSARA局力量在逐渐加强，法国在吴哥保护方面的优势逐渐的被弱化，正在从主导地位逐渐走向边缘地位。

对于日本，在吴哥保护十四年阶段（1990—2003年）中，实施与吴哥有关的项目较多情况来分析，这种势头在未来会持续增强甚至会再次出现保护项目增多的趋势。这与二战结束后，东南亚一直是日本对外援助的首要和重点地区有关。东南亚地区对于日本具有重要的经济、外交、安全和战略价值。经济上，东南亚是日本重要的贸易和投资市场、能源和原材料供应地；外交上，修复和加强与东南亚国家的关系是日本走向"政治大国"的重要前提；安全上，东南亚国家扼守日本的海上交通要道，事关日本的能源运输与军事安全。因此，日本为保持其在柬埔寨的影响力，所以要在古迹保护方面保持一定的数量，未来古迹保护项目数量还会持续增加。

反观柬埔寨，自1993年在日本东京发表的《东京宣言》正式揭开了国际援助吴哥的序幕。柬埔寨政府为了配合国际援助吴哥保护行动，于1995年成立了APSARA局。吴哥保护工作迎来了春天，APSARA局也在逐渐的发展中壮大。

自1995年成立以来，APSARA局共实施了40项与吴哥保护有关的项目，其中可持续发展项目13项，古迹保护与修复项目27项（附录一）。尤其是2000年以来实施的项目较多，涉及人员培训、古迹保护与修复、生态保护、民生与减贫等。在柬埔寨一般把1993—2003年认为是古迹保护的十年，2003—2013年是可持续发展的十年，尤其是吴哥地区，旅游业的蓬勃发展清楚地说明了可持续发展的重要性。之所以能有如此的局面，一方面国际社会的援助是不可忽视的力量，另一方面也得益于柬埔寨国内局势的稳定及经济的发展，当然也与柬埔寨政府及APSARA局自身的努力建设有一定的关系。目前的APSARA局正在由被动接受向主动管理转变，并不断加强对项目的主导与统筹，同时高度重视

---

〔1〕（柬）宋修：《文明运动》，金边：奔珺女士出版，2005年，第204–205页。

〔2〕李轩志：《论法国殖民统治对柬埔寨社会文化的影响》，《东方论坛》2013年第5期。

通过深化与各国合作来加强自身建设。

看到柬埔寨在吴哥保护工作方面做出成绩的同时，也要看到其不足的一面。在古迹保护与修复方面，没有完全的独立自主，还需要国际社会和国际组织的帮助。尤其是在遗址修复方面，力量略显不

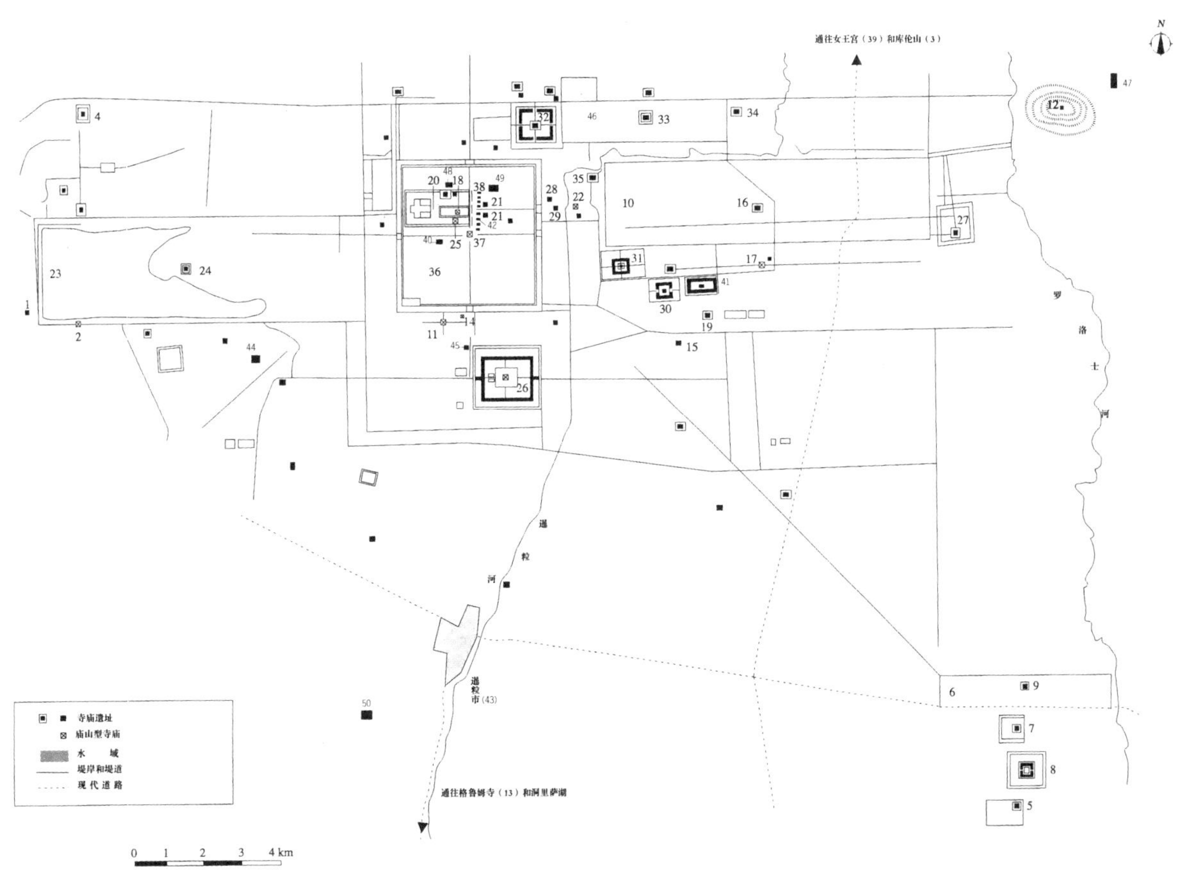


图144　1991年以来各国工作队在暹粒吴哥核心区工作的位置图

（图片来源 Le Baphuon. De la restauration à l' histoire architecturale. 2016. PI. Ⅱ）

1. Peri Kmeng；2. 阿约寺遗址（APSARA局）；3. 库伦山（远东学院、APSARA局、德国、新加坡、英国）；4. Prasat Kok Po；5、6、7、8、9. 罗洛士建筑群（APSARA局、远东学院、德国、匈牙利皇家吴哥基金会、澳大利亚悉尼大学、瑞士HOLCIM集团公司）；10. 东池；11. 巴肯寺（美国世界遗产基金会）；12. 博克寺（德国）；13. 格鲁姆寺；14. 巴色占空寺；15. 豆蔻寺（德国）；16. 东湄奔寺；17. 比粒寺（意大利岩土与结构工程所、APSARA局）；18. 空中宫殿（捷克）；19. 巴琼寺（APSARA局）；20. 王宫遗址（中国文化遗产研究院、远东学院、印度尼西亚）；21. 北仓和南仓；22. 茶胶寺（中国文化遗产研究院、法国CNRS、帕斯卡大学、GEOLAB）；23. 西池（APSARA局）；24. 西湄奔寺（APSARA局、远东学院）；25. 巴方寺（远东学院）；26. 吴哥寺（APSARA局、日本政府吴哥保护工作队/联合国教科文组织－日本信托基金、上智大学吴哥国际工作队、世界遗产基金会、地理科学与结构研究所/联合国教科文组织－意大利信托基金、德国/APSARA局保护项目）；27. 班迭色玛（APSARA局、德国）；28. 托玛侬神庙；29. 周萨神庙（中国文化遗产研究院）；30. 班迭克黛寺（日本上智大学国际工作队）；31. 塔布隆寺（印度考古局）；32. 圣剑寺（美国世界遗产基金会）；33. 龙蟠水池；34. 塔逊寺（APSARA局）；35. 塔内寺（ICCROM、东京文化财研究所）；36. 吴哥通王城（APSARA局、远东学院、加拿大）；37. 巴戎寺（APSARA局、日本政府吴哥保护工作队/联合国教科文组织－日本信托基金·日本NFUAJ）；38. 斗象台（远东学院、韩国）；39. 女王宫（APSARA局、瑞士）；40. Western Prasat Top遗址（日本奈良文化财研究所）；41. 皇家浴池（APSARA局/联合国教科文组织喷气旅行信托基金）；42. 十二生肖塔（日本政府吴哥保护工作队/联合国教科文组织－日本信托基金）；43. 暹粒市（暹粒市供水管理局、日本国际协力机构－JICA）；44. 暹粒机场（APSARA局、法国Inrap、柬埔寨机场）；45. Prasat Ta Prohm Kel医院遗址；46. 北池；47. 塔尼窑遗址；48. 青铜作坊遗址；49. 圣皮度寺；50. 沃阿维寺

足且遗址的选择偏向于小型遗址，如医院遗址、城墙遗址、水池 / 环壕堤岸遗址等，缺少大型综合遗址的修复经验，这也许跟缺少资金有一定的关系。

同时，由于各国家的古迹保护理念不同，所以在援助吴哥保护的行动中，其侧重点也不尽相同。如法国、日本、美国、中国、意大利、新加坡六国在可持续发展项目和古迹保护与修复项目中均有建树，这也是一个国家综合实力的体现。而匈牙利、泰国、新西兰、澳大利亚、ICCROM、ICC-Angkor 则侧重于可持续发展项目。印度、印度尼西亚、瑞士、捷克、英国、韩国、加拿大致力于对古迹的保护与修复，德国更侧重于使用新技术对文物本体的保护。除寺庙遗址的保护与修复项目外，来自法国、日本、美国、中国、德国、意大利、新加坡、英国、澳大利亚、匈牙利、泰国共 11 个国家的技术力量也在致力于人力资源的培训。此外，还有新西兰、法国、日本、中国等国家参与的吴哥 Run Ta Ek 生态村的社区发展，在旅游业、农业、水资源和卫生系统、太阳能的利用、环境和教育等方面，给予了援助（附录一）。

进入新世纪之后吴哥的持续发展概念被提出，因此保护吴哥的手段渐趋多样化，不仅关注于古迹本身，还更加注重营造吴哥与当地居民的和谐共生关系。

## 三　中国援助保护吴哥的意义

1993 年，时任中国国家文物局局长张德勤先生率团出席“国际拯救吴哥行动”的东京会议；到 1995 年派出工作组到吴哥进行实地考察；再到 1998 年正式启动实施周萨神庙保护修复工程，至 2018 年 12 月茶胶寺保护修复工程全部竣工，2019 年新启动的吴哥王宫遗址（第三期）修复项目，中国政府在吴哥保护工作方面已经走过了 26 周年之久。同时，柬埔寨吴哥援助保护工程是中国政府近年来影响较大、效果显著的重要文物援外保护工程项目之一。中国政府援助柬埔寨吴哥保护修复工程在柬埔寨当地和国际社会均产生了积极的影响，由中国文物研究所（中国文化遗产研究院的前身）承担的周萨神庙和茶胶寺保护修复工程也得到了国际社会的普遍好评。援助项目实施后，成为当地最受欢迎、最具特色、最有实效的文化成果之一[1]。

此时或许有人会问，中国政府为什么要投入大量的物力和财力来援助吴哥遗址？通过以下三个方面来阐释。

### （一）服务于国家外交大局

柬埔寨吴哥遗址的修复工作，属于中国政府文物援外保护工作的一部分。自新中国成立以来，中国的文物援外保护工作大致分为两个阶段：第一阶段是 1949—1989 年的四十年间。其中在 1957-1961 年，中国文物工作者首次踏出国门对蒙古国兴仁寺和博格达汗宫两处喇嘛庙进行修缮工作。除此之外还有 1958 年，古代建筑修整所的工作人员在越南讲授古建筑的修复技术；中国援助毛里塔尼亚建设“青年之家”和“文化之家”两座建筑。第二阶段是从 20 世纪末至今，是中国文物援外保护工作的逐渐完善和不断扩大的时期。这期间对 6 个发展中国家境内的文物古迹进行了保护工作，已竣工 5 项，正在实施 4 项，计划开展的储备项目 2 项，另有技术咨询项目数项[2]。

〔1〕 王元林：《拯救吴哥：古迹保护与考古研究并重》，《中国社会科学学报》2017 年 03 月 17 日，第 4 版。

〔2〕 中国文化遗产研究院：《中国援外文物保护国际合作纪实》，《中国文化遗产》2020 年第 5 期。

2013年，习近平主席提出“21世纪海上丝绸之路”，引起东南亚国家的强烈共鸣。2016年，又在全国哲学社会科学座谈会作出“要注意加强话语体系建设、增强中国哲学社会科学研究的国际影响力”的重要指示。在此历史背景下，为中国的文物保护事业走向世界吹响了号角。为此要寻找相关历史依据、激活历史因子，丰富海上丝绸之路的历史文化内涵，借助“海上丝绸之路”倡议的提出，来梳理吴哥的考古与保护历史，以增强中国学者在吴哥研究领域上的话语权。而在吴哥保护和综合研究中考古工作是基础，只有对吴哥遗址进行科学的考古发掘工作，厘清遗址的规模、结构和属性，才能在之后的修复过程中对遗址有全面的把握和理解。如此方能更好地复原建筑本身还原历史真相，通过对吴哥历史古迹研究，有助于提升价值认知，加深对吴哥历史的认识。

文物援外保护工作属于文化交流合作项目，其本质是研究项目而非简单的建筑修缮工程，文物保护修复的核心是“修复”和“研究”。因此，我们在做好文物古迹保护修复的同时也要加强联合考古研究，如此才能客观、科学的认识援外项目所在国家和地区的历史文化传统与文物古迹的内涵，修复依据和研究结果要准确、科学，不能以偏概全、歪曲历史，也不能主观臆断搞片面化。尤其是在吴哥考古与保护工作中，我们要主动适应当今国际社会在吴哥地区由“拼贡献”、“拼水平”的发展态势，积极探索新的工作思路，顺应20余年来国际吴哥保护利用理念不断变化的这一过程，实现柬埔寨文物援外工作从“本体保护”到对吴哥地区的整体环境、生态、旅游和民生等“整体保护”的转变，充分展示中国文物保护的能力与水平，服务于我国外交大局和“一带一路”的建设布局。

在新时期新形势下，文物援外保护工作的重要性日益凸显，成为中国外交关系中不可缺少的一环，充分体现了国家意志、突出了社会效益、学术目标与国家利益的统一，增进了各国人民的相互了解，展现了中国文物保护工作者的风采。对外文物援助项目不仅成为新时代中华文化的继承者、创新者、传播者，也成为推动同世界各国相互合作交流、促进与各国文明对话和文化交流的使者。

（二）文明研究的需要

李学勤先生曾在《比较考古学随笔》一书中，将比较考古学分为五个层次；其中第三个层次就是中国文化与邻近地区文化的比较研究。中国古代文明研究的重要方法之一就是比较研究，将中国古代文明与其他古代文明进行比较研究，目的是为了更深入的认识中国古代文明本身。中国考古学走向世界、融入世界是大势所趋，是中国考古学发展的必然。因为研究中国文明，光靠中国人自己的材料是远远不够的，还需要与其他古代文明进行比较。他建议，在掌握中国考古学成果之外，有必要去认识外国的、世界的考古学[1]。毋庸置疑，比较研究可以有助于了解文化发展中，哪些是历史的共相，哪些是自己文明的殊相。老子说，知人者智，自知者明。所谓知己知彼，没有可做参考的比较，即不易有真正的自知之明[2]。

另外，中国古代文明在形成与发展的过程中，与世界上其他古代文明，特别是周边国家和地区的古代文明，一直存在着交流与互动。因此，在探讨中国古代文明形成与发展过程时，如果我们对周边国家和地区的古代文明缺乏深刻的了解，也不可能真正了解中国古代文明。长期以来，中国的考古学家们由于种种原因，都埋头于国内的考古工作，很少有人致力于外国考古研究。在中国只有研究中国的考古学家，没有研究埃及、西亚、古典的考古学家，更没有研究美洲、非洲的考古学家，甚至没有

〔1〕李学勤：《比较考古学随笔·序》，香港：中华书局（香港）有限公司，1991年。

〔2〕许倬云：《万古江河：中国历史文化繁荣转折与开展·序》，长沙：湖南人民出版社，2017年。

真正深入研究印度、中亚、东南亚、日本和朝鲜半岛的考古学家。因此，中国的考古学家只在中国考古学研究领域内有发言权，在中国以外的考古研究领域基本上没有发言权。这种状况，与中国考古学科的地位十分不相称[1]。要改变这种状况，需要我们大家共同的努力，首先需要认真了解国外的考古学史。

（三）现实意义

著名的考古学家罗伯特·凯利（Robert Kelly）曾说："考古学不仅仅关乎死亡，它也关乎生存；考古学不仅仅关乎过去，它也关乎未来"[2]。城市化和全球化是人类发展的大趋势，城市是文明的重要标志，是全球化的主要载体。城市滋养了人文思想、宗教观念，让人类社会呈现出不同的文化特色。诚如，陈胜前先生所言："考古学是一门关注人类整个时段的学科，它具有超长的时段优势。从大趋势的角度来说，考古学关注的最终目的乃是人类的命运。作为物种，人类在自然界中建立超强的主宰地位，但人类仍然需要依赖生态系统才能生存"[3]。从考古的视野更加客观地思考城市化和全球化，深入探讨城市化与全球化给人类文明带来的机遇和挑战，展望人类的共同未来，以古鉴今，具有十分重要的意义。

正如，吴哥核心区是9—15世纪古代高棉王国的都城。古代高棉王国曾是东南亚历史上最强大、最繁荣、文明程度最高的王国之一。但是到了15世纪，整个王国突然崩溃，吴哥都城湮没在丛林之中。澳大利亚悉尼大学的罗兰·弗莱彻（Roland Fletcher）认为，吴哥都城的灭亡是由生态原因造成的，包括过度砍伐和干扰城市周围的水道等因素[4]。吴哥都城的消亡因此被重新认识，对这个大型低密度城市的研究非常值得关注。这一结果可能在全球范围内改变人们对大型低密度城市形成的认识，汇集来自中美洲的玛雅城市和东南亚高棉城市的证据，重新定义它们在当代的意义。

文明因交流而多彩，文明因互鉴而丰富。文明交流互鉴，是推动人类文明进步的重要动力。中国是世界的一部分，古代中国一直与东南亚保持着紧密的联系。如东南亚低地区域的粳稻起源于中国，粟的种植及猪、狗、牛的驯化都是从中国传播过去的。又如，青铜冶金术存在一条从中原向华南再向东南亚传播的一条"金锡之路"。中国历史在发展过程中，与外部世界的互动一直发挥着十分重要的作用。可以说，不了解外国的历史和考古学资料，就难以对中国古代历史和文化的发展进行深入的研究。不仅如此，在研究中华文明特质的时候，由于不了解其他古代文明，没有开展相互比较的基础，也使我们认识自身特质时遇到严重困难[5]。因此从这个思维角度来说，研究吴哥历史就是了解当代东南亚的文化，就是深入了解中国古代文明。

毋庸讳言，就吴哥保护而言，中国政府是积极的共同倡导者，积极参与者之一，中国政府在吴哥保护工作取得的成绩大家有目共睹。同时也很有必要对吴哥以往的保护工作进行一个必要的梳理与反思，以便于更好地指导下一步的工作。

---

〔1〕王建新：《伊犁河流域塞人和乌孙的古代文明·序》，兰州：兰州大学出版社，2013年。

〔2〕（美）罗伯特·L.凯利著，徐坚译：《第五次开始》，北京：中信出版社，2018年，第12页。

〔3〕http：//blog. sina. com. cn/hunterincave

〔4〕中国社会科学院考古研究所、上海市文物局编著：《首届世界考古论坛会志》，北京：科学出版社，2015年，第132–138页。

〔5〕王巍：《中国考古学国际化的历程与展望》，《考古》，2017年第9期，第3–13页。

# 第七章　吴哥世界遗产保护成就与认识

1991 年，在巴黎会议期间西哈努克亲王呼吁联合国教科文组织协调国际力量保护吴哥；同年 11 月，教科文组织总干事菲德里科·马约尔（Federico Mayor）出访柬埔寨，发出："从吴哥寺出发，呼吁国际社会支持柬埔寨人民拯救吴哥的努力——吴哥是柬埔寨人民民族团结的象征，也是整个人类的遗产"的呼声。

截至 2020 年，已有 21 个国家和国际组织的队伍在吴哥地区开展遗址保护工作，所取得的成就主要是通过遗址的考古与保护体现出来。吴哥考古工作则在现代考古理论和科技的助力下实现了历史性的飞越，并形成了独具特色的"社区考古"概念；而吴哥保护工作则主要由参与国采取的具有本国特色的保护理念，来完成遗址的修复与保护。

柬埔寨则在教科文组织指导下建设及成立管理机构（柬埔寨国家博物馆、ICC-Angkor、APSARA 局、柏威夏管理局）加快人力资源培训工作。鉴于 ICC-Angkor、APSARA 局是吴哥考古与保护工作的主要规则制定者、管理者，因此在这里将对这两所机构进行重点介绍。

此外，各国家为响应教科文组织的呼吁，带着不同古迹修复理念来到吴哥，难免会出现"水土不服"的现象。为此，教科文组织制定了"分区与环境管理计划（ZEMP）"，而 ICC-Angkor 为了"统一思想"花费 10 年时间编制出《吴哥宪章》，使各国家对如何修复吴哥遗址有了统一认识，但是，这并不意味着各国家在吴哥保护工作中"丢失"了具有本国特色的保护理念和方法。反而在《吴哥宪章》的指导下，各国家充分发挥本国在古迹保护方面的优势，取得了显著的成就，同时《吴哥宪章》中也存在一些问题，将在后文中进行讨论。

另外，由于柬埔寨无法独自解决吴哥考古公园内重要遗址的修复任务，因此欢迎外部力量的资助和专业知识，作为其努力的一部分，以重振低迷的经济，恢复柬埔寨人民的民族自豪感和自信心。可以说，吴哥旅游业的发展对柬埔寨的未来有着重要的作用。

同时，吴哥保护工作作为教科文组织倡导下的世界遗产保护行动的典范，具有其特殊的一面，同时也存在一些需要探讨的问题。

## 第一节　考古学成就

从更新世和全新世早期到新石器时代和青铜时代，柬埔寨的考古遗产丰富且具有相当的时间深度。尽管柬埔寨的考古资源现在被大量发现，但那些史前遗址都无法与位于暹粒省洞里萨湖以北壮观的吴哥遗址相提并论。9—15 世纪的古高棉王国是东南亚最大的前工业化帝国，在它的鼎盛时期，其边界从越南南部延伸到老挝南部，再到泰国西部，甚至可能向南延伸到马来西亚半岛。

基于吴哥保护的国际平台，无论古迹保护修复理念技术，还是考古研究，可以说都聚集了国际上先进的理念技术和方法手段，这是吴哥保护研究的得天独厚之处。自1990年代以来，吴哥保护工作主要是以古迹保护与修复为主，而考古工作则是以辅助古迹修复为主要手段，但是随着保护理念的发展，考古工作逐渐得到重视，同时还通过考古手段扩大了对吴哥遗址的认知范围，尤其是对研究吴哥早期历史城址指明了方向，这极大地丰富了吴哥遗址的多样性。这一时期的考古与古迹修复工作相辅相成、相得益彰，均为吴哥的保护和研究工作提供了最真实准确的资料。因此可以说，吴哥的保护工作之所以取得成功，离不开考古学的支持和历史学的研究。尤其是当代考古学，它的发展和变化很快，不仅体现在各理论学派的提出和变化，而且还反映在日益改进的发现技术、新的分析方法以及资料处理程序上。这些进步大大丰富了吴哥史料信息的数量和种类并提高了质量，这使得吴哥考古学研究的内容也在发生变化，进而使考古学科的性质发生着变化。

## 一　考古理论和现代科技助力吴哥考古

从20世纪80年代开始，后现代主义思潮首先来自于建筑理论和文学研究，然后出现在更广泛的社会和哲学领域。考古学随之兴起了后过程考古学，它也认同考古学是通过现在去研究过去，但是它强调考古学是为了现在而研究过去，出发点并不是当下的实物遗存。在后过程考古学的哲学基础中，人与物交融在一起，人运用物质，物质反过来也影响到人[1]。如2004年APSARA局成立了水资源管理部门，其职权范围是管理吴哥遗址区域内的水资源，研究古老的水利系统，并在条件允许的情况下对这些水利系统进行治理甚至恢复。

在考古方法上，吴哥考古一开始就是由西方学者所主导，之后的工作也一直得到西方学者的帮助和指导。而自己能独当一面的柬埔寨考古学者，大多也都是在欧美和日本等海外留学之后回去开始进行考古工作的，所以一直都是使用西方的考古理论和方法，也就是以地层学为主导，加上科技手段测年。但是在当今的考古资料中，吴哥考古中器物的分类和演变研究一直都是欠缺的，很多时候都只是大致归类为陶器、瓷器等大类，缺乏细致归纳，没有建立起陶瓷器发展演变的文化序列，无法为进一步探索当时社会的发展及贸易提供更有利的证据。

今天吴哥考古工作所取得的成就，也离不开科技的辅助。尤其是进入21世纪以后，这是考古学学科发生重大变化的时期，随着信息革命的发展，新科技不断改变着考古学。技术创新的飞速发展使研究人员能够解决全新的问题，以及重新审视以前难以解决的问题。在20世纪末，“区域调查”的理论和方法在西方考古学界已经一定程度地被证明是研究古代“复杂社会”的有效途径之一。新世纪伊始，在吴哥地区开展的区域调查利用现代科技的辅助，普遍取得较好的成果，发现了很多重要的遗址。

例如，1995年，在吴哥核心区东北20千米处的塔尼村，发现了大型黑釉陶器窑址，确认了吴哥时期存在的陶器制造业[2]。2000年，在对库伦山的班迭遗址进行考古调查时，发现了遗址周围有环绕

〔1〕 Tilly，C. Y. A，*Phenomenology of Landscape*：*Places*，*Paths and Monuments*. Berg：Oxford，1994.

〔2〕 Christine Hawixbrock et Christophe Pottier：Notes sur deux sites de fours récemment découverts à Angkor，*BEFEO*，1996，83，pp. 315–317.

的堤坝和建筑遗址，经过持续几年的考古发掘证实了该遗址为阇耶跋摩二世的早期都城——摩醯因陀罗跋伐多城[1]。2001 年，在班迭克黛寺的东神道发现了 274 尊佛像，这是继法国殖民时期之后吴哥历史上的一项史无前例的大发现，也被称为“世纪大发现”[2]。2010 年，开始的大吴哥项目（子课题之一的柬埔寨吴哥：巨型低密度城市化进程），通过利用机载合成孔径雷达和激光雷达等高空遥感技术、地面调查、考古发掘、树轮年代学、孢粉学、沉积学等方法来研究生态环境下吴哥通王城的范围、空间组织、经济运行、发展和消亡。该项目的重要贡献是，证明了由道路和运河网络形成的郊区包围着吴哥著名的寺庙，是一处低密度的城市综合体[3]。2012 年，在吴哥通王城内王宫遗址北侧发现的青铜冶炼作坊遗址，这是第一个前工业化青铜作坊，也是东南亚已知的第一处皇家作坊遗址[4]。

当考古学家再次在这个巨大的遗址建筑群中工作时，有来自许多国家的研究人员和保护团队。首先，诸如大吴哥计划之类的国际合作伙伴关系的出现，是为了利用多学科方法和新技术解决有关吴哥的一些“大问题”。先进的地理空间技术，包括机载雷达系统和机载激光技术，已经打开了全新的研究领域，随着大数据的到来也带来了新的挑战和机遇。其次，遥感数据在考古学中的应用。遥感数据最具有吸引力的一点是，它提供了一种替代实地调查的方法，尤其是在柬埔寨热带植被密布的环境下，可以在一处直到最近还因地雷而变得不安全的遗址上进行实地调查，它还具有广泛的地理范围。考古学家已经使用遥感数据识别出，吴哥地区几十处前吴哥时期遗址和可能的史前遗址。地理信息系统（GIS）集电脑硬件、软件和其他地理数据之大成，被设计出来获取、存储、管理、操纵、分析和展示着的吴哥地区大范围空间信息，它在考古学中的作用是构建遗址的预测模型。

如今，考古学者可以通过较少的样品获得较多的信息。如在使用放射性碳年代测定法时，因有机物样品过小时而无法顺利进行测定。然而，如今同样大小的样品可以通过色素分析进行测定。不仅如此，先进的计算机、卫星影像、全球定位系统以及遗传学和化学分析，革新了世人对以往吴哥考古研究的诸多方面认知。各种技术手段迅猛发展，使人们难以想象五十年、一百年后，吴哥研究者又掌握了何种新技术。在吴哥考古研究的早期阶段，人们对一块陶罐碎片、青铜碎片、石质造像碎片的研究，仅局限于它的质地、形状、花纹、艺术风格及年代；而现在，人们可以根据一小块碎片准确测算出陶土、青铜、岩石中的包含物质、原材料的来源及雕刻时留下的微痕等。

放射性碳年代测年、航空考古、卫星探测技术、丛林激光雷达，虽然给考古学家带来了意想不到的收获，但是这些新技术并不能代替考古发掘和实地调查工作，它只不过是考古学家希望用于研究中的诸多方法的一种。在吴哥考古学中，除了揭示地表和地下存在的遗迹，这些技术还能够将考古遗址置于一个更大的吴哥文明背景之中，显示着过去社会景观的复杂性，给考古学家大大提高历史古迹的评估质量。这些新技术能够进一步确定哪里可以发掘或开展考古调查。因此，考古学家根据新的信息，特别是图像的分辨率不断提高时，需要重新考虑他们的调查和发掘策略。

---

〔1〕 Jean-Baptiste Chevance，Banteay，palais royal de Mahendraparvata，*Aséanie*，*Sciences humaines en Asie du Sud-Est*，2014，33，pp. 279-330.

〔2〕 Masako Marui，La découverte de statues bouddhiques dans le temple de Banteay Kdei，*Aséanie*，*Sciences humaines en Asie du Sud-Est*，2002，10，pp. 65-83.

〔3〕 https：//www. sydney. edu. au/arts/our-research/centres-institutes-and-groups/angkor-research-program. html.

〔4〕 Martin Polkinghorne Brice Vincent Nicolas Thomas David Bourgarit，Casting for the King：The Royal Palace bronze workshop of Angkor Thom，*BEFEO*，2014，100，pp. 327-358.

## 二　社区考古学

文化遗产管理是当今东南亚大部分地区考古研究和经济发展的核心，而考古遗产旅游也扮演着越来越重要的角色。20世纪90年代初，随着联合国教科文组织对吴哥遗址干预加速，西方考古学家开始在吴哥地区开展更多的工作。同时，随着吴哥遗产地成为越来越重要的旅游目的地，从事学术和历史保护工作且受过培训的吴哥考古学家的数量亦在持续增加。大多数柬埔寨考古学家采取的是推动保护与修复的形式，且工作是为国家服务。

考虑到考古工作时的环境和雇佣劳工，吴哥考古（甚至东南亚考古）通常是公共考古。在东南亚大陆的当地社区有着悠久的传统，在佛塔（而不是博物馆）中收藏文物，并遵循仪式规定的建筑保护原则，这与西方的做法形成了鲜明对比，尤其是在他们的佛教圣地和建筑方面[1]。而在吴哥遗址的很多地方，考古现场工作都与文化遗产旅游有着内在的联系，而且是不可避免地公开。考古工作在居民的后院、稻田、塔寺，甚至在城市地段进行发掘。同时，在城市和农村社区的工作吸引了学童和当地僧侣，考古工作通过电视和社交媒体吸引全国媒体的注意，偶尔也吸引着国际媒体。即使是在最偏远的农村地区居住者也在关注考古工作所激发的当地兴趣和好奇心。因此，有考古学家明确地把他们的工作称为“社区考古学”。使用这一称呼可以缓解，正在进行的资源开采威胁到附近地区或导致非法拆除的问题。柬埔寨引人注目的柏威夏寺世界遗产提名——以及由此引发的军事反应——说明了考古和保护工作，能像其他地方一样产生意想不到的政治后果。

社区参与、合作的考古工作越来越成为全球考古讨论的一部分。同样，考古项目雇佣当地劳工，这是吴哥保护的传统延续，也是公众参与形式中最成功的部分。然而，正是这些社区成员最频繁地参与附近的考古发掘工作，他们的家庭成员为考古学家提供劳动力。最初的怀疑（考古学家在寻找黄金和其他宝藏）受到了挑战，因为他们意识到最常见的文物似乎是无用的陶瓷碎片、骨头和木炭等，而且发掘是一个缓慢且仔细的过程，其成本高于所收集文物的市场价值。好奇的村民更有可能接近他们信任的邻居劳工，询问有关工程的情况，而不是与外人交谈。这些劳动者帮助弥合了考古学家和社区之间的信息鸿沟[2]。

另外，在国际学者和机构的支持下，训练有素的柬埔寨考古学家尝试了另一种解决破坏遗址行为的方法——遗址博物馆。遗址博物馆既是被掠夺和发掘文物的仓库，也是教育中心和旅游景点，为当地经济注入额外收入，并可能制止抢劫行为。其中之一，是2000年代中期在柬埔寨各地建立的省级博物馆，其中马德望省拥有最非凡的省级博物馆，2019年重新开放，为高棉人和游客提供了教育和文化空间。

可以说，今天的吴哥考古是站在“巨人”的肩膀之上，因为前人在对其进行工作时所缺少的工具，如今已一应俱全。吴哥考古工作不再是一项探寻过去的浪漫冒险活动，考古学家也不会遇到美国电影《夺宝奇兵》（Raiders of the Lost Ark）、《古墓丽影》（Tomb Raider）里所展示的那样经历。诚然，吴哥考古工作仍然带有一种冒险的味道，但其内涵却有天壤之别，吴哥考古工作者仍要像侦探一般谨慎工

〔1〕 Miriam T. Stark，Collaboration，engagement，and Cambodia：Archaeological perspectives on cultural heritage，*Journal of Community Archaeology and Heritage*，2020，7-3，pp. 215-231.

〔2〕 Piphal Heng，Kaseka Phon，Sophady Heng，De-exoticizing Cambodia's archaeology through community engagement，*Journal of Community Archaeology and Heritage*，2020，7-3，pp. 198-214.

作，努力找出有说服力的证据。

## 第二节　古迹保护成就

30余年来，在众多文物保护修复队伍的支持帮助下，吴哥遗址的保存面貌得到了极大改善，解除了遗产保护诸多重大风险和隐患，迈入了保护研究并举、力求精耕细作的时代。吴哥保护工作不但使遗址成功摘掉了濒危遗产的帽子，还成为国际文物保护的典范之作。近年来，吴哥国际保护从“拼投入”、“拼存在”转为“拼贡献”、“拼水平”，从“本体保护”到“整体保护”的两大转变也是国际文物保护领域理念与实践大调整的一个缩影[1]。同时，吴哥保护利用和传承与遗产地经济、社会、文化协调可持续发展，越来越受到各方的关注。

对于这样一处世界文化遗产，参加保护行动的各国家和组织秉承保护人类共同精神财富的宗旨，奉献了各自的聪明才智。然而，在一个相同的国际舞台上，不同背景的保护理念和保护技术也在不断地经历着探索与取舍，在互相的碰撞和融合中清晰和沉淀。一部吴哥保护史，可以说是近百年文物保护理念和技术的浓缩与剪影。

在国际援助吴哥保护行动20周年之际，第37届世界遗产委员会大会于2013年6月在柬埔寨举行，从一个侧面反映了吴哥国际保护与研究取得的巨大成就。在吴哥这样一个有着显著共性而又数量巨大、分布广泛的遗产类型面前，来自多个国家和国际组织的保护队伍，他们具有不同的文化背景，在保护工作中亦表现出不同的价值取向，参与者在各种讨论和观察中不断探索保护与修复方法。法国的浪漫主义修复方法、日本重视文物“原真性”的修复理念、中国“修旧如旧”的文物保护原则等，在吴哥保护修复的国际大舞台上构建了丰富多样的保护修复文化[2]。下面将介绍法国、日本、中国及其他各国工作队在吴哥保护方面取得的成就及特点（表19）。

**表19　各参与国在吴哥保护工作中的特点**

| 代表国家 | 典型案例 | 保护特点 |
|---|---|---|
| 法国 | 巴方寺<br>西湄奔寺 | 原物重建与浪漫主义修复理念（保持古迹的原真性，以保护工程为契机进行建筑史学的研究） |
| 日本 | 巴戎寺 | 对古迹的修复保持原真性修复理念（强调古迹与周边环境的可持续发展） |
| 中国 | 周萨神庙<br>茶胶寺 | 对古迹修旧如旧的理念（强调本国文物保护技术与吴哥保护的实际情况相结合，走出一条具有中国特色的吴哥保护理念） |
| 意大利 | 比粒寺 | 偏重于使用新技术对古迹进行保护工作 |
| 德国 | 吴哥寺 | 同上 |
| 新西兰 | 吴哥管理规划项目 | 注重改善吴哥地区的民生与减贫、脱贫工作 |
| 澳大利亚 | 吴哥世界遗产区的遗产管理框架项目 | 同上 |

〔1〕引自2017年初国家文物局副局长刘曙光对吴哥古迹国际保护行动的国际观察和出访总结报告。

〔2〕中国文化遗产研究院：《吴哥古迹保护与考古研究的回顾和思考》，《中国文化遗产》2018年第2期，第65页。

## 一　法国工作队

法国远东学院从1900–1953年的半个世纪里，投入了大量的人力、财力用于吴哥的研究及保护活动。柬埔寨独立后，在新的国际关系下，法国（主要以远东学院为主体）依旧是柬埔寨文化建设，包括制度建设、人才培养等，特别是吴哥保护的重要支撑力量。法国专家协同柬埔寨专家在吴哥地区及柬埔寨全国范围内开展考古研究项目，这不仅继续完善之前远东学院关于吴哥已有的研究，还为柬埔寨自身成为遗产保护的主体提供了多方帮助〔1〕。

由于历史上的原因，法国对吴哥的研究及保护长达一个多世纪，期间对研究及保护方法不断进行新的尝试，其研究成果是现在任何参与国际援助的队伍所不能比拟的。法国对吴哥的保护工作带有一定目的性，就是以保护工程为契机进行建筑史学研究，以厘清该建筑在吴哥历史节点上的某个问题。

建筑遗址除了本身的艺术价值之外，还有更多的历史价值，是建筑历史的倾诉者。因此，对远东学院来说以保护工程为依托进行的建筑历史研究是一种责任。

如古代高棉王国11世纪的历史及建筑史都是十分模糊的，因此作为重要例证的巴方寺地位十分特殊，这也是考古学家及建筑学家对它极其关心的原因。以修复工程为依托的巴方寺研究取得了重要成果，主持修复的帕斯卡尔·罗耶尔的博士论文《巴方寺建筑历史》厘清了巴方寺与周边遗址的关系，对巴方寺区域建造发展阶段做了很好的解读。早期远东学院对坍塌的建筑结构先进行复原研究，然后用混凝土搭起新的承重骨架，将原有的建筑材料拼贴在这个骨架上。如远东学院在巴方寺已经塌毁的台基下，沿周边建成一圈混凝土的基础，解决了台基的稳定问题。但是混凝土的使用在各个国家工作队之间引起了争议。

同时，在对巴方寺西侧晚期卧佛的处理上也引来争议。尽管卧佛是后来增建的，而且堵塞了西侧走廊的交通，但它毕竟存在了几百年，已成为巴方寺不可分割的一部分。法国专家采取了保存卧佛与恢复走廊功能并举的做法，具体措施是把卧佛的内部掏空只保留一个外壳，让走廊从卧佛的内部穿过。但美中不足的是维修后的卧佛失去了原来的韵味。另外，法国专家对巴方寺走廊的修复方法也值得商榷，由三排石柱、石梁和石板组成的走廊，其结构和材料都表现了11世纪建筑结构的特点。工作队维修时不但将路面缺失的石板换成了钢筋混凝土板，还在原来的梁、柱结构内增加了钢筋混凝土辅助结构，这就有点画蛇添足了〔2〕。

总的来说，法国人浪漫风格的修复情结在修复吴哥遗址上也充分地表现出来，尽最大可能复原建筑的原貌，拆除价值较小、后添加的附属建筑。在履行新的国际援助规则和保护宪章的形势下，对于吴哥的保护工程继续继承其相对成熟的原物重建的修复方法，不失为一种可取的修复理念。

## 二　日本工作队

日本工作队主要由四家机构组成，其各有专长、分工不同，又相互协同、密切合作，因此综合实

〔1〕伍沙：《20世纪以来柬埔寨吴哥建筑研究及保护》，天津：天津大学博士学位论文，2014年，第207页。

〔2〕姜怀英：《吴哥古迹保护技术的研究与探索》，《中国文物报》2006年09月15日。

力较强。同时由于吴哥遗址规模庞大，但是其物理性、化学性、生物性损坏及人为破坏的情况各有差异，因此对其保护与修复的具体方法也有所差异，这为日本工作队提供了用武之地。

以日本政府的吴哥工作队为代表的机构，自成立之初起就将实现由柬埔寨人自主开展古迹保护与修复工作作为根本目标。为此，知识传授和技术交流成为核心内容。正如上智大学吴哥国际调查团的石泽良昭教授所强调的，对于日本而言，国际文化合作的援助体制并不仅仅是提供资金、技术和高新设备而已。国际合作说到底是"人的交流"，重点在于"在差异中相互学习"[1]。

日本工作队以可持续的保护发展眼光，拓展了保护工作的深度以及保护领域的广度，将吴哥保护推向了新阶段。各国政府与非政府组织在吴哥地区的保护工作，多局限于修复建筑本身且以保护工程的竣工为结束。尽管他们为吴哥的保护与修复工作作出了重要贡献，但是就文化遗产保护而言还远远不够。同时，日本工作队负责吴哥通王城巴戎寺的保护与修复工作，在将近二十多年的保护工作中，巴戎寺的实际外观变化较少，但有不少的研究成果问世。对此，各国家工作队的看法也不一样，有的认为日本队效率低，过于追求研究成果，也有认为日本队的做法是具有前瞻性。

日本工作队在援助过程中，将工作重点放在引起吴哥地区地基沉降的地下水和导致石材退化的气候因素变化的监测上，积累了大量环境因素变化与古迹变化趋势的资料。日本工作队的地质以及水文研究情况，不仅服务于古迹保护工作，而且为计算与古迹承载能力相匹配的城市人口以及游客数量提供了重要参考，以便控制暹粒城市发展，在合理规模之内制定相应的古迹旅游管理政策，实现吴哥保护的可持续发展[2]。

日本在本国文化遗产保护修复过程中积累的有形和无形特长，在柬埔寨也获得了施展才华的契机。对古迹的修复不仅要维持其外观原貌，还应保持原有的建筑方法和工艺。在 20 世纪 90 年代早期，考虑到柬埔寨的人力、石材不足等客观条件，日本工作队经过反复讨论和实验，最终在巴戎寺基础夯土的修复过程中采用了日本传统的"三合土"技术，即将少量熟石灰加入沙土中经时固化，使其颗粒分布与原有沙土近乎一致，这种技术使土层既保持了吸水渗透性，又具有较高的强度，从而在外观和功能上都实现了与原石材的一致[3]。但是在修复十二生肖塔楼中，如能将塌落的石构件尽可能多的归安就更加完美。至于十二生肖塔楼中出现轻微歪闪、倾斜现象就要解体大修，能否采取"纠偏"的办法进行加固？都是值得思考的问题[4]。

日本工作队在吴哥保护工作中充分重视政、官、商、学、研以及非政府组织等多元主体的协同和互补。除了政府部门、大学、研究机构之外，不少企业和社会力量也积极加入到吴哥保护与修复的队伍中。奈良文化财研究所在西塔寺（Western Prasat Top）遗址的考古发掘中，就得到了位于日本高松市的起重机制造企业多田野株式会社和飞鸟建设株式会社的大力支持[5]。又如，永旺集团为配合上智大学与 APSARA 局，主动出资在暹粒市新建了"诺罗敦・西哈努克－吴哥博物馆"，用于展示上智大学亚洲人才培养研究中心发掘出土的石刻造像及窑址、陶瓷器等其他出土文物。2007 年 11 月 2 日，柬埔寨国王西哈努克・西哈莫尼还曾亲临博物馆的完工仪式[6]。2016 年，"三心基金会"（Three Hearts

〔1〕石泽良昭：《アンコール遺跡の調査研究と修復保存活動の歴史》，1998 年。

〔2〕伍沙：《20 世纪以来柬埔寨吴哥建筑研究及保护》，天津：天津大学博士学位论文，2014 年，第 209 页。

〔3〕日本国政府アンコール遺跡救済チーム「日本国政府アンコール瀢跡救済チーム（JSA）の概要」，4 页。

〔4〕姜怀英：《吴哥古迹保护技术的研究与探索》，《中国文物报》2006 年 09 月 15 日。

〔5〕奈良文化财研究所，http：//www. nabunken. go. jp/research/cambodia/project. htmi.

〔6〕「シハヌーク・イオン博物館の案内書」、http：//angkorvat. jp/doc/tch/ang–tchl530. pdf；イオン株式会社、http：//www. aeon. info/lp/intemational/ others/.

Foundation）与 APSARA 局、暹粒市旅游局合作，开展以“保持吴哥清洁”为主题的吴哥清洁活动[1]。2020 年 9 月，日本 Minebea 公司在班迭克黛寺以南地区种植了 300 棵红木苗，以扩大吴哥地区的植被覆盖率[2]。

近几年，柬埔寨等东南亚国家对日本的认同感和亲近感显著提升，与这些领域的功能性合作是分不开的。日本在吴哥保护工作中的理念和实践，也为包括中国在内的其他国家提供了诸多借鉴和启示[3]。

## 三　中国工作队

中国政府是吴哥保护国际行动最早的一批发起者和参与者之一。考虑到当时的经济及技术实力，中国政府选择了建筑规模相对较小的周萨神庙作为修复对象。直到 1998 年，中国政府援助柬埔寨保护吴哥一期工程——周萨神庙项目才启动实施。经过 10 年的努力，周萨神庙的修复成果取得了国际专家及同行的高度认可。工作队在开展古迹保护的工作中，把中国的文物保护经验与吴哥保护结合起来，创造出了具有“中国模式”的保护方法。

### （一）古迹保护理念

虽然各国对世界文化遗产保护的理念不尽相同，但是对文物保护的基本理念并无大的分歧。不改变文物原状是《中华人民共和国文物保护法》古迹保护的重要原则，也是《中国文物古迹保护准则》的基本精神，与《威尼斯宪章》“保存和展示古迹的美学与历史价值”宗旨是一致的。按照《中国文物古迹保护准则》的规定不改变文物原状的原则，可以包括“保存现状”和“恢复原状”两方面内容并且做出了相应的规定。

工作队依据周萨神庙本身的保存情况，从最初提出的“抢险加固、遗址保护、重点修复”方针，或者说保存现状为主、重点修复为辅的方针，修改成以“恢复原状为主、保存现状为辅”的方针。抢险加固和遗址保护也可以说是“原状修整”，是在基本保存现状的前提下进行的一般性保护工程，其目的是排除结构上的险情，修补损伤的构件、恢复文物原状，所不同的是原状修整是在不扰动建筑整体结构的前提下，把歪闪、坍塌、错乱的构件恢复到原来的状态[4]。在列入周萨神庙 9 座单体建筑修复的计划中，有 6 座建筑采用的是恢复原状方案，只有 3 座建筑采用的是保存现状的修复方法。

周萨神庙 9 座单体建筑的修缮工程，都采用局部修复方法，“恢复了已失去的部分原状”。这些修复项目不是凭文献记载推测出来的，都是以现存的没有争议的相应同类实物为依据进行的，对少数完全缺失构件的添配严格控制。《威尼斯宪章》要求：“任何不可避免的添加都必须与该建筑的构成有所区别，并且必须要有现代标记。”《中国文物古迹保护准则》规定：“少数缺失的构件……可以恢复。”但都没提出具体的指标要求。

周萨神庙缺失构件较多的部位是建筑的顶部，缺失的原因与建筑构造有关。因此在修复中，中方

〔1〕 摘引自柬埔寨 APSARA 局官网。
〔2〕 同〔2〕。
〔3〕 贺平：《区域功能性合作与日本的文化外交：以吴哥古迹保护修复为中心》，《日本问题研究》2014 年第 4 期，第 18–26 页。
〔4〕 中国文物研究所：《周萨神庙》，北京：文物出版社，2007 年，第 302–305 页。

人员对建筑的基座和墙体部分添配新材料较多，目的是保持建筑的稳定。建筑的顶部虽具有防雨的功能，但考虑到结构做法的不确定性和添配新材料较多的情况，中方人员没使用新材料来恢复建筑顶部缺失的构件，但在建筑的基座部位埋设了暗排水措施，可将雨水排出室外。但是，这并不意味着对其他建筑顶部不再进行修复。如南、北藏经阁和北塔门缺失的构件多位于基座和墙体部分，如不添配新构件，则难以固定建筑上部的山花等结构，不能保证结构的稳定性，所以说添配新构件的数字比例要根据每座建筑构件的缺失数量和修复方案而定，不能简单地规定添配新构件的比例数。北塔门虽然添配了 300 件新构件，但换来的是将 600 多件旧构件的复归原位，使这座濒危的建筑恢复了原状。这种做法是对 600 多件珍贵文物的有效保护，也是对吴哥历史信息和价值的全面延续，是应该值得肯定的〔1〕。

《中国文物古迹保护准则》要求："缺失的雕刻艺术品，只应现状保护，使其不再继续损坏，而不必恢复完整。"这条规定就周萨神庙的情况而言，还要做具体分析。中方人员初期采取的是只雕刻出花纹的轮廓，不作精雕细刻。教科文组织的专家对此提出异议，后来中方人员根据构件的类型，分门别类的进行了雕刻处理，有些图案花纹雕刻得细一点，浮雕造像只要求雕出轮廓即可。这种做法与中国的情况可能不完全相同，但在吴哥这种做法似乎已得到大多数人的认可。

同时，中方人员在"原物重建法"的使用中对部分持保留意见并有所发展。"原物重建法"主张在重建的结构下面，加筑一个钢筋水泥的基底，使上部建筑与土层完全隔开，隐藏在墙体后方的部分也要以水泥加固，如巴方寺、王宫遗址东北塔门等修复工程中的做法。对此，中方人员并不完全认同，并认为文物古迹的修复在材料选择上，还是使用可逆性材料为好。如在周萨神庙采用重点修复的 6 座建筑中，都没有在基础下面加设钢筋水泥的基底，隐藏在墙体后方的部分也没有用水泥加固。中方人员只是对原地基基础进行了局部加固补强，如清除沙土地基中的腐殖质，增加了一层厚约 30 厘米的三合土垫层，适量加深基础的深度（60–90 厘米不等）等，基本保持了原结构做法。为防止基础内沙土的流失，中方人员只在基础角砾岩的砌缝内灌注了水泥砂浆。

此外，中方人员还把改善古迹的环境作为周萨神庙修缮工程的重要内容。《威尼斯宪章》规定"古迹的保护包含着对一定规模环境的保护"。《中国文物古迹保护准则》提出的，影响文物古迹环境质量的自然因素中的崩陷和砸撞等破坏现象，经过近 10 年的修复与保护都得到了妥善的解决。景观因素中遮挡视线、破坏古迹的树木和脏乱无序的环境等，经 APSARA 局批准都进行了清理，解决了长期以来雨水倒灌，威胁寺庙安全的隐患，为周萨神庙的展陈开放创造了条件〔2〕。

在修复周萨神庙时，教科文组织的专家一行来工地考察工作，除法国学者外，还有德国、俄罗斯、意大利和日本等国的专家。中方人员通过与专家的交流，了解到他们也是强调修旧如旧，要求尽量避免使用现代材料，不赞成搞复原式的复建，主张尊重原貌，特别要防止保护过程中的破坏。把作为遗址的古代建筑当作庙宇、宫殿等以原功能为出发点的保护原则，是目前文物修缮中比较普遍的现象，对比今天中国古建筑修复中，"再造辉煌"的提法就是一种低层次的保护理念，也可以说是一种保护性的破坏〔3〕。

---

〔1〕 姜怀英：《吴哥古迹保护的中国特色》，载《中国文物保护技术协会第六次学术年会论文集》，北京：科学出版社，2010 年，第 242–246 页。

〔2〕 同〔1〕。

〔3〕 乔梁：《吴哥考古纪行》（十一），《中国文物报》2003 年 9 月 26 日，第 3 版。

中国队在周萨神庙的保护与修复工作中，面对已基本倒塌的建筑遗址，开始拟定的方针是遗址保护，但后来在修复工程中逐渐摸索，最后完成的结果是基本完整的建筑物，而且按照对周萨神庙格局的研究，模拟复原了寺庙的部分围墙，这种既可明确区分，又能丰富遗址信息的做法得到了同行的赞同[1]。修复后的周萨神庙基本恢复了12世纪始建时期的风貌，再现了原有建筑的光辉，达到了有效保护与展示利用的目的。

及至中国援助柬埔寨吴哥古迹的二期工程（茶胶寺保护与修复项目）中，中国工作队吸取了前期的经验，并结合国际保护工作思路的新发展，提出了新的工作目标。

茶胶寺的保护修复总体理念是：通过科学、有效的修复手段来排除茶胶寺各部位存在的险情，借鉴国际和国内对石质文物的保护理念与方法，合理选择建筑解体、复位、原状加固和修补等手段。在加固修复中遵循不改变原状、最小干预、坚持四个保持原则（保持原来的建筑形制和艺术风格、保持原来的建筑结构、保持原来工艺技术、保持原来建筑材料）、研究与修复并重、分阶段实施、有效保护有价值信息等修复原则，使得茶胶寺建筑本体的保护与修复达到保持其真实性和完整性的总体要求，实现科学、安全、有效的保护[2]。

同时鉴于，中国古籍中有对吴哥的记载，中方人员在对吴哥建筑主体进行修复的过程中坚持“文献＋实物”的方法，对建筑的真实性进行考证，这也是中国建筑史学研究的重要方法[3]，它通常被认为与中国考古学研究中的“二重证据法”有相同的方法论，从侧面肯定中国强大的文献传统对吴哥建筑研究的意义。

当然这并不意味着工作队的工作是完美的，也存在一定的缺陷。由于中方人员是首次出国工作，且对柬埔寨的古代历史和传统不是很了解，所以对一些问题看法上难免有些人云亦云的观点。如在19世纪后期，法国军官在发现这座周萨神庙建筑时，从当地人口述中得知该寺庙是供奉周萨神（ChauSay）的，故法国人将其命名为周萨神庙（Chau Say Tevoda）。“Say”是一个高棉人的名，而“Chau”一词是印度语“王”的意思、“Tevoda”一词是印度语“神仙”，则整个名称的意思应是“Say王的神”[4]。中方人员对“周萨”之名缘于法国人发现之初对当地人称呼的记音，究竟是何方神圣，似乎无人知晓。推想当时柬埔寨早已信奉小乘佛教多年，当地人是不会知道印度教经义的，所以把“周萨”归作印度教之神的说法可能也并不准确。但是，当时工作队对周萨神庙考察后所提出的报告，显然是引用了现成的说法，而缺乏深入的思考。当然这些问题让搞工程的人去做也是勉为其难，所以这也反映出当前中国古建修复中的一个弊病：只要把建筑修好就是完成任务，而缺乏对修复对象的研究，并通过研究进一步来指导、规范修复工作。当年梁思成等营造学社的大师们摸索出来的路子，在“文革”以后似乎就基本中断了，古建保护中的学术研究日益为匠气所替代，所以难有真正的学术成果和大师级的专家产生也就再自然不过了[5]。

中国工作队在援助柬埔寨吴哥保护一、二期工程的20余年中，积累了大量的石构件建筑修复经验，并不断加深对吴哥文明的理解。及至2019年第三期的王宫遗址修复项目中，按照最小干预、真实

〔1〕侯卫东：《吴哥保护国际行动二十年和〈吴哥宪章〉》，《中国文物报》2013年2月23日，第5版。

〔2〕中国文化遗产研究院：《茶胶寺修复工程研究报告》，北京：文物出版社，2015年，第129页。

〔3〕陈欣涛：《文献＋实物：一个切入近代中国建筑史学与中国古代史研究方法比较的视角》，《建筑师》，2019年第5期。

〔4〕顾军、姜怀英：《保护周萨神庙》，《中国文物报》2000年11月12日。

〔5〕乔梁：《吴哥考古纪行》（十七），《中国文物报》2003年10月24日，第3版。

性、考古先行、可持续发展、和谐共生的原则来对遗址进行修缮。

在吴哥国际保护理念原则和技术方法逐步转变和发展进步的国际背景下，中国工作队在援柬埔寨吴哥保护与研究工作方面，也是在不断的摸索与调整之中：从周萨神庙的单体文物保护结构加固，材料修复和建筑复原研究与历史考古研究；发展到茶胶寺的综合保护研究，包括考古与基础研究、砖石文物保护技术研究、文物本体保护工程、教育培训、宣传与合作交流及综合信息管理等多方面[1]；再到如今王宫遗址的可持续、和谐共生发展原则。

总的来说，可以把中国工作队的工作分成三个阶段：第一阶段以周萨神庙为代表，是探索前行、寻找如何完成吴哥保护之路的过程；第二个阶段是以茶胶寺为代表开展综合保护项目，强调保护修复与研究并重；第三个阶段以王宫遗址为代表，以考古先行为工程修复提供技术支撑，加强国际交流与合作，建设综合整体保护研究队伍。

这一切都说明了中国工作队在吴哥保护理念方面不断的与国际接轨，不断的“本土化”，能够站在柬埔寨国民的角度来思考有关吴哥的保护与发展。同时，中国工作队仍坚持自身在文物保护方面的特色——“修旧如旧”的理念，得到柬埔寨和联合国教科文组织的专家充分肯定。

中国工作队的修复项目施工结束后，成为了当地最受欢迎、最具特色和最有实效的文化成果之一。文物本体保护好，周边环境整治好、经济社会发展好、群众生活改善好，这些中国大遗址保护评价的标准和目标，同样适用于吴哥的保护实践。

### （二）古迹保护中的考古工作

从1998年开始，工作人员对周萨神庙进行了实地的考察并完成基础测绘工作后，按照国际通行惯例和文物古迹修复程序，有关部分提出应在修复工程实施之前，进行必要的考古勘查和发掘工作，以对修复对象有一个比较全面的认识，使修复方案建立在更科学的基础之上[2]。而这种工作惯例，也在以后的茶胶寺、王宫遗址工程修复项目中得到了贯彻和执行。

周萨神庙修复项目中的考古工作，均由两位具有考古专业背景的人员来负责；一位是中国文物研究所（中国文化遗产研究院前身）的乔梁先生，另一位是中国社会科学院考古研究所的李裕群先生，其中李裕群先生还是中国考古学（石窟寺方向）的第一位博士后。对于这次走出国门做考古，考古学界的前辈们十分关注，当时张忠培先生还专门从宿白先生那里借来元人周达观的《真腊风土记》供两位考古工作人员参考[3]。

周萨神庙遗址在20世纪50年代，由法国人做过清理，他们将塌落的石构件收集堆放，并对西塔门进行了初步的修复。由于中方人员所见到的已是清理之后又荒废了几十年的场景，所以神庙遗址地层堆积的原始状况如何，当时是否清理到建筑的原始地表，都已无从知晓。

鉴于以上情况，考古人员首先对周萨神庙遗址主体部分进行比较全面的地面调查，了解遗迹残存概况和地形地貌，采集文化遗物，考察遗存特点，选择第一步发掘的地点。采用的发掘方法根据对象分为探沟和探方，其中以探沟为主。在进行发掘之前，首先确定以“十字平台”的中心为遗址的坐标基点，按照象限法将整个遗址划分为4个区域，每个区域的序号以罗马数字表示，在每一区中又以5米为一刻度，划分为若干小区，各小区的序号按照先横（X）轴后纵（Y）轴，各取两位数的方法来编

---

〔1〕 中国文化遗产研究院：《吴哥古迹保护与考古研究的回顾和思考》，《中国文化遗产》2018年第2期，第69页。

〔2〕 中国文物研究所、中国社会科学院考古研究所：《吴哥古迹周萨神庙考古报告》，《考古学报》2003年第3期。

〔3〕 乔梁：《吴哥考古纪行》（一），《中国文物报》2003年8月15日，第3版。

排，前端冠以探方（沟）一词的汉语拼音字头。所发掘的各探方（沟）即以其所在区域命名，发掘中采取按照堆积的土质和土色划分单位，各探方（沟）独立编排序号，由上至下渐次清理，所获遗物按单位来收集[1]。

这一考古调查与发掘方法是国内考古工作在柬埔寨的复制和发展，在以后的吴哥考古工作中被工作队继承和发扬。如对茶胶寺遗址、王宫遗址的考古调查与发掘工作中均采用了象限法以便于遗物、遗迹的统一编号，方便后期资料的整理。

而在具体做法上又根据遗址独特性而灵活掌握，由于周萨神庙周围究竟是环壕，还是一些后期形成的小水池尚不清楚。此外东塔门外十字平台两侧是否有翼墙也需探明，所以确定先清理十字平台东南侧的灌木，以便布设探方。由于对遗迹的堆积缺乏掌握，发掘工作宜由简到繁，先从距离建筑较远的神道做起，了解遗址原生堆积的情况。

周萨神庙遗址的规模较小，又完全是对称布局，所以在安排探方位置时，考古人员按中轴线交错分布，则可以起到事半功倍的效果。从遗迹保存的情况来分析，属于建筑部分由于地表以上尚有迹象存在，故不需要通过发掘去寻找、证明，而有关整个神庙的外围布局和结构目前都不清楚，所以应是考古工作的重点。此外，考古人员还做了一些解剖沟，来了解建筑的工艺和程序等[2]。

除此之外，考古人员原打算选一些标本带回国内请专家进行鉴定，考虑到虽然是残破的标本，但一经发掘出土、编号也就属于文物的范畴，尽管柬埔寨方面对此并无严格的规定，但作为参与国际事务的一项工作，考古人员最终还是没有把标本带回国内。除标本全部移交外，按照国内的习惯，所有记录、图纸和文本都将原件交柬方，而考古人员则带走复印件。正所谓“己所不欲勿施与人”，在柬埔寨方面没有特别规定的情况下，考古人员严于律己，按照国内对涉外考古的要求来规范自己的行为[3]。

综上所知，虽然此次考古工作只是为配合中国政府承担的对周萨神庙进行修复的前期基础工作之一，但它却是中国考古学界第一次真正意义上的国外考古工作，代表着中国以完全独立自主的形式而实施的域外考古项目。尽管只有两个月的时间，但是其意义是重大的。考古人员首次把中国的考古方法和理念传播到柬埔寨吴哥的考古工作中，使柬方的考古人员对中国的考古理念有了一次全面的认知。同时，由于周萨神庙遗址考古是中国工作队首次在吴哥核心区开展的工作，为后来的考古工作提供了行之有效的方法，树立了典范，具有一定的开拓意义。

## 四　其他国家工作队

除了法国、日本、中国队之外，还有印度、美国、德国、匈牙利、意大利、新西兰、澳大利亚、加拿大等共 17 个国家参与吴哥的保护工作。这些国家在古迹保护方面均有各自的特点，其中印度队在修复吴哥寺时，动用了清洗的措施，遭到参加吴哥行动各方质疑，被认为是不适当的方式，后来在解决植物与建筑遗址的共生中提出了很多独到的见解，也获得了各国的好评。德国、意大利在吴哥进行

〔1〕 中国文物研究所、中国社会科学院考古研究所:《吴哥古迹周萨神庙考古报告》,《考古学报》2003 年第 3 期。
〔2〕 乔梁:《吴哥考古纪行》(七),《中国文物报》2003 年 9 月 12 日，第 3 版。
〔3〕 乔梁:《吴哥考古纪行》(二十四),《中国文物报》2003 年 11 月 26 日，第 3 版。

的古迹保护工作中，偏重于使用新技术对建筑进行保护与修复。德国队除承担吴哥寺单体建筑修复项目外，其石刻表面保护材料和技术的研究，也获得了各国家工作队的公认，但也因提出过吴哥寺的照亮工程而被否定。俄罗斯也曾经为给吴哥谱写音乐而进行游说。新西兰、澳大利亚则主要是以改善吴哥地区的民生与减贫为工作重点，从根本上提高居民的生活水平，以便于能够更好地保护吴哥。美国、日本、法国、瑞士、英国、加拿大等国在进行文物保护的同时，历来重视柬埔寨历史文化、吴哥文明和古代高棉史的深度研究，广泛参与吴哥周边生态环境改善，遗产地民众的生产生活和工作学习条件建设等，面向柬埔寨工作人员进行英语、法语、日语以及美国、法国、日本文化的培训，使吴哥地区逐渐成为文物保护利用和当地经济社会文化发展、国际交流的综合平台。但是这些政府更多的是依靠非政府组织（Non–Governmental Organizations，简称“NGO”）来提供一些资金和技术援助，政府则是其背后的支持者。

作为第三方机构，非政府组织在介入一个国家内部治理的时候，对一个国家的社会治理往往能起到重要的影响作用。同样，非政府组织在对吴哥保护工作方面也有着重要的影响，他们的操作很值得世人关注。

然而，在这些援助国家中尤以美国的非政府组织最多。美国非政府组织自冷战后进入湄公河流域国家，不断加大经费投入，以拓展空间范围和活动领域，直接或间接地参与湄公河流域国家的治理。2017 年，柬埔寨获得近 10 亿美元的国际非政府组织项目资助，其中美国是最大的资助者，提供了 40% 的经费，在柬埔寨各地参与开展教育、社会福利、卫生、司法、农业、文化、乡村发展、工业、旅游等多方面的治理活动[1]。

例如，高棉研究中心（The Center for Khmer Studies，简称“CKS”）是一个私人的美国海外研究中心，致力于促进与柬埔寨相关的社会科学、艺术和人文领域的研究、教学及公共服务。自 1998 年在柬埔寨成立以来，高棉研究中心在国际和柬埔寨学生与研究人员中享有盛誉，是第一个提出研究奖学金、旅行研究补助金和高棉语翻译基础书籍（如大卫·钱德勒的《柬埔寨史》[2]）的学术认可机构。

高棉研究中心每年为美国、柬埔寨和法国的本科生、学者和博士生提供国内研究奖学金。通过增进对柬埔寨及其地区了解的计划促进研究和国际学术交流，加强柬埔寨的文化和教育结构，与柬埔寨、美国及其他地区的学院和大学合作，让柬埔寨学者参与区域和国际交流[3]。

而这些非政府组织与援助国政府之间是密切合作的，政府借助非政府组织的力量来提供公共服务，非政府组织则在政府支持下完成自身的志愿目标，双方逐渐发展形成了友好合作的伙伴关系。而一些非政府组织基于把目前未受到足够关注的年轻人，培养成未来友好的柬埔寨领导者的理念，以家庭贫困程度和学生潜能为入学选拔标准，将英语、计算机和领导力纳入课程中，在城市开办私立学校，在农村开办学习中心。如法国、日本、美国等国为 APSARA 局的工作人员提供奖学金，让其到本国读书，学员毕业后在 APSARA 局就业，以此来扩大该国在吴哥保护工作中的影响力。同时，频繁的举办培训项目，把本国的文物保护理念灌输给受训人员，传播其本国文化与价值观。

最重要的一点是，通过援助和培养青年学者，塑造与 APSARA 局的未来关系。这些非政府组织带来的价值观影响了当地的权益观，给援助国政府在本地产生一定的亲近感、好感。同时，受到非政府

〔1〕 尹君：《美国非政府组织参与湄公河流域国家社会治理的机制研究》，《南洋问题研究》2019 年第 3 期。

〔2〕（美）大卫·钱德勒著，许亮译：《柬埔寨史》，北京：中国大百科全书出版社，2013 年。

〔3〕 https：//khmerstudies. org/

组织帮助过的 APSARA 局工作人员对援助国政府与 APSARA 局关系产生了积极的影响，推动了援助国与 APSARA 局关系的构建，并培育了良好的民众基础。

另外，柬埔寨的 APSARA 局经过长期的人才培养之后，独立负责吴哥核心区之外的修复工程，也多局限在造像艺术等小型寺庙遗址的修复工作上。同时，一些多国联合项目更侧重于对手工业作坊遗址（陶窑、石刻造像、青铜冶炼）、海外贸易体系及吴哥早期城址的研究和探索中，这是早期考古工作和历史研究所缺乏的，这对全面认识古代高棉王国的社会组织结构起到了很重要的作用。

## 第三节　管理机构与人力资源建设

从柬埔寨独立以后的国家博物馆，到 1992 年，柬埔寨颁布了保护文化遗产的法律，成立了国家文化最高理事会，并于 1993 年成立了吴哥国际保护与发展协调委员会（ICC-Angkor）。1995 年，又成立了一个政府机构来管理这一地区，称为暹粒 / 吴哥地区保护与发展管理局（简称 APSARA 局）；2008 年以后，又成立了柏威夏管理局。到 21 世纪前 20 年，已有 21 个国家和国际组织在吴哥工作，通过与金边皇家艺术大学和吴哥考古公园的国际合作，柬埔寨人的人力资源建设是这个雄心勃勃的计划的本质。

### 一　管理机构建设

#### （一）柬埔寨国家博物馆

1953 年柬埔寨独立后，从 1956–1966 年，柬埔寨国家博物馆（National Mmuseum of Cambodia，简称“NMC”）在玛德琳・吉托（Madeleine Giteau）的指导下继续蓬勃发展。1966 年，西哈努克亲王任命 Chea Thay Seng 为柬埔寨第一任国家博物馆馆长和新成立的（金边）皇家艺术大学考古系主任。博物馆曾于 1975—1979 年关闭，并于 1979 年 4 月 13 日重新开放。

重新开放的柬埔寨国家博物馆主要活动包括展示、保护和促进民众对柬埔寨文化和艺术瑰宝的了解。同时，保护文物的安全并努力确保从柬埔寨盗走的文物被返还，也是博物馆工作的重要方面，特别是抢劫和非法出口文物是一个持续关注的问题。此外，博物馆致力通过展览吸引参观者，并发挥其作为社区不可分割的一部分作用。柬埔寨的文化遗产具有巨大的价值，可以为近几十年来失去太多东西的柬埔寨人民提供自豪感和身份认同。同时，博物馆还提供多种语言的导游和出版物，以及公共图书馆，都有助于增加当地和国际游客对馆藏文物的了解。

在柬埔寨以外的地区，博物馆采取积极的政策，将其收藏的文物出借给主要的国际展览。这种做法在柬埔寨近几十年的动荡之前就已经存在，并在 1990 年代重新开始，1992 年在澳大利亚国家美术馆（National Gallery of Australia）举办了一场展览，之后相继在法国、美国、日本、韩国、德国、中国举办过展览。

近年来，国家博物馆成功解决了一系列关键问题。这些包括：

1. 移走一群栖息在博物馆屋顶上的蝙蝠。这个问题不仅威胁到因蝙蝠粪便坠落而受到严重损害的展出文物的保存，而且还威胁到博物馆参观者和工作人员的健康。

2. 改进图书馆的藏书、设施和行政管理，建立分类良好的档案和目录档案，这些档案现在储存在温度控制的仓库中。

3. 在1990年代澳大利亚国家美术馆和法国政府的培训与协助下，在其藏品保护方面取得了相当大的进展。法国继续资助博物馆文保室的发展，聘请了一位石木质保护人员，成功地在这些专业领域培训了一支高棉工作团队。

4. 在归还和保护被掠夺文物方面发挥积极作用。在联合国教科文组织国际博物馆协会（ICOM）及其出版物的支持下，100件遗失文物，自1996年以来已有8件文物成功归还给柬埔寨。另外两起案件目前正在调查中。其中一些文物是由个人归还的，而其他一些文物来自国际机构，包括纽约大都会艺术博物馆和檀香山艺术学院。

5. 解决社区的需求。国家博物馆不仅是高棉文化的储存地和展示场所，而且还收藏了重要的佛教和印度教造像，满足了作为社区礼拜场所的宗教需求。永久展览“后吴哥时期佛像”在教科文组织和一些个人与当地企业的支持下于2000年开幕，扩大了博物馆的宗教功能[1]。

（二）吴哥古迹国际保护与发展协调委员会（ICC-Angkor）

1993年，联合国教科文组织出面，由法国和日本牵头，组织国际上多个国家和国际组织发起“拯救吴哥行动”，并成立了吴哥国际保护与发展协调委员会（Interational Co-ordinating Committee for the Safeguerding of the Historic Site of Angkor 简称“ICC-Angkor”），协助柬方以会议和专家咨询的方式，协调各国参与吴哥保护和研究的机构并提供建议[2]。

1993年成立的ICC-Angkor旨在为不同国家和组织，为保护和发展吴哥提供援助。为了履行其职责，ICC-Angkor可以随时了解在暹粒—吴哥地区开展的科学项目或开发运营的信息。它会考虑各个项目的一致性，并在必要时定义其所需的技术和财务标准，当需要时它会强调有关各方需要注意的要点。ICC-Angkor为吴哥实施后续的科学保护与发展项目的程序，进行评估和跟进。

ICC-Angkor每年举行两次会议，一次是全体会议，另一次是技术会议。ICC-Angkor的全体会议审查一般政策事项，确定主要优先事项并批准新的项目建议，它通常每年召开一次大使级会议。ICC-Angkor的技术会议每年召开一次，负责跟进各国家工作队在吴哥现场进行的不同项目活动和研究。

此外，有两个特设专家组（用于保护和可持续发展）。专家组的任务是审查任何技术问题，并对正在进行的有关项目提供指导建议。专家组由四位环境保护专家和三位可持续发展专家组成，彼此独立。最后，法国、日本、柬埔寨和教科文组织之间定期组织所谓的四方会议，以审查与ICC-Angkor运作有关的技术事项。

另外，日本和法国共同主持会议并提供必要的财政资助，而教科文组织则提供秘书处的服务并支付与特设专家组任务有关的所有费用。

针对吴哥遗址的特殊性，ICC-Angkor已经清楚的认识到，《吴哥宪章》对正在进行的研究以及不断发展的保护方法和材料的重要性。《吴哥宪章》的起草工作始于2002年，由跨学科的专业人员组成，在过去的27年（1993—2020年）中，小组成员参与了遗产领域的保护，特别是在保护吴哥的复杂问

〔1〕 https：//www. cambodiamuseum. info/museum_history. html

〔2〕 ICC-Angkor成员包括：德国、澳大利亚、比利时、文莱、柬埔寨、加拿大、丹麦、埃及、西班牙、美国、俄罗斯、法国、希腊、匈牙利、印度、印度尼西亚、意大利、日本、老挝、卢森堡、马来西亚、墨西哥、挪威、新西兰、荷兰、菲律宾、波兰、英国、韩国、中国、新加坡、斯里兰卡、瑞典、瑞士、泰国、突尼斯、越南、欧盟、亚洲开发银行（ADB）、联合国粮食及农业组织（FAO）、国际货币基金组织（IMF）、国际文化财产保护与修复研究中心（ICCROM）、国际博物馆协会（ICOM）、国际古迹遗址理事会（ICOMOS）、世界贸易组织（WTO）、东南亚教育部长组织/考古与艺术中心（SEAMEO/ SPAFA）、联合国教育科学和文化组织（UNESCO）、联合国计划开发署（NUDP）、联合国志愿者（UNV）和世界遗产基金会（WMF）。

题上，贡献了诸多专业咨询智慧。关于《吴哥宪章》将在下一节中进行讨论，在此不再赘述。

（三）暹粒/吴哥地区保护与发展管理局（APSARA 局）

1. 成立暹粒/吴哥地区保护与发展管理局

吴哥是一处地理区域，一处考古遗址群和一处文化场所。在古代文明和现代文明的十字路口上，一些主要因素相互作用对国家的生存至关重要。吴哥地区拥有一流的经济和人力潜能，可以为吴哥的发展奠定基础，并为将来的吴哥发展提供必要的保护。

因此，只有在可持续发展的框架内，吴哥才能得到有效的保护和发展。柬埔寨政府面临的主要挑战在于，将利益分散而不是将相互冲突转变为可满足吴哥地区乃至国家需求的可持续发展资源。

鉴于此，吴哥的保护主要由柬埔寨政府文化和艺术部下属的吴哥保护办公室（Angkor Conservation Office）来负责。但吴哥地区的复杂性和古迹保护的迫切性，决定了必须提高保护机构的等级和职责范围。

1994 年 5 月，柬埔寨政府颁布，关于在暹粒/吴哥地区建立文化保护区及其管理准则的王室法令。该法令基于吴哥遗址的分布情况，将整个暹粒省划分为五个等级的保护区分别是：古迹遗址区、考古保护区、受保护的文化景观区、具有考古学、民族学或具有历史意义的遗址区、暹粒/吴哥社会经济和文化开发区。该法令规定了每个区的保护要求、开发控制、考古管理、旅游管理、水资源管理等内容，为暹粒/吴哥地区的保护和发展提供了框架。

同年 5 月 28 日，柬埔寨政府公布并实施了皇家法令 001NS。法令要求尊重在暹粒/吴哥地区划出的保护区和进一步制定保护区内的管理制度。

1995 年，柬埔寨政府决定为吴哥的保护新设立一个国家级的机构。是年 2 月颁布王室法令，宣布正式成立暹粒/吴哥地区保护与发展管理局（Authority for Protection and Management of Angkor and the Region of Siem Reap，简称“APSARA”局）。该机构主要有以下职能：保护暹粒/吴哥地区的国家文化遗产；构想和领导暹粒/吴哥地区文化旅游的发展；实施可持续发展，以贯彻柬埔寨政府的脱贫政策；与省级和属地管理机构合作关系；与柬埔寨国内及国外文保机构开展合作[1]。

根据该法令可知，APSARA 局的地位极高，其管理委员会的联席主席由当时柬埔寨联合执政的第一首相和第二首相联合担任，委员会的成员包括各相关部委，如公共事务和交通部、经济和财政部、文化和艺术部、外交和国际合作部、旅游部、环境部、规划部等大臣和暹粒省的省长或其他代表。该法令还规定，APSARA 局负责整个暹粒省内的重要遗址管理和旅游发展事宜。

这一时期 APSARA 局由六个部门构成，包括办公厅、考古与古迹司、吴哥旅游开发司、暹粒/吴哥地区经济与社会发展司以及暹粒/吴哥地区城市规划与发展司。这五个司分别由一位副局长分管，第六个司为高棉文化研究司，由局长直接分管。此时的 APSARA 局内部，只有几位从欧洲（主要是法国）回国的专业人员，以及一些国际顾问，部门自身在人员、技术、资金等资源方面全方位匮乏。

2. APSARA 局的发展

1999 年，柬埔寨政府再次颁布王室法令，调整和完善 APSARA 局的权限和职能。根据该法令，APSARA 局负责吴哥地区的保护、宣传，并履行世界遗产的国际义务。APSARA 局是整个吴哥范围内唯一有权批准建设的机构，并被授权在所有有关吴哥的会议、活动和谈判中代表柬埔寨政府，有权签署有关吴哥的协议、公约或合约。与此同时，该法令对于 APSARA 局的财务收支权力进行了明确，如

[1] http：//apsaraauthority. gov. kh/.

法令中规定吴哥的门票收入、区域内相关摄影、电影拍摄和文化艺术活动等收入，以及相关资产租赁收入等都归 APSARA 局所有。

同时，该法令也调整了 APSARA 局的内部构架，并调整了其管理委员会的组成。委员分别来自内阁办公厅、文化和艺术部、内务部、经济和财政部、旅游部、环境部、国土管理部、城市规划和建设部、公共事务和交通部以及暹粒省。管理委员会的主席，初期由 APSARA 局局长担任。2004 年 9 月，柬埔寨政府任命第一副首相索安（SOK AN）为 APSARA 局主席，并于同年颁布了《关于在吴哥地区 1 区和 2 区块设立土地利用标准的决定》，严格禁止其他政府部门妨碍 APSARA 局行使其职权，并对所有非法的土地或遗产利用提出警告。通过上述法律和人事安排，APSARA 局逐步获得了吴哥地区的完整管理权。

同年，即 1999 年，政府决定将部分收入，尤其是吴哥遗址门票的销售收入，交给 APSARA 局。还与 Sokha Hotels 公司签署了一项负责销售门票权利的经销商协议，作为回报该公司每年向柬埔寨政府支付 100 万美元的初始特许权使用费，在以后的五年内每年自动增长 15%。政府将收入分配给 APSARA 局（获得 80%）、旅游部（获得 15%）和文化和艺术部（获得 5%）[1]。

随后，为了更好地行使其职责，APSARA 局新成立了三个部门，分别是古迹与考古二司、水资源与林业司、人口统计与发展司。古迹与考古二司，主要负责编制吴哥地区的土地利用规划，用以控制村庄的建设活动。水资源与林业司，则负责吴哥地区的水路网络和森林资源。为了满足居民对木材和采摘的需求，该司在缓冲区划定了临时区域，用以种植果树和炭薪林，并雇佣当地居民从事造林、森林、运河河道清洁、堆肥等工作。人口统计与发展司，则主要负责人口普查以及吴哥地区居民的生产事宜。该司向村庄派出农学家，培训村民使用新的生物肥料来种植稻米，同时还组织开垦试验田，开发技术来种植西方蔬菜，以满足国外游客的需求。

为了更好地管理保护区，APSARA 局采取了两阶段的方案，通过设置界桩来划定保护区域。2004—2005 年共设置了 333 个界桩，2010 年又设置了 78 个界桩。2004 年，柬埔寨政府通过法令授权 APSARA 局负责贡开遗址（Koh Ker）的保护、管理及发展。该遗址位于暹粒东北约 100 公里处，10 世纪中期曾短暂的作为古代高棉王国的都城，寺庙遗址总数超过 30 座，其代表性的建筑是大塔寺（Prasat Thnom）。目前，贡开遗址群已划归柏威夏管理局实施保护管理。

与此同时，APSARA 局还在办公厅内设立了宣传处，其主要职能是改善 APSARA 局与当地民众及僧侣之间的沟通。该处针对遗产和可持续发展，组织相关活动，并且面向 APSARA 局员工、遗产警察、学生、僧侣等举办相关培训活动。宣传处还在遗产区划边界设立界桩，介绍相关禁令，并设立邮箱及开通交流热线，通过电台、电视和报纸宣传 APSARA 局的政策和工作。此外，APSARA 局还牵头组建了联合执法组，成员包括军警、民警、遗产警察，以及暹粒省土地注册厅和林业厅的代表，用

〔1〕 H. E. Vann Molyvann，Management of the Angkor Site：national emblem and world heritage site，*Museum International*，2002 Vol. 54 No. 1-2. pp. 110-116. 当年的门票收入猛涨到 380 万美元。为此，双方于 2000 年重新修改合同条款，如果门票总收入低于 300 万美元，则将其中的 50% 上交，如果超过 300 万美元，则上交其中的 70%。此后双方的合作条款又经历了几次变化，到 2014 年时，双方约定门票收入的 15% 归 Sokha Hotels 公司拥有，15% 上交给一个负责吴哥区域发展的保护基金，60% 上缴经济和财政部，剩余的 10% 作为增值税。从 2016 年 3 月开始，柬政府收回了 Sokha Hotels 集团对于吴哥门票的征收权，改由柬埔寨经济和财政部与旅游部联合成立了一个名为吴哥研究所（Angkor Institution）的新机构，负责收取吴哥古迹的门票，并为游客提供相关的旅游服务和帮助。在接收吴哥的票务工作后，该机构于 2017 年 2 月上调了吴哥的门票价格，单日票从 20 美元上涨到 37 美元，三日票从 40 美元上涨到 62 美元，周票从 60 美元上涨到 72 美元。

以打击吴哥内的土地占用、非法建设和无政府行为[1]。

2008年5月，APSARA局再次进行了重组，根据吴哥保护与发展的实际问题，进一步细化了内部部门的配置，以保证对所有与古迹相关的领域进行管理，并能对遗产地居民的社会和经济福利，给予足够重视和保障。古迹与考古二司被改名为土地规划与住所管理司，人口统计与发展司变成了农业与社区发展司，水资源与林业司被一分为二，分别成为水资源管理司和林业、文化景观与环境管理司，执法部门变成了公共秩序与合作司，宣传处也升级成为外联司。在此基础上，APSARA局逐渐形成了今天15个部门的组织构架[2]（图146）。

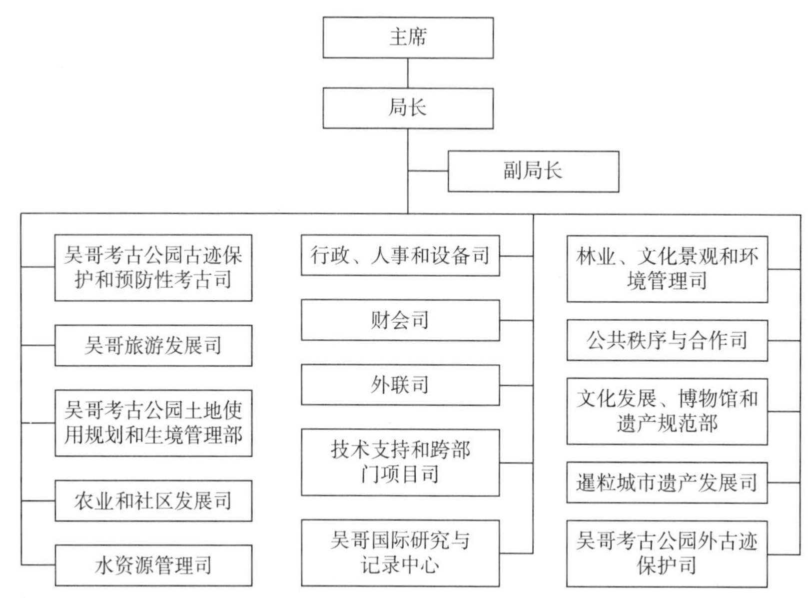


图146　APSARA局组织结构示意图

（四）文化和艺术部（MOCFA）

柬埔寨文化和艺术部是负责考古遗址保护与研究的另一个机构。MOCFA于1996年1月根据皇家法令成立，其主要职责包括发展文化和艺术以及促进柬埔寨的多元文化遗产。其中考古部分下设四个子部门：考古学和史前史、文物、博物馆和古代古迹的保护。

MOCFA负责柬埔寨境内的所有考古遗址，如寺庙和宝塔，以及古土墩、古桥梁、古运河、古代水池和古代道路，但暹粒省和柏威夏省控制区域内的遗址除外。

MOCFA的主要目标之一是广泛促进考古研究。鼓励当地考古学家与外国机构及研究人员合作，开展调查、发掘、修复和保护项目。MOCFA还致力于记录陆地、地下和水下所有的考古遗址，以突出它们对柬埔寨国家文化遗产的重要性。最近，在MOCFA和法国远东学院的一个合作项目中，超过4000处考古遗址被记录、绘制。在与当地专家和国际研究人员的合作项目中，通过外部财政支持，其中一些遗址也被发掘或修复。在启动此类项目之前，MOCFA要求合作组织制定协议，明确项目计划、

〔1〕中国文化遗产研究院：《联合国教科文组织吴哥古迹国际保护行动研究》，杭州：浙江大学出版社，2018年，第55–58页。
〔2〕同〔1〕，第59页。

时间表和预算。

MOCFA 还强调遗产教育的重要性，因为对当地人、官员、警察、僧侣和学生的教育是保护柬埔寨文化遗产的关键。因此，MOCFA 计划把一些遗址开发为旅游景点，同时尽可能多的建立省级博物馆。

除了这些较小的遗址外，MOCFA 曾为联合国教科文组织和世界遗产委员会准备文件，已申请将三坡布雷库遗址列入世界遗产名录。为此，在 MOCFA 机构内创建了一个三坡布雷库管理局作为一个单独的机构。同时，推动其他重要古遗址被提名为世界遗产，其中包括：班迭色玛寺庙建筑群、磅斯外圣剑寺、崩密列、贡开、奇梳山寺和吴哥博雷遗址。虽然 MOCFA 没有直接控制吴哥和柏威夏寺等其他世界遗产地，但它与 APSARA 局和柏威夏管理局密切合作[1]。

（五）柏威夏管理局（NAPV）

柏威夏寺位于柬埔寨北部，隶属于柏威夏省，地处扁担山脉的边缘。曾经为保护这座山地寺庙面临巨大挑战，当初因为被提名为世界遗产已导致泰国与柬埔寨之间的武装冲突升级，泰国反对这一提名，并从未完全接受国际法院 1962 年的裁决。该裁决认为"柏威夏寺位于柬埔寨主权范围内"，而自 2009 年以来，泰国内部的政治操纵导致现场紧张局势升级，冲突导致数名平民和军人死亡。现今，柏威夏寺归属柬埔寨，于 2008 年被列入世界遗产名录。柬埔寨政府为了更好的管理柏威夏寺，建立了柏威夏管理局（National Authority for Preah Vihear，简称"NAPV"），其运作方式与 APSARA 局大致相同。

## 二　人力资源建设

冲突后的柬埔寨正在努力应对无数形式的创伤，他们的人民，他们的野生动物以及不可移动的文化遗产面临着巨大的风险。曾经直接的战争和掠夺给柬埔寨的文化遗产带来了严重的风险，但对人力资源的影响更为深远。内战结束后，柬埔寨只有 2 名训练有素的建筑师和 4 名考古学家（只有 1 人有实际考古经验）幸存下来，并在 20 世纪 90 年代中期开始缓慢重建文化遗产的进程。由于经济和政治原因，吴哥独特的文化遗产对柬埔寨的世界遗产管理产生了强大的向心力。

而在人力资源方面的建设有多种形式，从传统教学（讲习班、会议、国内教室、现代远程教学）到考古学、文物保护、博物馆或国际遗产管理方面的国内与国际实习活动。人力资源建设也可以在机构层面进行，通过构建新的遗产管理组织结构、起草包括文化资源管理和新环境保护立法，以及支持国家间防止文物抢劫的举措方面，进行协商和打击非法贩卖文物。

自 1995 年以来，有两家柬埔寨机构开展了国内考古培训：金边皇家艺术大学（RUFA）、柬埔寨皇家学院（Royal Academy of Cambodia，简称"RAC"）以及来自国际上援助的多家组织与机构。

（一）金边皇家艺术大学（RUFA）

1990 年代以来，RUFA 在培养考古学家方面发挥了核心作用，它是柬埔寨物质和非物质文化遗产的首要培训场所。尽管 RUFA 于 1980 年重新开放，但最初开设的课程仅在艺术学院。直到 1989 年，

〔1〕 Alison Carter, Piphal Heng, Sophady Heng and Kaseka Phon. Post-Khmer Rouge Cambodia, Archaeology in. Claire Smith. *Encyclopedia of global archaeology*（2nd edition）, New York, NY : Springer, 2020. pp. 8791-8797.

RUFA 才获得了大学的正式地位，考古系才由其幸存的校友重新开设，其中包括教授 Chuch Phoeurn 和 Pich Keo。然而，由于人力资源有限，该部门面临着巨大的挑战。课程以战前科目为基础，包括高棉历史、碑铭学、艺术史、民族学和考古学课程。其他课程侧重于与柬埔寨直接相关的文明和文化，如印度古典语言和艺术史，以及其他东南亚文化和文明，包括占婆、爪哇、缅甸和泰国。除了基础课程之外，还包括到主要考古遗址的考察、咨询国内和国际专家，以及在各种保护组织和考古机构实习。

考古系主任 Chuh Phoeurn 与 Ang Choulean 教授和当时的博士生 Ashley Thompson 合作，从 1993 年到 2002 年，为多个长期培训项目寻求联合国教科文组织 / 日本信托基金的支持。这笔资金用于资助国际和国内讲师、柬埔寨助教、行政人员和一名图书管理员。

1995 年至 2002 年，在丰田基金会和教科文组织的资助下，考古学系聘请了国内外专家，大幅改善人力资源。从 1994 年起 RUFA 的毕业生和初级教员被指定为每个专业课程的助教。希望这些助教和初级学者逐渐取代他们的国际教授，减少该系对外国援助的依赖。然而，这一希望并没有实现，因为在 2002 年教科文组织结束对该部门的援助后，部门缺乏资金来维持庞大的师资队伍。幸运的是，项目的一个意想不到的积极成果是培养了一系列非常称职的柬埔寨考古学家，他们是联合国教科文组织资助教师的学生。1995 年至 2002 年获得学位的学生在柬埔寨的大多数文化资源管理机构担任职位，如 MOCFA、APSARA 局、柬埔寨皇家学院及其他考古与文物保护机构。另外，一些学生选择继续深造，在柬埔寨和国外的机构获得硕士、博士学位。

目前，RUFA 正在翻新和扩建其现有设施，以提供更多的教室、实验室和图书馆等公共空间。此外，一群学者正在努力为考古系学生开发核心课程。尽管取得了一些进展，RUFA 仍在为缺乏资金、资源支持而苦苦挣扎。许多 RUFA 校友自愿为在校学生提供兼职课程或会议讲座。尽管有敬业的教职员工、志愿者与校友的努力，RUFA 仍需要额外的财政支持，以便为学生和教师提供足够的资源[1]。

### （二）柬埔寨皇家学院

柬埔寨皇家学院（RAC），于 2002 年在文化和艺术学院考古系设立了第一个由政府资助的硕士和博士学位。该计划的目标包括考古研究的管理和发展，研究成果的收集和保存，研究成果的文献记录及分发，以及扩大与其他考古研究机构有关的国家和国际组织的合作。在项目的第一阶段，通过严格的考核，遴选出 5 名硕士、博士研究生进行培养。

项目目前已进入第二阶段，毕业生将专注于政府支持的研究。一名毕业生已经完成了博士学位，另外两名是博士候选人。一些研究项目已经完成，包括 Sre Ampil 项目、Choeung Ek 窑址的测绘和发掘，以及最近由政府资助的“Prasat Trapeang Prasat 考古研究和管理”项目。Trapeang Prasat 是位于奥多棉吉省（Oddor Meanchey）扁担山山脉附近的一座重要但未被研究的寺庙遗址，目前正在进行保护工作，对这一遗址的保护将有望增加该地区的国内和国际旅游，并将为当地经济发展提供重要的动力。

未来，RAC 的文化和艺术学院将通过寻求政府和其他资源的资助来扩展其研究项目，并通过联合研究项目和其他国际会议扩大其国际影响[2]。

---

〔1〕 Alison Carter, Piphal Heng, Sophady Heng and Kaseka Phon. Post-Khmer Rouge Cambodia, Archaeology in. Claire Smith. *Encyclopedia of global archaeology* ( *2nd edition* ), New York, NY : Springer, 2020. pp. 8791-8797.

〔2〕 同〔1〕。

（三）援助国的组织与机构

1. 日本、意大利学术组织

APSARA 局与日本政府和学术组织就国内培训（如在塔内寺）和出国学习机会进行了合作。1991 年至 2013 年，仅上智大学就举办了 250 场讲座，将约 500 名柬埔寨学生纳入培训项目，授予 7 名博士学位和 14 名“文化遗产教育”硕士学位。其他重要的资助方还包括意大利巴勒莫大学（University of Palermo）。该大学在 2011—2014 年的文化遗产保护项目中，培训了来自柬埔寨遗产机构的 20 名考古学家。

2. 夏威夷大学东西方研究中心

从 1994 年开始，夏威夷大学东西方研究中心也使皇家艺术大学考古系受益，其中包括项目期间的国内培训和柬埔寨学生前往马诺阿夏威夷大学学习，这种合作通过湄公河下游考古项目（LOMAP）继续进行。

3. 德国蒂宾根大学

1996—2002 年，德国蒂宾根大学（University of Tubingen）的考古学家，在皇家艺术大学组织了一个密集的考古学能力建设项目。该项目利用皇家艺术大学的欧洲老师、利用田野考古和欧洲考古旅行，培训了一些柬埔寨学生。在蒂宾根大学帮助下，柬埔寨皇家学院在 2000 年开设了第一个硕士课程，2007 年开设了包括柬埔寨考古学在内的博士课程。

（四）区域组织

其中一项更具创新性的项目是，1999—2001 年，由位于曼谷的东南亚教育部长组织考古与艺术中心（SPAFA）赞助的项目[1]。在吴哥遗址内作为培训的主要场地后被称为“塔内寺计划”，SPAFA 计划招募 20 名学生在现场一起培训 22 周[2]。该计划由 ICCROM 的石材保护人员 Simon Warrack 负责，汇集了考古学家、建筑学家和工程师，以考虑该遗址的整体需求，制定保护措施，规划长期管理并考虑保护和持续维护的最佳方法。这一案列在许多方面都有创新，因此培训了大量的柬埔寨学生，并为以后的其他方案提供了一种良好模式。

柬埔寨在人力资源建设方面的密集培养一大批受过训练的专业人员，许多人现在柬埔寨文化和艺术部、APSARA 局、柏威夏国家管理局等文博机构担任要职。柬埔寨政府为应对全球倡议实行“自上而下的管理策略”是人力资源建设计划的基础，这也许可以解释为什么很少有柬埔寨文化遗产专业人士在吴哥考古公园内领导项目。柬埔寨有丰富的考古遗产，高棉考古学家已经在暹粒以外的几个省份发起了小规模的遗产管理项目，并结合实地进行研究。20 世纪 90 年代中期后，土地开垦和相关的遗址盗掘活动刺激了当地遗址博物馆的建立，如吴哥博雷博物馆、Memot Center，Sre Ampil 博物馆和 Kok Patri 博物馆。每座博物馆都被设想为一个自给自足的旅游场所和教育中心，供当地教师融入他们的教学课程，以及与当地社区建立牢固的联系以提高机构的遗产意识。每座建筑也将作为考古学家在

〔1〕 1971 年，柬埔寨加入东南亚教育部长组织（Southeast Asian Ministers of Education Organization 简称“SEAMEO”），该组织在金边（高棉共和国政府和 SEAMEO）成立了考古与艺术中心（Center for Archaeology and Fine Arts 简称“SPAFA”）。1973 年，SEAMEO 将 SPAFA 中心从金边搬出。

〔2〕 Warrack，S. *The Ta Nei Training Project*：*The ICCROM Training is the First Phase of the Ta Nei Training Program*，*November 1999 to March 2000*，unpublished report，Bangkok：ICCROM，UNESCO，and APSARA，2000.

该地区进行研究的库房[1]。

另外，吴哥的大多数国际项目都将考古与文物保护培训纳入他们的工作，自 1996 年以来，ICC-Angkor 建议将所有项目资助的至少 1% 分配给人力资源建设。日本、德国和意大利的团队在以保护为导向的人力资源建设方面投入了大量精力，重点是文化和古迹部的工作人员，涉及遗产管理、社区教育、旅游管理、博物馆管理、现场警卫和公园管理员培训等多个方面，以及“文化实践培训项目”。尽管国际社会为满足吴哥的迫切保护需求做出了堪称典范的努力，但很少有组织支持长期的人力资源培训项目，这对柬埔寨人员成为其文化遗产的管理者至关重要。

虽然，大部分的培训工作肯定是很有价值的。但是很多时候培训工作倾向于将柬埔寨人员委派到“次要”的角色。专家们通常对柬埔寨培训学员最终会接管项目的想法表示赞同，但是培训工作更侧重于技术和现场劳动，而不是更大的保护问题上。当然，这在一定程度上不是培训机构或组织的缺陷，许多柬埔寨培训学员缺乏工程、化学或其他专业的更深层次教育，无法接受更密集的教学。遗憾的是，柬埔寨的培训让学员担任技术人员和主管，而不是项目的全面设计和执行，这种角色上的差异一直持续到今天。

## 第四节　保护管理政策科学有效

也许是出于民族主义的原因，红色高棉政权时期没有对吴哥遗址进行大肆破坏，但 20 余年的忽视留下了巨大的保护需求。随着 1990 年代，联合国教科文组织协助的关于吴哥遗址国际磋商的开始，这种情况开始发生改变。

吴哥遗址已成为修复 / 保护技能的绝佳试验场以及展示考古发掘、发现和修复 / 保护技术的露天展馆。尽管如此，教科文组织还是很好地引导了这些团队，以激发国际团结，在这一领域协助柬埔寨，小心避免消极对抗和冲突的上升。由教科文组织支持的分区与环境管理计划（ZEMP）及 ICC-Angkor 起草的《吴哥宪章》，都成为了科学有效保护吴哥遗址的基本管理政策。

### 一　分区与环境管理计划（ZEMP）

#### （一）ZEMP 计划的实施

联合国教科文组织早期的一项任务是协助柬埔寨起草保护文化遗产的新立法。第二个任务是推动吴哥列入世界遗产名录。然而，列入名录的条件是：颁布适当的保护立法；建立一个国家保护机构来协调遗址管理；划定永久边界和缓冲区，以及国际监督和协调。

为帮助吴哥遗址满足这些条件，联合国教科文组织开展了一项重要且必要的分区与环境管理计划（Zoning and Environment Management Plan，简称“ZEMP”）以建立吴哥地区的环境数据库。ZEMP 项目（1992—1994 年）经历了多次的修订完善，为柬埔寨当局提供了吴哥区域与管理政策的计划和指南。该计划旨在保护考古遗址，促进适当的旅游业，并鼓励农业、林业和城市活动的生态可持续发展。

---

〔1〕 Miriam T. Stark and Heng Piphal，After Angkor：An Archaeological Perspective on Heritage and Capacity-Building in Cambodia. Paul Newson and Ruth Young. *Post-conflict archaeology and cultural heritage：rebuilding knowledge，memory and community from war-damaged material culture*，New York：Routledge，2018. pp. 195-216.

它还概述了实施准则所必需的法律和监管框架的选项[1]。

ZEMP 项目由联合国开发计划署和瑞典国际开发署（SIDA）[2] 资助，由联合国教科文组织代表执行。ZEMP 汇集了一个由 25 名柬埔寨和国际专家组成的多学科团队，涉及资源制图、地理信息系统和数据管理、高棉历史和考古学、建筑保护、水文学、生态和野生动物保护、农学、林业和农村发展等领域，社会民族学、旅游发展、城市和交通规划、公园规划、行政和法律事务等。

ZEMP 的规划过程，建立在吴哥已知信息和以前的分区研究基础之上。它纳入了国家公园与保护区的规划和管理的最新思路，以及关于世界遗产管理的指导方针。

在 1992 年 12 月至 1993 年 4 月的五个月期间，ZEMP 专家至少对吴哥遗址进行了两次调查工作。第一次是调查现有数据，解释航空照片，报告该区域的状况和潜力并提供数据，以便数字化纳入地理信息系统。第二次是参加为期三周的研讨会，审查和分析个别专家报告中的数据。通过跨学科互动和综合过程，根据该地区的资源并反映当地居民的社会和经济需求，制定政策、划定区域和指导方针。

在确定吴哥周围保护区的过程中，柬埔寨政府制定了一套国家文化遗产保护制度，这无疑将有效保护作为国家文化遗产的最重要遗址，并在国家范围内进行科学、教育和旅游管理。还有人提出了一个类似的系统来保护自然区域。

在这个庞大的遗产管理规划中，吴哥遗址的分类是：

古迹遗址区：包括该国最重要的考古遗址区。这些地方对游客很有吸引力，将受到最高水平的保护和管理（1 区）。

考古保护区：地上和地下都有丰富的考古遗迹，需要保护免受破坏性的土地利用和侵入性的开发。这些通常包含和包围古迹遗址，即缓冲区（2 区）。

受保护的文化景观区：具有独特景观特征的区域，由于其传统特征、土地使用方式、多样化的栖息地、历史建筑和人为特征。这些区域有助于反映文化价值传统生活方式和土地使用模式，因此需要保护（3 区）。

具有考古学、民族学或有历史意义的遗址区：其他重要的考古遗址，或重要性低于古迹遗址，具有保护研究、教育或娱乐价值（4 区）。

暹粒 / 吴哥社会经济和文化开发区（5 区）。

同时，结合上述措施，在该区域开展了三项行动，均取得了不同程度的成功。首先，是对吴哥考古公园进行排雷，以便当地社区、研究人员以及最终的游客可以进入，显然这次行动是成功的。其次，是建立了一支特殊的遗产警察部队，以打击吴哥文物的秘密盗窃和非法贩卖。目前，吴哥文物的盗窃在遗址中已不再普遍。作为这项努力的一部分，并应柬埔寨政府的要求，美国政府决定暂停进口 6–16 世纪的石质艺术品，并于 1999 年 12 月生效。最后，是反对非法砍伐森林的行动，以重新在吴哥考古公园内造林[3]。

---

〔1〕 Jonathan Wager，Developing a strategy for the Angkor World Heritage Site，*Tourism Management*，1995，16–7，pp. 515–523.

〔2〕 匈牙利皇家吴哥基金会、世界自然保护联盟（IUCN）、法国远东学院、美国国家公园管理局和泰国艺术部也提供了技术援助和实物捐助。

〔3〕 H. E. Vann Molyvann，Management of the Angkor Site：national emblem and world heritage site，*Museum International*，2002 Vol. 54 No. 1–2. pp. 110–116.

在1994年3月的一项政府法令中，吴哥核心遗址群、罗洛士建筑群和女王宫被指定为考古保护区。每处保护区都包含一个被划为古迹遗址的核心区域，以便为最重要的古迹建筑提供最大程度的保护。受保护的文化景观区是沿着重要的堤道和运河、河流划定的，并将保护区域扩展到周围的景观中。此外，还确定了具有考古学、民族学和历史意义的遗址，将来还会添加其他遗址（图147）。

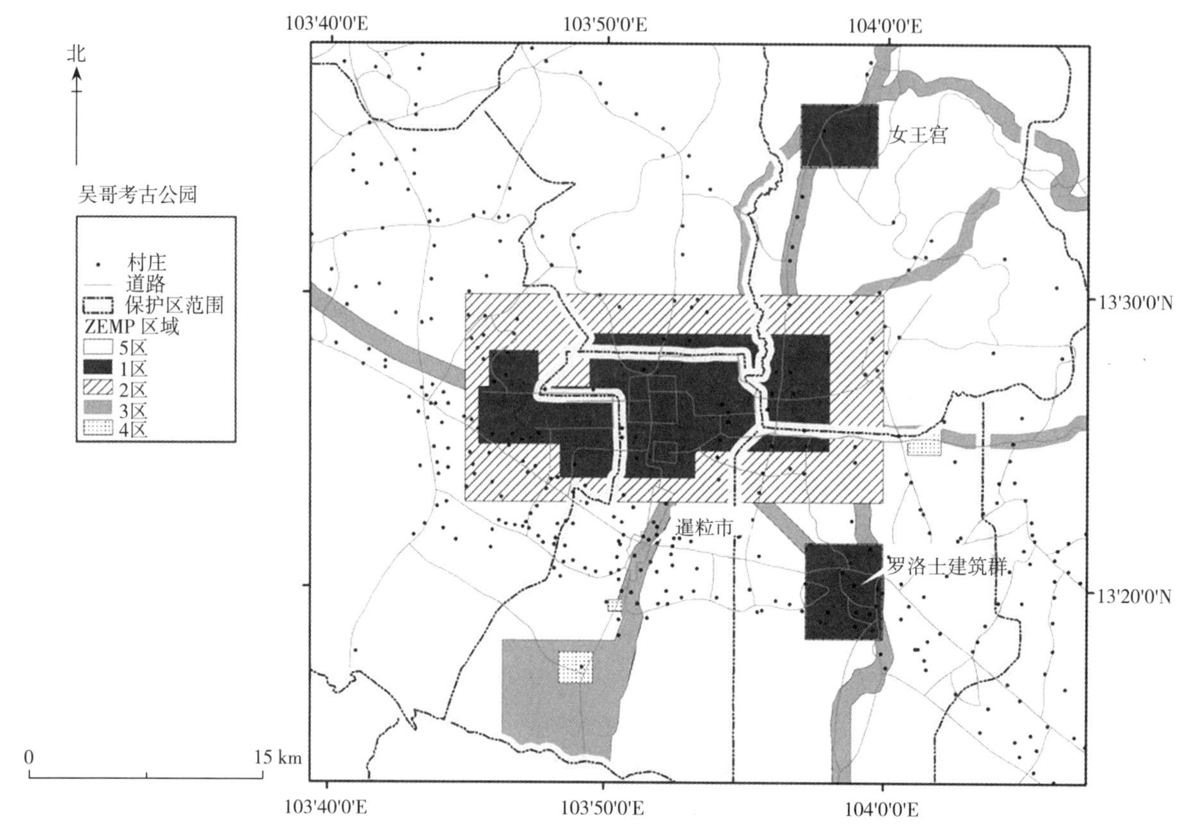


图147　吴哥考古公园ZEMP地图

（图片来源 Journal of Environmental Planning and Management，2013，56-2，Figure 1，p. 293）

吴哥世界遗产的边界，包括整个地区作为考古保护区或文化景观保护区。洞里萨湖湿地、原始森林和集水区以及河流流域等更重要的生态系统被划为生态敏感区。还确定了由传统居住区和适合城市扩张与旅游业发展的地区，组成城市保护区。每种类型的区域都概述了旅游、考古保护、水资源管理、农村发展、城市发展以及交通和通讯方面的政策。

（二）存在的问题

ZEMP计划的主要问题是，对该计划宣传不够充分，导致许多人对边界不清楚。在1990年代，并没有设立界碑或足够数量的宣传牌来宣传ZEMP计划及其边界。这造成了一些混乱，除了APSARA局以外的一些柬埔寨当局有时还假装不知情，以此作为在保护区内建造旅馆或其他建筑物的许可证。如，从暹粒河（Siem Reap）到普克河（Puok）的主干道沿线的第2区，一家酒店的老板在吴哥时期的运河之上建造了一座停车场[1]。

居住在罗洛士建筑群周围的村民对ZEMP计划表达了自己的看法，虽然出于监管目的已经明确界定了边界，但它们在地面上的划定（即计划的实施）很"模糊"。特别是新的监管边界与之前存在的（众所周知的）行政边界之间缺乏一致性，使得ZEMP的"明线"对许多当地人来说毫无意义。

虽然法律保护文化遗产的目的和周边自然环境已被广泛接受，但吴哥长期以来一直是人类居住的空间，地域覆盖面广，因此仍存在诸多问题。由于吴哥被指定为世界文化遗产，这些区域成为了无形的铁丝网，束缚了居民的活动，限制了他们利用吴哥的社会文化和经济资源。

就酒店区而言，从暹粒市到吴哥寺的主要道路、连接机场和城市的6号国道以及暹粒河沿岸的酒店建设最为流行。此外，许多当地人声称拥有该地区土地的合法所有权，要求的赔偿金额远超预期。由于财务和法律泥潭，APSARA局无法采取行动，导致该区域仍然欠发达。

通过最近完成的大吴哥项目及其周边地区的整体测绘可知，在12—13世纪的鼎盛时期，大吴哥占地约1000平方千米，是前工业时代最大的低密度城市综合体。一个庞大而复杂的水资源管理网络将郊区联系在一起，并帮助大吴哥地区成为一个功能齐全的综合实体，当地房屋散布在暹粒平原上的神社和水池周围，并集中在其巨大的线性堤岸上[2]。根据最新的考古研究成果显示，吴哥遗址越来越面临集约化、商业化及农业和城市侵占的风险，吴哥考古公园的范围也需要重新划定。

在吴哥继续实行加强边界和区域的方法时，可能会给未来的居民和管理者带来相当大的挑战，如冻结吴哥考古公园内的土地使用模式，这导致了古迹保护与当地发展之间的紧张关系。可以说，目前的法律框架造成了对复杂管理基础设施的需要，而没有充分注意到现有的行政安排。围绕遗产边界的争议，既不是新出现的，也不局限于发展中国家或吴哥地区。此外，在省级地区执行国际遗产义务时，是复杂的、是极具争议的。

## 二　建立修复原则——吴哥宪章

《吴哥宪章》的起草工作始于2002年，由一个跨学科的专业人员组成，在过去的27年（1993—2020年）中，小组成员参与了遗产领域的保护，特别是在保护吴哥的复杂问题上。同时，ICC-Angkor已经清楚的认识到，《吴哥宪章》对正在进行的研究以及不断发展的保护方法和材料的重要性。

在这种背景下，2012年通过的《吴哥宪章》（Angkor Charter）可以说是在众多专家的共同努力下，确定了建筑群最基本的修复方针与方法，具有划时代意义。下面将从三个方面来对宪章进行论述。

### （一）产生的背景

自1992年以后，吴哥遗址的国际性保护工作一直在持续展开。在此后基本上每10年就会召开一次吴哥保护与政府间发展的会议，截止到2019年共通过了三个重要的国际间保护文件。

1993年10月，在日本东京会议上通过了《东京宣言》，这是关于吴哥保护的首个重要国际文件。

---

〔1〕 Keiko Miura. World Heritage Making in Angkor. Global, Regional, National and Local Actors, Interplays and Implications. In Brigitta Hauser-Schäublin. *World Heritage Angkor and Beyond - Circumstances and Implications of UNESCO Listings in Cambodia.* Universitätsverlag Göttingen. 2011. p. 10-31.

〔2〕 Roland Fletcher, Ian Johnson, Eleanor Bruce & Khuon Khun-Neay, Living with heritage : site monitoring and heritage values in Greater Angkor and the Angkor World Heritage Site, Cambodia. *World Archaeology*, 2007, 39-3, pp. 385-405.

宣言各方同意成立一个大使级别的吴哥国际保护与发展协调委员会（ICC–Angkor），作为协调各国和国际组织援助吴哥的国际机制，同时还进一步确定法国和日本担任委员会的联合主席国。《东京宣言》所确立的ICC–Angkor制度成为了吴哥保护行动成功的重要基石之一，影响深远。

2003年，第二届政府间会议在巴黎召开，并通过了《巴黎宣言》。宣言提出要制定一份有关吴哥保护理念与实践的工作方针文件，同时加强对"可持续发展"议题的关注，并建议在ICC–Angkor会议上对吴哥地区的各种发展项目，尤其是与经济、社会和环境方面有关的项目加以讨论。此次会议除了宣言本身，还通过对下一阶段吴哥保护与发展工作的相关建议，包括起草吴哥保护与修复指南、加强培训和公众宣传、鼓励开展多学科的考古工作、加强对吴哥碑铭和历史的研究、成立遗产保护实验室、编制可持续发展规划。此次会议，为以后10年的吴哥援助行动指明了方向。

2013年，第三届吴哥政府间会议在暹粒召开，会议主题为"吴哥活态遗产的可持续发展与综合治理"，会议通过了《吴哥宣言》及其所附建议。宣言指出，要引导吴哥在未来10年内朝着活态遗产的可持续与综合治理方向发展，优先考虑与古迹保护有关的水资源、森林、文化景观、道德和可持续旅游业，通过实施《吴哥遗产管理框架》来满足当地人的物质和精神文化需求[1]。

在吴哥保护国际行动的实施各方中，不论是管理方APSARA局、国际组织ICC–Angkor，还是各国的参与方，都在不断地总结经验和调整方法，努力适应吴哥保护的历史使命。一些曾经在吴哥流行的做法，也许在新的形势下是行不通的。如中国援助茶胶寺保护修复项目开展以来，就遇到运用老的经验不能完全适应柬方和ICC–Angkor新要求的问题。

在此背景下，从1996年到2004年，日本工作队举行了九届巴戎论坛（Bayon Symposium）。为探讨吴哥修复理念与修复方法搭建交流平台，巴戎论坛邀请各国工作队进行主题发言，讨论在保护实施过程中遇到的难题以及解决办法。西方国家对于石质建筑的保护与修复，已经有相当成熟的经验和技术方法，而且参加吴哥保护的各国工作队大多面临相同的问题。同时西方经典保护案例，如意大利比萨斜塔的保护，也在论坛中进行了介绍。巴戎论坛是以巴戎寺保护修复为主题，各国工作队对巴戎寺的保护原则、策略以及修复方法的讨论、意见和建议直接促成了《巴戎寺保护修复总体规划》的完成。在主要问题上各国工作队取得了一致的认识，《巴戎宪章》成为纲领性的重要文件，为多元文化的参与协作机制产生了重要成果[2]。

在吴哥这样一个有着显著共性而数量巨大、分布广泛的遗产类型面前，世界各国的参与者如何能够遵循统一的标准和理念，如何能够互相取长补短，从而使这处价值巨大的世界遗产，能够真正保持其真实性和完整性，同时又兼容管理方、旅游者以及周边城市的发展需求。这就需要一个共同的行为规范，于是从2002年起以ICC–Angkor为主导，联合参加吴哥修复的各国主要专家学者，开始编制《吴哥宪章》一部专门为吴哥保护工作者进行古迹保护与修复应遵循的理念、原则和行动纲领的技术文件，是在众多专家的共同努力下，确定了遗址最基本的修复方针和方法，具有划时代的意义[3]。

《吴哥宪章》从2002年开始讨论，以寻求应对这一挑战的方法。《吴哥宪章》的主要执笔者以克罗西（Giorgio Croci意大利罗马第三大学结构工程教授）等联合国教科文组织的ICC–Angkor专家组为主。

〔1〕中国文化遗产研究院：《联合国教科文组织吴哥古迹国际保护行动研究》，杭州：浙江大学出版社，2018年，第84–85页。

〔2〕伍沙：《20世纪以来柬埔寨吴哥建筑研究及保护》，天津：天津大学博士学位论文，2014年，第214页。

〔3〕侯卫东：《吴哥保护国际行动二十年和〈吴哥宪章〉》，《中国文物报》2013年2月23日，第5版。

联合国教科文组织派出了特设专家，包括在吴哥从事修复项目的专家以及APSARA局国际组织有关部门的负责人，共有31位核心成员进行了10年的讨论，经过15次修订后，终于在2012年12月获得通过[1]。

（二）内容与特点

《吴哥宪章》包括以下原则和内容，并具备极强的具有吴哥保护针对性的文化遗产保护规则特点。

1. 原则

《吴哥宪章》建议任何保护或修复项目应包括以下活动：1. 计划。包括初步的实地调查、目的和目标的定义、工作计划的制定、预算、时间表和任务分配。2. 数据采集。包括要保护或修复古迹的历史，其造像、结构、先前的保护或修复工作历史，社会研究以及计划和文档表格的准备，与图片资料有关的数据收集，建筑的绘图和记录，技术的执行以及材料衰减因子的检查。3. 诊断和安全评估。在获得数据和结构分析的基础上，必须逐步检查和评估，建筑损坏和倒塌的原因以及当前的安全状况。4. 办法。量身定制措施以确保结构的安全性和耐用性。5. 控制。在保护或修复期间及之后进行的建筑质量控制调查，包括长期保护计划[2]。

2. 内容

《吴哥宪章》由"总则（Principle）"和"方针（Guideline）"两部分组成。"总则"共有18条组成，不仅对吴哥而且对其他建筑遗产也是通用性较高的条文。

（1）保护加固和复原建筑遗产需要多学科的介入。（2）由于每一种文化都不相同均应当得到尊重，因此建筑遗产的价值和真实性评估，都不应缺少对其物质实体所携带的文化内涵的认识。（3）鉴于建筑遗产丰富的历史，遗产结构的特性研究应仿照医生进行检查那样的完整程序，包括既往病历、诊断、处置和控制。（4）任何保护对象的早期修建历史、结构和材料特性、建造技术和工艺以及其后的变化都应进行全面了解，当然也要包括现状。（5）在决定结构处理前的任何措施，都应首先了解结构破坏和材料风化的原因，并在此基础上评估结构的安全性。（6）适当的可控保养和随之而来的延后扰动。（7）在没有证明结构的扰动是必不可少的情况下，不应轻易触动结构本体。（8）任何修复设计都应基于对破坏方式的充分了解（受力、加速、破坏等）；或对造成破坏与风化的紧迫性了解，或者将来可能产生的作用。（9）在传统和新技术的选择中应基于个案审理，使其对价值的最小干扰而对价值的提升最多，最有利于其安全和耐久，以便于日常保养。（10）当修复结果的安全难以评估时，也许可以按照循序渐进的方法，从最小干预开始，逐渐增加方法并随时进行监测。（11）在修复中使用的材料，特别是新材料应完全满足其适配性的要求，应对其效果进行长期的测试，从而避免不可预知的风险。（12）由其最初状态转化而成的明显结构和它的环境变化应予以保持。（13）任何修复手段都应尽可能的遵守古迹原有的理念、结构、技术、历史价值以及它能够提供的历史证据。（14）修复应优先于更换。（15）如果结构的缺陷和改变已成为历史的一部分，在安全的情况下应维持现状。（16）解体和重构只有在结构特性和材料证明，使用别的方法会造成更大的破坏时才可以采用。（17）对于在实施中无法控制和其效果没有办法更改的措施不应被实施，任何修复的方案都应辅之以相应的检测和控制。（18）所有修复控制和监测都应进行详细的记录，并成为结构历史的一部分[3]。

《吴哥宪章》在第二部分中，列出的每篇章节均附有更多的技术细节，共包括了以下十章。

---

〔1〕 http：//www. unesco. org/new/fileadmin/MULTIMEDIA/FIELD/Phnom Penh/pdf/angkor charter rev jul 2014–en. pdf）。

〔2〕 转引自APSARA局官网中的《20 years of International Cooperation for Conservation and Sustainable Development》。

〔3〕 侯卫东：《吴哥保护国际行动二十年和〈吴哥宪章〉》，《中国文物报》，2013年2月23日，第5版。

第一章，一般注意事项（General considerations）；第二章，对结构的影响（Impacts on the structures）；第三章，项目组织（Organization of the project）；第四章，材料特征与衰变（Material characteristics and decay）；第五章，材料的保护（Material conservation）；第六章，土壤、水和环境（Soil，water and environment）；第七章，结构性能和破损（Structural behavior and damage）；第八章，加强结构的标准和技术（Criteria and techniques for strengthening structures）；第九章，风险地图（Risk map）；第十章，结束语和致谢（Closing remarks and acknowledgements）。

从以上章节可以清楚地看出，古迹状况的恶化大致分为两种类型：构成古迹材料的腐烂和本体结构的变形。在第四、五章节中给出了材料退化的对策，在第七、八章中给出了本体结构变形的对策。这两项对策在实践的修复工作中占有重要的位置。此外，在这些章节之间添加了“第六章，土壤、水和环境”的详细说明。吴哥遗址不仅包括用砖石砌成的建筑，还包括许多用作水利灌溉设施的土木工程。在第七章节中，介绍了砖、砂岩和角砾岩构造的施工方法和特点，总结了这些砖石结构遭破坏的原因，并进一步研究了基础结构变形对上部结构的影响。

另外，吴哥遗址中还包括很多的主体上部变形和基础沉陷的古建筑，都与土层和地下水有密切的关系。基础内部“看不见的结构”也有重要的价值，这一点被广泛认同。

从某种意义上讲，《吴哥宪章》继承了《威尼斯宪章》的精神。《威尼斯宪章》是保护与修复古迹的国际宪章，然而《威尼斯宪章》等规定框架的前提条件，例如古迹的定义和修复的目的，但《吴哥宪章》的却清楚地表明了预期的目的。此外它的特征在于，技术上更深入并且专门研究《威尼斯宪章》中与修复和发掘相对应的条款（第 9 至 13 条和第 15 条）。条文中记载着修复工作之前所要求的工艺，从传统技术和现代技术中适当选择的应有方式，尊重历史性的改变、选择具有互换性、可再现性的修复材料、施工方法等。总则中的条文也有新明文规定值得关注的内容，如在难以评估遗产的安全性、难以判断修复工作是否有效的情况下，应以积极的“观测”为主。在《威尼斯宪章》中为了保持古迹原样，要求被修复的古迹将使用坍塌下来的原材料进行恢复原状。尽管它处于一种“消极性”保护，但《吴哥宪章》却允许有条件地进行“拆卸和重建”。

3. 特点

《吴哥宪章》与其他类似文件有所不同，其最大的特点就是灵活性。应该说《吴哥宪章》是所有参加吴哥保护行动各方的智慧结晶，对于吴哥的保护工作，既是一种总结同时也是今后工作的一种导则和规范。当然，正如在讨论编制宗旨时专家所言，该宪章既不是一本教科书，也不是一成不变的法律，它仍然是对变化和特定情况开放的一个活的样本。

《吴哥宪章》根据吴哥所面临的特殊问题来重新定义总则，使其具备足够的灵活性，成功的保护取决于一般与特别、普遍与个别以及一般的文物与吴哥遗址之间的权衡和取舍；通过对一般与特殊、普遍与个别，所有古迹普遍特征与单体建筑结构特征之间的仔细权衡，可以找到更好的保护方法〔1〕。

《吴哥宪章》致力于对各种问题和结果的广泛理解与认知，它并不想在选择保护方式时变为严厉的教条。《吴哥宪章》的可贵之处，在于其强调要求的各个部分都是相对正确，而非放之四海而皆准。以防止在进行古迹的保护研究案例中，刻板地照搬或者教条地套用一些公式、口号，而不去承认一些显而易见的客观条件。《吴哥宪章》的可操作性还在于提出思路而非给出答案，例如对于真实性的讨论，

〔1〕 下田一太：《りアンコール遺跡群における標準的な修復仕様の模索》，《世界遺産学研究》2016 年第 2 辑，第 44–54 页。

就给出了许多条出路，“同样的问题，也许最后采取的措施是不相同的”，“最后的选择，应是最适合这个特定对象在总体遗产中的地位及其重要性”[1]。

《吴哥宪章》的总则不是一成不变的，古迹修复的理念也在不断更新。由于考古研究的发展，新的认识阶段有时会在以前未曾设想到的考古现场中找到答案。此外，随着科学技术的进步，新的修复材料和技术的开发也有可能迫使修复理念本身的更新。总则告诉世人，寻找更正确的修复方法应该是建立在技术和理念的互补之上，并不一定保证绝对的正确性。

（三）评述

1. 遗址与植被的平衡关系

许多吴哥遗址在面临“建筑遗址”和“自然环境”之间的平衡存在矛盾。每一个参观塔布隆寺的游客都能感受到令人窒息的墙体与树木之间相互缠绕的情景，在无言中感受到了文明兴衰的必然和压倒一切的自然生命力。然而，树木对砖石建筑造成的危险是显而易见的，从保护的观点来看，去除侵入砖石建筑中的复杂树根是可取的。但是，树木也有稳定地下水位，缓和日照和降雨对石材直接影响的效果，即使只考虑保护古迹，也很难准确地说出树木的好与坏。对于石材表面附着物的处理也有复杂的状况，藻类、地衣类等各种各样的石材表面附着生物发出代谢酸使菌丝侵入石材，并且促进砂岩保湿和涵水等，对石材造成恶劣影响。另一方面，也有人指出石材表面附生植物可作为缓冲层，防止雨水渗透，可能是功过两全的结果。尽管《吴哥宪章》得出的结论是，不建议去除此类附生植物，但将来仍需要对去除方法和化学物质进行技术研究。

2. 材料问题

尽管《吴哥宪章》的第四、五章节中详细说明了处理材料所需的条件，但未显示所用材料性质以及所用材料的商品名称。多年来，用于保护的材料已经得到了改进，但是完美材料的开发尚未形成。

如近年来美国世界遗产基金会，在吴哥寺东走廊进行修复工作时，在走廊屋顶下有著名的“搅动乳海”浅浮雕，由之前印度修复人员填充在石缝中的水泥砂浆引起的石料劣化而导致了渗水。因此，在重新修复工作中，拆除了走廊顶部的石质构件，去除了水泥砂浆，并在石材的水平接缝处铺设了铅板进行重建，以防止雨水侵入。在召开国际会议时，许多专家对选择此材料表示怀疑，建议要进行仔细的核实，但结果是在没有充分验证的情况下进行了施工。在材料的保护方面亦存在问题，是将不同药物施加到浅浮雕石材表面的处理方法，所以在没有经过充分的验证就应用到石材保护方面此类做法欠妥。在同一组织进行的巴肯寺修复工作中，尽管防渗铅板被嵌入石材下，但仍需要对这种材料的使用寿命以及在其变质时如何更换进行充分讨论。

第八章介绍了破损结构的施工方法。首先，展示的是将塌落的石构件归安到原来的位置，用所谓的“原物重建法”进行部分“拆除”和“重建”。两者应该严格区分，拆除、重建只有在没有其他合适方法的情况下才应该慎重选择。尽管如此，在吴哥修复中，把塌落的石构件重新归安到原来的位置上是不可能的。因为，在许多情况下，建筑的结构会随着时间推移而变形，如果不重新构建建筑的基础部分，就不可能使坍塌的石构件重新归安到原来的位置。因此，为了将变形的上层结构恢复到其原始状态并使其稳定，那么必要的拆除和重建是必不可少的。换句话说，理想与现实之间存在着一些差异。

《吴哥宪章》中列出了一些用于结构加固的方法，但是对如何修复建筑裂缝或断裂没有明确的标准。

[1] 侯卫东：《吴哥保护国际行动二十年和〈吴哥宪章〉》，《中国文物报》2013年2月23日，第5版。

用不锈钢等制成的圆盘和链条对固定是有效的，并且展示出了刺穿和嵌入石头以使其不显眼的方法。为了固定夹具（链条或圆盘），是否应该部分地损伤石材来进行处理，《吴哥宪章》中也没有给出其判断的依据。

3. 新旧石构件的平衡

此外，关于拆除、重建所需的新材料所占比例的检验仍在继续，但是也存在许多困难的问题。为了构建稳定的结构，在适当情况下允许添加新材料，然而，对于结构的稳定性和所添加新材料的平衡性，并没有统一的解决方案。石材建筑在外观上是最稳定的结构，如果追求结构的稳定，理想的方法是大量添加新材料进行复原，但是在复原和修复之间应该如何划分界线成了问题。

日本工作队在对吴哥寺北藏经阁进行修复时，对重新归安塌落石构件时追加多少新石材问题，引起了很多的争论。结果发现，在之前的修复工作中，对现在要修复的建筑石构件已经被安放到另外一座建筑物上。尽管确定了坍塌石构件的位置，但仍需要许多新石材来重新安装它们。此时，修复工作的原则是“要添加的新构件”不能超过“要重新归安的原构件”。在巴肯寺的修复工程中，过去由于远东学院在对寺庙进行修复时，收集了大量的塌落石构件，因此现在很难确定其原始位置。现在对塌落的石构件进行再加工，放到与原位不同的位置使用。因此，有必要充分讨论该政策是否应广泛应用于将来处于相同情况的古迹。

此外，《吴哥宪章》对新添加的石构件雕刻的规格也没有具体要求。虽然在石构件雕刻方面，“如果有关于原始雕刻的可靠信息，可以在石构件上进行雕刻”，但是“可靠信息”的解释并不统一。此外，根据修复指南可知，吴哥的雕刻分为两部分：一个具有特定的图案或单独的图案；另一个是具有重复的装饰图案。对于前者，认为“不应该尝试复原”，但是即使采用后者的装饰图案，雕刻工匠在同一建筑物的不同部位也可能显示出略有不同的形状图案。在某些情况下，已完成的图案和未完成图案会不规则地混合在一起，因此通常很难从严格的意义上把握“遗失”部分中的原始图案，判断其作为“值得信赖的信息”是否合适并不简单[1]。

如上所述，《吴哥宪章》中关于新材料处理的描述并不是很清楚，并且在当前正在进行的实际修复工作中，根据每个不同的项目，图案也不尽相同。近年来修复完工的巴方寺，虽然增加了复原性的雕刻装饰，但由于雕刻质量较低，如果没有丰富的鉴别能力，就有可能把新构件上拙劣的雕刻装饰误认为是当初的雕刻装饰。

另外，新构件加工也在模仿原始石构件的老化和破损，预计在不久的将来，会无法判断新旧石构件。如 APSARA 局在吴哥通王城内的斗象台遗址上重新安装了新雕刻的石狮子造像。但是并非所有丢失的石狮子造像都能再现，并且其中的一些造像已被选择性地安装。很明显该造像的准确性很高，很难区分新、旧石狮子，这将在未来会引起混乱。另外，在吴哥通王城南塔门前，排列的印度神话“搅动乳海”的立体化神像群的头部，也是安装高精度的复制品。最初，这批神像的头部为防止被别人盗取，存放在吴哥保护区库房内，取而代之的是准备用混凝土复制与之相同的头部，后来被换成了用石材雕刻而成的高仿头像。如此，在未来恐怕难以分辨出新旧头像（图 148）。这些新构件都再现了包括原始的劣化破损情况在内，涉及到细微部分，但是关于模拟雕刻的表现程度需要重新讨论。

〔1〕下田一太：《りアンコール遺跡群における標準的な修復仕様の摸索》，《世界遺産学研究》2016 年第 2 辑，第 44–54 页。

图 148　吴哥通王城南塔门前的石刻造像
（左：东侧的阿修罗造像；右：西侧的天神 / 提婆造像　图片来源黄雯兰 2016 年拍摄）

2012 年通过的《吴哥宪章》以过去 100 年来吴哥的保护与修复历史为基础，进一步核实了修复工作的理念、材料和施工方法，并在当前提出标准的施工规范。虽然将修复对象限定在吴哥，但各个遗址的“形状”、“材料”、“结构”、“环境”、“功能”都是多样的，因此很难制定统一的标准和原则。作为“总则”和“方针”两部分，在“方针”中提出了多个针对遗址的对策，并在某种程度上允许自由处理的选择，反而成功地切入了详细的技术问题。但即便如此，就修复工作具体内容而言，仍有不少部分停留在总则讨论上。目前仍然很难建立绝对的“正确”修复措施。没有一种技术方法可以适用于所有建筑的属性，现代科学技术无法开发出完美的材料和工艺。此外，游客的动机和气候变化等长期环境变化的因素，经常会导致不测事态的发生，这些都是阻碍建立标准修复机制的原因。

另外，作为一个实际问题，对持续恶化和损坏的绝大多数吴哥遗址，实施保护与修复工作存在经济上的限制，这可能是接受次优方法选项的原因。对修复后的遗址进行长期观察，对建立最佳修复规范至关重要。在目前的项目中，通常很难在施工完成后继续进行后续的观察工作。

虽然有这样那样的困难，但是大家生活在“修复的时代”，有继续挑战新“正确性”的使命。许多文化底蕴深厚的国家都参与了吴哥的保护与修复工作，它是研究当今使用古迹修复标准和方法的理想之地。

同时，《吴哥宪章》不仅对今后的吴哥保护有很大的指导作用，对于世界各地的其他重要文化遗产也有积极的参考作用。正如《吴哥宣言》中所指出的，希望这份文件能作为一个管理和参考资料，在亚洲和世界其他地区的文化与历史古迹工作的专家中广泛传播。

## 第五节　吴哥保护对经济社会发展的作用

在柬埔寨经历了20余年的内战之后，吴哥遗址从“野蛮”和“颓废”中重新崛起并成为国家的文明愿景。从这个意义上说，联合国教科文组织于1991年发起的国际拯救吴哥行动以及随后在1992年的世界遗产提名（吴哥同时被列入濒危世界遗产名录）成为“文明使命”，使柬埔寨能够重新融入“文明国家”之列。此后近30年来，柬埔寨政府和国际社会对吴哥的关注焦点，已从古迹的救援行动转向如何有效利用遗产，促进国家经济发展的运动中来。

### 一　对经济社会的促进作用

人们普遍认为，位于柬埔寨西北部的世界遗产——吴哥遗址群，是许多相关问题交织的一个关键节点。然而，这不仅仅是对遗址本身的认识，也是对吴哥在两大关键产业——文化遗产和旅游业崛起中的认识。文化遗产的发展有望恢复身份、历史、文化主权和民族自豪感，而国际旅游业则急需拯救社会经济发展。

随着1991年《巴黎和平协定》的签署，柬埔寨的命运开始改变。柬埔寨政治变得更加稳定，该国经济在2000年代中期实现了令人难以置信的增长，自那以来平均每年增长超过6%。这一增长归因与美国政府在服装制造和发展旅游业方面达成的有利协议[1]。在1996年柬埔寨政府制定的第一个社会经济发展计划中，把旅游业定义为“未来最有潜力”行业。2000年代初，旅游业的快速增长已成为一个重要的现实。暹粒市见证了建筑业的繁荣，不仅在酒店和餐饮行业，而且在住房行业，也在满足不断增长的地区迁移人口。

澳大利亚国际发展援助协会秘书Bob McMullan指出，“吴哥是柬埔寨最有价值的旅游和遗产资产。这一举措将帮助当地社区通过参与旅游业、利用其独特的文化和历史来增加收入”[2]。柬埔寨政府认为旅游业对于改善该国的社会经济状况至关重要，吴哥的发展一直是政府政策的核心。吴哥对柬埔寨冲突后恢复的重要性，说明了文化旅游在创造对“恢复和重建”必不可少的就业和收入方面所发挥的作用。柬埔寨首相洪森（Hun Sen）解释了他的愿景：

吴哥——伟大的高棉文明的象征和人类世界遗产的璀璨明珠——得益于旅游业及其产生的收入，是平衡、可持续发展的希望。事实上，王国政府认为旅游业是一种驱动力，如果操作得当，能够拉动所有车辆，即社会和经济增长的各个方面。（2003年，洪森在巴黎第二届保护与发展吴哥政府间会议上的开幕词）[3]

文化遗产还是经济增长的驱动力，2005年旅游业的总收入约为10. 78亿美元，占GDP的10%以上，并创造了约20万个工作岗位。2007年全国旅游收入达14亿美元，占GDP的16%。到2007年，

〔1〕Dougald J. W. O'Reilly，Heritage and Development：Lessons from Cambodia，*Public Archaeology*，2014 Vol. 13 No. 1–3，pp. 200–212.

〔2〕Garrett，P. 2008 Australia Helping Cambodia Protect World Heritage Icon. Australian Government media release（见2014年5月21日21）. 网址 <http：//www. environment. gov. au/minister/archive/env/2008/mr20081201a. html>.

〔3〕UNESCO. *Second Intergovernmental Conference for the Safeguarding and Development of Angkor*. Paris：UNESCO. 2003.

前往吴哥的国际游客人数达到200万。遗产的修复与和平、政治稳定、经济增长、领土完整息息相关[1]。可以说，吴哥旅游业现在提供了显著的经济效益。在短短几十年内，旅游业已成为暹粒市最重要的经济来源之一。为应对这个新的经济增长点，APSARA局和联合国教科文组织在暹粒、金边联合举办了多场关于"文化旅游"的研讨会和会议。出于使吴哥的发展远离更具破坏性的"大众旅游"形式的担忧，这些举措侧重于遗址保护和提供"高质量"旅游设施。

展望未来，柬埔寨旅游部努力推广沿海地区的旅游，以及该国东北部和洞里萨湖周围的生态旅游，无疑将有助于这些地区成为旅游目的地，甚至红色高棉时期的遗存也将继续吸引游客。然而，这些区域化发展极有可能继续被吴哥旅游业的持续扩张所超越。例如，2019年柬埔寨共接待外国游客661万，其中大部分游客都来到吴哥。旅游业为国家经济创造了49.1亿美元，对柬埔寨GDP贡献率为12.5%，直接创造63万个就业岗位[2]。

## 二　旅游业带来的问题

在遗址保护方面，每年有成千上万的国内外游客对这些吴哥寺庙遗址进行"侵蚀"与破坏，这是显而易见的。同时，由于许多旅行社都在模仿运营路线，使遗址内最具标志性的寺庙，每天都遭受极端高峰和游客激增的困扰（如巴肯寺观日落）。对教科文组织和ICC-Angkor来说，旅游业正迅速变得不可持续。虽然研讨会强调一些共同的目标，但国际遗产组织和柬埔寨政府的策略不同，对吴哥的未来有不同的看法。为了迅速解决有分歧的观点，ICC-Angkor转向了"可持续发展"的言辞。然而，暹粒/吴哥地区旅游业的增长速度继续超过这些政策的响应速度，确保旅游业能够更好地被引导，以克服过去在暹粒市内外出现的重大经济和社会不平等现象，这对柬埔寨政府来说仍然是一个重大挑战。

对于具有语言和服务行业技能的人来说，旅游业已被证明是一个有利可图的行业。扣除小费、佣金和奖金后，厨师长、导游和酒店管理人员的月收入往往超过1000美元，企业创业者的个人收入更是翻了好几倍。虽然一些非政府组织通过与旅游相关的措施，成功地促进了吴哥地区农村就业和基层发展，但该行业在地区的经济发展过程中造成了严重的失衡。事实上，除了旅游业创造的财富之外，学校教师、体力劳动者、护士或市场交易员的工资仍保持在每月30至40美元左右，尽管这种不平等是正经历旅游业快速发展的地方共同特征[3]。旅游业的持续长期增长表明，需要更多以社区为导向的政策，以改善整个地区与旅游相关的资本分配。

另外，旅游业将进一步加剧地区失衡、社区内部、社区之间以及整个国家重大财富的不平衡。在这方面，柬埔寨体现了经济全球化的一面，即吴哥等地高速增长的地方被"贫民区"所包围。空前的旅游业水平已将该遗址内的寺庙转变为极其重要原始资本积累的资源。毫无疑问，吴哥每年数百万美元的收入对稳定柬埔寨的国内生产总值（GDP）增长起到了重要作用，而且该行业一直是社会和物质基础设施投资的驱动力。虽然旅游业对整个国家经济和政治稳定的贡献程度仍有待商榷，然而同样的

---

〔1〕Piphal Heng, Kaseka Phon, Sophady Heng, De-exoticizing Cambodia's archaeology through community engagement, *Journal of Community Archaeology and Heritage*, 2020, 7-3, pp. 198-214.

〔2〕数据来自柬埔寨旅游部。见网址 https：//tourismcambodia. org/

〔3〕Tim Winter, Post-conflict Heritage and Tourism in Cambodia：The Burden of Angkor, *International Journal of Heritage Studies*, 2008, 14-6, pp. 524-539.

财富流动和分配也极不均衡。因此，吴哥的旅游业加剧了该国日益集中的财富和地方不平等，而国际旅游业在柬埔寨的重新崛起，也将暹粒市变成了一个财富和发展不平衡的“飞地”。一个微观经济之外是持续的贫困农村。吴哥旅游业所带来的大部分利润离开了这个国家，而只有少部分利润留在了当地社区，更不用说吴哥考古公园之外的农村社区了。

## 三 吴哥的社会愿景

目前，吴哥旅游业的局势是许多试图在冲突或政治动荡后国家恢复，普遍出现的一个鲜明例子。政治和解、文化复兴和经济复兴是同时出现的紧迫要求，人们普遍认为，文化遗产和文化旅游是保护历史的有效工具，可以同时为社会现代化提供经济动力。从本质上说，文化遗产旅游着眼于两个方向：恢复和促进过去，同时保证未来的繁荣。然而，几乎不可避免地，这些举措的趋同性产生了争论和各种意想不到且自相矛盾的结果。冲突后的柬埔寨就是这种情况的缩影。毫无疑问，吴哥遗产和旅游业正在促进该国文化、社会和物质基础设施的重建，并为其提供巨大的动力。作为国家复苏的脆弱基石，吴哥是一盏力量的灯塔。国际旅游业也被证明是一个丰富且似乎在不断扩大的收入来源。但随着保护项目的数量和年游客总数的持续增长，这个具有高度象征意义的景点，已陷入了一个日益竞争激烈的综合体。

自 1990 年代初期以来，吴哥遗址的保护与修复及考古研究都是值得的和重要的事业。然而，这样努力创造一个世界遗产框架，重新巩固了 19 世纪后期首次引入的豪华 / 普通、古典 / 非古典和现代 / 传统的二元体系。这意味着柬埔寨人将吴哥视为一个生活空间、一个不断变化的景观和日常生活的遗产地，几代人之间的传统在宏伟壮观和古典的话语中被边缘化。在民族认同和高棉文化的观念被融合到失落的、永恒的、荣耀的政治愿景下。吴哥遗产已成为一个严格的框架，以狭隘、绝对主义的方式定义“真实”或“传统”。文化遗产和旅游业让柬埔寨再次陷入单一文化和单一民族[1]。

与此同时，一种包装、叙述和销售浪漫、异国冒险的文化经济已经形成。对于今天的商业部门来说，吴哥重新发现的想法以两种不同但重叠的方式表现出来，被证明是一个经济上的权宜之计。吴哥再次被宣传为一个“开放”和“修复”的旅游地，一个对所有游客开放过去的旅游地。与此同时，暹粒市酒店内的装饰、旅游手册、旅游指南甚至航空公司杂志，也重新审视了 19 世纪“重新发现”的故事，在所有大众游客尚未到来之前的冒险时代，以唤起另一个旅游黄金时代。在这方面，旅游业有选择地使用过去 150 年来构建地方社会和文化形式，已证明在吸引越来越多的外国游客到该国旅游方面非常有效。这种将吴哥的“现代”历史与当代旅游文化经济相结合的做法，再次证实了 Canclini 的断言：“不是（高棉族）民族文化消失了，而是它被转换成一种公式，用来指定一种不稳定的历史记忆的连续性，而这种历史记忆正在与跨国文化的互动中被重新构建”[2]。

吴哥遗址经常被隐喻成神秘的法属印度支那的一部分，在这片土地上充满了曾经辉煌，但已经消失的古老文明。与主流的遗产话语一样，旅游业将吴哥描绘成一个没有人类历史或本土文化的空间。另外，各种历史和当代进程导致了吴哥独特的想象，在国际文化旅游经济中占据优势地位。显然，吴哥的国际旅游已经成为一种媒介，通过这种媒介“梦幻（法属）印度支那”（Phantasmatic indochine）

---

〔1〕 Tim Winter，Post-conflict Heritage and Tourism in Cambodia : The Burden of Angkor，*International Journal of Heritage Studies*，2008，14-6，pp. 524-539.

〔2〕 Canclini，N. *Consumers and Citizens: Globalization and Multicultural Conflicts*，Minnesota ： University of Minnesota Press，2001，p. 8.

继续作为“视觉愉悦和消费的无问题对象”而产生[1]。

通过吴哥旅游，柬埔寨将继续寻求经济增长和繁荣，因为这是他们的宝贵资源。在吴哥陷入困境时进行改造，在它遭到侵蚀时进行修复，在它受到限制时进行培育。毫无疑问，在21世纪文化遗产和旅游业固有的矛盾和悖论将继续存在。正如吴哥案例研究所表明的那样，文化遗产和旅游业可以在发展中国家产生深远的社会影响。

如今，全球旅游业的最大推动力就是文化遗产。许多国家的经济收入来源在很大程度上都依靠这种遗产旅游（考古旅游），最著名的国家包括希腊、埃及、秘鲁、柬埔寨等国。不过，另外一些国家则没有那么的幸运，它们丰富的历史遗产资源因战争或恐怖主义活动而遭受到毁灭性的破坏，旅游业也因此而暂停。众所周知，在阿富汗、叙利亚和伊拉克等国，考古旅游实际上已经在很多年前就已经不存在了。不仅如此，更糟糕的是宗教极端主义者大肆破坏历史遗迹，损坏博物馆。如，阿富汗境内的巴米扬大佛、叙利亚的帕尔米拉古城（Palmyra），同时还将遗址及博物馆内的藏品洗劫一空，同西方无良商家进行交易。

## 第六节　世界遗产保护的典范——吴哥国际保护行动

吴哥是举世闻名的旅游胜地，并以其丰富多样的考古遗存而闻名。吴哥是柬埔寨人骄傲的源泉，柬埔寨人支持考古学研究并保护他们的古代遗产。从19世纪后期到20世纪中叶，殖民时期的考古学家为吴哥的考古与保护活动奠定了基础。目前，来自不同国家和国际组织的队伍正在吴哥积极开展众多的项目，许多新的技术被应用于解决古老的问题。

2004年，第28届世界遗产委员会会议在中国苏州举办。世界遗产委员会表示，联合国教科文组织（UNESCO）自1993年发起的吴哥国际保护行动是一个“成功的故事”。吴哥顺利从《世界濒危遗产名录》中移除，而吴哥国际保护行动持续开展至今，已成为全球范围内文化遗产保护国际合作的典范。

### 一　UNESCO倡导下的世界遗产拯救工作

1959年，埃及政府计划在尼罗河上建造阿斯旺大坝（Aswan Dam），用于农业灌溉和工业生产，并于60年代兴建了规模宏大的拦河坝工程。但该水利工程的建设可能会因此而面临淹没阿斯旺以南的北努比亚地区大批古代建筑和遗址，包括尼罗河河谷里的阿布辛拜勒（Abu Simbel）神殿和菲莱（Philae）神殿等珍贵的文物古迹。加之埃及政府囊中羞涩，于是联合国教科文组织于1960年呼吁发起了“努比亚行动计划”，许多国家提供人力、物力和财力，来自埃及以外的考古专业技术人员投入其中，帮助埃及政府进行抢救性考古发掘和拯救法老时期的文物保护工程。考古方面，通过大规模的发掘研究，打破了之前埃及考古在理论上保守和方法上单一的局面，可以说开启了埃及考古全新的篇章[2]。古迹保护方面，如号召50多个国家集资4千万美元，并由意大利、德国等30多个国家的专家共同组成工作团队，对阿布辛拜勒神殿造像等成功拆解之后按顺序编号移到安全地带，再一一组装起来。联合国教科文组织当时的负责人评价说：“这是第一次通过国际间的共同努力承担起文化事业中的

〔1〕Tim Winter. *Post-conflict heritage, postcolonial tourism: culture, politics and development at Angkor*, Abingdon, Oxon ; New York : Routledge, 2007. p. 144-145.

〔2〕金寿福：《埃及考古两百年》，《大众考古》2021年7月刊。

这种工作，也是第一次使各国政府理解这种工作的意义”。这也是首次根据“某些宗教、历史和艺术的遗迹……属于全体人类，是人类共同财富的一部分”这种理念所作出的努力[1]。

“努比亚行动计划”拉开了共同保护人类文化遗产的序幕，由此促进了其他类似的保护行动开展，如斯里兰卡的康提圣城内的佛牙寺（The Temple of the Tooth）、意大利的水城威尼斯、巴基斯坦的摩亨佐－达罗遗址（Mound of the Dead）、印度尼西亚的婆罗浮屠（Borobudur）、柬埔寨吴哥遗址群、阿富汗巴米扬石窟（Bamiyan Caves）、尼泊尔九层神庙及附属建筑（Basantapur Tower）、缅甸蒲甘古城等抢救古迹工作随之展开（表 20）。

**表 20　UNESCO 倡导下的世界遗产拯救工作简表**

| 遗产地所在国家 | 遗址名称 | 入选时间 | 拯救时间 | 参与国家 / 国际组织 | 工作内容 | 备注 |
|---|---|---|---|---|---|---|
| 埃及 | 阿布辛拜勒至菲莱的努比亚遗址 | 1979 | 1960—1980 | 德国、美国、意大利等 51 个国家 | 对遗址周边进行考古调查与发掘工作；对神庙进行整体切割后搬迁至高地再进行重新归安 | 首次组织实施拯救的一处遗产 |
| 斯里兰卡 | 康提圣城 | 1988 | 1998 | 国际古迹遗址理事会（ICOMS）、ICCROM、国际博物馆协会（ICOM） | 加固佛牙寺建筑主体、加强建筑稳定性；对壁画进行修复、安装金属探测器和灭火系统 | 预防性保护的典范 |
| 印度尼西亚 | 婆罗浮屠寺庙群 | 1991 | 1975—1987 | 27 个国家 | 对婆罗浮屠建筑主体的石构件进行记录、拆卸、修复、清理等工作；对建筑内部进行加固（铺设混凝土）、加强排水能力、搜集并保存原来石构件 | |
| 柬埔寨 | 吴哥遗址群 | 1992 | 1991 | 21 个国家和国际组织 | 首先对吴哥遗址进行考古调查及发掘工作、搜集建筑构件，其次使用“全面的原物重建法”对建筑进行归安，最后加强对修复后建筑的监测。同时，注意加强遗址的可持续发展，使其成为一处“活态遗产” | 2004 年从濒危遗产名录中移除 |
| 阿富汗 | 巴米扬山谷的文化景观和考古遗址 | 2003 | 2002 | ICOMS（德国）、法国、日本、意大利 4 个国家 | 对巴米扬石窟进行考古调查及发掘工作、搜集巴米扬大佛的碎片进行重新拼对归安；对石窟内的造像与壁画进行抢救转移和修复；同时对巴米扬山谷中的伊斯兰时代古城和居民建筑进行修复[2] | 濒危世界遗产 |

〔1〕陈平：《联合国应强化文化遗产保护》，《中国社会科学报》2015 年 9 月 18 日，第 6 版。

〔2〕Masanori Nagaoka. *The future of the bamiyan buddha statues: heritage reconstruction in theory and practice*, Springer International Publishing, 2020.

续表

| 遗产地所在国家 | 遗址名称 | 入选时间 | 拯救时间 | 参与国家 / 国际组织 | 工作内容 | 备注 |
|---|---|---|---|---|---|---|
| 尼泊尔 | 加德满都谷地－九层神庙 | 1979 | 2015 | 联合国教科文组织倡导下的德国、奥地利、日本、英国、法国、意大利、中国、加德满都谷地保护基金会及尼泊尔王室等 | 1974年的建筑修复主要为结构性维修，包括拆卸安装、修缮、结构补强，2015年的修复坚持最小干预的原则，以现状整修加固为主，尽可能多地保护和使用原有构件并修复其塌毁部分，最大限度保护和保存其原有的历史信息。在修复的过程中利用数字化记录修复过程。 | 大地震自然灾害后抢救性保护的范例 |
| 缅甸 | 蒲甘古城－他冰瑜佛塔 | 2019 | 2016 | 联合国教科文组织倡导下的中国等国家和多个国际组织 | 以钢结构支撑加固体系、钢木构件加钢索约束等技术措施，对塔体进行加固处理，以防坠落和局部坍塌。同时采用了当地传统做法对四层以上塔体裂缝进行防雨防渗修补 | |

由表20可知，这七处世界遗产拯救工作均是在联合国教科文组织倡导下进行的。此外，这7次遗产拯救行动都有各自的异同点，共同的表现是，都有很多国家及国际组织积极参与，并针对遗产类型的不同采取相应的措施。在古遗址类型中（阿布辛拜勒至菲莱的努比亚遗址、吴哥遗址群、巴米扬山谷的文化景观和考古遗址）采用的手段是考古先行，充分挖掘遗址信息，之后采用“原物重建法”对遗址进行恢复工作。同时采用新技术、新手段对遗址进行修复（康提圣城佛牙寺、婆罗浮屠主体建筑、九层神庙），这一切都凸显了联合国教科文组织的倡导作用。所不同的是，这七处世界遗产的受损方式亦有所不同：努比亚遗址是由于人类大规模工程建设的需要而进行的主动性保护；康提圣城佛牙寺遗址则是因为建筑的年久失修及人为因素而进行的抢救性保护；婆罗浮屠遗址同样是因为建筑年久失修及自然的双重因素叠加，导致了建筑出现损毁现象。吴哥遗址群主要是因为国内动乱致使遗址无人管理，加之热带自然植被的入侵，人为因素和自然因素的双重叠加，导致遗址处于废弃状态。巴米扬山谷内的遗址则是由于人类大规模的破坏而被迫采取的抢救性保护；九层神庙、他冰瑜佛塔则是因为自然灾害（地震）而导致建筑受损，所采取的抢救性保护工作。

同时，联合国教科文组织成员国在区域间，亦有针对性的对濒危古迹进行互帮互助。2015年4月25日，尼泊尔发生8.1级地震，作为世界文化遗产的加德满都谷地在地震中受损严重，其中九层神庙出现建筑局部倒塌、墙体因震动而变形、木构件散落损坏等现象。随后，中国政府决定援助尼泊尔九层神庙的修复。在当年的10月份，中国专家组赴尼泊尔进行震后现场考察。2017年由中国文化遗产研究院承担该项目。项目的施工遵守国际公认的文物保护理念和《震后指南》普遍原则（2017年尼泊尔政府制定并实施《震后文化遗产保护修复基本指南》简称“震后指南”，作为保护和修复被地震摧毁的文化遗产的特殊指南方针），尊重当地的传统工艺做法，以期最大限度保留建筑里的历史信息[1]。又如，2016年8月，缅甸蒲甘古城遗址遭受大地震，400多座佛塔建筑不同程度受损，包括建于1144年、

〔1〕中国文化遗产研究院内部资料。

高达65米的他冰瑜佛塔。同年9月份，中国政府应缅甸政府请求，组织12名专家赴缅甸对蒲甘佛塔震损情况进行初步评估。2018年9月22日，中缅双方在蒲甘签署援助修复他冰瑜佛塔协议。他冰瑜佛塔的修复工作将持续八、九年时间，第一步是对佛塔进行应急抢险加固。2019年初，由中国主推的澜湄国家文化遗产管理培训班在缅甸蒲甘开班，来自中国、缅甸、老挝、泰国、柬埔寨、越南文化遗产保护专家在此交流文化遗产保护经验与管理办法，对进一步加强缅甸文化遗产的保护发挥了重要作用。当年7月，蒲甘古城被联合国教科文组织列入世界遗产名录[1]。

## 二　吴哥遗产保护特色

“国际拯救吴哥行动”于30年前实施，并采用了创新方法，将遗址保护行动与可持续发展努力紧密地联系在一起。保护吴哥与可持续发展之间的协调，这是吴哥面临的主题，比以往任何时候都更加重要。管理游客人数急剧增加带来的影响，以及有效管理水资源以防止气候变化造成破坏的必要性，也将给柬埔寨人民带来巨大的挑战。

在应对这些挑战的过程中，联合国教科文组织和各参与国应继续发挥重要引领作用，加强协作。各参与国继续在ICC-Angkor指导和监督下，以实现吴哥遗址群及周边地区的长期可持续发展与活态的遗产。目前来自不同国家和国际组织的队伍正在吴哥积极开展众多的项目，许多新的调查技术被用于解决古老的问题，吴哥考古与保护工作正朝着一段令人激动人心的方向发展。

对比吴哥遗址群与其他六处遗产的保护工作，不难发现其具有的独特性，主要体现在以下几个方面。

（一）遗址保护持续时间长，从而形成一套独特的保护理念和技术方法。从1900年法国远东学院成立之时，吴哥遗址就成为了其修复活动中心，到现在已经有120年的保护历史。在这段时间里远东学院尝试了各种古迹保护理念，最终找到了适合保护吴哥遗址的方法。从早期的“加固支护法”到“原物重建法”发展到“全面的原物重建”法，再到如今的活态遗产、可持续发展与综合管理概念。而对比其他遗产，不难发现要么是遗产始建年代较晚（康提圣城建于14世纪），要么是以考古调查为主、遗址修复历史较短（阿布辛拜勒至菲莱的努比亚遗址、巴米扬山谷的文化景观和考古遗址）或由于遗产类型单一，修复理念并无大的变化（婆罗浮屠主体建筑九层神庙、他冰玉佛塔）。

（二）遗址分布零散，遗产地范围较广。吴哥遗址群包括三个区域：吴哥核心区、罗洛士建筑群和女王宫，这三块区域均位于洞里萨湖以北、库伦山以南的台地上，加上统一的缓冲区，总面积约400平方千米，遗产区内的居民约为22000人，涉及112个村庄。它是一个以历史悠久的宏伟古迹和城市遗址为特色的考古公园，在遗址的景观中遍布古老的建筑物（古老的交通要道、人工水池、环壕、运河和桥梁）或新建设施（寺庙周边地区的道路）；它拥有与古迹融为一体的自然环境，包括森林、各种地貌景观（库伦山区和多个山脉或丘陵）与历史悠久的水利系统，是各种遗存特征的独特结合，是一个独特的文明代表。可以说，吴哥遗址是世界上最大的、仍在进行研究的考古遗址之一。

（三）吴哥遗址群是一处多学科、综合性研究圣地。遗址内有被土层覆盖的遗迹、遗物，为吴哥考古学、历史学、碑铭学的研究提供了丰富的材料。同时，通过研究碑铭又促进了柬埔寨历史学及语言

〔1〕 赵益普：《中方修复他冰瑜佛塔并助古城申遗获赞誉》，《人民日报》2020年1月22日，第16版。

学的发展，填补了古代柬埔寨历史的空白，起到补充史料作用。另外，遗址内的古老村落保存着古老的传统习俗，又为民族学的研究，提供了难得且翔实的材料。

（四）吴哥保护工作是一项综合性工程。从吴哥遗址的考古发掘到工程保护修复，再到考古公园的建立，最后的博物馆展览、旅游开发，都体现出了对吴哥遗址的展示利用。吴哥遗址的考古发掘是为工程修复提供数据支撑，而工程修复则是为了保护遗址从而促进旅游开发，旅游的发展则为了带动本地经济的发展，提高本地居民的生活水平。因此可以说，这几个环节丝丝相扣，体现出吴哥保护工作是一项长期且涉及民生的综合性工程项目。

（五）定期召开技术和工作会议，加强国际援助。从 1993 年《东京宣言》开始，到 2003 年《巴黎宣言》再到 2013 年《吴哥宣言》，每一次的宣言都代表着国际社会对吴哥的高度关注，同时为下一阶段的援助工作提供了目标与方向。相比较，其他六处遗产地，联合国教科文组织在进行遗产拯救时则没有定期召开相关会议。

（六）完善的机构建设。早在 1993 年，《东京宣言》里就已提及到“设立一个大使级别的协调委员会，作为各参与国的国际协调机制”。是年，由法国和日本牵头，成立了吴哥国际保护与发展协调委员会（ICC-Angkor）。1995 年，柬埔寨政府决定为吴哥的保护新设立一个国家级机构，当年 2 月颁布王室法令，宣布正式成立暹粒 / 吴哥地区保护与发展管理局（APSARA 局）。

（七）吴哥是一处活态的遗产。吴哥是一处展示着文化、宗教和象征意义的重要遗址，同时也有着重要的建筑、考古和艺术价值。遗址区内有居民生活，并且分布着许多村落，有些村民的祖先可追溯到吴哥时期。他们日出而作日落而息，在不断祭祀着祖先遗留下的历史古迹，进行着宗教的延续与现代生活。许多“非物质文化”与遗址修复结合起来，进而促进生活在遗址或周边地区居民对遗址保护的重要性和必要性的认识。

（八）柬埔寨民间力量积极参与到吴哥遗址的修复中。由于吴哥遗址在柬埔寨民众享有较高的声誉，因此一些民间力量，尤其是慈善家对于修缮吴哥遗址非常积极，如班迭奇玛、吴哥通王城西塔门、皇家浴池内 Kandal Srah Srong 遗址的修复、崩密列遗址的考古发掘工作等。正是由于民间力量的介入，在一定程度上缓解了 APSARA 局古迹保护资金不足的问题，同时也提高了民众保护遗产的意识。

（九）吴哥遗产保护与减贫、脱贫工作并重。随着吴哥地区旅游业的发展和暹粒市城市化进程加快，吴哥核心区面临着科学管理和挑战。在满足旅游业带来的日益增长需求时，ICC-Angkor、APSARA 局特别关注旅游业对吴哥遗址及周边环境的影响，落实各项目，以增强遗址保护尤其是水资源的管理，将可持续的旅游业作为减贫、脱贫工具来发展，从而为当地居民增加创收进而减少对遗产周边环境的破坏，达到遗产保护与减贫、脱贫工作的相统一。通过鼓励年轻人和新家庭在自愿的基础上迁出保护区，将人口限制在目前的水平，从而最大限度地减少对吴哥遗址普遍价值的影响。如 APSARA 局在考古公园东边的 Run Ta-Ek 镇获得了 10.12 平方千米的土地，距离暹粒市约半小时车程。新的定居点将为未来的居民提供完善的基础设施，包括道路、农田、灌溉系统、小额信贷设施、学校、职业培训中心和佛教寺院，以及太阳能、从湖中抽水的风车、有机农业和生态旅游网络等。

（十）吴哥建筑主体的考古与保护工作有可借鉴的“蓝本”。早在 40 多年前，印度尼西亚的婆罗浮屠遗址面临着和吴哥同样的问题。婆罗浮屠古建筑同样没有使用灰浆，而且缺乏牢固的基础，在雨季，雨水从石构件的缝隙中渗透侵蚀浮雕表面，藻类和苔藓使浅浮雕人物发生变形。在 1975 年，印尼政府向联合国教科文组织请求帮助，经过长期努力，婆罗浮屠成为世界上保存最完好的建筑之一。吴哥遗址与婆罗浮屠所处自然环境、建筑类型及面临的问题都十分相似。在吴哥，保护领域更加广阔，其中对环境的保护，比之前的婆罗浮屠保护计划更具有广泛的意义。

（十一）吴哥保护工作已与国际接轨。国际社会已采取有效措施防止文物的非法走私，以帮助吴哥遗址的保护工作。这种举措包括，在古玩市场和拍卖场所加强警力巡检；对被盗文物进行全面的登记，世界各地的警察都可以获得这样的登记清单。

以上总结的十一个方面是吴哥遗址群较为突出的特点，或许可以称之为“吴哥模式”。同时，吴哥也面临着一些威胁因素和困境。有学者总结，从 1995—2013 年，亚太地区世界遗产面临威胁强度最大的是人类因素，其次为生物资源利用 / 改变。其中，人类因素主要包括非法活动、国内动乱、战争〔1〕。然而，对东南亚历史文化建筑破坏最严重的是，人类对石刻造像和浅浮雕艺术品的掠夺，几乎是所有重要遗址都面临的问题。

综上所述，吴哥是一处非凡的人类与科学冒险活动的核心地区，保护和发展这一杰出文化遗产的工作，将继续作为联合国教科文组织倡导下的国际合作典范。柬埔寨丰富的遗产突出了文化对该国人民的特性、对其历史的了解以及对其控制自己命运的能力所起的作用。柬埔寨人对这些有千年历史的寺庙所表达的感情，对国家的和平与重建起到决定性的作用。

## 三　存在的问题

1992 年，吴哥遗址被列入濒危世界遗产名录时，遗址保护和社会经济发展被确定为长期可持续管理计划的两部分。与此同时，ICC-Angkor 将即将到来的国际旅游业视为一股威胁吴哥遗址长期存在的力量。由于旅游业不受控制的发展，联合国教科文组织在 1996 年表示，旅游业“威胁破坏高棉文化遗址的速度比任何古代入侵者，甚至是今天的秘密袭击者都要快得多”〔2〕。这种警告是完全可以理解的。然而，随着 1990 年代的发展，在一个主要以考古学和建筑遗址保护与修复的计划中，发展问题在很大程度上被忽视了。在这种保护范式中，经济发展、旅游和资本的产生，都被视为迫在眉睫的危险和需要抵制的问题。尽管该国的政治困难仍在继续，但旅游从业者仍将吴哥作为旅游资源加以宣传。在酒店客房短缺的情况下，投资者寻求从新开发项目中快速获得回报的机会，而当地人则热衷于提高收入并提供旅游服务。政府希望从旅游业中获得外汇收入，以促进经济发展。所以说吴哥面临的压力是巨大的。

因此，吴哥遗址群面临的问题，主要表现在以下几个方面：

（一）吴哥地区居民（甚至是大部分柬埔寨人）既不从事服装业，也不从事旅游业，而是从事农业活动，这种情况导致吴哥地区居民贫富差距持续拉大。同时，还对吴哥遗址产生负面影响，因为农村贫困地区居民为了创收而破坏考古遗址。吴哥地区各地的村民开始非法挖掘考古遗址（如库伦山上的窑址），并将文物在当地市场或中间商之间出售。

另外，在吴哥被提名为世界遗产后，人们对吴哥的关注已经明显从对处于衰落和危险的古迹抢救任务，转变为对选定的国家历史文化代表，以及为游客带来经济利益的遗产商品化，主要是为有特权的柬埔寨人和外籍人士服务。虽然吴哥遗址抢救任务被认为是成功的，但也出现了新的参与者，他们之间与原来参与

〔1〕 王昭国等：《世界遗产威胁因素分析》，《干旱区地理》2016 年第 1 期，第 229 页。

〔2〕 UNESCO/APSARA，*Angkor*，*past/prent and future*. 1996，pp. 166-167.

者之间的竞争以及所有权问题；用于旅游和当地社区日常生活的遗产空间使用，使得这些矛盾更加突出。

（二）在制定地方决策过程缺乏社区公众参与。社区会议通常是在村长或公社长的领导下组织，为当地人提供信息目的而举行。在这些社区中没有信息“向上反映”。同样，社区考古学在吴哥保护中所扮演的角色也令人失望，这也对当地社区的长期发展和作用产生了影响。居住在吴哥地区及其附近的居民与文化环境的互动方式，游客甚至吴哥管理者都无法理解。例如，吴哥考古公园内的村民把吴哥时期的造像当作强大的祖灵“家园”。

很显然，对当地社区的实地了解，对于确保与外籍人士和长期现场管理人员取得积极成果至关重要。忽视最适合支持吴哥的当地社区，会使保护和商业意义不佳。同时，这些问题严重阻碍了在社区一级建立基于吴哥旅游的成功商业模式。由于明显缺乏对吴哥问题的认识，特别是社区对保护吴哥责任的认识，使上述问题进一步复杂化。另外，社区缺乏举行小型企业活动的基础或经验，在总体上难以获得利益资源，当地社区没有从吴哥保护或相关活动中获得可观的收益。

（三）吴哥遗址世俗化和去神圣化。吴哥考古公园的创建以及吴哥遗址内造像的世俗化和去神圣化是考古学与公众之间冲突的根源，这种冲突一直持续到今天。自 1990 年代末以来，寺庙中的一些宗教活动即使没有被明确禁止，也受到了严格的控制。例如，佛教寺院的扩建受到严格控制，私人宗教仪式受到限制。那些服务于宗教习俗的人，如“中介”和“算命”先生，也被赶出吴哥寺走廊。

世俗化、去神圣化、自上而下的吴哥管理方法，缺乏公共渠道是阻碍公众参与考古学的主要原因。高棉人将寺庙、宗教习俗、古代遗物与神祇联系起来的做法可以追溯到吴哥时期。在当今的吴哥管理和博物馆实践中，考古学家和保护人员将吴哥遗物放在博物馆或库房中进行保护。然而，村民们认为吴哥遗存（造像和寺庙遗址）具有超自然的力量，是降雨和人间保护的源泉，是崇拜的对象，应该留在原处或存放在宝塔中以避免不幸。吴哥遗址和造像成为了有生命的崇拜对象，为村民团聚和庆祝提供公共空间。村落里的宝塔在传统上扮演着重要的角色，因为它是唯一适合放置，具有超自然力量的遗物所在地。同时，当地村民将考古学和遗存保护视为外来活动的观念，使公众脱离了这一学科。村民认为遗存的价值并不一定在于它的历史，而在于它所感知到的超自然力量或它在人与人之间的仪式交往中所扮演的角色。

（四）吴哥考古公园明显受到交通活动高峰期的影响，导致吴哥通王城南塔门等关键地点出现交通拥堵现象。这些关键点对游客来说既不方便又危险，并削弱了旅游体验。连锁反应是大量游客在短时间内抵达主要的遗址，拥挤了通常不稳定的建筑空间并影响游客的体验。在较短的时间范围内，对考古公园内游客流动的分析也是管理的重要工具。游客行为不仅直接影响吴哥遗址的物理结构，还直接影响吴哥管理所需的基础设施和程序。了解游客行为，以及游客管理策略对考古公园不同区域人数的影响，显然对游客可持续管理至关重要。

（五）外籍人士与柬埔寨人的“遗产”概念差异显著。外籍人士在柬埔寨将“遗产”作为文化的概念。柬埔寨人对遗产的定义是“ker morodak”和“ker damnael”[1]，它包括个人和集体对代代相传的有形遗产的继承。这些包括土地、树木、房屋、牛车、珠宝、船只等遗物。柬埔寨人传统上将遗产和财产视为凡人和神圣的涅达（Neak Ta 村庄守护神）所有，有些涅达非常强大。这在实践中意味着人类土地及所有者从属于当地的涅达，村民必须向神灵提供供品，以避免招致恶意。自 1970 年代以来，作

〔1〕ker 来源于梵文术语“klrti”，意思是“名声，演讲和报告。”它也意味着遗产和继承，如在“ker damnael”中。“Morodak”的意思是遗产、遗产和继承，它也来源于梵语单词“mrtaka”，意思是死去的人。法国 INALCO 大学的高棉语老师 Michel Antelme 认为，“damnael”是由高棉语单词“dael”和“dacl kcc”演变而来的。

为吴哥管理的一部分，ker morodak（集体遗产或个人遗产）和 ker damnael（村民居住的村庄和公共区域如森林）概念变得越来越严格。

柬埔寨当局使用了一个新的术语 Petekaphoan 来指定国家遗产，包括吴哥遗址。这个词是从法语术语“Patrimoine”直译过来，它根植于法属印度支那时期的外籍人士甚至本土精英接受的外部文化体系之中。这种局外人对遗产的看法与当地价值观形成了鲜明对比。Petekaphoan 一词引入了资源共享所有权的概念，超越了柬埔寨传统的以家庭为基础的财产所有权概念，它与全球集体所有权的“世界遗产”概念产生了共鸣。将吴哥遗址（遗产）与 Petekaphoan 强行划等号，为限制吴哥考古公园的 112 个村庄中的近 22000 高棉人活动提供了理由[1]。

（六）吴哥遗址保护与社会发展之间存在一定矛盾。考古学家、政治家和许多其他人都认识到，对遗址的破坏是不可逆转的，并且会产生非常严重、持久的后果。经济和人口增长，促进了城市和农村向以前无人占用的土地扩张。金边附近的琼邑克和 Sre Ampil 等考古遗址已成为这种现象的牺牲品。类似的趋势也发生在吴哥遗址周围，由于旅游业的蓬勃发展，城市中心已经扩展至考古公园。然而，破坏吴哥生活方面的遗产管理框架继续影响着保护区内社区居民的生计。

1994 年，联合国教科文组织划定了五个保护区，并制定了相应的条例。对当地居民来说，最受限制的区域是第一区（古迹遗址区）和较大的第二区（考古保护区）。在这一区域，已转化为现有村庄发展停滞不前。条例禁止他们新建房屋，扩大农作物，把土地卖给村外人；在森林里砍柴，捕鱼，或把牛带到古老的池塘里喝水[2]。少数村民为下一代提供了替代方案，包括在吴哥通王城外的 Run Ta-Ek 建立一个住宅和农业区。在这片土地上，将创建所谓的“生态村”，游客将能够观察到“典型的村民生活”，但显然它们只是成为吴哥民俗的一部分。

同时，建立 Run Ta-Ek 生态村，无意中破坏了柬埔寨传统家庭组织，特别是其母系居地的特点和孩子住在父母附近的习俗，以便更好地相互支持。另外，Run Ta-Ek 位于吴哥核心区较远的地方，使得许多村民很难离开他们的家乡或已婚的村庄。搬到那里的新家庭抱怨说，尽管一些家庭开始通过接待生态游客住宿而获得一些收入，但由于那里与世隔绝，距离市场城镇太远，他们无法谋生。因此，许多没有孩子的丈夫和妻子会前往暹粒省或泰国边境附近找工作[3]。

（七）吴哥文明概念逐渐的被缩小，变得越来越狭隘。联合国教科文组织的以强有力的法律和空间边界保护了吴哥遗址，随着国际援助的涌入，吴哥遗址仍然是柬埔寨历史上的一个“幻影”，因为它贬低了不那么显赫的“前”“后”吴哥时期。自 1990 年代以来，吴哥保护主要用于“大型的建筑和考古遗址，而不是同样脆弱的非物质遗产”。尽管被称为柬埔寨国家博物馆，但没有为该国的少数民族和宗教群体、本土文化形式提供任何展示空间。作为砂岩造像在柬埔寨文化产业中的反映，该博物馆强化了这种观念，即该国几乎没有个性、工程成就或独特的文化产业，基本上就是石刻造像方面的成就。

然而，也有人认为，正在进行修复的、理想化的吴哥寺再次成为柬埔寨国家民族主义的基础，这种民

〔1〕 Miriam T. Stark，Collaboration，engagement，and Cambodia：Archaeological perspectives on cultural heritage，*Journal of Community Archaeology and Heritage*，2020，7-3，pp. 215-231.

〔2〕 Fabienne Luco. The Angkorian Palimpsest：The Daily Life of Villagers Living on a World Heritage Site. Michael Falser，Monica Juneja，*“Archaeologizing” heritage? : transcultural entanglements between local social practices and global virtual realities*，Berlin：Springer，2013. pp. 251-262.

〔3〕 Keiko Miura，Discourses and Practices between Traditions and World Heritage Making in Angkor after 1990. Michael Falser，*Cultural heritage as civilizing mission: from decay to recovery*，Cham：Springer，2015. pp. 251-277.

族主义植根于对过去辉煌静态的憧憬。以吴哥为中心的文化遗产和旅游业，同时推动和制约着这个国家社会与文化复兴。这两个行业以建筑荣耀为主导，大大增加了该国陷入单一文化、单一民族认同的风险。

（八）殖民文化对吴哥保护工作的影响。殖民文化对研究柬埔寨文化的影响，早在20世纪80年代就由两位学者所提出。Karl · Huterer在《早期东南亚》（*Early Southeast Asia*）一书的书评中，形容这本书“弥漫着一种呆板的经验主义气氛”[1]。另一位考古学家也表达了同样的观点：

“殖民遗产在东南亚人感知他们自己的历史方式中仍然很明显，在继承事实和文化历史摆在观察者面前的错误认识论中也很明显。一旦理解了错误认识论的本质，一些可能的解决方案就变得显而易见了。最重要的是培训工作，它可以识别西方考古学思想存在的错误”[2]。

柬埔寨长期以来一直接受《威尼斯宪章》和其他保护方面的国际指导。吴哥保护的管理规则可能永远不会受到挑战，但在某种程度上仍然与人们的期望，甚至是一些国际游客的期望不一致。尽管专家们还在讨论具体的解决方案，但柬埔寨官员和国际顾问都认为，吴哥将主要是一个建筑聚集地，而不是一处重建的“生活”场所，因为一些国际游客可能会觉得，吴哥作为一处建筑聚集地更有意义[3]。

就连吴哥遗址内的村民也意识到，这些被毁坏的吴哥遗址，不是寺庙，基本上都是假设性的修复。此外，它们的意义更多地与过去有关，而不是与现在的实践有关。无论是来自法国、美国，甚至是印度的专家都认为，吴哥仍然是一处“遗产”，而不是一个具有宗教意义的地方。

同时，吴哥遗址的重组和管理方法模仿了法国殖民时期建立的系统。因此，它的“文明使命”在新的社会文化背景下取得了成功。吴哥考古公园和吴哥世界遗产地之间的基本相似之处，包括优先保护古迹和森林——遗产地的面积覆盖和空间组织被认为是外来者视觉消费的理想选择——以及主要由外籍学者进行的历史和技术研究。

继早期法国在柬埔寨“文明使命”的脚步之后，柬埔寨当局——尤其是1995年成立的APSARA局，在将吴哥重新定位为理想的世界遗产地的过程中，也继承了一项使命：教化当地居民和佛教僧侣，所以，APSARA局对当地居民实施比法国殖民时期更严格的规则和条例，也可以解释为柬埔寨精英们认为在国际社会代表的注视下，管理吴哥遗址关乎国家荣誉的结果[4]。

## 四　相应的措施

在诸如柬埔寨这样的发展中国家，管理世界遗产的国家机构面临着巨大的压力。这些遗产区域通常很大，是当地旅游经济的一个重要特征。很多人可能居住生活在遗址区域里面或周围，对于相对贫穷的国家来说，世界遗产既是一项资产，也是一项沉重的义务。它们的管理受到遗址保护、经济发展和社会公平的相互冲突挑战，当地社区的意见以及环境、经济和土地利用与人们在整个景观中分布的空间和时间发生变化时，必须对这些相互作用关系保持敏感。吴哥遗址保护工作是发展中国家保护世界遗产价值所涉及的机遇、问题和需求的典型试验案例。

〔1〕 K. Hutterer, “Early Southeast Asia：Old Wine in New Skins？ – A Review Article”, *Journal of Asian Studies* 1982，41–3，pp. 559–570.

〔2〕 W. Peterson, “Colonialism, Culture History, and Southeast Asian Prehistory”, *Asian Perspectives*，1982–1983，25–1，pp. 123–132.

〔3〕 William Chapman，Angkor on the world stage Conservation in the colonial and postcolonial eras. Kapila D. Silva and Neel Kamal Chapagain. *Asian heritage management: contexts, concerns, and prospects*, Abingdon：Routledge, 2013. pp. 215–235.

〔4〕 Keiko Miura，Discourses and Practices between Traditions and World Heritage Making in Angkor after 1990. Michael Falser，*Cultural heritage as civilizing mission: from decay to recovery*, Cham：Springer, 2014.

鉴于以上情况，柬埔寨 APSARA 局和国际社会、组织已经意识到相关问题的严重性，并对相关问题采取了积极措施。同时，针对上一节中提出的问题，在本节中也给出了具体建议如下：

（一）吴哥遗址遭到破坏的主要原因是由贫穷引起的，因此国际社会和组织应实施一些项目，包括研究柬埔寨境内非法文物交易记录和境内各地受到威胁的遗址，增加掠夺文物被找回的可能性。同时，利用信息丰富的广播和电视广告、教育漫画和故事书，以及为遗址遭严重抢劫地区的村民举办社区研讨会。另外，还可以通过公共展览、旅游杂志等商业活动，让游客了解购买被掠夺文物的负面后果。

除此之外，在吴哥遗址实施可持续旅游和开发具有巨大潜力的项目，但仔细规划和实施这一过程至关重要，尤其是要为当地社区提供必要的设施，帮助他们从自给农业转变为以旅游业收入为基础的农业。还需要通过立法来保护当地居民从遗址中受益的权利，以便其他拥有更好技能和教育的人，不会为了自己的利益而牺牲现有社区的利益，来挪用吴哥遗址资源[1]。

同时，作为一个有着文化公园的柬埔寨小镇，暹粒市的吸引力与吴哥遗址是互补的。暹粒市的建筑历史核心围绕着旧市场和沿河（暹粒河），提供了一处吸引人的小酒店、商店和餐馆的环境。升级现有的酒店和宾馆，改造传统和殖民时期的建筑，将在真实的环境中提供廉价的住宿。而新的度假式酒店集中在旅游开发区，可以在不干扰当地居民生活的情况下，提供现代化的设施和高品质的环境。不允许，在吴哥周围的农村地区进行零星开发。可以说，暹粒市正进入旅游业发展带动城市就业需求增加的阶段，经济增长的前景是基于规划的酒店客房创造的就业岗位数量[2]。

（二）国际项目在解决吴哥遗址遭受破坏后，焦点应集中在遗产教育和遗产经济上。其中包括发掘期间的现场展示、遗产教育活动、遗址博物馆、减贫和通过旅游增强社区能力的项目。这样做的动机是提高当地社区——特别是学校学生、当地官员和僧侣——对遗产价值的认识。这些共同的主题反映了吴哥遗址是柬埔寨民族的源头，反映了吴哥遗址被赋予超自然的力量，反映了吴哥遗址具有经济价值，可以通过旅游帮助缓解社区贫困。减贫举措包括通过农业多样化和旅游业促进地方经济的可持续发展。

（三）积极推进当地社区参与吴哥遗产保护项目。目前柬埔寨当地社区在吴哥遗产保护决策中仍然处于边缘地位。吴哥地区不仅仅是一处建筑遗址，它还是一处重要的农业社区，一处广阔的耕地平原，一处被森林环绕的生活社区。现存的古代“文献”，植根于当地社区。由于社区中老年人丰富的经验、知识、智慧和善意教导年轻人，他们具有作为家庭和社区核心成员的精神和实践功能。如果说，学校教育的主要功能是传授学生知识和获取知识的基本技能，那么社区老年人应该是保护和传承传统文化与生活方式。为了使年轻人了解社区生活状况的现实，在现代生活环境开发更实用的方法过程中，创造属于自己的新生活文化。

吴哥遗产的成功管理需要柬埔寨村民、地方当局和社区人员的参与。很少有国内外组织在保护规划的过程中咨询他们，而且项目越大，社区参与的可能性就越低。也许在小规模的保护项目中，社区才能充分参与。如 2006 年，ICCROM 和 GACP 的 Simon Warrack 着手修复位于吴哥寺入口附近的一件久负盛名的造像。当地人称之为“Ta Reach”的造像，失去了一只手臂并面临其他保护问题[3]。Warrack 咨询了村里的长

〔1〕 Dougald J. W. O'Reilly，Heritage and Development：Lessons from Cambodia，*Public Archaeology*，2014. Vol. 13 No. 1–3，pp. 200–212.

〔2〕 H. E. Vann Molyvann，Management of the Angkor Site：national emblem and world heritage site，*Museum Internationa* l，2002. Vol. 54 No. 1–2. pp. 110–116.

〔3〕 Warrack，S. Learning from local leaders：Working together toward the conservation of living heritage at Angkor wat，Cambodia，*Changes Over Time*，2011，1–1，pp. 34–51.

老和寺庙的主持，这些信息随后用在了项目中，促使 Warrack 重新设计他的方案，以符合当地悠久的传统。在实际的保护过程中，除了现代科学之外还结合了宗教仪式，成为了保护者和柬埔寨人共同努力的结果。

只有确保当地社区有效和有意义地参与吴哥遗产开发项目，并增强他们的决策能力，社会和经济上可持续的遗产——旅游伙伴关系模式才有可能实现。为此目的而制定的国际处方过于一般化，无法应对特定国家甚至区域内的具体遗产。这些问题必须由受影响较严重的人，在社区一级加以解决。这再次强调了，在社区层面上建立社会机构的重要性，这一原则应该在亚洲遗产的旅游中得到推广。

（四）吴哥遗产管理需要在理论和实践上脱离传统保护思想，应进行一定程度的反思。这被认为是必要的，以应对吴哥遗产的复杂性，其部分原因是多样的哲学传统、多层次的历史，以及全球化的压力和亚洲社会经济进步的加速。其次，这种重新思考应该立足于当地环境，弄清楚它是谁的遗产，它对本地居民意味着什么，它是如何被创造的，如何被“照顾”，以及它的连续性还需要什么。这意味着政策制定者需尊重与社区遗产有关的当地普世价值和伦理，从而将传统遗产保护和管理知识与当代保护伦理和实践相结合。

（五）吴哥遗产管理的最大前景在于当地的社区实践机构，尤其是社区和中下层遗产管理者，而不是国际组织和国家机构。这些地方机构，尤其是较低级别的文物保护专业人员，似乎仍然被排除在保护决策之外。那些较低级别的遗产管理人员对遗产保护的成功负有最重要的责任，因为他们是日常参与保护行动并定期与当地社区互动的人员。其次，作为遗产管理的前线人员，这些较低级别的遗产从业人员在遗产管理相关的问题上，拥有丰富的经验和背景知识。

吴哥遗产和柬埔寨公众之间的关系一直很重要，与社区的接触将为自上而下的吴哥遗产管理，以及具有当代柬埔寨遗产管理特点的考古和遗产世俗化提供更可持续和公平的战略，但是缺乏足够的公众沟通和参与使情况恶化。虽然这种方式有利于现代柬埔寨的建设，但柬埔寨人民与政府之间的政治经济关系发生了变化。这种自上而下的方式已不再适合当代柬埔寨，因为它既不能满足柬埔寨人民的需要，也不能满足其文化遗产的管理需要。

从最广泛的意义上说，吴哥遗产是柬埔寨人民对过去和现在的一种承认，是身份和记忆的来源。稳定的、持续参与的社区对吴哥遗产的创造、解释和呈现起到重要的作用。以至于吴哥遗产是如此强大的概念和工具，它可以在冲突后的社区重建和重新参与中发挥重要作用[1]。

（六）吴哥遗产保护应该积极推动，更多地建立在基于社会价值体系上的思维，而不是通常的艺术、历史或考古学价值体系。这需要一种遗产管理模式，鼓励更广泛的社区参与决策保护遗产和价值，而不是主要由遗产专家主导。就遗产保护的需要和过程对社区进行教育，并激励他们参与实际活动，也应该是遗产管理者职业责任的一部分。吴哥遗产保护可以建立社区参与的原则和指导方针，并促进为此目的创建有用的设施。

（七）吴哥遗产保护应在其民族背景下促进遗产的多元性，包括遗产类别的多元性和文化多元性。遗产资产的识别应包括物质、行为和象征层面，并与更大的文化景观和日常生活相关。这特别要求在世俗化和合理化遗产的情况下，接受遗产神圣的、看似微不足道的以及不和谐的一面。此外，吴哥遗产保护应承认文化遗产的多元性，特别是要承认少数族群的遗产[2]。

〔1〕 Paul Newson and Ruth Young, Conflict : People, Heritage, and Archaeology. Paul Newson and Ruth Young. *Post-conflict archaeology and cultural heritage: rebuilding knowledge, memory and community from war-damaged material culture*, New York : Routledge, 2018. pp. 3-20.

〔2〕 Kapila D. Silva, Prospects for Asian heritage management. Kapila D. Silva and Neel Kamal Chapagain. *Asian heritage management: contexts, concerns, and prospects*, Abingdon : Routledge, 2013. pp. 345-355.

（八）吴哥遗产保护应加强与东盟层面的区域合作。东盟国家参与当前的地区建设是可取的。但是，必须强调的是，由于近期和过去的历史，怀疑的态度仍然过于强烈，无法预期这种合作。区域间和国际合作的延续与扩展，包括吴哥遗产的保护规划至关重要。然而，吴哥遗产首先是与柬埔寨人有关的问题。因此，最好是就此问题对柬埔寨人的感受进行调查，因为国际专家的方案必须符合人口群体，再研究和重建历史方面的社会需求。

我们可以从吴哥的世界遗产建设中吸取教训：为了成功提名和管理世界遗产，在将遗产列入候选名单之前，重要的是要确定主要利益相关者，收集足够的数据以了解当地人的利用空间，了解他们对文化和自然环境的利用程度。ZEMP 计划被用来为这个目标服务，然而研究结果证明，计划并不是完美的与最初的理想还有一定的差距。毕竟，吴哥世界遗产不仅仅是古建筑和森林的集合，当地知识和当地居民的生活方式以及环境和吴哥寺庙相关的方式也可以被视为宝贵的“非物质”遗产。因此，将他们的关注和愿望纳入政策制定和遗产保护与发展机制非常重要。从某种意义上说，吴哥的管理政策恰逢其时地从紧急保护转向可持续发展，然而，发展需要更多的时间、协商和方法才能有效实施。

除此之外，所有利益相关者之间的公开对话以及当地社区积极参与遗产管理，对于遗产从提名到管理、监测和评估的成功都至关重要。

综上所述，无论成功与否，吴哥遗产无疑具有不可思议的威力。它在现代柬埔寨社会中扮演着重要的角色，与政治、权力、身份、归属感和经济有着不可分割的联系。吴哥遗产不能被忽视，它需要得到极大的尊重，认识到这一点可能在冲突后的社会和政治重建时期，比在其他时期更重要。吴哥遗产具有巨大的力量，它在柬埔寨人的记忆中起着重要的作用，无论是记忆还是遗忘。

## 五　相关问题思考——去殖民化

现在柬埔寨王室的祖先可以直接追溯到吴哥的统治者，而考古学家对柬埔寨的历史可以追溯到更新世——这使得考古遗产在柬埔寨如此重要。考古研究的本质在很大程度上是由特定民族国家，在经济、政治和文化上所扮演的角色所塑造的，这些国家是现代世界体系中相互依存的部分[1]。

### （一）殖民文化对吴哥保护的影响

法国殖民者将考古学引入柬埔寨，重点修复吴哥遗址。19 世纪对柬埔寨来说是一个动荡的时期，内部权力斗争和地区竞争对手（暹罗和越南）的占领，破坏了全国的社会政治稳定、人口和经济。1864 年，法国成为柬埔寨的宗主国，结束了柬埔寨与其邻国之间的朝贡关系。考古学的引入与殖民时期柬埔寨现代化相一致，主要是为了促进和增加税收。殖民官员和柬埔寨精英认为，考古与修复吴哥遗址是重建和恢复柬埔寨昔日辉煌的一种手段。

当柬埔寨成为法属印度支那联邦的重要组成部分时，它最初被法属殖民政府忽视了。殖民政府更专注于地理上更有利的地区，如东京（河内）、安南和交趾支那。马德望、诗梳风和暹粒三省曾于 1794 年并入暹罗，在 1907 年三个省回归之前，柬埔寨被用作交趾支那和暹罗之间的缓冲区域。这次回归具有强烈的象征意义，因为曾经统治该地区的古代高棉王国的首都吴哥，现在已落入法属殖民政府的控制之下。这些做法也为法国殖民者作为失落文明的救世主提供了合法性。

---

〔1〕 Trigger，Bruce G. Alternative Archaeologies：Nationalist，Colonialist，Imperialist. *Man*，1984，19–3，pp. 356.

同时，文化领域一直是欧洲列强政治行动和竞争的主要战场，尤其是海外殖民地的竞争。文化影响力经常被用作建立对其他国家的政治影响力的手段，而文化行动则被视为一种外交行动。在殖民时期，法国、英国和荷兰通过科学考察、科学协会和博物馆的创建以及遗址修复活动，在南亚和东南亚展开竞争。特别是，当英国和荷兰正在邻国改善和修复印度与荷属东印度群岛上的遗产时。而法属殖民政府想要证明柬埔寨吴哥遗址是值得受到其保护的遗产[1]。法国的“文明使命”专注于吴哥遗址的修复与保护，并以吴哥风格重新创造高棉艺术，以保持柬埔寨的身份，恢复柬埔寨辉煌的过去。

到了后殖民时期，考古学经常为民族主义服务。柬埔寨与考古学的关系很复杂，因为它仍然是一项与“文明使命”相关的殖民发明，以返回光荣的吴哥历史。殖民时期的吴哥修复活动代表了柬埔寨重新得到了国际认可，后殖民时期的柬埔寨将殖民考古学作为一种自我恢复的手段。在柬埔寨考古学被认为是根植于政府圈子内的精英和外国团体。

“文明使命”强化了考古学与公众之间的复杂关系，并继续塑造现代柬埔寨的进程。例如，1960年代国王诺罗敦·西哈努克统治下的吴哥标志着一段和平与稳定的时期，大多数柬埔寨人认为这是近代记忆中的黄金时期。国王在电影和杂志中对吴哥的描绘，是另一种文明使命或政治宣传的形式，但它受到柬埔寨人的热烈欢迎。

现在联合国教科文组织对吴哥的干预，通过参与数十个展示其开创性工作的国际项目，有助于巩固这一观念。该组织解释了公众的观点，考古学、遗产管理和历史是外来实践。因此，柬埔寨的考古学家和文物保护人员常常被认为是为外籍学者而工作，不如他们的国际合作伙伴。柬埔寨目前的社会、政治和经济现实包括通过教科文组织开展的国际合作，均认为文化遗产是当代生活的神圣空间、国家身份和骄傲。

另外，柬埔寨 APSARA 局在委派工作和其他援助项目，进行谈判方面发挥了重要作用。然而，APSARA 局却在重大遗址的保护工作中表现得有些“缓慢”，把重要角色留给外籍专家。由于在一定程度上柬埔寨继续依赖外部资源，现有的管理和劳工等级制度是一个世纪前殖民利益的奇怪延伸。柬埔寨人在这个“霸权”的过程中一直很难“发声”，在机构中被安排成次要的角色。从某种意义上说，在重新利用自己的遗产过程中成为永久的“次等人”。培训、更先进的教育机会和更多的资金可能为提高机构独立性指明了道路，但从长远来看，柬埔寨人是否愿意占据上风，将决定谁真正控制着国家的文物保护工作[2]。现在的吴哥遗址从一处几乎被遗弃的地方，变成了一处真正的科学、历史和哲学的学术圣地——也许更适合世界而不适合柬埔寨人自己。

自从吴哥遗址在 19 世纪被“发现”以来，西方世界的科学界和文物界就一直声称东南亚的遗址极具当地特色。殖民时期的教育家乔治·格罗斯利埃赞扬了柬埔寨人的历史成就，但是他认为这个国家的现代居民没有能力完成保护国家遗产的任务[3]。这种观点在今天东南亚工作的许多保护人员和考古学家中仍被坚持着，在当地外界的观点往往优先于本地观点，来访的考古和保护专家把当地工人作为技

〔1〕 Gabrielle Abbe，“Decadence and Revival” in Cambodian Arts and the Role of George Groslier（1887–1945）. Michael Falser，*Cultural heritage as civilizing mission: from decay to recovery*，Cham: Springer，2015. pp，123–148.

〔2〕 William Chapman. Angkor on the world stage Conservation in the colonial and postcolonial eras. Kapila D. Silva and Neel Kamal Chapagain. *Asian heritage management: contexts，concerns，and prospects*，Abingdon：Routledge，2013. pp. 215–235.

〔3〕 同〔1〕。

术人员和学徒的次要角色。

在最近对巴戎寺的一项研究中，柬埔寨学者 Ang Choulean 展示了吴哥附近的村民如何与这座古老的建筑遗址保持着深刻的联系[1]。他在作品中厘清了古代与现代当地居民、佛教机构和传统信仰之间的关系。Ang Choulean 并没有强调要打破过去，而是看到了连续性的重要。他还鼓励柬埔寨人民承认，自己对雨水的需求，而不是简单地将其交给外籍专家。事实上，这是否会改变古代雨水的处理方式是值得怀疑的。相反，它将直接影响村民和外籍人士对本地学者的看法。

对于国际专家来说，吴哥时期古代雨水处理方式，以及与之相关的造像和其他文物，可能是他们学术生活的“全部和终结”。吴哥遗址仍然是书籍与文章中有关东南亚艺术和文化的重要焦点，在致力于研究该地区学术组织的会议记录中，对其历史和起源的关注仍然占据突出地位。吴哥遗址本身就是通过项目保护、资金支持和培训工作发挥外部专业知识的地方。吴哥遗址为许多西方学者奠定了学术生涯的基石，并使其在世界其他区域有一定的影响力。他们住在古老的殖民城市——暹粒市，定期在最喜欢的餐馆和酒吧与同事会面，通常享受外籍人士生活上的所有优势，从便宜的食物到帮手和仆人，所有这些都增加了吸引力。难怪国际学者和组织固执己见，不愿将吴哥遗址保护的责任交给柬埔寨从业者[2]。

（二）殖民文化对传统文化的冲击

柬埔寨从法属印度支那联邦继承了强大的行政能力，并相信领土开发是任何社会经济政策中不可或缺的组成部分。法国在柬埔寨留下了一些由欧内斯特·赫布拉德（Ernest Hebrard）精心规划设计的城镇和一些令人赏心悦目但非原创的殖民别墅。第二次世界大战前不久，金边建起了两座创新建筑：中央市场（Central Market）和金边火车站（Phnom Penh Railway Station），两者都巧妙地利用了钢筋混凝土。在这种殖民技术的启发下，钢筋混凝土成为了西哈努克时期建筑的首选材料。毫无疑问，这对柬埔寨人民产生了深刻的影响。柬埔寨独立后，从法国殖民文化中吸取的教训，引发了第二次文化冲击，体现在对其根源的创造性探索和对柬埔寨真实性的重申上[3]。

湄公河流域是世界第四大河流加上三角洲、其支流、湿地和内陆湖洞里萨湖，覆盖了柬埔寨 181035 平方公里领土的 80%。这是古代高棉人的命脉，他们在这块土地上创造了自己的文明、财富和文化。在古代高棉王国，多达 90% 的人口靠水资源维持生计。只有在国王的特别同意下才允许在土地上建造建筑，主要用于宗教建筑群，偶尔也用于皇家住宅。法国殖民者则颁布了一项重要的新法律：从此以后，建筑只允许建在陆地上。这一彻底的转变将对柬埔寨社会价值观产生深远的影响，并导致一场社会经济革命，涉及土地所有权、投资、继承、地籍管理等方面。法国提出的一项法律说明了殖民专制统治对千年文明的漠视。这种以水资源为基础的传统向以陆地为基础的传统的彻底转变，所产生的社会和心理影响至今仍在整个东南亚地区回荡。

---

〔1〕 Ang Choulean, *Les êtres surnaturels dans la religion populaire khmère*, Paris : Cedoreck, 1986 ; Les défis de la conservation d'Angkor Thom, *The Symposium on the Bayon*, 2001, 5, pp. 61-66 ; In the Beginning was the Bayon. Joyce Clark, *Bayon: New Perspectives*, Bangkok : River Books, 2007, pp, 362-379.

〔2〕 William Chapman, Angkor on the world stage Conservation in the colonial and postcolonial eras. Kapila D. Silva and Neel Kamal Chapagain. *Asian heritage management: contexts, concerns, and prospects*, Abingdon : Routledge, 2013. pp. 215-235.

〔3〕 Helen Grant Ross, The Civilizing Vision of an Enlightened Dictator : Norodom Sihanouk and the Cambodian Post-independence Experiment (1953-1970). Michael Falser, *Cultural heritage as civilizing mission: from decay to recovery*, Cham : Springer, 2015. pp. 149-178.

柬埔寨可能比东南亚任何其他国家，都更有理由认真对待吴哥遗址。对于柬埔寨人来说，吴哥遗址是该国社会和经济进步的希望。不断增长的旅游业对吴哥遗址甚至非物质文化的存在产生威胁，让人恐惧。此外，当地人能否接触到吴哥遗产，以及他们在吴哥保护项目中内和外的位置，仍是令人关切的问题。一旦吴哥考古公园内的柬埔寨居民开始迫切需要混凝土建筑而不是木质建筑，会发生什么？现代的寺庙（Wat）将如何融入吴哥考古公园？希望柬埔寨人能够尽快解决这些问题，至少可以从外部世界得到一些建议。在本土和外籍专家之间的平衡，似乎即将向有利于柬埔寨人的方向倾斜。

这些壮观的吴哥建筑景观，战略性地摆在吴哥考古公园内，既提升了柬埔寨人的民族自豪感，又把他们的国家放在了另一个世界舞台上，使吴哥成为世界遗产。吴哥既是国家象征，也是朝圣中心，是一处活生生的遗产，并继续受到当代社会政治背景的影响。柬埔寨人继续通过神圣的和世俗的活动与他们的遗产及周围的景观互动。因此，这些与遗产的互动和体验应该被培养和转化，以提高公众的意识，而不是被支配。

# 附　录

## 附录一　吴哥考古与保护项目统计简表（1990 年至今）

| 国家 / 国际组织 | 执行机构 | 项目时间 | 项目内容 | 总计 |
|---|---|---|---|---|
| 柬埔寨 | APSARA 局 | 1995—2023 | Prasat Ta Prohm Kel 医院遗址修复项目 | 40 项 |
| | | 1997—2012 | 塔逊寺修复项目 | |
| | | 2000— | 罗洛士建筑群修复项目 | |
| | | 2004— | 巴琼寺修复项目 | |
| | | 2004—2009 | 暹粒机场考古发掘项目 | |
| | | 2004—2012 | 吴哥时期水资源的管理项目▲ | |
| | | 2005— | Prasat Tonle Snguot 医院遗址修复项目 | |
| | | 2006—2007 | 贡开遗址考古项目 | |
| | | 2006—2012 | 高棉社区解说中心▲ | |
| | | 2006— | 土地使用设计和注册计划▲ | |
| | | 2007— | 北池（阇耶塔塔卡胡）修复项目▲ | |
| | | 2007— | 西池修复项目▲ | |
| | | 2009— | 大吴哥岩画艺术研究项目 | |
| | | 2009— | 皇家浴池修复项目 | |
| | | 2009—2010 | 冶铁遗址的研究项目 | |
| | | 2009—2012 | 遗产教育▲ | |
| | | 2013— | 吴哥寺遗址修复（考古）项目 | |
| | | 2013 | 吴哥考古公园野生动物放生项目▲ | |
| | | 2014— | 吴哥通王城城墙修复项目 | |
| | | 2015— | 班迭色玛修复项目 | |

续表

| 国家 / 国际组织 | 执行机构 | 项目时间 | 项目内容 | 总计 |
| --- | --- | --- | --- | --- |
| 柬埔寨 | APSARA 局 | 2015— | 女王宫修复项目 | 40 项 |
| | | 2016—2017 | 斗象台遗址内莲花基座修复项目 | |
| | | 2017— | 班迭克黛寺（围墙）修复项目 | |
| | | 2017 | 比粒寺（石刻造像）修复项目 | |
| | | 2019 | 寺庙石材修复培训项目▲ | |
| | | 2019 | 佛教与科学博物馆培训项目▲ | |
| | | 2019 | 保护和研究寺庙遗址的技术培训项目▲ | |
| | | 2019— | 吴哥通王城北塔门附近造像修复项目 | |
| | | 2019.11—12 | 吴哥时期道路遗迹发掘项目 | |
| | | 2019.05 | 阿约寺遗址考古项目 | |
| | | 2019—2022 | 吴哥通王城西塔门修复项目 | |
| | | 2020.01 | 库伦山考古调查项目 | |
| | | 2020.03 | Prasat Kandal Srah Srong 寺庙遗址修复项目 | |
| | | 2019.05— | 考古保护区的划定项目▲ | |
| | | 2020.07—12 | Damrey Krab 寺庙遗址修复项目 | |
| | | 2020.07 | 石刻艺术品登记注册项目▲ | |
| | | 2020— | 吴哥超越项目▲ | |
| | | 2020— | Prasat Krahorm 寺庙遗址修复项目 | |
| | | 2020.11—12 | Tuol Trapeang Bos 窑址考古项目 | |
| | | 2020— | Prey Prasat 医院遗址修复项目 | |
| 法国 | 吉美博物馆<br>老挝考古与博物馆理事会<br>万象信息和文化部 | 1991—1998 | 瓦普寺地区考古项目 | 26 项 |
| | 远东学院<br>泰国艺术部 | 1992.01—02 | Phanom Wan 遗址项目 | |
| | 远东学院 | 1993—1996 | 癞王台修复项目 | |
| | | 1995—2011 | 巴方寺修复项目 | |
| | | 1996—1997 | 斗象台遗址北侧考古项目 | |
| | 远东学院<br>越南胡志明市考古所 | 1997—2000 | 俄厄遗址考古项目 | |

续表

| 国家 / 国际组织 | 执行机构 | 项目时间 | 项目内容 | 总计 |
|---|---|---|---|---|
| 法国 | 远东学院 | 1998 | 巴方寺附属建筑考古项目 | 26 项 |
| | 吉美博物馆<br>老挝考古与博物馆理事会<br>万象信息和文化部 | 1998—1999 | 占巴塞省南部考古调查项目 | |
| | 远东学院 | 1999.04 | 柬埔寨金边国家博物馆造像保护与修复项目▲ | |
| | | 2000 | 医院遗址调查活动 | |
| | | 2000—2012 | 库伦山班迭遗址项目 | |
| | | 2000.01 | 磅斯外圣剑寺遗址调查 | |
| | | 2000— | 从耶输陀罗补罗到吴哥通王城：吴哥都城考古研究 | |
| | | 2000— | 吴哥地区遗址的考古发掘项目 | |
| | | 2000—2014 | 耶输陀罗补罗项目：关于耶输跋摩一世寺庙的考古和碑铭研究 | |
| | 国家国防科学研究所—INRAP | 2004.01—07 | 暹粒机场扩建考古发掘项目 | |
| | 远东学院 | 2004— | 考古调查和发掘项目 | |
| | | 2004— | 金边博物馆石刻造像的修复项目▲ | |
| | 自然环境地理实验室（GEOLAB）、帕斯卡大学、国家科学研究中心（CNRS） | 2006— | 茶胶寺周围森林减少引起的砂岩加速衰变项目 | |
| | 法国驻柬埔寨大使馆、法国夏约学院 | 2007—2015 | 遗产技能培训项目▲ | |
| | 远东学院 | 2008 | CERANGKOR 研究项目 | |
| | | 2008—2010 | 古代高棉空间研究项目 | |
| | | 2009—2012 | 贡开遗址的考古发掘项目 | |
| | | 2012—2016 | 西湄奔寺修复项目 | |
| | 吴哥之友协会 | 2012—2016 | 吴哥 / 暹粒的水资源开发与管理▲ | |
| | 远东学院 | 2018—2024 | ModA Thom 考古项目 | |
| 日本 | 上智大学 | 1991—2001 | 班迭克黛寺遗址考古发掘项目 | 16 项 |
| | 日本吴哥工作队 | 1994—2021 | 巴戎寺修复项目 | |
| | 上智大学<br>奈良文化财研究所 | 1995—2001 | 塔尼窑考古发掘项目 | |

续表

| 国家/国际组织 | 执行机构 | 项目时间 | 项目内容 | 总计 |
|---|---|---|---|---|
| 日本 | 上智大学 | 1996—2020 | 吴哥寺西神道修复项目 | 16 项 |
| | 日本国际协力机构（JICA） | 1996—2018 | 暹粒市供水扩建工程项目▲ | |
| | 日本吴哥工作队 | 1999—2005 | 十二生肖塔北 1 和北 2 塔修复项目 | |
| | 日本吴哥工作队 | 1999—2005 | 吴哥寺北藏经阁修复项目 | |
| | 东京文化财研究所 | 2001 | 塔内寺修复项目 | |
| | 金泽大学 | 2003 | 洞里萨湖的生物多样性的机制项目▲ | |
| | | 2006 | 吴哥及其周边地区的环境研究项目▲ | |
| | 教科文组织日本联合会 | 2006 | 吴哥社区学习中心项目▲ | |
| | 奈良文化财研究所 | 2010— | 洛韦遗址的保护项目 | |
| | | 2010.11—12 | 库兰考遗址调查项目 | |
| | | 2011 至今 | 西塔寺修复项目 | |
| | | 2012—2013 | Veal Svay 窑址发掘项目 | |
| | 教科文组织日本联合会 | 2012—2014 | 巴戎寺外走廊的那伽和石狮子造像修复项目 | |
| 印度 | 印度考古局（ASI） | 1986—1991 | 吴哥寺遗址修复项目 | 2 项 |
| | | 2004 至今 | 塔布隆寺遗址修复项目 | |
| 美国 | 世界遗产基金会 | 1991 | 圣剑寺修复项目 | 5 项 |
| | 夏威夷大学马诺阿分校 | 1994—1998 | 柬埔寨考古与遗产管理人员培训项目▲ | |
| | 世界遗产基金会 | 2004 至今 | 巴肯寺修复项目 | |
| | | 2007—2012 | 吴哥寺东走廊浅浮雕保护项目 | |
| | 夏威夷大学马诺阿分校 | 2019.12—2020.01 | Tuol Daun Pok 寺庙遗址发掘项目 | |
| 中国 | 中国文化遗产研究院（中国文物研究所） | 1998—2008 | 周萨神庙遗址修复项目 | 7 项 |
| | | 2010—2018 | 茶胶寺遗址修复项目 | |
| | 国际自然与文化遗产空间技术中心（HIST） | 2013—2016 | 吴哥遗产地环境遥感项目▲ | |
| | 农业部下属单位 | 2016 | Run Ta Ek 生态村发展项目▲ | |
| | 中国文化遗产研究院（CACH） | 2017—2019 | 崩密列东神道遗址考古项目 | |
| | | 2015 至今 | 柏威夏寺遗址调查项目 | |
| | | 2019 至今 | 王宫遗址修复项目 | |

续表

<table>
<tr><th>国家 / 国际组织</th><th>执行机构</th><th>项目时间</th><th>项目内容</th><th>总计</th></tr>
<tr><td rowspan="2">匈牙利</td><td>皇家吴哥基金会</td><td>1992—2010</td><td>罗洛士建筑群项目▲</td><td rowspan="2">2 项</td></tr>
<tr><td>匈牙利印度支那公司</td><td>2008—</td><td>贡开遗址项目▲</td></tr>
<tr><td>印度尼西亚</td><td>印尼政府工作队</td><td>1994—2000</td><td>王宫遗址塔门（东门、东北、东南塔门）修复项目</td><td>1 项</td></tr>
<tr><td rowspan="3">意大利</td><td rowspan="2">意大利政府信托<br>岩土与结构工程所</td><td>1995—2003</td><td>比粒寺修复项目</td><td rowspan="3">3 项</td></tr>
<tr><td>1996—2015</td><td>吴哥寺（环境）修复项目</td></tr>
<tr><td>巴勒莫大学</td><td>2011—2014</td><td>保护和修复图像遗产的国际行动培训项目▲</td></tr>
<tr><td rowspan="12">德国</td><td rowspan="6">德国政府外交部<br>科隆应用科技大学（cologne Facchochschule）</td><td rowspan="6">1995—</td><td>贡开遗址和崩密列寺散乱文物的保护项目</td><td rowspan="12">12 项</td></tr>
<tr><td>吴哥灰泥保护项目</td></tr>
<tr><td>吴哥和贡开砖庙中多色壁画的调查和保护项目</td></tr>
<tr><td>库伦山的 Sarah Damrei 遗址造像的调查与保护项目</td></tr>
<tr><td>博克寺遗址陵伽保护项目</td></tr>
<tr><td>圣牛寺保护与修复项目</td></tr>
<tr><td>国际合作公司</td><td>2006</td><td>豆蔻寺遗址修复项目</td></tr>
<tr><td>波恩大学</td><td>2007</td><td>吴哥碑铭研究项目（AIS）</td></tr>
<tr><td rowspan="4">国际合作公司</td><td>2007—2013</td><td>APSARA 局石材保护部门的培训计划（SCU）▲</td></tr>
<tr><td>2012—</td><td>吴哥寺第三庭院内浅浮雕修复项目</td></tr>
<tr><td>2014—</td><td>班迭色玛遗址修复项目</td></tr>
<tr><td>2019—2020</td><td>巴孔寺修复项目</td></tr>
<tr><td rowspan="2">瑞士</td><td>瑞士发展与合作署（SDC）</td><td>2002—2005</td><td>女王宫及周边修复项目</td><td rowspan="2">2 项</td></tr>
<tr><td>HOLCIM 集团公司</td><td>2007—2011</td><td>圣巴孔寺壁画修复项目</td></tr>
<tr><td>泰国</td><td>泰国艺术大学美术系朱拉中高皇家军事学院</td><td>2005—2008、2009—2013</td><td>活态的吴哥道路计划（LARP）▲</td><td>1 项</td></tr>
<tr><td rowspan="3">新加坡</td><td rowspan="3">新加坡国立大学亚洲研究所</td><td>2007.01</td><td>库伦山窑址考古发掘项目</td><td rowspan="3">3 项</td></tr>
<tr><td>2015.12</td><td>贡开遗址考古发掘项目</td></tr>
<tr><td>2016 至今</td><td>柬埔寨人类学和历史学研究培训项目▲</td></tr>
</table>

续表

| 国家/国际组织 | 执行机构 | 项目时间 | 项目内容 | 总计 |
| --- | --- | --- | --- | --- |
| 新西兰 | 新西兰外交和贸易部 | 2007—2013 | 吴哥参与自然资源管理和生计项目▲ | 3 项 |
| | | | 吴哥管理规划项目▲ | |
| | | | 社区发展参与项目▲ | |
| 捷克 | 捷克 GOPURA II 工作队 | 2007—2011 | 空中宫殿修复项目 | 1 项 |
| 英国 | 考古与发展基金会 | 2008 | 库伦山考古调查项目 | 1 项 |
| 澳大利亚 | 悉尼大学 | 2004—2009 | 与遗产共存项目▲ | 3 项 |
| | 澳大利亚政府 | 2010—2018 | 吴哥世界遗产区的遗产管理框架项目▲ | |
| | 悉尼大学 | 2011—2014 | 从 Paddy 到 Pura：吴哥起源项目 | |
| 韩国 | 韩国文化遗产基金会 | 2015—2023 | 圣皮度寺修复项目 | 2 项 |
| | | 2019—2023 | 斗象台修复项目 | |
| 加拿大 | 多伦多大学 | 2019.01—02 | 吴哥精舍项目 | 1 项 |
| 多国联合 | 法国、意大利、日本、印度、韩国政府工作队 | 1991—2010 | 瓦普寺修复项目 | 5 项 |
| | 悉尼大学、APSARA 局、法国远东学院、美国的弗利尔和赛克勒美术馆等 9 家单位 | 2009—2013 | 青铜作坊遗址发掘项目 | |
| | 悉尼大学、APSARA 局、法国远东学院、大都会艺术博物馆等 7 家单位 | 2011— | 石刻造像作坊遗址发掘项目 | |
| | 悉尼大学、APSARA 局、法国远东学院、夏威夷大学等 7 家单位 | 2012—2014 | 大吴哥项目 | |
| | 美国、法国、柬埔寨 | 2015— | 铜合金造像技术与历史项目 | |
| ICCROM | | 1999—2000<br>2012 | 塔内寺考古培训项目▲ | 2 项 |
| | | 2008 | 世界文化遗产的研究和保护项目▲ | |
| 共计 | 21 个国家/组织实施了 139 个项目 | | | |

注：▲为可持续发展项目，其余为古迹保护与修复项目。

# 附录二　吴哥考古与保护有关的历史年表

## 9—14 世纪

802 年，阇耶跋摩二世在吴哥地区建立政权。

889—910 年，耶输跋摩一世在巴肯山建都城耶输陀罗补罗。

922（928）年，阇耶跋摩四世迁都贡开。

1177—1181 年，占婆占领吴哥都城。

1181—1219 年，阇耶跋摩七世统治吴哥，并占领占婆（1203—1220 年）远征西方，建成吴哥通王城的城墙，是吴哥高棉王朝最后的黄金时代。

1296—1297 年，元朝人周达观作为使者首次来到吴哥通王城，回国后根据自己的亲身见闻撰写了《真腊风土记》。

1371 年，在大城王朝（阿瑜陀耶王朝）的攻击下，吴哥首都首次沦陷。

## 15—18 世纪

1431 年，暹罗军队攻入吴哥通王城，政权从此走向没落。

1432 年，柬埔寨王国迁都至斯雷桑托，1434 年再次迁都至四岔口（今金边）。

1511 年，葡萄牙占领马六甲城，标志着亚洲各国的历史开始了一个新的时期。

1528 年，柬埔寨王国迁都至金边西北 40 公里处的洛韦。

1550 年或 1570 年，柬埔寨的国王把大象驱赶到王国北部时，发现了丛林中有座废弃的古城。他命人将其清理出来，并把自己的王庭设在那里，这就是有“围墙的城市”。

1555 年，葡萄牙传教士首次来到柬埔寨首都洛韦，他是第一个来到柬埔寨的天主教传教士。

1593 年，柬埔寨都城洛韦城再次被暹罗军队攻破。

1618 年，柬埔寨王国再次迁都至乌栋。

1708 年，开发并统治河仙的华裔莫氏家族脱离柬埔寨，归附越南。从河仙至嘉定之间的湄公河三角平原遂被越南所控制。

1775 年，整个湄公河三角洲都落入越南手中。这是最富裕的稻米产地，从根本上动摇了柬埔寨赖以立国的农业经济。

## 19 世纪

1813 年，越南军队入侵柬埔寨，使柬埔寨沦为越南的附庸国。

1841 年，暹罗军队攻占金边，立安东（1848—1860 年）为柬埔寨国王。

1850 年 12 月，法国传教士查尔斯—埃米尔·布耶沃从洞里萨湖逆流而上穿过小城暹粒进入丛林到达吴哥寺。

1854 年，法国传教士简 – 巴斯特・帕勒古瓦出版的《泰王国或暹罗王国的描述》一书中描写吴哥寺是绝妙的废墟。

1859 年，法国军队占领越南的西贡。

1860 年，博物学家亨利・穆奥来到吴哥，对吴哥遗址进行了详细而准确的描述。

1861 年，法国控制了整个交趾支那。

1864 年，法国成为柬埔寨的宗主国。

1866 年 2 月，英国人约翰・汤姆森来到了吴哥，并拍下吴哥寺的第一张照片。

1866—1868 年，杜达尔・德・拉格雷一行六人沿着湄公河而上进行探险活动，其意图是开辟沿湄公河前往中国西南部的贸易通道，并在途对吴哥地区进行了考察活动。

1873 年，德拉波特一行 60 人进入吴哥地区进行探险活动。

1883 年，法国完全占领安南地区。

1884 年 6 月，法国与越南签订《顺化条约》，越南沦为法国的保护国。

1884 年，法国将柬埔寨变为其殖民地。

1887 年，法属印度支那联邦建立，标志着法国在印度支那殖民地的统治基本确立。

1887—1888 年，建筑师卢西恩・富尔诺对吴哥寺进行了拍照、绘图（平面、立面图）。

1891 年 1 月，殖民地官员阿德玛・勒克莱尔对柬埔寨境内的桔井省进行了探险活动，共发现 14 处吴哥时期的遗址。

1897 年，《法柬条约》使柬埔寨彻底丧失了主权和领土完整，完全变成了名副其实的殖民地。

1898 年 12 月，新任法属印度支那总督保罗・杜美成立“（法属）印度支那考古调查团”。

1899 年，老挝被纳入印度支那联邦，法国在中南半岛的殖民统治体制全面建立。

## 20 世纪

### 1900—1909 年

1900 年 1 月，法属印度支那政府决定将“（法属）印度支那考古调查团”改名为法国远东学院。

1900 年 2 月，法属印度支那总督发布法令保护位于法属印度支那领土上的一切建筑古迹、石刻造像和碑铭等历史古迹。

1901 年 11 月，远东学院委派建筑师亨利・杜福尔和查尔斯・卡佩克斯来到了吴哥通王城进行考古调查活动。

1902 年，柯梅尔对位于柴桢省（今柬埔寨境内）Rumduol 的河岸边巴萨克遗址（Bassac）进行发掘活动。

1903 年 3 月，帕尔芒捷和柯梅尔前往安南进行发掘工作，这将为研究占婆的历史、艺术和宗教提供基础资料。

1904 年 2 月，卡佩克斯再次前往吴哥帮助亨利・杜福尔对巴戎寺内浅浮雕进行第二次拍摄活动。

1905 年 8 月，法属印度支那政府创建了“（法属）印度支那博物馆的高棉文物区”，由驻地高级管理局和法国远东学院共同拥有，学院考古处负责人是法定负责人。

1907年3月，法国同暹罗签订了《法国—暹罗条约》。条约规定：自1794年暹罗占领的马德望省、诗梳风省和吴哥地区归还给柬埔寨，这极大的增加了柬埔寨考古领域的重要性和遗存的丰富性。

1907年11月，远东学院派遣拉云魁尔前往柬埔寨进行一项新的考古任务，目的是在被移交的省份建立文物古迹的清单。

1908年，法属印度支那指挥官蒙特盖尔担任法国和暹罗之间的划界委员会的总裁，向远东学院提供了一份非常详细的关于划界委员会在行动中发现的考古遗址的报告。

1909年，帕尔芒捷在西宁省（今越南南部胡志明市的西北部），清理了两处考古遗址。

1911—1920年

1911年3月，在吴哥保护区内建立"吴哥考古公园"。

1913—1914年，重点发掘清理对象是巴戎寺。

1914年，远东学院开始组织力量对瓦普寺进行清理和发掘活动。

1915—1916年，帕尔芒捷对位于磅湛省境内的诺哥寺进行了实地的考古调查和发掘活动。

1916年4月，柯梅尔在吴哥被劫匪杀害，5月公共工程部同意将亨利·马绍尔借调至远东学院。

1918年，马绍尔对提琶南寺、圣琶丽寺进行清理和修复活动，同时还对吴哥通王城内其他遗迹，如空中宫殿、巴方寺以及486、487号建筑进行了清理和修复活动。

1919—1920年，远东学院对巴肯寺、巴色占空寺进行调查和清理活动。

1920—1929年

1920年，远东学院对巴戎寺、巴方寺、茶胶寺、塔布隆寺、班迭克黛寺进行持续的清理和修复活动。

1923年2月，远东学院颁布了一条"柬埔寨文物拍卖"法令。

1923年，马绍尔继续对龙蟠水池、格劳尔哥寺、巴方寺、巴肯寺和癞王台北侧的墙体进行清理活动。

1925年5月，学院院长芬诺与法属印度支那总督签署了一项重要法令，对法属印度支那的1045处纪念碑和历史文古迹进行分类，并与柬埔寨政府合作，制定了保护吴哥遗址群的特殊措施。

1926—1932年，远东学院决定在旧馆的基础之上建立新的博物馆。

1927—1928年，远东学院对圣剑寺、周萨神庙等遗址进行清理和修复活动。

1927年，戈鹭波开始主持对三坡布雷库遗址的考古发掘活动。

1929年3—7月，帕尔芒捷对柬埔寨的东北部的地区进行考古调查活动。

1929年，荷属东印度考古部的范·斯特因·卡伦费尔来到吴哥考察参观，对当时吴哥遗址的修复方法提出批评。

1930—1939年

1930年6月，马绍尔离开吴哥前往荷属东印度群岛，在那里他将学习荷兰人对建筑古迹的修复方法，开始了法属印度支那与荷属东印度群岛之间的科学和技术人员的交流。

1931年，马绍尔从荷属东印度群岛回到吴哥后，他决定采用"原物重建法"对女王宫进行修复。

1932年3月，特鲁韦对罗洛士建筑群中的圣牛寺进行清理与修复活动。

1932年7月—1933年12月，远东学院的通讯员罗伯特·戴勒对柬埔寨干丹省附近的吴哥遗址进行了为期18个月的考古调查活动。

1933 年 1 月，戈鹭波带领殖民地航空局人员完成了对吴哥 1 号考古区（总共有 5000 个考古区）的拍摄，它为吴哥考古研究提供最有价值的帮助。

1934 年 1 月—1935 年 2 月，罗伯特・戴勒继续对柬埔寨的磅同省、磅湛省、磅士卑省、朱笃省（今越南境内）、干丹省、柴桢省、金边及马德望境内的吴哥遗址进行了为期 14 个月的考古调查活动。

1936 年 3—7 月，戈鹭波和拉云魁尔对磅湛省的班迭诺戈寺遗址、暹粒省的罗洛士、吴哥地区（女王宫、西池）、库伦山进行了航空考古。

1937 年，皮埃尔・杜邦在访问柬埔寨期间进行了一系列的考古调查活动，其中就包括对库伦山进行的考古调查活动，以寻找阇耶跋摩二世的摩醯因陀罗跋伐多城。

1938 年 4—6 月，皮埃尔・杜邦再一次对柬埔寨库伦山进行了实地的考古调查活动。

1938 年，格莱兹对巴孔寺、班迭色玛、圣琶丽寺、龙蟠水池、东湄奔寺、格鲁姆寺采用“原物重建法”修复了部分建筑。

1930 年代，由乔治・格罗斯利埃对柬埔寨境内西北部的班迭奇玛遗址进行了初步的调查和测绘活动。

1940—1949 年

1940—1941 年，柬埔寨和老挝境内的许多纪念碑建筑和重要的考古遗址被泰国吞并。

1944 年，远东学院的马勒雷对俄厄遗址进行考古发掘活动。

1944 年，皮埃尔・杜邦对湄公河三角洲的吴哥博雷遗址进行了调查活动。

1945 年 3 月，法国失去法属印度支那殖民地的控制权；8 月，在法属印度支那的欧洲人员被驱逐出境，日本军政府独占法属印度支那。

1950—1959 年

1951—1954 年，B・P・格罗斯利埃对柬埔寨和交趾支那进行了空中侦察，从暹粒至 Ca-Mau（今越南境内），并用黑白和彩色照片对这些遗址点进行了测绘。

1952 年，B・P・格罗斯利埃对交趾支那进行了系统的航空拍照，识别出了 20 处遗址点、200 条古运河古道和 60 处古遗址，最后详细的绘制了考古地图。

1952—1953 年和 1958 年，B・P・格罗斯利埃对吴哥通王城内的王宫遗址进行了考古发掘工作。

1953 年 11 月，柬埔寨摆脱法国的殖民统治获得民族独立。

1956 年，远东学院与柬埔寨政府签署了十年合作协议，由远东学院继续对吴哥进行保护与修复工作。

1957—1959 年，B・P・格罗斯利埃在吴哥南部地区进行了两次系统的地面调查。

1958 年，B・P・格罗斯利埃开始发掘罗洛士遗址，发现了建筑遗址的新基础和早期文化（前吴哥时期）。

1960—1969 年

1961 年，远东学院在柬埔寨暹粒的研究中心建成。

1963 年 3 月—1964 年 3 月，远东学院在皇家浴池西岸的北侧发现了一处墓地。

1965 年，柬埔寨政府成立了金边皇家艺术大学，以回应保护柬埔寨民族主义下的文化遗产的需要。

1967 年 1 月—1970 年 6 月，远东学院与柬埔寨联合在库伦山区进行考古调查工作。

1967年11月—12月，金边皇家艺术大学考古专业的师生对古都乌栋内的提琶南寺进行了实地的调查和研究工作。

1968年7月，远东学院的克劳德·杜马西对吴哥寺西南1500公里处的一处小土墩 Prasat Prei 遗址进行调查工作。

1969年3月，在乌栋的 DebPranamy 寺庙遗址对中央圣殿进行重建的过程中，当地人发现了几件古老的青铜器。

1970—1979年

1974年，远东学院在柬埔寨的考古工作由于军事和政治的动荡而被迫取消。

1975年4月—1978年12月，红色高棉政权统治下的柬埔寨。

1975年，吴哥的保护工作被迫全面停止，古迹彻底的被抛弃。

1978年12月，越南入侵柬埔寨。

1979年1月，在金边成立由越南控制的“柬埔寨人民共和国”政权。

1980—1989年

1980年8月，日本上智大学的吴哥国际调查团进入内战中的柬埔寨。

1986年，印度政府与金边政权签署了一项，针对吴哥寺进行保护的协议（1986—1991年）。

1987年，波兰政府与金边政权之间达成的一项，签署了对巴戎寺进行保护的协议（1987—1991年）。

1988年1月，远东学院试探性访问柬埔寨，并制定了一项援助方案。

1989年，远东学院和泰国联合开展“泰国东北部的历史、考古及碑铭”项目研究。

1989年，美国世界遗产基金会首次访问吴哥。

1989年，柬埔寨政府向联合国教科文组织提出保护吴哥的请求。

1990—1999年

1991年，联合国教科文组织呼吁国际社会共同拯救吴哥。

1991年，日本上智大学吴哥国际调查团开始在班迭克黛寺进行考古发掘工作。

1991年，美国世界遗产基金会和柬埔寨 APSARA 局合作对圣剑寺进行保护与修复工作。

1991—1998年，法国吉美博物馆与老挝民主共和国联合开展瓦普寺地区古城考古发掘项目。

1991—1998年，日本上智大学的老师在金边皇家艺术大学集中讲授专门科目，其后带领考古学和建筑学专业的学生到吴哥现场实习。

1992年，吴哥遗址群被世界遗产委员会以濒危遗产的形式列入《世界文化遗产名录》。

1993年，在日本东京会议上通过了《东京宣言》这是关于吴哥国际保护的第一个重要的国际文件。

1993年，时任中国国家文物局局长张德勤先生率团出席，“国际拯救吴哥行动”东京会议。

1993年，联合国教科文组织出面，由法国和日本牵头，组织国际上多个国家和国际组织发起拯救吴哥行动，并成立了吴哥国际保护与发展协调委员会（ICC-Angkor），协助柬方以会议和专家咨询的方式对各国参与吴哥保护和研究的机构提供协调和建议。

1993年11月—1996年3月，法国远东学院对癞王台进行修复。

1994年，柬埔寨政府颁布《关于在暹粒 / 吴哥地区建立受保护文化区及其管理准则的王室法令》。

1994—1998年，夏威夷大学东西方研究中心对金边皇家艺术大学的学生进行考古与遗产管理方面的培训工作。

1994—2000 年，印度尼西亚与 APASAR 局合作对王宫遗址内的东塔门、东北塔门、东南塔门展开了保护与修复项目。

1994—2021 年，日本政府的吴哥保护工作队（JSA/JASA）对巴戎寺进行古迹保护与修复工作。

1995 年，柬埔寨颁布王室法令，宣布正式成立暹粒 / 吴哥地区保护与发展管理局（APSARA 局）。

1995 年，APSARA 局开始对 Prasat Ta Prohm Kel 寺庙遗址进行保护与修复项目。

1995 年 8 月，上智大学吴哥调查团在塔尼（Tani）村发现了一处窑址。

1995—2003 年，由联合国教科文组织和意大利信托机构联合对比粒寺进行保护与修复工作。

1995—2011 年，法国远东学院对巴方寺进行修复。

1995 年，中国国家文物局派工作组赴吴哥进行考察工作。

1996 年，柬埔寨政府颁布了由国际机构协助起草的《文化遗产保护法》。

1996 年 4 月，法国远东学院对吴哥通王城内斗象台北侧平台遗址进行修复。

1996—2007 年，日本上智大学吴哥国际调查团承担了吴哥寺西神道（第一阶段）的保护和修复工作。

1997 年，中国国家文物局选定柬埔寨吴哥——周萨神庙作为保护修复与研究对象，并委托中国文物研究所（中国文化遗产研究院前身）正式组建“中国政府援助柬埔寨吴哥保护工作队”开展周萨神庙保护与修复项目。

1997 年，柬埔寨政府成立专门从事文化遗产保护的警察队伍。

1997 年，法国和越南联合考古队对俄厄遗址进行考古发掘。

1997—2012 年，由美国世界遗产基金会的柬埔寨工作人员负责对塔逊寺进行修复。

1998 年，中国政府正式启动实施周萨神庙保护修复与考古研究项目。

1998—1999 年，法国和老挝联合考古组对占巴塞省南部区域进行考古调查。

1999 年，柬埔寨政府颁布《关于调整 APSARA 局法律地位的王室法令》，调整和完善了 APSARA 局的权限和职能。

1999—2001 年，日本奈良文化财研究所对塔尼窑遗址进行了持续的考古调查和发掘工作。

1999—2005 年，日本政府的吴哥保护工作队对十二生肖塔中的北 1 和北 2 塔楼进行修复工作。

1999—2005 年，日本政府吴哥工作队对吴哥寺最外院落的北藏经阁进行修复工作。

## 21 世纪

### 2000—2009 年

2000—2017 年，法国远东学院对库伦山内的班迭遗址及其周边地区进行了考古调查和发掘工作。

2000 年，法国远东学院启动对“吴哥通王城”的研究项目。

2001 年，日本东京文化财研究所（NRICPT）与 APSARA 局合作开展关于塔内寺建筑的保护与修复项目。

2002—2005 年，柬埔寨 APSARA 局和瑞士政府通过 BSCP 联合项目，对女王宫遗址和周围地区的古迹进行保护与修复工作。

2003年，在法国巴黎召开政府间第二次会议，通过了《巴黎宣言》这是对过去十年吴哥保护工作的总结，并提出要制定一份有关吴哥保护理念和实践的工作方法文件。

2004年，在28届联合国教科文组织世界遗产大会上，吴哥顺利从《世界濒危遗产名录》中移除，而吴哥国际保护行动成为全球范围内文化遗产保护国际合作的典范。

2004年，美国世界遗产基金会与APSARA局合作对巴肯寺建筑出现的险情进行修复工作。

2004年1月，由印度考古局和APSARA局合作对塔布隆寺进行古迹保护与修复工作。

2004年1—7月，法柬合作对暹粒机场进行了考古发掘工作。

2004—2012年，柬埔寨APSARA局启动对吴哥遗址内的水资源管理项目。

2004年，APSARA局启动对巴琼寺遗址进行保护和修复工作。

2005年，由泰国艺术大学美术系、朱拉中高皇家军事学院和APSARA局联合对两国境内现存的吴哥时期的道路遗址进行调查工作。

2006—2007年，APSARA当局在贡开遗址进行了第一次现代意义上的科学发掘工作。

2006年，中国国家文物局与APSARA局正式签署“中国政府援助柬埔寨吴哥保护（二期）茶胶寺保护修复项目合作协议”。

2006—2020年，德国与APSARA局联合组队（GACP）对吴哥中的豆蔻寺、吴哥寺第三庭院内的浅浮雕石刻、巴孔寺内的西北和东北砖体塔楼（7、8号塔楼）进行保护与修复工作。

2007—2012年，美国世界遗产基金会联合APSARA局及德国工作队（GACP）三家单位对吴哥寺东走廊的浅浮雕进行保护与修复工作。

2007年，中国政府援助的周萨神庙修复项目竣工。

2007—2013年，新西兰政府与APSARA局合作启动了“吴哥参与自然资源管理和生计项目”。

2008年，法国国家科学院、远东学院、APSARA局三家共同合作的“CERANGKOR”研究项目在柬埔寨启动。

2008年，由英国考古与发展基金会支持的库伦山考古调查项目开始启动。

2008年，柏威夏寺被世界遗产委员会批准作为文化遗产列入《世界遗产名录》。

2009年，APSARA局对皇家浴池遗址进行修复工作。

2009年，多国联合考古小组在吴哥通王城毗邻王宫遗址北侧发现了一处历史悠久的青铜作坊遗址，这是在东南亚地区首次发现冶炼遗址。

2009年12月，吴哥塔尼窑遗址博物馆开馆。

2010—2020年

2010年，中国政府援柬埔寨吴哥茶胶寺保护修复工程项目正式启动。

2010年，日本奈良文化财研究所与柬埔寨文化和艺术部合作的项目“柬埔寨都城洛韦等地遗址的保护项目”启动。

2010年11—12月，日本奈良文化财研究所与柬埔寨文化和艺术部合作对库兰考遗址进行调查工作。

2010—2014年，澳大利亚悉尼大学、法国远东学院，夏威夷大学马诺阿分校，新加坡国立大学，金边皇家艺术大学，APSARA局联合开展“大吴哥项目”。

2010—2018年，联合国教科文组织、柬埔寨政府和澳大利亚政府之间展开合作，开展了吴哥世界遗产区的遗产管理框架项目。

2011 年，日本奈良文化财研究所启动对吴哥通王城内的西塔寺寺庙（编号 486）遗址的保护与修复工作。

2011 年，由多国联合考古小组发起了一项旨在研究诃利诃罗洛耶都城（罗洛士）附近手工业生产遗址的考古发掘工作。

2012 年初，来自柬埔寨的 APSARA 局、法国远东学院、澳大利亚悉尼大学、柬埔寨机场公司、匈牙利印度支那公司、英国考古与发展基金会、日本吴哥工作队和美国世界遗产基金会等 8 家机构的队伍组成了高棉考古学激光雷达联合会。

2012—2013 年，日本奈良文化财研究所对从吴哥到磅斯外圣剑寺的皇家道路沿线存在的黑褐釉陶窑遗址进行了考古调查工作。

2012—2016 年，法国远东学院与 APSARA 局合作对西湄奔寺进行保护与修复工作。

2013 年，第三届吴哥政府间会议在暹粒召开，会议的主题为“吴哥活态遗产的可持续发展与综合管理”，旨在评估过去 20 年吴哥保护所取得成绩，并确定未来 10 年的工作方向。会议通过了《吴哥宣言》及所附建议。

2014 年，APSARA 局启动吴哥通王城城墙保护与修复项目。

2015 年 6 月，APSARA 局对女王宫东入口处的第三塔门及中央圣殿西南角的角砾岩墙体进行修复工作。

2015 年 9 月—2018 年，韩国政府对圣皮度寺（T 寺庙）开展了保护与修复工作。

2015 年 12 月 1 日至 22 日，新加坡东南亚研究所与 APSARA 局合作对贡开遗址进行了为期 22 天的考古发掘工作。

2015 年，APSARA 局的石材保护部门启动了对班迭色玛内中央圣殿东长厅的石棺及比粒寺内中央圣殿内 2 尊佛像的保护与修复工作。

2016 年，新加坡国立大学东南亚研究所与 APSARA 局、柏威夏管理局合作，为国际学员组织了为期 25 天的“柬埔寨民族学和历史学研究培训项目”。

2016 年，中国农业部与 APSARA 局联合启动了“Run Ta Ek 生态村发展项目”。

2017 年 1 月，APSARA 局对班迭克黛寺西北角的角砾岩墙体进行修复工作。

2017 年 6 月，中国文化遗产研究院与 APSARA 局签署了合作开展崩密列遗址建筑研究的谅解备忘录。

2017 年，APSARA 局对比粒寺内东北、西北塔楼前的三只石狮子造像和两座造像进行修复工作。

2017 年，古伊奢那补罗考古遗址的三坡布雷库寺庙区被世界遗产委员会批准作为文化遗产列入《世界遗产名录》。

2018 年 1 月，中国总理李克强对柬埔寨王国进行正式访问。中柬两国政府发表联合公报指出，中方将继续在文化遗产保护领域进行深度合作——为援柬埔寨吴哥王宫遗址（第三期）修复项目提供支持。

2018 年 1—9 月，中国政府援柬埔寨吴哥工作组对崩密列遗址东神道开展考古发掘工作。

2018 年 4 月，中国政府援柬埔寨吴哥工作组赴柏威夏寺国际保护中国主席国履职工作现场调研。

2018 年 6 月，由法国远东学院、APSARA 局、图尔大学联合启动为期四年的 ModA Thom 考古项目。

2018 年 12 月，中国政府援助的茶胶寺修复项目全部竣工。

2019 年 1—2 月，加拿大多伦多国立大学与 APSARA 局合作，启动了“吴哥精舍项目”。

2019 年 1 月，APSARA 局开始对吴哥通王城北塔门两侧的提婆和阿修罗石刻造像进行修复工作。

2019 年 10 月 — 2023 年 11 月，韩国对圣皮度寺建筑群的 Chorm Temple（V 寺）和斗象台开展保护和修复项目。

2019 年 11 月，中国政府援柬埔寨吴哥王宫遗址（第三期）修复项目启动。

2019 年 11 月—12 月，APSARA 局考古发掘了一条连接吴哥至罗洛士建筑群的吴哥时期的古老道路遗迹。

2019 年 12 月，APSARA 局开始着手对吴哥通王城西塔门遗址进行修复工作。

2019 年 12 月—2020 年 1 月，夏威夷大学与 APSARA 局合作，对位于暹粒省 Treak 村沃阿维寺西侧的 Tuol Daun Pok 寺庙遗址进行考古发掘工作。

2020 年 3 月，APSARA 局正式启动 Kandal Srah Srong 寺庙遗址修复项目。

2020 年 5 月，APSARA 局划定保护区边界以保护古老的 Trapeang He Phka 村。

2020 年 7 月，APSARA 局对库伦山区的 Damrey Krab 寺庙遗址进行保护与修复工作。

2020 年 8 月，APSARA 局与新媒体联合启动了“吴哥超越”项目。

2020 年 11—12 月，APSARA 局在暹粒市 Kor Krao 村对 Tuol Trapeang Bos 陶窑遗址进行了考古发掘工作。

2020 年，APSARA 局对 Prasat Krahorm 寺庙遗址进行修复工作。

# 附录三 柬埔寨王室族谱

| I 前吴哥时期（1 世纪左右 –8 世纪） | | | |
|---|---|---|---|
| 扶南政权 | | | |
| 顺序 | 在位年份 | 王国名称 | 备 注 |
| 1 | 前 2 世纪或 1 世纪 | 混填—柳叶（Kaudinya — Liu — yeh） | 都城毗耶陀补罗（Vyadhapura），位于扶南山波萝勉地区或吴哥博雷城，柳叶是椰叶之误 |
| 2 | 不详 | 盘况（Pan huang） | 少而雄杰，闻山林有大象，辄生捕取之，教习乘骑，诸国闻而伏之。活到了九十多岁 |
| 3 | 不详 | 盘盘（Pan Pan） | 登基三年后去世 |
| 4 | 约 205—225 | 范师蔓（Fan Shi — man） | 范蔓或范师蔓，都城被称为特牧城（To — Mo），盘盘的大将军，蔓勇健有权略，复以兵威伐傍国，自号扶南大王。 |
| 5 | 不详 | 范金生（Fan Chin — Sheng） | 4 的王子继承范师蔓的王位 |
| 6 | 约 240—？ | 范旃（Fan Chan） | 4 的外甥，因篡蔓自立，遣人诈金生而杀之。赤乌六年（243 年），范旃遣使献乐人及方物 |
| 7 | 不详 | 范长（Fan Chang） | 蔓死时乳下儿名长，在民间，至年二十，乃结国中壮士袭杀旃 |
| 8 | ？—约 290 | 范寻（Fan Hsun） | 旃大将范寻又杀长而自立 |
| 9 | 约 357—？ | 竺旃檀（Chu chan tan） | 竺旃檀又名昌达纳（Chandana），遣使至东晋（317—420 年） |
| 10 | 4 世纪末—431 或 433 左右 | 憍陈如（Kaudinya） | 其后王憍陈如，本天竺婆罗门也。有神语曰“应王扶南”。 |
| 11 | 431 或 433 左右—480 或 484 左右 | 室利因陀罗跋摩（Sriindravarman） | 扶南国，太祖元嘉十一、十二、十五年国王持黎跋摩遣使奉献 |
| 12 | 480 左右—514 年 | 憍陈如·阇耶跋摩（Kaudinya · Jayavarman） | 宋末，扶南王憍陈如·阇耶跋摩<br>遣商货至广州。天竺道人那伽仙附载欲归国，遭风至林邑，劫掠财物皆尽。那伽仙间道得达扶南，具说中国有圣主受命。 |
| 13 | 514—540 左右 | 留陀跋摩（Rudravarman） | 12 的王子，庶子留陀跋摩杀其嫡弟自立。天监十六年（517 年），遣使竺当抱老奉表贡献 |
| 蒙昧时代：1 世纪之前；建国时代：1 世纪—2 世纪末；强盛时代：2 世纪末—3 世纪末<br>衰微时代：3 世纪末—4 世纪末；复兴时代：4 世纪末—6 世纪上半叶；衰亡时代：6 世纪上半叶—7 世纪下半叶 | | | |
| 真腊政权 | | | |
| 1 | 435—495 左右 | 司鲁塔跋摩（Shrutavarman） | 都城司里土萨补罗（Shreshthapura），位于老挝东南部湄公河流域的巴萨克（Bassac）及瓦普寺附近 |

续表

| | | | |
|---|---|---|---|
| 2 | 495—530 左右 | 司里土萨跋摩（Shreshthavarman） | 1 的王子 |
| 3 | 550—600 左右 | 拔婆跋摩一世（Bhavavarman Ⅰ） | 2 的兄弟，扶南政权留陀跋摩的外甥，都城为因陀罗补罗（Indrapura），位于柬埔寨森河（Sen River）附近 |
| 4 | 600—616 左右 | 摩醯因陀罗跋摩（Mahendravarman） | 3 的兄弟，中文古籍称质多斯那，向西扩展至蒙河流域，势力深入今天泰国境内的呵叻高原 |
| 5 | 616 左右—635 | 伊奢那跋摩一世（Isanavarman Ⅰ） | 4 的王子，中文古籍称伊奢那先，都城为伊奢那补罗，今天柬埔寨境内的三坡布雷库遗址 |
| 6 | 638—656 左右 | 跋摩跋摩二世（Bhavavarman Ⅱ） | |
| 7 | 657—681 左右 | 阇耶跋摩一世（Jayavarman Ⅰ） | 都城在班迭诺戈寺（Banteay Prey Nokor） |
| 8 | 681 左右—713 | 阇耶德维女王（Jayadevi） | 7 的妻子，分裂为水陆真腊 |
| 两个真腊政权：水真腊、陆真腊（706—802）。自神龙（705—706）已后，真腊分为二，半以南近海多陂泽处，谓之水真腊，王居婆罗拔城；半以北多山阜，谓之陆真腊，亦谓之文单国，地七百里，王号笪屈。水真腊都城婆罗拔（毗耶陀补罗 Vyadhapura）为原真腊都城，那就是今越南交趾支那一带。陆真腊都城笪屈，在老挝的他曲（Tha — Khaek）一带。爪哇入侵真腊的时间在 774—802 年。 | | | |
| Ⅱ 吴哥时期（802—1431 年） | | | |
| 1 | 802—834 左右 | 阇耶跋摩二世（Jayavarman Ⅱ） | 在库伦山建立摩醯因陀罗跋伐多都城确立神王统治，随后又在罗洛士建立诃利诃罗洛耶都城 |
| 2 | 834 左右—877 左右 | 阇耶跋摩三世（Jayavarman Ⅲ） | 1 的王子 |
| 3 | 877 左右—889 | 因陀罗跋摩一世（Indravarman Ⅰ） | 建造圣牛寺，献给阇耶跋摩二世及其父、祖父，建造皇家寺院巴孔寺 |
| 4 | 889—910 | 耶输跋摩一世（Yasovarman Ⅰ） | 3 的王子，建造因陀罗塔塔卡湖和罗莱寺，将都城迁至耶输陀罗补罗，并在城中心建造巴肯寺 |
| 5 | 910—923 左右 | 赫利沙跋摩一世（Harshavarman Ⅰ） | 4 的王子，建造巴色占空寺 |
| 6 | 923 左右—928 | 伊奢那跋摩二世（Isanavarman Ⅱ） | 4 的王子，建造豆蔻寺 |
| 7 | 928—941 左右 | 阇耶跋摩四世（Jayavarman Ⅳ） | 因陀罗跋摩一世的外甥，迁都至贡开，建造大塔寺 |
| 8 | 941 左右—944 | 赫利沙跋摩二世（Harshavarman Ⅱ） | 7 的王子 |
| 9 | 944—968 左右 | 罗贞陀罗跋摩二世（Rajendravarman Ⅱ） | 将都城迁回吴哥，并建造了比粒寺和东湄奔寺。946 年与占婆发生战争 |
| 10 | 968 左右—1000 左右 | 阇耶跋摩五世（Jayavarman Ⅴ） | 9 的王子，在吴哥建立新的都城 Jayendranagari，并建造皇家寺院茶胶寺 |

续表

| | | | |
|---|---|---|---|
| 11 | 1001左右—1002 | 优陀耶迭多跋摩跋摩一世（Udayadityavarman Ⅰ） | |
| 12 | 1002—1010左右 | 阇耶毗耶跋摩（Jayaviravarman） | |
| 13 | 1002—1050 | 苏利耶跋摩一世（Suryavarman Ⅰ） | 经过战争夺取王位，建造磅斯外圣剑寺，开始信奉大乘佛教 |
| 14 | 1050—1066 | 优陀耶迭多跋摩二世（Udayadityavarman Ⅱ） | 建造巴方寺、西池、东池 |
| 15 | 1066—1080 | 赫利沙跋摩三世（Harshavarman Ⅲ） | 14的兄弟，占婆在1074、1080年入侵 |
| 16 | 1080—1107 | 阇耶跋摩六世（Jayavarman Ⅵ） | 摩醢因陀罗王室成员，从Vimayapura手中夺取王位，建造披迈寺 |
| 17 | 1107—1113 | 陀罗尼因陀罗跋摩一世（Dharanindravarman Ⅰ） | 16的兄弟 |
| 18 | 1113—1150左右 | 苏利耶跋摩二世（Suryavarman Ⅱ） | 16的外甥，建造吴哥寺、班迭色玛、托玛依寺、周萨神庙和崩密列，并入侵大越国和占婆 |
| 19 | 1150—1165 | 耶输跋摩二世（Yasovarman Ⅱ） | 依据碑铭，他于1150年左右登位，并于1165年去世。另一种说法在1150—1160年陀罗尼因陀罗跋摩二世（Dharanindravarman Ⅱ）登位，但是在碑铭和王室族谱中没有相关记载。该国王是阇耶跋摩七世的父亲，可能是某区域内的领主。 |
| 20 | 1165—1177 | 特里布婆那迭多跋摩（Tribhuvanadityavarman） | 王位篡夺者，占婆国王阇耶·因陀罗跋摩四世在1177、1178年入侵吴哥都城的战斗中战死 |
| 1178—1181占婆国王阇耶·因陀罗跋摩四世（Jaya·Indravarman Ⅳ）出兵占领吴哥都城 | | | |
| 21 | 1181—1219左右 | 阇耶跋摩七世（Jayavarman Ⅶ） | 带领军队驱逐占婆的入侵，并征服占婆（1190—1191年），建设基本设施、医院、寺庙、水池、道路，包括吴哥通王城、圣剑寺、塔布隆寺、巴戎寺、龙蟠水池等遗址 |
| 22 | 1220左右—1243 | 因陀罗跋摩二世（Indravarman Ⅱ） | 21的王子，东部失去了对占婆的控制，西部领土被素可泰王朝夺回 |
| 23 | 1243—1295左右 | 阇耶跋摩八世（Jayavarman Ⅷ） | 元朝于1283年与素可泰王朝发生战争。建造摩加拉陀（Mangalartha），支持湿婆教，致力于消除大乘佛教的影响 |
| 24 | 1295左右—1307 | 室利因陀罗跋摩（Srindravarman） | 23的女婿，篡夺王位，以上座部佛教为国教，元朝人周达观于1296—1297年至吴哥。 |
| 25 | 1307—1327 | 室利因陀罗阇耶跋摩 | Srindrajayavarman |
| 26 | 1327—1353左右 | 阇耶跋摩波罗密首罗 | Jayavarmadiparamesvara |
| 27 | 1340—1345 | 巴隆·尼班巴 | Baram Nipeanbat |

续表

| | | | |
|---|---|---|---|
| 28 | 1345—1346 | 锡安·拉嘉 | Sitthean Reachea |
| 29 | 1346—1348 | 隆邦·拉嘉 | Lompong Reachea |
| 30 | 1349—1362 | 室利·苏利约代 | Srei Soriyotey |
| 31 | 1362—1372 | 巴隆·拉嘉 | Baram Reachea |
| 32 | 1372—1400 | 托摩斯加利 | Thommasokareach |
| 33 | 1400—1413 | 室利·苏利约旺 | Srei Soriyovong |
| 34 | 1413—1416 | 巴隆·阿索卡 | Baram Asokareach |
| 35 | 1417—1463 | 蓬黑阿·亚特（巴隆·拉嘉） | PoeaYat（Baram Reachea） |
| Ⅲ 后吴哥时期（1431—1863 年） | | | |
| 1 | 1463—1468 | 那罗·拉嘉 | Noreay Reachea |
| 2 | 1468—1486 | 室利·拉嘉 | Srei Reachea |
| 3 | 1476—1486 | 室利·苏利约代 | Srei Soriyotey |
| 4 | 1486—1504 | 摩醯·托摩·拉嘉 | Moha Thomma Reachea |
| 5 | 1504—1512 | 波尼·达姆哈特（室利·素可班巴） | Ponea Damkhat（Srei Sukonthabat） |
| 6 | 1512—1525 | 坎王 | Kan |
| 7 | 1529—1567 | 赞·拉嘉（巴隆·拉嘉） | Chan Reachea（Baram Reachea） |
| 8 | 1568—1579 | 巴隆·拉嘉 | Baram Reachea |
| 9 | 1579—1595 | 萨塔（马欣达·拉嘉） | Satha（Mahinda Reachea） |
| 10 | 1595—1598 | 罗摩宗波烈 | Ream Choeng Prei |
| 11 | 1598—1599 | 波尼·坦（巴隆·拉嘉五世） | Ponea Tan（Baram Reachea Ⅴ） |
| 12 | 1599—1600 | 波尼·安（巴隆·拉嘉六世） | Ponea An（Baram Reachea Ⅵ） |
| 13 | 1600—1602 | 波尼·诺姆 | Ponea Nom |
| 14 | 1602—1618 | 室利·苏利约婆（巴隆·拉嘉七世） | Srei Soriyopor（Baram Reachea Ⅶ） |
| 15 | 1618—1625 | 吉·哲塔二世 | Chey Chetha Ⅱ |
| 16 | 1626—1627 | 乌迭·拉嘉一世（巴隆·拉嘉一世） | Outey Reachea Ⅰ（Baram Reachea Ⅰ） |
| 17 | 1627—1631 | 波尼·笃（室利·托摩·拉嘉一世） | Ponea To（Srei Thomma Reachea Ⅰ） |

续表

| | | | |
|---|---|---|---|
| 18 | 1631—1635 | 波尼·依（安东拉嘉） | Ponea Nou（Ang Tong Reachea） |
| 19 | 1636—1638 | 安南（巴姆·拉嘉一世） | Ang Nan（Batum Reachea Ⅰ） |
| 20 | 1638—1655 | 波尼·赞（萨塔·罗摩·蒂菩提一世） | Ponea Chan（Satha Reamea Thipadei Ⅰ） |
| 21 | 1656—1671 | 安索（巴隆·拉嘉九世） | Ang Saur（Baram Reachea Ⅸ） |
| 22 | 1671—1672 | 室利·吉·哲塔（巴姆·拉嘉一世） | Srei Chey Cheth（Botum Reachea Ⅰ） |
| 23 | 1672—1675 | 安季 | Ang Chi |
| 24 | 1675—1695 | 安索（吉·切达） | Ang Saur（Chey Chesda） |
| 25 | 1695 年 | 安阳（乌迭·拉嘉二世） | Ang Yang（Outey Reachea Ⅱ） |
| 26 | 1696—1700 | 安索（吉·切达） | Ang Saur（Chey Chesda） |
| 27 | 1700—1701 | 安 恩 | Ang Em |
| 28 | 1701—1702 | 安索（吉·切达） | Ang Saur（Chey Chesda） |
| 29 | 1702—1705 | 室利·托摩·拉嘉二世 | Srei Thomma Reachea Ⅱ |
| 30 | 1705—1706 | 安索（吉·切达） | Ang Saur（Chey Chesda） |
| 31 | 1706—1714 | 室利·托摩·拉嘉二世 | Srei Thomma Reachea Ⅱ |
| 32 | 1714—1722 | 安恩 | Ang Em |
| 33 | 1722—1729 | 安季（萨塔·巴隆·拉嘉） | Ang Chi（Satha Baram Reahea） |
| 34 | 1729 年 | 安恩 | Ang Em |
| 35 | 1729—1738 | 安季（萨塔·巴隆·拉嘉） | Ang Chi（Satha Baram Reahea） |
| 36 | 1738—1747 | 室利·托摩·拉嘉二世 | Srei Thomma Reachea Ⅱ |
| 37 | 1747—1748 | 安恩（室利·托摩·拉嘉） | Ang Em（Srei Thomma Reachea） |
| 38 | 1748—1749 | 安坦（安东，拉嘉·蒂菩提二世） | Ang Tan（Ang Tong, Reachea Thipadei Ⅱ） |

续表

| 39 | 1749—1755 | 安斯隆（室利·吉·哲塔） | Ang Snguon ( Srei Chey Cheth ) |
|---|---|---|---|
| 40 | 1756—1757 | 安坦（安东，拉嘉·蒂菩提二世） | Ang Tan ( Ang Tong, Reachea Thipadei Ⅱ ) |
| 41 | 1758—1775 | 安坦（乌迭·拉嘉，诺姆·拉嘉三世） | Ang Tan ( Outey Reachea,Norey Reachea Ⅲ ) |
| 42 | 1775—1779 | 安南（罗摩·室利·吉哲塔，罗摩·蒂菩提三世） | Ang Nan ( Ream Srei Chey Cheth, Reacmea Thipadei Ⅲ ) |
| 43 | 1779—1796 | 安英（诺莫·罗摩） | Ang Eng ( Noreay Reamea ) |
| 44 | 1806—1834 | 安赞二世（乌迭·拉嘉二世） | Ang Chan Ⅱ ( Outey Reachea Ⅱ ) |
| 45 | 1835—1847 | 安湄 | Ang Mei |
| 46 | 1848—1860 | 安东（曷利亚克·罗摩·蒂菩提） | Ang Duong ( Hariaks Reamea Thipadei ) |
| Ⅳ 法属殖民地时期（1864 — 1953 年） | | | |
| 47 | 1860—1904 | 诺罗敦 | Norodom |
| 48 | 1904—1927 | 西索瓦 | Sisovath |
| 49 | 1927—1941 | 莫尼旺 | Monivong |
| Ⅴ 独立时期（1953 年至今） | | | |
| 50 | 1941—1955 | 诺罗敦·西哈努克 | Norodom Sihanouk（51 的王子） |
| 51 | 1955—1960 | 诺罗敦·苏拉玛里特 | Norodom Suramarit |
| 52 | 1993—2004 | 诺罗敦·西哈努克 | Norodom Sihanouk（再次登位） |
| 53 | 2004 至今 | 诺罗敦·西哈莫尼 | Norodom Sihamoni |

以上表格内容参考陈序经：《陈序经东南亚古史研究合集》（上卷），香港：商务印书馆，1992 年，第 509 — 730 页；石泽良昭著：《（新）古代カンボジア史研究》，東京：風響社，2013 年，第 706—709 页；陈鸿瑜：《柬埔寨史》（第二版），台北：独立作家，2019 年，第 33—34、45、82—84 页）

# 附录四　中国古籍中有关吴哥记载及考述

在中国的正史、实录、类书、档案、地方志乃至民间诗歌和文学作品中，都有大量的关于东南亚历史资料。

史耀南先生把这些资料分为了四大类：第一类，派往国外的政治使节及其随从人员所写的笔记和回忆录。如三国时期孙权派往海外的朱应和康泰，回国后写了《扶南异物志》、《吴时外国传》；元朝人周达观在1296年出访柬埔寨后，回国撰写了《真腊风土记》；15世纪明朝随郑和下西洋的马欢、费信，归国后写的《瀛涯胜览》、《星槎胜览》，虽然内容有些雷同，但都是研究当时东南亚历史的珍贵资料。第二类，西行求法僧侣所写的旅行见闻。如东晋法显的《佛国记》、唐朝玄奘的《大唐西域记》、义净的《南海寄归内法传》等。第三类，航海家、旅行家等所写的游记和回忆录。如元朝人汪大渊撰写的《岛夷志略》，涉及东南亚、南亚地区一百个国家和地区的政治、地理、宗教、生活习俗、贸易等，这些记载大都与作者游踪有关。第四类，从事对外工作或接触到有关东南亚史料较多的人所撰写的专著。如宋代周去非的《岭外代答》、赵汝适的《诸蕃志》，明代张燮的《东西洋考》等对东南亚国家当时的情况均有记载，有不少富有价值的参考资料[1]。

当代英国著名历史学家，被国际上称为东南亚史权威的霍尔曾说："要获得关于东南亚原始历史的任何知识，中国古籍是不可缺少的，但是这些古籍使研究者遇到了可怕的困难"[2]。这说明了中国古籍对东南亚史研究的价值，同时也在暗示对于东南亚历史而言，中国古籍不是包治百病的"万能药"。

而中国学者陈序经先生认为："我们有责任，一方面去整理我们固有的关于东南亚古代史料，一面去寻找有关东南亚各国的古代史资料，互相对照，互相补充，使东南亚的人民更加了解他们过去的光荣历史。使他们对于今后，利用他们的丰富资源去建设他们的祖国，更加有信心"[3]。

柬埔寨在东南亚历史上占有十分重要的地位，而中国对柬埔寨历史的研究，是从20世纪30年代冯承钧先生对西方著作的译介肇其端，40年代黄雄略编著的《柬埔寨志略》是开山之作，姚楠先生对其评价为"觉其体裁编制有条不紊，语皆由据、事均亲历，尤以物产、民俗、华侨等章节富于参考价值，非一般道听途说、杂凑成文之作可比"[4]。紧随其后的是50、60年代陈序经先生的《扶南史初探》，随后是1975年香港中文大学出版陈正祥先生的《真腊风土记研究》[5]，这是国人首次尝试对《真腊风土记》进行校注，同时对后来人继续研究吴哥起到了推动作用。及至1981夏鼐先生的《真腊风土记校注》[6]集中外《真腊风土记》研究之大成，将吴哥研究提高到新的水平。90年代初，陈显泗先生的《柬埔寨两千史》，是中国学者撰写的第一部柬埔寨通史。

对于重建柬埔寨古代史而言，碑铭材料固然重要，同样中国古籍也不可或缺。因此，本章节分前

〔1〕史耀南：《中国对东南亚史的研究》，《世界历史》1983年第2期，第80–81页。

〔2〕D. G. E. 霍尔：《东南亚早期历史研究的最近动向》，载《太平洋事务》季刊第39卷，第3–4期。转引自中山大学东南亚历史研究所：《东南亚历史译丛》1979年1辑，第30页。

〔3〕陈序经：《陈序经东南亚古史研究合集》（上卷），香港：商务印书馆，1992年，第7页。

〔4〕黄雄略编著：《柬埔寨志略》，台湾：正中书局，1947年。

〔5〕陈正祥：《真腊风土记研究》，香港：香港中文大学，1975年。

〔6〕（元）周达观著，夏鼐校：《真腊风土记校注》，北京：中华书局，1981年。

吴哥时期（扶南政权、真腊政权）、吴哥时期，来梳理中国古籍中对吴哥的记载，同时也对古籍中关于吴哥遗址方面存在的问题进行考述。

## 一　前吴哥时期

### （一）扶南政权

1.《晋书》卷九七《四夷・扶南国传》载："扶南西去林邑三千余里，在海大湾中，其境广袤三千里，有城邑宫室"。该条中关于"城邑宫室"记载，很可能指扶南政权的海港城市俄厄遗址。俄厄遗址位于湄公河三角洲西部，湄公河支流龙川江最西端与暹罗湾海岸之间，靠近花岗岩质的 BaThê 山脉。而 BaThê 是横跨柬埔寨和越南边境的最后一座小山脉。法国远东学院曾在此做考古调查时，发现该城址平面呈长方形，南北向 25 度，三面有围墙，北面暂不能确定，最短的一侧长 1.5 千米。根据路易斯・马勒雷的调查可知，该城址是一座长 3 千米、宽 1.5 千米的长方形遗址，围墙外有四条环壕，彼此之间等距。此外，在城内还有一条内部环壕，与城外四条环壕稍有距离，内外环壕相互连接（图 1）。

图 1　俄厄遗址的西南角（从东南方向俯瞰　图片来源 BEFEO，2007，94）

1997—2000 年，法国和越南联合对俄厄遗址进行了一次调查，对城址有了重新的认识，经重新测量得知城址长 2 千米，宽 1.5 千米。同时，在围墙西侧还发掘一条壕沟，对壕沟内采集的黑色黏土进行 $^{14}C$ 测年后可知，该城的始建年代在前 50–220 年或 20–250 年[1]。

而在俄厄城址内的 GiôngCat、GôCâyThi 和 GôÔcEo 土墩遗迹，处在一个显著的位置和活动区域内。

〔1〕 Éric Bourdonneau, Réhabiliter le Funan. Óc Eo ou la première Angkor, *BEFEO*, 2007, 94, pp. 111–158.

早在 1944 年，马勒雷就遗址中的 GôCâyThi 土墩遗迹进行了发掘活动，清理出了一座东西向 17 米 × 8 米的建筑。建筑由四个封闭空间组成，深 4 米，外围被一些大小不等的空间所包围着，均为长方形，大约有 20 组。这些空间的底部都有砖砌的地板，这些房间没有孔道相连，高度不一，高差约 1 米[1]（图 2 左）。

图 2 左：GOCayThi 土墩清理后暴露出来的砖砌建筑（图片来源 BEFEO，1951，45-1）；
右：俄厄遗址出土的罗马金币（图片来源 EFEO，编号 VIE01838）

这座港口城市是古代南海的交通要道，由于古代船舶较小，往来多靠岸边行使，因此俄厄遗址可以说是泰国湾的门户。南海诸国与古代中国的往来中，俄厄遗址就是马来半岛、苏门答腊、爪哇、婆罗洲等处所必经的港口。在 1944 年的考古发掘中就曾发现了二世纪的梵文印章及 152 年罗马皇帝安东尼・庇乌（Antonin le Pieux）的金币（图 2 右）。这说明古代俄厄港口不只是东南亚以及印度商人使者所经过或居留的地方，而且也是罗马帝国与东方交流的一个交通要冲。

2.《南齐书》卷五八《东南夷・扶南国传》："那伽仙诣京师，言其国俗事摩醯首罗天神，神常将于摩耽山。……，伐木起屋，国王居重阁，以木栅为城。"

3.《梁书》卷五四《海南诸国・扶南国传》："所居不穿井，数十家共一池引汲之。俗事天神，天神以铜为像，二面者四手，四面者八手，手各有所持，或小儿，或鸟兽，或日月。"

有关"摩耽山"的解释，中国学者认为在今柬埔寨之巴普农（Baphnom），扶南都城毗耶陀补罗（Vyadhapura）即在此山下。在 10 世纪柬埔寨的碑铭中，认为此山为"圣山"，扶南之名，可能由此而来[2]。同时，扶南都城的规划与中南半岛上其他印度化国家的都城差不多，在国都中心是寺庙，寺庙往

〔1〕 Louis Malleret，Les fouilles d'Oc-èo（1944）. Rapport préliminaire，*BEFEO*，1951，45-1，pp. 75-88.

〔2〕 陆峻岭、周绍泉编注：《中国古籍中有关柬埔寨资料汇编》，北京：中华书局，1986 年，第 10 页。

往建在一座小山之上。如果没有小山，则把土堆成小山，然后在其上建造寺庙，直到现在在柬埔寨的首都金边，其公园旁边，这可能也是原来的市区中心，有一小山其上有寺庙[1]。

对于“俗事天神，天神以铜为像，二面者四手，四面者八手”记载。在1935年，法国远东学院在吴哥博雷遗址（真腊政权时期甚至是扶南政权时期崛起的一座城市）进行考古调查活动中，在围墙以北7千米处的Vat Kas遗址，发现了一尊石质造像的碎片，清理后重新拼对。造像人物形象为，左臂努力举起上方的石块，此种造像风格被认为是奎师那在举起哥瓦尔丹山（Govardhana）的形象[2]（图3左）。造像风格类似于印度的埃洛拉石窟（Ellora）风格，腰间缠着腰带和一条围巾，在侧面形成一个大结，末端掉落到地面上。它以岩石为后盾，在其上非常醒目，他的身体只有很少一部分与石碑实际接触，只有它的左手，背部狭窄的带子，左臂部和腿与石碑接触。

在1944年，马勒雷对俄厄遗址的发掘过程中，除了石质工具、木质造像、数以千计的玛瑙、水晶、珊瑚、孔雀石、青玉、玻璃器、不同国家的货币、耳环、黄金饰品、坩埚、熔炉、陶器外，还发现少量的毗湿奴造像[3]（图3右）。

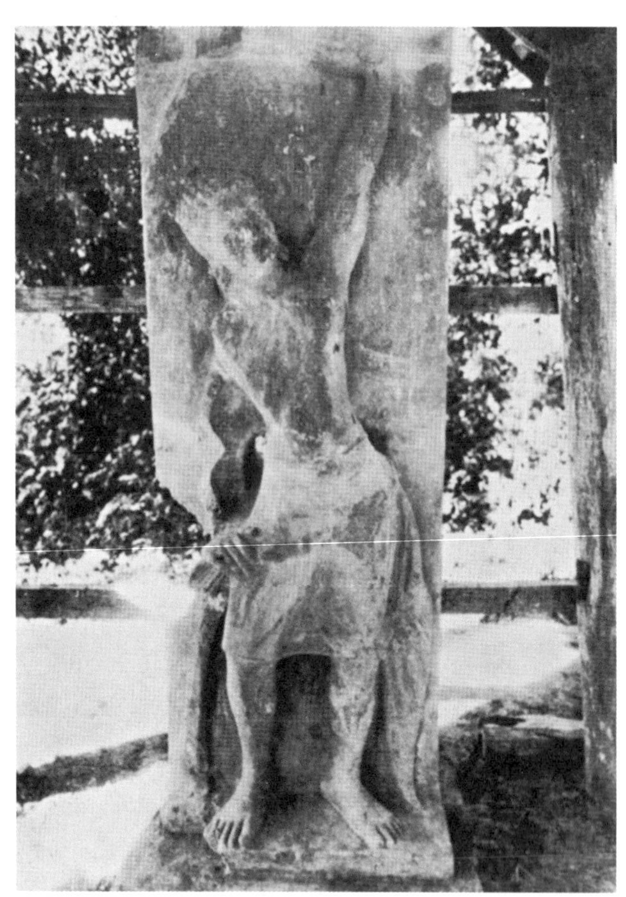

图3　左：吴哥博雷遗址内发现的奎师那造像（BEFEO，1935，35）；
右：俄厄遗址内发现的毗湿奴石刻造像（图片来源EFEO，编号VIE20204）

〔1〕陈序经：《陈序经东南亚古史研究合集》（上卷），香港：商务印书馆，1992年，第509–730页。

〔2〕EFEO，Chronique de l’année 1935，*BEFEO*，1935，35，pp. 491.

〔3〕Louis Malleret，Les fouilles d’Oc–èo（1944）. Rapport préliminaire，*BEFEO*，1951，45–1，pp. 75–88.

4.《新唐书》卷二二二下《南蛮下・扶南传》:"扶南，在日南之南七千里，地卑洼，与环王同俗，有城郭宫室。王姓古龙。居重观，栅城，楉叶以覆屋。王出乘象。……治特牧城，俄为真腊所并，益南徙那弗那城。"

对于"特牧城"遗址的位置，中国学者认为在今柬埔寨波萝勉省之巴普农或巴南（Banam）附近。而那弗那城（Na-fou-na）故址在今柬埔寨南部暹罗湾沿岸至贡布（Kampot）一带；或以为在今茶胶省之吴哥博雷遗址[1]。乔治・赛代斯认为，真腊国王拔婆跋摩一世（Bhavavarman I）于598年即位，开始对扶南的征服应该发生在6世纪下半叶。在拔婆跋摩一世和他的兄弟室利-摩醯因陀罗跋摩（Citrasena-Mahendravarman）第一次征服扶南时，扶南国王放弃特牧城（T'ô-mou可能是一个高棉语的抄写，意为"猎人之城"）也就是毗耶陀补罗（Vyudhapura）或巴普农，取而代之的是那弗那城也就是那拉瓦拉加拉城或吴哥博雷（Naravaranagara "naravara"的含义的确是"第一位，最好的男人"，在这里可以理解为"国王"的意思。nagara一词的它表示"城市"，同时也表示都城）。

早在1935年，法国远东学院在吴哥博雷遗址进行考古调查时，发现城址的大部分被水田破坏，但是仍有一部分砖砌墙体保存下来，平均高度在6—8米，厚度在1—1.2米。整座城址呈不太规则的正方形，边长近2千米，墙体外有半封闭的环壕。另外，在城址中心处发现了建筑遗迹，包括一块石碑，高120厘米、宽80厘米，日期为611年[2]。

扶南政权一直保持到630—640年左右，在这段时间里伊奢那跋摩一世（Isanavarman I，615—635年），完成了对扶南的最终征服和兼并。伊奢那跋摩的都城位于磅同省境内的三坡布雷库遗址，但其第二任继任者阇耶跋摩一世（Jayavarman I）则迁都拉瓦拉加拉城，即吴哥博雷遗址。这处遗址无疑是一座非常古老的城市，在它衰落的时候，它是扶南国的都城，在它再次繁荣的时候又成为了真腊的都城[3]。

另外，还有一种观点认为，"那弗那城"是吴哥博雷以南80千米处的俄厄遗址，这两处地点以前是由穿越湄公河三角洲的众多运河连接起来的，并认为在其历史的同一时期，吴哥博雷和俄厄都曾是扶南的都城，且在历史上扶南国也曾实行过"两都制"[4]。陈序经先生同样认为，扶南南迁的都城（那佛那城）在俄厄的可能性较大，这个港口城市的历史，是扶南历史的反映，见证了扶南的强盛时代，也见证了扶南衰亡的时代[5]。

（二）真腊政权

1.《隋书》卷八二《南蛮・真腊传》:"真腊国，在林邑西南，本扶南之属国也。去日南郡舟行六十日，而南接车渠国，西有硃江国。其王姓刹利氏，名质多斯那。自其祖渐已强盛，至质多斯那，遂兼扶南而有之。死，子伊奢那先代立。居伊奢那城，郭下二万余家。城中有一大堂，是王听政之所。总大城三十，城有数千家，各有部帅，官名与林邑同。……近都有陵伽钵婆山，上有神祠，每以兵五千人守卫之。城东有神名婆多利，祭用人肉。其王年别杀人，以夜祀祷，亦有守卫者千人。其敬鬼神如此。多奉佛法，尤信道士，佛及道士并立像于馆。"

法国汉学家及中国的史学家对"伊奢那城"在今柬埔寨磅同省三坡布雷库遗址的看法一致，是伊

〔1〕陈序经:《陈序经东南亚古史研究合集》(上卷)，香港：商务印书馆，1992年，第509-730页；陆峻岭、周绍泉编注:《中国古籍中有关柬埔寨资料汇编》，北京：中华书局，1986年，第29页。

〔2〕EFEO，Chronique de l'année 1935，*BEFEO*，1935，35，pp. 491.

〔3〕G. Cœdès，Quelques précisions sur la fin du Fou-nan，*BEFEO*, Year 1943，43，pp. 1-8.

〔4〕Éric Bourdonneau，Réhabiliter le Funan. Óc Eo ou la première Angkor，*BEFEO*，2007，94，pp. 111-158.

〔5〕陈序经:《陈序经东南亚古史研究合集》(上卷)，香港：商务印书馆，1992年，第509-730页。

奢那跋摩一世（Isanavarman I，615—635 年）在三坡布雷库建立的都城——伊奢那补罗。

1927 年，法国远东学院的维克多·戈鹭波对三坡布雷库遗址南部建筑群进行了考古发掘，许多寺庙遗址被从植被中清理出来，其中的中央圣殿是始建于 7 世纪的一座砖砌塔楼（图 4）。在这座纪念碑建筑附近还清理出了几件重要的砂岩造像，尤其是带有湿婆造像的门楣石构件。建筑内部堆满了砂岩碎片，只留下一处巨大的婆罗门祭坛。在建筑内部发现两篇梵文碑铭与伊奢那跋摩时期统治有关[1]。

整个遗址由一群醒目的砖砌塔楼组成，处于不同的失修状态。三座主要建筑群院落分别是：Preah Sambor（北院落）、Preah Tor（中部院落）和 Preah Yeay Poun（南部院落）。每处院落均独立成院，四周都有围墙环绕，每处院落内都包括许多小型塔楼。塔楼的门、柱子均雕刻有浅浮雕纹饰，是研究前吴哥时期艺术的典范。该遗址在 2017 年被联合国教科文组织世界遗产委员会批准作为文化遗产列入《世界遗产名录》。

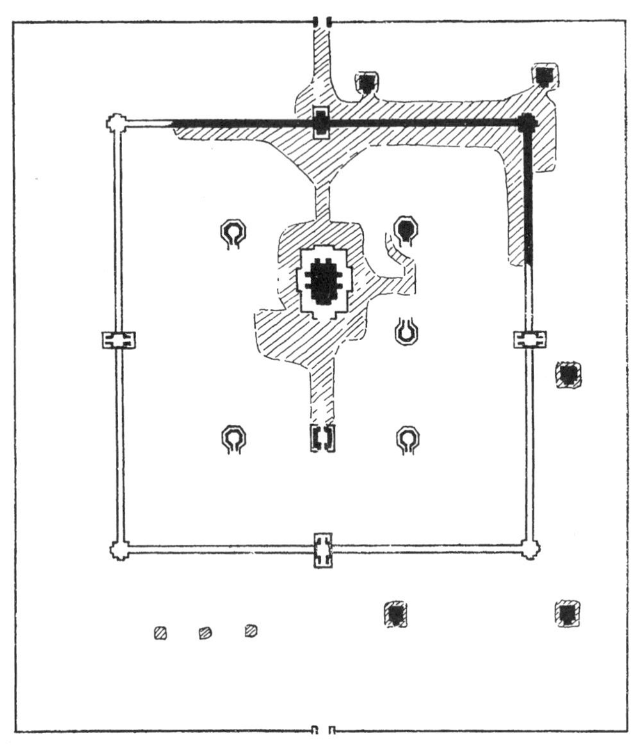

图 4　左：三坡布雷库遗址南部建筑群的考古发掘图（1927 年 2 月至 6 月　图片来源 BEFEO，1927，27）；
右：南部建筑群第一围墙内中央圣殿的西南角（清理后）
（图片来源 EFEO，1928 编号 CAM12172）

另外，该条记载中的“近都有陵伽钵婆山”，陆峻岭先生等人认为陵伽钵婆山是梵文 Lingaparvata 的对音，地址在今柬埔寨三坡布雷库遗址附近[2]。综合中外学者的研究可知，“Lingaparvata”是“圣洁而卓越的陵伽山脉”之意，位置在今老挝占巴塞省（Champassak）西南七八千米处。赛代斯认为，

〔1〕 Gouloubew Victor，Compte rendu des travaux archéologiques réalisés au Cambodge，fouilles de Sambor Prei Kuk et le dégagement du Prah Khan，*Comptes rendus des séances de l'Académie des Inscriptions et Belles-Lettres*，Year 1930，74-2，pp. 148-149.

〔2〕 陆峻岭、周绍泉：《中国古籍中有关柬埔寨资料汇编》，北京：中华书局，1986 年，第 63 页。

Lingaparvata 是指“俯瞰瓦普寺的山峰，在山顶上屹立着的天然形状的陵伽石”。

20 世纪初，在老挝 Sa Houa 河流的右岸 Vat Luang Kau 村发现了一通石碑（K. 365）。皮埃尔·杜邦认为石碑的年代在 6 世纪末，赛代斯认为不晚于 5 世纪末，阅读 Vat Luang Kau（K. 365）的碑铭，可以相信这个地方已经有很长一段的历史：“自古以来，一直倍受尊敬”……也许是这样，它在 5 世纪末是神圣的，在 7 世纪中叶仍然是神圣的，它已经被神化了，这个神被称为陵伽山神（Lingaparvata）。

“上有神祠”指的则是瓦普寺。在陵伽山（海拔 1416 米）下有一座瓦普寺，紧靠湄公河右岸，位于三坡布雷库的东北方向，图上直线距离 233 千米（图 5）。瓦普寺这个名字是老挝语的一个表达，但对应于高棉语即瓦普山，意思是“这座山的宝塔”。这个名字听起来很自然，因为瓦普寺建在瓦普山东侧的斜坡上，从山顶可以俯瞰它。根据路易斯·芬诺的说法“瓦普的名字取自建造在废墟中的寺院”之意。尽管“大约在 13—14 世纪，印度教的中央圣殿被佛寺所取代，变成了一座宝塔”，但是必须承认，这些僧侣在成为老挝人之前是柬埔寨人，寺院的名字是瓦普山寺（Vat Phnom），而不是瓦普寺（Vat Phou）。

图 5　瓦普寺东神道
（图片来源 Revue d’ histoire，1974，225）

赛代斯认为：“从广义上讲，瓦普寺建筑的年代可以追溯到阇耶跋摩六世（Jayavarman Ⅵ，1080—1107 年）统治的结束和苏利耶跋摩二世（Suryavarman Ⅱ，1113—1150 年）统治的开始”即 12 世纪初。但是在瓦普寺附近发现了一通碑铭（K. 367），证明了前吴哥建筑的存在。碑铭内容是对湿婆的致敬，说他击败了因陀罗神和其他神灵，随之赞扬阇耶跋摩一世，说他是“土地的主人”，在 650—681 年间统治着柬埔寨。简而言之，“阇耶跋摩一世的石碑放在了一处受人尊敬的地方”。

虽然碑铭（K. 367）已经暗示瓦普寺附近有前吴哥时期的寺庙遗址，但是一直未被发现。直到20世纪70年代，在瓦普寺以北100米处，发现了一处平台遗迹。这处遗迹被灌木丛包围，从南侧较容易进入，发现了很多石刻造像以及建筑遗址，其中也包括一通碑铭。碑铭的内容涉及到拔婆跋摩二世及阇耶跋摩一世"仆人"的荣耀。碑铭还记载，阇耶跋摩一世的"仆人"是陵伽补罗内的首席大臣。在朝圣期间，为纪念毗湿奴神而建造了一座祭坛。

在实际的考古调查中，人们发现了祭坛的建筑基础部分，用砂岩作基础，前面有一个巨大的砂岩台阶，方形的角柱支撑着一个巨大的厚而平坦的盖板。较薄的方形石板深深嵌在环绕底座的凹槽中。在基础平台的四个侧面形成垂直的面板，平台呈矩形（大致南北方向）（图6）。因此，推测瓦普寺的始建年代可以追溯至7世纪，即681年（阇耶跋摩一世死后没有留下男性继承人），标志着真腊政权解体的开始，由此进入两个独立的"水真腊"和"陆真腊"阶段[1]。

图6　瓦普寺以北地区发现的早期祭祀遗址
（图片来源 Revue d' histoire，1974，225）

因此，可以说古籍中关于"近都有陵伽钵婆山，上有神祠，每以兵五千人守卫之。城东有神名婆多利，祭用人肉。其王年别杀人，以夜祀祷，亦有守卫者千人。其敬鬼如此。多奉佛法，尤信道士，佛及道士并立像于馆。"记载的都是真腊政权时期在瓦普寺进行的一系列婆罗门教的祭祀活动。

## 二　吴哥时期

在吴哥研究史上具有十分重要的地位是《真腊风土记》《岛夷志略》等古籍，它们为学者研究吴哥

〔1〕 Pierre Lintingre，A la recherche du sanctuaire prèangkorien de Vat Phou，Outre-Mers. *Revue d'histoire*. Year 1974. 225. pp. 507-521.

的历史提供了重要资料，而几乎所有法文著作都引用了周达观的《真腊风土记》作为开始。

《真腊风土记》"除总叙"之外，还有四十条具体内容，包括：城郭、宫室、服饰、官属、三教、人物、产妇、室女、奴婢、语言、野人、文字、正朔时序、争讼、病癞、死亡、耕种、山川、出产、贸易、欲得唐货、草木、飞鸟、走兽、蔬菜、鱼龙、酝酿、盐醋酱曲、蚕桑、器用、车轿、舟楫、属郡、村落、取胆、异事、澡浴、流寓、军马、国主出入。

（一）《城郭》条详细描述了都城的形制，如城门、城墙、环壕、通衢大桥等。还有巴戎寺、巴方寺、空中宫殿、巴肯寺、吴哥寺、东池、东湄奔、北池及龙蟠水池等遗址的建筑形制及方位关系。

1. 州城周围可二十里，有五门，门各两重。惟东向开二门，余向开一门。

此处"州城"指的是阇耶跋摩七世统治时期建立的都城——吴哥通王城，始建于 12 世纪末至 13 世纪初。城墙边长约 3 公里，城址也许在设计时准备建成一个正方形，但是最终成为了一个四边形，城墙的东北、东南角呈直角，西南角呈钝角、西北角呈锐角，南城墙长 3050 米、西城墙长 3038 米、北城墙长 3089 米、东城墙长 3030 米（数据来自 1973 年法国远东学院），东、西城墙要比南、北城墙略短。都城占地约 9 平方千米，四面被环壕围绕。南城墙由单层纵置角砾岩砌成（角砾岩长 1.2、宽 0.4、厚 0.5 米），西城墙则由双层纵置角砾岩错缝垒砌（角砾岩长 0.6、宽 0.5、厚 0.2 米，图 7）。

图 7　吴哥通王城南城墙局部
（作者拍摄 2019 年 11 月）

最早的吴哥都城由耶输跋摩一世（889–910 年）所建造，他在吴哥地区建立自己的都城——耶输陀罗补罗，即“耶输跋摩城”。该城逐渐演变成后来的吴哥通王城，这是“那伽（Nagara）”一词的变体，关于该城的记录可在 Vat Nokor 的碑铭中找到。

1932 年，法国远东学院的戈鹭波发现耶输陀罗补罗是以巴肯山为中心，之所以会选择这个位置是因为靠近暹粒河，而且巴肯山由于地势较高而成为皇家祭祀的天然基地。耶输陀罗补罗可能比现在的城市要大得多，而当时的王国只能用相对廉价的木桩来保护耶输陀罗补罗。为了保护城市的东部，国王还改变了暹粒河的位置。

耶输跋摩一世的继任者在他创建的这座城市仅统治了 20 年，其后的继任者受到竞争对手阴谋的干扰，随后在 921 年创立了位于吴哥东北约 80 千米处的贡开都城。

贡开都城碑铭上刻有，罗贞陀罗跋摩二世（944—968 年）把都城迁回了“很久以前就被废弃了”的吴哥，但他不继续在耶输跋摩一世划定的土地上重新定居，因为他（耶输跋摩一世）留下了巴肯寺，是这座城市中最重要的一部分。

罗贞陀罗跋摩二世将空中宫殿竖立为新城市的中心，类似于贡开的大塔寺，并在巴肯寺神庙和东池轴线的十字交汇处建造了这座庙山型建筑。现在人们对这座古城的围墙一无所知，但空中宫殿的位置与现在吴哥通王城的南墙和东墙，西池的东堤和圣剑寺盆地的北堤坝几乎保持等距。由此可以推断出，城市的围墙穿过这些地区，并在后面的城市建设中被部分占用。

阇耶跋摩五世（969—1000 年左右）是罗贞陀罗跋摩二世的继任者，他用角砾岩墙体及其五座塔门取代了包围着空中宫殿和宫殿周围的第一道栅栏，周围环绕着角砾岩墙体，墙体被土堤支撑着，这道墙体现在只剩下一些模糊的痕迹。

阇耶跋摩七世（1181—1219 年）上台后，他在最困难时期接管了高棉王国，占婆舰队胜利入侵的第二天从上到下摧毁了都城，并夺走了王国的大部分财富，包括许多轻质建筑里的造像。

在古代东南亚地区，关于战胜国掠走战败国境内的神像，可在大航海时代，葡萄牙人费尔南·门德斯·平托（Fernao Mendes Pinto）所著的《远游记》一书有所记载[1]。当时他跟随鞑靼王的使者在法那格冷镇拜见交趾支那王时，在宫廷内见到了掠夺而来的神像。“在那里我们看见六十四座铜像，十九座银像。它们的脖子上都拴着铁链。我们见后非常吃惊，问这是什么东西。呆在那里的奥雷婆（Orepos 相当于我们中间的教士）之一回答我们说，我们看到的并感到吃惊的东西是国王打败提诺莫或斯（Timocouhos），从一座大庙中猎获的八十三座神像。因为国王最看重的荣誉是战胜敌人的神，俘获它们。我们问他为什么要把它们用铁链拴在那里，回答我们说为了在进入不远的乌藏格城时让人把它们在地上拖着庆祝胜利”[2]。

经过占婆人的洗劫后，吴哥都城周围几乎没有留下任何遗迹。阇耶跋摩七世竭尽全力重建了一座坚固的城市和不可燃的神庙。它将城市中心向东南移动，减少了面积，从而降低了周边地区的成本。在城市中部建立起了没有围墙的巴戎寺，以便于通往城内的四个方向，南北轴线叠压在旧城的轴线上，向东引向死亡之门（东塔门），另一条则引向西塔门。但是必须保持通往中心广场以及由此通往王宫的古老轴线道路是畅通的，因此又建造了第五座塔门，即胜利门。城墙在南、西、北三面各开一座塔门，东面则开两座塔门，其中胜利门位于东塔门（死亡之门）以北 500 米处。这五座塔门建筑形态一致，

〔1〕费尔南·门德斯·平托于 1514 年左右出生于葡萄牙中部蒙特摩尔，1537-1558 年间曾经漫游东方。晚年，他凭借自己的记忆撰写其漫游东方的经历，手稿成书于 1576 年，1603 年 5 月提交宗教裁判所审查，直到 1613 年印刷，1614 年葡语初版付梓。

〔2〕（葡）费尔南·门德斯·平托著；金国平译：《远游记》，澳门：葡萄牙航海大发现事业纪念澳门地区委员会等，1999 年，第 386 页。

只是在保存状态上有所区别。

除巴戎寺外，吴哥通王城内通常不包括此时期的其他纪念碑建筑。城市中的空间太小，无法安排太多寺庙，而寺庙的财富则主要集中在稻田中。另一方面，在吴哥通王城周围保存着这一时期的古迹，如圣剑寺和龙蟠水池无疑是附属建筑，而塔布隆寺、班迭克黛寺、塔逊寺、塔内寺等则是主要建筑。

1432 年，这座城市似乎被遗弃了，至少作为都城是这样。在 1979 年，B·P·格罗斯利埃，首次对吴哥通王城提出了“水利城市”的概念：基于大型水池和广布的运河网络而形成的复杂水资源管理系统，使雨季降水对农业的影响成为可能，从而适当扩大耕作灌溉面积。他还提出，几个世纪以来确保吴哥文明繁荣的制度逐渐衰落，最终导致了吴哥文明的灭亡[1]。最新的研究，尤其是法国远东学院的克里斯托弗·鲍蒂埃已经完善了对这座庞大的水资源管理系统结构和组成部分的阐释工作。在 9 世纪到 13 世纪之间，吴哥文明创造了一个水池运河和堤坝组成的水利系统，覆盖面积超过 1000 平方公里。

2. 城之外皆巨濠，濠之上皆通衢大桥。桥之两旁，共有石神五十四枚，如石将军之狀，甚巨而狞。五门皆相似。桥之阑皆石为之，凿为蛇形，蛇皆九头。五十四神皆以手拔蛇，有不容其走逸之勢。

在吴哥通王城五座塔门前穿过环壕的道路两侧，装饰着大型造像，两旁各有 54 座手持那伽的石质巨人。以石人为望柱，那伽身为横档。右边（以通王城门的朝向为基准）是天神（Deva），椭圆形脸和杏仁状眼睛，一种带有严肃、略带轻蔑的神情；左边是阿修罗（Asura），他们均为圆目、咧嘴，意图表现出可怕的表情（图 8）。早在上个世纪中叶，法国远东学院已经在胜利门重建这一宏伟的石刻造像，但是在“死亡之门”、西塔门两侧仍然有一部分屹立在树林中。此种类型的石刻造像不仅在吴哥通王城塔门外大道两侧有，其他如圣剑寺塔门外大道亦有。

图 8　吴哥通王城胜利门南侧天神造像石刻
（图片来源 EFEO，1921，编号 CAM08337）

[1] Bernard Philippe Groslier，La cité hydraulique angkorienne : exploitation ou surexploitation du sol ? *BEFEO*，1979，66，pp. 161-202.

关于这组石刻造像所表现出来的象征意义，目前有两种说法：第一种是“搅动乳海说”，以中国学者段立生为代表。他认为“54 神皆以手拔蛇，有不容其走逸之势。”实际上是以蛇为绳搅动乳海。婆罗门教认为，名叫那伽的七头蛇是毗湿奴神的坐骑，毗湿奴居住在乳海中，搅动乳海可以从海中获得长生不死药和金银财富。现今吴哥寺东走廊内亦保存着天神和阿修罗用那伽搅动乳海的浅浮雕石刻。石雕的画面是这样的：一只乌龟，龟背上驮着一个代表曼陀罗山（Mount Mandara）之宇宙中心轴的圆柱，那伽缠在圆柱上，其头尾呈水平状一字展开，两端各众神和阿修罗扯着那伽搅动乳海。画面生动地再现了婆罗门教的一个古老的神话传说，众神搅动乳海以求长生不死药。他们搅动了 1000 年，以至精疲力竭一无所获，因为他们必须不停地跟阿修罗斗法。众神向毗湿奴求助，毗湿奴告诫众神，要联合阿修罗一道工作。于是众神和阿修罗团结一致搅动乳海，结果使曼陀罗山的宇宙中心轴发生震颤。毗湿奴赶来救援，他变成一只乌龟，用龟背驮住宇宙中心轴。蛇王婆苏吉（Vasuki）变成一条绳，缠在宇宙中心轴上，众神和阿修罗各拉着绳子一端，再搅动乳海。1000 年后，果然得到长生不死药。同时还从乳海里得到许多财宝，包括三首象（Elephant Airavata），天堂的舞姬（Celestiaal Dancers），女神拉克什迷（Laksmi）[1]（图 9）。

图 9　吴哥寺东走廊“搅动乳海”的浅浮雕石刻
（左：代表阿修罗　图片来源 EFEO，1969，编号 CAM04166；右：代表天神图片来源 EFEO，1969，编号 CAM04160）

第二种说法是“彩虹桥说”，以 20 世纪中叶的法国远东学者保罗·穆斯（Paul Mus）为代表。他认为桥面象征着神圣的彩虹（也代表着神秘的那伽护卫着尘世的财富），在人类与众神世界之间架起了一座桥梁，那伽护卫着桥梁也就是看管着从世俗进入众神世界的入口。而巴戎寺的中央圣殿则扮演搅动的支撑点——曼陀罗山的角色[2]。

目前，大多数学者将浅浮雕与象征印度神话的“搅动乳海”联系在一起。事实上，天神的姿势，用他们的手抓住蛇的身体，类似于吴哥寺东走廊内描绘的著名“搅动乳海”的浅浮雕石刻。有人可能会反对说，在实际的搅动操作中，天神和阿修罗应该面对搅动杆（巴戎寺）。但是，很明显，这会破坏

〔1〕 段立生：《〈真腊风土记校注〉之补注》，《世界历史》2002 年第 2 期，第 86 页。
〔2〕 Michel Petrotchenko，*Focusing on The Angkor Temples*，Amarin Printing PublishingPCL. 2017. pp. 249.

整个场景的审美效果，天神会把他们的后背暴露在进入城市的人面前。

事实是，天神在桥面的右边，阿修罗在左边，其布置类似于门神（Dvarapalas）守卫神庙门口的布置情况（右边是仁慈的天神，左边是阿修罗），可能表明此种设计概念已纳入桥面的装饰之中。

3. 城门之上有大石佛头五，面向四方。中置其一，饰之以金。门之两旁，凿石为象形。

现今吴哥通王城塔门的顶部是一个四面佛结构（中央塔两面佛，两侧塔各一面佛）。人们普遍认为，在吴哥通王城的塔门上这些巨大的头像描绘的是观自在菩萨（AvaLokitesvara）[1]。在7世纪的印度教寺院中，已经存在这样的宗教信仰，在建筑上置四面观自在菩萨，以达到保护建筑及城内居民的目的。此类雕刻与巴戎寺及其他同时代的雕刻，皆属阇耶跋摩七世时期所制作，具有佛教特征，塔门上之雕刻亦然（图10）。因此，塔门上的雕像实际上可能属于象征阇耶跋摩七世的神像。吴哥主要的寺庙多属印度教，而阇耶跋摩七世国王笃信大乘佛教，巴戎寺是阇耶跋摩七世时期在吴哥通王城中央修建的最重要佛寺之一。当时面对被占婆洗劫后的国都，阇耶跋摩七世国王决定重新兴建都城，由此便有了今天所见的吴哥通王城。既然寺庙的修建者阇耶跋摩七世信奉佛教，所以这些神像还应是佛像。因此，塔门上的五个佛头是可以确定的，中间的佛头应该是最高，而且外表面应该包裹着黄金或黄铜之类的铂片或刷了油漆。后来王朝衰落，中间的金铜片被人盗取或破坏，才有今天的模样。

图10 吴哥通王城胜利门观自在造像
（图片来源 EFEO，1949，编号 CAM08398）

〔1〕梵文 AvaLokitesvara 这个词是由 avalokita（阿缚卢枳多，义云“观”）和 isvara（伊湿伐罗，义云“自在”）两字复合组成的。佛教宗教传说谓是与西方弥勒四菩萨的最初法菩萨同体，又通常为阿弥陀佛的左协侍，同阿弥陀佛及其右协侍大势至合称西方三圣。佛教传说他为救苦难众生，但能念其名号，即寻声往救，并因种种根器的不同而示视三十二种应化形象。因此，中国流行的观自在塑像和画像中，亦有作女人像，到宋代以后，民间就讹传成为女性。见（唐）玄奘 辩机著；季羡林等校：《大唐西域记校注》，北京：中华书局，1985年，第289页、144页。

在塔门巨大的佛像之下，一些优雅的女性小造像被装饰在墙壁上，因陀罗神及两名陪同人员骑在三首象之上，大象用鼻子卷起荷花。此种造像装饰在塔门的内外两侧角落。四组三首象既有塔门表现主体构成和装饰的作用，也具有稳定塔门结构的功能。段立生补注，一象有三个头的三首象名爱罗婆多（Elephant Airavata），系因陀罗神的坐骑，是众神搅动乳海时获得的财宝之一[1]。进入塔门中央通道内部的拱顶是石头叠涩而成，上部保留着木梁残留的痕迹，见证了以前天花板的存在。墙壁是不规则的，表面凹凸不平，一切都显得笨拙、草率仿佛是在岩石上凿出来的，也许正是这种非常笨拙的做法，给整座建筑带来了一种非常奇特的造型。在中央通道的两侧有石质侧室，底部要高于中央通道，可通过石质台阶进入侧室。

4. 城皆叠石为之，高可二丈。石甚周密坚固，且不生繁草，却无女墙。城之上，间或种桄榔木，比比皆空屋。其内向如坡子，厚可十余丈。

现今吴哥通王城城墙大部分保存较好，且有部分保存较完整，但北城墙西段和东段、南城墙的西段及东城墙南段等处，外砌角砾岩墙体局部塌方损毁。除了五座塔门及门两侧 10 余米墙体为砂岩砌筑外，从南塔门西侧、城址东北角和东塔门南侧等多处城墙墙体坍塌断面和维修工程现场观察，墙体均为外表包砌角砾岩石块、内部堆砌夯筑沙土的砌筑结构。城墙外表规整，整体呈宽基础、直立墙体、上部外凸的密檐式结构。大部分墙体下部砌筑外凸基础，逐层收分，而四面城墙外侧转角处下部为向外凸出四层收分大台阶基础，各高 0. 8—1 米，宽 0. 8—1 米，总长约 30 米，便于城墙角部的稳固。城墙现存高约 6—8 米，南塔门东侧城墙下部埋藏较深，暴露出墙体高 6 米；胜利门北侧 30 米处角砾岩城墙高 7 米，加之未暴露的底部城墙基础，通高约 8 米。城墙顶部的宽度不一，一般宽 5 米多，再宽处约 7—8 米，有的表面宽约 15 米，角塔楼所在的城角处宽 50 米以上。

墙体部分向两侧墙体延伸则砌筑直立石面墙体，墙上部铺砌成密檐式结构，最顶部向里侧收分平砌约三层条石且设置瓦当及顶脊结构。大部分墙体外表角砾岩砌石厚度约 2—3 米，里侧角砾岩堆砌较散乱，再里侧夯土应属于开挖外部环壕的翻土堆垒，形成较为宽厚的城墙内部肌体，所言“内向如坡子”，现因水土流失略向城内倾斜更加呈现陡坡状。现存坡状墙体底部基础一般约 30—35 米，所谓“厚可十余丈”之宽度，约合 32 米，当指城墙上走道连同内侧土坡宽度，基本符合城墙底部宽度。因此，从整个城址外侧观察城墙确属“城皆叠石为之”，周密坚固，不易繁草生长，但并非墙体均砌石而成[2]（图 11）。

5. 其城甚方整，四方各有石塔一座。曾受斩趾刑人亦不许入门。

这里的“四方”应是指城墙之上的四个角落，每个城角处都有砌筑面积较大，范围较开阔，分别建有长 50 米、宽 30 米的院落一处，建有一座十字等臂结构的建筑——青戎寺（Prasat Chrung）。此类建筑实际上是建在城墙上的小型庙宇，院门及墙体等院落痕迹明显，院内分别砌筑大小石塔各一座，西边的西北和西南城角之两座石塔朝向东，而东边的东北、东南两座角塔朝向西，两两相对[3]。这些都是较小的寺庙遗址，其年代与都城城墙、塔门属同时代；就像这座城市本身一样，他们是献给四臂观自在菩萨的，在印度教（湿婆派）替代佛教信仰之前，四臂观自在菩萨掌管着这座皇家城市的命运。而当一种信仰代替另一种信仰时，佛教造像已经变成了陵伽形象（图 12）。

〔1〕 段立生：《〈真腊风土记校注〉之补注》，《世界历史》2002 年第 2 期。

〔2〕 王元林：《〈真腊风土记〉之吴哥通王城的考古学注解》，《中国国际合作援外文物保护研究文集 · 考古卷》，文物出版社，2021，第 38-252。

〔3〕 同〔2〕。

图 11　吴哥通王城北塔门内侧西端
（作者拍摄　2019 年 11 月）

图 12　吴哥通王城城墙东南角的青戎寺建筑
（图片来源 EFEO，1967，编号 CAM08273-3）

6. 当国之中有金塔一座。旁有石塔二十余座。石屋百余间，东向有金桥一所。金狮子二枚，列于桥之左右。金佛八身，列於石屋之下。

"金塔"当指吴哥通王城内的巴戎寺。巴戎寺坐落在通王城的几何中心处，中心和都城对角线的交点向东偏移一点，都城内南北轴线穿过巴戎寺东侧走廊而不是中央圣殿（图 13）。

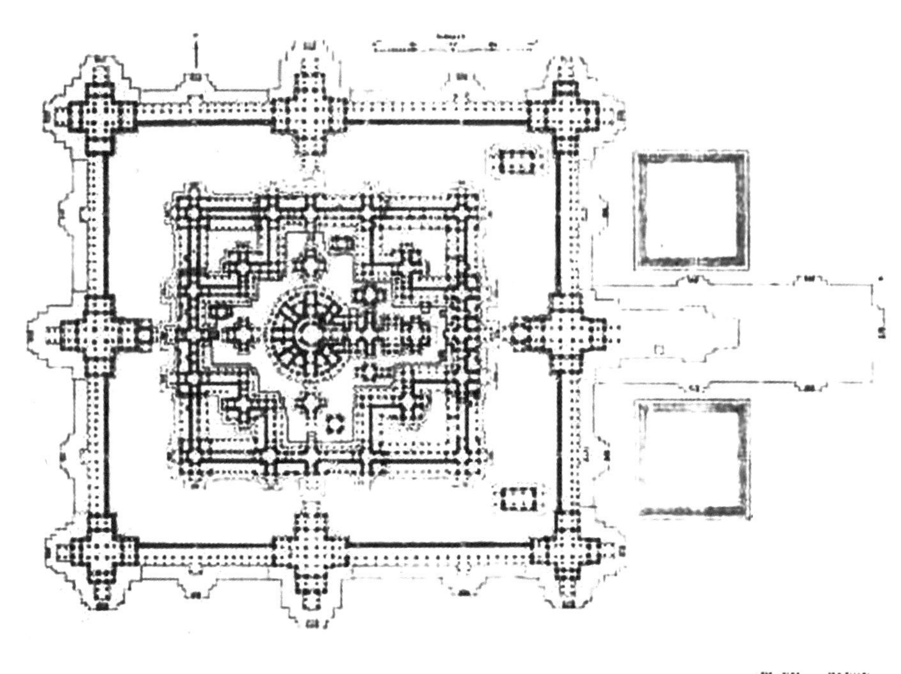


图 13　巴戎寺平面图
（图片来源 EFEO，1956，编号 CAM06073）

巴戎寺从东侧进入，入口处是一个巨大的廊道。在廊道两侧各有一座水池。令人感到奇怪的是，巴戎寺四周没有围墙环绕。有人解释，巴戎寺作为都城内的中心建筑，都城的城墙就是寺庙围墙。巴戎寺东侧有一条长 200 米的立柱行人桥，即所谓的"金桥"，被埋没在土堤下（土堤在两段墙体之间），柱子的顶部也暴露在外（图 14）。巴戎寺有内外两层走廊，外层走廊东西长 150、南北宽 140 米，拱顶已经全部倒塌，很容易看到装饰在墙壁上的浅浮雕。内层走廊，拱顶保存较好，同样在墙壁上装饰着浅浮雕。这些浅浮雕大多数都代表了那个时代的熟悉场景，因此人们可以亲眼看到古代高棉人的日常生活。浅浮雕的内容分为上中下三部分，许多场景是互相重叠的，有时人物的轮廓只是粗略地画出来的。

7. 金塔之北可一里许，有铜塔一座，比金塔更高，望之郁然。其下亦有石屋十数间。

该条中的"铜塔"指的是巴方寺。巴方寺是一座庙山型纪念碑建筑，位于吴哥通王城中心广场的西南，毗邻王宫遗址。这座庙宇由优陀耶迭多跋摩二世（1050—1066 年）建造，国王似乎要把它建设成第三处城市中心，这是继吴哥通王城建成之前的最后一座城市。最外层院落呈矩形，东西长 425 米，南北宽 125 米；庙山型建筑基础（最底层）长 120 米、宽 90 米（图 15）。

图 14 巴戎寺东神道平台的入口处
（图片来源 EFEO，编号 CAM05871）

图 15 从空中俯瞰巴方寺
（自南向北拍摄 图片来源 EFEO，1963，编号 CAM12560）

从王宫东南塔门出来，可以进入巴方寺建筑的东塔门入口处，从那些还竖立着但几乎完全拆毁了的墙体基础，可以看出过去的墙体轮廓。在东塔门入口处的两侧各有三个侧室；中间部分为桥廊前面的一条廊道，通向路对面狭窄的人行桥，桥面由圆形柱子来支撑。

巴方寺的雕刻装饰十分精致，它的建筑线条亦很流畅。在建筑的最底层，有很多雕刻精美的人物造型，尤其是在主体建筑的南部塔门入口处，雕刻出大量精美的动物、人物、印度教神话浅浮雕内容（图 16）。此外，从技术角度来看，这座寺庙是现存最糟糕的建筑之一，建筑上出现了大量的错误，内部的堆积是由沙子构成，且四周没有足够的支撑墙（在 2011 年修复之前）。另外一个不明智的创新，是引入了木质结构梁来支撑建筑上方的砖石结构，最终导致建筑多处坍塌。在第二层走廊的窗户上可以看到这种情况。

图 16　巴方寺浅浮雕摩诃婆罗多史诗中描写的俱卢之野
（图片来源 EFEO，1952，编号 CAMO01663）

法国远东学院的亨利·马绍尔认为，古籍中记载的“金塔、铜塔”，应该是轻质建筑（木质建筑）的框架上覆盖着金属色的装饰，或更简单地说是镀金或刷漆，因为经过考古发掘没有发现建筑顶部存在石质建筑遗迹[1]。

8. 又其北一里许，则国主之庐也。其寝室又有金塔一座焉。所以舶商自来有“富贵真腊”之褒者，想为此也。

该条中“又其北一里许，则国主之庐也”，指的是今王宫遗址（Royal Palace）。王宫遗址平面呈矩

〔1〕 H. Marchal. *Archeological guide to Angkor*，Saigon，1932，pp. 150.

形状，东西长 587 米，南北宽 246 米，面积约 14 万平方米。王宫遗址四面为 7 米多高的角砾岩砌成的围墙，保存较完好。南、西、北三面围墙较直，东围墙在中部向内凹，其南北两侧各开有一扇小门；围墙共有五座塔门，其中东围墙一座，南围墙两座（东南、西南）、北围墙两座（西北、东北）。东塔门结构较其他塔门复杂且规模较大，塔门为三进通道、两侧各有两个侧室。在门框上刻有碑铭，内容是 1011 年大臣们对苏利耶跋摩一世（1011—1050 年）的效忠誓言。这些誓言的内容与现在王室加冕时的内容惊人地相似。围墙周边环绕着一周角砾岩砌筑的环壕，但现在环壕的东北部已基本被填平（图 17）。

图 17　王宫遗址东南角及外环壕
（图片来源 EFEO，1933，编号 CAM01231）

从现存的建筑遗迹可知，王宫遗址内部曾有四个院落，每个院落之间建有南北向隔墙，平面呈长方形（南北长、东西短），现仅有位于三号院和四号院之间的隔墙较为完整。其中一、二、三号院落的地表现存有建筑基址，而四号院落地表则不见任何建筑基址。二号院落面积最大约 7 万平方米、三号院落次之约 5 万平方米、1 号院落面积为 2 万平方米、四号院落面积最小，共 0.6 万平方米（图 18）。

一号院落位于遗址的最东端，是进入二号院落的必经之路。院落内建筑基址分布较为稀疏且等级较低，推测其为次等级辅助性衙署所在地。

二号院落等级最高，主要体现在基址的集中分布、高规格建筑的存在，如“空中宫殿”、用砂岩砌筑的水池及高等级的平台基址。可能为祖先神庙及高等级宫殿所在地。

三号院落，建筑基址分布较为密集，但是规模和等级要低于二号院落内的建筑基址。同时院落内的建筑大都以生活基址为主（水池遗址、平台基址），尤其是在 3 号水池东南发现了较多的陶罐碎片、陶瓦碎片、青瓷及青花瓷碎片（器类为碗、盘），推测该院落应该为生活区。由于四号院落面积较小，

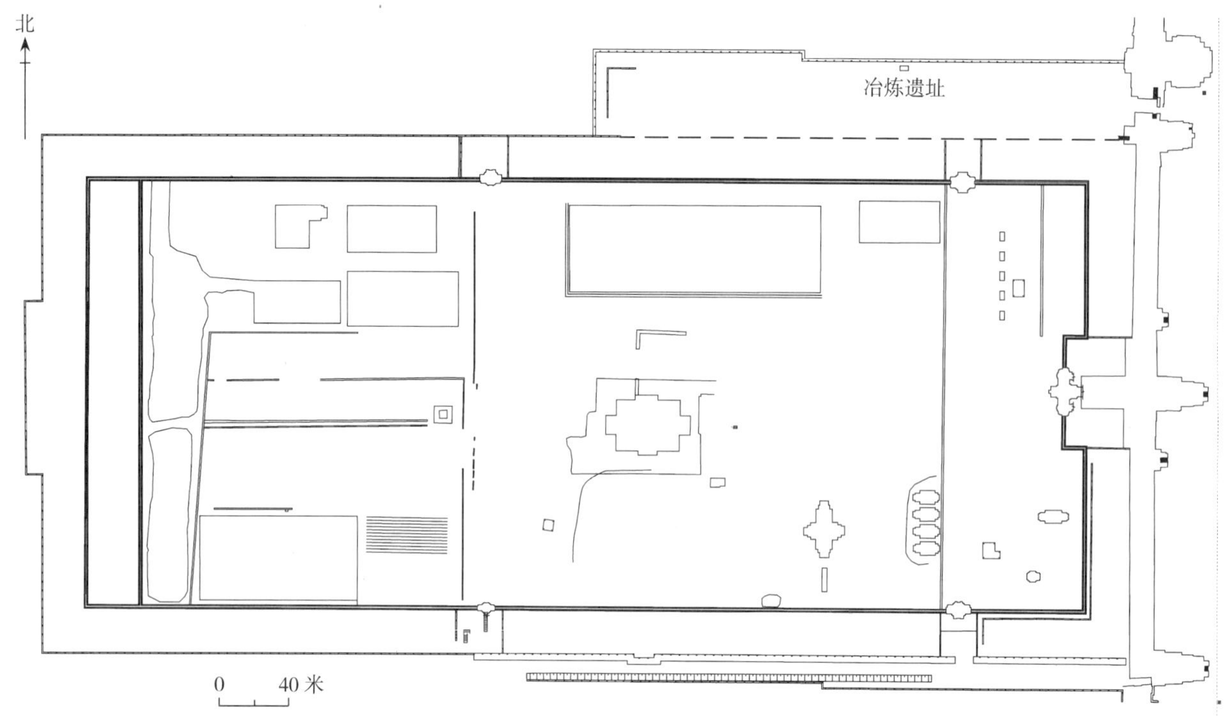


图18 王宫遗址总平面图
（图片来源中国文化遗产研究院资料）

且地面不见残留的建筑基址，故对其院落性质尚不明确，有待进一步的考古工作。

另外，王宫遗址也有其特殊的地方。如王宫遗址的围墙建造年代要晚于空中宫殿，且空中宫殿到围墙四面不是等距的，也就是说王宫遗址的中心位于空中宫殿的西北角。还有，东塔门的中轴线不与空中宫殿中轴线重合，东塔门的中轴线位于空中宫殿东台阶的北侧。

同时，在后期王宫遗址使用期间，王宫遗址内的地面有所升高（地面用以存放从北侧水池内挖上来的土层或由于该地区经常被洪水淹没，因此需要采取抬升地面的措施）。因此1916年，当远东学院的马绍尔在空中宫殿考古发掘时，建筑的底部被埋在距离现在地面约两米深的地方。由此，我们可把遗址内的建筑粗略分成两组不同时代的建筑：第一组建筑，一号院落建筑遗迹和十字形建筑平台（二号院落）；这组建筑的基础已经全部暴露出来。第二组建筑，空中宫殿、四座塔门、二号院落东南角的四座建筑；这组建筑的基础部分局部被土层掩埋。这清楚地表明第二组建筑是王宫遗址内时代较早的建筑；而第一组建筑则可能是在地面抬升后建造的，时代要晚于第二组建筑。

综上可知，王宫遗址是古代高棉王国繁荣时期国王的所在地，不仅设计精巧、功能完善、层次分明、生活设施完善且也是最神秘、最复杂的建筑群之一。遗址内的建筑时代是在这一时期内不同时间建造的，且存在一个不断改扩建的过程。

早在20世纪初，远东学院就持续对王宫遗址进行发掘清理。1908年，让·柯梅尔首次对王宫遗址内的建筑展开清理活动；1916年至1918年，亨利·马绍尔对遗址内空中宫殿的东部及部分院落进行了清理和发掘；1944年，莫里斯·格莱兹（Maurice Glaize）对北部水池（编号1、2水池）进行了清理；1952年至1958年，B·P·格罗斯利埃在空中宫殿的北、西部布设探方进行考古发掘，揭露了大面积的遗迹，同时也发现了大量的遗物（陶器、瓷器、铁器、石刻造像等）。

“其寝室又有金塔一座”指的是王宫遗址内的空中宫殿建筑。空中宫殿一词是两个梵文单词“vi-mâna âkâça，意为天堂般的宫殿，飞扬的宫殿”（图 19）。

图 19　空中宫殿的东立面
（图片来源 EFEO，1935，编号 CAM00725）

罗贞陀罗跋摩二世（944—968 年）把都城从贡开迁回了吴哥，他将空中宫殿竖立为新城市的中心，并在巴肯寺和东池轴线的十字交汇处建造了这座庙山型建筑。最初的空中宫殿只有目前高度的一半，这部分是由一个精致的走廊组成。它是一座矩形庙山型建筑（东西长 35 米，南北宽 28 米），高度为 12 米，四面均为角砾岩台阶。在建筑的台阶两侧上摆放着石质狮子，四个角则摆放石质大象。顶部的砂岩走廊，其宽度仅为 1 米，拱顶下高度为 2 米，结构精巧，走廊里有窗户，其中一些是假窗。走廊围成一个长方形空间，在该空间内长期由一座轻质建筑所占据着，后来在苏利耶跋摩一世的统治下，它被另一座新的轻质建筑所取代。这座建筑建在一座十字形台基上，其中走廊覆盖的台阶是角砾岩建造的，另外两处的台阶则是砂岩建造的。在这个长方形的院子里，分布这样一个等轴的十字形底座是不合适的。它的建筑风格不同于底部的建筑风格。毫无疑问，在它上面矗立着一座优雅的、轻巧而富饶的圣殿，周达观称之为“金塔”。

后来这座“金塔”被一栋粗糙的石质建筑所取代，建筑由基础部分组成，但是无法支撑其结构。其中一件石质构件使用的是耶输跋摩时期（889—910 年）石碑，因此这座建筑一度被错误的认为，其始建年代可追溯至耶输跋摩时期。

1916年，马绍尔对空中宫殿的东、南部进行考古发掘时，在东部台阶附近发现了一通石碑[1]。尽管石碑已经被分解成47块（可能是印度教教徒在反佛运动中的破坏），但它还是提供了有关两位王后生活的宝贵信息[2]，主要是与她们的宗教成就有关。更重要的是，它提供了阇耶跋摩七世登上王位的一系列事件。王子（阇耶跋摩）从占婆急匆匆返回对耶输跋摩二世进行援救，由于到来得很晚，国王已经被暗杀，王位被特里布婆那迭多跋摩（Tribhuvanadityavarman）所篡夺，占婆在随后的入侵战争中把新即位的国王杀掉。随后几年，阇耶跋摩在陆战中战胜占婆，并于1181年完成加冕礼。以上信息都是从残破的碑石上收集到的。

9.“石塔山在南门外半里余，俗传鲁般一夜造成。”该条中的“石塔山”指的是巴肯山，顶部平坦其上建有巴肯寺。在山上建造纪念碑建筑的习俗，在当时不同的民族中得到了认同。因此，人们了解到高棉人的寺庙是带有神性的建筑，是神山的象征，是众神的住所。但在大多数情况下，他们都是在一座庙山型建筑基础上层层叠加成的建筑，象征着梅鲁山（图20）。

图20　俯瞰巴肯寺
（自东向西拍摄　图片来源 EFEO，1959，编号 GROB02626）

巴肯山距离吴哥通王城南城墙300米，是一座高65米的花岗岩山丘，这为建造寺庙提供了必要的基础。因此，在山上建造一座纪念碑建筑就不足为奇，其类似的寺庙风格建筑有：格鲁姆寺（Phnom Krom）、博克寺（Phnom Bok）。

〔1〕 Henri Marchal，Dégagement du Phimànakas，*BEFEO*，Year 1916，16，pp. 57–68.

〔2〕 它是由因陀罗德毗皇后（Queen Indradevi）撰写的，因陀罗德毗皇后在妹妹阇耶罗阇德毗皇后（Queen Jayarajadevi）去世后成为阇耶跋摩七世的第二任妻子。

根据法国远东学院戈鹭波的推测，巴肯寺是第一座吴哥城（耶输陀罗补罗）的中心，由耶输跋摩一世（889–910 年）所建立，而后来的吴哥通王城是国王阇耶跋摩七世（1181–1219 年）建造的。耶输跋摩一世选在巴肯山建造寺庙，因为它是该区域内最高的山丘，为建造皇家寺庙提供了一处重要的基础，可以像神话中的梅鲁山一样，成为神仙居住的地方。作为印度教世界的虚拟中心，就像人们可以混淆发源于库伦山的暹粒河与著名的恒河一样，而恒河在印度教徒的日常生活中占据着非常重要的位置。

巴肯寺属于庙山型建筑，由砂岩砌筑而成，高 13 米，庙山型建筑基础底部长 200 米、宽 100 米。山丘东部的坡度较平缓，南、西、北部坡度较大，山坡四面均建有台阶，与城市的轴线相对应，两侧仍有一系列整齐排列的水池。

巴肯寺周边地面上竖立着不少于 44 座塔楼，在庙山型台阶上竖立了 60 座小型塔楼（在庙山型的五层台基中每层各有 12 座），在顶部建造了 5 座塔楼，总共 109 座塔楼。中央圣殿（象征着宇宙）由 108 座塔楼包围，这是印度神话中极富象征意义的数字。在巴肯山脚下有长 650 米、宽 440 米的围墙环绕着寺庙[1]。

通过碑铭可知，当时的皇家寺庙位于耶输陀罗补罗的中心，而耶输陀罗补罗的面积甚至超过了未来的吴哥通王城。

及至 16 世纪时，上座部佛教徒开始拆除寺庙内的最高圣殿，在平台上架起一座巨型坐佛。到了 20 世纪初，一位安南籍（越南中部地区）僧人把这里变成了花园，并使用砂岩和砖块建造了小型建筑以供祭祀之需。在塔楼的顶部搭建一木质框架，在湿婆圣殿的一侧附加了一个木制门廊，把婆罗门教造像改造成了佛教造像。20 世纪 20—30 年代以后，僧侣们散去以后仍然留下了很多遗迹。在随后的 70—80 年代，巴肯寺被各方军事势力用作炮兵平台。

10. 鲁般墓在南门外一里许，周围可十里，石屋数百间。“鲁般墓”指的是吴哥寺。吴哥寺位于吴哥通王城以南 1. 5 千米处，从吴哥建筑风格及历史沿革来分析，在以“其俗东向开门，国土以东为上”[2]的习俗中，吴哥寺是个例外。寺庙的主要入口在西侧，这一反常现象的原因可能如夏鼐先生所言：建筑向东主要指的是皇宫和民居，而宗教性的建筑则向西或向东。同时，吴哥寺又在通往吴哥城的路上，所以很自然地把它的入口设置在通向都城的入口处一侧（图 21）。

吴哥寺是苏利耶跋摩二世（1113—1150 年）为供奉毗湿奴而建。吴哥寺是吴哥建筑中最精华的部分，也是柬埔寨早期建筑风格的代表。吴哥寺建筑庄严匀称，比例和谐，无论是建筑技巧，还是雕刻艺术，都达到极高水平。吴哥寺坐东朝西，平面呈长方形，有两重石砌墙，面积 1000 米 × 850 米，外墙之外有环壕。吴哥寺正门向西，与吴哥通王城南门外大道连接，塔门之上立三塔，塔门内是一庭院，院内有一长 147 米的神道通向内围墙入口。神道两侧有藏经阁和池塘。内围墙宽 140 米，长 270 米，墙内的主体建筑在 3 层台阶之上，台基高 23 米，底面积 215 米 × 187 米，除第三层为 75 米 × 75 米的正方形外，第 1、2 层均为长方形，每层的四边，各有左、中、右三条石阶梯连接上一层。在最高一层的平台上，矗立象征着诸神之家和宇宙中心的 5 座尖顶塔楼，正中央一座塔楼最高，达 42 米，即高出地面 65. 5 米，其余 4 塔较矮，分立于平台四角。第二层平台的四角也各有一座截顶塔楼。每一层平台的四周都绕以石砌回廊。廊内有庭院、藏经阁、壁龛、神座等。各层均有石雕门楼和连接上下层的阶

〔1〕 Michel Petrotchenko，*Focusing on The Angkor Temples*，Amarin Printing PublishingPCL. 2017. pp. 121.

〔2〕（宋）王溥撰：《唐会要》卷九八《真腊国》，上海：上海古籍出版社，2006 年，第 2077–2078。

图 21　吴哥寺鸟瞰图
（自西向东拍摄　图片来源 EFEO，1936，编号 CAM04184-C）

梯，阶梯的栏杆上都有 7 头石刻那伽，阶梯两旁还饰有精美的石狮子。全部塔楼、门楼都饰以石雕莲花，约有 1 万个。

吴哥寺规模宏大，是错综复杂的建筑群，包括台基、走廊、台阶、塔楼，全部建筑用砂石砌成，石块之间无灰浆或其他粘合剂，靠石块表面形状的规整以及本身的重量彼此结合在一起。细部装饰瑰丽精致。当时的工匠可能还未掌握拱券技术，所以吴哥寺没有大的殿堂，石室门道均狭小阴暗，艺术装饰主要集中在建筑外部。

吴哥寺的艺术杰作，不仅表现在建筑本身，还在于它的浮雕石刻。吴哥寺的浮雕极其精致，且富有真实感，是整个吴哥艺术的精华，在吴哥寺走廊的内壁及廊柱、石墙、基石、门楣、栏杆之上都有浮雕，内容主要是有关印度教大神毗湿奴的传说，取材于印度史诗《摩诃婆罗多》和《罗摩衍那》及印度教神话《搅动乳海》；也有战争、皇家出行、烹饪、工艺、农业活动等世俗情景，装饰图案则以动植物为主题。其中围绕主殿第一层台基的走廊被称为“浮雕走廊”，长达 800 米，墙高 2 米余，壁面布满浮雕。东壁是“搅动乳海”的传说，北壁是毗湿奴与魔怪交战图，西壁是这个故事的继续，即“神猴助战图”，南壁西半部的苏利耶跋摩二世骑象出征图则为世俗题材，反映了高棉人抵抗占人入侵的战争情景。这些浮雕手法娴熟、场面复杂、人物姿态生动、形象逼真，当时已采用重叠的层次来显示深远的空间，堪称世界艺术史中的杰作，表现了高棉能工巧匠的卓越艺术才能[1]。

寺庙主体部分被双层角砾岩围墙环绕，外围墙被环壕所围绕。环壕由砖石建造的台阶环绕着寺庙

〔1〕 晁华山编著：《世界遗产》，北京：北京大学出版社，2004 年，第 142–143 页。

的四周，东西长 1.5 千米、南北宽 1.3 千米。寺庙主要是通过西侧的一条 220 米长的堤道（由砂岩和角砾岩砌成）与外界相通，南侧和北侧均无法进入寺庙。在东侧一条土堤使它能够在旱季穿越环壕，它可能是古代堤道残留下来遗迹，有人认为它是用来运输修建寺庙时由水路运来的砂岩[1]。

在南、东、北三面，围墙被入口处的塔门打破。入口处的塔门由带有门廊和台阶、十字形主室和两座较小的侧室组成。这些塔门的外部雕刻精美的浅浮雕，一些尚未完工的道路将这些塔门和中央圣殿连接起来。

吴哥寺的建造者是高棉王国的 Paramavishnouloka 国王，在吴哥寺南侧走廊的浅浮雕中可以看到国王的形象。而 Paramavishnouloka 是国王的死后谥号，他于 1113—1150 年统治古代高棉，国王以苏利耶跋摩二世的名字而被后人记住。因此，吴哥寺始建年代大约在 12 世纪中叶，寺庙是献给毗湿奴神祇的。

至于寺庙的性质，马绍尔认为，根据柬埔寨的风俗习惯，一处是宫殿、另一处是皇家平台，国王必须坐在（睡在）最高的楼层；任何较低的地方，国王是不能居住的。由此推理出该寺庙的性质是一座山陵，他还依据它是元朝人周达观所指的“鲁班墓”名字来纪念吴哥寺[2]。同时，认为是陵墓的理由还有：第一，吴哥寺位于吴哥通王城的东南方向，而本地习俗认为东南方位是陵墓的位置；第二，活人不可能与死人同时在一个地方居住；第三，吴哥寺入口处在西边，是太阳落山之处，表示人死后的方向。亦有采用折中的观点，认为吴哥寺基础上的浅浮雕具有毗湿奴色彩，苏利耶跋摩二世建造寺庙以供奉毗湿奴神，但是在他死后，就葬于此地，寺庙又成为了他的陵墓。或者，当苏利耶跋摩二世在世时，吴哥寺是他前往祭拜的神庙，可能他也住在里面，死后也就葬于此地[3]。

和其他寺庙一样，外族入侵者把高棉人赶出了都城，他们来到吴哥寺掠夺财富，把它洗劫一空。

11. 东池在城东十里，周围可百里。中有石塔、石屋。塔之中有卧铜佛一身，脐中常有水流出。

“东池”指今已经干涸的东巴莱，位于吴哥通王城的东部，东西长 7 千米、南北宽 2 千米、深 3 米，是在平地用土堆堆筑起来，然后在堤坝内外挖出两条壕沟，引入恰好与堤坝底部同等高度的水源。东池是耶输跋摩一世建造的，因此又叫耶输陀罗塔塔卡。国王甚至使从北向南流到这里的暹粒河，突然转弯向西改变了它原来的河道，以供东池给水。东池的性质可能是水池或鱼塘，主要用于满足都城附近居民生活及农业用水。

“中有石塔、石屋”指的是东池中间的东湄奔寺。这座寺庙是由罗贞陀罗跋摩二世为了纪念他的父母而建造的。寺庙建筑缺少分层平台（庙山型建筑基础不明显），这使寺庙显得不那么雄伟（图 22）。正如莫里斯・格莱兹所指出的那样，鉴于该建筑随后被水包围从而软化了地面，建筑师可能避免使该结构过重，以至于出现地基沉降现象。寺庙的建筑师是卡毗陀罗利玛塔纳（Kavindrarimathana），是一个伟大的婆罗门教徒，他负责督造了大部分的建筑。当罗贞陀罗跋摩回到耶输陀罗补罗时，建造新首都和宫殿的任务就交给了“这位大臣，他是众神的宠儿，他懂得像昆首羯磨（Visvakarman）[4]这样的艺术”。他还是唯一一位名字被后人所熟知的吴哥建筑师，同时还建立了一座私人寺庙——巴琼寺。

---

〔1〕 东堤道直线距离现今暹粒河不足 1 公里。

〔2〕 H. Marchal. *Archeological guide to Angkor*，Saigon，1932，pp. 67-68.

〔3〕 陈鸿瑜：《柬埔寨史》（第二版），台北：独立作家，2019 年，第 58 页。

〔4〕 柬埔寨的建筑之神。

图 22　东湄奔寺的东立面
（图片来源 EFEO，1952，编号 CAM15728）

在东湄奔寺的四个方向角砾岩平台均无台阶，因此可知，当时的访客是从岸边乘船到达寺庙。五座圣殿呈梅花形排列，虽然它没有坐落在陡峭的庙山型平台之上，使它成为一个完整的山寺，但东湄奔象征着梅鲁山。五座圣殿分别供奉着：以陵伽（中央圣殿）形式出现的主要偶像，室利－罗贞陀罗跋摩二世、湿婆和他妻子帕尔瓦蒂（按照国王的父亲和母亲的形象制作）、毗湿奴和梵天。人们在第一处围墙内发现了一系列被毁坏的角砾岩建筑的遗迹，这些房间非常狭窄前面有门廊，可能是朝圣者的临时住所。在第一、二处围墙的四角有石象站立，脖子上戴着铃铛（图 23）。

"塔之中有卧铜佛一身，脐中常有水流出。"此条所指"卧铜佛"尚未听闻在东池内发现此类遗物，反倒是在 1937 年 4 月，格莱兹在西湄奔寺的中央圣殿平台上进行发掘活动时，在地下 1 米深的土层中发现了一件青铜造像的主体部分，总共四个大碎片及两只手指碎片和较小的未确定的碎片。由此推测该青铜造像是躺着的毗湿奴造像，其总长度应超过 4 米。该青铜造像可能是苏利耶跋摩一世的儿子，即优陀耶迭多跋摩二世（1050–1066 年）在西池中央的西湄奔寺竖立的大型毗湿奴青铜造像（图 24）。

12. 北池在城北五里，中有金方塔一座，石屋数十间。金狮子、金佛、铜象、铜牛、铜马之属，皆有之。

"北池"指现今的北巴莱，位于吴哥通王城的东北圣剑寺的东部，是阇耶跋摩七世于 12 世纪（1181 年）建造的，又名阇耶塔塔卡（Jayatataka），东西长 3. 6 千米、南北宽 0. 93 千米，是 12 世纪高棉王国水利工程的伟大成就之一。

北池由堤坝和运河组成的水利系统所连接，其建造方式与东池一样，均是采用土筑堤坝，在水池的西北角与库伦山南下的河流相连接。北池没有像其他水池那样用于灌溉，但是它主要为吴哥通王城

图 23 东湄奔寺第一院落东南角的石刻造像
（图片来源 EFEO，1936，编号 CAM13654）

图 24 西湄奔寺发现的毗湿奴青铜造像
（图片来源 EFEO，1939，编号 CAM13764）

和圣剑寺以及由水环绕的龙蟠水池寺庙供水。

中有金方塔一座，石屋数十间，金狮子、金佛、铜象、铜牛、铜马之属皆有之。此条中所指的是北池中间的龙蟠水池寺庙遗址，建筑院落平面呈近似方形（376 米 ×320 米），墙体由角砾岩建造而成，院落四个角原来均有石质大象造型，今只剩西北角（图 25）。

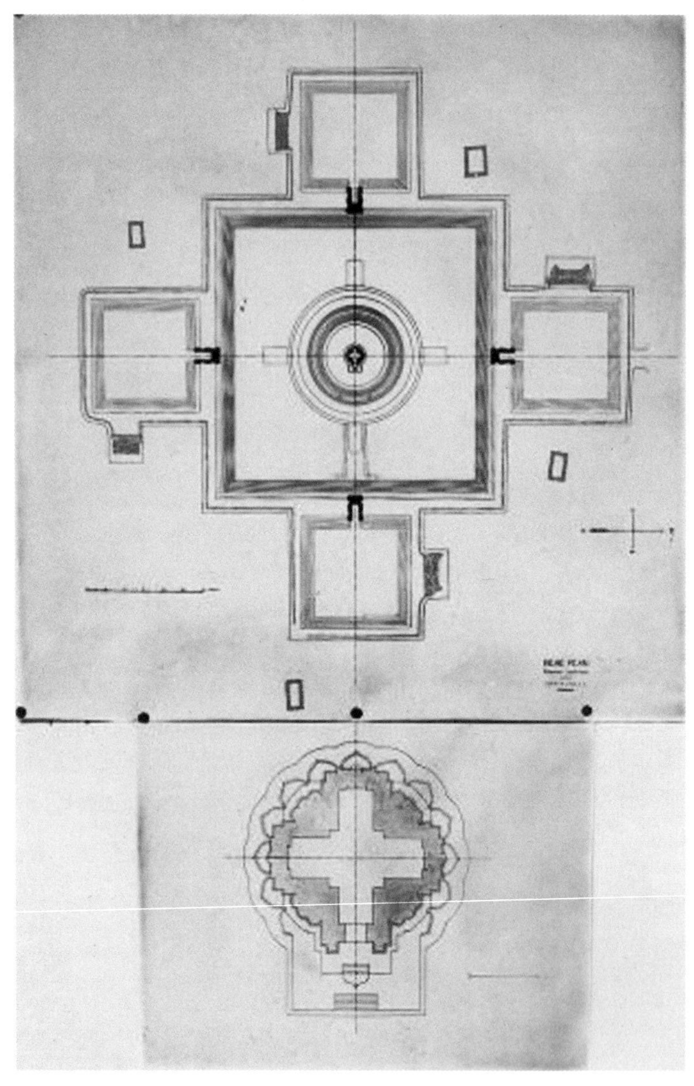

图 25　龙蟠水池总平面图
（下为中央圣殿平面图　图片来源 EFEO，编号 CAM16330）

在建筑的中心处，有四座小水池围绕中央水池，水池用砂岩砌成。中央水池与其他四座小水池之间有引水孔相连，中央水池水位高时，通过引水孔可将池水引到其他四个小水池内。引水孔建筑形式如一塔龛，四座引水塔龛的引水口分别为人或动物的头部形象，其中东侧是男性张嘴的形像，西侧是马首的造型，南侧为狮首的造型，北侧为象首的造型。中央水池的水就是通过这些生灵的口、鼻流向四座小水池（图 26）。

a　　b　　c　　d

图26　引水塔龛的造像

a. 人首，编号 CAM13405；b. 马首，编号 CAM13409；c. 狮首，编号 CAM13408-A；d. 象首，编号 CAM13410（图片来源 EFEO，1921）

在《大唐西域记》卷第一《序论》中载："则赡部洲之中地者，阿那婆答多池（阿耨达池 Anavatapta）也。在香山之南，大雪山之北，周八百里矣。金、银、琉璃、颇胝饰其岸焉。金沙弥漫，清波皎镜。八地菩萨以愿力故，化为龙王，于中潜宅。出清泠水，给赡部洲。是以池东面银牛口，流出殑伽河（恒河），绕池一匝，入东南海；池南面金象口，流出信度河（印度河），绕池一匝，入西南海；池西面琉璃马口，流出缚刍河（阿姆河），绕池一匝，入西北海；池北面颇胝师子口，流出徙多河（塔里木河），绕池一匝，入东北海"[1]。在遗址引水塔龛出土的动物造像上与《大唐西域记》中阿那婆答多池记载得很吻合，只是遗物出土的方位与史料记载不一致，说明该遗址的建造受到了佛教思想的影响。

中央水池是核心建筑，由一座很小的砂岩寺庙组成，每边长近 70 米，由圆形平台环绕，直径 14 米，其基础部分由台阶组成。在底部可以看到两条那伽盘绕，头朝上站在正门的一侧，而尾巴则垂直向后盘绕（图 27）。在南、西、北立面的假门上几乎看不清四臂观自在菩萨浅浮雕，而在上层则是一些佛像生活场景。

图 27　中央圣殿
（自东向西拍摄　图片来源 EFEO，1938，编号 CAM13449）

建筑拱顶支撑装饰性的正面，几乎是在展示着四臂观自在菩萨。她是作为一个治疗者和创造奇迹的神而存在的，在附近发现了一块刻有双脚的圆形莲花砂岩。这样就很容易重建当时的生活场景：一位圣人，四臂观自在菩萨的门徒，从池子中取出圣水，倒入仙女所携带的莲花中，病人蹲在标记双脚

〔1〕（唐）玄奘 辩机著，季羡林等校：《大唐西域记校注》，北京：中华书局：1985 年，第 39 页。

所在的圆形莲花岩石上，仙女把圣水倒入莲花石内，病人就可以站起来了。

在中央建筑东面，发现了一匹站立的马又名“巴拉哈”（Balaha），虽然呈破碎状态，但通过搜集砂岩已重新归安。芬诺和戈鹭波认为，这匹马是四臂观自在菩萨的化身，她把居住在恶魔岛上不幸的人拯救走。但是这座造像是不完整的，在已经重新归安的部分里，只有一小部分人紧紧抓住马的尾巴，其余部分则有缺失。至今为止，这是高棉艺术中比较特殊的一例造像（图 28）。

图 28　重新归安后的巴拉哈
（自北向南拍摄　图片来源 EFEO，1939，编号 CAM13481-a）

对于寺庙遗址的功能主要有两方面：第一，类似于位于西池或东池内的涠奔寺，用来监测水位。第二，从宗教方面来说，具有“医院”性质的功能。龙蟠水池象征着佛教神话中的阿耨达池（Anavatapta），池水可以治愈疾病。水池位于世界中心地，即喜马拉雅山脉的某个地方，为印度河、阿姆河、塔里木河和恒河这四条圣河提供水源。

此外，自从北池水满以来，这五座水池又充满了水（全年都是满的）。北池内的水渗入中央水池，当水到达中央水池和周围四座小水池之间的引水孔时，它开始溢出并流向小水池。遗址内水的流动是吴哥水利系统的一个最好例子，它表明高棉人能够利用渗漏（地下流动）技术来补充地下水。在这个过程中水变得清澈，因此它可以与药用植物一起用于治疗疾病。

（二）《宫室》条详细描述了王宫建筑的规模、形制及房屋等级差别。

1.“国宫在金塔、金桥之北，近北门，周围可五六里”，该条中的“金塔”指的是巴戎寺，“金桥”指的是巴戎寺东神道的石质人行石桥，今已荡然无存。准确的说，王宫遗址在今巴戎寺的西北方向。“近北门”指的是王宫遗址距离吴哥通王城的北塔门仅有大约 1 千米。（以巴戎寺为中心至通王城东、西、南、北塔门均为 1.5 千米）。

2.“其正室之瓦以铅为之，余皆土瓦，黄色。”在1996年6—9月，法国远东学院对斗象台遗址北侧进行工程修复，在建筑基础的西侧进行考古发掘时，发现了大量屋顶上的陶瓦遗物。共分两类：第一类是板瓦，平面呈梯形，长度从26. 7—31厘米不等，顶端的宽度在24—19厘米之间，底部的宽度在23.4—17.5厘米之间（图29左）。第二类亦是板瓦，其平面亦呈梯形，长度在25—34.2厘米之间，顶部的宽度在18.7—21.5厘米之间，底部的宽度在21—23.5厘米之间，腹部还有一个乳突（图29右）。

这些板瓦整体呈灰色，表面覆盖着一层厚度不均匀的白色氧化物，具有延展性和断裂性，但不松软。经过检测可知，板瓦上的元素密度在6到10之间，与铅的密度11.35不一致。相比之下，它更接近于锡元素（7.29）[1]。由此可知对于周达观描述的“铅瓦”实则是陶瓦涂抹了锡。

图29　斗象台遗址北侧发现的陶瓦
（图片来源BEFEO，1997，84）

3.“梁柱甚巨，皆雕画佛形。屋颇壮观，修廊复道，突兀参差，稍有规模。”指的是王宫内建筑或斗象台的建筑形制及规模。斗象台遗址只残留有建筑基础部分，基础之上已荡然无存。结合王宫遗址内院落分布及属性可知，周达观是无法进入二号院落之内（宗庙和国王宫殿所在地），最大的可能性是进入一号院落，更有甚者认为他只到过斗象台。但是这并不代表《真腊风土记》中对王宫内建筑的记载是失真的，因为通过对王宫遗址内的二、三号院落水池遗址周边进行调查时，发现了有砂岩或角砾岩铺砌的路面及柱洞遗迹（图30）。因此推测，水池的驳岸不仅有砂岩、角砾岩铺路，而且还有木质廊道，廊道顶部则以陶瓦、瓦当来覆盖。

4.“其莅事处有金窗，棂左右方柱，上有镜约四五十面，列放于窗之旁。其下为象形。”此条中所指的是都城内中心广场西侧的建筑斗象台遗址。

斗象台遗址长350米、宽14米，砂岩砌筑而成，南北两端似乎被改建过。主要由三个部分组成，在中部和南部较为突出。中部墙体装饰着达鲁迦（Garuda），南部墙体则装饰着大象图案（图31），在突出位置则雕刻着三首象用鼻子卷拉莲花的装饰。在台阶的两侧对称放置石狮子，说明平台上面搭建着轻质建筑。平台上没有残留下任何遗迹，现在平台上看到的角砾岩砌体是后期佛教建筑的痕迹。

5.其内中金塔，国主夜则卧其下，土人皆谓塔之中有九头蛇精，乃一国之土地主也。

在“城郭”条中，通衢大桥的两侧各有五十四神，桥之栏杆凿蛇为之，“蛇皆九头”。由于高棉文

〔1〕 Christophe Pottier，Nouvelles données sur les couvertures en plomb à Angkor，*BEFEO*，Année 1997，84，pp. 183-220.

图 30　王宫遗址内第三院落西北部水池驳岸发现的柱洞遗迹
（图片来源 EFEO，1925，CAM01237）

图 31　斗象台遗址南侧东立面浅浮雕
（图片来源 EFEO，编号 CAM10026）

化受印度文化的影响较深，印度梵文中称蛇为“那伽（Naga）”有神力能变化云雨。印度文化中的“那伽”实指动物之蛇，但是在神话后相当于中国的龙、象或龙象（汉译佛教中称佛教徒的修行勇猛精进，有最大能力的为龙象）。夏鼐先生在对“蛇皆九头”注释中指出，吴哥通王城、圣剑寺门外大道两侧栏杆的末端，蛇均为七首，不见九首[1]。经调查发现，目前在吴哥重要遗址（王宫遗址、吴哥寺、崩密列、柏威夏等重要古迹）中发现的石质那伽均以七头居多，九头蛇很少见（图32）。

台湾的金荣华先生在《真腊风土记校注》中则说：七头之蛇名为那伽，神话中之蛇王；印度教以其象征生命之源，佛教以其为佛之护卫；其头或五、或七、或九或十一，古代柬埔寨之宫殿寺庙多以其形为栏饰。吴哥所见之那伽乃七头，皆昂举；居中者高且巨，离地约四公尺，余者分位两旁，依次低下，相继成扇状。[2]

图32　七头那伽的浅浮雕石刻

（左：吴哥通王城胜利门右侧　图片来源EFEO，编号CAM08362；右：吴哥寺内　图片来源EFEO，编号CAM04576）

根据《大唐西域记》卷八载：“帝释化池东林中，有目支邻陀龙王池。其水清黑，其味甘美。西岸有小精舍，中作佛像。昔如来初成正觉，于此宴坐，七日入定。时此龙王警卫如来，即以其身绕佛七匝，化出多头，俯垂为盖，故池东岸有其室焉”[3]。从这段古籍中可以找到高棉艺术中七头蛇的来源，而对于九头蛇则无法在古籍中找到出处。但是在吴哥时期的遗存——桥梁建筑栏杆的末端，如在Spean Praptos、Spean Thma、Spean Ta Ong古迹中均发现九头蛇浅浮雕（图33）。这或许说明了在寺庙建筑作冥思状的佛陀中，那伽多为七头，而在用于非皇室交通的桥梁建筑中，那伽作为桥梁的守护神

〔1〕（元）周达观著，夏鼐校：《真腊风土记校注》，北京：中华书局，1981年，第49页。

〔2〕金荣华：《真腊风土记校注》，台北：正中书局，1976年，第19页。

〔3〕（唐）玄奘 辩机著，季羡林等校：《大唐西域记校注》，北京：中华书局：1985年，第685页。

图 33　九头那伽造像
（图片来源 EFEO，左：Spean Praptos，编号 CAM13311；中：Spean Thma，编号 CAM13258；
右：Spean Ta Ong，编号 CAM13283）

多为九头。至于为什么会有如此的安排和设计，需要进一步的探讨。

（三）《争讼》条载"国宫之对岸有小石塔十二座，令二人各坐一塔中。"

"小石塔十二"指的是现今的十二生肖塔（Prasat Suor Prat 舞者之塔），在斗象台遗址的对立面，吴哥通王城中央广场的东侧。这些建筑物对称地分布在通往胜利门的道路两侧，12 座角砾岩砌筑的塔楼，西向开门（为主要通道），建造于 12 世纪晚期至 13 世纪初。在道路南北两侧的塔楼东端各有一座东西向角砾岩砌成的水池（图 34）。

图 34　十二生肖塔中的四座塔楼
（从西南角拍摄　图片来源 EFEO，1963，编号 CAM14358-2）

十二生肖塔建筑的属性还不得而知，尽管在此发现了一些造像和基座遗物，但塔楼建筑不可能成为圣殿，因为建筑里没有窗户。当地人认为建筑来源于本地的疯狂传统：本地人用一根皮革绳从一塔延伸到另一塔，技艺精湛的杂技演员手持孔雀羽毛束在绳索上杂要，发音为 Souor Prat。

此外，有学者认为这些塔楼不是圣殿，而是接待大厅。他们注意到塔楼的布置，10 座塔楼排列在南北轴线上，面向西方，而另外两座则面向胜利大道——与宗教建筑群的布局不相符合。此外，每座塔楼的设计为——长方形的主室，四面有门，这一切都很不寻常。因为高棉建筑中的圣殿一般均为方形，且只有一面有门。根据他们的理论，建造这些塔楼是为了接待贵宾，甚至是外国贵宾。当在阅兵场上举行仪式时，他们的位置在一处稍微高一些的土墩之上，其上可以容纳单独的平台（在西向塔楼的前面）——这将是享受节日的理想位置。

如果这个理论是正确的，那么十二生肖塔和南北仓建筑将是吴哥通王城内唯一不是为了宗教目的而建造的石质建筑。这有点奇怪，毕竟就连国王也住在一座木质宫殿里。

（四）《病癞》条载："国人寻常有病，多是入水浸浴，及频频洗头，便自痊可。然多病癞者，比比道途间。土人虽与之同卧同食亦不校。或谓彼中风土有此疾，又云曾有国主患此疾，故人不之嫌。"

该条所记载的疾病是麻风病。从"谓彼中风土有此疾"、"有国主患此疾"这条史料可知，麻风病在高棉王国境内已存在很长时间了，人们已经对此疾病有了一定的了解，且这种疾病在该区域具有一定普遍性，上至王公贵族下至平民百姓都易患此疾病。1934 年，戈鹭波在对麻风病进行研究的过程中，在马德拉斯（今印度金奈）图书馆发现了一份泰米尔语手稿，里面记载一位柬埔寨国王来到印度的梅鲁山，奇迹般地治愈了麻风病[1]。而在吴哥中的巴戎寺第二（内）走廊浅浮雕群中，有描述国王治疗麻风病的场面（图 35 左）。

同时，在今吴哥通王城内斗象台遗址的北侧有一座癞王台建筑遗址，传说是为纪念患上此疾病的国王而建造的。艾莫涅尔、布里格斯等认为，这位国君可能是耶输跋摩一世（889—910 年），也可能是耶输跋摩二世（1150—1165 年），但都只是传说无法证实。癞王台的中央部分是由砖石砌成，每边 27 米，高 8 米。这座平台得名于一座很可能来自其他纪念碑建筑的造像，它既不代表国王本人也不代表麻风病患者，极有可能代表着湿婆形象（图 35 右）。

癞王台的墙体上面有 6 或 7 排浅浮雕，其中大多数浅浮雕内容表示国王手里拿着圣剑的礼仪，周围被宫廷大臣及妃子所环绕，底部装饰着那伽和鱼的浅浮雕似乎表明，这一巨大的墙体是与水池是相连的，但是当阇耶跋摩七世建造斗象台遗址时，癞王台与水池相连的部分可能已经被填满了。其实，癞王台的主要结构及浮雕表现，仍为印度教神话、国主与民间的民俗活动等主题，雕刻饱满精美，但却无法找到与癞王直接相关的地方，因此可以说，癞王台上的造像与癞王台无关。

此外，癞王台上"麻风病患者"的造像特点是，人物造型全裸且没有性别之分，这在高棉艺术中是罕见的。这座神秘造像的优点被夸大了，尽管它的头很漂亮，但当地人认为它是吴哥城（耶输陀罗补罗）的创始人耶输跋摩一世的造像，传说他死于麻风病。但是，正如柯梅尔指出的那样，这座造像没有显示出麻风病患者的任何典型特征，高棉人也不会不注意到这一点。一些人认为这是一个苦行的湿婆形象，但他的脸精致，没有任何瘦弱人物的特征，底座上的碑铭使问题更加复杂，因为碑铭说他

〔1〕 Louis Malleret，Le vingtième anniversaire de la mort de Victor Goloubew（1878–1945），*BEFEO*，Year 1967. 53–2. pp. 331–373.

图 35 左：巴戎寺浅浮雕描述的患有麻风病的国王正在接受治疗（图片来源 EFEO，编号 CAM05981）；
右：癞王台上的石刻造像（图片来源 EFEO，1921，编号 CAM10360）

是地狱的判官[1]。

（五）《死亡》条载："人死无棺，止贮以（箬？）席之类，盖之以布。……抬至城外僻远无人之地，弃掷而去。俟有鹰犬畜来食，顷刻而尽，……今亦渐有焚者，往往皆是唐人之遗种也。……国主亦有塔葬埋，但不知葬身与葬骨耳。"

该条记载的是吴哥时期的丧葬习俗，人死后主要以"天葬"和火葬为主，而国王则主要葬在塔楼中。在《隋书·真腊传》载："其丧葬，儿女皆七日不食，剃发而哭，僧尼道士亲故皆来聚会，音乐送之，以五香木烧尸，收灰以金银瓶盛，送于大水之内。贫者或用瓦，而以彩色画之。亦有不焚，送尸山中，任野兽食者。"[2]

关于天葬的习俗，亦有可能源于印度佛教观念。佛教的布施，其中之一便是将死后肉身置于林中，供鸟兽食用。从以上记载可知，真腊政权从中国隋朝（581—618 年）便可能开始发展天葬，到了元朝（1271–1368 年），天葬显然已经得到了较大的认同发展，成为一种根深蒂固的丧葬法。不过，《隋书·真腊传》中也提到了真腊"亦有不焚"，说明真腊时期天葬与火葬同时存在，最迟在 6 世纪末 7 世纪初，火葬的习俗比天葬的习俗更为普遍。其实，真腊时期本来就以火葬为主，而到了 14 世纪，更是地位较高者实行的丧葬法。在今日吴哥遗址的比粒寺（亦称变身寺），在庙山型建筑的东面有一个小石池。传说某王国入夜后摘取甜瓜时被看守的园丁误杀，后于变身塔举行火化仪式。尸体在火化后，于小石池内清洗骨头。

在 1963 年 3 月至 1964 年 3 月，法国远东学院在皇家浴池西岸的北侧发现了一处墓地。其中最古老的墓葬可以追溯到 11 世纪，最近的为 14—15 世纪。属于 11 世纪的墓葬大约有 50 座，出土了约

〔1〕 Henri Marchal, *Archeological Guide to Angkor*, Saigon, 1932, pp. 56.
〔2〕（唐）魏征等撰：《隋书》卷八十二《南蛮列传》四十七，北京：中华书局，1973 年，第 1837 页。

250 多件完整的陶罐且里面装有骨灰，还有青铜器、镜子、武器等遗物[1]（图 36 左）。

2010 年，日本奈良财文化研究所在磅清扬省洛韦古城（后吴哥时期的都城）西北约 15 公里的库兰考遗址（Krang Kor）内，在距地面约 0.7 米深处发现了一座墓葬，墓坑长为 2.66 米，宽为 1.20 米。墓坑内部发现了一件木制棺材的痕迹，长 1.64 米，宽 0.45 米。没有发现人骨，但考虑到墓坑内遗物的分布，头部位置很可能在东南方。墓葬中发现的遗物分布如下：头部左右发现了铜合金耳饰，并且在头部和颈部位置周围散布着总共 118 个蓝色和白色的玻璃珠；头顶部则发现圜底陶罐；在双臂位置发现 1 件铁剑；在西侧发现有大量的进口青瓷器（中国和泰国瓷器）及本地瓷器。墓葬的时代大约在 15 世纪中叶到 16 世纪初[2]。

关于国主葬在塔（楼）中，最著名的陵墓当属吴哥寺，寺庙内葬苏利耶跋摩二世。同时，在吴哥通王城东部的班迭色玛寺中央圣殿的东长厅内有一长方形石棺（图 36 右），砂岩质地，由石棺和棺盖两部分组成，棺盖呈盝顶，石棺呈长方形，中间细，顶端和下端有多处装饰，尺寸不详。由于班迭色玛是一座家族寺庙（吴哥时期的权臣或帝师家族寺庙），因此石棺内摆放的不是国王的骨骸，而是权臣贵族的骨骸。这也从侧面反映出国王葬于塔（楼）中，而权臣贵族则葬于石棺中。

图 36　左：皇家浴池西岸北侧发现的陶罐（图片来源 EFEO，1962，编号 CAM12525–4）；
右：班迭色玛东长厅内的石棺（图片来源 EFEO，1936，编号 CAM07642）

（六）《耕种》条载：“淡水洋中水痕高可七八丈，巨树尽没，仅留一梢耳。人家滨水而居者，皆移入山后。”

该条中的“山后”指的是位于洞里萨湖北岸 500 米处的格鲁姆山，是一座孤立在广阔的中央平原的一座小山，柬埔寨华侨称其为狮山或猪山。

---

〔1〕 Coedès, George, Exposé sur une découverte à Angkor, *Comptes rendus des séances de l'Académie des Inscriptions et Belles-Lettres*, 1964, 108-1, pp. 61.

〔2〕 佐藤由似、さとうゆに、Sato, Yuni :《クラン・コー遺跡調査—中世カンボジア墓葬遺跡の調查》，载《奈良文化財研究所紀要》，2012 年，第 10–11 页。

9 世纪末，耶输跋摩一世在山顶建造了一座寺庙——格鲁姆寺。寺庙由三座塔楼组成，东西向开门，中央的塔楼更为重要。三座塔楼坐落在高 1. 5 米的角砾岩平台上，建筑风格属因陀罗跋摩艺术，与巴肯寺一样，建筑主体是用砂岩砌成（图 37）。由于寺庙长时间暴露在风雨中，大部分装饰都消失了，类似于罗洛士建筑群中的（巴孔寺、圣牛寺、罗莱寺）装饰风格。格莱兹对其进行的清理活动中，将原本的石刻造像（位于中央的湿婆，北侧的毗湿奴和南侧的梵天）放回原处，虽然不是很美观，但是其基础部分非常精美，尤其是南侧，神圣的梵天骑在大鹅（Hamsa）之上。长方形房址和两边近 50 米的角砾岩围墙完成了对整座建筑的环绕。

图 37 格鲁姆寺东立面
（从东北角拍摄 图片来源 EFEO，1938，编号 CAM00913）

（七）《欲得唐货》条载："五色轻缣帛次之，其次如真州之锡腊，温州之漆盘，泉处之青瓷器，……"

该条中提到的"轻缣帛、锡腊、漆盘"由于年代久远而无法保存至今，而"泉处之青瓷器"中的"泉处"则应指代的是中国元朝时期的福建泉州和浙江处州（今浙江丽水市），此地有著名的龙泉窑，出产质地较好的青瓷。"龙泉窑自五代、北宋即生产丰富的瓷器，并曾依官样造瓷上贡。……所烧成的釉色以粉青、梅子青为尚，应为当时高官富商所喜爱。……一方面因市舶贸易大兴，产量激增，是东亚韩国、日本、琉球及东南亚各国最喜爱的窑类"[1]。

而在吴哥地区发现的来自中国瓷器产品大体可以分为两个时期，分别是 9—15 世纪和 16—19 世纪，这也体现了唐末五代、宋元至明清时期中国海上丝绸之路瓷器贸易群体、交易商品的历史变化面貌。

在罗洛士地区发现的瓷器主要以宋元瓷器为主，同时也包含数量可观的唐末五代时期的定窑、长沙窑、广东窑等窑系的青瓷、白瓷、三彩瓷。其他多处遗址出土的中国瓷器则来自江西、福建、广东等地的龙泉青瓷和青白瓷，年代在宋元至明早期阶段的瓷器包括浙江龙泉窑的青瓷、福建磁灶窑的黑釉瓷，而青白瓷则主要来自德化窑系或景德镇窑系（图 38）。

〔1〕 林柏亭 主编：《千禧年宋代文物大展》，台北：国立故宫博物院，2000 年，第 427 页。

通过对茶胶寺出土瓷器的成分检测，结果表明青花瓷可能皆为当地较晚的产品，大约在晚清至民国时期；白瓷既有来自中国北方的细白瓷产品，也有来自福建德化窑的产品，还有少量来自景德镇的产品；青瓷则既有本地产品也有来自浙江龙泉窑的产品〔1〕。

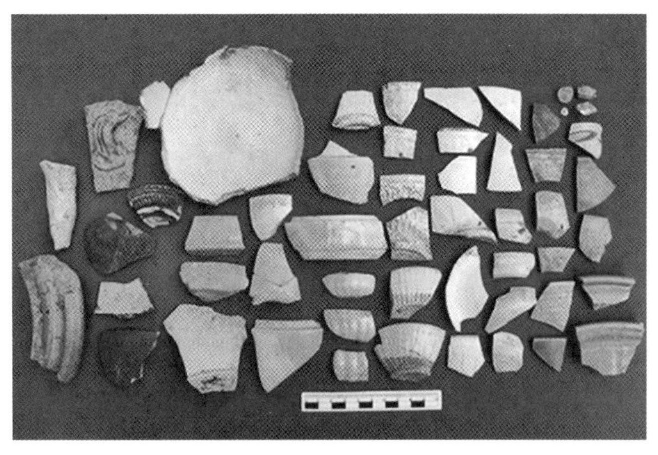

图 38　左：吴哥通王城内采集到的陶瓷器残片（图片来源王元林研究员拍摄）；
右：皇家浴池西侧北岸发现的白瓷盒（图片来源 EFEO，1962，编号 CAM17697）

（八）《鱼龙条》载："鱼鳖惟黑鲤鱼最多，其他如鲤、鲫、草鱼亦多。……鳄鱼大者如船，有四脚，绝类龙，特无角耳。"

该条中所记载的"鱼、鳖、鳄鱼"之属，在今巴戎寺最外层走廊底部、王宫遗址北侧水池驳岸的砂岩浅浮雕，内容多以鱼、鳖、鳄鱼、莲花等水生动植物为主（图 39）。在寺庙内或周边建造水池且雕石为岸，在早期印度佛教中也能找到相关的历史记载。如《大唐西域记》卷第三《僧诃补罗国》中记载："城东南四五十里至石窣堵波，无忧王建也，高二百余尺。池沼十数，映带左右，雕石为岸，殊形异类。激水清流，汩淴漂注，龙鱼水族，窟穴潜泳。四色莲花，弥漫清潭。百果具繁，同荣异色，林沼交映，诚可游玩。傍有伽蓝，久绝僧侣。"〔2〕

此外，《岛夷志略》真腊条载："外名百塔洲，作为金浮图百座。一座为狗所触，则塔顶不成。"

《岛夷志略校释》中认为"百塔洲"既今吴哥通王城，"百塔洲"殆为当时华侨名此都城，以宫殿有塔之多，故名〔3〕。而"一座为狗所触，则塔顶不成"则有可能指的是茶胶寺。根据碑铭可知，在苏利耶跋摩一世时期，茶胶寺未能完工很可能与寺庙在建造过程中遭遇的一次雷击有关。尽管皇室举行过一次赎罪仪式来去除不祥，但人们还是对被命运之神打下烙印的圣殿失去了兴趣，这也是为什么茶胶寺一直处于未完工状态的原因。

茶胶寺始建于阇耶跋摩五世，起初以空中宫殿作为皇家寺庙，后于 975 年开始营建自己的皇家寺庙——茶胶寺。后来，继任者优陀耶迭多跋摩一世和阇耶毗罗跋摩继续营建，但因政局不稳等原因一直未能完工，直到苏利耶跋摩一世即位。而碑铭提到，在 1107 年当时有两位国王——阇耶毗罗跋摩和苏利耶跋摩一世争夺权力，二者都对该寺庙进行了慷慨的捐赠（图 40）。

〔1〕 王元林：《吴哥古迹出土陶瓷与海上丝绸之路文化交往》，《南方文物》2017 年第 2 期。
〔2〕（唐）玄奘 辩机著，季羡林等校：《大唐西域记校注》，北京：中华书局：1985 年，第 315 页。
〔3〕（元）汪大渊著，苏继庼校释：《岛夷志略校释》，北京：中华书局，1981 年，第 75 页。

图 39 左：巴戎寺外层南走廊东侧捕鱼场景（图片来源 EFEO，编号 CAM05935）；
右：王宫遗址北侧水池驳岸浅浮雕内容（图片来源 EFEO，1940，编号 CAM01284）

茶胶寺平面呈矩形，是一座由砂岩和角砾岩砌筑而成的高棉寺庙。基础部分以巨大的石块砌成庙山型，在基础之上矗立着五座塔楼，呈梅花状分布，均为砂岩质地，每座塔楼各辟一门，塔楼上的装饰在阳光照耀下熠熠发光。而 Keo 起源于泰语，原意为玻璃、水晶、宝石，因此 Ta Keo（茶胶寺）很可能因此得名。

虽然茶胶寺的浅浮雕尚未完工，但是寺庙并未被放弃，通过寺庙内残留的石刻造像（陵伽、圣牛南丁）可知，寺庙被用作祭祀湿婆神祇。

图 40 茶胶寺东立面
（图片来源 EFEO，1952，编号 CAM01701）

# 参考文献

## 中文资料

### 古籍类

（明）费信著 冯承钧校注：《星槎胜览校注》，北京：中华书局，1954 年。

（明）马欢著 冯承钧校注：《瀛涯胜览校注》，北京：中华书局，1955 年。

（宋）赵汝适著 冯承钧校注：《诸蕃志校注》，北京：中华书局，1956 年。

（宋）范晔撰 李贤注：《后汉书・南蛮西南夷列传》，北京：中华书局，1965 年。

（唐）魏徵、令狐德棻：《隋书・南蛮传》，北京：中华书局，1973 年。

（元）汪大渊著 苏继庼校释：《岛夷志略校释》，北京：中华书局，1981 年。

（元）周达观著 夏鼐校：《真腊风土记校注》，北京：中华书局，1981 年。

（唐）玄奘 辩机著 季羡林等校：《大唐西域记校注》，北京：中华书局，1985 年。

### 书籍类

黄雄略编著：《柬埔寨志略》，台北：正中书局，1947 年。

（法）乔治・马伯乐著 冯承钧译：《占婆史》，北京：中华书局，1956 年。

（澳）威・贝却敌著 石英译：《沿湄公河而上——柬埔寨老挝纪行》，北京：世界知识出版社，1958 年。

金荣华：《真腊风土记校注》，台北：正中书局，1976 年。

杨保筠：《扶南史概述——柬埔寨最早国家的社会形态》，北京：北京大学硕士学位论文，1981 年。

D・G・E・霍尔：《东南亚史》，北京：商务印书馆，1982 年。

冯承钧：《中国南洋交通史》，上海：上海书店出版社，1984 年。

陆峻岭 周绍泉：《中国古籍中有关柬埔寨资料汇编》，北京：中华书局，1986 年。

陈显泗：《柬埔寨两千年史》，郑州：中州古籍出版社，1990 年。

（美）路易斯・R・宾福德著，何传坤译，宋新潮、陈星灿整理：《美国新考古学的发展》，见中国历史博物馆考古部编：《当代国外考古学理论与方法》，西安：三秦出版社，1991 年。

李学勤：《比较考古学随笔》，香港：中华书局（香港）有限公司，1991 年。

陈序经：《陈序经东南亚古史研究合集》，香港：商务印书馆，1992 年。

杨建华：《外国考古学史》，长春：吉林大学出版社，1995 年。

东南亚历史词典编委会：《东南亚历史词典》，上海：上海辞书出版社，1995 年。

陈星灿：《中国史前考古学史研究》，北京：生活·读书·新知三联书店，1997 年。

（葡）费尔南·门德斯·平托著；金国平译：《远游记》，澳门：葡萄牙航海大发现事业纪念澳门地区委员会等，1999 年。

陈显泗、杨海军：《神塔夕照——吴哥文明探秘》，昆明：云南人民出版社，2001 年。

拱玉书：《西亚考古史（1842–1939）》，北京：文物出版社，2002 年。

夏鼐、王仲殊：《中国大百科全书·考古学》，北京：中国大百科全书出版社，2002 年。

（美）戴尔·布朗 主编，王同宽 译：《东南亚：重新找回的历史》，北京：华夏出版社；南宁：广西人民出版社，2002 年。

晁华山编著：《世界遗产》，北京：北京大学出版社，2004 年。

中国文物研究所编著：《周萨神庙》，北京：文物出版社，2007 年。

蔡鸿生：《读史求识录》，广州：广东人民出版社，2010 年。

中国文物保护技术协会、新疆文物古迹保护中心编著：《中国文物保护技术协会第六次学术年会论文集》，北京：科学出版社，2010 年。

何修仁著：《周达观〈真腊风土记〉研究：十三世纪末中国华人的域外访察与文化交流》，台北：花木兰文化出版社，2010 年。

（英）柯林武德著、何兆武 张文杰译：《历史的观念》，北京：北京大学出版社，2010 年。

（美）大卫·钱德勒著、许亮译：《柬埔寨史》，北京：中国大百科全书出版社，2013 年。

温玉清：《茶胶寺庙山建筑研究》，北京：文物出版社，2013 年。

伍沙：《20 世纪以来柬埔寨吴哥建筑研究及保护》，天津：天津大学博士学位论文，2014 年。

（英）科林·伦福儒、保罗·巴恩著、陈淳译：《考古学理论、方法与实践》（第 6 版），上海：上海古籍出版社，2015 年。

广东省博物馆编：《高棉的微笑：柬埔寨古代文物与艺术》，广州：岭南美术出版社，2015 年。

中国文化遗产研究院编著：《柬埔寨吴哥茶胶寺考古报告》，北京：文物出版社，2015 年。

中国文化遗产研究院编著：《茶胶寺修复工程研究报告》，北京：文物出版社，2015 年。

中国社会科学院考古研究所、上海市文物局编著：《首届世界考古论坛会志》，北京：科学出版社，2015 年。

罗杨：《他邦的文明》，北京：北京联合出版公司，2016 年。

（新西兰）查尔斯·海厄姆著 云南省文物考古研究所译：《东南亚大陆早期文化：从最初的人类到吴哥王朝》，北京：文物出版社，2017 年。

（澳）安东尼·瑞德著、孙来臣 李塔娜 吴小安译：《东南亚的贸易时代 1450–1680（第二卷）》北京：商务印书馆，2017 年。

陈胜前：《思考考古》，北京：三联书店，2018 年。

（法）G. 赛代斯著、蔡华 杨保筠译：《东南亚的印度化国家》，北京：商务印书馆，2018 年。

中国文化遗产研究院主编：《联合国教科文组织吴哥国际保护行动研究》，杭州：浙江大学出版社，

2018年。

段立生：《柬埔寨通史》，上海：上海社会科学院出版社，2018年。

（美）罗伯特·L.凯利著、徐坚译：《第五次开始》，北京：中信出版社，2018年。

（日）石泽良昭著、瞿亮译：《东南亚：多文明世界的发现》，北京：北京日报出版社，2019年。

（日）羽田正著、毕世鸿 李秋燕译：《东印度公司与亚洲之海》，北京：北京日报出版社，2019年。

张国刚：《中西文化关系通史》，北京：北京大学出版社，2019年。

（美）Shane Strate 著、谭天译：《从暹罗到泰国：失落的土地与被操纵的历史》，新北：联经出版社，2019年。

陈鸿瑜：《柬埔寨史》（第二版），台北：独立作家，2019年。

（加）布鲁斯·特里格著、何传坤 陈淳译：《柴尔德考古学的革命》，北京：中国人民大学出版社，2020年。

中国文化遗产研究院编：《中国国际合作援外文物保护研究文集·考古卷》，北京：文物出版社 2021。

## 期刊杂志类

梁志明：《论法国在印度支那殖民统治体制的基本特征及影响》，《世界历史》1999年第6期。

段立生：《〈真腊风土记校注〉之补注》，《世界历史》2002年第2期。

中国文物研究所、中国社会科学院考古研究所：《吴哥遗迹周萨神庙考古报告》，《考古学报》，2003年第3期。

温玉清：《法国远东学院与柬埔寨吴哥保护修复概略》，《中国文物科学研究》2012年第2期。

李轩志：《论法国殖民统治对柬埔寨社会文化的影响》，《东方论坛》2013年第5期。

贺平：《区域功能性合作与日本的文化外交：以吴哥保护修复为中心》，《日本问题研究》2014年第4期。

陈胜前：《作为科学的考古学》，《东南文化》2015年第2期。

陈胜前、李彬森：《作为科学的考古学》，《东南文化》2015年第2期。

王昭国等：《世界遗产威胁因素分析》，《干旱区地理》2016年第1期。

王元林：《吴哥出土陶瓷与海上丝绸之路文化交往》，《南方文物》2017年第2期。

王巍：《中国考古学国际化的历程与展望》，《考古》2017年第9期。

中国文化遗产研究院：《柬埔寨吴哥茶胶寺周边遗址考古调查简报》，《考古》2017年第9期。

贺云翱：《“中国考古走出去”开启历史新篇章》，《大众考古》2018年第1期。

中国文化遗产研究院：《吴哥保护与考古研究的回顾和思考》，《中国文化遗产》2018年第2期。

伍沙：《一场二十多年的“实验”——世界文化遗产柬埔寨吴哥国际保护修复比较研究》，《建筑师》2018年第4期。

陈欣涛：《文献+实物：一个切入近代中国建筑史学与中国古代史研究方法比较的视角》，《建筑师》2019年第5期。

贺云翱：《我们为什么需要“考古文化比较”》，《大众考古》2019年第7期。

中国文化遗产研究：《中国援外文物保护国际合作纪实》，《中国文化遗产》2020年第5期。

黄雯兰、金昭宇:《柬埔寨吴哥古迹崩密列东神道建筑考古复原的初步构想——兼论崩密列遗址整体保护问题》,《中国文化遗产》2020 年 5 期。

辛智慧:《重返大航海时代》,《读书》2020 年第 8 期。

黄慧怡:《柬埔寨吴哥荔枝山窑青釉盒子装饰工艺与中国陶瓷的关系》,《故宫博物院院刊》2020 年第 9 期。

## 报纸类

乔梁:《吴哥考古纪行》(一),《中国文物报》2003 年 8 月 15 日,第 3 版。

乔梁:《吴哥考古纪行》(七),《中国文物报》2003 年 9 月 12 日,第 3 版。

乔梁:《吴哥考古纪行》(十一),《中国文物报》2003 年 9 月 26 日,第 3 版。

乔梁:《吴哥考古纪行》(十七),《中国文物报》2003 年 10 月 24 日,第 3 版。

乔梁:《吴哥考古纪行》(二十四),《中国文物报》2003 年 11 月 26 日,第 3 版。

侯卫东:《吴哥保护国际行动二十年和〈吴哥宪章〉》,《中国文物报》2013 年 2 月 23 日,第 5 版。

陈平:《联合国应强化文化遗产保护》,《中国社会科学报》2015 年 9 月 18 日,第 6 版。

王元林:《拯救吴哥:古迹保护与考古研究并重》,《中国社会科学报》2017 年 3 月 17 日,第 4 版。

陈胜前:《瘟疫的考古学思考》,《中国文物报》2020 年 2 月 21 日,第 5 版。

# 外文资料

## 书籍类

1. 法文

Doudart de Lagrée, Ernest. *Voyage d'exploration en Indo-Chine effectue pendant les annees 1866, 1867 et 1868*, Paris : Hachette, 1873.

Lunet de Lajonquière, *Inventaire descriptif des monuments du Cambodge* (*I–III*), Paris : E. Leroux, 1902, 1907, 1911.

George Coedes. *Inscriptions du Cambodge* (*I–VIII*), Hanoi, 1937, 1943, Paris, 1951–1954, 1964, 1966.

Henri Parmentier, *L'art khmer classique. Monuments du quadrant Nord-Est* (2 vol. ). Paris, Publ. de l'EFEO n. 29 et 29 bis. 1939.

V. Goloubew, *L'hydraulique urbaine et agricole à l'époque des Rois d'Angkor* Bulletin économique de l'Indochine, 1941.

M. Glaize, *Les monuments du groupe d'Angkor*. Paris, 1944.

Louis Malleret, *L'Archéologie du Delta du Mékong* (*I-IV*). Pair, 1960, 1962, 1963.

J. Dumarcay, *Les effets perspectifs de l'architecture de l'Asie Meridionale*. Paris, Mem. archeologiques de l'EFEO. 1983.

B. –P. Groslier，*L'Asie du Sud–Est. Le grand atlas de l'archeologie*. Paris，Encyclopaedia Universalis，1985.

André Mariaux，*La Voie royale*（*1930*），Librairie Générale Française，1992.

Maxime Prodromidès，*Angkor*，*chronique d'une renaissance*，Édition Kailash，1997.

Pierre Singaravélou，L'Ecole française d'Extrême–Orient ou l'institution des marges（1897–1956），*essai d'histoire sociale et politique de la science coloniale*，L'Harmattan，Paris，1999.

Éditions Findakly，*RCHÉOLOGUES À ANGKOR*，Paris，2010.

Pascal Royère，*Le Baphuon. De la restauration à l'histoire architecturale*，Paris：École Française d'Extrême–Orient，2016.

2. 日文

石泽良昭著:《古代カンボジア史研究》，東京：国書刊行会，1982年。

中川武監修，BAKU 斉藤 撮影:《Bayon：アンコールの神々》，東京：小学館，1997。

坂井隆，西村正雄，新田栄治著:《東南アジアの考古学》，東京：同成社，1998。

青柳洋治，佐々木達夫編:《タニ窯跡の研究：カンボジアにおける古窯の調査》，東京：連合出版，2007。

石泽良昭著:《東南アジア多文明世界の発見》，東京：講談社，2009。

佐藤由似、さとうゆに、Sato，Yuni：《クラン・コー遺跡調査 – 中世カンボジア墓葬遺跡の調査》，《奈良文化財研究所紀要》，独立行政法人国立文化財機構奈良文化財研究所，2012年。

石泽良昭著:《（新）古代カンボジア史研究》，東京：風響社，2013。

中川武，溝口明則監修:《コー・ケーとベン・メアレア：アンコール広域拠点遺跡群の建築学的研究》，東京：中央公論美術出版，2014。

佐藤由似:《クメール黒褐釉陶器の調査_ウイール・スウアイ窯跡の発掘一》，《奈良文化財研究所紀要》，独立行政法人国立文化財機構奈良文化財研究所，2014年。

中川武 溝口明則 監修:《コー・ケーとベン・メアレア：アンコール広域拠点遺跡群の建築学的研究》，東京：中央公論美術出版，2014。

佐藤由似、さとうゆに、Sato，Yuni：《ポスト・アンコール期遺跡に関する研究報告書》，《奈良文化財研究所紀要》，独立行政法人国立文化財機構奈良文化財研究所，2015年。

鈴木峻著:《扶南・真臘・チャンパの歴史》，東京：めこん，2016。

3. 英文

Henri Mouhot，*Travels in the central parts of Indo–China*（*Siam*），*Cambodia*，*and Laos during the years 1858*，*1859*，*and 1860*. London：John. Murray，1864.

JohnT homson，*The Straits of Malacca*，*Indo–China*，*and China*. New York：Harper & Brothers Pub，1875.

Henri Marchal，*Archeological Guide to Angkor*，A. MESSNER，Saigon，1932.

Henri Parmentier，*Angkor*，*Albert Portail*，Saigon，1950.

Lawrence Palmer Briggs. *The Ancient Khmer Empire*. The American Philosophical Society，Philadelphia，1951.

Tilly, C. Y. A, *Phenomenology of Landscape: Places, Paths and Monuments*. Berg, Oxford, 1994.

Bruno Dagens, *Angkor Heart of An Asian Empier*, Thames &Hudson, 1995.

Charles Higham, *The Civilization of Angkor*, Phoenix UK, 2001.

JSA. *The Master Plan for the Conservation and Restoration of the Bayon Complex*, Tokyo, JAPAN. 2005.

R. Acker, *Hydrology and the Siting of Yasodharapura*, *Phnom Bakheng Workshop on public interpretation*, *Center for Khmer Studies*, Cambodge, 2005.

B. P. Groslier, translated by Michael Smithies. *Angkor and Cambodia in the sixteenth century : according to Portuguese and Spanish sources*, Bangkok, : Orchid Press, 2006.

P. Hang, *Water Resource Management for Angkor Park and Siem Reap Region. Angkor: Living with Heritage – Heritage Values and Issues Report*, Godden Mackay Logan Pty Ltd., Australie, 2008.

P. Hang, Project Rehabilitation of Jayatataka (North Baray), *Department of Water Management*, *APSARA* (*Authority for the Protection and Management of Angkor and the region of Siem Reap*), Cambodge, juillet 2009.

APSARA, Center for Khmer Studies, *Inscription of Angkor Wat*, Phnom Pen, 2013.

Michel Petrotchenko, *Focusing on The Angkor Temples*, Amarin Printing PublishingPCL. 2017.

Claire Smith, *Encyclopedia of global archaeology*, New York, NY : Springer, 2014.

Michael D. Coe&Damian Evans, *Angkor and The Khmer Civilization* (Second edition) London : Thames &Hudson, 2018.

## 期刊杂志类

### 1. 法文

Académie des Inscriptions et Belles-lettres, *BEFEO*, 1901, 1.

Commaille, Les ruines de Bassac (Cambodge), *BEFEO*, 1902, 2.

L. Finot, Vat Phou, *BEFEO*, 1902, 2.

Lajonquiere, Une "Tour du silence" au Cambodge ?, *BEFEO*, 1902, 2.

Henri Parmentier, Relevé archéologique de la province de Tây-Ninh (Cochinchine), *BEFEO*, 1909, 9.

Indochine française : Ecole française d'Extrême-Orient, *BEFEO*, 1920, 20.

L'Ecole française d'Extrême-Orient depuis son origine jusqu'en 1920 : historique general, *BEFEO*, 1921, 21.

EFEO, Archéologie indochinoise, *BEFEO*, 1921, 21.

Erik Seidenfaden, Complément à l'Inventaire descriptif des monuments du Cambodge pour les quatre provinces du Siam Oriental, *BEFEO*, 1922, 22.

EFEO, Arrêté autorisant la vante au Cambodge d'objets anciens provenant de monuments historiques, le 14 février 1923, *Journal Officiel*, 17 février 1923.

EFEO, Ordonnance royale relative au classement des monuments historiques du Cambodge, Bulletin administratif au Cambodge, 1923. *Repris dans le BEFEO*, 1924, 24.

EFEO, Règlement du Musée Albert Sarraut, le 26 mars 1924, *BEFEO*, 1924, 24.

Henri Marchal, Notes sur le monument 486 d'Ankor Thom, *BEFEO*, 1925, 25.

Goloubew, Nouvelles recherches autour du Phnom Bakhèn. Rapport sur une mission archéologique dans la région d'Ankor (décembre 1933–mars 1934), *BEFEO*, 1934, 34.

Robert Dalet, Recherches archéologiques au Cambodge, *BEFEO*, 1936, 36.

EFEO, Reconnaissances aériennes au Cambodge, *BEFEO*, 1936, 36.

Henri Mauger, Le Phnom Bàyàn, *BEFEO*, 1937, 37.

Henri Mauger, Práh Khẵn de Kồmpon Svày, *BEFEO*, 1939, 39.

Renou Louis, Rapport sur l'activité de l'École française d'Extrême–Orient ; lu dans la séance du 4 octobre 1946, *Comptes rendus des séances de l'Académie des Inscriptions et Belles–Lettres*, 1946, 90–4.

Jean–Yves Claeys, Considérations sur la recherche archéologique au Champa et en Indochine depuis 1925, *BEFEO*, 1951, 44–1.

Louis Malleret, Les fouilles d'Oc–èo (1944). Rapport préliminaire, *BEFEO*, 1951, 45–1.

Renou. Louis, Rapport sur l'activité de l'École française d'Extrême–Orient ; lu dans la séance du 2 octobre 1953, *Comptes rendus des séances de l'Académie des Inscriptions et Belles–Lettres*. 1953, 97–3.

Henri Marchal, Modifications successives de la partie nord de la Terrasse des Eléphants d'Angkor Thom, *BEFEO*, 1955, 47–2.

Bacot Jacques, Rapport sur les travaux de l'École française d'Extrême–Orient ; lu dans la séance du 21 octobre 1954, *Comptes rendus des séances de l'Académie des Inscriptions et Belles–Lettres*, 1955, 99–3.

Bernard–Philippe Groslier, Nouvelles recherches archéologiques à Angkor, *Comptes rendus des séances de l'Académie des Inscriptions et Belles–Lettres*, 1959, 103–2.

Renou Louis, Rapport sur les travaux de l'École française d'Extrême–Orient, en 1957–5959 ; lu dans la séance du 6 novembre 1959, *Comptes rendus des séances de l'Académie des Inscriptions et Belles–Lettres*, 1959, 103–2.

Louis Malleret. La Restauration des Monuments d'Angkor et ses Problèmes. *Studies in Conservation*, Vol. 4, No. 2 (May, 1959).

M. Déricourt, Observations archéologiques aériennes, *BEFEO*, 1962, 50–2.

Coedès George, Rapport sur les travaux de l'École française d'Extrême–Orient en 1959–1962 ; lu dans la séance du 20 juillet 1962, *Comptes rendus des séances de l'Académie des Inscriptions et Belles–Lettres*, 1962, 106–2.

J. Filliozat Michel Soymié L. Vandermeersch Roger Billard, Rapports sur l'activité de l'Ecole française d'Extrême–Orient en 1961, *BEFEO*, 1963, 51–2.

Coedès George, Exposé sur une découverte à Angkor, *Comptes rendus des séances de l'Académie des Inscriptions et Belles–Lettres*, 1964, 107–5.

Jean Boisselier, Récentes recherches archéologiques en Thailande. Rapport préliminaire de mission (25 juillet–28 novembre 1964), *Arts Asiatiques*, 1965, 12.

Claude Jacques，Études d'épigraphie cambodgienne，*BEFEO*，1968，54.

Madeleine Giteau，Note sur quelques pièces en bronze récemment découvertes à Vatt Deb Pranamy d'Oudong（Utun），*Arts Asiatiques*，1971，24.

Filliozat Jean，Rapport sur l'activité de l'École française d'Extrême-Orient en 1970-1971；lu dans la séance du 2 juillet 1971，*Comptes rendus des séances de l'Académie des Inscriptions et Belles-Lettres*，1971，115-3.

Filliozat Jean，Rapport général sur l'activité de l'École française d'Extrême-Orient en 1971-1972；lu dans la séance du 21 juillet 1972，*Comptes rendus des séances de l'Académie des Inscriptions et Belles-Lettres*，1972，17-2.

J. Dumarçay，Le Prasat Prei près d'Angkor Vat，*BEFEO*，1972，59.

Jean Boulbet Bruno Dagens，Les sites archéologiques de la région du Bhnaṃ Gūlen（Phnom Kulen），*Arts Asiatiques*，1973，27.

Filliozat Jean，Rapport général sur l'activité de l'École française d'Extrême-Orient en 1972-1973；lu dans la séance du 6 juillet 1973，*Comptes rendus des séances de l'Académie des Inscriptions et Belles-Lettres*，1973，117-3.

Filliozat Jean，Rapport général sur l'activité de l'École française d'Extrême-Orient en 1973-1974；lu dans la séance du 12 juillet 1974，*Comptes rendus des séances de l'Académie des Inscriptions et Belles-Lettres*，1974，117-7.

Filliozat Jean，Rapport sur la situation de l'Ecole d'Extrême-Orient；lu dans la séance du 4 juillet 1975，*Comptes rendus des séances de l'Académie des Inscriptions et Belles-Lettres*，1975，119-3.

Jacques，Claude，Angkor état actuel et perspectives，*Comptes rendus des séances de l'Académie des Inscriptions et Belles-Lettres*，1989，133-2.

L. Vandermeersch，Rapport d'activité de l'EFEO，1990-1991，*BEFEO*，1992，79-1.

BrunoBruguier，AngkorConservation et diffusion du fonds documentaire de l'EFEO，*BEFEO*，1992，79-1.

Jacques Gaucher，A propos d'une visite des sites khmers de Thaïlande，*BEFEO*，1992，79-1.

Jacques Dumarçay，Christophe Pottier，La reprise des travaux de la Terrasse du Roi lépreux，*Arts Asiatiques*，1993，48.

Dagens. Bruno，Recherches archéologiques franco-thaï dans la Thaïlande du Nord-Est. Les fouilles de Muang-Champasi，*Comptes rendus des séances de l'Académie des Inscriptions et Belles-Lettres*，1994，137-5.

Chistophe Pottier，La restauration du perron nord de la terrasse des Éléphants à Angkor Thom. Rapport sur la première année de travaux（avril 1996-avril 1997），*BEFEO*，1997，84.

Michèle Vallerin et Pierre-Yves Manguin，Viêt Nam. La mission « Archéologie du delta du Mékong »，*BEFEO*，1997，84.

Marielle Santoni et Christine Hawixbrock，Laos. Fouilles et prospections dans la région de Vat Phu（province de Champassak，sud du Laos），*BEFEO*，1998，85.

Pascal Royère, Programme de restauration du Bapùon. A propos d'une occupation tardive du monument, *Arts Asiatiques*, 1999, 54.

Marielle Santoni et Christine Hawixbrock, Laos. Prospections 1999 au sud de Vat Phou ( province de Champassak ) : du Houay Khamouane à la frontière cambodgienne, *BEFEO*, 1999, 86.

Bion Griffin, Judy Ledgerwood and Chuch Phoeurn. *Asian Perspectives*, Vol. 38, No. 1 ( Spring 1999 ) .

Christophe Pottier, A propos de la statue portrait du roi Jayavarman VII au temple de Préah Khan de Kompong Svay, *Arts Asiatiques*, 2000, 55.

EFEO, Des archives archéologiques à la protection du patrimoine : le cas du Cambodge ancient, *BEFEO*, 2001, 88.

Masako Marui, La découverte de statues bouddhiques dans le temple de Banteay Kdei *Aséanie*, *Sciences humaines en Asie du Sud-Est*, 2002, 10.

George Groslier, Une merveilleuse cité khmère : «Bantéai Chhmar» ville ancienne du Cambodge, *Aséanie*, *Sciences humaines en Asie du Sud-Est Année.* 2004, 13.

Yves Goudineau, Rapport scientifique 2005 de I'EFEO, *BEFEO*, 2005, 92.

Éric Bourdonneau, Réhabiliter le Funan. Óc Eo ou la première Angkor, *BEFEO*, 2007, 94.

Pierre Bâty, Les couteaux angkoriens de Trapeang Thlok et de Prasat Trapeang Ropou, *BEFEO*, 2007, 94.

M. Franciscus Verellen, La conservation du patrimoine khmer aujourd'hui, *Comptes rendus des séances de l'Académie des Inscriptions et Belles-Lettres*, 2010, 154-1.

Franciscus Verellen, Rapport sur l'activité de l'École française d'Extrême-Orient en 2009-2010, *Comptes rendus des séances de l'Académie des Inscriptions et Belles-Lettres*, 2010, 154-3.

Damian Evans, the Archaeological Landscape of Koh Ker, Northwest Cambodia, *BEFEO*, 2010, 97-98.

Pierre Pichard, La conservation des monuments de Vat Phu : bilan et perspectives, *BEFEO*, 2010, 97-98.

Pascal Royère, Les travaux de l'École Française d'Extrême-Orient sur le site d'Angkor au Cambodge, *Comptes rendus des séances de l'Académie des Inscriptions et Belles-Lettres*, 2011, 155-3.

Michael Falser, The first plaster casts of Angkor for the French métropole : From the Mekong Mission 1866-1868, and the Universal Exhibition of 1867, to the Musée khmer of 1874, *BEFEO*, 2012, 99.

Christophe Pottier, présentation, *Aséanie*, *Sciences humaines en Asie du Sud-Est*, 2014, 33.

Jean-Baptiste Chevance, Banteay, palais royal de Mahendraparvata, *Aséanie*, *Sciences humaines en Asie du Sud-Est*, 2014, 33.

Hang Peou, La gestion de l'eau dans Angkor, capitale de l'empire khmer, *Comptes rendus des séances de l'Académie des Inscriptions et Belles-Lettres*, 2014 158-2.

Martin Polkinghorne Brice Vincent Nicolas Thomas David Bourgarit, Casting for the King : The Royal Palace bronze workshop of Angkor Thom, *BEFEO*, 2014, 100.

Martin Polkinghorne，Janet G. Douglas，Federico Carò，Carving at the Capital：A stone workshop at Harihar ā laya，Angkor，*BEFEO*，2015，101.

Armand Desbat，Les jarres de stockage khmères（IXe–XIVe siècle），*BEFEO*，2017，103.

Aurélia Azéma、Pierre Baptiste et，Angkorian Founders and Bronze Casting Skills：First Technical Investigation of the West Mebon Visnu，*BEFEO*，2018，104.

2. 日文

青柳洋治、佐々木達夫、野上建紀、田中和彦、丸井雅子、隅田登紀子:《アンコール遺跡タニ窯跡群発掘調査の成果と環境整備方針》,《カンボジアの文化復興》2000年17期。

藤原貞朗:《芸術破壊とフランスの美術史家、ルイ.レオ著『ヴァンダリスムの歴史』の余白に」》,《西洋美術研究》2001年6卷。

藤原貞朗:《二〇世紀前半期におけるアンコール遺跡の考古学と 仏領インドシナの植民地政策》,《日本研究：国際日本文化研究センター紀要》2002年26卷。

下田一太:《りアンコール遺跡群における標準的な修復仕様の模索》,《世界遺産学研究》2016年2辑。

3. 英文

Hunt，Major P. D. R. Williams，F. S. A，F. R. A. I，F. G. S，The Study of Archaeology from the Air，*Journal of the Siam Society*，1949，37.

John N. Miksic. Evolving Archaeological Perspectives on Southeast Asia，1970–95. *Journal of Southeast Asian Studies*，1995，26.

John Miksic，Chhay Rachna，Heng Piphal，Chhay Visoth，Archaeological Report on the Thnal Mrech Kiln Site（TMK02），Anlong Thom，Phnom Kulen，Cambodia，*Asia Research Institute Working Paper*，No. 126，2009.

Brendan Borrell，The Battle Over Preah Vihear，*Archaeology*，2013. 2.

JeanBaptisteChevance，DamianEvans，NinaHofer，SakadaSakhoeun&RathaChhean，Mahendraparvata：an early Angkor–period capital defined through airborne laser scanning at Phnom Kulen，*Antiquity*，2019，371–93.

# Abstract

The name Angkor is derived from the Sanskrit word Nagara meaning sacred city. It is the representative of Mount Meru on the earth and the seat of God. Angkor is written as *Nakhon* in Thai and as *Nokor* or *Ongkor* in Cambodian. Angkor is a modern concept that has become a symbol of Cambodia's lost glory and unique civilization, as well as a symbol of power and national identity, with the rise of modern nationalism.

The ruins of Angkor mainly include a large number of monuments, capital ruins, water conservancy facilities and other remains left by the ancient Khmer Empire during the Pre-Angkor period (the Funan regime and the Chenla regime from the 1st to the 8th century), the Angkorian period (the Angkorian regime from 802 to 1431) and the Post-Angkor period (1432–1595). They are mainly located on the plateau south of Phonm Kulen and north of Tonle Sap in Cambodia, which was the capital of the ancient Khmer Empire. Since the ancient Khmer Empire plays an important role in the history of Southeast Asian civilization, the ruins of Angkor have become one of the most famous ancient historical sites in Southeast Asia and even the world. The stone temple building group represented by Angkor Vat is unique and large in scale. Many temples, pools and other remains are densely scattered in the Angkor area of Siem Reap today. With their magnificent scale and exquisite stone reliefs, these building groups, mainly made of stone, are the wisdom and creation of the Angkor civilization and of great historical, artistic and social value.

Up to now, the archaeological and conservation history of Angkor is about 160 years, if it's started with the discovery of Angkor by the Frenchman Henri Mouhot in 1860. The origin and development, success and failure, experiences and lessons of Angkor conservation, and the architectural archeology and architectural conservation of Angkor interact with each other. Its position in the world's archaeological history and the history of architectural conservation has an intricate relationship with

At the same time, the development of Angkor archaeology and conservation history itself has its inherent regularity and particularity. Combining the exploration of this regularity and particularity with the overall modern archaeology and the modern social background of Vietnam, Cambodia, and Laos is the guideline for studying the archaeological and conservation history of Angkor, and the same is true in terms of phasing.

Specifically, the archaeological and conservation history of Angkor is mainly divided into the following stages of development.

## I. The Initial Period (16th century-1899)

The 16th century was a period of great navigation and a period of rapid development of colonialism, as well as a period of initial development of science and technology. During the middle of the 16th century to the entire 19th century, the Netherlands, Britain, France, Russia and other countries gradually rose to prominence. Stimulated by the Industrial Revolution and the Enlightenment, imperialist activities including scientific investigations were pushed throughout the globe. Again such a background, colonists from Portugal, Spain, Britain, the Netherlands, and France traveled far and wide to colonize Asia. This kind of colonial activity included not only economic colonization, but also certain cultural colonization. Their foothold in the Indochina Peninsula was the former overlord Chenla, now Cambodia, where the colonists discovered the *The Customs of Chenla*, which triggered a key report rewriting the history of modern Eastern archaeology. Except for Paul Pelliot, the one related to *The Customs of Chenla* was undoubtedly Henri Mouhot. He arrived in Cambodia in 1860 and discovered the ruins of Angkor as described in the book. In the ensuing years, European colonists gradually penetrated all aspects of Cambodia, and in the meantime, they began to pay attention to Angkor, from the ruthless plunder at the beginning to the awakening of protection consciousness.

In a manner of speaking, the conservation activities basically can't be seen in the archaeological and conservation activities of Angkor during this period, and the so-called archaeological activities were mainly exploratory and expeditionary activities by explorers, merchants, missionaries, colonial officers, adventurers, etc. Their main purpose was not archaeological investigation activities in the modern sense, but out of certain political and commercial interests, with strong colonial overtones.

On the contrary, missionaries, explorers, and colonial officers were given important tasks throughout the process of French colonial intentions in French Indochina. Their activities went far beyond the scope of religion and exploration, not only engaging in religious affairs, exploration related matters, but also actively participating in the political intentions of French territorial expansion. The French colonists opened the window to colonize Vietnam, Cambodia, and Laos by the spread of religion and culture, as well as realized economic and cultural colonization and full control of them through missionaries, explorers, and colonial officers. In a sense, the early research was only a tentative activity. Their main task was to organize activities, first of all, establishing libraries, museums and the preservation of historical monuments to facilitate the next step of activities.

The archaeological and conservation activities of Angkor in French Indochina during this period were mainly treasure hunting, with many expeditions, colonial officers, and adventurers aiming to find as many and as good antiquities as possible for museum collections in the shortest time and with the least funds. Therefore, when stone statues were found, they were often possessed by barbaric means. As early as 1891, King Norodom wrote to the resident governor of Phnom Penh to oppose the theft of artworks in the temple ruins of Angkor by the colonists, which was an act of destruction of the Khmer religion and a direct insult to Cambodian customs since ancient times and during the reign of all kings. However, the resident governor wrote to the Saigon authorities that the king would turn a blind eye to the removal of artworks on the condition that he would not oppose the Cambodian reclamation activities.

This archaeological excavation for the purpose of treasure hunting destroyed many precious cultural relics on the one hand, and at the same time provided the scientific community with data on which archacological research at that time was based. It can be said that during this period the French colonists were so attracted by the history of Angkor that they seldom spent time explaining the secrets of its depths. At this time, the stratigraphy and typology of European archaeology had been established, which allowed the collection and organization of archaeological data to be based on scientific methods and increased the historical value of archaeological data. At the same time, colonial scholars also absorbed the results of linguistics, and began to find answers in the study of existing primitive peoples. In addition, from the perspective of the entire development of archaeology, as the archaeology of the 19th century was still relatively young, especially Angkor archaeology was in its infancy and unable to reveal the history of all aspects of the ancient Khmer Empire society. Archaeological research in Angkor needs to learn from epigraphy, ethnography, and history. This is a manifestation of the limitations of historical research on archaeological remains and an important opportunity for archaeology to mature, from the stage of freedom to the stage of self-consciousness.

## II. Development Period (1900-1952)

This period began with the establishment of the *Ecole francaise d'Extreme-Orient* (EFEO) and ended with the independence of the Kingdom of Cambodia. Since France was the only colonial power in the Indochina Peninsula, the archaeological and conservation activities of Angkor during this period were mainly carried out by EFEO, which was the main body of activities. EFEO was established to serve the colonial rule of the French Indochina colonial government. The most distinctive feature was its political nature. Almost all academic research activities aimed at enabling France to better rule the French Indochina colony. To this end, EFEO actively strengthened its own organization and management to better carry out academic research activities and serve the colonial government.

At the beginning of the establishment of EFEO, it was active in the archaeological and conservation activities in Angkor. This colonial activity continued until the independence of the Kingdom of Cambodia. EFEO has played an important role in the archaeological and conservation activities of Angkor for nearly half a century. During the 20 years of activities from 1900 to 1919, EFEO efforts to conduct archaeological surveys and small-scale excavations on the Angkor sites in Vietnam, Cambodia, and Laos. The most important thing during this period was the return of the Angkor region to Cambodia in 1907, which greatly increased the scale and number of Angkor sites. At the same time, EFEO established *Parc Archeologique d'Angkor* in view of the rich tourism resources in the Angkor region. During the 20 years of activities from 1920 to 1939, Angkor archaeological and conservation activities reached a small climax. The activities during this period were mainly concentrated near the core area of Angkor, which led to academic research viewpoints and historical sites protection concepts that would have a profound impact on future generations. During the 13 years of activities from 1940 to 1952, Angkor archaeological and conservation activities were mainly concentrated in the core area of Angkor (Angkor Thom and surrounding complexes, the Rolos complex) and in southeastern Cambodia (now the Mekong Delta in Vietnam), where archaeological investigations and excavation activities were carried out. Although the scale of archaeological and conservation activities in Angkor during this period was somewhat reduced compared to the previous period (1920-1939) due to the impact of the World War II and the post-war world situation, the achievements were no less than those of the previous period.

At the same time, EFEO has laid a foundation for Angkor archaeological and conservation activities in the nearly half century of Angkor archeological and conservation activities, and has made high achievements especially in epigraphy, history, iconology, ethnography and linguistics on the one hand. On the other hand, it has been frantically selling Angkor cultural relics to major museums and tourists in European and the United States. During World War II, it carried out the so-called Angkor cultural relics exchange activity with the Japanese government. It can be said that the Angkor cultural relics were a postcard of EFEO to the academic circles in European and the United States. Through constant delivery of Angkor cultural relics to Europe and the United States, the popularity and the recognition in the academic circle of EFEO were improved.

These two activities resulted in the exodus of a large number of Angkor cultural relics, which was the irreparable trauma caused by EFEO to Angkor under the colonial system. Meanwhile, it was also the essence of the colonial country at that time.

In comparison with archaeological sites in other parts of Asia during the same period, the most important feature of Angkor Archaeology was its focus on archaeological excavations and preservation of architectural sites. The feature has been maintained until now, and of course it is also determined by the attributes of the site. At the same time, most of people in charge of the Angkor Conservation Area had a background in architecture and they were also very good at discovering architectural ruins and identifying the functions of the various parts of the buildings. Moreover, they were able to draw accurate maps of architectural sites, greatly improving the accuracy of records.

During this period, people involved in archaeological excavations and conservation of historical sites became an important force in archaeology and conservation of Angkor in the following decades, such as Louis Finot, Lunet de Lajonquiere, Henri Parmentier, Jean Commaille, George Cœdès, Henri Marchal, Maurice Glaize, George Trouve, Victor Goloubew, Philippe Stern, Louis Malleret, George Groslier etc. These scholars can achieve such a high academic status in the archaeological and conservation activities of Angkor, which is also inseparable from their own excellent qualities. For example, Goloubew accepted a winter course at Harvard University at a price of $100 per hour. "My friends there (in the United States) wants me to stay there forever. I certainly disagree because I will be loyal to my work organization (EFEO), as Finot and Cœdès are to the meager salary." It was because of the establishment of EFEO that its archaeological and conservation activities had a certain academic nature and cannot be all utilitarian. At the same time, the fact that funding for archaeological and conservation activities was guaranteed allowed EFEO to carry out archaeological and conservation activities without any worries. Therefore, researchers could concentrate on their research work. During the colonial period, EFEO was full of talents and masters. Among the colonial governments of Southeast Asian countries at that time, it was rare to find such a large research institution and such a powerful research force as France, which spared no investment to study its colonies in depth and extensively.

In addition, the establishment of corresponding conservation areas and Angkor Archaeological Park has ensured the continuation of archaeological excavations and conservation activities. In particular, the establishment of the Angkor Archaeological Park has played an important role in the conservation and restoration of Angkor. Under the social environment at that time, the establishment of the Angkor Archaeological Park proposed by French Indochinese scholars was very forward-looking and a very advanced protection concept. It not only protected the core part of the Angkor site, but also regulated the Angkor tourism industry and established a good operation model for the conservation of Angkor. In the meantime, it has also set an example for the conservation of ancient sites around the world and has a very important reference value for the conservation of ancient sites in other countries.

Although this period is generally regarded as the development period of Angkor archaeology and conservation, there are still many unscientific factors or phenomena in archaeological activities, which are mainly manifested in the following aspects. Firstly, no attention was paid to stratigraphic relationship in the archaeological excavation, and the exact location or position of the cultural relics was not recorded, which caused a lot of inconvenience to the subsequent research. Many small cultural relics (ceramic architectural elements, ceramics, iron, tin and other cultural relics) were ignored or discarded intentionally or unintentionally. This phenomenon was stopped by B.P. Groslier until the 1950s. Secondly, architects or archaeologists only focused on the study of statues, architecture, and bronze wares without paying attention to the changes of ceramics. They failed to establish a genealogy of Angkorian ceramics to grasp the evolutionary pattern of ceramics, so that there was a lack of comprehensive and accurate understanding of the material culture of the ancient Khmer Empire at different historical stages. Thirdly, the head of the Angkor Conservation Area, who was in charge of archaeological and conservation activities in Angkor, lacked the background of archaeological knowledge. Architects and archaeologists of this period lacked a certain amount of archaeological knowledge. The so-called professional knowledge background of Angkor archeologists were mostly architecture or other professional knowledge backgrounds, even colonial military officers. For example, in 1932, the first Far Eastern Conference on Prehistoric Archaeology was held in HaNoi, but the fiercest criticism came from Émile Gaspardone, a linguist within EFEO. He published an article in *Revue de Paris* in 1936, severely criticizing EFEO for abusing amateur archaeologists to provide inaccurate information because the information about the relics in the museum was wrong.

## III. Continuous Development Period (1953-1969)

EFEO continued to work on the conservation and restoration of Angkor after Cambodia's independence. In 1956, the Cambodian government and EFEO signed a ten-year cooperation agreement to continue the conservation and restoration of Angkor. With the support of French scholars and researchers, the king appointed B.P. Groslier to continue to lead the mission of management, research, reconstruction, and restoration of the ruins of Angkor in the Angkor Conservation Area. In particular, the archaeological excavation on the Royal Place site has significantly changed people's perception of the site. Prince Sihanouk also continued to highlight the status of Angkor in cultural heritage diplomacy by organizing cultural and performing arts projects in many national events. For example, the classical dances of Royal Ballet have been performed for world leaders visiting Cambodia, as well as all his state visits abroad. He also shot a movie with Angkor as the background to showcase Cambodia's cultural heritage and landscape.

Subsequently, EFEO expanded its scope of work of from the core area of Angkor to the rest of the country and even to Thailand, which was another small climax of its work in Angkor conservation after World War II.

After World War II, many disciplines have undergone changes, which was closely related to the post-war world pattern and the changes in people's thinking, as well as to the mutual penetration of various disciplines. Archaeology also changed during this period. This change was from the study of cultural history, mainly focusing on stratigraphy and type degrees into the reconstruction and study of ancient society. It was also from this period that Angkor archaeological work adopted relatively standardized and scientific excavation methods, and the use value of the relics found in archaeological work has been greatly improved. At the same time, the archaeological work of Angkor also ushered in the first person in charge with a background in archaeology—B.P. Groslier. One of the most notable achievements was the archaeological excavation on the north side of the Phimeanakas within the Royal Palace ruins between 1953 and 1958.Taking the H4 section as an example, the site was divided into four phases, each corresponding to the architectural evolution of the Phimeanakas. Unfortunately, the carbon-14 dating method was not used due to the limitations of the time, so it was impossible to verify the scientific nature of the speculation.

In terms of personnel training, research institutions supported by the Cambodian government have produced a large number of archaeologically trained researchers. Archaeological survey projects have been carried out nationwide, and scientific and systematic survey and excavation work has yielded a large amount of archaeological materials, and a number of scholars with professional skills have been employed in major museums or archaeological units. The most obvious factor is the transfer of the main research work from foreigners to Cambodian archaeologists, while improving the quality of research.

In addition, Angkor conservation and restoration concepts and methods have gone through four important stages, the designation of historical buildings stage, the temporary reinforcement and support stage, the original reconstruction method stage, and the comprehensive original reconstruction method stage. Each stage of the protection concept and methods reflects the recognition and development of the protection concept of ancient buildings in the society at that time. With the continuous development of the times, the methods are also developing, and a suitable ancient building protection method is found at last.

The achievements of Angkor archaeology and conservation during this period can be summarized in the following aspects:

1. With the continuous improvement of stratigraphy and typology, archaeology has played an increasingly important role in the work of archaeology and conservation in Angkor. This archeology, together with the new analytical methods it proposed, has taken a place in traditional disciplines, due to the unwillingness to prioritize the excavation of discovered architectural sites at the expense of existing resources. From the archaeological excavation of B.P. Groslier's Royal Palace, attention was paid to the division of stratum, and to the reconstruction of the architectural history based on the relics unearthed in the stratum. Meanwhile, the unearthed ceramics were analyzed and studied. Although the correctness of the understanding of architectural

history is debatable, this concept and method is undoubtedly correct and has important enlightenment for the future archaeological work of Angkor.

2. Angkor archaeological and conservation work continues to improve, which is mainly reflected in the following aspects. First, attention was paid to the collection of small relics found in archaeological work, such as ironware and ceramics. Second, a research center was established in Siem Reap, Cambodia, in order to better continue the conservation of Angkor. Third, the research work on the erosion phenomenon of stone carvings was initiated. Fourth, the research objects were expanded from the age reflected by artifacts such as pottery, stone statues, and architectural ruins to the linkage of the social behavior reflected by the ruins and the relic group. The concept of pottery culture was introduced, and the analysis of water conservancy facilities and buildings made progress. The relationship between cultural structure and natural environmental background, the origin of civilization, and the origin of agriculture have become the main topics of world archaeology. Human behavior and life patterns during the Angkorian period have also been included in the research category, indicating the trend of diversified and multidisciplinary research in Angkor since then.

These four aspects fully illustrate that the archaeological and conservation work in Angkor during this period has moved away from utilitarianism and towards pure science. There are a large number of small relics such as ceramics and ironware in the architectural ruins of Angkor. They seem to be worthless, but all of them are invaluable in academic research. The archaeological and conservation work of Angkor is to pay more and more attention to unimportant things and to excavate and study it as a goal to sublimate itself.

3. The Angkor archaeological and conservation team continues to be scientific and standard. In 1965, the Cambodian government established the *Royal University of Fine Arts* (RUFA) in Phnom Penh, with majors in archeology and architecture. At the same time, government-supported research institutions began to train professional talents to conduct cultural relics surveys nationwide. In addition, France, as the sovereign state of Cambodia, continued to send researchers to RUFA, but the approach and methodology has changed from full control to joint archaeological work with Cambodian archaeological units. Moreover, the archaeological and conservation work of Angkor in Cambodia has received some foreign funding support, which was one of the reasons for the continued development of Angkor archaeology and conservation after Cambodia's independence.

4. New technologies and new methods are applied. The emergence of computers, molecular biology, C14 dating technology, and the application of new measurement technology and instruments have made the data of mapping Angkor architectural sites more accurate. Aerial archaeology has matured and gradually developed into a new technology that can replace ground surveys, all of which are inseparable from the emergence and maturity of new theories.

5. The academic research of Angkor is imbalanced. Archaeological research in the historical period before 1970 was regarded as an adjunct to text and art history, focusing on temples, statues, and epigraphy. Angkor research paid more attention to temples, stone statues and epigraphy, and considerable progress has been made on these issues. For example, in 1965, Philippe Stern published *Les monuments khmers du style du Bayon et Jayavarman VII*. In the book, his famous method of iconographic analysis was finally improved, and it was

applied to the Bayon-style monument buildings more accurately and in detail, roughly corresponding to the reign of King Jayavarman VII (1181-1219 AD). The first seven of eight volumes of George Cœdès' book *Inscriptions du Cambodge* are texts, translations and annotations, and the eighth volume was dedicated to the catalogue and was published in 1966 with reference to the publications related to each inscription, as well as the index of the locations, names, and names of persons involved.

There has been a major shift in the direction of epigraphy studies, from the focus on the ruling hierarchy to social history. Unfortunately, the number of scholars working in the research field of Angkor epigraphy (and even Southeast Asian epigraphy studies) is too small to make a large scholarly impact with the vast amount of material available. At the same time, this discipline places high demands on scholars, who need to master a wide range of language skills, so few students are attracted by this discipline.

In addition, the process of ancient urbanization (defined as the emergence of identifiable archaeological sites with large dense settlements) in Southeast Asia was difficult to discover. This may be due to environmental reasons pointed out by some scholars, but it may also be the result of Southeast Asia's tendency not to adhere to the norms of many archaeological sites found in most other parts of the world. Scholars still lacked the most basic information about the size of the settlement sites in the Angkor region of Cambodia, which was largely due to the lack of attention to ceramics by most archaeologists working in Angkor. Few archaeologists had any knowledge of the major commodity types historically exported to the Khmer Empire, not to mention, even fewer scholars who have studied locally produced pottery during Angkorian period. This gap in archaeological research is not due to the lack of artifacts, because the local pottery is abundant in almost every site, but due to the lack of interest from scholars. Settlement archeology is closely related to the study of ceramic. Ceramic is the main symbol and basis for judging settlement sites and ages, and can be found in archaeological investigations of the site surfaces. In contrast, the research on ceramics throughout Southeast Asia has been almost entirely limited to the research on Chinese porcelain in prehistoric times and by foreign porcelain connoisseurs.

## IV. Slow Development Period (1970-1989)

From 1970 to 1989, Angkor was abandoned for nearly 20 years as a direct result of the ongoing war in Cambodia and the destruction of Angkor under the gloom of war, while Mayan civilization research was making great strides and modern archaeology had almost passed over Angkor. From 1970 to 1974, the archaeological and conservation work of Angkor in Cambodia continued intermittently for four years, but on a small scale and in limited numbers. In the 1980s, with the stabilization of the situation in Cambodia and the lifting of the war haze over Angkor, the archaeological and conservation work in Angkor was gradually revived. The Angkor International Survey Mission of Sophia University in Japan, *Ecole francaise d'Extreme-Orient*, the Archaeological Survey of India (ASI), and the Polish Task Force began to appear in the ruins of Angkor in Cambodia. Meanwhile, in 1989, France and Thailand jointly carried out an archaeological survey about the ruins of Angkor in Thailand.

The Cambodian Civil War not only caused severe damage to the ruins of Angkor, but also caused a gap to Angkor archaeology and conservation professionals, especially during the Khmer Rouge regime, causing immeasurable damage. Therefore, it was difficult to carry out archaeological and conservation work in Angkor after the war, and only a call for rescue was made to the international community. At the same time, the ongoing civil war was also laid hidden dangers in the future management of the ruins of Angkor in Cambodia and neighboring countries, and even lead to conflicts. Therefore, it can be said that this period is the darkest stage of archaeological and conservation work of Angkor, and the work is basically in a state of slow development.

It is undeniable that the Cambodian past and the ruins of Angkor are still important symbols of nationalism and Khmer national identity. In fact, national pride is the main catalyst for resuming archaeological work and the training of students in archaeology and conservation techniques across the country. However, the restoration of the ruins of Angkor is a financial burden that no country today in the world can bear alone. During this period, only four countries, Japan, France, India and Poland provided assistance and conservation to Angkor. These four countries may be more concerned about the glory of such a mission than their love for these monuments. In the meanwhile, due to differences in protection concepts, there has even been a phenomenon of destruction of historical sites. For example, in 1986, ASI first began the work on the restoration of the Angkor Vat. In order to eliminate vegetation such as moss and lichens, it initially used fungicides containing dioxins, which was a notorious Agent Orange discovered during the Vietnam War. The use of impermeable sealants to prevent penetration only caused more water to gather below the surface of the stone member, posing a more serious risk of damage. Excessive scratching by untrained workers also caused damage to the surface of the stone components. "Under the supervision of the Indians, many unskilled workers holding buckets and brushes engaged in cleaning work the stone as hard as they would rinse a dirty kitchen floor." Such working method was later severely criticized. To its credit, the Archaeological Survey of India was praised for being the first to rush into dangerous areas for monument conservation, but it lacked discretion in content and technique.

The prestige of Angkor's name is so high, both as the historical achievement of the Khmer nation and as a treasure of mankind, so that many other countries are willing to directly participate in the conservation and restoration of Angkor. The Cambodian government has an unshirkable responsibility to protect this site. Although it is responsible for its management, it has nothing but bare hands now. Under such conditions, it seems that UNESCO should do something on the conservation of the ruins of Angkor.

## V. Great Development Period (1990 to present)

In 1989, when the dawn of peace reappeared in Cambodia, Prince Sihanouk, chairman of the Cambodian coalition government, made a request to UNESCO for the conservation of Angkor. UNESCO sent a team of experts to Angkor to conduct field trips. ASEAN countries such as France, Japan, Australia and Thailand also initiated UNESCO's plan to protect Angkor on different occasions. In this process, France and Japan gradually became the key forces in protecting Angkor's international action.

From 1990 to 1991, UNESCO participated in Angkor's field survey and evaluation activities several times and gained a better understanding of the current situation of the monuments. In June 1990 and September 1991, international round tables were held successively in Bangkok and Paris to determine priority objects for assistance.

At the meeting in Paris, Prince Sihanouk once again called on UNESCO to coordinate international forces to protect Angkor. At the same time, the participants suggested that UNESCO, in collaboration with the World Heritage Committee and the International Council on Monuments and Sites (ICOMOS), should help the Cambodian government prepare the necessary materials required by the World Heritage Convention and would apply for the inclusion of Angkor on the World Heritage List.

In November 1991, the Cambodian government approved the process of Angkor's application for the World Heritage Convention. In December 1992, at the 16th session of the World Heritage Committee held in Santa Fe, the United States, the application of Angkor was formally submitted. The nominated heritage were three independent heritage areas, including the core area of Angkor, the Roluos complex and the Banteay Srei, plus a unified buffer zone, covering a total area of about 400 square kilometers, with a population of approximately 22,000 inhabitants in 112 villages. Since Angkor was declared a world heritage site, *the International Co-ordinating Committee for the Safeguarding of the Historic Site of Angkor* (ICC-Angkor) and *Authority for Protection and Management of Angkor and the Region of Siem Reap* (APSARA) were established one after another, responsible for the management of Angkor and the development of conservation plans.

In 1993, UNESCO, France and Japan took the lead in organizing many countries and international organizations to launch the Save Angkor Operation, which was the largest international cooperation in cultural heritage conservation ever. By 2004, Angkor was successfully removed from the List of World Heritage in Danger, and the Angkor International Conservation Action has become a model of international cooperation in cultural heritage conservation worldwide.

During the great development period of Angkor archaeological and conservation work, there are three different stages, mainly through the fourteen years of historical site conservation (1990-2003), the decade of sustainable development (2004-2013), and sustainable development and comprehensive governance (2014 to present). The conservation of Angkor at each stage has its own focus, and each participating country has its own focus as well.

During the fourteen years of Angkor conservation (1990-2003), a total of 13 countries or international organizations participated in the conservation of Angkor, implementing 44 projects related to Angkor, accounting for 32% of the total, of which 6 were sustainable development projects, and 38 were heritage conservation and restoration projects. Among these countries, France (15 projects), Japan (9 projects), and Germany (6 projects) have implemented the largest number of projects. At this stage, Angkor archaeological and conservation work was mainly focused on the conservation and restoration of historical sites, and few sustainable development projects were implemented. It mainly focused on the development of regulations and the training of personnel of the Cambodian APSARA, and there was no project involving the environmental and social development of the Angkor heritage site.

During the decade of sustainable development (2004-2013), 18 countries or international organizations participated in the conservation of Angkor. A total of 58 projects related to Angkor were implemented, accounting for 42% of the total, of which 22 were sustainable development projects, and 36 were heritage conservation and restoration projects. Among these countries, Cambodia (15 projects), France (10 projects), and Japan (7 projects) in particular, have implemented the largest number of projects. At this time, the conservation and restoration of historical sites was still the focus of Angkor archaeological and conservation work, but the training of personnel, natural environment protection, people's livelihood and poverty reduction work in sustainable development projects were also gradually being carried out. With the stabilization of Cambodia's domestic situation and the development of economy, the importance of the Cambodian APSARA in the conservation work of Angkor is increasing year by year. The conservation work of Angkor implemented by France and Japan during this period decreased compared to the previous period (1990-2003).

In the stage of sustainable development and comprehensive governance (2014 to present), a total of 9 countries or international organizations participated in the conservation of Angkor. A total of 36 projects related to Angkor have been implemented, accounting for 26% of the total, of which 8 were sustainable development projects and 28 were heritage conservation and restoration projects. Among these countries, Cambodia (22 projects) and China (4 projects) have implemented the largest number of projects.

Since 2014, Cambodia has been taking an increasing proportion of Angkor archaeological and conservation work. This phenomenon could not have been achieved without the help of various countries and international communities and organizations to its heritage conservation. At the same time, the conservation and restoration of historical sites still occupy a large proportion of the implemented projects, which indicates that the archaeological and conservation work of Angkor will still focus on the restoration of historical sites for a long period of time in the future. In addition, in the sustainable development projects, more attention is paid to the harmonious coexistence between human beings and nature, as well as between human beings and their heritage. China came from behind among all donors, while France and Japan saw a decline in their aid programs during this period. This is partly due to the gradual growth of conservation in Cambodia, and partly due to the fact that many projects are financed by foundations, which makes the funding for the conservation of historical sites unstable and prevents the implementation of continuous projects. In addition, due to the large volume and time-consuming of some historical sites, some countries cannot implement new projects. In any case, this stage of Angkor archaeological and conservation work, in which Cambodia has implemented a larger proportion of projects, was a result that the international community would like to see.

In summary, up to now (2020), 21 countries or international organizations have participated and implemented about 139 projects related to Angkor, of which 36 sustainable development projects accounted for 26%, and 103 projects about the conservation and restoration of historical sites accounted for 74%. Cambodia has carried out the largest number of projects, with 40 projects (13 sustainable development projects and 27 conservation and restoration projects), followed by France (mainly the Far Eastern Institute), with 26 projects

(4 sustainable development projects and 22 conservation and restoration projects), Japan with 17 projects (4 sustainable development projects and 13 conservation and restoration projects), and German with 12 projects (all conservation and restoration projects), and 7 projects in China (2 sustainable development projects and 5 conservation and restoration projects), 5 multinational joint projects (all conservation and restoration projects), 5 projects in the United States (1 sustainable development project and 4 conservation and restoration projects). The remaining national and international organization projects are maintained between 1-3, with a total of 25 projects, including 12 sustainable development projects and 13 historical sites conservation and restoration projects. Among them, projects conducted by Hungary, New Zealand, Thailand, and ICCROM were all sustainable development projects.

Since 1990, the most distinctive feature of Angkor archaeological and conservation work was the collaborative nature of the restoration, field archaeology and professional training programs undertaken by various countries in Cambodia. The purpose was to train Cambodian talents in Angkor archaeology and conservation, with the hope that it would become the backbone of Angkor archaeology and conservation work in the near future. In the meantime, in this field, the world has witnessed a major shift in Angkor's research from classic research based on written architectural materials and iconography to scientific methods and technical concerns and other topics, such as paleoecology, paleoclimate, urban archeology and spatial planning. Challenging old theories about the decline and abandonment of Angkor's capital were usually still hypothetical. A new generation of researchers in the pure science and biomedicine took advantage of the extraordinary development of new technologies, while not forgetting to make use of advanced technologies in the fields of earth science and radar remote sensing.

## VI. Achievements and Awareness of Angkor World Heritage Conservation

1. Achievements in Heritage Conservation

The conservation achievements of Angkor World Heritage are not only reflected in archaeology and site conservation, but also in the construction of management institutions and human resources, and conservation management policies.

(1) Archaeological achievements

Since the 1990s, Angkor's conservation work has mainly focused on the conservation and restoration of historical sites, while archaeological work has been the main means of assisting in the restoration of historical sites. However, with the development of Angkor's protection concept, archaeological work has gradually gained attention, and at the same time, the scope of understanding of Angkor has been expanded through archaeological work. Especially the research on the early historical city sites of Angkor has greatly enriched the diversity of Angkor sites. The archaeological and historical restoration work during this period complemented and supplemented each other, both providing the most authentic and accurate information for the conservation and research work of Angkor. For example, in 1995, a large ruins of black-glazed pottery kiln were discovered in Tani Village, 20 kilometers northeast of the core area of Angkor, confirming the existence of pottery manufacturing in the Angkorian period. In 2000, during an archaeological investigation of the ruins of Banteay in the Kulen Mountain, a surrounding dike and architecture sites were discovered. After several years of archaeological excavations, the site was confirmed as the early capital of King Jayavarman II——Mahendraparvata. In 2001, the discovery of 274 Buddha statues at the Eastern Shinto temple of Banteay Ketai was an unprecedented discovery in Angkor after the French colonial period and has been called the discovery of the century. The Great Angkor Project (one of the sub-projects of Cambodia Angkor: the process of mega low-density urbanization process), started in 2010. Many technical approaches, such as high-altitude remote sensing techniques including airborne synthetic aperture radar and LiDAR, ground survey, archaeological excavation, dendrochronology, palynology and sedimentology were employed to study the scope, spatial organization, economic operation, development and demise of the Angkor Thom City in the ecological context. The important contribution of the project is the demonstration that the suburban area formed by a network of roads and canals surrounded the famous temples of Angkor as a low-density urban complex. The site of a bronze smelting workshop was discovered in 2012 on the north side of the palace ruins in Angkor Thom, which is the first pre-industrial bronze workshop and the first known royal workshop site in Southeast Asia.

It can be said that the success of Angkor's conservation work is inseparable from the support of archaeology. Contemporary archeology, in particular, is rapidly evolving and changing not only in terms of the formulation and changes in the various theoretical schools of thought, but also in terms of increasingly improved discovery techniques, new analytical methods, and data processing procedures. These advances have greatly enriched the quantity and variety of historical information and improved the quality, which has caused changes in the content of archaeological research and, consequently, in the nature of the archaeological discipline.

(2) Ruins Conservation Achievements

The 37th World Heritage Committee Conference, held in Cambodia in June 2013 on the occasion of the 20th anniversary of the International Assistance for the Conservation of Angkor, reflecting the great achievements of Angkor's international conservation and research from one aspect. Angkor is a type of heritage that has significant commonalities, enormous quantity and a wide range of distributions. The conservation task forces were from several countries and international organizations, with different cultural backgrounds and different value orientations in conservation work. Participants have been exploring the implementation of conservation and restoration methods in various discussions and observations, including the French romantic restoration approach, Japan's emphasis on the authenticity of cultural relics, and China's principle of repairing the old as the old. The emphasis in the conservation work carried out by Germany and Italy in Angkor was on the use of new technologies to protect and restore buildings. These countries have created a rich and diverse culture of conservation and restoration on the international stage of Angkor's conservation and restoration. In addition, New Zealand and Australia focused on improving the livelihood and poverty reduction in the Angkor area, and fundamentally improving the living standards of residents, so that Angkor can be better protected. While carrying out heritage conservation, the United States, Japan, France, Switzerland, the United Kingdom, and Canada have traditionally attached great importance to the in-depth study of Cambodian history and culture, Angkor civilization and ancient Khmer history. They widely participated in the improvement of the ecological environment around Angkor, the construction of production, living, working and learning conditions of the people in the heritage area, and provided training for Cambodian staff in English, French, Japanese, as well as American, French and Japanese culture to make Angkor area gradually become a comprehensive platform for heritage conservation and utilization and local economic, social and cultural development, and international exchange.

(3) Management Institutions and Human Resource Construction

Reopened in 1979, the National Museum of Cambodia's activities included exhibiting, preserving and promoting the understanding of Cambodia's cultural and artistic treasures, securing artifacts and working to ensure the repatriation of artifacts stolen from Cambodia. The museum was committed to attracting visitors through its exhibitions and to fulfilling its role as an integral part of the community, as well as providing a sense of pride and identity for the Cambodian people who have lost so much in recent decades.

In 1993, UNESCO stepped in, led by France and Japan, to establish the International Co-ordinating Committee for the Safeguarding of the Historic Site of Angkor (ICC-Angkor) in order to assist the Cambodian in coordinating and providing suggestions on the institutions involved in the conservation and research of Angkor by various countries in the form of meetings and expert consultation. In order to perform its duties, ICC-Angkor could keep track of scientific projects or development and operation information in the Siem Reap-Angkor area at any time. It would consider the consistency of each project, and when necessary, define its required technical and financial standards, as well as emphasize the points that all parties need to pay attention to when needed. The ICC-Angkor evaluated and followed up on the procedures for the implementation of subsequent scientific conservation and development projects in Angkor.

In 1995, the Cambodian government decided to establish a new national institution for the conservation of Angkor, the Authority for Protection and Management of Angkor and the Region of Siem Reap (APSARA). APSARA mainly had the following functions, protecting the national cultural heritage of Siem Reap-Angkor area, conceiving and leading the development of cultural tourism in Siem Reap-Angkor area, implementing sustainable development to follow the Cambodian government's poverty alleviation policy, cooperating with provincial and territorial management agencies, and conducting cooperation with Cambodian domestic and foreign cultural protection agencies. In repositioning Angkor as an ideal World Heritage Site, APSARA has also inherited a mission that is to indoctrinate local residents and Buddhist monks.

There are many forms in the construction of human resources, from traditional teaching (workshops, conferences, domestic classrooms, and now remote teaching) to domestic and international baccalaureate internships in archeology, heritage conservation, museums or international heritage management. Human resources construction could also take place at the institutional level through the construction of new organizational structures for heritage management, the drafting of legislation including cultural resources management and new environmental protection, as well as support for measures to prevent the robbery of cultural relics between countries to negotiate and combat the illegal trafficking of cultural relics.

(4) Conservation Management Policy

From 1992 to 1994, UNESCO launched a project called Zoning and Environment Management Plan (ZEMP) to establish an environmental database in the Angkor region. The ZEMP project provided the Cambodian authorities with plans and guidelines for the regional and management policies of the Angkor region. The plan aimed to protect archaeological sites, promote appropriate tourism, and encourage ecologically sustainable development of agriculture, forestry and urban activities.

Since 2002, ICC-Angkor has been leading a joint effort with major experts and scholars from various countries participating in the restoration of Angkor to begin the preparation of the *Angkor Charter*, a technical document dedicated to the concepts, principles and action plans to be followed by Angkor conservationists in the conservation and restoration of historical sites. With the joint efforts of many experts, the most basic restoration policies and methods for the site group have been determined, which was of epoch-making significance.

The general principles of the *Angkor Charter* are not static, and the concept of restoration of historical sites is constantly being updated. Due to the development of archaeological research, answers will be found in the new stages of understanding sometimes in previously unimagined archaeological sites. Moreover, with the progress of science and technology, the development of new restoration materials and techniques may also force the renewal of the restoration concept itself. The general rule tells the world that the search for more correct restoration methods should be based on the complementary techniques and concepts, and it does not necessarily guarantee absolute correctness.

2. Awareness

French colonists introduced archaeology to Cambodia, focusing on the restoration of the ruins of Angkor. The 19th century was a turbulent period for Cambodia. Internal power struggles and the occupation of regional rivals (Siam and Vietnam) undermined the country's social and political stability, population and economy. In 1864, France became the sovereign state of Cambodia, ending the tributary relationship between Cambodia and its neighbors. The introduction of archaeology was consistent with the modernization of Cambodia during the colonial period, primarily to promote and increase taxation. Colonial officials and Cambodian elites saw archaeology and restoration of the Angkor site as a means of rebuilding Cambodia back to its former glory.

At the same time, the cultural field has always been the main battlefield for the political actions and competition of European powers, especially in overseas colonies. Cultural influence was often used as a means of establishing political leverage over other countries, while cultural action was regarded as a form of diplomatic action. During the colonial period, France, Britain, and the Netherlands competed in South and Southeast Asia through scientific expeditions, the creation of scientific associations and museums, and site restoration activities. When Britain and the Netherlands were improving and restoring the heritage of India and the Dutch East Indies in neighboring countries, the French colonial government wanted to prove that the Cambodian Angkor site was a heritage worthy of its protection. The Civilization Mission of French focused on the restoration and conservation of the Angkor site, and the recreation of Khmer art in the Angkor style, in order to maintain Cambodia's identity and restore Cambodia's glorious past.

Post-colonial Archaeology often served nationalism. Cambodia's relationship with archaeology is complicated because it remains a colonial invention associated with a civilizing mission to return to the glorious history of Angkor. The restoration activities of Angkor during the colonial period represented Cambodia's regaining of international recognition. Post-colonial Cambodia used colonial archaeology as a means of self-recovery. In Cambodia, archaeology was considered to be rooted in the elites and foreign companies within the government circles.

However, UNESCO's intervention in Angkor helped consolidate this concept through its involvement in dozens of international projects demonstrating its groundbreaking work. The organization explained the public's view that archaeology, heritage management and history were foreign practices. As a result, Cambodian archaeologists and cultural heritage conservationists are often perceived as working for foreign scholars, inferior to their international partners. Cambodia's current social, political and economic realities, including international cooperation through UNESCO, are all conducted on the basis that cultural heritage is the sacred space, national identity and pride of contemporary life.

In addition, the Cambodian APSARA has played an important role in commissioning work and other aid projects and negotiating. However, the APSARA showed a reluctance to take the lead in the conservation work, leaving this role to foreign experts. As Cambodia continues to rely on external resources to a certain extent, the existing management and labor hierarchy is a strange extension of colonial interests a century ago. Cambodians have been very submissive in this hegemony process, taking a secondary role in this organization. In a sense, they have become permanently second-class in the process of reappropriating their heritage. The current ruins of Angkor have changed from an almost abandoned place to a true academic sacred site of science, history and philosophy, and it is perhaps more suitable for the world than for the Cambodians themselves.

Cambodia probably has more reasons to take the ruins of Angkor seriously than any other country in Southeast Asia. For Cambodians, the ruins of Angkor site are part of the country's hope for social and economic progress. The growing tourism industry threatens the existence of the ruins of Angkor and even intangible culture in a frightening way. In addition, the accessibility of Angkor heritage to local people and their position within and outside the Angkor conservation project remain concerns.

## VII. Future Outlook

Angkor is not only a great cultural heritage with numerous historical sites and archaeological sites, but also a natural area with rich rivers, pools, forests, and rice fields, and more than 100 villages inhabited by more than 100,000 residents, which still has a sacred religious function. At the same time, Angkor is facing both internal and external pressures, the pressure of villagers living in the site and the pressure of urban development and tourism. As a result of historical changes and human activities, most of the ruins of Angkor have been eroded or destroyed by the years and by man in today's rapid social and economic development. Some are on the verge of collapse, and it is difficult for them to completely retain their original appearance.

The reality tells us that the conservation of Angkor is not only the responsibility of one country, but also the responsibility of the whole world.

In November 1991, UNESCO called on the international community to work together to save Angkor. Archaeologists, conservators, architectural experts and urban planners from various countries have put forward their own methods and suggestions for the preservation of Angkor, and actively participated in the practice. All countries earnestly implement this concept of conservation, learning from each other and complementing each other's strengths on an equal basis, contributing their own efforts to better protect the common heritage of mankind—Angkor. Thanks to the participation of various countries in conservation, Angkor's archaeological and conservation work has made great progress.

As the precious historical and cultural heritage of ancient Cambodia, Angkor fully embodies the value of Khmer's historical, religious and cultural traditions. Likewise, the artistic value, historical value, scientific research value, religious spiritual value and economic value reflected by Angkor as a world cultural heritage are equally remarkable, and they are all treasures of ancient human civilization. In 1992, the World Heritage Convention inscribed Angkor on the UNESCO World Heritage List, which not only demonstrates the value of the monument, but also shows its effective management. In accordance with the spirit of the International Charter for the Conservation and Restoration of Historic Sites, Angkor has been recognized as the common heritage of mankind, and people of all countries have the responsibility to participate in the conservation of Angkor. The development process of human history is the process of continuous exchange, integration and innovation of various civilizations. Strengthening the dialogue on the conservation of human heritage is conducive to mutual understanding and learning among countries and nations, and to the enrichment and development of human civilization in the world.

At the same time, UNESCO and participating countries should continue to play an important leading role and strengthen collaboration in responding to the development and conservation of Angkor. The participating countries continue to be guided and supervised by ICC-Angkor to realize the long-term sustainable development and living heritage of the Angkor site complex and surrounding areas. At present, teams from different countries and international organizations are actively carrying out numerous projects in Angkor, and many new survey techniques are used to solve ancient problems. Angkor archaeological and conservation work is developing in an exciting direction. Meanwhile, it is sincerely hoped that the ongoing conservation and development of Angkor will ensure that Angkor remains the spiritual pillar of Cambodia's development and continue to attract tourists from all over the world.

# 摘 要

吴哥（Angkor）之名源于梵文“Nagara”意为“神圣的城市”，是梅鲁山（Mount Meru）在地球上的代表，是神的所在地。泰文写为 Nakhon，柬文写为 Nokor 或 Ongkor。“吴哥”是个现代概念，随着现代民族主义的兴起，吴哥已成为柬埔寨失去的荣耀和独特性文明的象征，也成为权力与民族认同的象征。

吴哥遗址主要包括前吴哥时期（1—8 世纪的扶南政权、真腊政权）、吴哥时期（802—1431 年吴哥政权）及后吴哥时期（1432—1595 年），由古代高棉王国遗留下来的大量纪念碑建筑、都城遗址、水利设施等遗存，主要分布在柬埔寨境内的库伦山（Phonm Kulen）以南、洞里萨湖（Tonle Sap）以北的台地上，这里曾经是古代高棉王国的都城所在地。由于古代高棉王国在东南亚文明史中占有举足轻重的地位，吴哥遗址群也成为了东南亚地区乃至全世界最著名的历史古迹之一。以吴哥寺（Angkor Vat）为代表的石质寺院建筑群独树一帜、规模巨大，许多寺院、水池等遗存密布于今天的暹粒市吴哥地区。这些以石质建筑为主体的建筑群以其宏大规模和精美的石刻浮雕，凝聚着吴哥文明的智慧和创造，具有极高的历史、艺术价值和社会价值。

如果以法国人亨利・穆奥（Henri Mouhot）于 1860 年“发现”吴哥开始算起，那么到今天为止，吴哥的考古与保护史大概有 160 年的历史。吴哥保护的缘起与发展、成功与失败、经验与教训和吴哥的建筑考古学、建筑保护相互影响。她在世界考古史和建筑保护史中所处的地位，与柬埔寨社会发生着错综复杂关系，所有的这一切都在等待着人们去分析、归纳、总结。

同时，吴哥考古与保护史本身的发展又有其内在的规律性和特殊性，把对这种规律性和特殊性的探讨与整个近代考古学和越南、柬埔寨、老挝近现代社会背景相结合起来，是研究吴哥考古与保护史的指导方针，在分期方面，亦是如此。

具体来说，吴哥考古与保护史经历了以下几个主要发展阶段。

## 一 初始期（16 世纪—1899 年）

16 世纪是一个大航海时代，是殖民主义快速发展的时期，同时也是科技走向初步发展时期。16 世纪中叶至整个 19 世纪，荷兰、英国、法国、俄国等国家逐渐崛起，在工业革命和启蒙运动的刺激下，将包括科学考察在内的帝国主义活动推向整个全球。在如此背景之下，葡萄牙、西班牙、英国、荷兰、法国的殖民者不远万里，来到亚洲进行殖民活动。这种殖民活动不仅包括经济殖民，也包括一定的文化殖民。他们在中南半岛的落脚处，就是曾经的霸主“真腊（Chenla）”即如今的柬埔寨，而且殖民者发现了《真腊风土记》，并由此引发改写近代东方考古史的关键报告。除了保罗・伯希和（Paul

Pelliot）之外，与《真腊风土记》相关的当属亨利·穆奥。他根据《真腊风土记》的记载，于1860年抵达柬埔寨，发现了书中记载的吴哥遗址。在之后的岁月里，欧洲殖民者逐渐地渗透到柬埔寨的各个方面，同时他们也开始对吴哥进行关注，从一开始的无情掠夺到保护意识逐渐觉醒。

可以说，这一时期的吴哥考古与保护活动基本上不见“保护活动”，而所谓的“考古活动”主要是以探险家、商人、传教士、殖民地军官等为主的探险、考察活动。他们主要目的并不是现代意义上的“考古调查活动”，而是出于一定的政治和商业利益考虑，带有浓厚的殖民色彩。

反观法国在实现对法属印度支那殖民意图的整个过程中，传教士、探险家、殖民地军官被赋予了重要的任务，他们的活动远远超出了宗教与探险的范围，不仅从事与宗教事务、探险活动有关的事项，而且还积极参与了法国领土扩张的政治意图。法国殖民者正是以“宗教文化的传播”打开了殖民越、柬、老三国的窗口，并通过传教士、探险家、殖民地军官来实现对越、柬、老的经济、文化殖民和全面控制。从某种意义上说，这时的早期研究只是一项试探性活动，他们的主要任务是组织活动，首先是建立图书馆、博物馆和历史古迹保护范围，以便于下一步展开活动。

而这一时期法属印度支那的吴哥考古与保护活动主要以“寻宝”为主，很多探险队、殖民地军官、探险家就是“以最短的时间、最少的资金，找到又多又好的可供博物馆收藏的古物”为目标，因此在发现石刻造像时，往往采用野蛮的手段对其进行占有。早在1891年，诺罗敦（Norodom）国王写信给金边驻地官员，反对殖民者盗窃吴哥寺庙遗址内的艺术品，认为这是“破坏高棉宗教的行为”，是对“柬埔寨自古以来和所有国王统治时期习俗”的直接侮辱。但驻地官员写信给西贡当局说，国王会“对移走艺术品视而不见，条件是不会反对柬埔寨人的围垦活动”。

这种以寻宝为目的考古发掘活动，一方面破坏了许多珍贵的文物，同时又为科学界提供了资料，当时的考古研究正是在这些资料基础之上进行的。可以说，这一时期法国殖民者被吴哥的历史所深深吸引着，很少花时间来解释吴哥深处的秘密。而此时，欧洲考古学的地层学和类型学已经确立，这使得考古资料的收集和整理建立在科学方法之上，提高了考古资料的史料价值。同时殖民地的学者也吸收了语言学的成果，并开始在现存原始民族的研究中寻找答案。另外，从整个考古学的发展历程来分析，由于19世纪的考古学此时还比较年轻，尤其是吴哥考古学更处在襁褓之中，尚不能揭示古代高棉王国社会各个方面的历史。吴哥考古研究需要从碑铭学、民族学、历史学中来汲取营养，这是意识到考古学遗存在历史研究中的局限性表现，这也是考古学走向成熟，从自在阶段走向自我意识阶段的重要契机。

## 二 发展期（1900—1952年）

这一时期肇始于法国远东学院的成立，终于柬埔寨王国独立。由于在中南半岛上法国是其唯一的殖民强国，因此这一时期的吴哥考古与保护活动主要是由法国远东学院在实施。法国远东学院成立是为了服务法属印度支那殖民政府对当地的殖民统治而建立的，学院最大的特色是政治性，几乎所有的学术研究活动都是为了法国能够更好地统治法属印度支那殖民地。为此，学院积极加强自身组织管理建设，以便更好地开展学术研究活动，服务殖民地政府。

在法国远东学院成立之初就积极开展吴哥考古与保护活动，这种带有殖民色彩的活动一直持续到柬埔寨王国独立。在近半个世纪的吴哥考古与保护活动中，法国远东学院发挥着重要的作用。在

1900—1919年的20年活动中，学院组织力量对越南、柬埔寨、老挝境内的吴哥遗址进行考古调查和小规模的发掘活动。这期间最重要的当属1907年吴哥地区重新回到柬埔寨，极大地增加了吴哥遗址的规模和数量。同时，鉴于吴哥地区丰富的旅游资源，法国远东学院成立了“吴哥考古公园”。及至1920—1939年的20年活动中，吴哥考古与保护活动迎来了一个小高潮，这一时间段的活动主要集中在吴哥核心区附近，并由此产生了对后世影响较为深远的学术研究观点及古迹保护理念。1940—1952年的13年活动中，吴哥考古与保护活动主要集中在吴哥核心区（吴哥通王城及周围建筑群、罗洛士建筑群）及柬埔寨东南部（今越南境内的湄公河三角洲地区），并开展考古调查与发掘活动。虽然受到第二次世界大战及战后世界格局的影响，这个时间段的吴哥考古与保护活动规模较前一时间段（1920—1939年）有所减小，但是取得的成绩丝毫不亚于前一时间段。

同时，法国远东学院在近半个世纪的吴哥考古与保护活动中，一方面为吴哥考古与保护活动奠定了基础，尤其在历史学、语言学、民族学、图像学、碑铭学取得了较高的成就。另一方面也在疯狂地向欧美各大博物馆及游客贩卖吴哥文物的事实；二战期间与日本政府进行所谓的“吴哥文物交换”活动。可以说，吴哥文物就是法国远东学院通向欧美学术圈的一张明信片，通过不断的向欧美“输送”吴哥文物，以提高远东学院的知名度和学术圈内的认可度。

这两项活动造成大量吴哥文物的外流，这是在殖民体系下法国远东学院对吴哥造成无法弥补的创伤，同时还要看到这也是当时殖民国家的本质所在。

与同时期亚洲其他地区的考古遗址比较，吴哥考古最大的特点是侧重于对建筑遗址进行考古发掘，并对遗址进行保护。这一特点一直被保持到现在，当然也是由遗址的属性所决定。同时，吴哥保护区负责人大都拥有建筑学知识背景，他们也十分善于发掘建筑遗址，善于辨识各建筑部分的功能。不但如此，还能准确绘制建筑遗址图，大大提高了记录的准确性。

而这一时期，参与考古发掘与古迹保护活动的人员，在之后的几十年内成为了吴哥考古与保护的重要力量。如路易斯·芬诺（Louis Finot）、吕内·德·拉云魁尔（Lunet de Lajonquiere）、亨利·帕尔芒捷（Henri Parmentier）、让·柯梅尔（Jean Commaille）、乔治·赛代斯（George.Cœdès）、亨利·马绍尔（Henri Marchal）、莫里斯·格莱兹（Maurice Glaize）、乔治·特鲁韦（George Trouve）、维克多·戈鹭波（Victor Goloubew）、菲利普·斯特恩（Philippe Stern）、路易斯·马勒雷（Louis Malleret）、乔治·格罗斯利埃（George.Groslier）等。这些学者能在吴哥考古与保护活动中取得如此高的学术地位，也与其自身优秀品质是分不开的。如戈鹭波在哈佛大学以每小时100美元的价格接受了一门冬季课程，“我在那里（美国）的朋友们希望我可以永远留在那里，我当然不同意。因为，我将忠于我的单位（远东学院），就像赛代斯、芬诺一样忠诚于微薄的工资”。正是由于这座学术机构的成立，其考古与保护活动带有一定的学术性而不可能都是功利性。同时，由于活动的资金得到了保证，使得法国远东学院能毫无后顾之忧进行考古与保护活动，研究者才能安下心来进行研究工作。殖民时期的法国远东学院人才济济、大师云集，在当时东南亚各国的殖民政府中，像法国这样以如此庞大的研究机构和如此强大的研究力量，不惜投资，深入广泛地研究他的殖民地实属罕见。

另外，建立相应的保护区和吴哥考古公园，使持续的考古发掘与保护活动得到了保证。尤其是“吴哥考古公园”的建立对吴哥的保护与修复发挥了重要的作用。在当时的社会环境下，法属印度支那学者提出建立“吴哥考古公园”这一做法，非常具有前瞻性，这是一种非常先进的保护理念。既保护了吴哥遗址中最核心的部分，又规范了吴哥旅游行业，为保护吴哥建立了一个良好的运营模式。同时，也为世界范围内古遗址的保护树立了榜样，对其他国家古遗址的保护具有非常重要的借鉴意义。

虽然这个时期在总体上被视为吴哥考古与保护发展期，但是在考古活动中还有很多不科学的因素或现象，主要表现在以下几个方面：（一）在考古发掘中不注重地层关系，不记录文物的准确发现地点或位置，这给后来的研究带来了很多不便。许多小型文物（陶质建筑构件、陶瓷器、铁、锡等文物）被忽略，或有意无意地遭到丢弃，这种现象直到50年代被B.P. 格罗斯利埃（Bernard-Philippe Groslier）制止。（二）建筑师或考古学家只重视对造像、建筑、青铜器的研究而没有去关注陶瓷器的变化，没有建立起吴哥陶瓷器的器物谱系，没有抓住陶瓷器的演变规律，如此则对古代高棉王国在不同的历史阶段所表现出来的物质文化缺少全面而准确的了解。（三）负责吴哥考古与保护活动的吴哥保护区负责人缺少考古知识背景。这一时期的建筑学者、考古学者，均缺少一定的考古知识储备，而所谓的吴哥考古学者专业知识背景大都是建筑学或其他专业知识背景，甚至是殖民地军官。如1932年，首届远东史前考古学大会在河内（HaNoi）召开，但最激烈的批评来自法国远东学院内部的语言学家埃米尔·加斯帕东（Émile Gaspardone）。他在1936年的《巴黎评论》（Revue de Paris）上发表文章，严厉批评法国远东学院滥用业余考古学家提供不准确信息，因为在博物馆馆藏的遗物信息是错误的。

## 三　持续发展期（1953—1969年）

法国远东学院在柬埔寨独立以后继续从事吴哥的保护与修复工作。在1956年柬埔寨政府与法国远东学院签订了十年的合作协议，要求远东学院继续对吴哥进行保护与修复工作。在法国学者和研究人员的支持下，国王任命B.P. 格罗斯利埃继续领导吴哥保护区内的管理、研究、重建、修缮吴哥遗址的使命，尤其是对王宫遗址（Royal Place）进行的考古发掘工作，极大的改变了人们对该遗址的认知。西哈努克亲王还通过组织许多国家活动的文化表演艺术项目，继续突出吴哥在文化遗产外交中的地位。例如，皇家芭蕾舞团的古典舞蹈曾为访问柬埔寨的世界领导人表演，以及他在国外的所有国事访问。西哈努克亲王还拍摄了以吴哥为背景的电影，以展示柬埔寨的文化遗产和景观。

随后，法国远东学院的工作范围也在逐渐扩大，从吴哥核心区扩展至其他地区甚至是泰国境内，可以说这是二战之后，远东学院在吴哥保护方面迎来的又一个小高潮。

第二次世界大战后，许多学科都发生了变化，这与战后的世界格局和人们思想的变化，以及各学科之间相互渗透是密切相关的。这一时期的考古学也在变化，这种变化就是从以地层学和类型学为主的文化史研究进入对古代社会的重构和研究之中。也正是从这一时期开始，吴哥考古工作采取了比较符合规范、科学的发掘方法，对在考古工作中发现的遗迹，其利用价值得到了极大提高。同时，吴哥考古工作也迎来了首位有考古学背景知识出身的负责人——B.P. 格罗斯利埃。其中最显著的成就是1953-1958年间，他在王宫遗址内空中宫殿（Phimeanakas）的北侧进行考古发掘工作，以H4剖面为例把遗址分为四期，每一期对应着空中宫殿的建筑演变过程。但是很遗憾的是，囿于当时条件的限制没有采用碳14测年手段，因而无法来验证其推测的科学性。

在人员培训方面，柬埔寨政府支持的研究机构培养了大量经过考古专业训练的研究人员，在全国范围内展开了考古调查项目，科学系统地进行调查和发掘工作，收获了大批考古材料，一批有专业技术的学者就职于各大博物馆或考古单位。最明显的因素，是将研究的主要工作从“外国人”转移到柬埔寨的考古学家之中，同时提高了研究质量。

另外，吴哥的保护与修复理念方法主要经历了四个重要的阶段分别是：指定历史建筑物阶段、临时加固支护阶段、原物重建法阶段、全面的原物重建法阶段。每一个阶段的保护理念方法都反映了当时社会对古建筑保护理念的认知和发展，随着时代的不断发展其方法也在发展，并最终找到一条合适的古建筑保护方法。

这一时期的吴哥考古与保护工作，归纳起来成就主要体现在以下几个方面：

（一）随着地层学与类型学的不断完善，考古学在吴哥考古与保护工作中越来越发挥其重要性。由于不愿以牺牲现有资源为代价，优先考虑发掘所发现的建筑遗址，这种考古学连同它所提出的新分析方法，已在传统的学科中占有一席之地。从 B.P. 格罗斯利埃的王宫遗址考古发掘开始注意划分地层，并根据地层中出土遗物来重建建筑历史，同时对出土的陶瓷器加以分析研究。虽然对建筑历史认识的正确性有待商榷，但是这种理念方法无疑是正确的，对吴哥以后的考古工作具有重要的启示意义。

（二）吴哥考古与保护工作不断升华。这一点主要体现在以下几个方面：1. 注意收集在考古工作中发现的小型遗物，如铁器、陶瓷器等。2. 在柬埔寨暹粒成立研究中心，以便于更好的持续对吴哥进行保护工作。3. 开启了对石刻造像侵蚀现象的研究工作。4. 研究对象从陶器、石刻造像、建筑遗址等人工制品所反映的年代扩展到，以遗址和遗物群所反映的社会行为的联系。陶器文化概念被提出，水利设施与建筑的分析取得进步，文化结构和自然环境背景关系、文明起源、农业起源成为世界考古学的主要课题。吴哥时期人类的行为与生业模式也被纳入研究范畴等等，昭示了此后吴哥研究多元化、多学科的趋势。

从这四个方面充分说明了，这一时期人们对吴哥的考古与保护工作，远离了功利性，而走向纯科学性。在吴哥建筑遗址中存在大量陶瓷器及铁器等小型遗物，这些看似“毫无价值的东西”，但是在学术研究中个个都是无价之宝。吴哥考古与保护工作就是在日益重视“不重要的东西”并把发掘和研究它，作为目标的过程中自身得到了升华。

（三）吴哥考古与保护队伍的不断科学化和正规化。1965 年，柬埔寨政府成立金边皇家艺术大学，设有考古学和建筑学专业。同时政府支持的研究机构开始培养专业人才，可以在全国范围内开展文物普查工作。另外，法国作为柬埔寨的宗主国仍在向其输送研究人员，但是在方式、方法上有所改变，从最初的全盘控制到后来与柬埔寨国内考古单位联合考古的模式。此外，柬埔寨境内的吴哥考古与保护工作还得到了一些国外资金的支持，这也是柬埔寨独立之后，吴哥考古与保护工作持续发展的原因之一。

（四）新技术、新方法的应用。计算机、分子生物学、$^{14}C$ 测年技术的出现及新测量技术仪器的应用，使得测绘吴哥建筑遗址的数据更加准确。航空考古日臻成熟，并逐渐发展成为了一种可替代地面调查的一项新技术，这一切都离不开新理论的出现与成熟。

（五）吴哥学术研究上的不平衡性。1970 年之前历史时期的考古研究被视为文本和艺术史的附属品，主要针对寺庙、造像和碑铭进行的研究。而吴哥的研究亦多集中在寺庙、石刻造像和碑铭学上，在这些问题上已经取得了相当大的进展。如 1965 年，菲利普・斯特恩（Philippe Stern）出版的《巴戎风格的高棉古迹及阇耶跋摩七世》（*Les monuments khmers du style du Bayon et Jayavarman VII*）。在书中对他著名的造像分析方法进行了最终改进，它们被更准确而详细地应用于巴戎风格的纪念碑建筑中，大致对应于阇耶跋摩七世统治时期（1181 年至 1219 年）。乔治・赛代斯的著作《柬埔寨碑铭》

（*Inscriptions du Cambodge*）的八卷中，前七卷为文字、翻译和注释，其中第八卷专门用于目录出版于1966年，参考每处碑铭有关的出版物以及地点、名称和相关人员的姓名索引。

而碑铭学的研究方向发生了重大转变，从对统治等级的关注转向社会历史。不幸的是，在吴哥碑铭学（甚至东南亚碑铭学）研究领域工作的学者人数太少，无法利用大量的材料产生较大的学术影响。同时，这门学科对学者也提出了很高的要求，他们需要掌握广泛的语言技能，因此很少有学生被这门学科所吸引。

此外，东南亚的古代城市化进程（定义为具有大型密集聚居地可识别的考古遗址的出现）是难以被发现的。这可能是由部分学者指出的环境原因，但也可能是东南亚倾向于不遵守世界上大多数其他地方发现的许多考古遗址规范的结果。学者们仍然缺乏关于柬埔寨吴哥地区聚落遗址规模的最基本信息，这在很大程度上是由于大多数在吴哥工作的考古学家缺乏对陶瓷器的关注。对于了解历史上出口到高棉王国的主要商品类型的考古学家寥寥无几，更不用说，研究吴哥时期当地生产的陶器的学者就更少了。这种考古研究上的空白并不是因为缺少手工制品，因为当地的陶器几乎在每处遗址都很丰富，而是因为学者缺乏兴趣。聚落考古学和陶瓷器研究是密切相关的，陶瓷器是定居地点与年代的主要标志和判断依据，可以在遗址表面的考古调查中发现。而在整个东南亚对陶瓷器的研究几乎完全限于史前时期和外国瓷器鉴赏家对中国瓷器的研究。

## 四　缓慢发展期（1970—1989年）

从1970—1989年，柬埔寨国内持续战乱，战争阴霾下的吴哥也受到了极大的破坏，直接导致了吴哥被遗弃了近20年，而此时玛雅文明（Mayan Civilization）研究正在取得长足进步，现代考古学也几乎掠过了吴哥。从1970—1974年，在这四年时间里柬埔寨境内的吴哥考古与保护工作一直在断断续续的进行着，但是规模很小，数量有限。及至1980年代，随着柬埔寨国内局势的稳定，笼罩在吴哥上空的战争阴霾逐渐散去，吴哥考古与保护工作也在逐渐的复苏。日本上智大学（Sophia University）的吴哥国际调查团、法国远东学院、印度考古局以及波兰工作队的身影开始出现在柬埔寨吴哥遗址内。同时，在1989年间，法国与泰国联合对境内的吴哥遗址进行考古调查工作。

柬埔寨国内战争不仅给吴哥遗址造成严重损坏，也给吴哥考古与保护专业人才造成了断层，尤其是红色高棉执政时期，造成的损失是无法估量的，以至于战后吴哥考古与保护工作难以开展，只能向国际社会发出援救的呼声。同时，持续的内战也给柬埔寨日后与周边国家对吴哥遗址的管理埋下了隐患，甚至引发冲突。因此可以说，这一时期是吴哥考古与保护工作中最黑暗的阶段，工作基本上处于缓慢发展状态。

不可否认，柬埔寨人的过去以及吴哥遗址仍然是民族主义和高棉民族身份的重要象征。事实上，民族自豪感是全国各地恢复考古工作和培训学生考古与保护技术的主要催化剂。然而，吴哥遗址的修复是当今世界上任何国家都无法独自承担的财政负担。在这一时期内，只有四个国家（日本、法国、印度、波兰）对吴哥进行援助保护工作，这四个国家也许更关心这样一项使命的荣耀，而不是对这些纪念碑建筑的热爱。同时囿于保护理念上的差异，甚至出现了破坏古迹现象。如1986年，印度考古局首先开启了修复吴哥寺的工作，为消灭苔藓地衣等植被而最初使用杀真菌剂含有二氧（杂）芑，这是越南战争中被发现的臭名昭著的橙剂；使用不透水的密封剂来防止渗透只能使水分更多地在石构件表面以下集结，形成更严重的破坏危险；未经训练的工人过于用力的刮擦也造成石构件表面的损坏，“在印度人的监督下，许多不熟练的工人握着水桶和刷子，像用力冲洗脏了的厨房地板一样从事着石材的清洗工作”。这样的工作方法后来受到了严厉的批评。值得肯定的是，印度考古局第一个冲到危险地区进行古迹保护的做法得到了好评，但其在内容和技术上缺乏慎重。

吴哥名字的声望是如此之高，它既是高棉民族的历史结晶，又是人类的瑰宝，以至于许多其他国家都愿意直接参与到吴哥的保护与修复工作中来。柬埔寨政府对保护这处遗址责无旁贷，虽然要负起管理的责任，但现在除了“赤手空拳”什么都没有。在这种条件下，联合国教科文组织似乎应该来对吴哥遗址的保护做些工作。

## 五　大发展期（1990 年至今）

1989 年，当和平曙光重现柬埔寨之后，柬埔寨联合政府主席西哈努克亲王向联合国教科文组织提出了保护吴哥的请求。教科文组织于当年派遣专家小组赴吴哥现场进行实地考察，法国、日本、澳大利亚以及泰国等东盟国家也先后在不同场合，倡议联合国教科文组织启动保护吴哥计划。在此过程当中，法国和日本逐渐成为保护吴哥国际行动的关键力量。

1990—1991 年，联合国教科文组织数次参与吴哥的现场调研评估活动，对古迹的现状有了进一步的了解，并于 1990 年 6 月和 1991 年 9 月先后在曼谷和巴黎召开国际圆桌会议，确定优先援助的项目。

在巴黎的会议上，西哈努克亲王再次呼吁联合国教科文组织协调国际力量保护吴哥。与此同时，与会各方建议联合国教科文组织协同世界遗产委员会与国际古迹遗址理事会（ICOMOS），帮助柬埔寨政府准备《世界遗产公约》所需的相关材料，并将申报吴哥列入《世界遗产名录》。

1991 年 11 月，柬埔寨政府批准了《世界遗产公约》吴哥的申遗程序。1992 年 12 月，在美国圣达菲（SantaFe）召开的世界遗产委员会第 16 届会议上，吴哥申遗项目被正式提交。申报遗产包括吴哥核心区、罗洛士（Roluos）建筑群和女王宫（Banteay Srei）三处独立的遗产区，加上统一的缓冲区，总面积约 400 平方公里，据统计遗产区内的居民约为 22000 人，涉及 112 个村庄。吴哥自被宣布为世界遗产以后，吴哥国际保护与发展协调委员会、暹粒 / 吴哥地区保护与发展管理局相继成立，负责吴哥的管理和制定保护计划。

1993 年，由联合国教科文组织出面，法国和日本牵头组织国际上多个国家和国际组织发起“拯救吴哥行动”，从此揭开了有史以来规模最大的国际文化遗产保护合作行动的序幕。至 2004 年，吴哥顺利从《世界濒危遗产名录》中移除，而吴哥国际保护行动则成为全球范围内文化遗产保护国际合作的典范。

在吴哥考古与保护工作的大发展期，主要经历古迹保护十四年（1990—2003 年）、可持续发展十年（2004—2013 年）、可持续发展与综合治理（2014 年至今），这三个不同阶段。在每一个阶段的吴哥保护工作都有其侧重点，且每一个参与国也有其侧重点。

在吴哥保护十四年阶段（1990—2003 年）中，共有 13 个国家 / 国际组织参与到吴哥的保护工作中，共实施了 44 项与吴哥有关的项目占总数的 32%，其中 6 项为可持续发展项目，38 项为古迹保护与修复项目。在这些国家中尤以法国（15 项）、日本（9 项）、德国（6 项）实施的项目最多。这一阶段吴哥的考古与保护工作主要是以古迹的保护与修复为主，可持续发展项目实施得较少，主要是以规章制度的制定及柬埔寨 APSARA 局人员的培训工作为主，还没有涉及到吴哥遗产地环境社会发展的项目。

及至可持续发展的十年阶段（2004—2013 年），共有 18 个国家 / 国际组织参与到吴哥的保护工作中。共实施了 58 项与吴哥有关的项目占总数的 42%，其中 22 项为可持续发展项目，36 项为古迹保护与修复项目。在这些国家中尤以柬埔寨（15 项）、法国（10 项）、日本（7 项）实施的项目最多。此时的吴哥考古与保护工作，古迹保护与修复仍是工作重点，但是可持续发展项目中的人员培训、自然环境保护、民生与减贫工作也在逐步的开展起来。随着柬埔寨国内局势的稳定及经济的发展，柬埔寨 APSARA 局在吴哥保护工作中的分量在逐年增加，法国与日本在这一时期实施的吴哥保护工作与前一个时期（1990—2003 年）有所下降。

在可持续发展与综合治理阶段（2014 年至今），共有 9 个国家 / 国际组织参与到吴哥的保护工作中。共实施了 36 项与吴哥有关的项目占总数的 26%，其中 8 项为可持续发展项目，28 项为古迹保护与修复项目。在这些国家中尤以柬埔寨（22 项）、中国（4 项）实施的项目最多。

自 2014 年以后，柬埔寨在吴哥考古与保护的工作中所占的比重越来越大，这种现象离不开各个国家及国际社会、组织对其文物保护事业的帮助。同时，在实施的项目中古迹保护与修复仍然占据着很大的比重，这说明吴哥的考古与保护工作在以后相当长的一段时间内仍以古迹修复工作为主。此外，在可持续发展项目中更多的是关注人与自然、人与遗产和谐共处。在所有援助国家里中国后来居上，法国与日本在这一时期的援助项目有所下降，这一方面跟柬埔寨文物保护事业的逐渐壮大有关系，另一方面很多项目的实施都是由基金会资助，这就使古迹保护的资金处于不稳定状态，以至于对古迹不能进行持续性的项目资助。另外，由于一些古迹体量较大、耗费时日较多，因此导致个别国家无法实施新的项目。不论如何，在这一期的吴哥考古与保护工作中，柬埔寨实施的项目比重较大，这正是国际社会所乐于见到的结果。

综上所述可知，到目前为止（2020 年）共有 21 个国家 / 国际组织参与并实施了大约 139 项与吴哥有关的项目，其中可持续发展项目 36 项占 26%，古迹保护与修复项目 103 项占 74%。其中尤以柬埔寨开展的项目最多，共计 40 项（可持续发展项目 13 项，古迹保护与修复项目 27 项）；其次是法国（以远东学院为主体）共计 26 项（可持续发展项目 4 项，古迹保护与修复项目 22 项）；再次是日本，有 17 项（可持续发展项目 4 项，古迹保护与修复项目 13 项），德国 12 项（均为古迹保护与修复项目），中国 7 项（可持续发展项目 2 项，古迹保护与修复项目 5 项），多国联合 5 项（均为古迹保护与修复项目）、美国 5 项（可持续发展项目 1 项，古迹保护与修复项目 4 项）。其余国家和国际组织项目都保持在 1—3 项之间，共计 25 项，其中可持续发展项目 12 项，古迹保护与修复项目 13 项。其中匈牙利、新西兰、泰国、ICCROM 均为可持续发展项目。

自 1990 年至今，吴哥考古与保护工作最鲜明的特征是：无论各国在柬埔寨的工程修复、田野考古和专业培训项目的开展均为合作性质，目的是培养柬埔寨吴哥考古与保护方面的人才，希冀在不久的将来能成为吴哥考古与保护工作的中坚力量。同时在该领域，世人已经目睹了吴哥研究的重大转变，它从基于书面建筑资料和图像学的经典研究转向了科学方法和技术关注及其他主题，例如古生态、古气候、城市考古学和空间规划等。具有挑战性的关于吴哥都城的衰落和遗弃的旧理论，通常仍然是假设性的，新一代研究人员在纯科学和生物医学领域利用新技术的非凡发展，同时又不忘利用地球科学和雷达遥感领域的进步技术。

## 六 吴哥世界遗产保护成就与认识

### （一）遗产保护成就

吴哥世界遗产的保护成就不仅体现在考古学及遗址保护，而且还表现在管理机构和人力资源建设、保护管理政策方面。

1. 考古成就

自1990年代以来，吴哥保护工作主要是以古迹保护与修复为主，而考古工作则是以辅助古迹修复为主要手段，但是随着吴哥保护观念的发展，考古工作逐渐得到重视，同时还通过考古工作扩大了对吴哥的认识范围，尤其是对吴哥早期历史城址的研究，极大的丰富了吴哥遗址的多样性。这一时期的考古与古迹修复工作相辅相成、相得益彰，均为吴哥的保护和研究工作提供了最真实准确的资料。如，1995年，在吴哥核心区东北20公里处的塔尼村，发现了大型黑釉陶器窑址，确认了吴哥时期存在陶器制造业。2000年，在对库伦山的班迭遗址进行考古调查时，发现了遗址周围有环绕的堤坝和建筑遗址，经过持续几年的考古发掘证实了该遗址为阇耶跋摩二世的早期都城——摩醯因陀罗跋伐多城。2001年，在班迭克黛寺的东神道发现了274尊佛像，这是继法国殖民时期之后吴哥的一项史无前例的大发现，也被称为“世纪大发现”。2010年开始的大吴哥项目（子课题之一的柬埔寨吴哥：巨型低密度城市化进程），通过利用机载合成孔径雷达和激光雷达等高空遥感技术、地面调查、考古发掘、树轮年代学、孢粉学、沉积学等方法用来研究生态环境下吴哥通王城的范围、空间组织、经济运行、发展和消亡。该项目的重要贡献是，证明了由道路和运河网络形成的郊区包围着吴哥著名的寺庙，是一处低密度的城市综合体。2012年，在吴哥通王城内王宫遗址的北侧发现的青铜冶炼作坊遗址，这是第一个前工业化青铜作坊，也是东南亚已知的第一处皇家作坊遗址。

可以说，吴哥的保护工作之所以取得成功，离不开考古学的支持。尤其是当代考古学，它的发展和变化很快不仅体现在各理论学派的提出和变化，而且还反映在日益改进的发现技术、新的分析方法以及资料处理程序上。这些进步大大丰富了史料信息的数量和种类并提高了质量，这使得考古学研究的内容也在发生变化，进而使考古学科的性质发生着变化。

2. 古迹保护成就

在国际援助吴哥保护行动20周年之际，第37届世界遗产委员会大会于2013年6月在柬埔寨举行，从一个侧面反映了吴哥国际保护与研究取得的巨大成就。在吴哥这样一个有着显著共性而又数量巨大、分布广泛的遗产类型面前，来自多个国家和国际组织的保护工作队，他们具有不同的文化背景，在保护工作中亦表现出不同的价值取向，参与者在各种讨论和观察中不断探索实施保护与修复方法，法国的浪漫主义修复方法、日本重视文物“原真性”的修复理念、中国“修旧如旧”的文物保护原则；德国、意大利在吴哥进行的保护工作中，偏重于使用新技术对建筑进行保护与修复；这些国家在吴哥保护修复的国际大舞台上构建了丰富多样的保护修复文化。另外，新西兰、澳大利亚则主要是以改善吴哥地区的民生与减贫为工作重点，从根本上提高居民的生活水平，以便于能够更好地保护吴哥。美国、日本、法国、瑞士、英国、加拿大等国在进行文物保护的同时，历来重视柬埔寨历史文化、吴哥文明和古代高棉史的深度研究，广泛参与吴哥周边生态环境改善，遗产地民众的生产生活和工作学习条件建设等，面向柬埔寨工作人员进行英语、法语、日语以及美国、法国、日本文化的培训，使吴哥地区逐渐成为文物保护利用和当地经济社会文化发展、国际交流的综合平台。

3. 管理机构与人力资源建设

1979 年重新开放的柬埔寨国家博物馆，活动包括展示、保护和促进对柬埔寨文化和艺术瑰宝的了解，保护文物的安全并努力确保从柬埔寨盗走的文物被遣返。博物馆致力通过展览吸引参观者，并发挥其作为社区不可分割的一部分的作用。为近几十年来失去太多东西的柬埔寨人民提供自豪感和身份认同。

而 1993 年，联合国教科文组织出面，由法国和日本牵头，成立了吴哥国际保护与发展协调委员会，协助柬方以会议和专家咨询的方式，协调各国参与吴哥保护和研究的机构并提供建议。为了履行其职责，ICC-Angkor 可以随时了解在暹粒 – 吴哥地区开展的科学项目或开发运营的信息。它会考虑各个项目的一致性，并在必要时定义其所需的技术和财务标准，当需要时它会强调有关各方需要注意的要点。ICC-Angkor 为吴哥实施后续的科学保护与发展项目的程序，进行评估和跟进。

1995 年，柬埔寨政府决定为吴哥的保护新设立一个国家级的机构，成立暹粒 / 吴哥地区保护与发展管理局。该机构主要有以下职能：保护暹粒 / 吴哥地区的国家文化遗产；构想和领导暹粒 / 吴哥地区文化旅游的发展；实施可持续发展，以贯彻柬埔寨政府的脱贫政策；与省级和属地管理机构合作关系；与柬埔寨国内及国外文保机构开展合作。APSARA 局在将吴哥重新定位为理想的世界遗产地的过程中，也继承了一项使命：教化当地居民和佛教僧侣。

而在人力资源方面的建设有多种形式，从传统教学（讲习班、会议、国内教室、现在更远程教学）到考古学、文物保护、博物馆或国际遗产管理方面的国内和国际学士学位实习。人力资源建设也可以在机构层面进行：通过构建新的遗产管理组织结构、起草包括文化资源管理和新环境保护立法，以及支持国家间防止文物抢劫的举措方面进行协商和打击非法贩卖文物。

4. 保护管理政策制定科学有效

1992–1994 年，联合国教科文组织开展了一个项目——分区与环境管理计划以建立吴哥地区的环境数据库。ZEMP 项目为柬埔寨当局提供了吴哥地区的区域和管理政策的计划与指南。该计划旨在保护考古遗址，促进适当的旅游业，并鼓励农业、林业和城市活动的生态可持续发展。

从 2002 年起以 ICC-Angkor 为主导，联合参加吴哥修复的各国主要专家学者，开始编制《吴哥宪章》，一部专门为吴哥保护工作者进行古迹保护与修复应遵循的理念、原则和行动纲领的技术文件，是在众多专家的共同努力下，确定了遗址群最基本的修复方针和方法，具有划时代的意义。

《吴哥宪章》的总则不是一成不变的，古迹修复的理念也在不断更新。由于考古研究的发展，新的认识阶段有时会在以前未曾设想到的考古现场中找到答案。此外，随着科学技术的进步，新的修复材料和技术的开发也有可能迫使修复理念本身的更新。总则告诉世人，寻找更正确的修复方法应该是建立在技术和理念的互补之上，并不一定保障绝对的正确性。

## （二）认识

法国殖民者将考古学引入柬埔寨，重点是修复吴哥遗址。19 世纪对柬埔寨来说是一个动荡的时期，内部权力斗争和地区竞争对手（暹罗和越南）的占领，破坏了全国的社会政治稳定、人口和经济。

1864 年，法国成为柬埔寨的宗主国，结束了柬埔寨与其邻国之间的朝贡关系。考古学的引入与殖民时期柬埔寨现代化相一致，主要是为了促进和增加税收。殖民地官员和柬埔寨精英认为，考古与修复吴哥遗址是恢复柬埔寨昔日辉煌的一种手段。

同时，文化领域一直是欧洲列强政治行动和竞争的主要战场，尤其是海外殖民地的竞争。文化影响力经常被用作建立对其他国家的政治影响力的手段，而文化行动则被视为一种外交行动。在殖民时期，法国、英国和荷兰通过科学考察、科学协会和博物馆的创建以及遗址修复活动，在南亚和东南亚展开竞争。特别是当英国和荷兰正在邻国改善和修复印度与荷属东印度群岛上的遗产时，而法属殖民政府想要证明柬埔寨吴哥遗址是值得受到其保护的遗产。法国的“文明使命”专注于吴哥遗址的修复与保护，并以吴哥风格重新创造高棉艺术，以保持柬埔寨的身份，恢复柬埔寨辉煌的过去。

后殖民时期的考古学经常为民族主义服务。柬埔寨与考古学的关系很复杂，因为它仍然是一项与“文明使命”相关的殖民发明，以返回光荣的吴哥历史。殖民时期的吴哥修复活动代表了柬埔寨重新得到了国际认可，后殖民时期的柬埔寨将殖民考古学作为一种自我恢复的手段。在柬埔寨，考古学被认为是根植于政府圈子内的精英和外国企业。

而联合国教科文组织对吴哥的干预，通过参与数十个展示其开创性工作的国际项目，有助于巩固这一观念。该组织解释了公众的观点，考古学、遗产管理和历史是外来实践。因此，柬埔寨的考古学家和文物保护人员常常被认为是为外籍学者工作，不如他们的国际合作伙伴。柬埔寨目前的社会、政治和经济现实包括通过教科文组织开展的国际合作，均认为文化遗产是当代生活的神圣空间、国家身份和骄傲。

另外，柬埔寨 APSARA 局在委派工作和其他援助项目，进行谈判方面发挥了重要作用。然而，APSARA 局却表现出不愿在保护工作中起带头作用，把这个角色留给了外籍专家。由于在一定程度上柬埔寨继续依赖外部资源，现有的管理和劳工等级制度是一个世纪前殖民利益的奇怪延伸。柬埔寨人在这个“霸权”的过程中一直很顺从，在机构中成为次要的角色。从某种意义上说，在重新利用自己的遗产过程中成为永久的“次等人”。现在的吴哥遗址从一处几乎被遗弃的地方，变成了一处真正的科学、历史和哲学的学术圣地——也许更适合世界而不适合柬埔寨人自己。

柬埔寨可能比东南亚其他任何国家都更有理由认真对待吴哥遗址。对于柬埔寨人来说，吴哥遗址是该国社会和经济进步希望的一部分。不断增长的旅游业对吴哥遗址甚至非物质文化的存在产生威胁让人恐惧。此外，当地人能否接触到吴哥遗产，以及他们在吴哥保护项目中内和外的位置，仍是令人关切的问题。

## 七 未来展望

吴哥不仅是一处伟大的文化遗产，拥有众多的古迹和考古遗址，还是一处有着丰富河流、水池、森林和稻田资源的自然地带以及有 100 多个村庄，居住着十余万居民的生活地带，并且现在依然具有神圣的宗教功能。与此同时，吴哥又面临着内外双重压力，遗址内居住的村民以及城市发展和旅游的压力。由于历史的变迁和人类活动的影响，在社会经济迅速发展的今天，绝大多数的吴哥遗址受到岁月的侵蚀或遭到人为的破坏，有的已濒临倒塌的危险，它们难以完整地保留原有面貌。现实告诉人们：吴哥保护工作不仅是一个国家的责任，而且也是全世界的责任。

在 1991 年 11 月，联合国教科文组织呼吁国际社会共同拯救吴哥。各国的考古学者、文物保护者、建筑学家和城市规划者纷纷提出各自保护吴哥的实施方法和建议，并积极参与实践。各国认真履行这一保护的概念，在平等的基础上相互借鉴、取长补短，为更好地保护人类的共同遗产——吴哥，贡献自己的力量。因为有各个国家的参与保护，吴哥的考古与保护工作有了很大的进展。

吴哥作为古代柬埔寨珍贵的历史文化遗产，充分体现了高棉的历史、宗教和文化传统的价值。同样，吴哥作为世界文化遗产所反映的艺术价值、历史价值、科学研究价值、宗教精神价值和经济价值等同样令人瞩目，都是人类古代文明的瑰宝。在 1992 年，世界遗产公约将吴哥列入联合国教科文组织的“世界遗产清单”中，这不仅表明古迹的价值，还表明它得到了有效的管理。按照国际古迹保护与修复宪章的精神，吴哥已被看作是人类共同的遗产，各国人民都有责任参与保护吴哥。人类历史发展的过程，就是各种文明不断交流、融合、创新的过程，加强保护人类遗产的对话有利于各个国家、各个民族互相了解与学习，有利于促进世界人类文明的丰富与发展。

同时，在应对吴哥的发展与保护过程中，联合国教科文组织和各参与国应继续发挥重要引领作用，加强协作。各参与国继续在 ICC-Angkor 指导和监督下，以实现吴哥遗址群及周边地区的长期可持续发展与活态的遗产。目前来自不同国家和国际组织的队伍正在吴哥积极开展众多的项目，许多新的调查技术被用于解决古老的问题，吴哥考古与保护工作正朝着一段令人激动人心的方向发展。同时，也真诚地希望，世人现在所进行的吴哥保护与发展工作，能够确保吴哥遗址群成为柬埔寨发展中的精神支柱，并继续吸引来自世界各地的游客。

# 后　记

奉献在读者面前的这本不太成熟的书本，是作者在博士后研究报告《吴哥古迹考古与保护史研究》基础之上“深耕”而成。说“深耕”，是因为对之前的基本思路和内容进行重新调整和修订完善，只是让它更看起来像一本书，而不是一本只有叙述没有评说的读物。

记得 2018 年 6 月，作者从中国人民大学历史学院考古文博系毕业后，怀着复杂的心情来到中国文化遗产研究院做博士后研究工作（文研院为工作站、中山大学社会学与人类学学院为流动站，合作导师分别是王元林研究员、姚崇新教授）。面对着博士后新课题、新内容，心里惴惴不安，对自己能否完成博士后工作没有把握。毕竟自己在之前的工作和读研究生期间，注意力一直集中在中原地区考古。对于东南亚考古史，尤其是吴哥考古与保护史自己一无所知。

在匆忙之中，赶紧来到图书馆借阅了陈显泗先生的《柬埔寨两千年史》、夏鼐先生的《真腊风土记校注》一书，囫囵吞枣地读了一遍，算是对柬埔寨的历史有了一个初步的了解和认知。今天回过头来再去重新思考这个课题，我的心中没有太多的欣喜，似乎也没有释然的感觉，最强烈的想法是：当初怎么就有勇气接下这个课题？我想可以用“无知者无畏”来解释。

在之后搜集、翻译资料的过程中逐渐发现，吴哥研究在东南亚一直处于“显学”地位。这种研究从 20 世纪初甚至更早的时候就开始了，其中又以法国人的研究最为深厚，直到现在法国人依然在吴哥研究领域有着重要的发言权，我想跟他们“深耕”吴哥百年有着很大关系。遗憾的是，囿于当时知识面的狭窄，自己对这一切一无所知。在后来的资料梳理过程中才逐渐发现，原来在法国学界大名鼎鼎的汉学家，如沙畹、伯希和、马伯乐甚至是戴密微，他们都与法国远东学院有着千丝万缕的联系，都与吴哥有着说不清的纠葛。

另外，我在撰写吴哥考古与保护史的过程中也逐渐产生了一些疑问。为什么在 20 世纪五六十年代，我们能在东南亚区域历史研究中，产生有影响力的著作及大师，如冯承钧、陈序经、尹达、姚楠先生等，而现在却很难产生这样的巨著及大师。

中南半岛与中国一衣带水、山水相连，半岛内不仅有历史时期的吴哥遗址，而且还有许多丰富的史前遗址，是研究早期中国文化向南传播、西太平洋南岛语族起源与迁徙等课题中的重要节点。遗憾的是，在这些课题研究中，我们的发言总是显得那么底气不足。

庆幸的是，1998 年中国文物研究所（中国文化遗产研究院前身）与中国社会科学院考古研究所的考古工作者（乔梁先生、李裕群先生），首次来到吴哥周萨神庙并在此进行考古发掘研究。在某种意义上说，这是新中国考古学的首次迈出国门，同时也是继元朝人周达观 1296 年拜访吴哥通王城之后，时隔 702 年中国学人再次与吴哥“共结来缘”。弹指一挥间，中国学人已在吴哥进行了 25 年的工作（1995—2020 年），且这种工作将持续下去，这期间产生了数部文物保护工程修复研究报告、考古发掘报告等书籍。

但是，这些研究工作对中南半岛上的历史古迹来说是远远不够的，还有史前考古史、吴哥文明起源等课题，需要我们去梳理和研究。因此可以说，对于吴哥的研究我们才刚刚开始，对吴哥考古与保护史的梳理，也仅仅是“万里长征走完了第一步”。

最后一个问题：为什么要考古？面对世界各地发现的遗址，面对如此众多历史古迹的复活，我们都有些头晕目眩的症状。选择是必要的，取决于认识论的思考，目标必须不断受到质疑，但是实际上如果没有记忆，人类将是什么？在当代人文主义的组成部分中，接触过去的根源是对人类社会进行反思。文学家古斯塔夫·福楼拜（Gustave Flaubert）说：“土层还没有淹没到它们的时候，谁能说出这些裸露石头所知道的一切，它们所听到的一切，以及它们在新时代所经历的一切。”回顾一下世界考古的无限发现，考虑到我们所面临的某些危险，在我看来，没有什么比考古学更有意义。

如今，随着世界秩序的大调整和大变局，新的“海上丝绸之路”话语正在逐步形成，它既是历史意义的延续，同时也是新时代意义的呈现，关注和理解这种“海上丝绸之路”新话语，将为我们理解和认识中国之于世界、世界之于中国的重要性，提供新的视角与资源。

转眼间，我已在中国文化遗产研究院工作了三年时间，这里的学术氛围深深影响了我，开阔了我的眼界、丰富了我的人生，这是我最珍贵的记忆，也将是我今后继续前行的指引和动力。本书的完成得到了很多先生和老师的指教与帮助，恕我不能一一列出他们的名字。但是，我在这里要特别感谢我的工作单位——中国文化遗产研究院。单位不仅接纳了我，而且还给予我充分的信任，鼓励我专心撰写书稿。在我生活中遇到困难的时候，能够给予我照顾，让我及我的家人感受到了组织和所在单位的温暖。

最后，对于书籍中出现的尚待进一步提升之处，我也欢迎大家提出积极的建设性意见，以供在日后的工作中讨论研究。人生似有涯，学习永不懈。

刘汉兴

2021 年 4 月 18 日于高原街文博大厦

# 图版

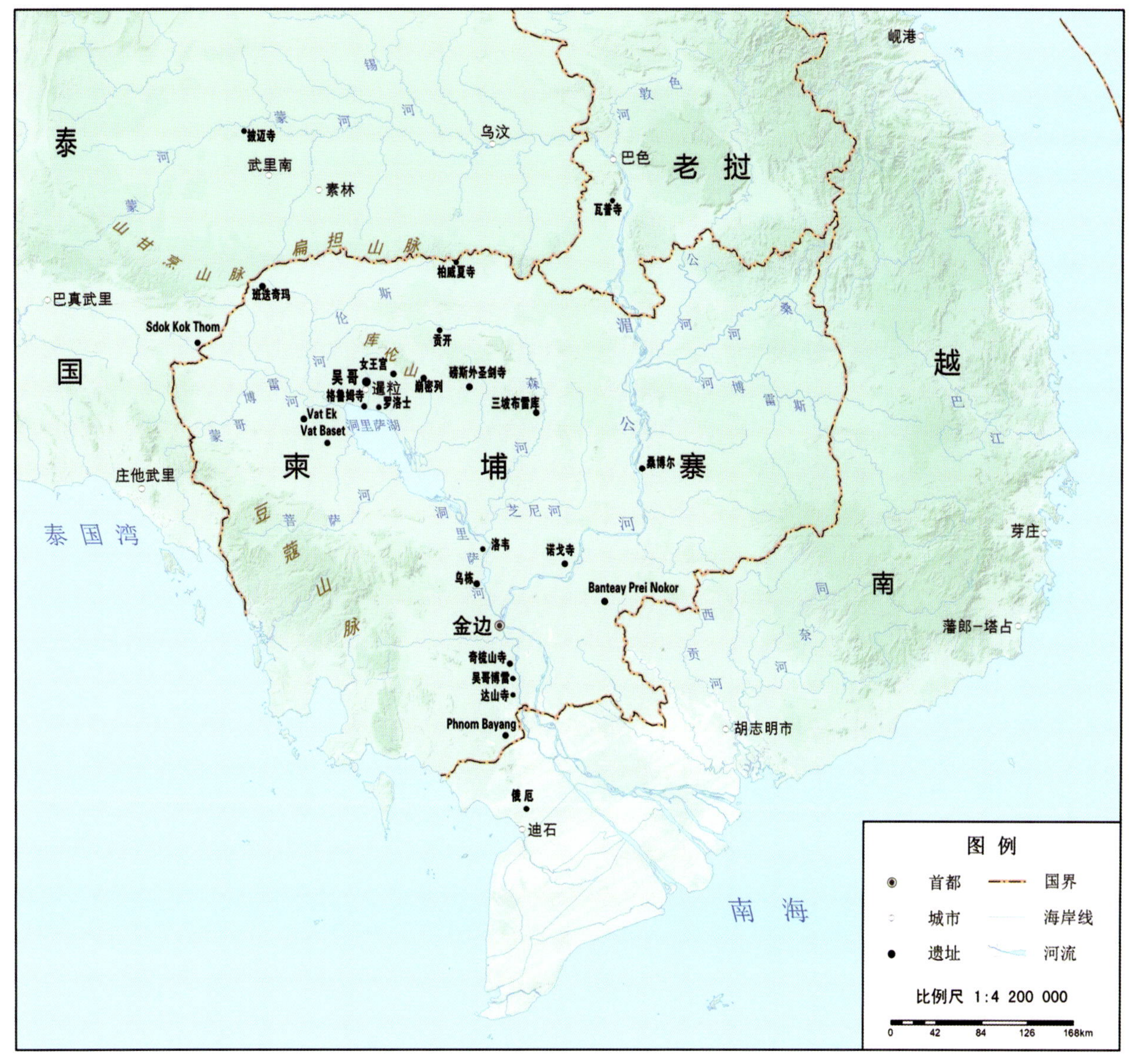


图1　吴哥主要遗址分布图

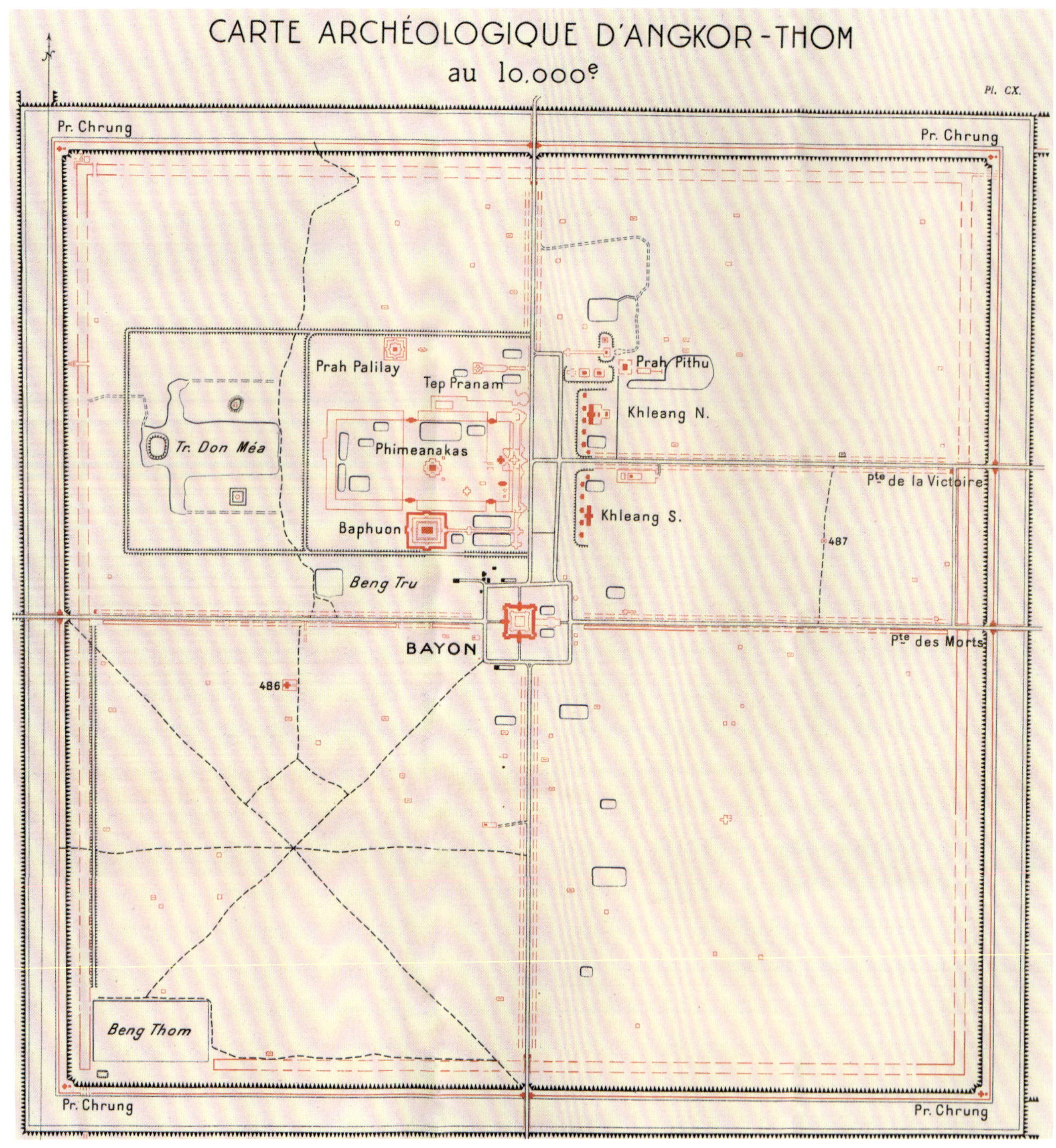


图31　吴哥通王城的考古调查地图（1937年）

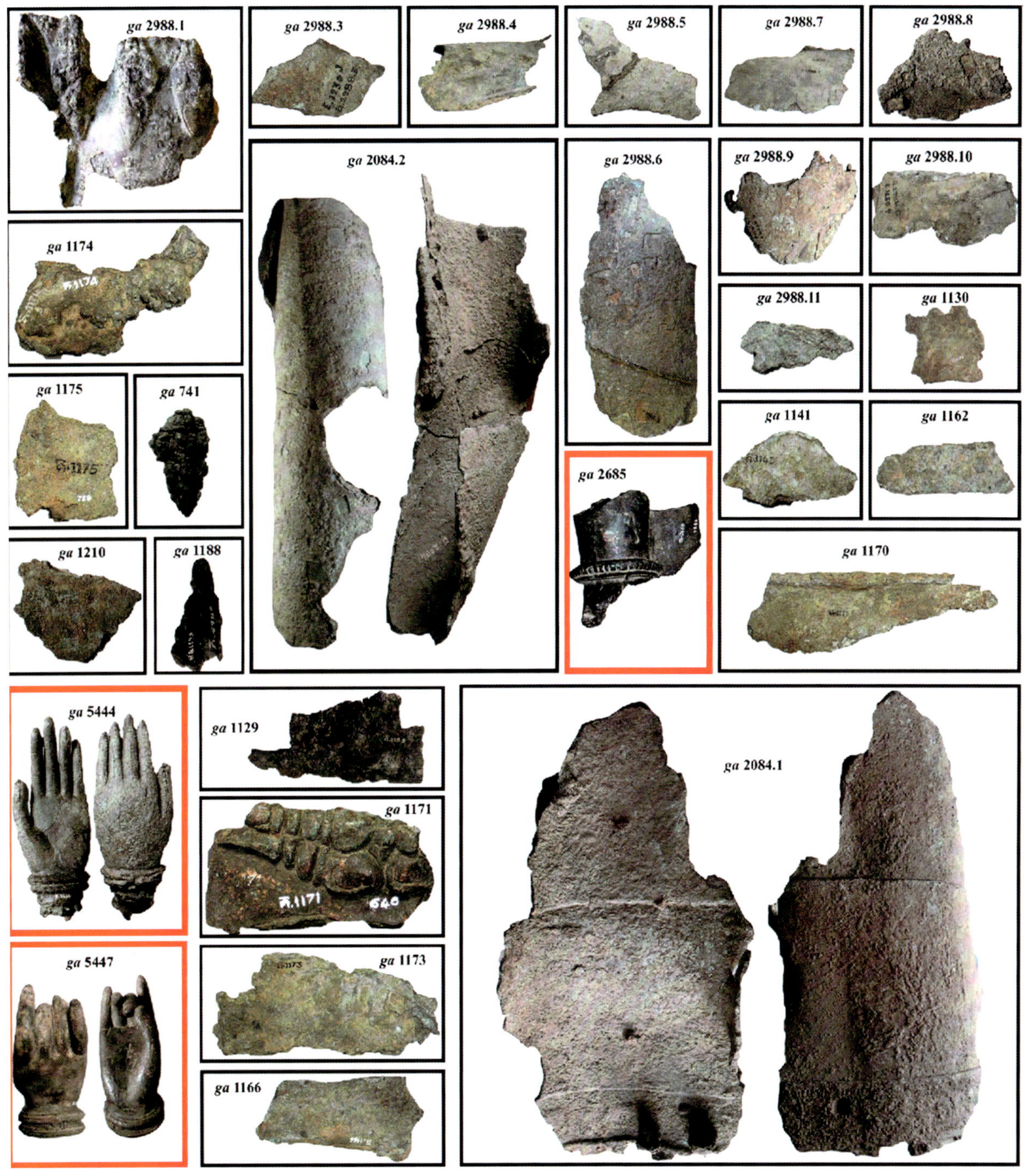


图69　在柬埔寨金边国家博物馆内保存的西湄奔寺毗湿奴青铜造像的主要碎片（两只手和一只脚踝碎片）

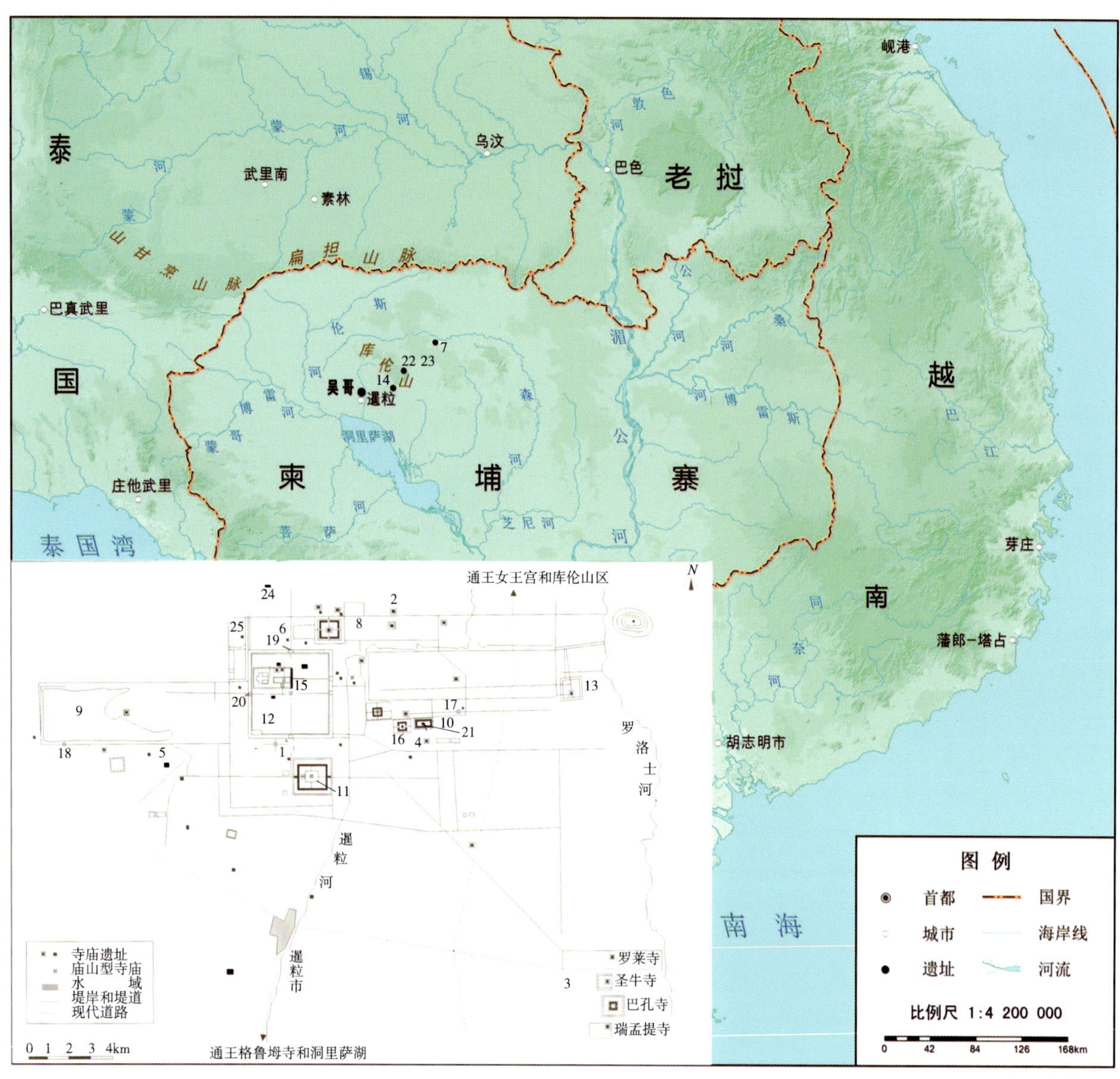


图77　柬埔寨的吴哥保护工作地点分布示意图

1. Prasat Ta Prohm Kel；2. 塔逊寺；3. 罗洛士建筑群；4. 巴琼寺；5. 暹粒机场；6. Prasat Tonle Snguot；7. 贡开遗址；8. 北池；9. 西池；10. 皇家浴池；11. 吴哥寺；12. 吴哥通王城；13. 班迭色玛；14. 女王宫；15. 斗象台；16. 班迭克黛；17. 比粒寺；18. 阿约寺；19. 吴哥通王城北塔门；20. 吴哥通王城西塔门；21. Prasat Kandal Srah Srong 遗址；22. Damrey Krab；23. Prasat Krahorm；24. Tuol Trapeang Bos；25. Prey Prasat

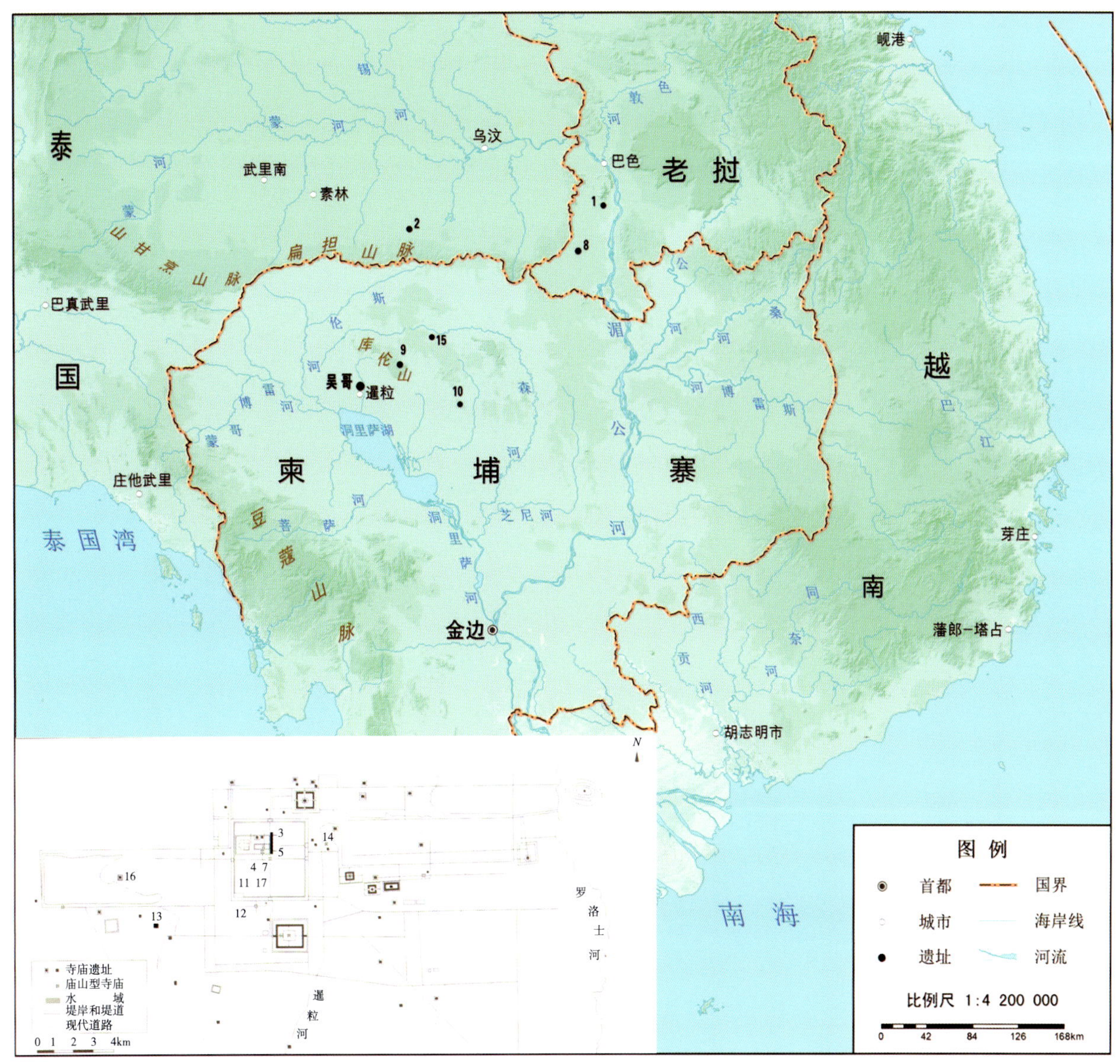


图79 法国的吴哥保护工作地点分布示意图

1. 瓦普寺；2. Phanom Wan 遗址；3. 癞王台遗址；4. 巴方寺；5. 斗象台遗址北侧；6. 俄厄遗址；7. 巴方寺附属建筑考古遗址；8. 占巴塞省南部考古遗址；9. 库伦山班迭遗址；10. 磅斯外圣剑寺；11. 吴哥都城研究（从耶输陀罗补罗到吴哥通王城）；12. 耶输陀罗补罗；13. 暹粒机场；14. 茶胶寺；15. 贡开遗址；16. 西湄奔寺；17. Moda Thom 项目

图82　上：修复前的巴方寺（东南角1991年）；下：修复后的巴方寺（东南角2011年）

（图片来源 BEFEO，2012，99）

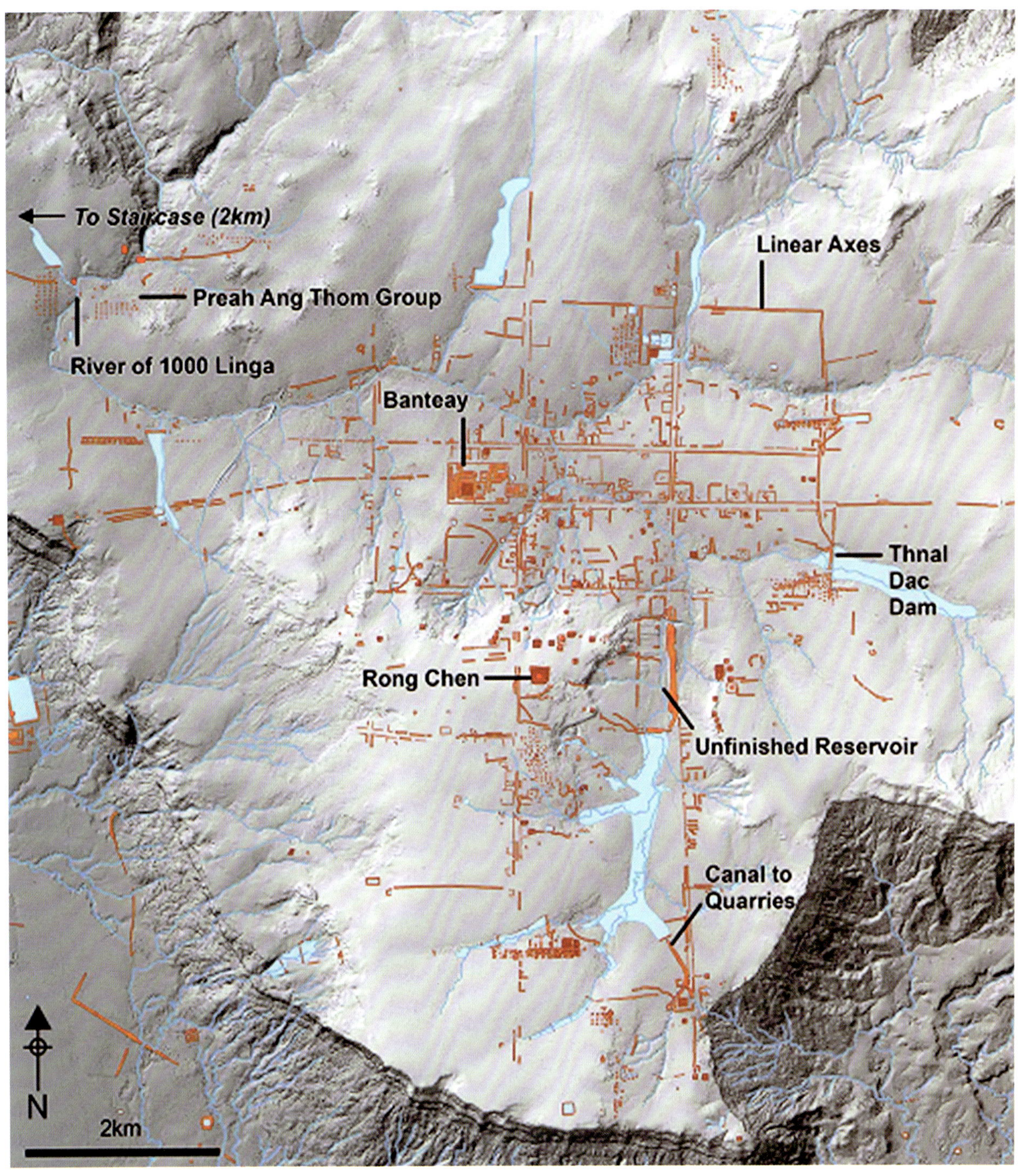


图85 摩醯因陀罗跋伐多城在激光雷达衍生的山体阴影模型地图

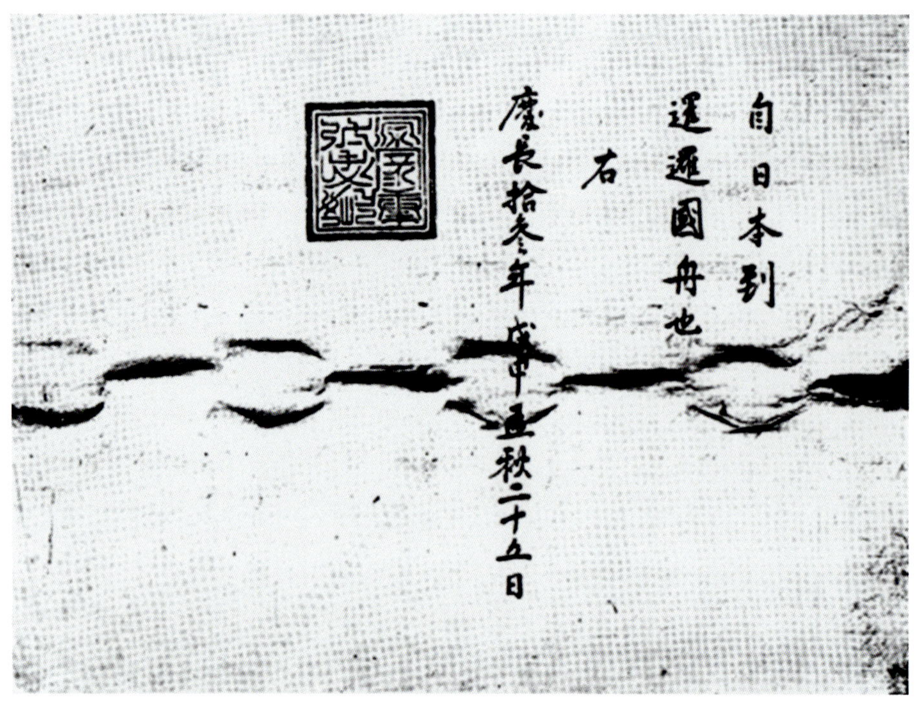

自日本到
暹邏國舟也
右
慶長拾叁年戊申孟秋二十五日

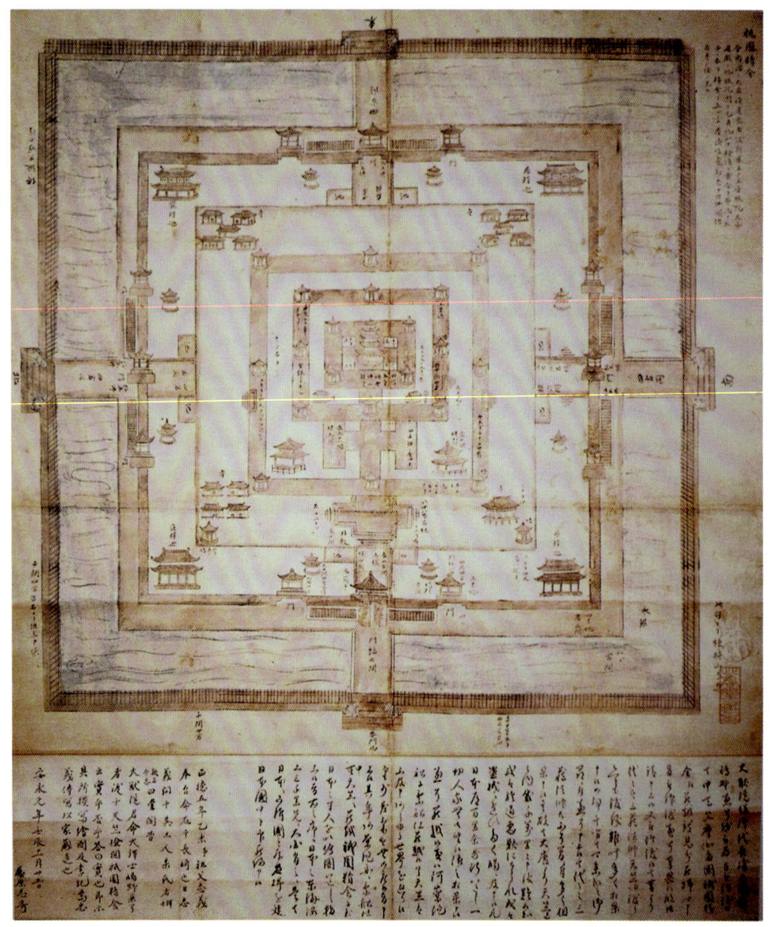

图86　上：从曼谷皇家图书馆复印的日文资料，庆长十三年（1608年）的朱印状；下：祇园精舍平面图

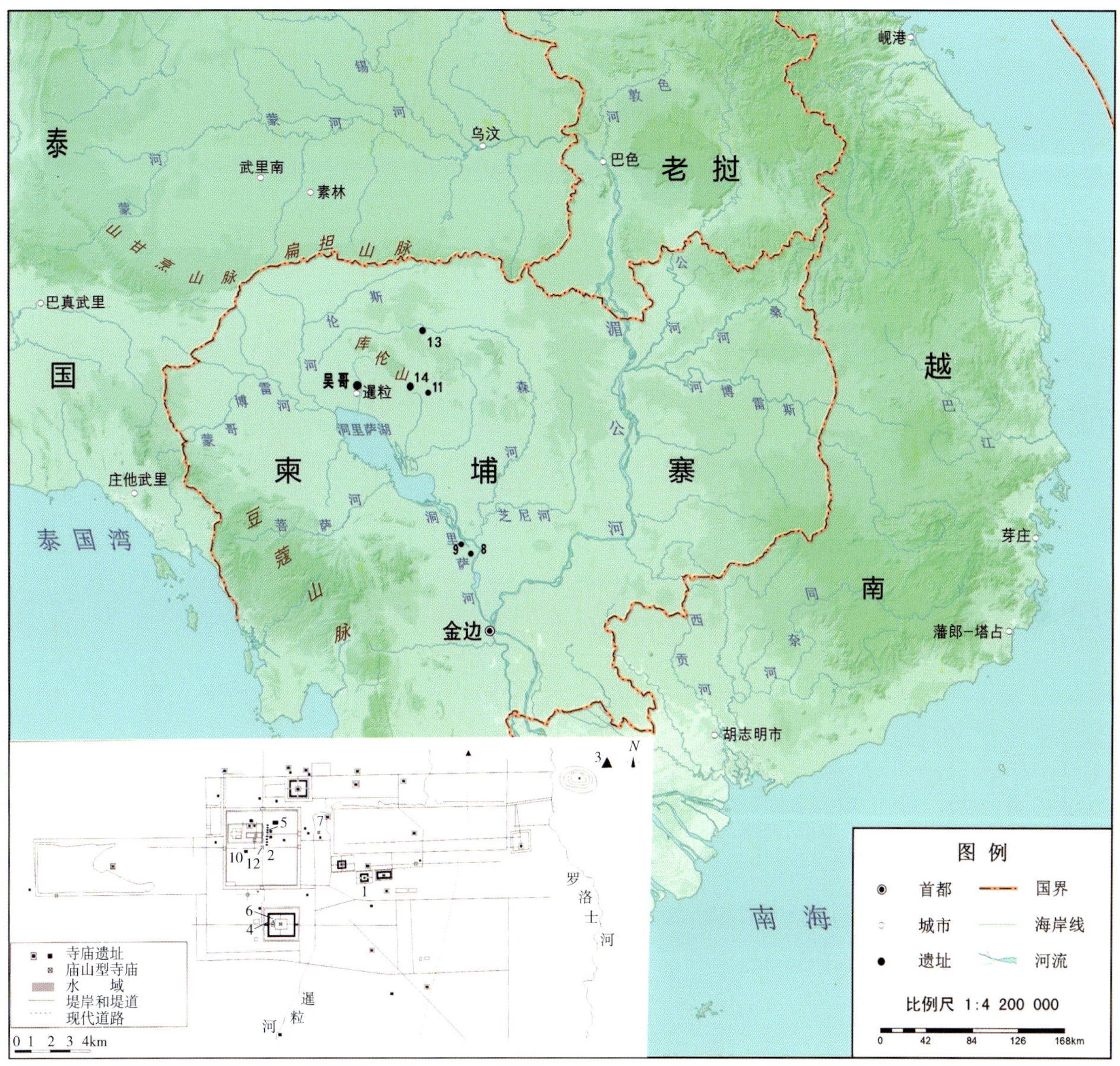


图87　日本国的吴哥保护工作地点分布示意图

1. 班迭克黛寺；2. 巴戎寺；3. 塔尼窑遗址；4. 吴哥寺西神道；5. 十二生肖北 12 塔楼；6. 吴哥寺北藏经阁；7. 塔内寺；8. 洛韦遗址；9. 库兰考遗址；10. Western Prasat Top ；11. Veal Svay 窑址；12. 巴戎寺外走廊的那伽和石狮子造像修复项目；13. 贡开遗址；14. 崩密列遗址

图93　吴哥寺遗址内的墨迹及镌刻

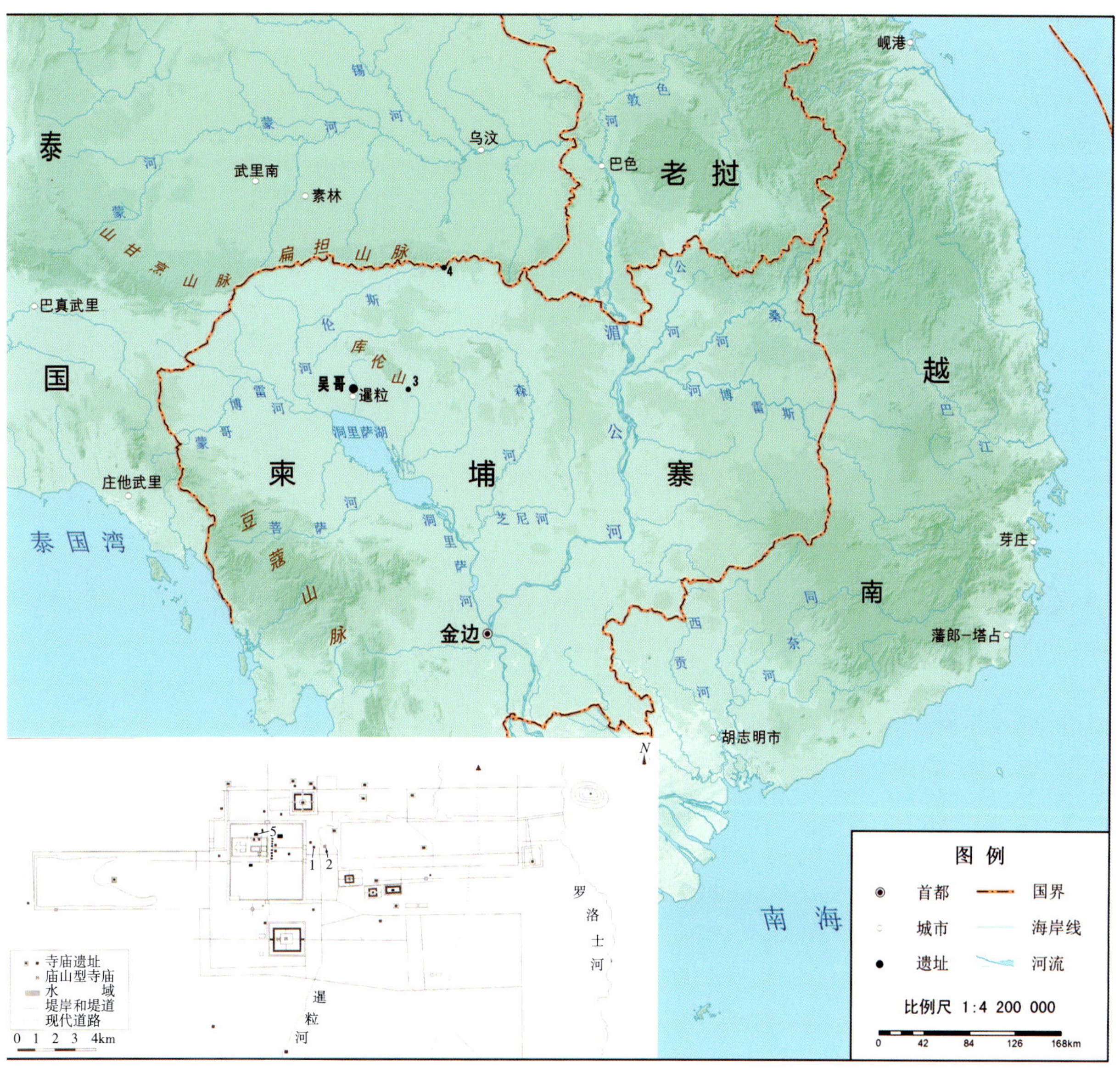


图94 中国的吴哥保护工作地点分布示意图

1. 周萨神庙；2. 茶胶寺；3. 崩密列；4. 柏威夏；5. 王宫遗址

图95　工作组在班迭色玛前的合影

（1995 年 12 月，自北向南拍摄　自左向右依次为：孟宪民、理丰、柬方安保人员、童明康、黄克忠
图片由孟宪民先生提供）

图96 上：修复前的南藏经阁；下：修复后的南藏经阁

（图片来源中国文化遗产研究院）

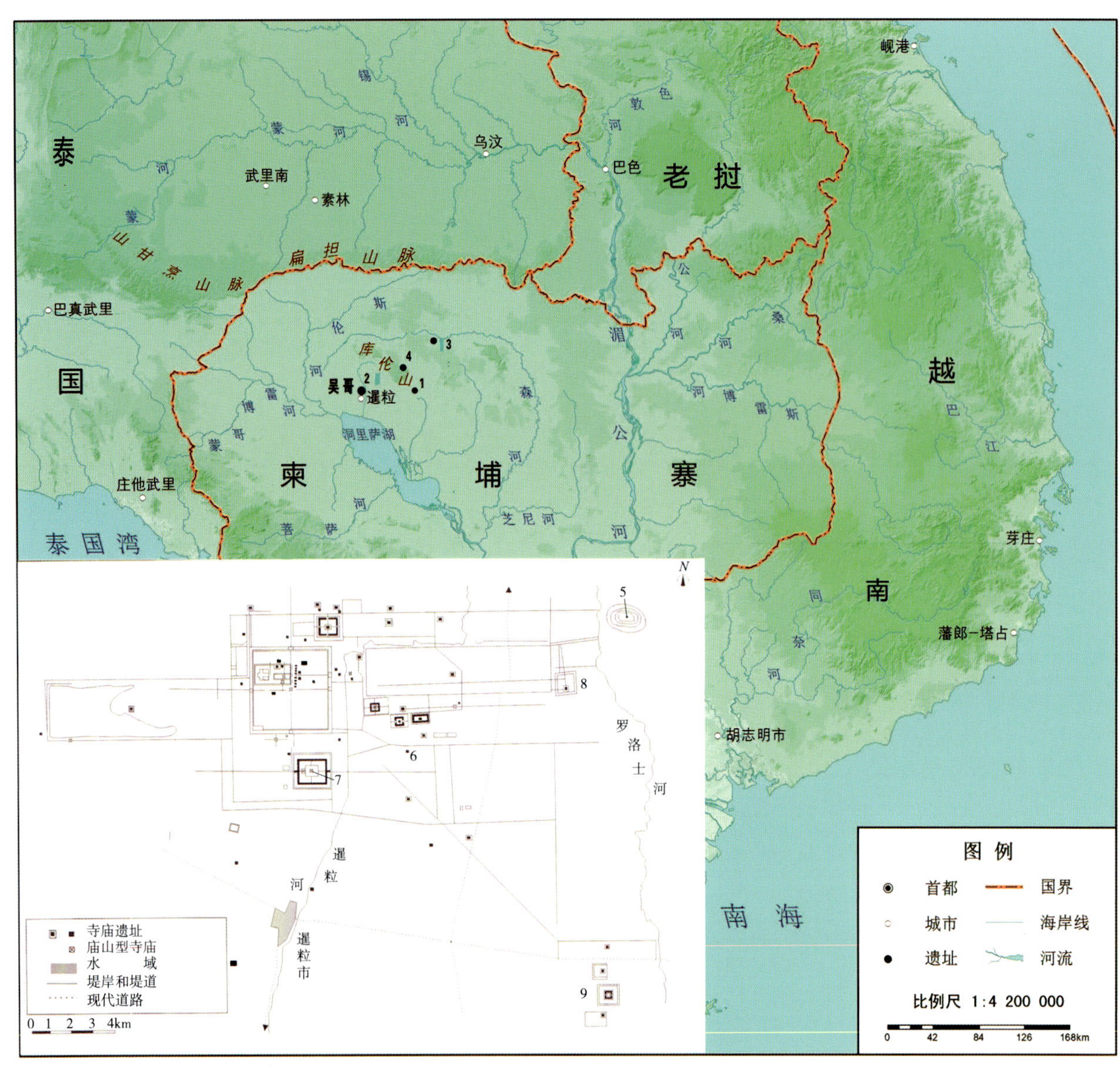


图97 德国的吴哥保护工作地点分布示意图

1. 贡开遗址和崩密列散乱文物的保护项目；2. 吴哥灰泥保护项目；3. 吴哥和贡开砖庙中多色壁画的调查和保护项目；4. 库伦山的 Sarah Damrei 遗址；5. 博克寺；6. 豆蔻寺；7. 吴哥寺第三庭院浅浮雕修复项目；8. 班迭色玛遗址；9. 巴孔寺

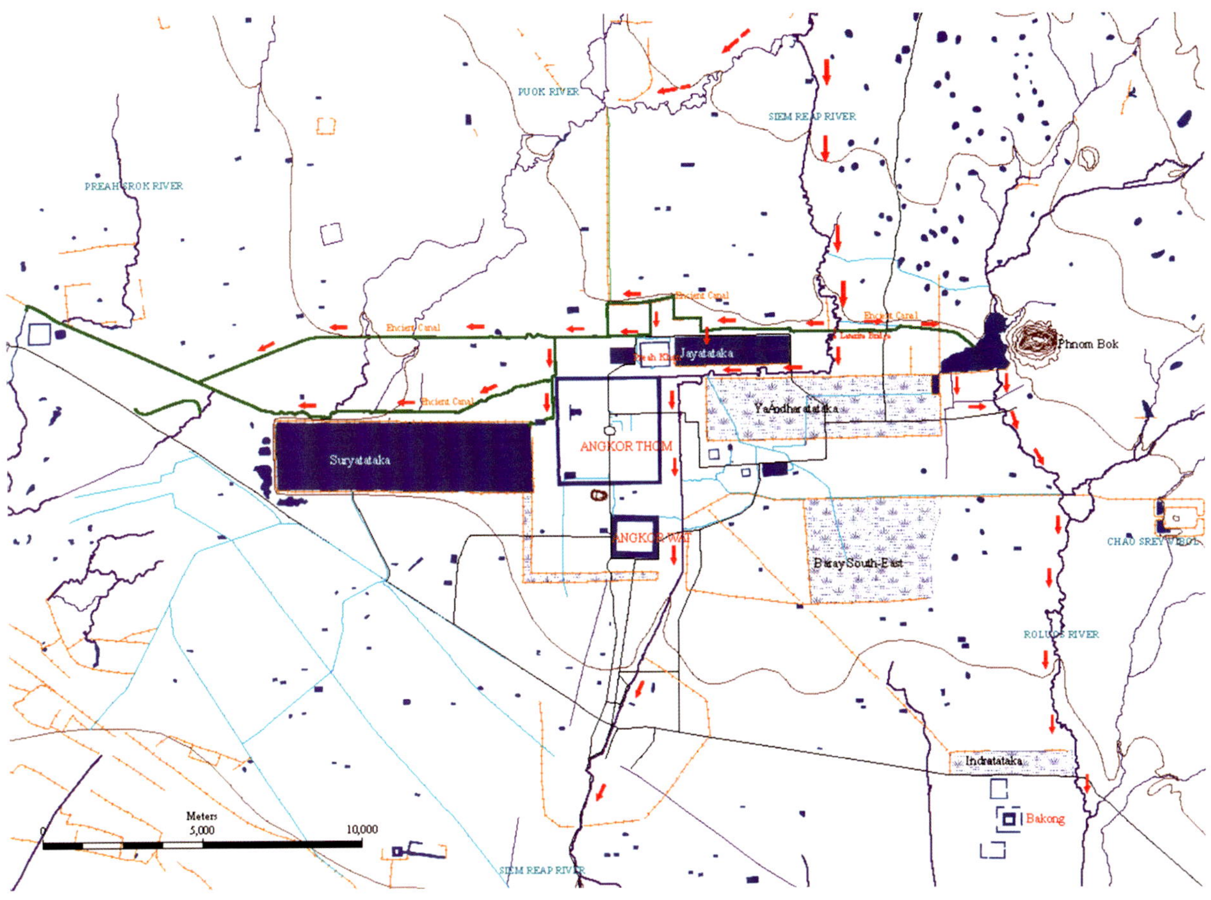


图100　吴哥12世纪水资源的流动方向示意图

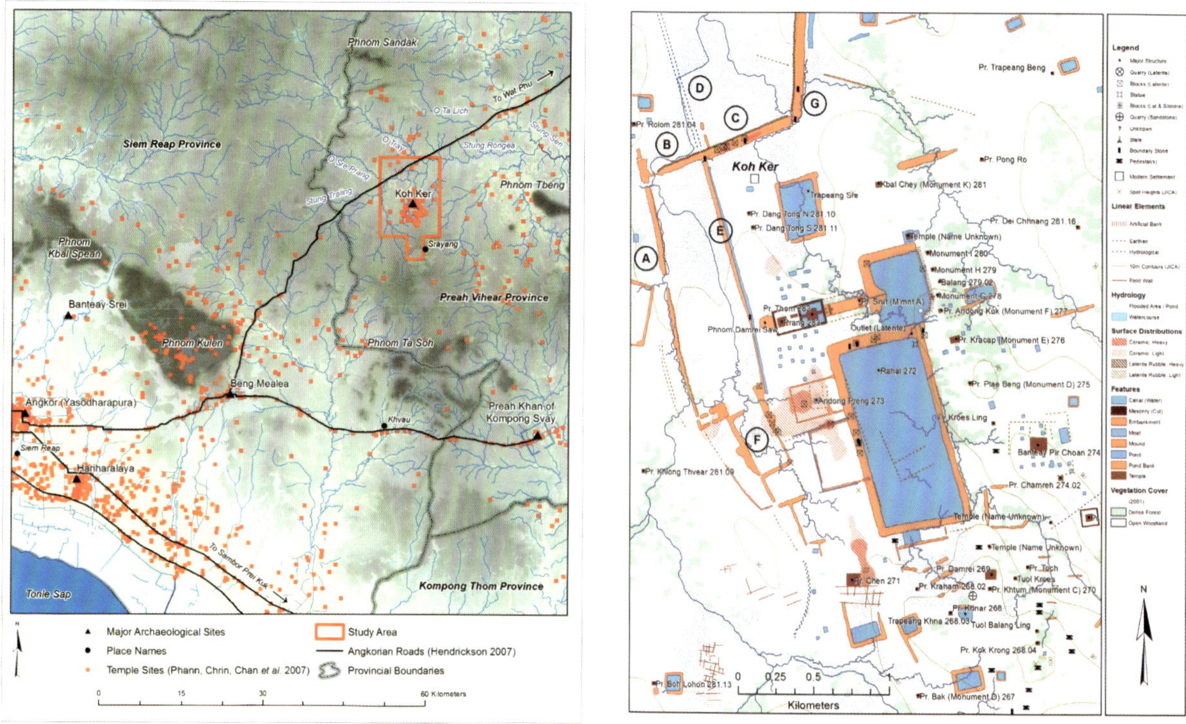


图102　左：贡开遗址与区域考古遗址图；右：拉哈尔地区和北部的平面图

图103　库伦山发现的早于吴哥时期的鲶鱼和几何形图案岩画

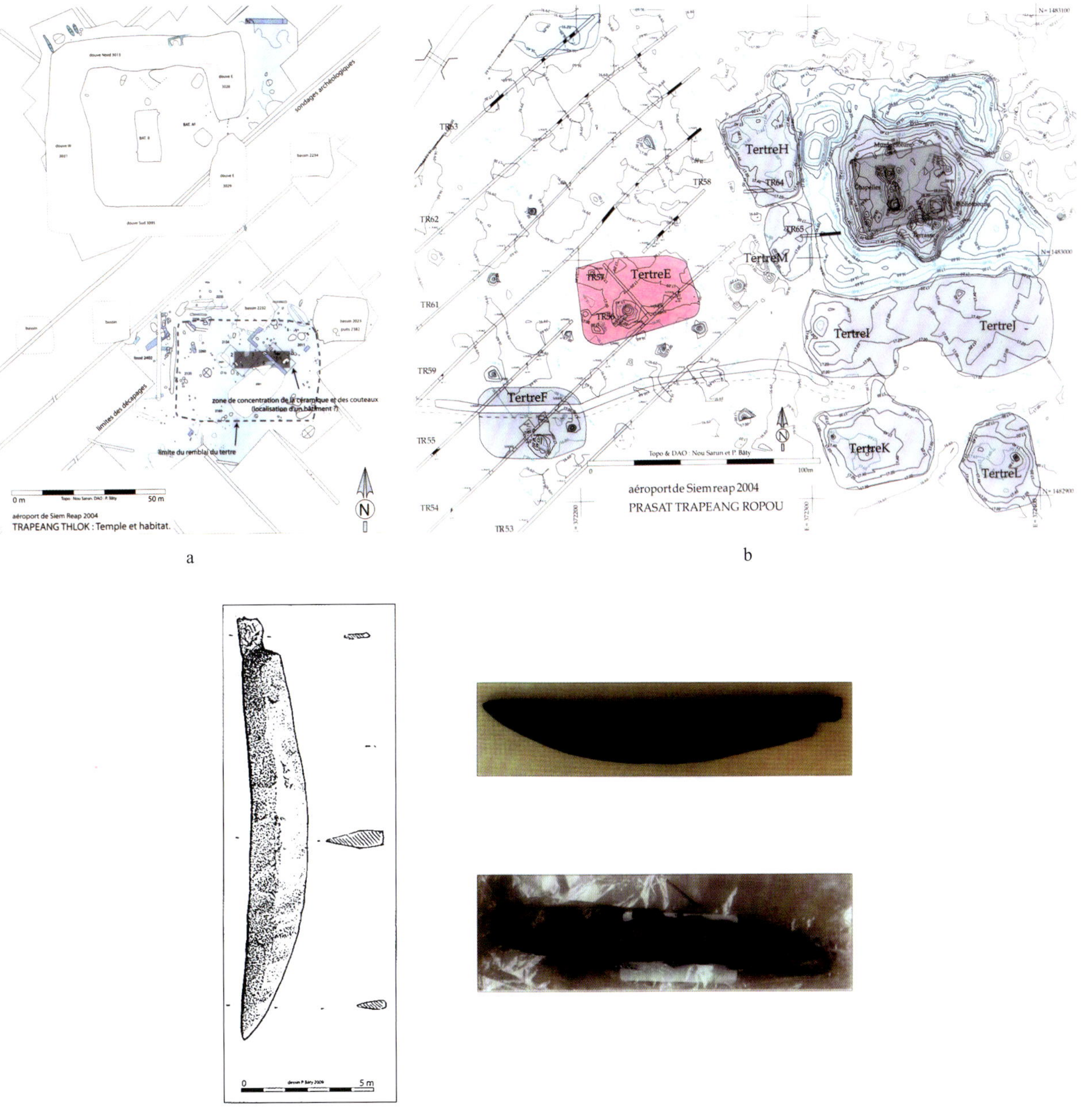


图107　a. Prasat Trapeang Ropou遗址；b. Trapeang Thlok遗址内寺庙和居住区；
c. Prasat Trapeang Ropou遗址发现的7号铁刀

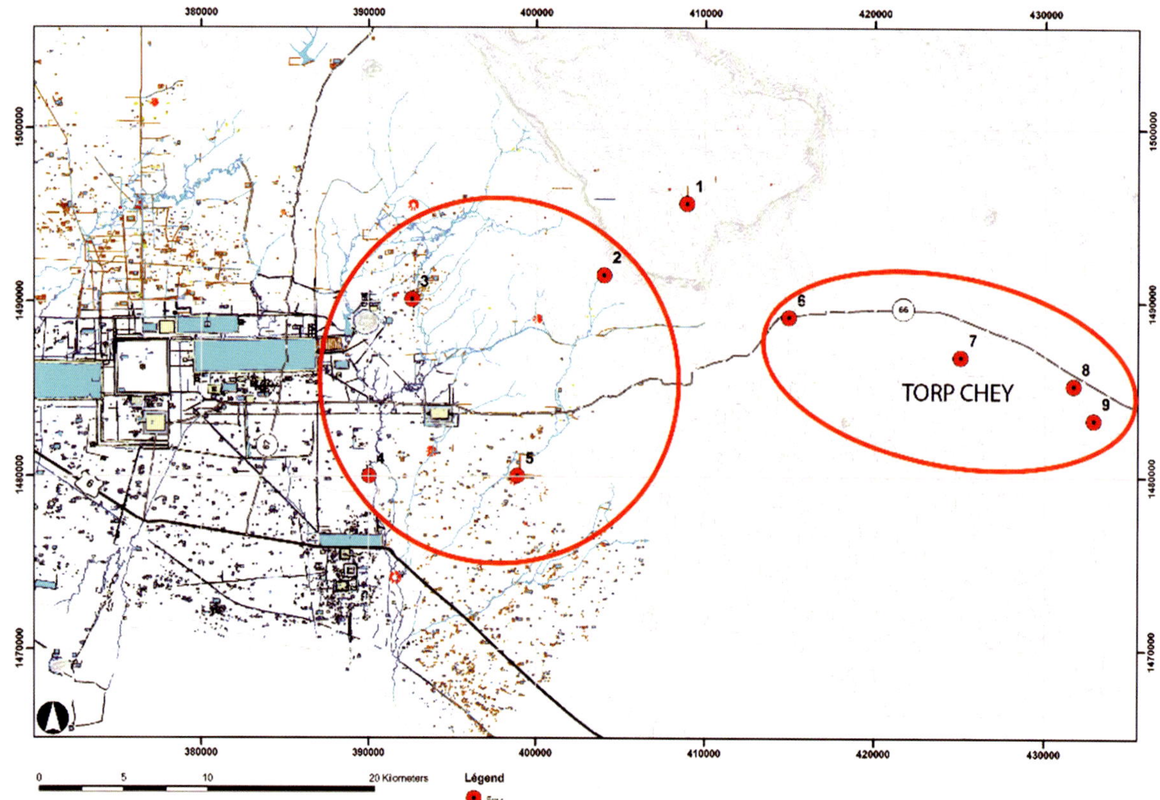


图108　吴哥周边地区的窑址分布图

1. Anlong Thom；2. Sor Sei；3. 塔尼窑；4. Bankong；5. Khnar Po；6. Teuk Lech；7. Torp Chey；8. Veal Svay；9. Chong Samrong

图112 建筑遗址修复前的状况

图113 北塔殿基础下发现的砖砌遗迹

图115　上：走廊顶部恢复的天花板；下：天花板图案

图122　窑址内出土的部分陶器

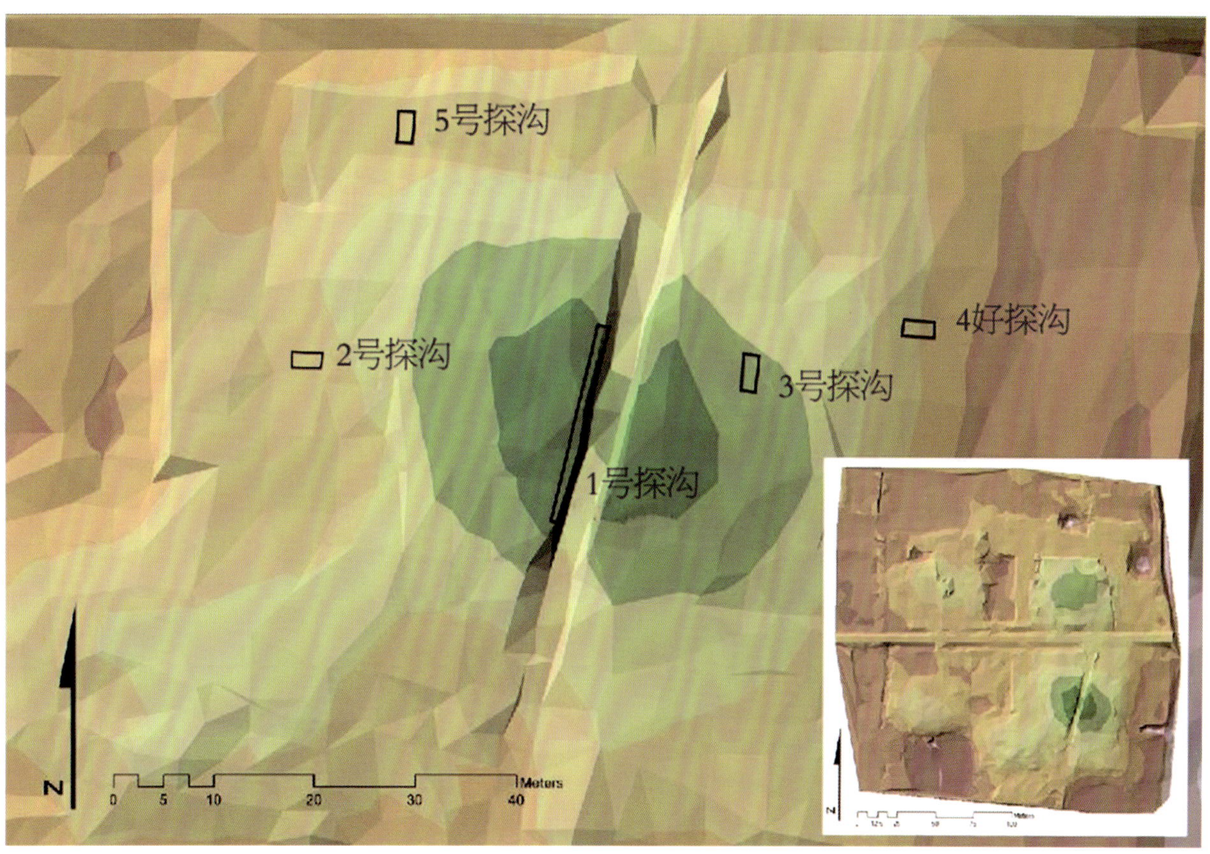


图124　巴孔寺石刻作坊遗址的地形图及探沟位置图

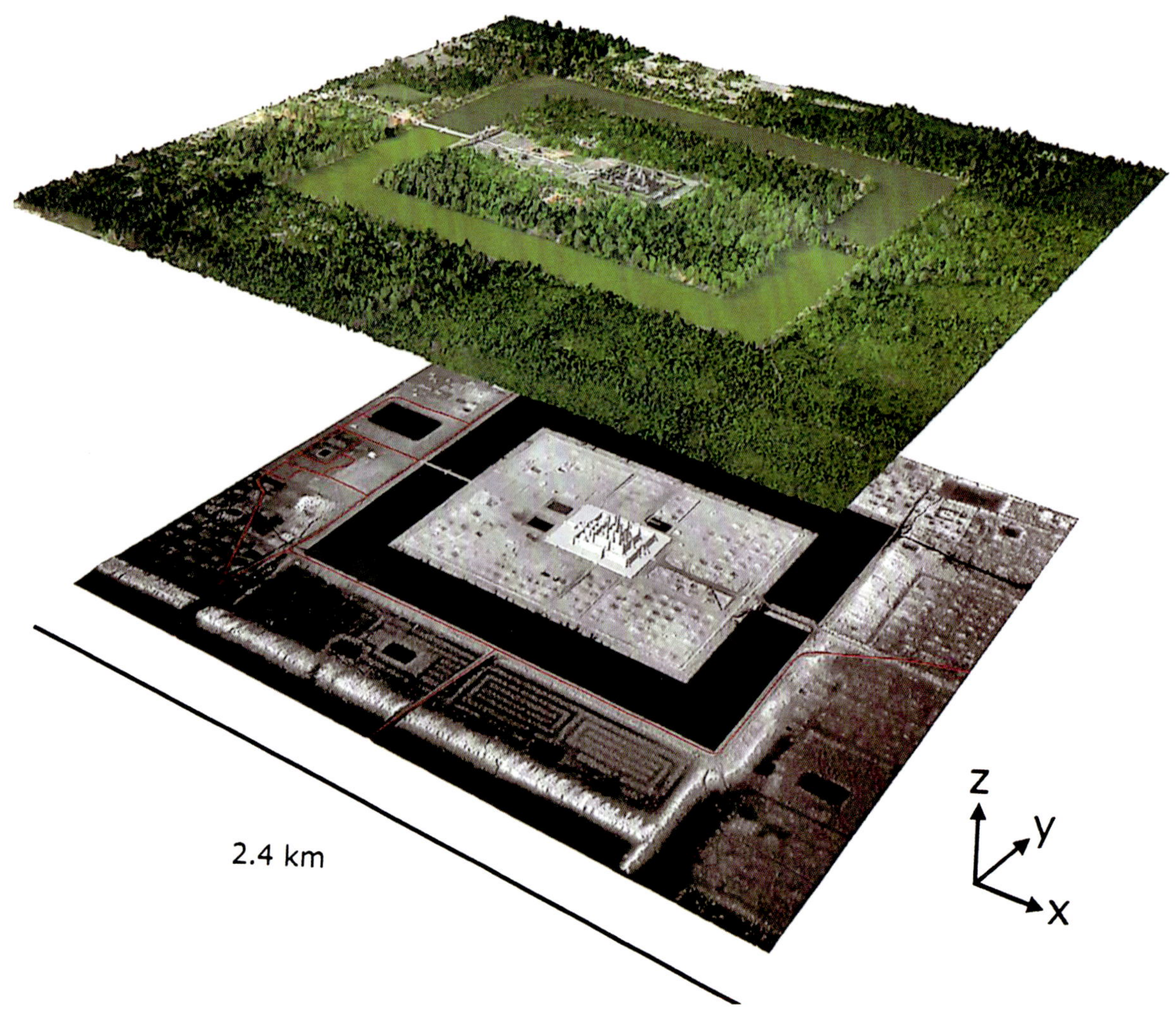


图125　吴哥寺激光雷达成像透过森林反应出寺庙周围道路和建筑

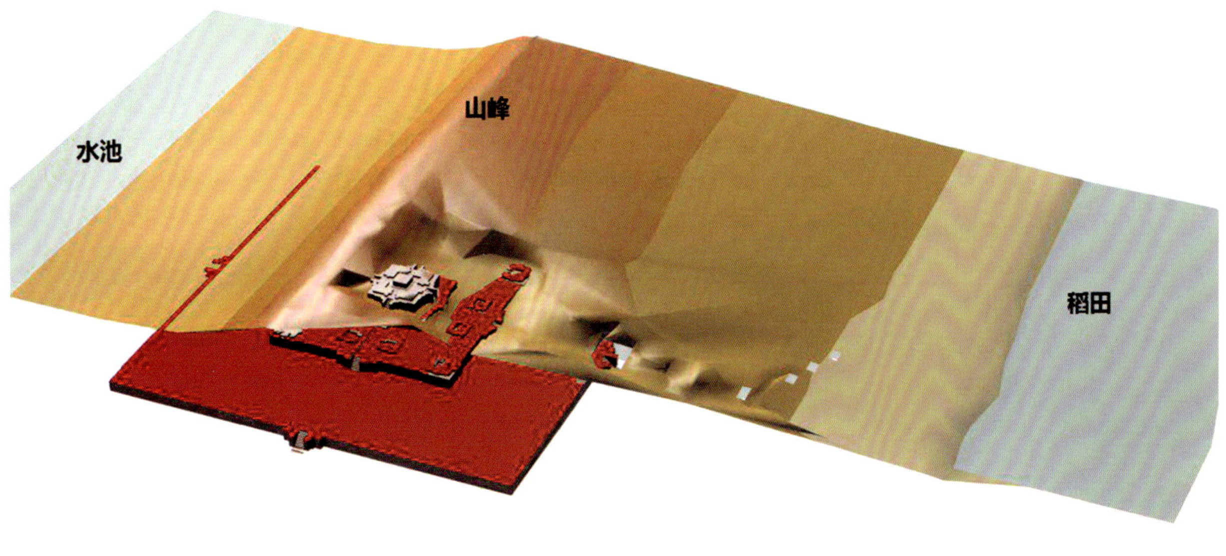


a

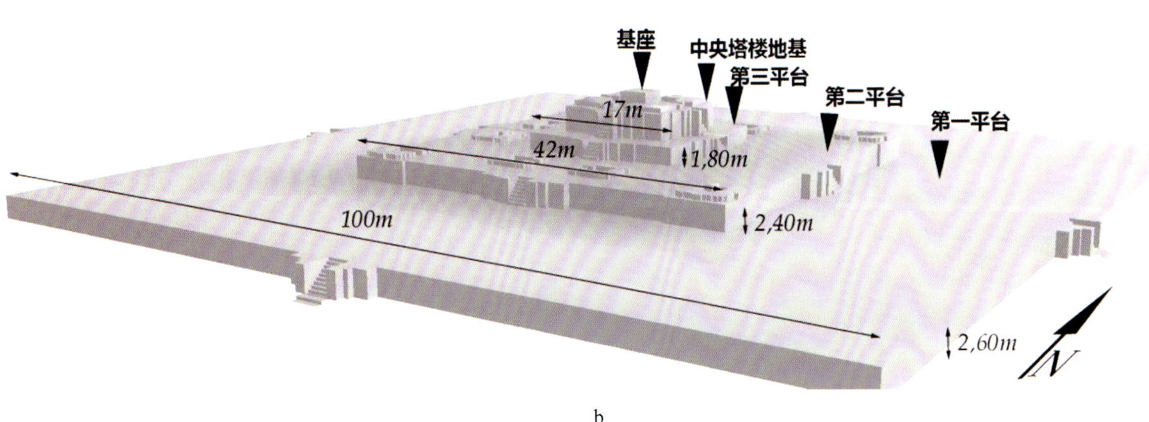


b

图127 a.寺庙遗址南侧的复原图；b.寺庙遗址的全貌复原图

图134　左：遗址内探方地层分布情况；右：遗址内发现的陶瓷残片

图135　左：对崩密列东神道及附属建筑进行考古发掘；右：发掘出土的陶瓷器残片

图136 柏威夏寺中央圣殿北立面正射影像图

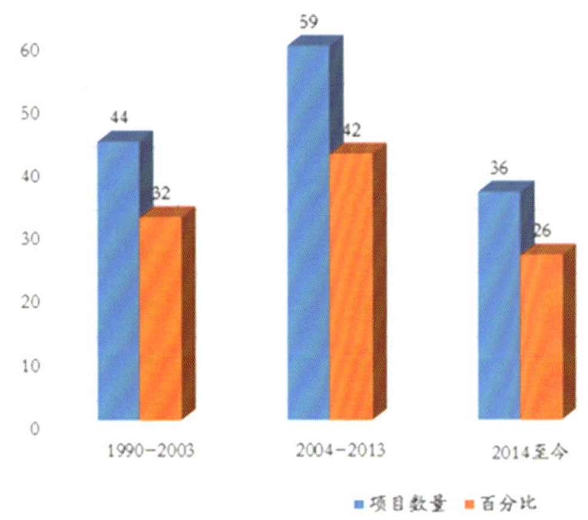


图142 不同时间段各国实施的项目数量及百分比矢量图

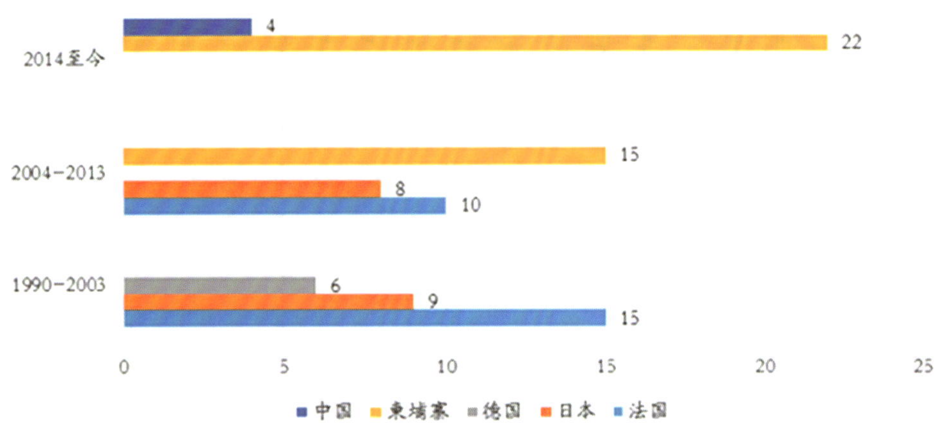


图143 不同时间段实施项目数量最多的国家矢量图

图148　吴哥通王城南塔门前的石刻造像

左：东侧的阿修罗造像；右：西侧的天神/提婆造像